신역

시경집전

신역
新譯

시경집전

中

성백효 역

한국인문고전연구소

卷十四

卷十五

毛詩 小雅 目次

일러두기

1. 본서(本書)는 내각본(內閣本)을 국역대본(國譯臺本)으로 하고, 경진내각판(庚辰內閣版) 시경언해본(詩經諺解本)과 중국(中國) 중화서국(中華書局)의 《시집전(詩集傳)》, 일본(日本)의 한문대계본(漢文大系本), 호산(壺山) 박문호(朴文鎬)의 《시집전상설(詩集傳詳說)》을 참고하여 상·중·하 3책(冊)으로 번역하였다.

2. 《시경(詩經)》 원의(原義)의 이해를 돕기 위하여 편마다 〈모시소서(毛詩小序)〉를 부기(附記)하고 번역하였다. 다만 〈모시(毛詩)〉에는 〈서(序)〉가 앞에 있던 것을 《집전(集傳)》의 체재를 맞추기 위하여 각 편의 맨 뒤에 붙였다.

3. 원문 이해의 도움을 위하여 현토(懸吐)하였다. 단, 언해의 현토를 수정한 경우 '我馬玄黃하니(이란대)'로 표시하였다.

4. 번역은 원의에 충실하게 하여 원전강독(原典講讀)에 도움이 되도록 하였다.

5. 역주(譯註)는 중요한 출전(出典)이나 이해하기 어려운 문맥(文脈)과 타당성이 있다고 여겨지는 이설(異說), 참고할 만한 호산의 《상설》 및 오탈자(誤脫字)를 대상으로 하였고, 원문의 난해자(難解字)는 자의(字義)를 하단(下段)에 실었다.

6. 본문의 오자(誤字), 가차자(假借字) 등은 다음 부호(符號)를 사용하였다.

   오자의 예(例) : 犯牡〔牝〕豕也
   가차자의 예 : 妃(配)匹之際

※ 다만 본문의 반절(反切)의 오류는 소자쌍행(小字雙行)임을 고려하여 부호를 사용하지 않고 곧바로 정정하였다.

7. 어려운 글자에는 경문과 《집전》에 음을 표기하였다.

8. 시 본문에 운자(韻字)를 표시하였다. 《시경》의 용운(用韻)에 대해서는 굳이 《집전》을 따르지 않고 《시경고운금주(詩經古韻今註)》와 《모시운율(毛詩韻律)》을 참고하였으며, 수구용운(首句用韻)·수복용운(首腹用韻)·구말용운(句末用韻) 등이 있으나 구복(句腹)과 구말(句末)의 용운(用韻)만을 표시하였다. 그러나 오기(誤記) 또는 미상(未詳), 누락된 부분이 없지 않은 것으로 보인다.

9. 원문 가운데 본문과 《집전》은, 활자(活字)의 대소(大小)로 구분하고 번역문도 이에 따랐다.

10. 본서의 이해를 돕고자 시전도(詩傳圖)를 부록(附錄)하였으며, 〈소아(小雅)〉의 십수(什數)는 《집전》과 《모전(毛傳)》이 상이(相異)하므로 목차(目次) 뒤에 《모전》의 십수(什數)를 붙여 참고하게 하였다.

11. 본서의 사용 부호는 다음과 같다.

   〈 〉 : 보충역(補充譯) ( ) : 간주(間註) 및 참고사항
   〈 〉 : 편명(篇名)   〔 〕 : 참고원문 및 한자
   《 》 : 서명(書名)   、 : 원문에서는 동격나열(同格羅列)

   운자표시(韻字表示)   • : 평상운(平常韻)
           ◦ : 격구운(隔句韻)

詩經集傳　中

檜는 國名이니 高辛氏火正祝融之墟니 在禹貢豫州外方之北, 滎(형)波之南하여 居溱、洧之間이라 其君은 妘姓이니 祝融之後라 周衰에 爲鄭桓公所滅而遷國焉하니 今之鄭州 卽其地也라 蘇氏以爲 檜詩는 皆爲鄭作이니 如邶、鄘之於衛也라하니 未知是否로라.

회(檜)는 국명(國名)이니, 고신씨(高辛氏)의 화정(火正)인 축융(祝融 ; 중려(重黎))의 옛 터이니, 〈우공(禹貢)〉의 예주(豫州)인 외방산(外方山)의 북쪽, 형파(滎波)의 남쪽에 있어, 진수(溱水)와 유수(洧水)의 사이에 있었다. 그 군주는 운씨(妘氏) 성(姓)이니, 축융의 후손이다. 주(周)나라가 쇠함에 정 환공(鄭桓公)에게 멸망 당하고, 정(鄭)나라가 수도를 이 곳으로 옮겼으니, 지금의 정주(鄭州)가 바로 이 지역이다. 소씨(蘇氏)는 이르기를 "회시(檜詩)는 모두 정(鄭)나라가 된 뒤에 지어진 것이니, 〈패풍(邶風)〉과 〈용풍(鄘風)〉이 위(衛)나라에 있어서와 같다." 하였으니, 그 말이 옳은지는 알지 못하겠다.

1. 고구(羔裘)

① 羔裘逍遙, 狐裘以朝 [直遙反 叶直勞反]. 豈不爾思, 勞心忉忉 [音刀].

羔裘逍遙하며	염소 갖옷으로 소요하며
狐裘以朝로다	여우 갖옷으로 조회하도다
豈不爾思리오	어찌 그대를 생각하지 않으리오
勞心忉(도)忉호라	애태우며 근심하노라

賦也라 緇衣羔裘는 諸侯之朝服이요 錦衣狐裘는 其朝天子之服也라 舊說에 檜君이 好潔其衣服하여 逍遙遊宴하고 而不能自强於政治라 故로 詩人憂之라하니라

부(賦)이다. 검은 옷에 염소 갖옷은 제후의 조복(朝服)이요, 비단옷에 여우 갖옷은 제후가 천자에게 조회하는 옷이다.

··· 檜 : 회나라 회 滎 : 물이름 형 溱 : 물이름 진 洧 : 물이름 유 妘 : 성운

구설(舊說)에 "회(檜)나라 군주가 의복을 깨끗이 하여 소요하고 놀며 잔치하기를 좋아하고, 스스로 정치에 힘쓰지 못하였다. 그러므로 시인(詩人)이 근심한 것이다." 하였다.

② 羔裘翶翔, 狐裘在堂. 豈不爾思, 我心憂傷.

羔裘翶翔하며	염소 갖옷으로 고상하며
狐裘在堂이로다	여우 갖옷으로 공당(公堂)에 있도다
豈不爾思리오	어찌 그대를 생각하지 않으리오
我心憂傷호라	내 마음에 근심하고 서글퍼하노라

賦也라 翶翔은 猶逍遙也라 堂은 公堂也라

부(賦)이다. '고상(翶翔)'은 소요와 같다. '당(堂)'은 공당(公堂:제후의 당)이다.

③ 羔裘如膏〔古報反〕, 日出有曜〔羊照反 叶羊號反〕. 豈不爾思, 中心是悼.

羔裘如膏하니	염소 갖옷이 기름칠한 듯하니
日出有曜(요)로다	해가 나옴에 빛나도다
豈不爾思리오	어찌 그대를 생각하지 않으리오
中心是悼호라	중심에 서글퍼하노라

賦也라 膏는 脂所漬(지)也라 日出有曜는 日照之則有光也라

부(賦)이다. '고(膏)'는 기름에 담근 것이다. 해가 나옴에 빛난다는 것은 해가 비치면 광택이 있는 것이다.

羔裘三章이니 章四句라

〈고구(羔裘)〉는 3장이니, 장마다 4구이다.

【毛序】 羔裘는 大夫以道去其君也라 國小而迫이어늘 君不用道하고 好潔其衣服하여 逍遙遊燕하고 而不能自强於政治라 故로 作是詩也라

··· 翶:날 고 翔:날 상 膏:기름 고 曜:빛날 요

〈고구〉는 대부가 도(道)에 따라 그 군주를 버리고 떠나감을 읊은 것이다. 나라가 작고 큰 나라와 인접하여 압박을 받고 있는데도 군주가 도(道)를 따르지 않고 그 의복을 깨끗이 하고서 소요하고 놀며 잔치하기를 좋아하여 스스로 정치에 힘쓰지 못하였다. 그러므로 이 시(詩)를 지은 것이다.

【鄭註】以道去其君者는 三諫不從이면 待放於郊라가 得玦乃去니라

'도(道)로써 그 군주를 떠났다.'는 것은, 세 번 간하여 따르지 않으면 교외(郊外)에서 추방을 기다리다가 결옥(玦玉:한 쪽이 갈라진 옥고리)을 얻으면 이에 떠나가는 것이다.

2. 소관(素冠)

① 庶見素冠兮, 棘人欒欒〔力端反〕兮, 勞心博博〔徒端反〕兮.

庶見素冠兮	행여 흰 관을 쓴
棘人欒(란)欒兮아	극인(상주)의 수척함을 볼 수 있을까
勞心博(단)博兮호라	애태우며 근심하노라

賦也라 庶는 幸也라 縞冠素紕(비)는 旣祥之冠也니 黑經白緯曰縞요 緣邊曰紕라 棘은 急也라 喪事는 欲其總總爾니 哀遽之狀也라 欒欒은 瘠貌요 博博은 憂勞之貌라
○ 祥冠은 祥則冠之하고 禪則除之하나니 今人이 皆不能行三年之喪矣니 安得見此服乎아 當時賢者 庶幾見之하여 至於憂勞也라

부(賦)이다. '서(庶)'는 행여이다. 흰 관에 흰 테를 두른 것은 이미 대상(大祥)을 지낸 관(冠)이니, 검은 날줄에 흰 씨줄이 있는 것을 호(縞)라 하고, 가장자리에 선 두른 것을 비(紕)라 한다. '극(棘)'은 급함이다. '상사(喪事)'는 그 총총(급박함)히 하고자 하니, 〈극인인 상주가〉 슬퍼하고 급한 모양이다. '란란(欒欒)'은 수척한 모양이요, '단단(博博)'은 근심하고 애태우는 모양이다.

○ 상관(祥冠)은 대상(大祥)부터는 쓰고, 담제(禪祭)를 지내면 벗는다. 그런데 지금 사람들은 모두 삼년상(三年喪)을 행하지 아니하니, 어떻게 하면 이 상복(喪服)을 입은 사람을 볼 수 있겠는가. 당시에 현자(賢者)가 행여나 이러한 사람을 만나볼

··· 欒 : 파리할 란 博 : 근심할 단 縞 : 흰깁 호 紕 : 선두를 비 經 : 날실 경 緯 : 씨실 위 總 : 바쁠 총
禪 : 담제사 담

수 있을까 하여 근심하고 애태움에 이른 것이다.

② 庶見素衣兮, 我心傷悲兮, 聊與子同歸兮.

庶見素衣兮아　　　　　행여 흰옷을 입은 사람을 볼 수 있을까
我心傷悲兮로니　　　　내 마음에 서글퍼하노니
聊與子同歸兮호리라　애오라지 그대와 함께 돌아가리라

賦也라 素冠則素衣矣라 與子同歸는 愛慕之詞也라
　　부(賦)이다. 흰 관을 쓰면 흰 옷을 입는다. '여자동귀(與子同歸)'는 그를 사랑하
고 사모하는 말이다.

③ 庶見素韠〔音畢〕兮, 我心蘊〔於粉反〕結〔叶訖力反〕兮, 聊與子如一兮.

庶見素韠(필)兮아　　　행여 흰 슬갑을 찬 사람을 볼 수 있을까
我心蘊結兮로니　　　　내 마음에 답답하게 맺혀 있으니
聊與子如一兮호리라　애오라지 그대와 함께 하나가 되리라

賦也라 韠은 蔽膝也라 以韋爲之하니 冕服謂之韍(불)이요 其餘日韠이라 韠從裳色
하니 素衣素裳이면 則素韠矣라 蘊結은 思之不解也라 與子如一은 甚於同歸矣라
　　부(賦)이다. '필(韠)'은 슬갑(膝甲;무릎을 가리는 것)이다. 가죽으로 만드니, 면복(冕
服)에 차는 것을 불(韍)이라 하고, 그 나머지에 차는 것을 필(韠)이라 한다. 필(韠)
은 치마의 색깔을 따르니, 흰 옷에 흰 치마를 입었다면 흰 슬갑을 하는 것이다.
'온결(蘊結)'은 그리움이 풀리지 않음이다. 그대와 함께 하나가 된다는 것은 함께
돌아감보다 심한 것이다.

素冠三章이니 章三句라
　　〈소관(素冠)〉은 3장이니, 장마다 3구이다.
按喪禮에 爲父爲君하여 斬衰三年이라 昔에 宰子欲短喪한대 夫子曰 子生三年然

···　韠 : 슬갑(膝甲) 필　蘊 : 쌓을 온　韍 : 슬갑 불

後에 免於父母之懷하나니 子也 有三年之愛於其父母乎[1]아하시니 三年之喪은 天下之通喪也라 傳曰 子夏三年之喪畢하고 見(현)於夫子하여 援琴而弦할새 衎(간)衎而樂하고 作而曰 先王制禮라 不敢不及이로이다 夫子曰 君子也로다 閔子騫이 三年之喪畢하고 見於夫子하여 援琴而弦할새 切切而哀하고 作而曰 先王制禮라 不敢過也로이다 夫子曰 君子也로다 子路曰 敢問何謂也잇고 夫子曰子夏는 哀已盡이어늘 能引而致之於禮라 故로 曰君子也요 閔子騫은 哀未盡이어늘 能自割以禮라 故로 曰君子也라하시니 夫三年之喪은 賢者之所輕이요 不肖者之所勉이니라

살펴보건대 상례(喪禮:의례의 상복)에, "아버지를 위하고 군주를 위하여 참최(斬衰) 삼년복(三年服)을 입는다." 하였다. 옛날에 재여(宰子)가 상기(喪期)를 단축하려고 하자, 부자(夫子)께서 말씀하시기를 "자식이 태어난 지 3년이 지난 뒤에야 부모의 품에서 벗어나니, 재여는 그 부모에게 3년 동안의 사랑이 있었는가." 하셨으니, 삼년상은 천하에 공통된 상(喪)이다.

전(傳:《예기》〈단궁〉)에 이르기를 "자하(子夏)가 삼년상을 마치고 부자를 뵙고는 거문고를 당겨 타는데, 간간(衎衎:즐거워함)히 즐거워하고는 일어나 말하기를 '선왕이 만든 예(禮)이기 때문에 감히 미치지(행하지) 않을 수 없었습니다.' 하자, 부자는 '군자이다.' 하셨다. 민자건(閔子騫)이 삼년상을 마치고 부자를 뵙고는 거문고를 당겨 타는데, 절절(切切:애절함)히 슬퍼하고는 일어나 말하기를 '선왕이 만든 예이기 때문에 감히 지나치게 할 수 없었습니다.' 하자, 부자는 '군자이다.' 하셨다. 자로(子路)가 '감히 묻겠습니다. 어째서입니까?' 하고 묻자, 부자께서 말씀하시기를 '자하는 슬픔이 이미 다했으나, 능히 연장하여 예(禮)에 이르게 하였다. 그러므로 군자라 한 것이요, 민자건은 슬픔이 아직 다 없어지지 않았으나, 능히 예(禮)로써 잘라냈다. 그러므로 군자라 한 것이다.' 하셨으니, 삼년상은 현자(賢者)는 가볍게 여기는 바요, 불초(不肖)한 자는 힘써서 하는 바이다." 하였다.

【毛序】 素冠은 刺不能三年也라
〈소관(素冠)〉은 삼년상(三年喪)을 행하지 못함을 풍자한 시(詩)이다.
【鄭註】 喪禮에 子爲父三年이요 父卒이면 爲母三年이어늘 時人이 恩薄禮廢하여 不能行也하니라

······
1 宰子欲短喪······有三年之愛於其父母乎 : 이 내용은 《논어》《양화(陽貨)》에 보인다.

··· 衎 : 즐길 간 騫 : 이지러질 건

상례(喪禮)에 자식이 아버지를 위하여 삼년복(三年服)을 입고, 아버지가 죽으면 어머니를 위하여 삼년복을 입는데, 당시 사람들이 은혜가 박(薄)해지고 예(禮)가 폐해져서 삼년상(三年喪)을 행하지 못한 것이다.

3. 습유장초(隰有萇楚)

① 隰有萇〔丈羊反〕楚, 猗〔於可反〕儺〔乃可反〕其枝. 夭〔於驕反〕之沃沃〔烏毒反〕, 樂〔音洛〕子之無知.

隰有萇(장)楚하니 　　　진펄에 장초가 있으니
猗儺(의나)其枝로다 　　야들야들한 그 가지로다
夭之沃沃하니 　　　　어리고 예쁘며 반들거리니
樂(락)子之無知하노라 　무지한 너를 부러워하노라

賦也라 萇楚는 銚弋(요익)이니 今羊桃也니 子如小麥하고 亦似桃라 猗儺는 柔順也라 夭는 少好貌요 沃沃은 光澤貌라 子는 指萇楚也라
○ 政煩賦重하니 人不堪其苦하여 嘆其不如草木之無知而無憂也니라

부(賦)이다. '장초(萇楚:괭이밥과에 속하는 다년생 만초)'는 요익(銚弋)으로 지금의 양도(羊桃)인데, 열매(씨)는 소맥(小麥)과 비슷하고 〈잎〉 또한 복숭아나무와 비슷하다. '의나(猗儺)'는 부드럽고 순함이다. '요(夭)'는 어리고 예쁜 모양이요, '옥옥(沃沃)'은 광택이 나는 모양이다. '자(子)'는 장초를 가리킨 것이다.

　○ 정사가 번거롭고 부역이 무거우니, 사람들이 그 고통을 견디지 못하여, 초목이 무지하여 근심이 없음만 못함을 탄식한 것이다.

② 隰有萇楚, 猗儺其華〔芳無胡瓜二反〕. 夭之沃沃, 樂子之無家〔古胡古牙二反〕.

隰有萇楚하니 　　　　진펄에 장초가 있으니

··· 萇 : 양도(羊桃) 장 　猗 : 아들아들할 의 　儺 : 부드러울 나

猗儺其華로다	야들야들한 그 꽃이로다
夭之沃沃하니	어리고 예쁘며 반들거리니
樂子之無家하노라	집 없는 너를 부러워하노라

賦也라 無家는 言無累也라

부(賦)이다. '무가(無家)'는 가루(家累;집안에 딸린 사람)가 없음을 말한 것이다.

③ 隰有萇楚, 猗儺其實. 夭之沃沃, 樂子之無室.

隰有萇楚하니	진펄에 장초가 있으니
猗儺其實이로다	야들야들한 그 열매로다
夭之沃沃하니	어리고 예쁘며 반들거리니
樂子之無室하노라	가솔 없는 너를 부러워하노라

賦也라 無室은 猶無家也라

부(賦)이다. '무실(無室)'은 무가(無家)와 같다.

隰有萇楚三章이니 章四句라

〈습유장초(隰有萇楚)〉는 3장이니, 장마다 4구이다.

【毛序】 隰有萇楚는 疾恣也니 國人이 疾其君之淫恣하여 而思無情慾者也라

〈습유장초〉는 방자함을 미워한 시(詩)이니, 국인들이 그 군주가 음탕하고 방자함을 미워하여 정욕이 없는 자를 그리워한 것이다.

【鄭註】 恣는 謂狡狹淫戲하여 不以禮也라

자(恣)는 교활하고 음탕하고 희롱하여 예(禮)로써 행하지 않음을 이른다.

【辨說】 此序之誤는 說見本篇하니라

이 〈서〉의 오류는 해설이 본편에 보인다.

4. 비풍(匪風)

① 匪風發[叶方月反]兮, 匪車偈[起竭反]兮. 顧瞻周道, 中心怛[都達反 叶旦悅反]兮.

匪風發兮며	바람이 몰아쳐서도 아니요
匪車偈(걸)兮라	수레가 급히 달려서도 아니라
顧瞻周道요	주나라로 가는 길 돌아보고는
中心怛(달)兮호라	중심에 서글퍼하노라 (두근거리노라)

賦也라 發은 飄揚貌요 偈은 疾驅貌라 周道는 適周之路也라 怛은 傷也라
○ 周室衰微하니 賢人憂歎而作此詩라 言常時엔 風發而車偈이면 則中心怛然이러니 今非風發也며 非車偈也요 特顧瞻周道而思王室之陵遲라 故로 中心爲之怛然耳니라

부(賦)이다. '발(發)'은 바람이 나부끼고 드날리는 모양이요, '걸(偈)'은 수레를 빨리 모는 모양이다. '주도(周道)'는 주나라로 가는 길이다. '달(怛)'은 서글퍼함이다.

○ 주(周)나라 왕실이 쇠미(衰微)하니, 현인(賢人)이 근심하고 탄식하여 이 시(詩)를 지은 것이다. 평상시에는 바람이 몹시 불고 수레를 급히 몰면 중심이 두근거렸었는데, 지금은 바람이 몰아쳐서도 아니요 수레가 빨리 달려서도 아니요, 다만 주나라로 가는 길을 돌아보고는 왕실이 침체함을 생각하므로 중심이 이 때문에 두근거린다고 말한 것이다.

② 匪風飄[符遙反 叶匹妙反]兮, 匪車嘌[匹遙反 叶匹妙反]兮. 顧瞻周道, 中心弔兮.

匪風飄兮며	바람이 몰아쳐서도 아니요
匪車嘌(표)兮라	수레가 흔들려서도 아니라
顧瞻周道요	주나라로 가는 길 돌아보고는
中心弔兮호라	중심에 서글퍼하노라

··· 偈 : 빠를 걸　嘌 : 몰아갈 표　弔 : 상심할 조

17

檜風
匪風

賦也라 回風을 謂之飄라 嘌는 漂搖不安之貌라 弔亦傷也라

　　부(賦)이다. 회오리바람을 '표(飄)'라 이른다. '표(嘌)'는 표요(漂搖)하여 편안하지 못한 모양이다. '조(弔)' 또한 서글퍼함이다.

③ 誰能亨〔普庚反〕魚, 漑〔古愛反〕之釜〔符甫反〕鬵〔音尋〕. 誰將西歸, 懷之好音.

　　誰能亨(팽)魚오　　　　　　　누가 물고기를 요리하는고
　　漑之釜鬵(심)호리라　　　　　작은 가마솥과 큰 가마솥을 씻어주리라
　　誰將西歸오　　　　　　　　　누가 장차 서쪽으로 돌아가려는고
　　懷之好音호리라　　　　　　　그를 좋은 목소리로 위로하리라

興也라 漑는 滌也라 鬵은 釜屬이라 西歸는 歸于周也라
○ 誰能亨魚乎아 有則我願爲之漑其釜鬵이요 誰將西歸乎아 有則我願慰之以好音이라하니 以見(현)思之之甚하여 但有西歸之人이면 卽思有以厚之也라

　　흥(興)이다. '개(漑)'는 씻음이다. '심(鬵)'은 가마솥의 등속이다. '서귀(西歸)'는 주나라로 돌아감이다.
　　○ "누가 능히 물고기를 요리하겠는가, 요리하는 자가 있으면 내 그를 위하여 그 가마솥과 큰 가마솥을 씻어주기를 원하노라. 누가 장차 서쪽으로 돌아가려는가, 돌아가는 자가 있으면 내 좋은 목소리를 위로하기를 원하노라." 하였으니, 생각하기를 심히 함을 나타내어 다만 서쪽으로 돌아가는 사람이 있으면 곧 그를 후대(厚待)할 것을 생각한 것이다.

匪風三章이니 章四句라
　　〈비풍(匪風)〉은 3장이니, 장마다 4구이다.

【毛序】 匪風은 思周道也라 國小政亂하니 憂及禍難하여 而思周道焉하니라
　　〈비풍〉은 주나라의 도(道;정교(政敎))를 생각한 시(詩)이다. 나라가 작고 정사가 혼란하니, 화난(禍難)에 미칠까 근심하여 주나라 도(道)를 생각한 것이다.
【辨說】 詩言周道는 但謂適周之路니 如四牡所謂周道倭遲耳라 序言思周道者는 蓋不達此意也라

··· 亨 : 삶을 팽(烹同) 漑 : 씻을 개 鬵 : 큰가마솥 심

시에서 말한 주도(周道)는 다만 주(周)나라로 가는 길을 말한 것이니, 〈소아(小雅) 사무(四牡)〉에서 이른바 '주나라를 가는 길이 굽어있다.〔周道倭遲〕'는 것과 같을 뿐이다. 그런데 〈서〉에서 '주나라 도를 생각함을 말했다.'고 한 것은 이 뜻을 통달하지 못한 것이다.

檜國은 四篇이니 十二章이요 四十五句라

　〈회풍(檜風)〉은 4편이니, 12장이고 45구이다.

〈조풍(曹風)〉1-14[一之十四]

曹는 國名이니 其地在禹貢兗州陶丘之北, 雷夏, 何[菏]澤之野라 周武王이 以封
其弟振鐸하니 今之曹州 卽其地也라

　　조(曹)는 국명이니, 그 지역은 〈우공(禹貢)〉의 연주(兗州)인 도구현(陶丘縣)의 북
쪽, 뇌하택(雷夏澤)·가택(菏澤)의 들에 있었다. 주 무왕(周武王)이 이 곳으로써 아
우 진탁(振鐸)을 봉했으니, 지금의 조주(曹州)가 바로 이 지역이다.

1. 부유(蜉蝣)

① 蜉蝣之羽, 衣裳楚楚[叶創擧反]. 心之憂矣, 於我歸處.

蜉蝣之羽여	하루살이의 깃이여
衣裳楚楚로다	의상이 선명하도다
心之憂矣로니	마음에 근심하노니
於我歸處어다	나에게 돌아와 거처할지어다

比也라 蜉蝣는 渠略也니 似蛣蜣(길강)하니 身狹而長角이요 黃黑色이니 朝生暮死
라 楚楚는 鮮明貌라
○ 此詩는 蓋以時人有玩細娛而忘遠慮者라 故로 以蜉蝣爲比而刺之라 言蜉蝣
之羽翼은 猶衣裳之楚楚하여 可愛也라 然이나 其朝生暮死하여 不能久存이라 故로
我心憂之하여 而欲其於我歸處耳라 序以爲刺其君이라하니 或然而未有考也니라

　　비(比)이다. '부유(蜉蝣:하루살이)'는 거략(渠略)이니, 길강(蛣蜣:장구벌레(모기의 유
충))과 비슷한데, 몸이 좁고 촉각이 길며 황흑색(黃黑色)이니, 아침에 났다가 저녁
에 죽는다. '초초(楚楚)'는 선명(鮮明)한 모양이다.

　　○ 이 시(詩)는 당시 사람 중에 작은 즐거움을 좋아하고 원대(遠大)한 생각을 잊
은 자가 있었다. 그러므로 하루살이로써 비유하여 풍자한 것이다. "하루살이의 깃
과 날개는 사람의 의상(衣裳)이 초초(楚楚)함과 같아서 사랑할 만하다. 그러나 아

··· 菏 : 물이름 가　鐸 : 방울 탁　蜉 : 하루살이 부　蝣 : 하루살이 유　楚 : 고울 초　蛣 : 장구벌레 길
　　蜣 : 쇠똥구리 강

침에 났다가 저녁에 죽어 오래 생존하지 못한다. 그러므로 내 마음에 이를 근심하여 나에게 돌아와 거처하게 하고자 한다."고 말한 것이다. 《모서(毛序)》에 "그 군주(소공(昭公))를 풍자한 시이다." 하였으니, 혹 옳을 듯하나 분명한 고증이 있지 못하다.

② 蜉蝣之翼, 采采衣服〔叶蒲北反〕. 心之憂矣, 於我歸息.

蜉蝣之翼이여	하루살이의 날개여
采采衣服이로다	화려한 의복이로다
心之憂矣로니	마음에 근심하노니
於我歸息이어다	나에게 돌아와 쉴지어다

比也라 采采는 華飾也라 息은 止也라
　비(比)이다. '채채(采采)'는 화려하게 꾸밈이다. '식(息)'은 그침(쉼)이다.

③ 蜉蝣掘〔求勿反〕閱, 麻衣如雪. 心之憂矣, 於我歸說〔音稅 叶輸爇反〕.

蜉蝣掘閱하니	하루살이가 처음 나오니
麻衣如雪이로다	삼베옷이 눈처럼 깨끗하도다
心之憂矣로니	마음에 근심하노니
於我歸說(세)어다	나에게 돌아와 머물지어다

比也라 掘閱은 未詳이라 說는 舍息也라
　비(比)이다. '굴열(掘閱)'은 미상이다. '세(說)'는 머물러 쉬는 것이다.

蜉蝣三章이니 章四句라
　〈부유(蜉蝣)〉는 3장이니, 장마다 4구이다.

【毛序】 蜉蝣는 刺奢也라 昭公이 國小而迫이어늘 無法以自守하고 好奢而任小人하여 將無所依焉하니라

••• 掘 : 팔 굴 閱 : 볼 열 說 : 머무를 세

〈부유〉는 사치함을 풍자한 시(詩)이다. 소공(昭公)은 나라가 작고 큰 나라에 압박을 받고 있는데도 법(法)을 스스로 지킴이 없고 사치함을 좋아하며 소인을 임용하여 장차 의지할 곳이 없게 되었다.

【辨說】 言昭公은 未有考라

소공(昭公)이라고 말한 것은 상고함이 있지 못하다.

2. 후인(候人)

① 彼候人兮, 何〔何可反〕戈與祋〔都律都外二反〕. 彼其〔音記〕之子, 三百赤芾〔芳勿蒲昧二反〕.

彼候人兮는	저 후인은
何(荷)戈與祋(대)어니와	창과 창대를 메려니와
彼其之子는	저기 그 사람들은
三百赤芾(불)이로다	붉은 슬갑을 착용한 자가 삼백 명이로다

興也라 候人은 道路迎送賓客之官이라 何는 揭요 祋은 殳(수)也라 之子는 指小人이라 芾(戟)은 冕服之韠也라 一命은 縕芾黝珩(유형)이요 再命은 赤芾黝珩이요 三命은 赤芾蔥珩이며 大夫以上은 赤芾乘軒이라

○ 此는 刺其君遠君子而近小人之詞라 言彼候人而何戈與祋者는 宜也어니와 彼其之子而三百赤芾은 何哉오 晉文公入曹에 數其不用僖負羈而乘軒者三百人[2]하니 其謂是歟인저

흥(興)이다. '후인(候人)'은 도로에서 손님을 맞이하고 전송하는 관원이다. '하(何)'는 멤이요, '대(祋:창과 비슷한 몽둥이)'는 창이다. '지자(之子)'는 소인을 가리킨다. '불(芾)'은 면복(冕服)의 슬갑이다. 일명(一命)은 주황색 슬갑에 검은 패옥을 차

••••••
2 晉文公入曹 數其不用僖負羈 而乘軒者三百人 : 희부기(僖負羈)는 조(曹)나라의 어진 대부이며, 승헌(乘軒)은 초헌(軺軒)을 대부가 타는 것이다. 진 문공(晉文公)이 당시 조나라에 쳐들어 가서 조나라 군주에게 희부기를 등용하지 않고 소인으로서 〈대부의〉 초헌을 타는 자가 3백 명이 됨을 수죄(數罪)하였는바, 이 내용이 《춘추좌씨전》 희공(僖公) 28년에 보인다.

••• 何 : 멜 하(荷同) 祋 : 창대 대 芾 : 슬갑 불(패) 揭 : 등에멜 게 殳 : 창 수 黝 : 검을 유 珩 : 패옥 형
僖 : 즐거울 희 羈 : 맬 기

고, 재명(再命)은 붉은 슬갑에 검은 패옥을 차고, 삼명(三命)은 붉은 슬갑에 푸른 패옥을 차며, 대부 이상은 붉은 슬갑에 수레를 탄다.

    ○ 이는 군주가 군자를 멀리하고 소인을 가까이함을 풍자한 말이다. "저 후인으로서 창과 창대를 멤은 당연하지만, 저 소인으로서 붉은 슬갑을 착용한 자가 3백 명이나 됨은 어째서인가?"라고 말한 것이다. 진 문공(晉文公)이 조나라에 쳐들어갔을 때 〈조나라 임금에게〉 희부기(僖負羈)를 등용하지 않고 수레를 타는 자가 3백 명이나 됨을 수죄(數罪)하였으니, 이것을 말함일 것이다.

② 維鵜〔徒低反〕在梁, 不濡其翼. 彼其之子, 不稱〔尺證反〕其服〔叶蒲北反〕.

維鵜(제)在梁하니	도요새가 어량(魚梁)에 있으니
不濡其翼이로다	그 날개를 적시지 않도다
彼其之子여	저기 그 사람이여
不稱其服이로다	그 의복에 걸맞지 않도다

興也라 鵜는 洿澤이니 水鳥也니 俗所謂淘河也라
    흥(興)이다. '제(鵜;도요새, 사다새)'는 오택(洿澤)으로 물새이니, 세속에 이른바 도하(淘河)라는 것이다.

③ 維鵜在梁, 不濡其咮〔陟救反〕. 彼其之子, 不遂其媾〔古豆反〕.

維鵜在梁하니	도요새가 어량에 있으니
不濡其咮(주)로다	그 부리를 적시지 않도다
彼其之子여	저기 그 사람이여
不遂其媾로다	그 총애에 걸맞지 않도다

興也라 咮는 喙(훼)라 遂는 稱이요 媾는 寵也라 遂之曰稱은 猶今人謂遂意曰稱意라
    흥(興)이다. '주(咮)'는 부리이다. '수(遂)'는 걸맞음이요, '구(媾)'는 총애함이다. 이루는 것을 칭(稱)이라 함은 지금 사람들이 뜻을 이룸을 칭의(稱意)라고 말하는 것과 같다.

••• 鵜 : 사다새 제 稱 : 걸맞을 칭 洿 : 웅덩이 오 淘 : 물흐를 도 咮 : 새부리 주 媾 : 총애할 구 喙 : 부리 훼

④ 薈〔烏會反〕兮蔚〔於貴反〕兮, 南山朝隮〔子兮反〕. 婉〔於阮反〕兮變〔力轉反〕兮, 季女斯飢.

薈(회)兮蔚(위)兮	울창하고 무성한
南山朝隮(제)로다	남산에 아침 구름 기운이 올라가도다
婉兮變兮	어리고 예쁜 소녀가
季女斯飢로다	이제 굶주리도다

比也라 薈, 蔚는 草木盛多之貌라 朝隮는 雲氣升騰也라 婉은 少貌요 變은 好貌라
○ 薈蔚朝隮는 言小人衆多而氣燄盛也요 季女婉變自保하여 不妄從人이어늘 而反飢困은 言賢者守道而反貧賤也라

비(比)이다. '회(薈)'와 '위(蔚)'는 초목이 무성하고 많은 모양이다. '조제(朝隮)'는 구름 기운이 위로 올라가는 것이다. '완(婉)'은 어린 모양이요, '련(變)'은 아름다운 모양이다.

○ 초목이 울창한 남산에 아침 구름 기운이 올라감은 소인이 많아 기염(氣燄)이 성함을 말한 것이요, 소녀가 어리고 예쁘며 스스로 보전하여 망령되이 남(남자)을 따르지 않는데 도리어 굶주리고 곤궁함은 현자(賢者)가 도(道)를 지키다가 도리어 빈천(貧賤)해짐을 말한 것이다.

候人四章이니 章四句라
〈후인(候人)〉은 4장이니, 장마다 4구이다.

【毛序】候人은 刺近小人也니 共公이 遠君子而好近小人焉하니라
〈후인〉은 군주가 소인을 가까이 함을 풍자한 시(詩)이니, 공공(共公)이 군자를 멀리하고 소인을 좋아하고 가까이 하였다.
【辨說】此詩는 但以三百赤芾이 合於左氏所記晉侯入曹之事[3]라하여 序逐以爲共

------

3 三百赤芾 合於左氏所記晉侯入曹之事 : '적불(赤芾)'은 대부(大夫) 이상이 착용하는 관복의 하나인데, 〈후인(候人)〉에 "저 그 사람은 적불한 자가 3백 명이로다.[彼其之子, 三百赤芾.]"라 하여 소인을 많이 등용함을 풍자하였다. 진후(晉侯:문공(文公))가 조(曹)나라에 쳐들어간 일과 부합한다

··· 薈 : 풀우거질 회 蔚 : 풀우거질 위 隮 : 노을 제 婉 : 아름다울 완 燄 : 불꽃 염(焰同)

公하니 未知然否로라

　이 시는 다만 삼백 명이 적불(赤芾)을 입었다는 것이 《춘추좌씨전》에 기록한 진후(晉侯;진 문공)가 조(曹)나라에 쳐들어간 일과 부합한다 하여 〈서〉에 마침내 공공(共公)이라 하였으니, 이것이 옳은지는 알 수 없다.

3. 시구(鳲鳩)

① 鳲鳩在桑, 其子七兮. 淑人君子, 其儀一兮. 其儀一兮, 心如結〔叶訖力反〕兮.

鳲鳩在桑하니	뻐꾸기가 뽕나무에 있으니
其子七兮로다	그 새끼가 일곱이로다
淑人君子여	선(善)하신 군자여
其儀一兮로다	그 위의(威儀)가 한결같도다
其儀一兮하니	그 위의가 한결같으니
心如結兮로다	마음이 맺혀 있는 듯하도다

興也라 鳲鳩는 秸鞠也니 亦名戴勝이니 今之布穀也라 飼子에 朝從上下하고 暮從下上하여 平均如一也라 如結은 如物之固結而不散也라
○ 詩人이 美君子之用心均平專一이라 故로 言鳲鳩在桑하니 則其子七矣요 淑人君子는 則其儀一矣니 其儀一이면 則心如結矣라 然이나 不知其何所指也로라 陳氏曰 君子動容貌에 斯遠暴慢하며 正顔色에 斯近信하며 出辭氣에 斯遠鄙倍(背)하여 其見(현)於威儀動作之間者 有常度矣니 豈固爲是拘拘者哉리오 蓋和順積中하여 而英華發外라 是以로 由其威儀一於外하여 而心如結於內者를 從可知也니라

　흥(興)이다. '시구(鳲鳩)'는 길국(秸鞠;뻐꾸기의 일종)이니, 또한 대승(戴勝)이라고

● ● ● ● ● ●
는 것은 《춘추좌씨전》 희공(僖公) 28년에 진후가 당시 조나라에 쳐들어가서 조나라 군주에게 희부기(僖負羈)를 등용하지 않고, 소인으로서 〈대부의〉 초헌을 타는 자가 3백 명이 됨을 수죄(數罪)한 일과 부합함을 가리킨다.

● ● ●　鳲:뻐꾸기 시　秸:뻐꾸기 길

도 하니, 지금의 포곡(布穀)이다. 새끼를 먹일 적에 먹이는 순서가 아침에는 위로부터 아래로 내려오고, 저녁에는 아래로부터 위로 올라가, 균일(均一)하여 똑같다. '여결(如結)'은 물건이 굳게 맺혀 있어서 흩어지지 않음과 같은 것이다.

○ 시인(詩人)이 군자의 마음씀이 균평(均平)하고 전일(專一)함을 찬미하였다. 그러므로 "뻐꾸기가 뽕나무에 있는데 그 새끼가 일곱이며 숙인 군자(淑人君子)는 그 위의가 한결같으니, 그 위의가 한결같으면 마음이 맺혀 있는 것과 같다."고 말한 것이다. 그러나 그 무엇을 가리킨 것인지는 알지 못하겠다.

진씨(陳氏)가 말하였다. "군자가 용모를 움직임에 포악하고 태만함을 멀리하며, 얼굴빛을 바룸에 진실함에 가깝게 하며, 말을 냄에 비루하고 이치에 어긋남을 멀리하여, 그 위의와 동작(動作)의 사이에 나타나는 것이 떳떳한 법도가 있으니, 이 어찌 진실로 구구(拘拘)히 이것을 하겠는가. 이는 화순(和順)이 가슴 속에 쌓임에 영화(英華;외모의 아름다움)가 외모에 나타나는 것이다. 이 때문에 그 위의가 외모에 한결같음으로 말미암아 마음이 안에 맺혀 있는 것과 같음을 따라서 알 수 있는 것이다."

② 鳲鳩在桑, 其子在梅〔叶莫悲反〕. 淑人君子, 其帶伊絲〔叶新齎反〕. 其帶伊絲, 其弁伊騏〔音其〕.

鳲鳩在桑하니	뻐꾸기가 뽕나무에 있으니
其子在梅로다	그 새끼는 매화나무에 있도다
淑人君子여	선하신 군자여
其帶伊絲로다	그 띠를 실로 만들었도다
其帶伊絲니	그 띠를 실로 만들었으니
其弁伊騏(기)로다	그 피변(皮弁)은 얼룩무늬로다

興也라 鳲鳩는 常言在桑하고 其子는 每章異木하니 子自飛去호되 母常不移也라 帶는 大帶也라 大帶는 用素絲하니 有雜色飾焉이라 弁은 皮弁也라 騏는 馬之靑黑色者니 弁之色이 亦如此也라 書云 四人騏弁이라하니 今作綦하니라
○ 言鳲鳩在桑하니 則其子在梅矣요 淑人君子는 則其帶伊絲矣니 其帶伊絲면 則其弁伊騏矣라하니 言有常度하여 不差忒也라

••• 弁 : 고깔 변 騏 : 얼룩말 기 綦 : 얼룩빛 기

흥(興)이다. 시구(鳲鳩)는 항상 뽕나무에 있다고 말하고 그 새끼는 매 장(章)마다 나무를 달리하였으니, 이는 새끼는 제 스스로 날아가나 어미는 항상 옮겨가지 않은 것이다. '대(帶)'는 대대(大帶)이다. 대대는 흰 실을 사용하는데, 여러 색깔로 꾸밈이 있다. '변(弁)'은 피변(皮弁)이다. '기(騏)'는 말이 청흑색(靑黑色)인 것이니, 피변의 색깔이 또한 이와 같은 것이다. 《서경》〈고명(顧命)〉에 '네 사람이 청흑색인 피변을 썼다.〔四人騏弁〕'라고 하였는데, 지금에는 기(騏)가 기(綦)로 되어 있다.

○ "시구(鳲鳩)가 뽕나무에 있는데 그 새끼는 매화나무에 있으며, 숙인 군자는 그 띠를 실로 만들었으니, 그 띠를 실로 만들었으면 그 피변(皮弁)은 얼룩색이다."라고 말한 것이다. 이는 떳떳한 법도가 있어 어긋나지 않음을 말한 것이다.

③ 鳲鳩在桑, 其子在棘. 淑人君子, 其儀不忒〔它得反〕, 其儀不忒, 正是四國〔叶于逼反〕.

鳲鳩在桑하니	뻐꾸기가 뽕나무에 있으니
其子在棘이로다	그 새끼는 가시나무에 있도다
淑人君子여	선하신 군자여
其儀不忒(특)이로다	그 위의가 어긋나지 않도다
其儀不忒하니	그 위의가 어긋나지 않으니
正是四國이로다	사방 나라를 바로잡으리로다

興也라 有常度而其心一이라 故로 儀不忒이니 儀不忒이면 則足以正四國矣라 大學傳曰 其爲父子兄弟足法而後에 民法之也라하니라

흥(興)이다. 떳떳한 법도가 있어서 그 마음이 전일(專一)하기 때문에 위의가 어긋나지 않으니, 위의가 어긋나지 않으면 충분히 사국(四國)을 바로잡을 수 있는 것이다. 《대학장구(大學章句)》 전문(傳文) 10장에 "그 부자(父子)와 형제가 된 자가 충분히 본받을 만한 뒤에야 백성이 본받는다." 하였다.

④ 鳲鳩在桑, 其子在榛〔側巾反〕. 淑人君子, 正是國人. 正是國人, 胡不萬年〔叶尼因反〕.

··· 忒 : 어그러질 특 棘 : 가시나무 극 榛 : 개암나무 진

鳲鳩在桑하니	뻐꾸기가 뽕나무에 있으니
其子在榛이로다	그 새끼는 개암나무에 있도다
淑人君子여	선하신 군자여
正是國人이로다	이 나라 사람들을 바로잡으리로다
正是國人하니	이 나라 사람들을 바로잡으니
胡不萬年이리오	어찌 만 년을 누리지 않으리오

興也라 儀不忒이라 故로 能正國人이라 胡不萬年은 願其壽考之詞也라

흥(興)이다. 위의가 어긋나지 않기 때문에 나라 사람을 바로잡을 수 있는 것이다. '호불만년(胡不萬年)'은 그 수고(壽考)하기를 원하는 말이다.

鳲鳩四章이니 章六句라

〈시구(鳲鳩)〉는 4장이니, 장마다 6구이다.

【毛序】 鳲鳩는 刺不壹也니 在位無君子하여 用心之不壹也라

〈시구〉는 마음이 한결같지 않음을 풍자한 시(詩)이니, 지위에 있는 자 중에 군자가 없어 마음을 씀이 한결같지 못하였다.

【辨說】 此는 美詩요 非刺詩라

이는 찬미한 시이고, 풍자한 시가 아니다.

4. 하천(下泉)

① 冽[音列]彼下泉, 浸彼苞稂[音郎]. 愾[苦愛反]我寤嘆, 念彼周京[叶居良反].

冽(열)彼下泉이여	차가운 저 하천이여
浸彼苞稂(랑)이로다	우북한 가라지를 침몰시키도다
愾(개)我寤嘆하여	아, 내 잠깨어 탄식하여
念彼周京호라	저 주나라 서울을 생각하노라

··· 冽 : 차가울 렬 苞 : 더부룩이날 포 稂 : 가라지 랑 愾 : 성낼 개

比而興也라 冽은 寒也라 下泉은 泉下流者也라 苞는 草叢生也라 稂은 童粱이니 莠
(유)屬也라 愾는 歎息之聲也라 周京은 天子所居也라

○ 王室陵夷하여 而小國困弊라 故로 以寒泉下流而苞稂見傷爲比하고 遂興其愾
然以念周京也라

   비이흥(比而興)이다. '열(冽)'은 차가움이다. '하천(下泉)'은 샘물이 아래로 흐르
는 것이다. '포(苞)'는 풀이 총생(叢生)함이다. '랑(稂)'은 동량(童粱)이니, 가라지(피)
의 등속이다. '개(愾)'는 탄식하는 소리이다. '주경(周京)'은 천자가 거처하는 곳이다.
   ○ 왕실(王室)이 능이(陵夷:침체)하여 약소국이 곤폐(困弊)를 당하였다. 그러므로
차가운 시냇물이 아래로 흘러 우북히 자라는 가라지가 해로움을 당함을 비(比)하
고 마침내 개연히 주나라 서울을 생각함을 흥(興)한 것이다.

② 冽彼下泉, 浸彼苞蕭[叶疎鳩反]. 愾我寤嘆, 念彼京周.

   冽彼下泉이여   차가운 저 하천이여
   浸彼苞蕭로다   우북한 쑥을 침몰시키도다
   愾我寤嘆하여   아, 내 잠깨어 탄식하여
   念彼京周호라   저 주나라 서울을 생각하노라

比而興也라 蕭는 蒿也라 京周는 猶周京也라
   비이흥(比而興)이다. '소(蕭)'는 쑥이다. '경주(京周)'는 주경(周京)과 같다.

③ 冽彼下泉, 浸彼苞蓍[音尸]. 愾我寤嘆, 念彼京師[叶霜夷反].

   冽彼下泉이여   차가운 저 하천이여
   浸彼苞蓍(시)로다   우북한 시초(蓍草)를 침몰시키도다
   愾我寤嘆하여   아, 내 잠깨어 탄식하여
   念彼京師호라   저 경사를 생각하노라

比而興也라 蓍는 筮草也라 京師는 猶京周也니 詳見大雅公劉篇하니라
   비이흥(比而興)이다. '시(蓍)'는 《주역》점을 점치는 풀이다. '경사(京師)'는 경주

 ··· 莠: 가라지 유 蕭: 쑥 소 蓍: 시초풀 시 筮: 시초점 서

(京周)와 같으니, 자세한 내용은 〈대아(大雅) 공류(公劉)〉편에 보인다.

④ 芃芃〔薄工反〕黍苗, 陰雨膏〔古報反〕之. 四國有王, 郇〔音荀〕伯勞〔力報反〕之.

芃(봉)芃黍苗를   무성히 자라는 기장 싹을
陰雨膏之니라   단비가 적셔주었도다
四國有王이어시늘   사방 나라에 왕(王)이 계시거늘
郇(순)伯勞之러니라   순백(郇伯)이 또 위로하셨더니라

比而興也라 芃芃은 美貌라 郇伯은 郇侯니 文王之後로 嘗爲州伯하여 治諸侯有功
하니라
○ 言黍苗旣芃芃然矣어늘 又有陰雨以膏之요 四國旣有王矣어늘 而又有郇伯以
勞之하니 傷今之不然也라

비이흥(比而興)이다. '봉봉(芃芃)'은 아름다운 모양이다. '순백(郇伯)'은 순후(郇
侯)이니, 문왕의 후손으로 일찍이 주백(州伯)이 되어 제후를 다스려 공(功)이 있었다.
　○ 기장 싹이 이미 무성히 자랐는데 또 음우(陰雨)가 적셔줌이 있었고, 사방 나
라에 이미 왕이 있는데 또 순백(郇伯)이 위로함이 있었음을 말하였으니, 지금은
그렇지 못함을 서글퍼한 것이다.

下泉四章이니 章四句라
　〈하천(下泉)〉은 4장이니, 장마다 4구이다.
程子曰 易剝之爲卦也 諸陽消剝已盡하고 獨有上九一爻尙存하니 如碩大之果不
見食하여 將有復生之理하니 上九亦變이면 則純陰矣[4]라 然이나 陽無可盡之理하니
變於上則生於下하여 無間可容息也라 陰道極盛之時엔 其亂을 可知니 亂極則自
當思治라 故로 衆心願戴於君子하니 君子得輿[5]也라 詩匪風、下泉이 所以居變風

‧‧‧‧‧‧
4　易剝之爲卦也……則純陰矣:박괘(剝卦 ䷖)는 아래에 다섯 음효(陰爻)가 점점 자라고 위의 상
구(上九) 한 효가 남아 있는데, 십이벽괘(十二辟卦)로 보면 9월에 해당한다. 이에 다시 한 달이 지
나면 순음괘(純陰卦)인 곤괘(坤卦 ䷁)의 10월이 되고 다시 한 달이 지나면 복괘(復卦 ䷗)가 되어
양효(陽爻) 하나가 아래에서 생겨난다.

5　君子得輿:여(輿)는 수레로, 여러 사람이라는 뜻을 내포하는바, 군자가 여러 사람의 추대를 받

‧‧‧ 芃 : 우거질 봉 郇 : 순나라 순

之終也니라

○ 陳氏曰 亂極而不治하고 變極而不正이면 則天理滅矣요 人道絶矣라 聖人이 於變風之極에 則係以思治之詩하여 以示循環之理하시니 以言亂之可治, 變之可正也니라

정자(程子)가 말씀하였다. "《주역》의 박괘(剝卦 ☶☷)는 여러 양(陽)이 모두 다 소박(消剝:사라지고 침삭당함)하고, 오직 상구(上九) 한 효(爻)만이 아직 남아 있으니, 이는 마치 큰 과일이 먹힘을 당하지 않아서 장차 다시 생겨날 이치가 있는 것과 같다. 상구 또한 변하면 순음(純陰:곤(坤 ☷))이 된다. 그러나 양(陽)은 다하는 이치가 없으니, 위에서 변하면 아래에서 생겨나서(복(復 ☳)이 됨), 한 순간도 쉴 수가 없는 것이다. 음도(陰道)가 지극히 성한 때에는 그 혼란함을 알 수 있으니, 난(亂)이 극에 달하면 절로 마땅히 다스려지기를 생각한다. 그러므로 여러 사람들의 마음이 군자를 떠받들기를 원하니, 이는 군자가 수레를 얻는 것이다. 《시경》의 〈비풍(匪風)〉과 〈하천(下泉)〉이 이 때문에 변풍(變風)의 맨마지막에 있는 것이다."

○ 진씨(陳氏)가 말하였다. "난(亂)이 극에 이르러도 다스려지지 못하고, 변(變)이 극에 이르러도 바루어지지 못하면 천리(天理)가 멸(滅)하고 인도(人道)가 끊기게 된다. 성인(聖人)이 변풍(變風)의 마지막에 다스려지기를 생각하는 시(詩)를 달아서, 순환(循環)하는 이치를 보여주셨으니, 난(亂)을 다스릴 수 있고, 변(變)을 바로잡을 수 있음을 말씀한 것이다."

【毛序】 下泉은 思治也라 曹人이 疾共公侵刻其下w民하여 不得其所하고 憂而思明王賢伯也하니라

〈하천(下泉)〉은 나라가 다스려짐을 생각한 시(詩)이다. 조(曹)나라 사람들은 공공(共公)이 아래 백성들을 침해(侵害)해서 살 곳을 얻지 못함을 미워하고, 근심하여 명왕(明王)과 현백(賢伯;어진 방백(方伯))을 생각한 것이다.

【辨說】 曹無他事可考요 序因候人하여 而遂以爲共公이라 然此乃天下之大勢니 非共公之罪也라

......
아 높은 지위에 오름을 뜻한다. 《주역》〈박괘(剝卦)〉 상구 효사(上九爻辭)에 "상구는 큰 과일이 먹히지 않음이니, 군자는 수레를 얻고 소인은 집을 허물리라.[上九碩果不食, 君子得輿, 小人剝廬.]"라고 보인다.

조(曹)나라는 상고할 만한 딴 일이 없고, 〈서〉는 〈앞의〉 〈후인(候人)〉을 인하여 마침내 '공공(共公)'이라 하였다. 그러나 이 〈처럼 정사가 쇠미한〉 것은 바로 천하의 대세(大勢)가 그러한 것이니, 공공의 죄(책임)만은 아니다.

曹國은 四篇이니 十五章이요 六十八句라

〈조풍(曹風)〉은 4편이니, 15장이고 68구이다.

〈빈풍(豳風)〉 1-15[一之十五]

豳은 國名이니 在禹貢雍州岐山之北, 原隰之野라 虞、夏之際에 棄爲后稷하여 而封於邰러니 及夏之衰하여 棄稷不務한대 棄子不窋(줄)이 失其官守하고 而自竄於戎狄之間하니라 不窋生鞠陶하고 鞠陶生公劉하니 能復修后稷之業하여 民以富實이라 乃相土地之宜하여 而立國於豳(빈)之谷焉이러니 十世而大(太)王이 徙居岐山之陽하고 十二世而文王이 始受天命하고 十三世而武王이 遂爲天子하니라 武王崩하고 成王立에 年幼하여 不能涖阼(리조)어늘 周公旦이 以冢宰攝政하사 乃述后稷、公劉之化하여 作詩一篇하여 以戒成王하시니 謂之豳風이요 而後人이 又取周公所作과 及凡爲周公而作之詩하여 以附焉하니라 豳은 在今邠(빈)州三水縣이요 邰는 在今京兆府武功縣하니라

빈(豳)은 국명이니, 〈우공(禹貢)〉의 옹주(雍州)인 기산(岐山)의 북쪽, 원습(原隰)의 들에 있었다. 우(虞)·하(夏)의 즈음에 기(棄)가 후직(后稷)이 되어 태(邰)나라에 봉해졌었는데, 하(夏)나라가 쇠함에 이르러 직(稷)의 직무를 폐기하고 힘쓰지 않자, 기(棄)의 아들 불줄(不窋)이 마침내 관수(官守)를 잃고 스스로 융적(戎狄)의 사이로 도망하였다. 불줄이 국도(鞠陶)를 낳고, 국도가 공류(公劉)를 낳았는데, 공류가 다시 후직의 업(業)을 닦아서 백성들이 이로 말미암아 부유하고 충실해졌다. 이에 토지의 마땅함(좋음)을 살펴 빈(豳) 땅의 골짜기에 나라를 세웠다. 10세(世)에 태왕(太王)이 기산(岐山)의 남쪽으로 옮기고, 12세에 문왕(文王)이 처음으로 천명(天命)을 받고, 13세에 무왕(武王)이 마침내 천자가 되었다.

무왕이 붕(崩)하고 성왕(成王)이 즉위하였는데, 나이가 어려서 동쪽 섬뜰에 임하여 임금의 일을 행하지 못하자, 주공 단(周公旦)이 총재(冢宰)로서 섭정하면서 마침내 후직과 공류의 교화를 서술하여 시(詩) 한 편(〈칠월〉)을 지어 성왕을 경계하셨으니, 이것을 〈빈풍(豳風)〉이라 하고, 후인들이 또 주공이 지은 것(〈치효〉와 〈동산〉)과 모든 주공을 위하여 지은 시(〈벌가〉·〈파부〉·〈구역〉·〈낭발〉)를 취해서 뒤에 붙였다. 빈(豳)은 지금의 빈주(邠州) 삼수현(三水縣)에 있었고, 태(邰)는 지금의 경조부(京兆府) 무공현(武功縣)에 있었다.

··· 豳 : 나라이름 빈(邠同) 窋 : 산뾰족히내밀 줄 竄 : 숨을 찬 冢 : 맏 총 邠 : 나라이름 빈

1. 칠월(七月)

① 七月流火﹝叶虎委反﹞, 九月授衣﹝叶上聲﹞. 一之日觱﹝音必﹞發﹝叶方吠反﹞, 二
之日栗烈﹝叶力制反﹞. 無衣無褐﹝音曷 叶許例反﹞, 何以卒歲.﹝或日 發烈褐皆如字 而
歲讀如雪﹞ 三之日于耜﹝叶羊里反﹞, 四之日舉趾. 同我婦子﹝叶獎里反﹞, 饁﹝炎輒
反﹞彼南畝﹝叶滿彼反﹞. 田畯﹝音俊﹞至喜.

七月流火어든	칠월에 대화심성(大火心星)이 서쪽으로 내려가면
九月授衣하나니라	구월에는 새 옷을 만들어 주느니라
一之日觱(필)發하고	일양(一陽)의 날(달)에는 바람이 차갑고
二之日栗烈하나니	이양(二陽)의 날에는 기온이 차가우니
無衣無褐(갈)이면	옷이 없고 모포가 없으면
何以卒歲리오	어떻게 한 해를 마치리오
三之日于耜(사)요	삼양(三陽)의 날에 가서 쟁기를 수선하고
四之日舉趾어든	사양(四陽)의 날에 발꿈치를 들고 밭 갈러 가면
同我婦子하여	우리 처자식과 함께
饁(엽)彼南畝하니(커든)	저 남쪽 이랑으로 들밥을 내가니
田畯(준)至喜하나니라	권농관(勸農官)이 와서 기뻐하느니라

賦也라 七月은 斗建申之月이니 夏之七月也라 後凡言月者放此하니라 流는 下也
라 火는 大火心星也니 以六月之昏에 加於地之南方하나니 至七月之昏이면 則下而
西流矣라 九月에 霜降始寒이요 而蠶績之功亦成이라 故로 授人以衣하여 使禦寒也
라 一之日은 謂斗建子니 一陽之月[6]이요 二之日은 謂斗建丑이니 二陽之月也라 變

••••••
6 一陽之月:1년 12개월을 《주역》의 괘(卦)에 맞춘 것으로 동지(冬至)에 양효(陽爻;─) 하나가 처
음 생기기 때문에 동짓달을 가리킨 것이다. 월별(月別)로 보면 동짓달은 일양지월(一陽之月)로 복
괘(復卦 ䷗), 섣달은 이양지월(二陽之月)로 림괘(臨卦 ䷒), 정월(正月)은 삼양지월(三陽之月)로 태
괘(泰卦 ䷊), 2월은 대장괘(大壯卦 ䷡), 3월(三月)은 쾌괘(夬卦 ䷪), 4월은 순양지월(純陽之月)
로 건괘(乾卦 ䷀)이며, 하지(夏至)가 있는 5월에는 음효(陰爻; ──) 하나가 처음 생기는 구괘(姤卦
䷫)이고, 6월은 돈괘(遯卦 ䷠), 7월은 비괘(否卦 ䷋), 8월은 관괘(觀卦 ䷓), 9월은 박괘(剝卦 ䷖),
10월은 순음지월(純陰之月)로 곤괘(坤卦 ䷁)이다.

••• 觱:바람쌀쌀할 필 栗:추울 률 褐:털옷 갈 于:갈 우 耜:보습 사 饁:들점심 엽 畯:권농관 준

月言日은 言是月之日也니 後凡言日者放此하니라 蓋周之先公이 已用此以紀候라
故로 周有天下에 遂以爲一代之正朔也라 觱發은 風寒也요 栗烈은 氣寒也라 褐은
毛布也라 歲는 夏正之歲也라 于는 往也요 耜는 田器也니 于耜는 言往修田器也라
擧趾는 擧足而耕也라 我는 家長自我也라 饁은 餉田也라 田畯은 田大夫니 勸農之
官也라

 부(賦)이다. 7월은 두병(斗柄;북두칠성 자루)이 신방(申方)을 가리키는 달이니, 하
력(夏曆;하정(夏正))의 7월이다. 뒤에 모두 월(月)이라고 말한 것은 이와 같다. '류
(流)'는 아래로 내려감이다. '화(火)'는 대화 심성(大火心星)이니, 6월의 초저녁에 땅
의 남방(南方)에 가(加)하는데(보이는데), 7월의 저녁에 이르면 아래로 내려가 서쪽
으로 처진다.

 9월에는 서리가 내려 비로소 추워지고, 누에치고 길쌈하는 일이 또한 이루어
진다. 그러므로 사람에게 옷을 만들어 주어 추위를 막게 하는 것이다. '일지일(一
之日)'은 두병(斗柄;북두칠성 자루)이 자방(子方)을 가리키는 달을 이르니 일양(一陽)
의 달(동짓달)이요, '이지일(二之日)'은 두병이 축방(丑方)을 가리키는 달을 이르니
이양(二陽)의 달(섣달)이다. 월(月)을 바꾸어 일(日)이라고 말한 것은 이 달의 어느
날을 말한 것이니, 뒤에 모든 일(日)을 말한 것은 이와 같다.

 주(周)나라의 선공(先公)이 이미 이것(일양, 이양)을 사용하여 절후(節候)를 기록
하였다. 그러므로 주나라가 천하를 소유하고는 일양의 달을 마침내 일대(一代;한
왕조)의 정삭(正朔;정월 초하루)으로 삼은 것이다. '필발(觱發)'은 바람이 차가운 것이
요, '율렬(栗烈)'은 기후가 차가운 것이다. '갈(褐)'은 모포(毛布)이다. '세(歲)'는 하
정(夏正)의 세(歲;한 해)이다. '우(于)'는 감이요, '사(耜;쟁기)'는 농기구이니, 우사(于
耜)는 가서 농기구를 수선함을 이른다. '거지(擧趾)'는 발을 들고 밭 갈러 가는 것
이다. '아(我)'는 가장(家長) 자신이다. '엽(饁)'은 밭에 점심밥을 내가는 것이다. '전
준(田畯)'은 전대부(田大夫)이니, 권농관(勸農官)이다.

○ 周公以成王未知稼穡之艱難이라 故로 陳后稷、公劉風化之所由하여 使瞽矇
朝夕諷誦以敎之라 此章은 首言七月暑退將寒이라 故로 九月而授衣以禦之하니
蓋十一月以後엔 風氣日寒하여 不如是면 則無以卒歲也라 正月則往修田器하고
二月則擧趾而耕하여 少者旣皆出而在田이라 故로 老者率婦子而饁之하니 治田早
而用力齊라 是以로 田畯至而喜之也라 此章前段은 言衣之始하고 後段은 言食之

… 饁 : 먹일 향 瞽 : 소경 고 矇 : 소경 몽

始하며 二章至五章은 終前段之意하고 六章至八章은 終後段之意하니라

○ 주공(周公)은 성왕(成王)이 농사의 어려움을 알지 못하므로 후직(后稷)과 공류(公劉)의 풍화(風化)가 말미암은 바를 말씀하여, 봉사(장님)인 악사(樂師)로 하여금 조석(朝夕)으로 이 시(詩)를 외어 가르치게 한 것이다. 이 장(章)은 첫 번째로 7월에는 더위가 물러가고 장차 추워지기 때문에 9월에는 새 옷을 만들어 주어 추위를 막게 하여야 함을 말하였으니, 이는 11월 이후에는 바람과 기온이 날로 차가워져, 이렇게 하지 않으면 한 해를 마칠 수 없기 때문이다. 정월(正月)에는 가서 농기구를 수선하고, 2월에는 발꿈치를 들고 밭을 갈러 가는데, 젊은 자들이 이미 모두 나가 밭에 있다. 그러므로 늙은 자가 처자(妻子)를 거느리고 점심밥을 내가니, 밭을 다스리기를 일찍하고 힘쓰기를 똑같이 하였다. 이 때문에 전준(田畯)이 와서 보고 기뻐한 것이다. 이 장(章)의 전단(前段:앞부분)은 옷의 시초를 말하였고, 후단(後段)은 밥의 시초를 말하였으며, 제2장에서 제5장까지는 전단의 뜻을 끝맺고, 6장에서 8장까지는 후단의 뜻을 끝맺은 것이다.

② 七月流火, 九月授衣. 春日載陽, 有鳴倉庚〔叶古郎反〕. 女執懿筐, 遵彼微行〔叶戶郎反〕, 爰求柔桑. 春日遲遲, 采蘩祁祁〔巨之反〕. 女心傷悲, 殆及公子同歸.

七月流火어든	칠월에 대화심성이 서쪽으로 내려가면
九月授衣하나니라	구월에 옷을 만들어 주느니라
春日載陽하여	봄에 햇볕이 비로소 따뜻해져
有鳴倉庚이어든	꾀꼬리〔倉庚〕가 울면
女執懿筐하여	아가씨가 아름다운 광주리를 잡고
遵彼微行(항)하여	저 오솔길을 따라
爰求柔桑하며	이에 부드러운 뽕잎을 구하며
春日遲遲어든	봄에 해가 길고 길면
采蘩祁(기)祁하나니	흰 쑥을 많이도 채취하니
女心傷悲여	아가씨의 마음 서글퍼함이여
殆及公子同歸로다	장차 공자와 함께 돌아가리로다

··· 載 : 비로소 재 懿 : 아름다울 의 蘩 : 쑥 번 祁 : 많을 기

賦也라 載는 始也요 陽은 溫和也라 倉庚은 黃鸝也라 懿는 深美也라 遵은 循也라 微行은 小徑也라 柔桑은 穉桑也라 遲遲는 日長而暄(훤)也라 蘩은 白蒿니 所以生蠶이니 今人猶用之라 蓋蠶生未齊하여 未可食桑이라 故로 以此啖(담)之也라 祁祁는 衆多也라 或曰 徐也라 公子는 豳公之子也라

　부(賦)이다. '재(載)'는 비로소요, '양(陽)'은 온화함이다. '창경(倉庚)'은 황리(黃鸝;꾀꼬리)이다. '의(懿)'는 깊고 아름다움이다. '준(遵)'은 따름이다. '미항(微行)'은 작은 지름길이다. '유상(柔桑)'은 어린 뽕이다. '지지(遲遲)'는 날이 길고 따뜻한 것이다. '번(蘩)'은 흰쑥이니, 누에를 자라게 하는 것이니, 지금 사람들도 여전히 사용한다. 누에가 나옴이 똑같지 않아 〈일찍 나온 것은〉 뽕을 먹일 수 없기 때문에 이것을 먹이는 것이다. '기기(祁祁)'는 많음이다. 혹자는 더딤이라 한다. '공자(公子)'는 빈공(豳公)의 아들이다.

○ 再言流火授衣者는 將言女功之始라 故로 又本於此하여 遂言春日始和하여 有鳴倉庚之時에 而蠶始生이어든 則執深筐하여 以求穉桑이라 然이나 又有生而未齊者하여 則采蘩者衆하니 而此治蠶之女 感時而傷悲라 蓋是時에 公子猶娶於國中[7]하여 而貴家大族連姻公室者 亦無不力於蠶桑之務라 故로 其許嫁之女 預以將及公子同歸而遠其父母로 爲悲也라 其風俗之厚하여 而上下之情이 交相忠愛如此하니라 後章凡言公子者는 放此하니라

　○ '대화 심성이 서쪽으로 내려가면 옷을 만들어 준다.'고 두 번 말한 것은, 장차 여자(女子) 일(길쌈함)의 시작을 말하려 하였다. 이 때문에 또 이에 근본해서 마침내 '봄에 날씨가 처음으로 온화해져 꾀꼬리가 울 때에 누에가 처음으로 나오거든, 큰 광주리를 잡고 어린 뽕잎을 구한다.'고 말한 것이다. 그러나 또 누에가 나오는 것이 똑같지 않아, 흰쑥을 채취하기를 많이 하니, 이 누에를 치는 여자가 시절에 감동하여 서글퍼한 것이다.

　이때에는 공자가 아직도 국중(國中)에서 장가들어 귀가(貴家)와 대족(大族)으로 공실(公室;제후의 집안)과 혼인하는 자들이 또한 누에치고 뽕을 가꾸는 일에 힘쓰지 않는 자가 없었다. 그러므로 시집가기로 허락한 여자가 미리 장차 공자와 함께 돌

⋯⋯ 鸝:꾀꼬리 리(려)　徑:지름길 경　暄:따뜻할 훤　啖:먹일 담

아가 부모를 멀리하게 됨을 서글퍼한 것이다. 그 풍속이 후(厚)하여 상하(上下)의 정(情)이 서로서로 충애(忠愛)함이 이와 같았다. 후장(後章)에 말한 모든 공자는 이와 같다.

③ 七月流火, 八月萑〔戶官反〕葦〔韋鬼反〕. 蠶月條〔宅彫反〕桑, 取彼斧斨〔七羊反〕, 以伐遠揚, 猗〔於宜反〕彼女桑. 七月鳴鵙〔圭覓反〕, 八月載績. 載玄載黃, 我朱孔陽, 爲公子裳.

七月流火어든	칠월에 대화심성이 서쪽으로 내려가면
八月萑(환)葦니라	팔월에는 갈대를 베느니라
蠶月條桑이라	누에 치는 달에 뽕의 가지치기를 하는지라
取彼斧斨(장)하여	저 둥근 구멍의 도끼와 네모진 구멍의 도끼를 취하여
以伐遠揚이요	멀리 뻗어난 가지는 베고
猗(의)彼女桑이니라	저 여린 뽕은 잎만 따느니라
七月鳴鵙(격)이어든	칠월에 때까치가 울면
八月載績하나니	팔월에 길쌈을 하나니
載玄載黃하여	검정색을 물들이고 노랑색을 물들여
我朱孔陽이어든	우리 붉은 명주베와 삼베가 심히 빛나면
爲公子裳하나니라	공자의 치마를 만드느니라

賦也라 萑葦는 卽蒹葭(겸가)也라 蠶月은 治蠶之月이라 條桑은 枝落之하여 采其葉也라 斧는 隋(타)銎(타공)이요 斨은 方銎이라 遠揚은 遠枝揚起者也라 取葉存條曰猗라 女桑은 小桑也니 小桑은 不可條取라 故로 取其葉而存其條하여 猗猗然耳라 鵙은 伯勞也라 績은 緝(즙)也라 玄은 黑而有赤之色이요 朱는 赤色이라 陽은 明也라

부(賦)이다. '환위(萑葦:갈대)'는 바로 겸가(蒹葭)이다. '잠월(蠶月)'은 누에를 치는 달이다. '조상(條桑)'은 뽕나무 가지를 떨어뜨려 그 잎을 따는 것이다. '부(斧)'는 도끼 구멍이 타원형인 것이요, '장(斨)'은 도끼 구멍이 네모진 것이다. '원양(遠揚)'은 먼 가지가 위로 올라간 것이다. 잎만 취하고 가지는 남겨두는 것을 '의(猗)'라 한다. '여상(女桑)'은 작은(어린) 뽕이니, 작은 뽕은 가지째 취할 수 없으므로 그 잎

··· 萑 : 갈대 환　斨 : 모난도끼 장　鵙 : 때까치 격　隋 : 길고둥글 타(橢同)　銎 : 도끼구멍 공
緝 : 실이을 즙, 길쌈할 즙

만 취하고 가지는 남겨두어 의의연(猗猗然:야들야들함)한 것이다. '격(鵙;때까치)'은 백로(伯勞)이다. '적(績)'은 길쌈이다. '현(玄)'은 검으면서 붉은 기운을 띤 색이요, '주(朱)'는 적색(赤色)이다. '양(陽)'은 선명함이다.

○ 言七月暑退將寒이어든 而是歲禦冬之備 亦庶幾其成矣니 又當預擬來歲治蠶 之用이라 故로 於八月萑葦旣成之際에 而收蓄之하여 將以爲曲薄(箔)이라 至來歲 治蠶之月이면 則采桑以供蠶食하되 而大小畢取하니 見(현)蠶盛而人力至也라 蠶 事旣備하고 又於鳴鵙之後에 麻熟而可績之時면 則績其麻以爲布하니 而凡此蠶 績之所成者를 皆染之하여 或玄或黃하되 而其朱者 尤爲鮮明하니 皆以供上而爲 公子裳이라 言勞於其事而不自愛하여 以奉其上하니 蓋至誠慘怛之意를 上以是施 之면 下以是報之也라 以上二章은 專言蠶績之事하여 以終首章前段無衣之意하니라

○ 7월에 더위가 물러가고 장차 추워지려 하거든 이 해 겨울을 막는 대비가 또 한 거의 이루어지니, 또 마땅히 내년의 누에칠 때에 사용할 것을 미리 대비하여야 한다. 그러므로 8월에 갈대가 이미 성장하였을 때에 이것을 거두어 저축해서 장 차 곡박(曲薄;잠박(蠶箔))을 만들려 한 것이다. 그리하여 다음 해 누에치는 달에 이 르게 되면 뽕잎을 따서 누에의 먹이를 공급하되 크고 작은 것을 모두 취하니, 〈이 는〉 누에가 많고 인력(人力)이 지극함을 나타낸 것이다.

누에 치는 일이 이미 구비되고 또 때까치가 운 뒤에 삼(깨)이 익어서 길쌈할 수 있을 때가 되면 그 삼을 길쌈하여 베를 만든다. 무릇 누에치고 길쌈하여 이루어 진 명주베와 베를 모두 물들여서, 혹은 검게 하고 혹은 누렇게 하되 그 중에서도 붉은 것이 더욱 선명하니, 이것을 모두 윗사람에게 바쳐 공자(公子)의 치마(의복) 를 만드는 것이다. 그 일에 수고로우면서도 스스로 몸을 아끼지 아니하여 그 윗사 람을 받듦을 말한 것이니, 지성스럽고 참달(慘怛)한 마음을 위에서 이로써 베풀면 아래에서 이로써 보답하는 것이다. 이상의 두 장(章)은 오로지 누에치고 길쌈하는 일을 말하여, 수장(首章) 전단(前段)의 '옷이 없다.'는 뜻을 끝맺은 것이다.

④ 四月秀葽[於遙反], 五月鳴蜩[徒彫反]. 八月其穫[戶郭反], 十月隕[于敏反] 蘀[音託], 一之日于貉[戶各反], 取彼狐狸[力之反], 爲公子裘[叶渠之反]. 二 之日其同, 載纘[子管反]武功, 言私其豵[子公反], 獻豜[古年反]于公.

··· 擬 : 헤아릴 의 薄 : 발 박(箔通) 秀 : 이삭팰 수

四月秀葽(요)어든 　　사월에 애기풀이 패면

五月鳴蜩(조)며 　　오월에 말매미가 울며

八月其穫이어든 　　팔월에 곡식을 수확하면

十月隕蘀(운탁)이니라 　　시월에 초목이 말라 떨어지느니라

一之日于貉(학)하여 　　일양(一陽)의 날(달)에 여우와 너구리 사냥을 가서

取彼狐貍(리)하여 　　저 여우와 너구리를 잡아

爲公子裘하고 　　공자의 갖옷을 만들고

二之日其同하여 　　이양(二陽)의 날에 큰 사냥을 하여

載纘武功하여 　　무공을 계속 익혀서

言私其豵(종)이요 　　어린 햇돼지는 자기가 갖고

獻豜(견)于公하나니라 　　세 살 된 큰 돼지는 공소(公所)에 바치느니라

賦也라 不榮而實曰秀라 葽는 草名이라 蜩는 蟬也라 穫은 禾之早者可穫也라 隕은 墜요 蘀은 落也니 謂草木隕落也라 貉은 狐貍也라 于貉은 猶言于耜니 謂往取狐貍也라 同은 竭作以狩也라 纘은 習而繼之也라 豵은 一歲豕요 豜은 三歲豕라

○ 言自四月純陽으로 而歷一陰、四陰하여 以至純陰之月이면 則大寒之候將至하니 雖蠶桑之功이 無所不備나 猶恐其不足以禦寒이라 故로 于貉而取狐貍之皮하여 以爲公子之裘也라 獸之小者는 私之以爲己有하고 而大者則獻之於上하니 亦愛其上之無已也라 此章은 專言狩獵하여 以終首章前段無褐之意하니라

부(賦)이다. 꽃이 활짝 피지 않고 열매가 영그는 것을 '수(秀:벼꽃따위)'라 한다. '요(葽:애기풀)'는 풀 이름(원지(遠志))이다. '조(蜩)'는 매미이다. '확(穫)'은 벼 중에 일찍 익은 것을 수확할 수 있는 것이다. '운(隕)'은 떨어짐이요 '탁(蘀)'은 떨어짐이니, 초목의 잎이 말라 떨어짐을 이른다. '학(貉)'은 호리(狐貍:여우와 너구리)이다. '우학(于貉)'은 우사(于耜)라는 말과 같으니, 가서 호리(狐貍)를 잡음을 이른다. '동(同)'은 모두 일어나(나와서) 사냥하는 것이다. '찬(纘)'은 무공(武功)을 익혀서 계승함이다. '종(豵)'은 1년된 멧돼지요, '견(豜)'은 3년된 멧돼지이다.

○ 4월의 순양(純陽)으로부터 일음(一陰;5월)과 사음(四陰;8월)을 지나 순음(純陰)의 달(10월)에 이르면 대한(大寒)의 절후(節候)가 장차 이르니, 비록 잠상(蠶桑)의 일이 구비되지 않음이 없더라도 오히려 추위를 충분히 막지 못할까 두렵다. 그러므로 가서 호리를 잡아 호리의 가죽을 취하여 공자(公子)의 갖옷을 만든 것이다. 잡

… 葽 : 원지(遠志) 요, 아기풀 요 　蜩 : 말매미 조 　隕 : 떨어질 운 　蘀 : 떨어질 탁 　貉 : 담비 학 　貍 : 너구리 리
纘 : 이을 찬 　豵 : 햇돼지 종 　豜 : 세살돼지 견 　蟬 : 매미 선

은 짐승 중에 작은 것은 사사로이 자기의 소유로 삼고 큰 것은 윗사람에게 바치니, 또한 윗사람을 사랑하여 마지 않는 것이다. 이 장(章)은 오로지 수렵(狩獵)하는 것을 말하여 수장(首章) 전단(前段)의 '모포가 없다.'는 뜻을 끝맺은 것이다.

⑤ 五月斯螽[音終]動股, 六月莎[素和反]鷄振羽. 七月在野[叶上與反], 八月在宇, 九月在戶[後五反]. 十月蟋蟀, 入我牀下[叶後五反 八字一句]. 穹[起弓反]窒[珍悉反]熏[許云反]鼠. 塞向墐[音覲]戶[同上]. 嗟我婦子[叶玆五反], 日爲改歲, 入此室處.

五月斯螽(종)動股요	오월에는 사종(메뚜기)이 다리를 부벼 울고
六月莎鷄振羽요	유월에는 사계(베짱이)가 깃을 떨어 울며
七月在野요	칠월에는 들에 있고
八月在宇요	팔월에는 처마 밑에 있고
九月在戶요	구월에는 문에 있고
十月蟋蟀이	시월에는 실솔(蟋蟀;귀뚜라미)이
入我牀下하나니라	나의 침상(寢牀) 아래로 들어온다
穹窒熏鼠하며	구멍을 막고 쥐구멍에 불을 놓으며
塞向墐(근)戶하고	북쪽 창을 막고 창문을 바르고
嗟我婦子아	아, 우리 처자(妻子)들아
日爲改歲어니	한 해가 바뀌게 되었으니
入此室處어다	이 집에 들어와 거처할지어다

賦也라 斯螽, 莎鷄, 蟋蟀은 一物이니 隨時變化而異其名[8]이라 動股는 始躍而以股鳴也요 振羽는 能飛而以翅(시)鳴也라 宇는 簷下也니 暑則在野하고 寒則依人이라 穹은 空隙也라 窒은 塞也라 向은 北出牖也라 墐은 塗也라 庶人篳戶하니 冬則塗之

......
8 斯螽莎鷄蟋蟀 一物 隨時變化而異其名 : 사종(斯螽)은 메뚜기이고 사계(莎鷄)는 베짱이, 실솔(蟋蟀)은 귀뚜라미인데, 주자(朱子)가 이것을 똑같은 물건이라 한 것은 잘못이다. 신안 호씨(新安胡氏)는 《집전》은 이천(伊川)의 말씀에 근본한 것인데, 세 가지의 명색(名色)이 각기 다르다." 하였다.

··· 螽 : 메뚜기 종 股 : 다리 고 莎 : 메뚜기사 穹 : 틈막을 궁 熏 : 태울 훈 墐 : 바를 근 翅 : 날개 시
簷 : 처마 첨 隙 : 틈극 牖 : 들창 유 塗 : 바를 도 篳 : 대사립문 필

라 東萊呂氏曰 十月而日改歲하니 三正之通於民俗[9]이 尙矣어늘 周特擧而迭用之耳니라

○ 言觀蟋蟀之依人이면 則知寒之將至矣라 於是에 室中空隙者를 塞之하고 熏鼠하여 使不得穴於其中하며 塞向以當北風하고 墐戶以禦寒氣하고 而語其婦子曰 歲將改矣라 天旣寒而事亦已하니 可以入此室處矣라하니 此見老者之愛也라 此章은 亦以終首章前段禦寒之意하니라

부(賦)이다. '사종(斯螽)'·'사계(莎鷄)'·'실솔(蟋蟀)'은 똑같은 물건인데, 때에 따라 변화하여 그 이름을 달리한다. '동고(動股)'는 처음 뛰면서 다리로 소리를 내는 것이요, '진우(振羽)'는 날면서 날개로 소리를 내는 것이다. '우(宇)'는 첨하(簷下:처마)이니, 이 곤충들이 더우면 들에 있고 추우면 사람에 의지하는 것이다. '궁(穹)'은 빈틈이다. '질(窒)'은 막음이다. '향(向)'은 북쪽으로 난 창문이다. '근(墐)'은 바름이다. '서인(庶人)'은 창문을 대나무로 만드는데, 겨울에는 이 창문을 바른다.

동래 여씨(東萊呂氏)가 말하였다. "10월에 해가 바뀐다 하였으니, 삼정(三正)이 민속(民俗)에 통용됨이 오래 되었는데, 주(周)나라가 다만 들어서 차례로 썼을 뿐이다."

○ 실솔(蟋蟀:귀뚜라미)이 사람에게 의지함을 보면 추위가 장차 닥쳐옴을 알 수 있다. 이에 방안의 빈 틈을 막고 쥐구멍에 불을 놓아 이 가운데에 구멍을 뚫지 못하게 하며, 북쪽 창문을 막아 북풍(北風)을 막고, 창문을 발라 차가운 기운을 막고는 처자식들에게 말하기를 "해가 장차 바뀌게 되었다. 하늘(날씨)이 이미 추워지고 농사일도 끝났으니, 이 집에 들어와 편안히 거처하라." 하였으니, 이는 늙은 자의 사랑을 나타낸 것이다. 이 장(章)은 또한 수장(首章) 전단(前段)의 '추위를 막는다.'는 뜻을 끝맺은 것이다.

⑥ 六月食鬱及薁[於六反], 七月亨[普庚反]葵及菽[音叔], 八月剝[普卜反]棗[叶音走], 十月穫稻[叶徒苟反]. 爲此春酒, 以介眉壽[叶殖西反]. 七月食瓜[叶音孤], 八月斷壺, 九月叔苴[七餘反]. 采荼[音徒]薪樗[勑書反]. 食[音嗣]我農夫.

• • • • • •
9 三正之通於民俗:삼정(三正)은 세 종류의 정월이니, 하(夏)나라는 인월(寅月)을 정월로 하고 상(商:은(殷))나라는 축월(丑月:섣달)을 정월로, 주(周)나라는 일양(一陽)의 달인 자월(子月:동짓달)을 정월로 하였으나, 민간에서는 각 왕조의 삼정을 왕조의 구분 없이 통행하였음을 말한 것이다.

⋯ 覩 : 볼 도

六月食鬱及薁(욱)하며 　유월에는 산앵두와 머루를 먹으며

七月亨(烹)葵及菽하며 　칠월에는 아욱과 콩을 삶고

八月剝棗하며 　팔월에는 대추를 털며

十月穫稻하여 　시월에는 벼를 수확하여

爲此春酒하여 　봄 술을 만들어서

以介眉壽하나니라 　미수를 돕느니라

七月食瓜하며 　칠월에는 오이를 먹고

八月斷壺(瓠)하며 　팔월에는 박을 타며

九月叔苴(저)하며 　구월에는 깨를 털며

采荼(도)薪樗(저)하여 　씀바귀를 뜯고 가죽나무를 섶으로 만들어

食(사)我農夫하나니라 　우리 농부들을 먹이느니라

賦也라 鬱은 棣屬이요 薁은 蘡(앵)薁也라 葵는 菜名이라 菽은 豆也라 剝은 擊也라 穫稻以釀酒也라 介는 助也니 介眉壽者는 頌禱之辭也라 壺는 瓠也라 食瓜斷壺는 亦去圃爲場之漸也라 叔은 拾也요 苴는 麻子也라 荼는 苦菜也요 樗는 惡木也라
○ 自此至卒章은 皆言農圃、飮食、祭祀、燕樂하여 以終首章後段之意로되 而此章은 果酒嘉蔬로 以供老疾, 奉賓祭하고 瓜瓠苴荼로 以爲常食하니 少長之義와 豐儉之節이 然也니라

부(賦)이다. '울(鬱)'은 산앵두나무 등속이요, '욱(薁)'은 앵욱(蘡薁;머루)이다. '규(葵;아욱)'는 나물 이름이다. '숙(菽)'은 콩이다. '박(剝)'은 치는(터는) 것이다. 벼를 수확하여 술을 빚은 것이다. '개(介)'는 도움이니, 미수(眉壽)를 돕는다는 것은 송축(頌祝)하는 말이다. '호(壺)'는 박이다. 오이를 먹고 박을 타는 것은 또한 채전을 없애고 타작 마당을 만드는 차례이다. '숙(叔)'은 주움이요, '저(苴)'는 호마자(胡麻子;참깨)이다. '도(荼)'는 쓴 나물(씀바귀)이요, '저(樗;가죽나무)'는 나쁜 나무이다.

○ 이로부터 끝 장(章)까지는 모두 농포(農圃)와 음식(飮食), 제사(祭祀)와 연락(燕樂)을 말하여 수장(首章) 후단(後段)의 뜻을 마쳤다. 그런데 이 장(章)은 과일과 술과 아름다운 채소로써 늙은 자와 병든 자를 대접하고 빈객과 제사에 받들며, 오이와 박, 깨와 씀바귀로써 평상시의 음식을 삼았으니, 젊은이와 어른 사이의 의(義)와 풍부하고 검소한 예절에 당연한 것이다.

··· 鬱:산앵두나무 울 薁:새머루 욱 葵:아욱 규 剝:털 박 介:도울 개 壺:박 호 叔:주울 숙 苴:암삼 저
樗:가죽나무 저 蘡:머루 앵 瓠:박 호 拾:주을 습, 털 습

⑦ 九月築場圃〔博故反〕, 十月納禾稼〔叶古護反〕. 黍稷重〔直容反〕穋〔音六叶六直反〕, 禾麻菽麥〔叶訖力反〕. 嗟我農夫, 我稼既同, 上入執宮功. 晝爾于茅, 宵爾索綯〔徒刀反〕. 亟〔紀力反〕其乘屋, 其始播百穀.

九月築場圃요	구월에는 장포를 다지고
十月納禾稼하나니	시월에는 벼를 거둬들이나니
黍稷重穋(동륙)과	서직에는 늦벼와 올벼가 있으며
禾麻菽麥이니라	벼와 깨, 콩과 보리이니라
嗟我農夫아	아, 우리 농부들아
我稼既同이어니	우리 농사 지은 것을 이미 모았으니
上入執宮功이니	위로 읍(邑)에 들어가 지붕을 잇는 일을 해야 한다
晝爾于茅요	낮이면 네가 가서 띠풀을 베어오고
宵爾索綯(삭도)하여	밤이면 네가 새끼를 꼬아
亟(극)其乘屋이오사	빨리 그 지붕을 이어야
其始播百穀이니라	내년에 다시 백곡을 파종하느니라

賦也라 場圃는 同地니 物生之時엔 則耕治以爲圃하여 而種菜茹라가 物成之際엔 則築堅之以爲場하여 而納禾稼하니 蓋自田而納之於場也라 禾者는 穀連藁秸(고갈)之總名이라 禾之秀實而在野曰稼라 先種後熟曰重(種)이요 後種先熟曰穋이라 再言禾者는 稻, 秫(출), 苽(고), 粱之屬이 皆禾也라 同은 聚也라 宮은 邑居之宅也라 古者에 民受五畝之宅하여 二畝半은 爲廬在田하니 春夏居之하고 二畝半은 爲宅在邑하니 秋冬居之라 功은 葺治之事也라 或曰 公室官府之役也니 古者에 用民之力하되 歲不過三日이 是也라하니라 索은 絞也요 綯는 索也라 乘은 升也라

부(賦)이다. '장(場)'과 '포(圃)'는 같은 땅이니, 물건(식물)이 자랄 때에는 갈고 다스려 채전을 만들어 채소를 심었다가 물건(농작물)이 성숙할 때에는 땅을 다져서 단단하게 하여 마당을 만들어서 벼를 거두어 들이니, 밭으로부터 마당에 거두어 들이는 것이다. '화(禾)'는 곡식에 짚이 연결된 것의 총칭이다. 벼가 패어 영글어서 들에 있는 것을 '가(稼)'라 한다. 먼저 심어 뒤늦게 익는 것을 '동(重)'이라 하고, 뒤늦게 심어 먼저 거두는 것을 '륙(穋)'이라 한다. 두 번 화(禾)를 말한 것은 벼와 수수, 교미[苽]와 차조와 같은 등속이 모두 화(禾;벼)인 것이다. '동(同)'은 모임

··· 重 : 늦벼 동(중) 穋 : 올벼 륙 于 : 갈 우 索 : 새끼꼬을 삭 綯 : 새끼줄 도 亟 : 빠를 극 茹 : 나물 여
秸 : 볏짚 갈 秫 : 차조 출 苽 : 교미 고 葺 : 지붕이을 집 絞 : 새끼꼬을 교

이다. '궁(宮)'은 읍내에 거주하는 집이다.

옛날에 백성들은 오무(五畝)의 택지를 받아서 2무(畝) 반(半)은 여막을 만들어 농토에 있었으니 봄과 여름에 거주하고, 2무(畝) 반은 집을 만들어 읍내에 있었으니 가을과 겨울에 거주하였다. '공(功)'은 지붕을 이고 다스리는 일이다. 혹자는 말하기를, "공실(公室), 관부(官府)의 부역이니, 옛날에 백성의 힘(노동력)을 쓰되 1년에 3일을 넘기지 않는다는 것이 이것이다." 한다. '삭(索)'은 새끼를 꼬는 것이요, '도(綯)'는 새끼줄이다. '승(乘)'은 올라감이다.

○ 言納於場者 無所不備면 則我稼同矣니 可以上入都邑而執治宮室之事矣라 故로 晝往取茅하고 夜而絞索하여 亟升其屋而治之하니 蓋以來歲에 將復始播百穀하여 而不暇於此故也라 不待督責而自相警戒하여 不敢休息이 如此하니라 呂氏曰 此章은 終始農事하여 以極憂勤艱難之意하니라

○ 마당에 거두어 들인 것(곡식)이 구비되지 않음이 없으면 내 농사가 이미 모여진 것이니, 위로 도읍(읍내)에 들어가서 지붕을 잇는 일을 잡아 다스릴 수 있다. 그러므로 낮이면 네가 가서 띠풀을 베어오고 밤이면 네가 새끼를 꼬아 빨리 지붕에 올라가서 지붕을 이어야 하니, 이는 내년에 장차 다시 백곡(百穀)을 파종하여 이것을 할 겨를이 없기 때문이다. 백성들이 독책(督責)하기를 기다리지 않고도 스스로 경계하여 감히 휴식하지 못함이 이와 같은 것이다.

여씨(呂氏)가 말하였다. "이 장(章)은 시종 농사를 말하여 우근(憂勤)하고 간난(艱難)의 뜻을 지극히 하였다."

⑧ 二之日鑿冰沖沖, 三之日納于凌〔力證反〕陰〔叶於容反〕. 四之日其蚤〔音早〕, 獻羔祭韭〔音九 叶己小反〕. 九月肅霜, 十月滌〔徒力反〕場. 朋酒斯饗〔叶虛良反〕, 曰殺羔羊. 躋〔子奚反〕彼公堂, 稱彼兕觥〔虢彭反 叶古黃反〕, 萬壽無疆.

二之日鑿(착)冰沖沖하여　　　이양(二陽)의 날(달)에 얼음을 쿵쿵 깨어
三之日納于凌陰하나니　　　삼양(三陽)의 날에 빙고(冰庫)에 넣나니
四之日其蚤(早)에　　　　사양(四陽)의 날 아침에
獻羔祭韭(구)하나니라　　　염소를 바치고 부추로 제사하느니라
九月肅霜이어든　　　　구월에 차가운 서리가 내리면

··· 蚤 : 아침 조　韭 : 부추 구

十月滌場하고	시월에 마당을 깨끗이 쓸고
朋酒斯饗하여	두 동이의 술로 연향을 베풀어
日殺羔羊하여	염소와 양을 잡아
躋(제)彼公堂하여	저 공당으로 올라가서
稱彼兕觥(시굉)하니	저 외뿔소 술잔을 드니
萬壽無疆이로다	만수무강하리로다

賦也라 鑿冰은 謂取冰於山也라 冲冲은 鑿冰之意라 周禮에 正歲十二月에 令斬冰이 是也라 納은 藏也니 藏冰은 所以備暑也라 凌陰은 冰室也라 豳土寒多하여 正月에 風未解凍이라 故로 冰猶可藏也라 蚤는 蚤朝也라 韭는 菜名이니 獻羔祭韭而後啓之라 月令에 仲春獻羔開冰하여 先薦寢廟 是也라 蘇氏曰 古者藏冰發冰은 以節陽氣之盛이라 夫陽氣之在天地는 譬如火之著(착)於物也라 故로 常有以解之라 十二月엔 陽氣蘊伏하여 固而未發하여 其盛在下어든 則納冰於地中이라가 至於二月하여 四陽作하고 蟄蟲起하여 陽始用事어든 則亦始啓冰而廟薦之하며 至於四月하여 陽氣畢達하고 陰氣將絶이어든 則冰於是大發하여 食肉之祿의 老病喪浴에 冰無不及이라 是以로 冬無愆陽하고 夏無伏陰하고 春無凄風하고 秋無苦雨하며 雷出不震하고 無災霜雹하며 癘疾不降하여 民不夭札也하나니라 胡氏曰 藏冰開冰은 亦聖人輔相燮調之一事耳요 不專恃此以爲治也라 肅霜은 氣肅而霜降也라 滌場者는 農事畢而掃場地也라 兩尊(樽)曰朋이니 鄕飮酒之禮에 兩尊壺于房戶間이 是也라 躋는 升也라 公堂은 君之堂也라 稱은 擧也라 疆은 竟也라

부(賦)이다. '착빙(鑿冰)'은 산에서 얼음을 채취함을 이른다. '충충(冲冲)'은 얼음을 채취하는 뜻이다. 《주례(周禮)》〈능인(凌人)〉에 "정세(正歲:하정(夏正)) 12월에 얼음을 베어오게 한다."는 것이 이것이다. '납(納)'은 보관함이니, 얼음을 보관함은 더위를 대비하는 것이다. '능음(凌陰)'은 얼음을 보관하는 집이다. 빈(豳) 땅은 추위가 심해서 정월(正月)에도 바람이 〈추위〉 해동(解凍)하지 않기 때문에 얼음을 보관할 수 있는 것이다. '조(蚤)'는 초하룻날 이른 아침이다. '구(韭:부추)'는 나물 이름이니, 염소를 바치고 〈처음 나온〉 부추로 제사한 뒤에 빙고(冰庫)를 연다. 《예기》〈월령(月令)〉에 "중춘(仲春)에 염소를 바치고 얼음집을 열어서 먼저 침묘(寢廟)에 올린다."는 것이 이것이다.

소씨(蘇氏)가 말하였다. "옛날에 얼음을 보관하고 얼음을 꺼내는 것은 양기(陽

••• 朋 : 두단지 붕 饗 : 먹일 향 躋 : 오를 제 稱 : 들 칭 兕 : 외뿔소 시 觥 : 술잔 굉 蟄 : 숨을 칩 愆 : 허물 건
雹 : 우박 박 癘 : 염병 려 札 : 일찍죽을 찰 燮 : 화할 섭 尊 : 술단지 준

氣)의 성함을 조절하기 위해서였다. 양기가 천지(天地)에 있음은 비유하면 불이 물건에 붙어 있는 것과 같다. 그러므로 이것을 항상 풀어줌이 있었으니, 12월에 양기(陽氣)가 땅 속에 쌓여 잠겨서 발하지 못하여 그 성함이 땅 밑에 있거든 얼음을 땅속에 넣어 두었다가, 2월에 이르러 사양(四陽 ䷒)이 일어나고(생겨나고) 땅 속에 있던 벌레가 나와 양(陽)이 처음 용사(用事)하거든 또한 비로소 얼음집을 열어 사당에 올리며, 4월에 이르러 양기가 모두 도달하고(䷀) 음기(陰氣)가 장차 끊기게 되거든 얼음을 이에 크게 꺼내어 육식(肉食)을 하며 녹을 먹는 대부의 집안과 〈조정에서 물러난〉 늙은 자와 병든 자의 초상과 시신(屍身)을 목욕시킬 적에 얼음이 미치지 않음이 없었다. 이 때문에 겨울에는 지나친 양(陽)이 없고 여름에는 잠복해 있는 음(陰)이 없으며, 봄에는 추운 바람이 없고 가을에는 지나친 장마비가 없으며, 우뢰가 울려도 벼락을 치지 않고 서리와 우박의 재앙이 없으며, 염병이 내리지 않아 백성들이 요절하지 않는 것이다."

호씨(胡氏)가 말하였다. "얼음을 보관하고 얼음을 꺼내는 것은 또한 성인(聖人)이 하늘과 땅을 보상(輔相)하고 섭조(燮調:조화)하는 한 가지 일일 뿐이요, 오로지 이것을 믿고 정사를 한 것은 아니다."

'숙상(肅霜)'은 기후가 차가워 서리가 내리는 것이다. '척장(滌場)'은 농사를 마치고 마당을 깨끗이 쓰는 것이다. 술 두 동이를 '붕(朋)'이라 하니,《의례(儀禮)》〈향음주례(鄉飲酒禮)〉에 '두 술동이와 술병을 방호(房戶)의 사이에 나란히 놓는다.'는 것이 이것이다. '제(躋)'는 오름이다. '공당(公堂)'은 군주의 당(堂)이다. '칭(稱)'은 듦이다. '강(疆)'은 다함(끝)이다.

○ 張子曰 此章은 見民忠愛其君之甚이라 旣勸趨其藏冰之役하고 又相戒速畢場功하여 殺羊以獻于公하고 擧酒而祝其壽也라

　○ 장자(張子)가 말씀하였다. "이 장(章)은 백성들이 그 군주를 충애(忠愛)함이 심함을 볼 수 있다. 이미 그 얼음을 보관하는 부역에 권면하여 달려가고, 또 서로 빨리 마당 일(타작하는 일)을 끝낼 것을 경계하고 양(羊)을 잡아 공소(公所)에 바치고는 술을 들어 축수(祝壽)한 것이다."

七月八章이니 章十一句라

　〈칠월(七月)〉은 8장이니, 장마다 11구이다.

周禮籥章에 中(仲)春晝에 擊土鼓, 龡(吹)豳詩하여 以逆暑하며 中秋夜迎寒에도
亦如之라하니 卽謂此詩也라 王氏曰 仰觀星日霜露之變하고 俯察昆蟲草木之化하
여 以知天時하여 以授民事라 女服事乎內하고 男服事乎外하며 上以誠愛下하고 下
以忠利上하며 父父子子하고 夫夫婦婦하며 養老而慈幼하고 食力而助弱하며 其祭
祀也時하고 其燕饗也節하니 此七月之義也니라

《주례(周禮)》〈춘관(春官) 약장(籥章)〉에 "중춘(仲春)의 낮에 토고(土鼓;질그릇으로
만든 북)를 치고 피리로 빈시(豳詩)를 불어서 더위를 맞이하며, 중추(仲秋)의 밤에
추위를 맞이할 때에도 또한 이와 같이 한다." 하였으니, 바로 이 시(詩)를 말한 것
이다.

왕씨(王氏)가 말하였다. "위로는 별과 해, 서리와 이슬의 변화를 관찰하고, 아
래로는 곤충과 초목의 변화를 살펴서 천시(天時)를 알아 백성들에게 농사일을 일
러준다. 그리하여 여자는 안에서 일하고 남자는 밖에서 일하며, 윗사람은 정성으
로 아랫사람을 사랑하고 아랫사람은 충성으로 윗사람을 이롭게 하며, 아버지는
아버지 노릇하고 자식은 자식 노릇하며, 남편은 남편 노릇하고 부인은 부인 노릇
하며, 노인을 봉양하고 어린이를 사랑하며, 자기 능력에 따라 먹고 약한 자를 도
와주며, 제사를 때에 맞게 하고 연향을 절도에 맞게 하였으니, 이는 〈칠월〉의 의
의(意義)이다."

【毛序】 七月은 陳王業也라 周公遭變이라 故로 陳后稷先公의 風化之所由하여 致
王業之艱難也라

〈칠월〉은 왕업(王業)을 말한 시(詩)이다. 주공(周公)이 〈삼감(三監;은나라를 감시하
던 관숙과 채숙, 곽숙)의〉 변고(變故)를 만났기 때문에 후직(后稷)과 선공(先公)의 풍화
(風化)가 말미암은 바를 말하여 왕업을 이룩하기 어려웠음을 말씀한 것이다.

【鄭註】 周公遭變者는 管蔡流言하여 辟(피)居東都라

'주공이 변(變)을 만났다.'는 것은 관숙(管叔)과 채숙(蔡叔)이 유언비어(流言蜚語)
를 퍼뜨려서 피하여 동도(東都)에 거한 것이다.

【辨說】 董氏曰 先儒以七月로 爲周公居東而作이나 考其詩하면 則陳后稷公劉所
以治其國者하여 方風諭以成其德이라 故是未居東也요 至于鴟鴞하면 則居東而
作이니 其在書에 可知矣니라

동씨(董氏)가 말하였다. "선유(先儒)들은 〈칠월〉을 주공이 동쪽에 있으면서 지

··· 籥 : 피리 약 龡 : 불 취(吹同) 逆 : 맞을 역

은 것이라 하였으나, 이 시를 상고해보면 후직과 공류가 나라를 다스린 것을 말하여 막 그 덕을 이룸을 풍유(風諭)하였다. 그러므로 이는 아직 동쪽에 있었던 것이 아니요 〈치효(鴟鴞)〉에 이르면 동쪽에 있으면서 지은 것이니, 이 내용이 《서경(書經)》 〈금등(金縢)〉에 있어 알 수 있다."

2. 치효(鴟鴞)

① 鴟鴞鴟鴞, 既取我子〔又叶入聲〕, 無毀我室〔又叶上聲〕. 恩斯勤斯, 鬻〔由六反〕子之閔〔叶眉貧反〕斯.

鴟鴞(치효)鴟鴞아	올빼미야 올빼미야
既取我子어니	이미 내 새끼를 잡아갔으니
無毀我室이어다	내 집을 부수지 말지어다
恩斯勤斯하여	사랑하고 독실히 하여
鬻(육)子之閔斯러니라	자식을 기르느라 매우 근심하였느니라

比也니 爲鳥言以自比也라 鴟鴞는 鵂鶹(휴류)니 惡鳥니 攫(확)鳥子而食者也라 室은 鳥自名其巢也라 恩은 情愛也요 勤은 篤厚也라 鬻은 養이요 閔은 憂也라

비(比)이니, 새의 말을 하여 스스로 비유한 것이다. '치효(鴟鴞)'는 휴류(鵂鶹 ; 올빼미과에 속하는 수리부엉이)이니, 나쁜 새로 새의 새끼를 잡아먹는 놈이다. '실(室)'은 새가 그 둥지를 스스로 이름한 것이다. '은(恩)'은 정(情)으로 사랑함이요, '근(勤)'은 독후(篤厚)함이다. '육(鬻)'은 기름이요, '민(閔)'은 근심함이다.

○ 武王이 克商하시고 使弟管叔鮮、蔡叔度로 監于紂子武庚之國이러시니 武王崩하고 成王立하여 周公相之한대 而二叔以武庚叛하고 且流言於國曰 周公이 將不利於孺子라 故로 周公東征二年에 乃得管叔、武庚而誅之로되 而成王이 猶未知公之意也일새 公이 乃作此詩以貽王하시니라 託爲鳥之愛巢者하여 呼鴟鴞而謂之曰 鴟鴞鴟鴞아 爾既取我之子矣니 無更毀我之室也어다 以我情愛之心과 篤厚之意로 鬻養此子에 誠可憐憫이어늘 今既取之하니 其毒甚矣라 況又毀我室乎아하니 以

··· 鴟 : 수리부엉이 치 鴞 : 올빼미 효 鬻 : 기를 육(국) 鵂 : 부엉이 휴 鶹 : 부엉이 류 攫 : 움킬 확 孺 : 어릴 유

比武庚旣敗管、蔡하니 不可更毁我王室也라

○ 무왕(武王)이 상(商)나라를 이기고, 아우인 관숙 선(管叔鮮)과 채숙 도(蔡叔度)로 하여금 주(紂)의 아들인 무경(武庚)의 은(殷)나라를 감시하게 하셨는데, 무왕이 붕(崩)하고 성왕(成王)이 즉위하여 주공(周公)이 성왕을 돕자, 관숙과 채숙은 무경을 데리고 배반하였으며, 또 국중(國中)에 유언비어를 퍼뜨리기를 '주공이 장차 유자(儒子:성왕)에게 불리할 것이다.' 하였다. 그러므로 주공이 동쪽 지방을 정벌하여 2년 만에 마침내 관숙과 무경을 잡아 주륙(誅戮)하였으나, 성왕은 아직도 주공의 뜻을 알지 못하므로 주공이 마침내 이 시(詩)를 지어 왕(王)에게 준 것이다.

새가 둥지를 사랑함을 가탁하여 치효를 불러 이르기를 "치효야! 치효야! 네가 이미 내 새끼를 잡아갔으니, 다시 내 집을 부수지 말지어다. 내 사랑하는 마음과 독후(篤厚)한 뜻으로 이 새끼를 기름에 진실로 가련하고 근심할 만하였다. 그런데 이제 이미 잡아갔으니, 그 폐해가 심하다. 하물며 또다시 내 집을 부순단 말인가." 하였으니, 이로써 무경이 이미 관숙과 채숙을 실패하게 하였으니, 다시 우리 왕실(王室)을 훼손해서는 안 됨을 비(比)한 것이다.

② 迨天之未陰雨, 徹彼桑土〔音杜 徒古反〕, 綢〔直留反〕繆〔莫侯反〕牖戶〔叶後五反〕, 今女〔音汝〕下民, 或敢侮予〔叶演女反〕.

迨(태)天之未陰雨하여	하늘(날씨)이 흐려져 비 오기 전에
徹彼桑土(두)하여	저 뽕나무 뿌리를 주워다가
綢繆(주무)牖戶면	창문을 칭칭 감아 놓는다면
今女(汝)下民이	이제 아래에 있는 사람(너희)들이
或敢侮予아	혹시라도 나를 업신여기랴

比也라 迨는 及이요 徹은 取也라 桑土는 桑根也라 綢繆는 纏(전)綿也라 牖는 巢之通氣處요 戶는 其出入處也라
○ 亦爲鳥言호되 我及天未陰雨之時하여 而往取桑根하여 以纏綿巢之隙穴하여 使之堅固하여 以備陰雨之患이면 則此下土之民이 誰敢有侮予者아하니 亦以比己深愛王室而預防其患難之意라 故로 孔子贊之曰 爲此詩者는 其知道乎인저 能治其

··· 迨 : 미칠 태 徹 : 거둘 철 土 : 뿌리 두 綢 : 얽을 주 繆 : 얽을 무(규) 纏 : 얽을 전

國家면 誰敢侮之[10]리오하시니라

비(比)이다. '태(迨)'는 마침이요, '철(徹)'은 취함이다. '상두(桑土)'는 뽕나무 뿌리이다. '주무(綢繆)'는 칭칭 감는 것이다. '유(牖)'는 둥지의 공기를 통하는 곳이요, '호(戶)'는 새가 출입하는 곳이다.

○ 또한 새의 말을 하되 "내가 하늘이 음우(陰雨;날씨가 흐려져 비가 옴)하지 않을 때에 미쳐, 가서 뽕나무 뿌리를 취하여 둥지의 틈과 구멍을 칭칭 감아 견고하게 만들어서 음우의 환(患)을 대비한다면, 이 하토(下土)에 있는 사람들이 누가 감히 나를 업신여길 자가 있겠는가." 하였으니, 또한 이로써 자신이 왕실을 깊이 사랑하여 그 환난(患難)을 미리 방비하려는 뜻을 비유한 것이다. 그러므로 공자(孔子)께서 이 시(詩)를 읽고 찬탄(贊歎)하시기를 "이 시를 지은 자는 아마도 도(道)를 알았을 것이다. 자기 국가를 잘 다스린다면 누가 감히 업신여기겠는가." 하셨다.

③ 予手拮〔音吉〕据〔音居〕, 予所捋〔力活反〕荼, 予所蓄租〔子胡反〕, 予口卒瘏〔音徒〕, 曰予未有室家〔叶古胡反〕.

予手拮据(길거)하여　　내 손을 부지런히 움직여
予所捋(랄)荼며　　　　내 갈대를 취해오며
予所蓄租(조)라　　　　내 물건을 쌓아 모으느라
予口卒瘏(도)는　　　　내 입이 모두 병든 것은
曰予未有室家니라　　　내 아직 둥지가 없어서였느니라

比也라 拮据는 手口共作之貌라 捋은 取也라 荼는 萑苕(환초)니 可藉巢者也라 蓄은 積이요 租는 聚요 卒은 盡이요 瘏는 病也라 室家는 巢也라
○ 亦爲鳥言호되 作巢之始에 所以拮据以捋荼蓄租하여 勞苦而至於盡病者는 以巢之未成也라하니 以比己之前日所以勤勞如此者는 以王室之新造而未集故也니라

비(比)이다. '길거(拮据)'는 손(발)과 입(부리)을 함께 움직여 일하는 모양이다. '날(捋)'은 취함이다. '도(荼;갈대)'는 환초(萑苕)이니, 둥지에 깔 수 있는 것이다. '축(蓄)'은 쌓음이요, '조(租)'는 모음이요, '졸(卒)'은 다함이요, '도(瘏)'는 병듦이

••••••

10 孔子贊之曰……誰敢侮之: 이 내용은 《맹자》〈공손추 상(公孫丑上)〉에 그대로 보인다.

··· 拮 : 열심히일할 길　捋 : 취할 랄　荼 : 갈대 도　瘏 : 병들 도　萑 : 갈대 환　苕 : 갈대꽃 초

다. '실가(室家)'는 둥지이다.

○ 또한 새의 말을 하기를 "둥지를 만드는 초기에 손과 입을 함께 움직여 갈대를 취해와 쌓아 모으고 물건을 저축하느라 노고(勞苦)하여 모두 병듦에 이른 까닭은 둥지가 완성되지 않았기 때문이다." 하였으니, 이로써 자기가 전일(前日)에 근로하기를 이와 같이 한 까닭은 왕실이 새로 만들어져서 아직 안집(安集;안정)되지 못했기 때문임을 비유한 것이다.

④ 予羽譙譙〔在消反〕, 予尾翛翛〔素彫反〕, 予室翹翹〔祈消反〕, 風雨所漂〔匹遙反〕搖, 予維音嘵嘵〔呼堯反〕.

予羽譙(초)譙하며	내 깃이 모지라지며
予尾翛(소)翛하여	내 꼬리가 망가져 둥지를 지었지만
予室翹(교)翹어늘	내 둥지가 위태롭거늘
風雨所漂搖라	비바람이 뒤흔드는지라
予維音嘵(효)嘵호라	내 울부짖는 소리를 급히 하노라

比也라 譙譙는 殺(쇄)也요 翛翛는 敝也라 翹翹는 危也요 嘵嘵는 急也라
○ 亦爲鳥言호되 羽殺尾敝하여 以成其室而未定也어늘 風雨又從而漂(飄)搖之하니 則我之哀鳴이 安得而不急哉아하니 以比己旣勞悴로되 王室又未安하고 而多難乘之하니 則其作詩以喩王을 亦不得而不汲汲也라

비(比)이다. '초초(譙譙)'는 깃이 모지라짐이요, '소소(翛翛)'는 깃이 해짐이다. '교교(翹翹)'는 위태로움이요, '효효(嘵嘵)'는 급함이다.

○ 또한 새의 말을 하기를 "깃의 끝이 모지라지고 꼬리가 해지면서 이 둥지를 이루었으나 아직 안정되지 못하였는데, 비바람이 또 따라서 표요(飄搖)하니, 내 슬피 울부짖기를 어찌 급히 하지 않을 수 있겠는가." 하였으니, 이로써 자기가 이미 수고로웠으나 왕실이 또한 편안하지 못하고 다사다난(多事多難)함이 〈틈을〉 타고 있으니, 그 시(詩)를 지어 왕(王)을 깨우치기를 또한 급급(汲汲)히 하지 않을 수 없음을 비유한 것이다.

鴟鴞四章이니 章五句라

··· 譙 : 깃모지라질 초　翛 : 깃모지라질 소　翹 : 위태할 교　嘵 : 급할 효　殺 : 줄어들 쇄　悴 : 파리할 췌

〈치효(鴟鴞)〉는 4장이니, 장마다 5구이다.

事見書金縢篇하니라

이 사실은《서경(書經)》〈금등(金縢)〉편에 보인다.

【毛序】 鴟鴞는 周公救亂也라 成王이 未知周公之志일새 公乃爲詩以遺王하고 名之曰鴟鴞焉이시니라

〈치효〉는 주공(周公)이 난(亂)을 구원한 시(詩)이다. 성왕(成王)이 주공의 뜻을 모르므로 주공이 마침내 이 시를 지어 왕(王)에게 주고 이름을 '치효(鴟鴞)'라 하신 것이다.

【鄭註】 未知周公之志者는 未知其欲攝政之意라

'주공의 뜻을 알지 못했다.'는 것은 그가 〈잠시〉 섭정(攝政)하고자 하는 뜻을 알지 못한 것이다.

【辨說】 此序는 以金縢爲文하여 最爲有據하니라

이 〈서〉는《서경》의 〈금등〉을 글로 삼아 가장 근거가 있다.

3. 동산(東山)

① 我徂東山, 慆慆〔吐刀反〕不歸〔無韻 未詳〕. 我來自東, 零雨其濛. 我東日歸, 我心西悲. 制彼裳衣, 勿士行〔戶郞反〕枚〔叶謨悲反〕. 蜎蜎〔烏玄反〕者蠋〔音蜀〕, 烝在桑野〔叶上與反〕. 敦〔都廻反〕彼獨宿, 亦在車下〔叶後五反〕.

我徂東山하여	내가 동산에 가서
慆(도)慆不歸호라	오랫동안 돌아오지 못했노라
我來自東일새	내가 동쪽에서 올 적에
零雨其濛이러라	비가 부슬부슬 내렸었다
我東日歸에	내 동쪽에서 돌아올 적에
我心西悲호라	내 마음 서쪽을 향해 슬퍼하였노라
制彼裳衣하여	저 평상복을 만들어 입어
勿士行(항)枚로다	항진(行陣)을 일삼지 말지어다

··· 慆 : 오랠 도 濛 : 비부슬부슬내릴 몽 枚 : 재갈 매

蜎(연)蜎者蠋(촉)이여 　　꿈틀거리는 뽕나무벌레여
烝在桑野로다 　　　　뽕나무 들에 있도다
敦(퇴)彼獨宿이여 　　　외로이 저 홀로 잠든 자여
亦在車下로다 　　　　또한 수레 밑에 있었도다

賦也라 東山은 所征之地也라 慆慆는 言久也라 零은 落也라 濛은 雨貌라 裳衣는 平居之服也라 勿士行枚는 未詳其義라 鄭氏曰 士는 事也요 行은 陣也며 枚는 如箸(저)하니 銜之하되 有繣(획)結項中하여 以止語也라하니라 蜎蜎은 動貌라 蠋은 桑蟲如蠶者也라 烝은 發語辭라 敦는 獨處不移之貌라 此則興也라

　부(賦)이다. '동산(東山)'은 정벌한 지역이다. '도도(慆慆)'는 오램을 말한 것이다. '령(零)'은 비가 떨어짐이다. '몽(濛)'은 비가 오는 모양이다. '상의(裳衣)'는 평상시 거처할 때의 의복이다. '물사항매(勿士行枚)'는 그 뜻이 자세하지 않다. 정씨(鄭氏)는 "사(士)는 일삼음이요 항(行)은 항진(行陣)이며, 매(枚)는 젓가락과 비슷하니, 이것을 입에 물리되, 노끈이 달려 있어서 목 가운데에 묶어 말을 못하게 하는 것이다." 하였다. '연연(蜎蜎)'은 움직이는 모양이다. '촉(蠋)'은 뽕나무 벌레로 누에와 비슷하다. '증(烝)'은 발어사(發語辭)이다. '퇴(敦)'는 홀로 거처하고 옮기지 않는 모양이다. 이것은 흥(興)이다.

○ 成王이 旣得鴟鴞之詩하고 又感雷風之變[11]하여 始悟而迎周公하니 於是에 周公東征이 已三年矣라 旣歸에 因作此詩以勞歸士하시니라 蓋爲之述其意而言曰 我

---

11 又感雷風之變 : 뢰풍지변(雷風之變)은 천둥이 울리고 큰 바람이 분 이변을 이른다. 무왕(武王)이 상(商)나라를 이긴지 2년에 질병이 있자 주공(周公)은 태왕(太王)·왕계(王季)·문왕(文王)의 단(壇)을 쌓고, 축원하기를 "무왕을 데려가지 말고 대신 자신을 데려가시라."고 간곡히 원한 다음 이 글을 쇠사슬로 묶어 보관하였다. 그리하여 이 글을 〈금등(金縢)〉이라 하였다. 그후 무왕은 즉시 병환이 나았는데 얼마후 무왕이 별세하고 어린 성왕이 즉위하여 주공이 섭정을 하자, 은(殷)나라의 무경(武庚)을 감시하던 관숙(管叔)과 채숙(蔡叔) 등은 주공이 장차 어린 성왕에게 불리할 것이란 유언비어를 퍼뜨리고 반란을 도모하다가 주공의 토벌을 받았다. 그 후 주공은 마침내 시를 지어 성왕에게 주고 이름을 〈치효〉라 하니 바로 위의 시이다. 그러나 성왕은 주공에 대한 의심이 없지 못하였다. 가을에 대풍이 들었으나 아직 수확하지 못했는데, 갑자기 천둥벼락이 치고 바람이 거세게 불어 벼가 모두 쓰러지고 큰 나무도 모두 뽑혔다. 이에 성왕은 여러 대부들과 점을 치기 위해 〈금등〉의 글을 열어 옛날 주공이 무왕을 위해 자신이 대신 죽겠다고 자청한 글을 보고 크게 감동하여 주공을 친히 맞이해 왔다.

··· 蜎 : 꿈틀거릴 연　蠋 : 뽕나무벌레 촉　敦 : 혼자잘 퇴　箸 : 젓가락 저　銜 : 재갈 함　繣 : 끈맬 획　蠶 : 누에 잠

之東征既久어늘 而歸塗(途)에 又有遇雨之勞라 因追言其在東而言歸之時에 心已西嚮而悲라 於是에 制其平居之服하여 而以爲自今可以勿爲行陳銜枚之事矣라하고 及其在塗하여는 則又覩物起興而自嘆曰 彼蜎蜎者蠋은 則在彼桑野矣요 此敦然而獨宿者는 則亦在此車下矣라하니라

○ 성왕(成王)이 이미 〈치효(鴟鴞)〉의 시(詩)를 얻고, 또 뇌풍(雷風)의 변고에 감동되어 비로소 깨닫고 주공(周公)을 맞이하였다. 이에 주공이 동쪽으로 정벌간 지가 이미 3년이었다. 주공이 돌아온 뒤에 인하여 이 시를 지어 돌아오는 장병들을 위로하신 것이다. 군사들을 위해 그들의 뜻을 서술하여 말씀하기를 "내 동쪽으로 정벌간 지가 이미 오래되었는데, 돌아오는 길에 또 비를 만난 수고로움이 있었다." 하였다. 인하여 추언(追言)하기를 "동쪽에 있다가 돌아올 적에 마음이 이미 서쪽(서울)을 향하여 서글퍼하였다. 이에 평상시의 의복을 만들어 입고는 '지금부터는 항진(行陣)에 함매(銜枚 : 입에 물리는 재갈)하는 일을 하지 말아야 되겠다.'고 했다." 하였다. 돌아오는 도중(途中)에 있을 때에는 또 물건을 보고 기흥(起興)하여 스스로 탄식하기를 "저 꾸물거리는 뽕나무벌레는 저 뽕나무 들에 있고, 이 퇴연(敦然)히 홀로 잠자는 자는 역시 홀로 이 수레 아래에 있었다." 한 것이다.

② 我徂東山, 慆慆不歸. 我來自東, 零雨其濛. 果臝〔力果反〕之實, 亦施〔羊豉反〕于宇. 伊威在室, 蠨〔音蕭〕蛸〔所交反〕在戶〔後五反〕. 町〔他頂反〕疃〔他短反〕鹿場, 熠〔以執反〕燿〔以照反〕宵行〔叶戶郎反〕. 不可畏〔叶於非反〕也, 伊可懷〔叶胡威反〕也.

我徂東山하여	내 동산에 가서
慆慆不歸호라	오랫동안 돌아오지 못했노라
我來自東일새	내 동쪽에서 돌아올 적에
零雨其濛이러라	비가 부슬부슬 내렸었다
果臝(라)之實이	과라(果臝)의 열매가
亦施(이)于宇며	처마에 뻗어 있으며
伊威在室이며	쥐며느리가 방에 있으며
蠨蛸(소소)在戶며	납거미가 문에 있으며
町疃(정탄)鹿場이며	집 곁의 빈 땅은 사슴 마당이 되었으며

••• 覩 : 볼 도 臝 : 과라나무 라, 나나니벌 라 蠨 : 납거미 소 蛸 : 거미알 소 町 : 밭두둑 정 疃 : 마당 탄

熠燿(습요)宵行이로소니	반짝거리는 반딧불이로소니
不可畏也라	두려워할 것이 아니라
伊可懷也로다	그리워할 만하도다

賦也라 果臝는 括樓也라 施는 延也니 蔓生하여 延施于宇下也라 伊威는 鼠婦也니 室不掃則有之라 蠨蛸는 小蜘蛛(지주)也니 戶無人出入이면 則結網當之라 町畽은 舍旁隙地也니 無人焉故로 鹿以爲場也라 熠燿는 明不定貌라 宵行은 蟲名이니 如蠶, 夜行하고 喉下有光如螢(형)하니라
○ 章首四句는 言其往來之勞, 在外之久라 故로 每章重言하여 見(현)其感念之深이라 遂言己東征而室廬荒廢가 至於如此하니 亦可畏矣라 然이나 豈可畏而不歸哉리오 亦可懷思而已라하니 此則述其歸未至而思家之情也라

부(賦)이다. '과라(果臝)'는 괄루(括樓:하늘타리)이다. '이(施)'는 뻗음이니, 만생(蔓生)하여 처마 아래에 뻗어 있는 것이다. '이위(伊威)'는 쥐며느리이니, 방을 청소하지 않으면 있다. '소소(蠨蛸)'는 작은 거미이니, 문에 출입하는 사람이 없으면 그 물을 쳐 문을 막는다. '정탄(町畽)'은 집 곁의 빈 땅이니, 사람이 없기 때문에 사슴들이 마당으로 삼은 것이다. '습요(熠燿)'는 밝음이 일정하지 않은 모양이다. '소행(宵行:반딧불)'은 벌레 이름이니, 누에와 같이 생겼는데, 밤에 다니고 목 밑에 빛이 있어 반딧불과 비슷하다.

○ 장(章) 첫머리의 네 구(句)는 그 왕래하는 수고로움과 밖에 있은 지 오램을 말하였다. 그러므로 매 장(章)마다 거듭 말하여 감동과 생각함의 깊음을 나타낸 것이다. 마침내 말하기를, "자기가 동쪽으로 정벌을 나감에 집의 황폐함이 이와 같음에 이르렀으니, 또한 두려워할 만하다. 그러나 어찌 두려워하여 돌아가지 않을 수 있겠는가. 또한 그리워할만 할 뿐이다."라고 하였다. 이것은 돌아올 적에 아직 도착하지 못하여 집을 그리워하는 정(情)을 서술한 것이다.

③ 我徂東山, 慆慆不歸. 我來自東, 零雨其濛. 鸛〔古玩反〕鳴于垤〔田節反 叶地一反〕, 婦歎于室. 洒掃穹窒, 我征聿至〔叶入聲〕, 有敦〔都廻反〕瓜苦, 烝在栗薪. 自我不見, 于今三年〔叶尼因反〕.

| 我徂東山하여 | 내가 동산에 가서 |

詩經集傳 中
56

... 熠 : 반딧불반짝거릴 습 燿 : 환할 요 括 : 묶을 괄 蜘 : 거미 지 蛛 : 거미 주 喉 : 목구멍 후 螢 : 반딧불 형
廬 : 집 려

慆慆不歸호라 　　　오랫동안 돌아오지 못했노라
我來自東일새 　　　내가 동쪽에서 돌아올 적에
零雨其濛이러라 　　비가 부슬부슬 내렸었다
鸛(관)鳴于垤(질)이어늘 황새는 개밋둑에서 우는데
婦歎于室하여 　　　부인은 집에서 탄식하여
洒掃穹窒하니 　　　집 안을 청소하고 구멍(빈틈)을 막으니
我征聿至로다 　　　내 걸음이 때마침 이르렀도다
有敦(퇴)瓜苦여 　　　주렁주렁 달린 쓴 오이여
烝在栗薪이로다 　　저 밤나무 섶에 있도다
自我不見이 　　　　내 이것을 보지 못한 지가
于今三年이었다 　　지금 삼 년이 되었도다

賦也라 鸛은 水鳥니 似鶴者也라 垤은 蟻塚(의총)也라 穹窒은 見七月하니라
○ 將陰雨則穴處者先知라 故로 蟻出垤而鸛就食之하고 遂鳴于其上也라 行者之
妻 亦思其夫之勞苦하여 而歎息於家라 於是에 洒掃穹窒하여 以待其歸러니 而其
夫之行이 忽已至矣라 因見苦瓜繫於栗薪之上하고 而曰 自我之不見此가 亦已三
年矣라하니라 栗은 周土所宜木이니 與苦瓜皆微物也로되 見之而喜하니 則其行久
而感深을 可知矣로다

부(賦)이다. '관(鸛:황새)'은 수조(水鳥)이니, 학(鶴)과 비슷하다. '질(垤)'은 개미
의 무덤(둑)이다. '궁질(穹窒)'은 〈칠월(七月)〉에 보인다.

○ 장차 날씨가 흐려져 비가 내리려 하면 구멍에 사는 것들이 먼저 안다. 그러
므로 개미가 둑에 나옴에 황새가 가서 잡아먹고는 마침내 그 위에서 운 것이다.
부역을 간 자의 아내가 또한 그 남편의 노고(勞苦)함을 생각하여 집에서 탄식하였
다. 이에 집안을 청소하고 구멍을 막아 남편이 돌아오기를 기다리고 있었는데, 남
편의 걸음이 갑자기 이르렀다. 인하여 쓴 오이가 밤나무 섶 위에 매달려 있음을
보고 말하기를 "내 이것을 보지 못한 지가 이미 3년이나 되었다." 한 것이다. 밤나
무는 주(周)나라 토질에 마땅한 나무이니, 쓴 오이와 함께 모두 하찮은 물건인데
도 이것을 보고 기뻐하였으니, 부역을 간 지가 오래되어 감회가 깊음을 알 수 있
도다.

··· 鸛 : 황새 관 垤 : 개미뚝 질 穹 : 막을 궁 窒 : 막을 질 敦 : 열매주렁주렁달릴 퇴 蟻 : 개미 의 塚 : 무덤 총

④ 我徂東山, 慆慆不歸. 我來自東, 零雨其濛. 倉庚于飛, 熠燿其羽. 之子于歸, 皇駁〔邦角反〕其馬〔叶滿補反〕. 親結其縭〔叶離羅二音〕, 九十其儀〔叶宜俄二音〕. 其新孔嘉〔叶居宜居何二反〕, 其舊如之何〔叶奚河二音〕.

我徂東山하여	내가 동산에 가서
慆慆不歸호라	오랫동안 돌아오지 못했노라
我來自東일새	내가 동쪽에서 돌아올 적에
零雨其濛이러라	비가 부슬부슬 내렸었다
倉庚于飛여	날아가는 꾀꼬리여
熠燿(습요)其羽로다	선명한 그 깃이로다
之子于歸여	시집가는 저 아가씨여
皇駁(박)其馬로다	황백색과 얼룩무늬 말이 그 수레를 끌도다
親結其縭(리)하니	친히 그 향주머니를 매주니
九十其儀로다	여러 가지 많은 그 위의(威儀)로다
其新孔嘉하니	신혼(新婚)이 매우 아름다우니
其舊如之何오	구혼(舊婚)이야 어떠하겠는가.

賦而興也라 倉庚飛는 昏姻時也라 熠燿는 鮮明也라 黃白日皇이요 駵(류)白日駁이라 縭는 婦人之褘(위)也니 母戒女而爲之施衿結帨也[12]라 九其儀, 十其儀는 言其儀之多也라

○ 賦時物以起興하여 而言 東征之歸士 未有室家者 及時而昏姻하여 旣甚美矣니 其舊有室家者 相見而喜는 當如何邪오하니라

부이흥(賦而興)이다. '창경(倉庚;꾀꼬리)'이 낢은 혼인할 때이다. '습요(熠燿)'는 선명함이다. 황백색의 말을 '황(皇)'이라 하고, 얼룩무늬가 있고 흰무늬가 있는 말을 '박(駁)'이라 한다. '리(縭)'는 부인의 주머니이니, 〈딸이 시집갈 때에〉 어머니가

---

12 母戒女而爲之施衿結帨也 : 금(衿)은 작은 띠이며 세(帨)는 향주머니로, 《의례》〈사혼례(士昏禮)〉에 "어머니가 시집가는 딸을 훈계하여 작은 띠를 채워 주고 향주머니를 달아 주면서 '부디 힘쓰고 공경해서 밤낮으로 시댁의 일을 어기지 말라.'고 당부한다.〔母施衿結帨曰; 勉之敬之, 夙夜無違宮事.〕"라고 보인다.

•••• 駁 : 얼룩말 박 縭 : 향주머니 리 駵 : 월다말 류 褘 : 향주머니 위 衿 : 작은띠 금 帨 : 수건 세

딸을 경계하고 딸을 위해 작은 띠를 채워주고 향주머니를 매주는 것이다. 그 위의
가 아홉이요 열이라는 것은 그 위의의 많음을 말한 것이다.

○ 시물(時物)을 읊어 기흥(起興)하여 말하기를 "동쪽으로 정벌하러 갔다가 돌
아온 군사로서 실가(아내)가 있지 않았던 자들이 제때에 혼인하여 이미 매우 아름
다우니, 그 전부터 아내가 있던 자들이야 서로 만나보고 기뻐함이 어떠하겠는가."
한 것이다.

東山四章이니 章十二句라

〈동산(東山)〉은 4장이니, 장마다 12구이다.

序曰 一章은 言其完也요 二章은 言其思也요 三章은 言其室家之望女也요 四章은
樂男女之得及時也라 君子之於人에 序其情而閔其勞하니 所以說(열)也라 說以使
民하여 民忘其死는 其唯東山乎인저 愚謂 完은 謂全師而歸하여 無死傷之苦요 思는
謂未至而思하여 有愴恨之懷라 至於室家望女와 男女及時하여는 亦皆其心之所願
而不敢言者어늘 上之人이 乃先其未發而歌詠以勞苦之하니 則其歡欣感激之情이
爲如何哉아 蓋古之勞詩皆如此라 其上下之際에 情志交孚하여 雖家人父子之相
語라도 無以過之하니 此其所以維持鞏固數十百年하여 而無一旦土崩之患也니라

《모서(毛序)》에 이르기를 "1장은 그 완전함(完)을 말한 것이요, 2장은 그리워함
(思)을 말한 것이요, 3장은 실가(室家)가 자기를 바람을 말한 것이요, 4장은 남녀
의 혼인이 제때에 미침을 즐거워한 것이다. 군자가 백성에 대하여 그 정(情)을 서
술하고 그 수고로움을 민망히 여겼으니, 이 때문에 백성들이 기뻐한 것이다. 기쁨
으로써 백성들을 부려서 백성들이 그 죽음을 잊은 것은 그 오직 〈동산〉의 시일 것
이다." 하였다.

내(주자)가 생각컨대 완(完)은 군대를 온전히 보존하고 돌아와 죽거나 부상한
괴로움이 없음을 말한 것이요, 사(思)는 집에 이르기 전에 그리워하여 창한(愴恨)
의 회포가 있음을 말한 것이다. 실가가 자기를 바라던 것과 남녀의 혼인이 제때에
미친 것으로 말하면 이 또한 모두 마음속에 원하는 바이나 감히 말하지 못하는 것인
데, 윗사람이 마침내 군사들이 말하기 전에 먼저 노래를 읊어서 그들의 수고로움
을 위로하였으니, 그렇다면 그 기뻐하고 감격하는 정(情)이 어떠하겠는가.

옛날에 위로하는 시(詩)는 모두 이와 같았다. 그리하여 상하(上下)의 사이에 정
(情)과 뜻이 서로 믿어져서 비록 가인(家人:집안 식구)과 부자간에 서로 말하는 것이

... 愴 : 슬퍼할 창 孚 : 믿을 부 鞏 : 굳을 공

라도 이보다 더할 수가 없었으니, 이 때문에 나라를 유지(維持)하고 공고(鞏固)히 하기를 수십백 년(수십 년에서 백 년) 동안하여 하루아침에 토붕(土崩:민란)하는 병폐가 없었던 것이다.

【毛序】 東山은 周公東征也라 周公東征하여 三年而歸할새 勞歸士하니 大夫美之라 故로 作是詩也라 一章은 言其完也요 二章은 言其思也요 三章은 言其室家之望女也요 四章은 樂男女之得及時也라 君子之於人에 序其情而閔其勞하니 所以說也니 說以使民하여 民忘其死는 其唯東山乎인저

　〈동산(東山)〉은 주공(周公)이 동정(東征)함을 읊은 것이다. 주공이 동정하여 3년 만에 돌아왔는데, 돌아오는 군사들을 위로하니, 대부(大夫)가 이를 찬미하였다. 그러므로 이 시(詩)를 지은 것이다. 1장은 그 완전함을 말한 것이요, 2장은 그리워함을 말한 것이요, 3장은 실가(室家)가 자신을 바람을 말한 것이요, 4장은 남녀의 혼인이 제때에 미침을 즐거워한 것이다. 군자가 백성에 대하여 그 정(情)을 서술하고 그 수고로움을 민망히 여겼으니, 이 때문에 백성들이 기뻐한 것이다. 기쁨으로써 백성들을 부려서 백성들이 그 죽음을 잊은 것은 그 오직 〈동산〉일 것이다.

【鄭註】 成王이 旣得金縢之書하고 親迎周公하여 周公이 歸하여 攝政한대 三監及淮夷叛이어늘 周公이 乃東伐之하여 三年而後歸爾라 分別章意者는 周公이 於是志伸하니 美而詳之니라

　성왕(成王)이 이미 〈금등(金縢)〉의 글을 얻고 주공을 친히 맞이해서 주공이 돌아와 섭정하였는데, 삼감(三監:관숙과 채숙·곽숙(霍叔))이 회이(淮夷)와 함께 배반하므로 주공이 마침내 동쪽으로 정벌하여 3년이 지난 뒤에 돌아왔다. 장(章)의 뜻을 분별한 것은 주공이 이때 뜻이 펴지니, 찬미하여 자세히 말한 것이다.

【辨說】 此는 周公勞歸士之詞니 非大夫美之而作也라

　이는 주공이 정벌하고 돌아오는 군사들을 위로한 글이니, 대부(大夫)가 찬미하여 지은 것이 아니다.

4. 파부(破斧)

① 旣破我斧, 又缺我斨[七羊反]. 周公東征, 四國是皇. 哀我人斯, 亦孔之將.

旣破我斧요	이미 내 둥근 구멍의 도끼를 부수고
又缺我斨(장)이나	또 내 네모진 구멍의 도끼를 망가뜨렸으나
周公東征은	주공이 동쪽으로 정벌하심은
四國是皇이시니	사방 나라를 바로잡으려 해서이시니
哀我人斯	우리 백성들을 가엾게 여기심이
亦孔之將이샸다	또한 심히 크시도다

賦也라 隋銎(타공)曰斧요 方銎曰斨이니 征伐之用也라 四國은 四方之國也라 皇은 匡也요 將은 大也라

○ 從軍之士以前篇周公勞己之勤이라 故로 言此以答其意曰 東征之役에 旣破我斧而缺我斨하여 其勞甚矣라 然이나 周公之爲此擧는 蓋將使四方莫敢不一於正而後已시니 其哀我人也 豈不大哉아하니라 然則雖有破斧缺斨之勞나 而義有所不得辭矣라 夫管、蔡流言以謗周公이어늘 而公以六軍之衆으로 往而征之하시니 使其心에 一有出於自私而不在於天下면 則撫之雖勤하고 勞之雖至나 而從役之士豈能不怨也哉리오 今觀此詩하면 固足以見周公之心이 大公至正하여 天下信其無有一毫自愛之私요 抑又以見當是之時하여 雖被堅執銳之人이라도 亦皆能以周公之心爲心하여 而不自爲一身一家之計하니 蓋亦莫非聖人之徒也라 學者於此에 熟玩而有得焉이면 則其心正大하여 而天地之情을 眞可見矣리라

부(賦)이다. 도끼 구멍이 타원형인 것을 '부(斧)'라 하고, 도끼 구멍이 네모진 것을 '장(斨)'이라 하니, 정벌할 때에 쓰는 기구이다. '사국(四國)'은 사방의 나라이다. '황(皇)'은 바로잡음이요, '장(將)'은 큼이다.

○ 종군(從軍)한 군사들이 전편(前篇)에 주공이 자기들의 수고로움을 위로하셨으므로 이를 말하여 그 뜻에 답하기를 "동쪽으로 정벌 가는 부역에 이미 내 둥근 구멍의 도끼를 부수고 또 내 네모진 구멍의 도끼를 망가뜨려 그 수고로움이 심하였다. 그러나 주공이 이 정벌을 하신 것은 장차 사방으로 하여금 감히 바름에 한결같이 하지 않을 수가 없게 한 뒤에 그만두려 하심이니, 우리 백성들을 가엾게 여기심이 어찌 크지 않겠는가." 한 것이다. 그렇다면 비록 도끼가 부서지고 도끼가 망가지는 수고로움이 있으나 의리상 사양할 수 없는 것이다.

관숙(管叔)과 채숙(蔡叔)이 유언비어를 퍼뜨려 주공을 비방하므로 주공이 육군(六軍)의 군대를 거느리고 가서 정벌하셨으니, 가령 그 마음이 하나라도(조금이라

··· 缺 : 이지러질 결 斨 : 모난도끼 장 皇 : 바로잡을 황 隋 : 둥글고길쭉할 타(楕同) 銎 : 도끼구멍 공
謗 : 비방할 방

도) 스스로 사사로이 하려는 데서 나와 천하에 있지 않았다면, 어루만지기를 비록 부지런히 하고 위로하기를 비록 지극히 하더라도 부역에 종사하는 군사들이 어찌 원망하지 않을 수 있겠는가.

이제 이 시(詩)를 보면 진실로 주공의 마음이 크게 공변되고 지극히 정당하여 천하 사람들이, 주공이 일호(一毫)라도 자신을 아끼는 사사로움이 없다고 믿었음을 볼 수 있고, 또 이때를 당하여 비록 견고한 갑옷을 입고 예리한 병기를 잡은 병사들이라도 또한 모두 주공의 마음을 자기의 마음으로 삼아서, 스스로 일신(一身)과 일가(一家)를 위한 계책을 하지 않았음을 볼 수 있으니, 또한 성인(聖人)의 무리 아님이 없는 것이다. 배우는 자가 이에 대하여 익숙히 완미(玩味)하여 터득함이 있으면 그 마음이 정대(正大)하여 천지의 정(情)을 참으로 볼 수 있을 것이다.

② 旣破我斧, 又缺我錡〔巨宜反 叶巨何反〕. 周公東征, 四國是吪〔五戈反〕. 哀我人斯, 亦孔之嘉〔叶居何反〕.

旣破我斧요	이미 내 도끼를 부수고
又缺我錡(의)나	또 내 끌을 망가뜨렸으나
周公東征은	주공이 동쪽으로 정벌하심은
四國是吪(와)시니	사방 나라를 교화하려 해서이시니
哀我人斯	우리 백성들을 가엾게 여기심이
亦孔之嘉샷다	또한 심히 가상하시도다

賦也라 錡는 鑿屬이라 吪는 化요 嘉는 善也라

부(賦)이다. '의(錡)'는 끌의 등속이다. '와(吪)'는 교화함이요, '가(嘉)'는 좋음이다.

③ 旣破我斧, 又缺我銶〔音求〕. 周公東征, 四國是遒〔在羞反〕. 哀我人斯, 亦孔之休.

旣破我斧요	이미 내 도끼를 부수고
又缺我銶(구)나	또 내 끌을 망가뜨렸으나
周公東征은	주공이 동쪽으로 정벌하심은

••• 錡 : 끌 의 吪 : 움직일 와 鑿 : 끌 착 銶 : 끌 구

四國是遒(주)시니　　사방 나라를 견고히 하려 해서이시니
哀我人斯　　　　우리 백성들을 가엾게 여기심이
亦孔之休샷다　　또한 심히 아름다우시도다

賦也라 銶는 木屬[13]이라 遒는 斂而固之也라 休는 美也라

　부(賦)이다. '구(銶)'는 자루를 나무로 만든 끌의 등속이다. '주(遒)'는 거두어 견고히 함이다. '휴(休)'는 아름다움이다.

破斧三章이니 章六句라

　〈파부(破斧)〉는 3장이니, 장마다 6구이다.

范氏曰 象은 日以殺舜爲事어늘 舜爲天子也則封之하시고 管、蔡는 啓商以叛이어늘 周公之爲相也則誅之하시니 迹雖不同이나 其道則一也라 蓋象之禍는 及於舜而已라 故로 舜封之요 管、蔡流言은 將危周公以間王室하여 得罪於天下라 故로 周公誅之하시니 非周公誅之요 天下之所當誅也라 周公이 豈得而私之哉시리오

　범씨(范氏)가 말하였다. "상(象)은 날마다 순(舜)을 죽이는 것을 일로 삼았는데 순이 천자가 되어서는 그를 봉(封)하셨고, 관숙(管叔)과 채숙(蔡叔)은 상(商)나라를 계도(啓導)하여 배반하였는데 주공이 정승이 되어서는 이들을 죽이셨으니, 행적은 비록 똑같지 않으나 그 도(道)는 똑같다. 상(象)의 화(禍)는 순에게 미쳤을 뿐이었다. 그러므로 순이 그를 봉해주신 것이요, 관숙과 채숙이 유언비어를 퍼뜨린 것은 장차 주공을 위태롭게 하여 왕실을 엿보려 해서 천하에 죄를 얻었다. 그러므로 주공이 죽이신 것이니, 주공이 죽인 것이 아니요, 천하가 마땅히 죽여야 할 것이었다. 주공이 어찌 그들을 사사로이 봐주실 수 있었겠는가."

【毛序】 破斧는 美周公也니 周大夫以惡四國焉하니라

　〈파부(破斧)〉는 주공을 찬미한 시(詩)이니, 주나라 대부가 사국(四國:관숙, 채숙,

......

13　木屬:다산(茶山) 정약용(丁若鏞)은 "《한시(韓詩)》의 목속왈구(木屬曰銶)를 살펴보면 목속(木屬)은 나무 종류를 말한 것이 아니다. 속(屬)은 연속(連續)이니, 쇠와 나무가 서로 이어진 것이다. 가로로 꽂은 것을 병(柄)이라 하고 아래로 꽂은 것을 속(屬)이라 하니, 속(屬)은 병(柄)과 같다. 나무를 뚫는 기구 중에서 쇠로만 된 것을 착(鑿)이라 하고 나무자루인 것을 구(銶)라 한다." 하였다. 《與猶堂全書 第2集 詩經講義》

… 遒 : 견고할 주

상(商)나라, 엄(奄)나라에서 유언비어를 퍼뜨리고 배반한 것을 미워한 것이다.

【鄭註】 惡四國者는 惡其流言毀周公也라

'사국(四國)을 미워했다.'는 것은 그 유언비어를 퍼뜨려 주공을 훼방함을 미워한 것이다.

【辨說】 此는 歸士美周公之辭요 非大夫惡四國之詩也라 且詩所謂四國은 猶言斬伐四國耳어늘 序說은 以爲管蔡商奄이라하니 尤無理也라

이는 돌아오는 군사들이 주공을 찬미한 글이요, 대부(大夫)가 사국을 미워한 시가 아니다. 또 시에서 말한 사국은 사방 나라를 참벌(斬伐)했다고 말한 것과 같은데, 〈서설〉에는 관(管)·채(蔡)와 상(商)·엄(奄)이라 하였으니, 더욱 무리(無理)하다.

5. 벌가(伐柯)

① 伐柯如何, 匪斧不克. 取〔七喩反〕妻如何, 匪媒不得.

伐柯如何오	도낏자루를 베기를 어찌해야 하는가
匪斧不克이니라	도끼가 아니면 하지 못하느니라
取(娶)妻如何오	아내를 얻으려면 어찌해야 하는가
匪媒不得이니라	중매가 아니면 얻지 못하느니라

比也라 柯는 斧柄也라 克은 能也라 媒는 通二姓之言者也라
○ 周公居東之時에 東人言此하여 以比平日欲見周公之難이니라

비(比)이다. '가(柯)'는 도낏자루이다. '극(克)'은 능함이다. '매(媒)'는 남자와 여자 두 성씨(집안)의 말을 통하는 자이다.

○ 주공이 동쪽에 거처할 때에 동쪽지방 사람들이 이를 말하여, 평일(평소)에 주공을 뵙고자 하였으나 뵙기가 어려움을 비유한 것이다.

② 伐柯伐柯, 其則不遠. 我遘〔古豆反〕之子, 籩豆有踐〔賤淺反〕.

··· 柯 : 도끼자루 가

伐柯伐柯_여	도낏자루를 베고 도낏자루를 벰이여
其則(칙)不遠_{이로다}	그 법칙이 멀리 있지 않도다
我遘(구)之子_{호니}	내 이 아가씨를 만나니
籩豆有踐_{이로다}	혼례의 그릇이 질서정연하도다

比也라 則은 法也라 我는 東人自我也라 之子는 指其妻而言也라 籩은 竹豆也요 豆는 木豆也라 踐은 行列之貌라

○ 言伐柯而有斧면 則不過卽此舊斧之柯하여 而得其新柯之法이요 娶妻而有媒면 則亦不過卽此見之하여 而成其同牢之禮[14]矣라 東人言此하여 以比今日得見周公之易하니 深喜之之詞也라

비(比)이다. '칙(則)'은 법칙이다. '아(我:나)'는 동인(東人) 자신이다. '지자(之子)'는 그 아내를 가리켜 말한 것이다. '변(籩)'은 대나무로 만든 그릇이요, '두(豆)'는 나무로 만든 그릇이다. '천(踐)'은 항렬(行列)이 있는 모양이다.

○ 도낏자루를 벨 적에 도끼가 있으면 옛 도낏자루를 가지고 그 새로운 도낏 자루를 만드는 법칙을 얻음에 지나지 않고, 아내를 얻음에 중매가 있으면 또한 이에 나아가 그를 만나보아 동뢰(同牢)의 예(禮)를 이룸에 지나지 않음을 말한 것이다. 동인들이 이를 말하여 금일에 주공을 만나봄이 매우 쉬움을 비유하였으니, 깊이 기뻐한 말이다.

伐柯二章_{이니} 章四句_라
〈벌가(伐柯)〉는 2장이니, 장마다 4구이다.

【毛序】 伐柯는 美周公也니 周大夫刺朝廷之不知也니라
〈벌가〉는 주공을 찬미한 시(詩)이니, 주나라 대부가 조정의 신하들이 주공의 성덕(聖德)을 알지 못함을 풍자한 것이다.
【鄭註】 成王이 旣得雷雨大風之變하고 欲迎周公이로되 而朝廷羣臣이 猶惑於管蔡之流言하여 不知周公之聖德하고 疑於王欲迎之禮라 是以刺之하니라

......
14 成其同牢之禮 : 뢰(牢)는 밥으로, 부부(夫婦)가 함께 밥을 먹는 것으로 위의 변(籩)·두(豆)는 이때 음식을 담는 그릇이다.

··· 遘 : 만날 구 籩 : 제기 변 豆 : 제기 두 踐 : 차려놓을 천 牢 : 희생 뢰

성왕이 이미 우레와 비와 큰바람의 변고(變故)를 얻고 주공을 맞이하고자 하였으나, 조정의 여러 신하들은 아직도 관숙과 채숙의 유언비어에 혹하여 주공의 성덕(聖德)을 알지 못하고 왕이 그를 맞이하고자 하는 예를 의심하였다. 이 때문에 풍자한 것이다.

6. 구역(九罭)

① 九罭〔于逼反〕之魚, 鱒〔才損反〕魴〔音房〕. 我覯之子, 袞〔古本反〕衣繡裳.

九罭(역)之魚여　　　　　아홉 주머니(코)의 그물에 걸린 물고기여
鱒魴(존방)이로다　　　　송어와 방어로다
我覯之子호니　　　　　　내 그 분을 만나보니
袞(곤)衣繡裳이로다　　　곤의와 수상을 입으셨도다

興也라 九罭은 九囊之網也라 鱒은 似魴而鱗細眼赤이요 魴은 已見(현)上하니 皆魚之美者也라 我는 東人自我也요 之子는 指周公也라 袞衣裳은 九章이니 一曰龍이요 二曰山이요 三曰華蟲이니 雉也요 四曰火요 五曰宗彝니 虎、蜼(유)也니 皆繢(회)於衣하며 六曰藻요 七曰粉米요 八曰黼요 九曰黻이니 皆繡於裳이라 天子之龍은 一升一降하고 上公은 但有降龍하니 以龍首卷然이라 故로 謂之袞[15]也니라
○ 此亦周公居東之時에 東人喜得見之하여 而言 九罭之網엔 則有鱒魴之魚矣요 我遘之子하니 則見其袞衣繡裳之服矣라하니라

　　흥(興)이다. '구역(九罭)'은 아홉 주머니가 달린 그물이다. '존(鱒:송어)'은 잉어와 비슷한데 비늘이 가늘고 눈이 붉으며, 방어는 이미 위에 보이니, 모두 아름다운 물고기이다. '아(我)'는 동인(東人) 자신이요, '지자(之子)'는 주공을 가리킨 것이다. '곤의상(袞衣裳)'은 구장(九章:아홉 개의 문양)이니, 첫째는 용(龍)이요, 둘째는 산(山)이요, 셋째는 화충(華蟲)이니 꿩이요, 넷째는 불이요, 다섯째는 종이(宗彝:종묘

．．．．．．
15 以龍首卷然 故謂之袞:곤(袞)은 권(卷)과 음(音)이 서로 비슷한바, 용의 머리가 숙여져 있으므로 이 용을 그린 관복을 곤의(袞衣), 또는 곤룡포(袞龍袍)라 한다.

··· 罭:그물 역 鱒:송어 존(준) 袞:곤룡포 곤 鱗:비늘 린 彝:술그릇 이 蜼:원숭이 유 繢:그림 회
黼:보불 보 黻:보불 불 卷:고개숙일 권

의 제기)로 호유(虎蜼:범과 원숭이 그림)이니, 이상은 모두 상의(上衣)에 그리며, 여섯째는 마름이요, 일곱째는 분미(粉米:백미)요, 여덟째는 보(黼)요, 아홉째는 불(黻)이니, 이상은 모두 아래 치마에 수를 놓는다. 천자의 용(龍)은 한 마리는 올라가고 한 마리는 내려오며, 상공(上公)은 다만 내려오는 용만 있으니, 용의 머리가 숙여져 있기 때문에 곤(袞)이라고 이른 것이다.

○ 이 또한 주공이 동쪽 지방에 거처하실 때에 동인들이 주공을 만나봄을 기뻐하여 말하기를 "구역(九罭)의 그물에는 송어와 방어의 물고기가 걸려 있으며, 내 그 분을 만나보니 곤의 수상(袞衣繡裳)의 의복을 보게 되었다."고 한 것이다.

② 鴻飛遵渚, 公歸無所, 於女〔音汝 下同〕信處.

鴻飛遵渚하나니   기러기가 물가를 따라 나니
公歸無所아   공(公)이 돌아가실 곳이 없겠는가
於女(汝)信處시니라   너에게만 이틀밤을 묵어가신 것이니라

興也라 遵은 循也라 渚는 小洲也라 女는 東人自相女也라 再宿曰信이라
○ 東人이 聞成王將迎周公하고 又自相謂而言호되 鴻飛則遵渚矣니 公歸豈無所乎아 今特於女信處而已라하니라

흥(興)이다. '준(遵)'은 따름이다. '저(渚)'는 작은 모래섬이다. '여(女:너)'는 동인(東人)이 자기들끼리 서로 너라고 한 것이다. 이틀밤을 자고 가는 것을 '신(信)'이라 한다.

○ 동인(東人)은 성왕(成王)이 장차 주공을 맞이하려 한다는 말을 듣고 또 자기들끼리 서로 이르기를 "기러기가 날아감에 물가를 따르나니, 공(公)이 돌아가심에 어찌 돌아갈 곳이 없겠는가. 이제 다만 너에게만 이틀 밤을 묵어가셨을 뿐이다." 한 것이다.

③ 鴻飛遵陸, 公歸不復, 於女信宿.

鴻飛遵陸하나니   기러기가 육지를 따라 나니
公歸不復(복)이리시니   공이 돌아가시면 돌아오지 않으시리니

••• 信 : 이틀밤잘 신

於女信宿이시니라　　　　너에게만 이틀밤을 묵어가신 것이니라

興也라 高平曰陸이라 不復은 言將留相王室而不復(부)來東也라
　　흥(興)이다. 높고 평평한 것을 '육(陸)'이라 한다. '불복(不復)'은 〈주공이〉 장차
머물러 왕실을 도와서 다시는 동쪽으로 오지 못함을 말한 것이다.

④ 是以有袞衣兮, 無以我公歸兮, 無使我心悲兮.

是以有袞衣兮러니　　　　이 때문에 곤의를 입은 분이 계시더니
無以我公歸兮하여　　　　우리 공을 데리고 돌아가지 말아
無使我心悲兮어다　　　　내 마음 슬프게 하지 말지어다

賦也라 承上二章하여 言周公信處信宿於此라 是以로 東方有此服袞衣之人이라하고
又願其且留於此하여 無遽迎公以歸하니 歸則將不復來하여 而使我心悲也라하니라
　　부(賦)이다. 위의 두 장(章)을 이어 말하기를 "주공이 이곳에서 이틀밤을 묵고
이틀밤을 유숙하셨다. 이 때문에 동방(東方)에 이 곤의(袞衣)를 입은 분이 계시게 되
었다." 하고, 또 우선 이곳에 머물러서 급히 공(公)을 맞이해 돌아가지 말기를 원
했으니, 돌아가면 장차 다시 오시지 못하여 내 마음을 슬프게 한다고 말한 것이다.

九罭四章이니 一章은 四句요 三章은 章三句라
　　〈구역(九罭)〉은 4장이니, 한 장은 4구이고 세 장은 장마다 3구이다.

【毛序】 九罭은 美周公也니 周大夫刺朝廷之不知也니라
　　〈구역〉은 주공(周公)을 찬미한 시(詩)이니, 주(周)나라 대부가 조정에서 주공을
몰라줌을 풍자한 것이다.
【辨說】 二詩는 東人喜周公之至하여 而願其留之詞니 序說은 皆非니라
　　〈벌가(伐柯)〉와 〈구역〉 두 시는 동쪽 사람들이 주공이 온 것을 기뻐하여 그 머
물기를 원한 글이니, 〈서설〉은 모두 잘못되었다.

7. 낭발(狼跋)

① 狼跋〔蒲末反〕其胡, 載疐〔丁四反〕其尾. 公孫〔音遜〕碩膚, 赤舃〔音昔〕几几.

狼跋(발)其胡요	이리가 앞으로 나아가면 턱살이 밟히고
載疐(치)其尾로다	뒤로 물러나면 꼬리가 밟히도다
公孫(손)碩膚하시니	공(公)이 큰 아름다움을 사양하시니
赤舃(석)几几샷다	붉은 신이 편안하시도다

興也라 跋은 躐(렵)也요 胡는 頷(함)下懸肉也라 載는 則이요 疐는 跲(겁)也라 老狼有胡하여 進而躐其胡하고 則退而跲其尾라 公은 周公也라 孫은 讓이요 碩은 大요 膚는 美也라 赤舃은 冕服之舃也라 几几는 安重貌라

○ 周公이 雖遭疑謗이나 然所以處之 不失其常이라 故로 詩人美之라 言狼跋其胡요 則跲疐其尾矣어늘 公遭流言之變호되 而其安肆自得이 乃如此하시니 蓋其道隆德盛하여 而安土樂天을 有不足言者니 所以遭大變而不失其常也라 夫公之被毀는 以管、蔡之流言也어늘 而詩人以爲此非四國之所爲요 乃公自讓其大美而不居耳라하니 蓋不使讒邪之口로 得以加乎公之忠聖이니 此可見其愛公之深, 敬公之至요 而其立言이 亦有法矣로다

흥(興)이다. '발(跋)'은 밟힘이요, '호(胡)'는 턱 아래에 매달려 있는 살이다. '재(載)'는 즉(則:곧)이요, '치(疐)'는 넘어짐이다. 늙은 이리는 턱 밑에 매달린 턱살〔胡〕이 있어서 나아가면 그 턱살이 밟히고, 물러나면 그 꼬리가 밟혀 넘어진다. '공(公)'은 주공(周公)이다. '손(遜)'은 사양함이요, '석(碩)'은 큼이요, '부(膚)'는 아름다움이다. '적석(赤舃)'은 면복(冕服)에 신는 신이다. '궤궤(几几)'는 안중(安重)한 모양이다.

○ 주공이 비록 의심과 비방을 만났으나 이에 대처함에 떳떳함을 잃지 않았다. 그러므로 시인이 찬미한 것이다. "이리는 나아가면 그 턱살이 밟히고 뒤로 물러나면 그 꼬리가 밟혀 넘어진다. 그런데 공(公)은 유언비어의 변고를 만났으나 편안하고 자득(自得)함이 이와 같다."고 말하였으니, 그 도덕(道德)이 높고 성(盛)하여 처한 자리를 편안히 여기고 천명(天命)을 즐거워함을 이루 말할 수 없으니, 이 때문에 큰 변고를 당하여도 그 떳떳함을 잃지 않은 것이다.

···　跋 : 밟을 발 胡 : 목줄띠 호 疐 : 넘어질 치 孫 : 사양할 손(遜通) 膚 : 아름다울 부 舃 : 신 석 几 : 진중할 궤
　　頷 : 턱 함 跲 : 넘어질 겁(겁)

공(公)이 비방을 당한 것은 관숙(管叔)과 채숙(蔡叔)의 유언비어 때문이었는데, 시인이 말하기를 "이는 사방 나라에서 한 것이 아니요, 바로 공(公)이 큰 아름다움을 사양하여 자처하지 않으신 것일 뿐이다."라고 하였으니, 이는 참소하고 간사한 사람의 입으로 하여금 공(公)의 충성과 성(聖)스러움에 가해지지 않게 하려고 한 것이니, 이는 공을 사랑함이 깊고 공을 공경함이 지극함을 볼 수 있으며, 그 글을 지음이 또한 법도가 있음을 볼 수 있다.

② 狼疐其尾, 載跋其胡. 公孫碩膚, 德音不瑕〔叶洪孤反〕.

狼疐其尾요	이리가 물러나면 꼬리가 밟히고
載跋其胡로다	나아가면 턱살이 밟히도다
公孫碩膚하시니	공(公)이 큰 아름다움을 사양하시니
德音不瑕(하)샷다	훌륭한 명성에 하자가 없으시도다

興也라 德音은 猶令聞也라 瑕는 疵病也라
○ 程子曰 周公之處己也에 夔夔然存恭畏之心하시고 其存誠也에 蕩蕩然無顧慮之意하시니 所以不失其聖而德音不瑕也시니라

흥(興)이다. '덕음(德音)'은 영문(令聞:훌륭한 명성)과 같다. '하(瑕)'는 하자와 병통이다.

○ 정자(程子)가 말씀하였다. "주공(周公)이 처신함에 공경하고 공경하여 공외(恭畏)의 마음을 보존하셨고, 정성을 보존함에 탕탕(蕩蕩)하여 돌아보고 염려하는 뜻이 없으셨으니, 이 때문에 그 성(聖)스러움을 잃지 아니하여 덕음(德音)에 하자가 없으셨던 것이다."

狼跋二章이니 章四句라
〈낭발(狼跋)〉은 2장이니, 장마다 4구이다.
范氏曰 神龍이 或潛或飛하고 能大能小하여 其變化不測이라 然이나 得而畜之를 若犬羊然은 有欲故也라 唯其可以畜之라 是以로 亦得醢(해)而食之[16]하나니 凡有欲

......
16 亦得醢而食之: 하(夏)나라 때 유루(劉累)가 기르던 암룡(龍)이 죽자, 이것을 젓담아 군주인

... 瑕:흠 하 疵:흠 자 夔:공경할 기 醢:육장 해

之類는 莫不可制焉이라 唯聖人無欲이라 故로 天地萬物이 不能易也라 富貴、貧賤、死生이 如寒暑、晝夜相代乎前이니 吾豈有二其心乎哉아 亦順受之而已矣니라 舜은 受堯之天下하시되 不以爲泰하시고 孔子는 阨於陳蔡[17]하시되 而不以爲戚하시며 周公은 遠則四國流言하고 近則王不知로되 而赤舃几几하여 德音不瑕하시니 其致一也니라

　범씨(范氏)가 말하였다. "신룡(神龍)이 혹은 물 속에 잠겨있고 혹은 하늘을 날며, 능히 커지기도 하고 능히 작아지기도 하여 변화가 측량할 수 없으나, 사람이 이것을 기르기를 개와 양처럼 할 수 있는 것은 용에게 욕심이 있기 때문이다. 용을 기를 수 있기 때문에 또한 용을 잡아서 젓담아 먹을 수 있는 것이니, 모든 욕심이 있는 종류는 제어할 수 없는 것이 없다. 오직 성인(聖人)은 욕심이 없기 때문에 천지 만물이 능히 그 마음을 바꾸지 못한다. 부귀(富貴)와 빈천(貧賤)과 사생(死生)은 한서(寒暑)와 주야(晝夜)가 목전에서 서로 교대함과 같으니, 내 어찌 그 마음을 변함이 있겠는가. 또한 순(順)히 그것(운명)을 받아들일 뿐이다.

　순(舜)은 요(堯)의 천하를 받으셨으나 크다고 여기지 않으셨고, 공자는 진(陳)·채(蔡)에서 곤액을 당하셨으나 근심스럽게 여기지 않으셨으며, 주공은 멀리는 사방 나라에서 유언비어를 퍼뜨렸고 가까이는 성왕(成王)이 알아주지 못하였는데도 붉은 신을 신고 편안히 계셔서 훌륭한 명성에 하자가 없으셨으니, 그 이치가 똑같은 것이다."

【毛序】 狼跋은 美周公也라 周公攝政에 遠則四國流言하고 近則王不知하니 周大夫美其不失其聖也니라

　〈낭발(狼跋)〉은 주공을 찬미한 시(詩)이다. 주공이 섭정함에 멀리는 사국에서 유언비어를 퍼뜨리고 가까이는 성왕이 몰라주니, 주나라 대부는 주공이 그런데도 그 성(聖)스러움을 잃지 않음을 찬미한 것이다.

【鄭註】 不失其聖者는 聞流言不惑하고 王不知不怨하고 終立其志하여 成周之王功하여 致大平하며 復成王之位하고 又爲之大(太)師하여 終始無愆하여 聖德著焉이

공갑(孔甲)에게 바친 일이 있다 한다.《史記 夏紀》

17 舜受堯之天下 不以爲泰 孔子阨於陳蔡 : 위의 내용은《맹자》〈등문공 상(滕文公上)〉에 보이고, 아래의 내용은《맹자》〈진심 하(盡心下)〉에 보인다.

시니라

'그 성스러움을 잃지 않았다.'는 것은 유언비어를 듣고도 혹하지 않고 왕이 알아주지 않아도 원망하지 않고 끝내 그 뜻을 세워서 주나라 왕의 공을 이루어 태평한 세상을 이룩하였으며, 성왕에게 천자의 지위를 돌려주고 또 그의 태사(太師)가되어서 시종 허물이 없어 성덕이 드러나신 것이다.

豳國은 七篇이니 二十七章이요 二百三句라

〈빈풍〉은 7편이니, 27장이고 230구이다.

程元이 問於文中子日 敢問豳風은 何風也잇고 日 變風也니라 元日 周公之際에도 亦有變風乎잇가 日 君臣相誚하니 其能正乎아 成王이 終疑周公이면 則風遂變矣리니 非周公至誠이면 其孰卒正之哉리오 元日 居變風之末은 何也잇고 日 夷王以下는 變風不復正矣니 夫子蓋傷之也라 故로 終之以豳風하시니 言變之可正也는 惟周公能之라 故로 係之以正이니 變而克正하고 危而克扶하여 始終不失其本은 其惟周公乎인저 係之豳이 遠矣哉인저

정원(程元)이 스승인 문중자(文中子;왕통(王通))에게 "감히 묻겠습니다. 〈빈풍(豳風)〉은 어떤 풍(風)입니까?" 하고 묻자, 문중자는 "변풍(變風)이다."라고 대답하였다. 정원이 "주공(周公)의 때에도 또한 변풍이 있었습니까?" 하고 묻자, 문중자는 "군신간에 서로 꾸짖었으니(원망하였으니), 정풍(正風)이라고 할 수 있겠는가. 성왕(成王)이 끝내 주공을 의심하였다면 풍(風)이 마침내 변했을 것이다. 주공의 지성(至誠)이 아니었다면 그 누가 끝내 이것을 바로잡을 수 있었겠는가." 하였다. 정원이 "변풍의 맨 끝에 있음은 어째서입니까?" 하고 묻자, 문중자는 말하였다. "이왕(夷王) 이후로는 변풍이 다시 바루어지지 못했으니, 부자(夫子)께서 이것을 서글퍼하신 것이다. 그러므로 〈빈풍〉으로써 끝을 마치셨으니, 변(變)을 바로잡을 수 있음은 오직 주공만이 능히 할 수 있음을 말씀한 것이다. 그러므로 정(正)에 붙인 것이니, 변하되 능히 바루고 위태롭되 능히 붙들어서 시종 그 근본을 잃지 않은 것은 오직 주공이실 것이니, 변풍의 끝에 〈빈풍〉을 붙인 것이 뜻이 원대하다."

○ 籥章에 龡(취)豳詩以逆暑迎寒하니 已見於七月之篇矣라 又日 祈年于田祖면 則龡豳雅以樂田畯하고 祭蜡(사)면 則龡豳頌以息老物이라하니 則考之於詩컨대 未見其篇章之所在라 故로 鄭氏三分七月之詩以當之하여 其道情思者를 爲風하고

··· 誚 : 나무랄 초 龡 : 불 취(吹同) 蜡 : 납향제사 사

正禮節者를 爲雅하고 樂成功者를 爲頌이라 然이나 一篇之詩 首尾相應이어늘 乃劖(철)取其一節而偏用之는 恐無此理라 故로 王氏不取하고 而但謂本有是詩而亡之라하니 其說近是라 或者는 又疑但以七月全篇을 隨事而變其音節하여 或以爲風하고 或以爲雅하고 或以爲頌이라하니 則於理爲通이요 而事亦可行이라 如又不然이면 則雅頌之中에 凡爲農事而作者를 皆可冠以豳號라 其說이 具於大田、良耜諸篇하니 讀者擇焉이 可也니라

○《주례》〈약장(籥章)〉에 "빈시(豳詩)를 관악기로 불어서 더위를 맞이하고 추위를 맞이한다." 하였으니, 이 내용은 이미 〈칠월(七月)〉의 장하주(章下註)에 보인다. 또 이르기를 "전조(田祖:신농(神農))에게 풍년을 기원할 때에는 빈아(豳雅)를 관악기로 불어서 전준(田畯)을 즐겁게 하고, 납향(臘享)제사에는 빈송(豳頌)을 관악기로 불어서 늙은 물건을 쉬게 한다." 하였는데, 시(詩)에서 상고해보면 빈송과 빈아의 편장(篇章)의 소재를 볼 수 없다. 그러므로 정씨(鄭氏)는 〈칠월〉의 시(詩)를 3등분하여 여기에 해당시켜, 정사(情思)를 말한 것을 풍(風)이라 하고, 예절을 바르게 한 것을 아(雅)라 하고, 성공(成功)을 즐거워한 것을 송(頌)이라 하였다. 그러나 한 편의 시가 처음과 끝이 서로 응하는데, 마침내 그 일절(一節)을 잘라 하나만을 사용함은 이러할 리가 없을 듯하다. 그러므로 왕씨(王氏)는 그의 말을 취하지 않고, 다만 이르기를 "본래 이러한 시가 있었는데 없어졌다." 하였으니, 그 말이 옳을 듯하다.

혹자는 또 의심하기를 "다만 〈칠월〉의 전편(全篇)을 일에 따라 그 음절(音節)을 바꾸어 혹은 풍(風)이라 하고, 혹은 아(雅)라 하고, 혹은 송(頌)이라 했을 것이다." 하였으니, 이렇게 하면 이치에도 통하고 일이 또한 행해질 수 있다. 만일 또 그렇지 않다면 아(雅)·송(頌)의 가운데에 모든 농사를 위하여 지은 것을 모두 빈(豳)이라는 칭호를 앞에 놓을 수 있을 것이다. 그 해설이 〈대전(大田)〉과 〈양사(良耜)〉의 여러 편에 자세히 보이니, 독자(讀者)가 선택하는 것이 가(可)할 것이다.

... 劖 : 벨 철 耜 : 보습 사

소아小雅 이二

소아(小雅) 이(二)

雅者는 正也니 正樂之歌也라 其篇이 本有大小之殊요 而先儒說이 又各有正變之別이라 以今考之컨대 正小雅는 燕饗[18]之樂也요 正大雅는 會朝之樂과 受釐(禧)陳戒之辭也라 故로 或歡欣和說(열)하여 以盡羣下之情하고 或恭敬齊莊하여 以發先王之德하여 詞氣不同하고 音節亦異하니 多周公制作時所定也라 及其變也하여는 則事未必同이요 而各以其聲附之하니 其次序時世는 則有不可考者矣니라

아(雅)는 바름이니, 정악(正樂:아악(雅樂))의 노래이다. 그 편(篇)이 본래 〈대아(大雅)〉와 〈소아(小雅)〉의 구별이 있고, 선유(先儒)의 말에 또 각각 정(正)·변(變)의 구별이 있다. 지금 상고해 보건대 정소아(正小雅)는 연향(燕饗)할 때의 음악이요, 정대아(正大雅)는 조회(朝會)할 때의 음악과 제사의 음복(飮福)에 복을 받고 경계를 아뢰는 내용이다. 그러므로 혹은 기뻐하고 화열(和悅)하여 아랫사람들의 정(情)을 다하고, 혹은 공경하고 재장(齊莊)하여 선왕의 덕을 드러내어, 사기(詞氣)가 똑같지 않고 음절(音節) 또한 다르니, 이는 대부분 주공(周公)이 예악(禮樂)을 제정할 때에 정한 것이다. 변(變:변대아(變大雅)와 변소아(變小雅))에 이르러는 일이 반드시 똑같지 않고, 각기 그 성조(聲調)를 가지고 이름을 붙였으니, 그 차례와 시세(時世:시대)는 상고할 수 없다.

......

18 燕饗 : 옛날 사당의 제도는 앞에는 묘(廟)가 있고 뒤에는 침(寢)이 있었는바, 연(燕)은 침(寢)에서 하고 향(饗)은 묘(廟)에서 행하였는데, 향례(饗禮)는 군주가 친히 술을 따라 권하지만 연례(燕禮)는 신하들이 대행(代行)하기도 하여, 향을 더 중하게 여겨왔다. 그러나 연과 향을 합하여 연향이라고도 쓰며 연은 일반적으로 잔치하여 술을 마심을 이르는바, 연례에는 잔치[燕]로 표기하였다. 하지만 연락(燕樂)과 연음(燕飮)을 뒤섞어 사용하여 연례와 잔치를 구분하기 어려운 경우도 자주 보인다.

··· 釐 : 복 희

〈녹명지십(鹿鳴之什)〉 2-1[二之一]

雅、頌은 無諸國別이라 故로 以十篇爲一卷하여 而謂之什하니 猶軍法에 以十人爲什也라

아(雅)와 송(頌)은 제국(諸國)의 구별이 없으므로 10편을 1권으로 하여 이것을 십(什)이라 일렀으니, 군법(軍法)에 십인(十人)을 십(什)이라 한 것과 같다.

1. 녹명(鹿鳴)

① 呦呦[音幽]鹿鳴[叶音芒], 食野之苹[叶音旁]. 我有嘉賓, 鼓瑟吹笙[叶師莊反]. 吹笙鼓簧[音黃], 承筐是將. 人之好[呼報反]我, 示我周行[叶戶郎反].

呦(유)呦鹿鳴이여	울음소리 온화한 사슴이여
食野之苹(평)이로다	들의 대쑥을 뜯어 먹는구나
我有嘉賓하여	나를 찾아준 아름다운 손님이 있어
鼓瑟吹笙호라	비파를 타며 젓대를 부네
吹笙鼓簧(황)하여	젓대도 불고 생황도 불고서
承筐是將호니	광주리를 받들어 폐백을 올리니
人之好我	나를 좋아하는 사람은
示我周行이엇다	나에게 대도(大道)를 보여줄 지어다

興也라 呦呦는 聲之和也라 苹은 藾(뢰)蕭也니 靑色이요 白莖如筯(저)라 我는 主人也라 賓은 所燕之客이니 或本國之臣, 或諸侯之使也라 瑟, 笙은 燕禮所用之樂也요 簧은 笙中之簧也라 承은 奉也라 筐은 所以盛幣帛者也라 將은 行也라 奉筐而行幣帛하여 飮(임)則以酬賓送酒하고 食(사)則以侑賓勸飽也[19]라 周行은 大道也라 古

------

19 奉筐而行幣帛……食則以侑賓勸飽也 : 사(食)는 밥을 먹게 하는 사례(食禮)로, 안성 유씨(安成劉氏)는 《의례》에 향례(饗禮)와 사례(食禮)가 있고 연례(燕禮)가 있는데, 연례에는 폐백이 없

・・・ 呦 : 사슴우는소리 유 苹 : 맑은대쑥 평 簧 : 피리혀 황 將 : 받들 장 藾 : 맑은대쑥 뢰 筯 : 젓가락 저
盛 : 담을 성 酬 : 술권할 수 侑 : 권할 유

者에 於旅也語[20]라 故로 欲於此聞其言也니라

흥(興)이다. '유유(呦呦)'는 우는 소리가 화(和)함이다. '평(苹)'은 대쑥이니, 청색이고 줄기가 희며, 〈모양이〉 젓가락과 비슷하다. '아(我)'는 주인이다. '빈(賓)'은 잔치를 받는 손님이니, 혹은 본국의 신하이거나 혹은 제후의 사신이다. '슬(瑟;비파)'과 '생(笙;젓대)'은 연례(燕禮)에 사용하는 악기요, '황(簧)'은 생(笙) 가운데에 있는 황(울림판)이다. '승(承)'은 받듦이다. '광(筐)'은 폐백을 담는 그릇(광주리)이다. '장(將)'은 행함이다. 광주리를 받들어 폐백을 올려, 술을 마시게 할 때에는 손님에게 권하여 술을 보내고, 밥을 먹게 할 때에는 손님에게 유식(侑食)으로 권하여 배불리 먹기를 권한다. '주행(周行)'은 큰 도〔大道〕이다. 옛날에는 여수(旅酬)할 때에 말을 하였다. 그러므로 이때 그의 말을 듣고자 한 것이다.

○ 此는 燕饗賓客之詩也라 蓋君臣之分은 以嚴爲主하고 朝廷之禮는 以敬爲主라 然이나 一於嚴敬이면 則情或不通하여 而無以盡其忠告之益이라 故로 先王이 因其飮食聚會하여 而制爲燕饗之禮하여 以通上下之情하고 而其樂歌는 又以鹿鳴起興하여 而言其禮意之厚如此하니 庶乎人之好我而示我以大道也라 記曰 私惠不歸德[21]이면 君子不自留焉이라하니 蓋其所望於羣臣嘉賓者는 唯在於示我以大道면 則必不以私惠爲德而自留矣리라 嗚呼라 此其所以和樂而不淫也與인저

○ 이는 빈객에게 연향하는 것을 읊은 시(詩)이다. 군신간의 분별은 엄함을 위주로 하고, 조정의 예(禮)는 공경을 위주로 한다. 그러나 한결같이 엄함과 공경만 하면 정(情)이 혹 통하지 못하여 그 충고(忠告)하는 유익함을 다할 수 없다. 그러므

......

고 사례에는 술을 올림이 없고, 향례에는 술을 권하는 폐백이 있고 사례에는 밥을 더 드시기를 권하는 폐백이 있다.〔儀禮有饗有食有燕, 燕則無幣, 食則無獻酒, 於饗有酬幣, 於食有侑幣.〕" 하였다. 《詳說》

20 於旅也語 : 여(旅)는 여수(旅酬)의 줄임말로, 옛날에 제사가 끝나면 손님들에게 잔치를 베풀어 술잔을 서로 권하던 의식을 가리킨다. 《의례》〈연례(燕禮)〉에 '손님이 무리지어 서쪽 계단 위에서 술을 권한다.〔賓以旅酬於西階上〕'라고 보이는데, 정현(鄭玄)은 여(旅)를 서(序)의 뜻으로 보아 "차례에 따라 경대부에게 술을 권하는 것이다." 하였고, 또 《중용장구》19장에 '여수할 때에 아랫사람이 윗사람을 위하여 술잔을 권함은 천한 자에게 미치는 것이다.〔旅酬下爲上, 所以逮賤也.〕'라고 보이는데, 주자(朱子)는 "여(旅)는 중(衆)의 뜻이며 수(酬)는 인도하여 술을 마시도록 하는 것이다." 하였다.

21 私惠不歸德 : 《예기》〈치의(緇衣)〉에 보이는 내용으로, 사혜(私惠)는 개인의 환심을 사기 위하여 베푸는 뇌물성(賂物性)의 은혜나 무례하여 설만(褻慢)한 선물을 가리킨다.

로 선왕이 밥을 먹고 술을 마시고 취회(聚會)하는 때를 인하여 연향의 예(禮)를 제정해서 상하의 정(情)을 통하게 하였고, 그 악가(樂歌)는 또 사슴이 우는 것으로 기흥(起興)하여 "예의(禮意)의 후함이 이와 같으니, 부디 나를 좋아하는 사람은 나에게 큰 도를 보여달라."고 말한 것이다.

《예기》〈치의(緇衣)〉에 "사사로이 은혜를 베풀고 덕(德)으로 돌아가지 않으면 군자가 스스로 머물지(그 은혜를 받지) 않는다." 하였으니, 여러 신하와 아름다운 손님에게 소망하는 것이 오직 자신에게 큰 도를 보여줌에 있다면 반드시 사사로운 은혜를 덕(德)으로 여겨 스스로 머물지 않을 것이다. 아! 이 때문에 화락(和樂)하면서도 지나치지 않은 것일 것이다.

② 呦呦鹿鳴, 食野之蒿. 我有嘉賓, 德音孔昭〔叶則豪反〕. 視民不恌〔他彫反 叶音洮〕, 君子是則是傚〔胡敎反 叶胡高反〕. 我有旨酒, 嘉賓式燕以敖〔牛刀反〕.

呦呦鹿鳴이여	울음소리 온화한 사슴이여
食野之蒿로다	들의 제비쑥을 뜯어 먹도다
我有嘉賓호니	나를 찾아준 아름다운 손님이 있어
德音孔昭하여	덕음이 매우 밝아
視民不恌(조)니	백성들에게 성실한 면모를 보여주니
君子是則(칙)是傚(효)로다	군자가 이것을 본받고 또 본받도다
我有旨酒하니	나에게 맛있는 술이 있으니
嘉賓式燕以敖(오)로다	아름다운 손님이 잔치를 함께 즐기시도다

興也라 蒿는 菣(긴)也니 卽靑蒿也라 孔은 甚이요 昭는 明也라 視는 與示同이라 恌는 偸(투)薄也라 敖는 游也라
○ 言嘉賓之德音甚明하여 足以示民하여 使不偸薄하니 而君子所當則(칙)傚니 則亦不待言語之間이요 而其所以示我者深矣니라

흥(興)이다. '호(蒿)'는 긴(菣;제비쑥)이니, 바로 청호(靑蒿;푸른 쑥)이다. '공(孔)'은 심함이요, '소(昭)'는 밝음이다. '시(視)'는 시(示;보여줌)와 같다. '조(恌)'는 경박함이다. '오(敖)'는 노는 것이다.
○ 아름다운 손님의 덕음이 심히 밝아 백성들에게 보여주어 경박하지 않게 하

··· 恌 : 경박할 조 敖 : 놀 오 菣 : 제비쑥 긴 偸 : 경박할 투

니, 군자가 마땅히 이것을 법받고 본받아야 할 것이다. 그렇다면 또한 언어(言語)의 사이(여수에서 충고의 말을 해주는 것)를 기다리지 않고도 나에게 보여줌이 깊은 것이다.

③ 呦呦鹿鳴, 食野之芩〔其今反〕. 我有嘉賓, 鼓瑟鼓琴. 鼓瑟鼓琴, 和樂〔音洛〕且湛〔都南反 叶持林反〕. 我有旨酒, 以燕樂嘉賓之心.

呦呦鹿鳴이여	울음소리 온화한 사슴이여
食野之芩(금)이로다	들의 금풀을 뜯어 먹도다
我有嘉賓하여	나를 찾아준 아름다운 손님이 있어
鼓瑟鼓琴호니	비파를 타고 거문고를 타니
鼓瑟鼓琴이여	비파를 타고 거문고를 탐이여
和樂(락)且湛(담)이로다	화락하고 또 즐겁도다
我有旨酒하여	나에게 맛있는 술이 있어
以燕樂嘉賓之心이로다	아름다운 손님의 마음을 즐겁게 하도다

興也라 芩은 草名이니 莖如釵股(차고)하고 葉如竹이요 蔓生이라 湛은 樂之久也라 燕은 安也라

○ 言安樂其心이면 則非止養其體, 娛其外而已라 蓋所以致其殷勤之厚하여 而欲其教示之無已也니라

홍(興)이다. '금(芩:황금풀)'은 풀 이름이니, 줄기는 비녀 다리와 비슷하고 잎은 대나무와 비슷하며 만생(蔓生)한다. '담(湛)'은 즐거움이 오랜 것이다. '연(燕)'은 편안함이다.

○ 그 마음을 안락(安樂)하게 했다고 말했으면 다만 그 몸을 기르고 그 밖을 즐겁게 할 뿐만이 아닌 것이다. 이는 그 은근(殷勤;간곡함)의 후함을 지극히 하여 가르쳐주고 보여줌이 그침이 없고자 한 것이다.

鹿鳴三章이니 章八句라

〈녹명(鹿鳴)〉은 3장이니, 장마다 8구이다.

按 序에 以此爲燕羣臣嘉賓之詩라하고 而燕禮에 亦云 工歌鹿鳴、四牡、皇皇者

··· 芩:금풀 금 湛:즐길 담 釵:비녀 차 殷:은근할 은 勤:은근할 근

華라하니 卽謂此也라 鄕飮酒用樂에 亦然이요 而學記言大學始敎에 宵(小)雅肄三
이라하니 亦謂此三詩니 然則又爲上下通用之樂矣라 豈本爲燕羣臣嘉賓而作이러
니 其後에 乃推而用之鄕人也與아 然이나 於朝曰君臣焉이라하고 於燕曰賓主焉이
라하니 先王以禮使臣之厚를 於此見矣니라

○ 范氏曰 食(사)之以禮하고 樂(락)之以樂(악)하고 將之以實하고 求之以誠하니 此
所以得其心也라 賢者豈以飮食幣帛爲悅哉리오마는 夫婚姻不備면 則貞女不行也
요 禮樂不備면 則賢者不處也니 賢者不處면 則豈得樂而盡其心乎아

상고해보건대, 〈모서(毛序)〉에 이 시(詩)를 군신(羣臣)과 가빈(嘉賓)을 연향하는
시(詩)라 하였고, 《의례》의 〈연례(燕禮)〉에 또한 이르기를 "악공(樂工)이 〈녹명(鹿
鳴)〉·〈사모(四牡)〉·〈황황자화(皇皇者華)〉를 노래로 읊는다." 하였으니, 바로 이 시
를 말한 것이다. 〈향음주(鄕飮酒)〉에 음악을 쓸 때에도 또한 그러하였고, 《예기》의
〈학기(學記)〉에는 "태학(大學)에서 처음 가르칠 적에 소아(宵雅;소아(小雅))의 3장을
익힌다." 하였으니, 또한 이 세 시(詩)를 말한 것이다. 그렇다면 또 상하(上下)에 통
용했던 음악인 것이니, 아마도 본래는 군신(羣臣)과 가빈(嘉賓)을 연향하기 위하여
지었는데, 그 뒤에 마침내 미루어 향인(鄕人)에게까지 썼는가보다. 그러나 조정에
서는 군신(君臣)이라 말하였고, 잔치할 때에는 빈주(賓主)라 말하였으니, 선왕이
예(禮)로써 신하를 후(厚)하게 부림을 여기에서 볼 수 있다.

○ 범씨(范氏)가 말하였다. "예(禮)로써 먹이고 음악으로써 즐겁게 하고, 폐백
〔實〕으로 받들어 올리고 정성으로 구하였으니, 이것이 그 마음을 얻은 이유이다.
현자(賢者)가 어찌 음식과 폐백을 가지고 기뻐하겠는가마는 혼인의 예가 갖추어
지지 않으면 정녀(貞女)가 시집가지 않고, 예악(禮樂)이 갖추어지지 않으면 현자(賢
者)가 처하지 않으니, 현자가 처하지 않는다면 어찌 현자를 즐겁게 하여 그 마음
을 다하게 할 수 있겠는가."

【毛序】 鹿鳴은 燕羣臣嘉賓也라 旣飮食(임사)之하고 又實幣帛筐篚하여 以將其厚
意하니 然後에 忠臣嘉賓이 得盡其心矣니라

〈녹명〉은 여러 신하들과 아름다운 손님을 연향하는 시(詩)이다. 이미 음식을
먹이고 또 폐백을 광주리에 담아서 그 후의(厚意)를 받들어야 하니, 그러한 뒤에
야 충신(忠臣)과 아름다운 손님이 그 마음을 다할 수 있는 것이다.

【鄭註】 飮(임)之而有幣는 酬幣也요 食(사)之而有幣는 侑幣也라

··· 肄 : 익힐 이 將 : 받들 장 實 : 채울 실

술을 마시게 하면서 폐백이 있는 것은 술을 권하는 폐백이요, 밥을 먹이면서 폐백이 있는 것은 밥을 먹기를 권하는 폐백이다.

【辨說】序得詩意나 但未盡其用耳니 其說이 已見本篇하니라

〈서(序)〉는 시의 뜻에 맞으나 다만 그 쓰임을 다 말하지 못하였으니, 이에 대한 해설이 이미 본편에 보인다.

2. 사무(四牡)

① 四牡騑騑〔芳非反〕, 周道倭〔於危反〕遲. 豈不懷歸, 王事靡盬〔音古〕, 我心傷悲.

四牡騑(비)騑하니	네 필의 수말이 끊임없이 달려가니
周道倭(위)遲로다	큰 길이 굽어있도다
豈不懷歸리오마는	어찌 돌아가고 싶은 생각 없으랴마는
王事靡盬(고)라	왕사(국사)를 견고히 하지 않을 수 없는지라
我心傷悲호라	내 마음 서글프노라

賦也라 騑騑는 行不止之貌라 周道는 大路也라 倭遲는 回遠之貌라 盬는 不堅固也라 ○ 此는 勞使臣之詩也라 夫君之使臣과 臣之事君은 禮也라 故로 爲臣者奔走於王事하여 特以盡其職分之所當爲而已니 何敢自以爲勞哉리오 然君之心은 則不敢以是而自安也라 故로 燕饗之際에 敍其情而閔其勞라 言駕此四牡而出使於外에 其道路之回遠이 如此하니 當是時하여 豈不思歸乎리오마는 特以王事不可以不堅固하니 不敢徇私以廢公이라 是以로 內顧而傷悲也라 臣勞於事而不自言이어늘 君探其情而代之言하니 上下之間에 可謂各盡其道矣로다 傳曰 思歸者는 私恩也요 靡盬者는 公義也요 傷悲者는 情思也니 無私恩이면 非孝子也요 無公義면 非忠臣也라 君子는 不以私害公하며 不以家事辭王事라하니라 范氏曰 臣之事上也엔 必先公而後私하고 君之勞臣也엔 必先恩而後義니라

부(賦)이다. '비비(騑騑)'는 말을 타고 달려가서 그치지 않는 모양이다. '주도(周道)'는 대로(大路)이다. '위지(倭遲)'는 길을 돌아가서 먼 모양이다. '고(盬)'는 견고

··· **騑** : 말달릴 비 **倭** : 삥돌 위 **盬** : 견고하지못할 고 **勞** : 위로할 로

하지 않음이다.

○ 이것은 사신(使臣)을 위로하는 것을 읊은 시(詩)이다. 군주가 신하를 부림과 신하가 군주를 섬김은 예(禮)이다. 그러므로 신하된 자는 왕사에 분주하여 다만 그 직분의 당연히 해야 할 바를 다할 뿐이니, 어찌 감히 스스로 수고롭다 하겠는가. 그러나 군주의 마음은 감히 이 때문에 스스로 편안하지 못하였다. 그러므로 연향하는 즈음에 그 〈신하의〉 정(情)을 서술하고 그 수고로움을 민망히 여기는 것이다.

"이 네 마리의 수말을 타고서 밖으로 사신감에 그 도로의 감아들고 멂이 이와 같으니, 이 때를 당하여 어찌 돌아감을 생각하지 않으리오마는 다만 왕사를 견고히 하지 않을 수 없으니, 감히 사사로운 정(情)을 따라 공의(公義)를 폐할 수 없다. 이 때문에 안을 돌아보고 서글퍼한다."고 말한 것이다.

신하가 일에 수고로우나 스스로 말하지 못하는데 군주가 그 정(情)을 탐색하여 대신 말하였으니, 상하의 사이에 각기 그 도리를 다했다고 말할 만한다. 전(傳: 정현의 《시전(詩箋)》)에 이르기를 "돌아감을 생각함은 사사로운 은혜요, 왕사를 견고히 하지 않을 수 없음은 공의(公義)요, 서글퍼함은 정(情)의 그리움이니, 사은(私恩)이 없으면 효자(孝子)가 아니요, 공의(公義)가 없으면 충신(忠臣)이 아니다. 군자는 사사로운 은혜로써 공의를 해치지 않으며, 가사(家事)로써 왕사(王事)를 사양하지 않는다." 하였다.

범씨(范氏)가 말하였다. "신하가 군주를 섬길 적에는 반드시 공(公)을 먼저 하고 사(私)를 뒤에 하며, 군주가 신하를 위로할 적에는 반드시 은혜를 먼저 하고 의(義:의무)를 뒤에 하는 것이다."

② 四牡騑騑, 嘽嘽[他丹反]駱[音洛]馬[叶滿補反], 豈不懷歸, 王事靡盬, 不遑啓處.

四牡騑騑하니	네 필의 수말이 끊임없이 달려가니
嘽(탄)嘽駱(락)馬로다	많고 많은 락마(駱馬)로다
豈不懷歸리오마는	어찌 돌아가고 싶은 생각 없으랴마는
王事靡盬라	왕사를 견고히 하지 않을 수 없는지라
不遑啓處호라	편안히 거처할 겨를이 없노라

… 嘽 : 성할 탄 駱 : 약대 락 啓 : 무릎꿇을 계

賦也라 嘽嘽은 衆盛之貌라 白馬黑鬣(렵)曰駱이라 遑은 暇요 啓는 跪요 處는 居也라

부(賦)이다. '탄탄(嘽嘽)'은 많고 성한 모양이다. 흰 말에 갈기가 검은 것을 '락(駱)'이라 한다. '황(遑)'은 겨를이요, '계(啓)'는 무릎을 꿇음이요, '처(處)'는 편안히 거처함이다.

③ 翩翩[음篇]者雖[當作佳 朱惟反], 載飛載下[叶後五反], 集于苞栩[況甫反].
王事靡盬, 不遑將父[扶雨反].

翩(편)翩者雖(佳)여	훨훨 나는 비둘기여
載飛載下하여	금방 날았다가 금방 내려와서
集于苞栩(허)로다	무성한 상수리나무에 앉도다
王事靡盬라	왕사를 견고히 하지 않을 수 없는지라
不遑將父호라	아버지를 봉양할 겨를이 없노라

興也라 翩翩은 飛貌라 雖는 夫不(鳲鴀)也니 今鵓(발)鳩也라 凡鳥之短尾者는 皆佳(추)屬이라 將은 養也라
○ 翩翩者雖는 猶或飛或下하여 而集於所安之處어늘 今使人은 乃勞苦於外하여 而不遑養其父하니 此君人者所以不能自安하여 而深以爲憂也라 范氏曰 忠臣孝子之行役에 未嘗不念其親하나니 君之使臣에 豈待其勞苦而自傷哉리오 亦憂其憂를 如己而已矣니 此聖人所以感人心也시니라

흥(興)이다. '편편(翩翩)'은 훨훨 나는 모양이다. '추(雖)'는 부불(夫不;비둘기)이니, 지금의 발구(鵓鳩;집비둘기)이다. 모든 새 중에 꼬리가 짧은 것은 모두 추(佳)의 등속이다. '장(將)'은 봉양함이다.

○ 편편히 나는 비둘기도 오히려 혹 날기도 하고 혹 내려앉기도 하여 편안한 곳에 앉는데, 지금 사신가는 사람은 마침내 밖에서 노고하여 그 아버지를 봉양할 겨를이 없으니, 이는 인군이 스스로 편안하지 못하여 깊이 근심하는 이유인 것이다.

범씨(范氏)가 말하였다. "충신과 효자가 부역을 갈 적에 일찍이 그 어버이를 생각하지 않는 적이 없으니, 군주가 신하를 부릴 적에 어찌 그 노고(勞苦)하여 스스로 서글퍼하기를 기다리겠는가. 또한 그의 걱정을 걱정하기를 자기의 일과 같이 할 뿐이니, 이것이 성인(聖人)이 사람의 마음을 감동시키는 이유이다."

··· 鬣 : 갈기 렵 翩 : 훌쩍날 편 雖 : 아롱비둘기 추 集 : 앉을 집 苞 : 떨기 포 栩 : 도토리나무 허(우) 將 : 받들 장
鵓 : 집비둘기 발 佳 : 꼬리짧은새 추

④ 翩翩者雕, 載飛載止, 集于苞杞〔音起〕. 王事靡盬, 不遑將母〔叶滿彼反〕.

翩翩者雕여   훨훨 나는 비둘기여
載飛載止하여   금방 날았다가 금방 내려와서
集于苞杞(기)로다   무성한 구기자나무에 앉도다
王事靡盬라   왕사를 견고히 하지 않을 수 없는지라
不遑將母호라   어머니를 봉양할 겨를이 없노라

興也라 杞는 枸檵也[22]라

흥(興)이다. '기(杞)'는 구계(枸檵:구기자나무)이다.

⑤ 駕彼四駱, 載驟〔助救反〕駸駸〔侵寢二音〕. 豈不懷歸, 是用作歌, 將母來諗〔深審二音〕.

駕彼四駱하여   저 네 필의 락마(駱馬)를 멍에하여
載驟駸(침)駸호니   급히 달리고 달리니
豈不懷歸리오   어찌 돌아갈 생각이 없으리오
是用作歌하여   이 때문에 노래를 지어
將母來諗(심)하노라 어머니 봉양하고픈 마음을 와서 고하노라

賦也라 駸駸은 驟貌라 諗은 告也니 以其不獲養父母之情으로 而來告於君也라 非使人作是歌也요 設言其情而勞之耳라 獨言將母者는 因上章之文也라

부(賦)이다. '침침(駸駸)'은 급히 달려가는 모양이다. '심(諗)'은 고함이니, 부모를 봉양할 수 없는 심정을 가지고 와서 군주에게 고한 것이다. 이는 사신가는 사람이 이 노래를 지은 것이 아니요, 군주가 그의 심정을 가설하여 말해서 위로했을

······
22 杞 枸檵也: 기(杞)는 구기자(枸杞子)나무로, 화곡 엄씨(華谷嚴氏)는 "구계(枸檵)의 뿌리 이름은 지골피(地骨皮)이다. 《시경》 가운데 세 개의 기(杞)가 있으니, 〈장중자(將仲子)〉의 수기(樹杞)는 기류(杞柳:땅버들)의 등속이고 〈남산유대(南山有臺)〉의 유기(有杞)와 〈담로(湛露)〉의 기극(杞棘)은 산의 나무이고, 이 시의 포기(苞杞)와 〈사월(四月)〉의 기이(杞萬)와 〈체두(杕杜)〉의 채기(采杞)는 모두 구기(枸杞·枸檵)이다." 하였다. 《詳說》

··· 檵:구기자나무 계 驟:말달릴 취 駸:달릴 침 諗:고할 심

뿐이다. 홀로 장모(將母)라고만 말한 것은 상장(上章) 장모(將母)의 글을 따른 것이다.

四牡五章이니 章五句라

〈사무(四牡)〉는 5장이니, 장마다 5구이다.

按 序에 言此詩는 所以勞使臣之來라하니 甚協詩意라 故로 春秋傳亦云이요 而外傳[23]以爲章使臣之勤이라하니 所謂使臣은 雖叔孫之自稱[24]이나 亦正合其本事也라 但儀禮에 又以爲上下通用之樂이라하니 疑亦本爲勞使臣而作이러니 其後에 乃移以他用耳라

상고해보건대, 〈모서〉에 "이 시(詩)는 사신 갔다 돌아온 이를 위로한 시이다." 하였으니, 시의 뜻에 매우 합한다. 그러므로 《춘추좌씨전》 양공(襄公) 4년에 또한 이렇게 말하였고, 《외전(外傳)》에 "사신의 수고로움을 밝힌 것이다." 하였으니, 이른바 사신이란 비록 숙손(叔孫)이 자기를 칭한 것이나 또한 바로 그 본래의 일에 합한다. 다만 《의례》 〈연례(燕禮)〉에 또 "이 시가 상하에 통용하는 음악이다." 하였으니, 의심컨대 이 시 또한 본래 사신을 위로하기 위하여 지었는데, 그 뒤에 마침내 옮겨 다른 데에도 쓴 듯하다.

【毛序】四牡는 勞使臣之來也니 有功而見知면 則說矣니라

〈사무(四牡)〉는 사신 갔다 돌아온 이를 위로한 시이니, 공(功)이 있어 군주에게 인정을 받으면 기뻐하게 된다.

【鄭註】 文王爲西伯之時는 三分天下에 有其二하여 以服事殷하시니 使臣이 以王事往來於其職이러니 於其來也에 陳其功苦하여 以歌樂之하니라

문왕(文王)이 서백(西伯)이 되었을 때에는 천하를 삼분(三分)함에 3분의 2를 소유하고서 복종하여 은(殷)나라를 섬기시니, 사신들이 왕의 일 때문에 그 직책에 왕래하였는데, 그가 옴에 그의 공로와 괴로움을 말하여 노래 불러 즐거워하신 것이다.

• • • • • •

23 外傳 : 《춘추외전(春秋外傳)》으로 《국어(國語)》를 가리킨다. 옛날 좌구명(左丘明)이 당시의 역사를 기록하여, 《춘추좌씨전》과 《국어》를 지었는데, 《춘추좌씨전》을 '내전(內傳)', 《국어》를 '외전(外傳)'이라 했다 한다.

24 外傳以爲章使臣之勤……雖叔孫之自稱 : 《외전》은 《국어》의 〈노어(魯語)〉를 가리키며, 숙손(叔孫)은 숙손표(叔孫豹)로, 그의 시호가 목자(穆子)여서 뒷편에 '숙손목자'라고 칭한 것이다.

【辨說】首句同上이나 然其下云云者는 語疎而義鄙矣니라

　수구(首句)는 위와 같으나(시의 뜻에 합하나), 그 아래에 이리이리 말한 것은 말이 엉성하고 뜻이 비루하다.

3. 황황자화(皇皇者華)

① 皇皇者華[芳無反 與夫叶], 于彼原隰. 駪駪[所巾反]征夫, 每懷靡及.

皇皇者華여	찬란하게 핀 꽃이여
于彼原隰이로다	저 언덕과 습지에 있도다
駪(선)駪征夫여	부지런히 달려가는 사신들이여
每懷靡及이로다	매양 군주의 뜻에 부응치 못할까 염려하도다

興也라 皇皇은 猶煌煌也라 華는 草木之華也라 高平曰原이요 下濕曰隰이라 駪駪은 衆多疾行之貌라 征夫는 使臣與其屬也라 懷는 思也라
○ 此는 遣使臣之詩也라 君之使臣에 固欲其宣上德而達下情이요 而臣之受命에 亦惟恐其無以副君之意也라 故로 先王之遣使臣也에 美其行道之勤하고 而述其心之所懷하여 曰 彼煌煌之華는 則于彼原隰矣요 此駪駪然之征夫는 則其所懷思가 常若有所不及矣라하니 蓋亦因以爲戒라 然이나 其辭之婉而不迫이 如此하니 詩之忠厚를 亦可見矣로다

　흥(興)이다. '황황(皇皇)'은 황황(煌煌:휘황찬란함)과 같다. '화(華)'는 초목의 꽃이다. 높고 평평한 곳을 '원(原)'이라 하고, 낮고 습한 곳을 '습(隰)'이라 한다. '선선(駪駪)'은 많은 무리가 빨리 가는 모양이다. '정부(征夫)'는 사신과 그 관속이다. '회(懷)'는 생각함이다.

　○ 이는 군주가 사신을 보내는 것을 읊은 시(詩)이다. 군주가 신하를 부릴 때에는 진실로 윗사람의 덕(德)을 아래에 베풀고 아랫사람의 정(情)을 위에 도달되게 하고자 하며, 신하가 사신의 명(命)을 받을 적에는 또한 군주의 뜻에 부응하지 못할까 두려워한다. 그러므로 선왕(先王)이 사신을 보낼 적에 길을 가는 수고로움을 찬미하고 그 마음의 소회를 서술하기를 "저 휘황한 꽃은 저 언덕과 습지에 있고,

··· 隰 : 진펄 습 駪 : 말우물거릴 선 婉 : 곡진할 완

이 선선(駪駪)히 달려가는 정부(征夫:길 가는 지아비)는 그 생각하는 것이 항상 미치지 못하는 바가 있는 듯이 여긴다." 하였으니, 또한 인하여 경계한 것이다. 그러나 그 말이 완곡(婉曲)하고 박절(迫切)하지 않음이 이와 같으니, 시(詩)의 충후(忠厚)함을 또한 볼 수 있다.

② 我馬維駒〔恭于恭侯二反〕, 六轡如濡〔如朱如由二反〕. 載馳載驅〔虧于虧由二反〕, 周爰咨諏〔子須子侯二反〕.

我馬維駒니	내 말이 망아지이니
六轡如濡(유)로다	여섯 고삐가 물에 젖은 듯 윤택하도다
載馳載驅하여	말을 달리며 채찍질하여
周爰咨諏(추)로다(하놋다)	두루 자문하도다

賦也라 如濡는 鮮澤也라 周는 徧이요 爰은 於也라 咨諏는 訪問也라
○ 使臣이 自以每懷靡及이라 故로 廣詢博訪하여 以補其不及而盡其職也라 程子曰 咨訪은 使臣之大務니라

부(賦)이다. '여유(如濡)'는 색깔이 곱고 윤택한 것이다. '주(周)'는 두루요, '원(爰)'은 이에이다. '자추(咨諏)'는 방문(자문)함이다.

○ 사신이 스스로 매양 미치지 못할 듯이 생각하였다. 그러므로 널리 묻고 방문하여 자신의 미치지 못함을 보충해서 그 직책을 다한 것이다.

정자(程子)가 말씀하였다. "자문하고 방문함은 사신의 큰 임무이다."

③ 我馬維騏〔音其〕, 六轡如絲〔叶新齎反〕. 載馳載驅, 周爰咨謀〔叶莫悲反〕.

我馬維騏(기)니	내 말이 얼룩말이니
六轡如絲로다	여섯 고삐가 고르고 곧도다
載馳載驅하여	말을 달리며 채찍질하여
周爰咨謀로다(하놋다)	두루 자문하도다

賦也라 如絲는 調忍也라 謀는 猶諏也니 變文以叶韻爾니 下章放此하니라

••• 轡:고삐 비 諏:물을 추, 꾀할 추 徧:두루 변(편) 騏:얼룩말 기 忍:곧을 인

부(賦)이다. '여사(如絲)'는 고르고 곧음이다. '모(謀)'는 추(諏)와 같으니, 글자를 바꾸어 운(韻)에 맞춘 것이니, 하장(下章)도 이와 같다.

④ 我馬維駱, 六轡沃〔烏毒反〕若. 載馳載驅, 周爰咨度〔待洛反〕.

我馬維駱이니	내 말이 락마이니
六轡沃若이로다	여섯 고삐가 윤택하도다
載馳載驅하여	말을 달리며 채찍질하여
周爰咨度(탁)이로다	두루 자문하도다

賦也라 沃若은 猶如濡也라 度은 猶謀也라

부(賦)이다. '옥약(沃若)'은 여유(如濡)와 같다. '탁(度)'은 모(謀)와 같다.

⑤ 我馬維駰〔音因〕, 六轡旣均. 載馳載驅, 周爰咨詢.

我馬維駰(인)이니	내 말이 오총이이니
六轡旣均이로다	여섯 고삐가 이미 고르도다
載馳載驅하여	말을 달리며 채찍질하여
周爰咨詢²⁵이로다	두루 자문하도다

賦也라 陰白雜毛曰駰이라 均은 調也라 詢은 猶度(탁)也라

부(賦)이다. 은은한 백색에 잡털이 있는 것을 '인(駰:오총이)'이라 한다. '균(均)'은 고름이다. '순(詢)'은 탁(度)과 같다.

皇皇者華五章이니 章四句라

〈황황자화(皇皇者華)〉는 5장이니, 장마다 4구이다.

······
25 周爰咨詢 : 자순(咨詢) 역시 자문하는 것으로, 위의 자취(咨諏), 자모(咨謀), 자탁(咨度)과 여기의 자순에 대하여 시어(詩語)의 차이를 구분하는 견해도 있으나 시의 운율(韻律)을 맞추기 위하여 시어를 달리 했을 뿐이고, 모두 현명한 사람을 찾아 묻는다는 뜻으로 보인다.

··· 駱 : 약대 락 駰 : 은총이 인

按 序에 以此詩爲君遣使臣이라하고 春秋內外傳[26]에 皆云君敎使臣이라하니 其說이 已見(현)前篇이라 儀禮에 亦見鹿鳴하니 疑亦本爲遣使臣而作이러니 其後에 乃移 以他用也라 然이나 叔孫穆子所謂君敎使臣曰 每懷靡及하여 諏謀度詢하여 必咨 於周라하시니 敢不拜敎[27]릿가하니 可謂得詩之意矣로다 范氏曰 王者遣使於四方에 敎之以咨諏善道는 將以廣聰明也라 夫臣欲助其君之德인댄 必求賢以自助라 故 로 臣能從善이면 則可以善君矣요 臣能聽諫이면 則可以諫君矣니 未有不自治而 能正君者也니라

상고해보건대, 〈모서〉에 이 시(詩)를 군주가 사신을 보내는 것을 읊은 시(詩) 라 하였고,《춘추》의 내외전(內外傳)에 모두 이르기를 "군주가 사신을 가르친 것이 다." 하였으니, 그 말이 이미 전편(前篇)에 보인다.《의례》에도 〈녹명(鹿鳴)〉이 보이 니, 의심컨대 또한 본래 사신을 보내기 위하여 지었는데, 그 뒤에 마침내 옮겨서 다른 데에 쓰인 듯하다. 그러나 숙손목자(叔孫穆子)의 이른바 "군주께서 사신을 가 르치시기를 '매양 미치지 못할듯이 생각하여 자모(咨謀)하고 탁순(度詢)하여 반드 시 여러 사람에게 자문하라.' 하시니, 감히 가르침에 감사하지 않겠습니까." 하였 으니, 시(詩)의 뜻을 알았다고 이를 만하다.

범씨(范氏)가 말하였다. "왕자(王者)가 사방에 사신을 보낼 적에 선도(善道:좋은 방도)를 자문하라고 가르치는 것은 장차 자기의 총명(聰明)을 넓히고자 해서이다. 신하가 군주의 덕(德)을 돕고자 한다면 반드시 현자(賢者)를 구하여 〈자신을〉 돕게 하여야 한다. 그러므로 신하가 능히 남의 선언(善言)을 따르면 군주를 선(善)하게 할 수 있고, 신하가 능히 남의 간언(諫言)을 받아들이면 군주에게 간(諫)할 수 있으 니, 자기 몸을 다스리지 못하고 군주를 바로잡는 자는 있지 않다."

【毛序】皇皇者華는 君遣使臣也니 送之以禮樂하여 言遠而有光華也라

〈황황자화(皇皇者華)〉는 군주가 사신(使臣)을 보내는 것을 읊은 시(詩)이니, 예악 (禮樂)으로써 전송하면서 멀리 나가 국가를 빛냄이 있게 하라고 한 것이다.

【鄭註】言忠臣出使는 能揚君之美하여 以延其譽於四方이면 則爲不辱君命也니라

• • • • • •

26 春秋內外傳:《춘추》의 《내전(內傳:춘추좌전)》과 《외전(外傳:국어)》으로 위편의 주에 보인다.

27 叔孫穆子所謂君敎使臣曰……敢不拜敎:숙손목자(叔孫穆子)는 숙손표(叔孫豹)로 목자는 그 의 시호인바, 이 내용은《국어》〈노어(魯語)〉에 보인다.

충신(忠臣)이 사신으로 나갈 때에는 능히 그 군주의 아름다움을 찬양해서 그 명예를 사방에 퍼트리면 군주의 명령을 욕되지 않음이 됨을 말한 것이다.

【辨說】首句同上이나 然詩所謂華者는 草木之華요 非光華也라

수구는 위와 같으나, 시에서 말한 화(華)라는 것은 초목의 꽃이요 광화(光華)가 아니다.

4. 상체(常棣)

① 常棣之華, 鄂〔五各反〕不韡韡〔韋鬼反〕. 凡今之人, 莫如兄弟〔待禮反〕.

常棣之華여   상체의 꽃이여
鄂(악)不韡(위)韡[28]아   또렷하게 선명하지 않은가
凡今之人은   지금 사람들 중에는
莫如兄弟니라   형제만한 이가 없느니라

興也라 常棣는 棣也니 子如櫻桃하고 可食이라 鄂은 鄂然外見(현)之貌라 不은 猶豈不也라 韡韡는 光明貌라

○ 此는 燕兄弟之樂歌라 故로 言常棣之華는 則其鄂然而外見(현)者 豈不韡韡乎아 凡今之人은 則豈有如兄弟者乎아하니라

흥(興)이다. '상체(常棣)'는 산앵두나무이니, 열매가 앵두와 비슷하고 먹을 수 있다. '악(鄂)'은 악연(鄂然)히 밖으로 드러나는 모양이다. '불(不)'은 기불(豈不)과 같다. '위위(韡韡)'는 광명(光明)한 모양이다.

○ 이는 형제를 연향하는 악가(樂歌)이다. 그러므로 "상체(常棣)의 꽃이 악연(鄂然)히 밖으로 드러남이 어찌 위위(韡韡)하지 않겠는가. 무릇 지금 사람들은 어찌 형제만한 자가 있겠는가."라고 말한 것이다.

••••••
28 鄂不韡韡:《집전(集傳)》에는 '불(不)'을 반어(反語)로 보아 '않겠는가'로 해석하였으나 악부(鄂不)는 '악부(蕚跗)의 가차(假借)로 보아야 한다.'는 《정전(鄭箋)》의 설(說)이 타당할 듯하다. 악부는 꽃받침을 뜻하는데, 상체(常棣)는 여러 개의 작은 화판(花瓣)이 모여 꽃을 이루었으므로 꽃받침이 환하게 빛났다고 말한 것이다.

••• 棣 : 산앵두나무 체 鄂 : 드러날 악 韡 : 꽃환히필 위

② 死喪之威, 兄弟孔懷[叶胡威反]. 原隰裒[薄侯反]矣, 兄弟求矣.

死喪之威에　　　　　죽음에 대한 두려움에
兄弟孔懷하며　　　　형제만이 매우 걱정하며
原隰裒(부)矣에　　　언덕과 습지에 시신이 쌓여 있을 때
兄弟求矣하나니라　형제만이 찾아나서느니라

賦也라 威는 畏요 懷는 思요 裒는 聚也라
○ 言死喪之禍는 他人所畏惡(오)로되 惟兄弟爲相恤耳요 至於積尸裒聚於原野之間하여도 亦惟兄弟爲相求也라 此詩는 蓋周公旣誅管蔡而作이라 故로 此章以下는 專以死喪急難鬪鬩(혁)之事爲言하니 其志切하고 其情哀하니 乃處兄弟之變이니 如孟子所謂其兄關(완)弓而射(석)之어든 則已垂涕泣而道之者[29]라 序에 以爲閔管、蔡之失道者得之者요 而又以爲文、武之詩則誤矣[30]라 大抵舊說은 詩之時世를 皆不足信이니 擧此自相矛盾者하여 以見其一端이요 後不能悉辨也로라

부(賦)이다. '위(威)'는 두려움이요, '회(懷)'는 그리워함이요, '부(裒)'는 모여 있는 것이다.

○ 사상(死喪)의 화(禍)는 타인들이 두려워하고 싫어하는 바이나 오직 형제만이 서로 구휼해주며, 시신이 쌓여 언덕과 습지에 가득히 있더라도 또한 형제만이 찾아나섬을 말한 것이다. 이 시(詩)는 아마도 주공이 이미 관숙(管叔)과 채숙(蔡叔)을 처벌하고서 지은 듯하다. 그러므로 이 장(章) 이하는 오로지 사상(死喪)과 급난(急難)과 집에서 싸우는 일을 말하였으니, 그 뜻이 간절하고 그 정(情)이 서글프다.

．．．．．．

29 如孟子所謂……而道之者:《맹자》〈고자 하(告子下)〉에 보이는 내용으로 "여기에 어떤 사람이 있는데, 월(越)나라 사람이 활을 당겨 그를 쏘려 하면 자신이 담소(談笑)하면서 살인(殺人)을 만류하니, 이는 다름이 아니라 월나라 사람을 소원히 여기기 때문이요, 자기 형(兄)이 활을 당겨 그를 쏘려 하면 자신이 눈물을 떨구면서 살인을 만류하니, 이는 다름이 아니라 그 형을 친하게 여기기 때문이다.〔有人於此, 越人關弓而射之, 則己談笑而道之, 無他, 疏之也; 其兄關弓而射之, 則己垂涕泣而道之, 無他, 戚之也.〕" 하였다.

30 又以爲文武之詩則誤矣: 모씨(毛氏)의 〈대소아보(大小雅譜)〉에 〈녹명(鹿鳴)〉부터 〈어리(魚麗)〉까지를 문왕·무왕의 시(詩)라 하고, 〈남유가어(南有嘉魚)〉 이하를 성왕의 시(詩)라 하였는데, 〈상체(常棣)〉는 성왕이 즉위(卽位)한 뒤에 유언비어를 퍼뜨려 왕실(王室)을 이간질한 관숙(管叔)·채숙(蔡叔)을 처벌하고 지은 것이어서 서로 모순되기 때문에 말한 것이다.

••• 裒 : 모을 부　鬩 : 싸울 혁　關 : 당길 만(彎通)

이는 바로 형제의 변고에 처한 것이니, 맹자에 이른바 "그 형(兄)이 활을 당겨 쏘려 하거든 자기가 눈물을 떨구며 타이른다."는 것이다.

〈모서〉에 "관숙과 채숙이 도리를 잃은 것을 민망히 여겼다." 한 것은 맞고, 또 "문왕·무왕의 시(詩)이다."라고 한 것은 잘못이다. 대저 구설(舊說)에 시(詩)의 시대(時代)를 말한 것은 다 믿을 수 없으니, 여기에 본래 서로 모순된 것을 들어 그 일단(一端)을 나타내었고, 이 뒤에는 다 분변하지 못하였노라.

③ 脊〔井盍反〕令〔音零〕在原, 兄弟急難〔叶泥沿反〕. 每有良朋, 況也永歎〔吐丹反 叶它涓反〕.

脊(척)令在原하니	할미새가 언덕에 있으니
兄弟急難이로다	형제가 급난(急難)을 구원하도다
每有良朋이나	매양 좋은 벗이 있으나
況也永歎이니라	길게 탄식할 뿐이니라

興也라 脊令은 雝渠니 水鳥也라 況은 發語詞라 或曰 當作怳이라
○ 脊令이 飛則鳴하고 行則搖하여 有急難之意라 故로 以起興而言호되 當此之時하여 雖有良朋이나 不過爲之長歎息而已요 力或不能相及也라하니라 東萊呂氏曰 疎其所親而親其所疎는 此失其本心者也라 故로 此詩反覆言朋友之不如兄弟하니 蓋示之以親疎之分하여 使之反循其本也라 本心旣得이면 則由親及疎하여 秩然有序하니 兄弟之親旣篤이면 而朋友之義亦敦矣니 初非薄於朋友也라 苟雜施而不孫(遜)이면 雖曰厚於朋友나 如無源之水 朝滿夕除하니 胡可保哉리오 或曰 人之在難에 朋友亦可以坐視與아 曰 每有良朋이나 況也永歎이라하니 則非不憂憫이요 但視兄弟急難에 爲有差等耳라 詩人之詞는 容有抑揚이나 然常棣는 周公作也니 聖人之言은 小大、高下皆宜하고 而前後、左右不相悖니라

흥(興)이다. '척령(脊令:할미새)'은 옹거(雝渠)이니, 수조(水鳥)이다. '황(況)'은 발어사(發語詞)이다. 혹자는 "마땅히 황(怳)이 되어야 한다."고 한다.

○ 척령이 날 때에는 울고 걸을 때에는 몸을 흔들어 급난(急難:위급한 환난(患亂))의 뜻이 있다. 그러므로 이로써 기흥(起興)하여 말하기를, "이 때를 당하여 비록 좋은 벗이 있으나 그는 나를 위하여 길게 탄식함에 불과할 뿐이요, 힘이 혹 서로 미

... 雝 : 화락할 옹 渠 : 클 거 怳 : 실심할 황 容 : 혹시 용

치지 못한다."고 한 것이다.

동래 여씨(東萊呂氏)가 말하였다. "친히 할 사람을 소원히 하고 소원히 할 사람을 친히 함은, 이는 그 본심(本心)을 잃은 것이다. 그러므로 이 시(詩)에서는 반복하여 붕우가 형제만 못함을 말하였으니, 친소(親疏)의 분별을 보여주어 그로 하여금 그 근본(본심)을 돌이켜 따르게 한 것이다. 본심이 이미 얻어지면 친함으로 말미암아 소원함에까지 미쳐서 질서정연하게 순서가 있으니, 형제의 친함이 이미 돈독하면 붕우의 정의(情義) 또한 돈독할 수 있으니, 애당초 붕우에게 박하게 하는 것이 아니다. 만일 뒤섞어 시행하여 순서가 없으면 비록 붕우에게 후(厚)하게 한다 하더라도 마치 근원이 없는 물이 아침에 가득하나 저녁에 없어지는 것과 같을 것이니, 어찌 보전할 수 있겠는가.

혹자가 묻기를 '사람이 환난(患難)에 있을 적에 붕우 또한 그대로 앉아서 보기만 한단 말입니까?' 하기에, 내가 대답하였다. '매양 좋은 벗이 있더라도 〈그는〉 길게 탄식할 뿐이다.'라고 하였으니, 그렇다면 이는 근심하고 민망히 여기지 않음이 아니요, 다만 형제의 급난에 비함에 차등이 있을 뿐이다. 〈일반〉 시인(詩人)의 말은 혹 억양(抑揚)이 있을 수 있으나 〈상체(常棣)〉는 주공(周公)이 지은 것이니, 성인(聖人)의 말씀은 대소(大小)와 고하(高下)가 모두 마땅하고, 전후(前後)와 좌우(左右)가 서로 어긋나지 않는다."

④ 兄弟鬩〔許歷反〕于牆, 外禦其務〔春秋傳作侮 罔甫反〕. 每有良朋, 烝〔之承反〕也無戎〔叶而主反〕.

兄弟鬩(혁)于牆이나	형제가 집안에서는 싸우나
外禦其務(侮)니라	밖에서는 남의 업신여김을 함께 막느니라
每有良朋이나	매양 좋은 벗이 있으나
烝也無戎이니라	아, 도와주는 사람이 없느니라

賦也라 鬩은 鬪狠(한)也라 禦는 禁也라 烝은 發語聲이라 戎은 助也라
○ 言兄弟設有不幸鬪狠于內나 然有外侮면 則同心禦之矣라 雖有良朋이나 豈能

有所助乎아 富辰曰 兄弟雖有小忿이나 不廢懿親[31]이라하니라

부(賦)이다. '혁(鬩)'은 싸움이다. '어(禦)'는 금지함(막아냄)이다. '증(烝)'은 발어성(發語聲)이다. '융(戎)'은 도움이다.

○ "형제가 혹 불행하여 안에서는 싸우나, 밖에 업신여기는 자가 있으면 마음을 함께 하여 막아낸다. 〈그러니〉 비록 좋은 벗이 있더라도 어찌 잘 돕는 바가 있겠는가."라고 말한 것이다.

부신(富辰)이 말하였다. "형제간에는 비록 작은 분함이 있더라도 의친(懿親)을 폐하지 않아야 한다."

⑤ 喪亂旣平, 旣安且寧. 雖有兄弟, 不如友生[叶桑經反].

喪亂旣平하여	상란이 이미 평정되어
旣安且寧하면	이미 편안해지면
雖有兄弟나	비록 형제가 있으나
不如友生이로다	친구보다 못하게 여기느니라

賦也라 上章은 言患難之時에 兄弟相救 非朋友可比하고 此章은 遂言安寧之後에 乃有視兄弟不如友生者하니 悖理之甚也니라

부(賦)이다. 상장(上章)에서는 환난(患難)의 때에 형제간에 서로 구원해줌이 붕우에 비할 바가 아님을 말하였고, 이 장(章)은 마침내 안녕한 뒤에는 형제를 보기를 우생(友生;벗)만 못하게 여기는 자가 있음을 말하였으니, 이는 도리에 어그러짐이 심한 것이다.

⑥ 儐[賓胤反]爾籩豆, 飮酒之飫[於慮反]. 兄弟旣具, 和樂[音洛]且孺.

| 儐(빈)爾籩豆하여 | 너의 변두(籩豆)를 늘어놓아 |
| 飮酒之飫(어)라도 | 술을 실컷 마시더라도 |

••••••
31 富辰曰……不廢懿親 : 부신(富辰)은 춘추시대 주(周)나라의 신하이며, 의친(懿親)은 아름다운 친족이란 뜻으로 지친(至親)과 같은바, 이 내용은 《춘추좌씨전》 희공(僖公) 24년에 보인다.

••• 儐 : 베풀 빈 飫 : 베풀 어

兄弟既具_{라야}　　　　형제가 모두 있어야

和樂(락)且孺_{니라}　　　화락하고 또 사모할 수 있느니라

賦也라 儐은 陳이요 飫는 饜이요 具는 俱也라 孺는 小兒之慕父母也라

○ 言陳籩豆以醉飽_{라도} 而兄弟有不具焉_{이면} 則無與共享其樂矣_{니라}

부(賦)이다. '빈(儐)'은 진열함이요, '어(飫)'는 배부름이요, '구(具)'는 모두이다. '유(孺)'는 소아(小兒)가 부모를 사모하는 것이다.

　　○ 변두에 성찬(盛饌)을 진열하여 실컷 취하고 배불리 먹더라도 형제간이 모두 있지 않으면 함께 그 낙(樂)을 누릴 수 없음을 말한 것이다.

⑦ 妻子好〔呼報反〕合, 如鼓瑟琴. 兄弟既翕〔許及反〕, 和樂且湛〔荅南反 叶持林反〕.

　　妻子好合_이　　　처자간에 마음 화합함이

　　如鼓瑟琴_{이라도}　　금슬(琴瑟)을 타는 듯하더라도

　　兄弟既翕(흡)_{이라야}　형제간이 화합하여야

　　和樂且湛(담)_{이니라}　화락하고 또 길이 즐길 수 있느니라

賦也라 翕은 合也라

○ 言妻子好合_이 如琴瑟之和_{라도} 而兄弟有不合焉_{이면} 則無以久其樂矣_{니라}

부(賦)이다. '흡(翕)'은 합함이다.

　　○ 처자간에 정이 좋고 뜻이 합함이 금슬(琴瑟)의 조화와 같더라도 형제간에 화합하지 못함이 있으면 그 낙(樂)을 오래 누릴 수 없음을 말한 것이다.

⑧ 宜爾室家〔叶古胡反〕, 樂爾妻帑〔音奴〕. 是究是圖, 亶其然乎〔就用乎字爲韻〕.

　　宜爾室家_{하며}　　　네 집안을 화순하게 하며

　　樂爾妻帑(노)_를　　네 처자(妻子)를 즐겁게 하는 것을

　　是究是圖_면　　　연구하고 도모한다면

　　亶其然乎_{인저}　　　그 옳음을 믿게 될 것이다

賦也라 帑(孥)는 子요 究는 窮이요 圖는 謀요 亶은 信也라

○ 宜爾室家者는 兄弟具而後樂且孺也요 樂爾妻帑者는 兄弟翕而後樂且湛也라 兄弟於人에 其重如此하니 試以是究而圖之면 豈不信其然乎아 東萊呂氏曰 告人以兄弟之當親이면 未有不以爲然者也로되 苟非是究是圖하여 實從事於此면 則亦未有誠知其然者也니 不誠知其然이면 則所知者特其名而已矣라 凡學이 蓋莫不然이니라

부(賦)이다. '노(孥)'는 자식이요, '구(究)'는 연구함이요, '도(圖)'는 도모함이요, '단(亶)'은 믿음이다.

○ 너의 실가(室家)에 마땅하게 한다는 것은 형제가 모두 있은 뒤에 즐겁고 또 사모할 수 있는 것이며, 너의 처노(妻帑)를 즐겁게 한다는 것은 형제가 화합한 뒤에 즐겁고 또 오래도록 누릴 수 있는 것이다. 형제가 인간에 있어 그 소중함이 이와 같으니, 한번 이것을 가지고 끝까지 연구하고 도모해 본다면 어찌 그 그러함을 믿지 않겠는가.

동래 여씨(東萊呂氏)가 말하였다. "사람들에게 형제간에 마땅히 친해야 함을 말하면 옳게 여기지 않는 자가 없다. 그러나 만일 이것을 연구하고 이것을 도모하여 실제로 이에 종사하지 않는다면 또한 진실로 그러함을 아는 자가 있지 않으니, 진실로 그러함을 알지 못한다면 알고 있는 것은 다만 그 이름(겉)일 뿐이다. 모든 학문이 다 그러하지 않음이 없다."

常棣八章이니 章四句라

〈상체(常棣)〉는 8장이니, 장마다 4구이다.

此詩首章은 略言至親莫如兄弟之意요 次章은 乃以意外不測之事言之하여 以明兄弟之情이 其切如此요 三章은 但言急難하니 則淺於死喪矣요 至於四章하여는 則又以其情義之甚薄호되 而猶有所不能已者言之하니 其序若曰 不待死喪然後相收요 但有急難이면 便當相助라 言又不幸而至於或有小忿이라도 猶必共禦外侮하니 其所以言之者 雖若益輕以約이나 而所以著夫兄弟之義者 益深且切矣라 至於五章하여는 遂言安寧之後에 乃謂兄弟不如友生하니 則是至親反爲路人하여 而人道或幾乎息(熄)矣라 故로 下兩章은 乃復極言兄弟之恩은 異形同氣라 死生苦樂에 無適而不相須之意하고 卒章엔 又申告之하여 使反覆窮極而驗其信然하니 可謂委曲漸次하여 說盡人情矣라 讀者宜深味之니라

... 適 : 갈 적 須 : 필요할 수

　　이 시(詩)의 수장(首章)은 지친(至親)에 형제만한 이가 없는 뜻을 대략 말하였고, 다음 장(章)은 마침내 의외(意外)의 측량할 수 없는 일로써 말하여 형제간의 정(情)이 간절함이 이와 같음을 밝혔고, 3장은 다만 급난(急難)을 말하였으니 이것은 사상(死喪)보다는 화(禍)가 얕은 것이요, 4장에 이르러는 또 그 정의(情義)가 심히 박(薄)하나(담장 안에서 서로 다툼) 오히려 그칠 수 없는 것(남의 업신여김을 막아냄)으로써 말하였으니, 그 순서는 대략 사상(死喪)을 기다린 뒤에 서로 거두어주는 것이 아니요, 다만 급난(急難)이 있으면 마땅히 서로 도와야 함을 말한 것이다. 또 불행하여 혹 작은 분노가 있음에 이르더라도 오히려 반드시 밖의 업신여김을 함께 막아야 함을 말하였으니, 그 말한 것이 비록 더욱 가볍고 소략한 듯하나 형제간의 정의(情誼)를 드러냄이 더욱 깊고 간절하다.

　　5장에 이르러는 마침내 안녕(安寧)한 뒤에 형제간을 우생(友生:친구)만 못하게 여김을 말하였으니, 이는 지친(至親)이 도리어 노인(路人:길가는 사람)이 되어서 인도(人道)가 혹 거의 끊기게 된 것이다.

　　그러므로 아래 두 장(章)은 다시 형제간의 은혜는 형체는 다르나 기운은 같으니, 사생(死生)과 고락(苦樂)에 가는 곳마다 서로 의뢰하지 않음이 없는 뜻을 말하였고, 마지막 장(章)에서는 또 거듭 이것을 말하여 반복하고 지극히 해서 그 진실로 옳음을 징험하게 하였으니, 점차로 곡진히 하여 인정(人情)을 다 말했다고 이를 만하다. 읽는 자가 마땅히 깊이 음미(吟味)해야 할 것이다.

【毛序】常棣는 燕兄弟也니 閔管、蔡之失道라 故로 作常棣焉하니라

　　〈상체〉는 형제를 연락(燕樂)한 시(詩)이니, 관숙(管叔)과 채숙(蔡叔)이 도(道)를 잃었음을 민망히 여겼다. 그러므로 〈상체〉를 지은 것이다.

【鄭註】周公이 弔二叔之不咸하여 而使兄弟之恩疏라 故召公이 爲作此詩하여 而歌之以親之니라

　　주공(周公)은 관숙과 채숙이 화합하지 못하여 형제의 은혜가 소원하게 함을 서글퍼하였다. 그러므로 소공(召公)이 이 시를 지어서 노래하여 친하게 한 것이다.

【辨說】序得之나 但與魚麗之序로 相矛盾하니 以詩意考之하면 蓋此得而彼失也라 國語富辰(신)之言에 以爲周文公之詩라하니 亦其明驗이라 但春秋傳엔 爲富辰

之言이라하고 又以爲召穆公³²이 思周德之不類라 故糾合宗族于成周하여 而作此
詩라하니라 二書之言이 皆出富辰이요 且其時去召穆公이 又未遠하니 不知其說이
何故如此라 杜預以作詩로 爲作樂而奏此詩라하니 恐亦非是로라

〈서〉가 맞으나 다만 〈어리(魚麗)〉의 〈서〉에 〈문왕·무왕의 시라 한 것과〉 서로
모순되니, 시의 뜻을 가지고 상고해보면 여기가 맞고 저것(《어리》)이 잘못되었다.
《국어(國語)》〈주어(周語)〉에 보이는 부신(富辰)의 말에 '주 문공(周文公:주공)의 시'
라 하였으니, 또한 그 분명한 증거이다. 다만 《춘추좌씨전》 희공(僖公) 24년에는
부신의 말이라 하였고, 또 "〈그가〉 '소목공(召穆公)이 주(周)나라의 덕이 옛날과 같
지 못함을 생각하였다. 그러므로 종족(宗族)을 성주(成周)에 규합하여 이 시를 지
었다.'"하였으니, 두 책의 말이 모두 부신에서 나왔고 또 그 시대가 소목공과 멀
지 않은데, 그 말이 무슨 연고로 이와 같이 다른지 알 수 없다. 두예(杜預)는 작시
(作詩)를 풍악을 지어서 이 시를 연주했다고 하였는데, 이 또한 옳지 않을 듯하다.

5. 벌목(伐木)

① 伐木丁丁〔陟耕反〕, 鳥鳴嚶嚶〔於耕反〕. 出自幽谷, 遷于喬木. 嚶其鳴
矣, 求其友聲. 相〔息亮反〕彼鳥矣, 猶求友聲. 矧伊人矣, 不求友生〔叶桑
經反〕. 神之聽之, 終和且平.

伐木丁丁이어늘	나무 베는 소리 떵떵한데
鳥鳴嚶(앵)嚶하나니	새는 꾀꼴꾀꼴 우나니
出自幽谷하여	깊은 골짜기에서 나와
遷于喬木하나다	높은 나무로 올라가도다
嚶其鳴矣여	꾀꼴꾀꼴 우는 소리여
求其友聲이로다	그 벗을 찾는 소리로다

••••••
32 召穆公:이름은 호(虎)이고 목(穆)은 시호이며 소백 호(召伯虎)라고도 칭하는바, 소강공(召康
公:이름은 석(奭))의 후손이다. 여왕(厲王)이 포악한 정사를 자행하자, 소목공은 이를 간하였으나
듣지 않다가 결국 국민폭동에 의하여 쫓겨났으며, 뒤에 여왕이 죽자 선왕(宣王) 정(靖)을 옹립하
여 주나라를 중흥시켰다.

••• 嚶 : 꾀꼬리소리 앵 喬 : 높을 교 矧 : 하물며 신

相彼鳥矣_{혼대}	저 새를 보건대

相彼鳥矣혼대　　　　저 새를 보건대
猶求友聲이온　　　　오히려 벗을 찾아 우는구나
矧(신)伊人矣　　　　하물며 사람이
不求友生가　　　　　벗을 찾지 않는단 말인가
神之聽之하여　　　　벗을 친히 하면 신(神)이 소원을 들어주어
終和且平이니라　　　마침내 화평하게 되느니라

興也라 丁丁은 伐木聲이라 嚶嚶은 鳥聲之和也라 幽는 深이요 遷은 升이요 喬는 高요 相은 視요 矧은 況也라

○ 此는 燕朋友、故舊之樂歌라 故로 以伐木之丁丁으로 興鳥鳴之嚶嚶하여 而言鳥之求友하고 遂以鳥之求友로 喩人之不可無友也라 人能篤朋友之好면 則神之聽之하여 終和且平矣리라

흥(興)이다. '정정(丁丁:떵떵)'은 나무를 베는 소리이다. '앵앵(嚶嚶)'은 새울음소리가 화(和)한 것이다. '유(幽)'는 깊음이요, '천(遷)'은 오름이요, '교(喬)'는 높음이요, '상(相)'은 봄이요, '신(矧)'은 하물며이다.

○ 이는 붕우(朋友)와 고구(故舊:옛 친구)를 연향하는 악가(樂歌)이다. 그러므로 나무를 베는 소리가 떵떵함으로써 새의 울음소리가 앵앵함을 흥(興)하여 새가 벗을 찾음을 말하였고, 마침내 새가 벗을 찾음으로써 사람이 벗이 없어서는 안 됨을 비유하였다. 사람이 붕우간의 우호를 돈독히 하면 신(神)이 소원을 들어주어 마침내 화평(和平)하게 될 것이다.

② 伐木許許〔呼古反〕, 釃〔所宜反〕酒有藇〔象呂反〕. 既有肥羜〔直呂反〕, 以速諸父〔扶雨反〕. 寧適不來, 微我不顧〔叶居五反〕. 於〔音烏〕粲洒〔所懈反〕埽〔蘇報反 叶蘇吼反〕, 陳饋八簋〔叶己有反〕. 既有肥牡, 以速諸舅〔其九反〕. 寧適不來, 微我有咎〔其九反〕.

伐木許許어늘　　　　사람들 영차영차 나무 베는데
釃(시)酒有藇(서)로다　빛깔 좋은 거른 술 있도다
既有肥羜(저)하여　　　살 오른 어린 양을 장만하여
以速諸父호니　　　　집안의 동성(同姓) 어른들을 부르니

寧適不來언정	마침 그들이 일이 있어 오지 못할지언정
微我不顧니라	내가 생각하지 않은 것은 아니니라
於(오)粲洒埽(쇄소)요	아, 깨끗이 청소하고
陳饋八簋(궤)호라	음식을 팔궤에 진열하노라
旣有肥牡하여	살 오른 짐승을 장만하여
以速諸舅호니	집안의 이성(異姓) 어른들을 부르니
寧適不來언정	마침 그들이 일이 있어 오지 못할지언정
微我有咎니라	내가 잘못이 있는 것은 아니니라

興也라 許許는 衆人共力之聲이라 淮南子曰 擧大木者는 呼邪許(야허)라하니 蓋擧重勸力之歌也라 釃酒者는 或以筐, 或以草하여 泲(제)之而去其糟也하니 禮所謂縮酌用茅[33]是也라 萋는 美貌라 羜는 未成羊也라 速은 召也라 諸父는 朋友之同姓而尊者也라 微는 無요 顧는 念也라 於는 歎辭라 粲은 鮮明貌라 八簋는 器之盛也라 諸舅는 朋友之異姓而尊者也라 先諸父而後諸舅者는 親疎之殺(쇄)也라 咎는 過也라

○ 言具酒食以樂朋友如此하니 寧使彼適有故而不來언정 而無使我恩意之不至也라 孔子曰 所求乎朋友로 先施之를 未能也[34]라하시니 此可謂能先施矣로다

　흥(興)이다. '허허(許許)'는 여러 사람이 함께 힘을 쓰는 소리이다. 《회남자(淮南子)》〈도응훈(道應訓)〉에 '큰 나무를 드는 자는 앞에서 야호〔邪許〕를 부르면 뒤에서도 이와 같이 한다.' 하였으니, 무거운 것을 들 때에 힘쓰기를 권하는 소리이다. 술을 거를 때에는 혹은 광주리를 사용하고 혹은 띠풀(용수)을 사용하여 술을 걸러서 술지게미를 버리니, 《예기》〈교특생(郊特牲)〉에 이른바 '술을 거를 적에 띠풀을 사용한다.'는 것이 이것이다. '서(萋)'는 아름다운 모양이다.

　'저(羜)'는 아직 크지 않은 양이다. '속(速)'은 부름이다. '제부(諸父)'는 붕우(朋友) 중에 동성(同姓)으로서 존귀한 자이다. '미(微)'는 없음(아님)이요, '고(顧)'는 생각함이다. '오(於)'는 감탄사이다. '찬(粲)'은 선명한 모양이다. '팔궤(八簋)'는 그릇

101

------

33 縮酌用茅：축작용모(縮酌用茅)는 술을 거를 적에 띠풀을 사용하여 용수를 만드는 것으로, 《예기》〈교특생(郊特牲)〉에 보인다.

34 孔子曰……未能也：이 내용은 《중용장구》13장에 보인다.

··· 微 : 아닐 미, 없을 미 饋 : 음식 궤, 먹일 궤 簋 : 보궤 궤 適 : 마침 적 泲 : 맑은술 제 糟 : 술지게미 조
縮 : 쥐어짤 축

이 많은 것이다. '제구(諸舅)'는 붕우 중에 이성(異姓)으로서 존귀한 자이다. 제부를 먼저 하고 제구를 뒤에 한 것은 친소(親疎)의 차등이다. '구(咎)'는 허물이다.

○ 술과 밥을 장만하여 붕우를 즐겁게 하기를 이와 같이 하니, 차라리 저들이 마침 연고가 있어서 오지 못할지언정 나의 은혜로운 뜻은 지극하지 않음이 없음을 말한 것이다. 공자께서 말씀하시기를 "붕우에게 바라는 것으로 내가 먼저 붕우에게 베푸는 것을 능히 하지 못한다." 하셨는데, 이는 먼저 붕우에게 베풀었다고 이를 만하다.

③ 伐木于阪〔叶字攕反〕, 釃酒有衍. 籩豆有踐〔在演反〕, 兄弟無遠. 民之失德, 乾餱〔音侯〕以愆〔叶起淺反〕. 有酒湑〔思呂反〕我, 無酒酤〔音古〕我. 坎坎鼓我, 蹲蹲〔七旬反〕舞我. 迨〔音待〕我暇〔叶級五反〕矣, 飮此湑矣.

伐木于阪이어늘	나무를 산비탈에서 베는데
釃酒有衍이로다	거른 술이 많기도 하도다
籩豆有踐하니	변두가 진열되어 있으니
兄弟無遠이로다	원근의 형제들이 모두 왔도다
民之失德은	사람들이 덕을 잃음은
乾餱(간후)以愆이니	하찮은 마른 밥 때문에 허물이 생기는 것이니
有酒湑我며	술이 있거든 내 술을 거를 것이며
無酒酤我며	술이 없으면 내 술을 받아올 것이며
坎(감)坎鼓我며	내가 둥둥 북을 치며
蹲蹲(준)舞我하여	내가 너울너울 춤을 추어
迨我暇矣하여	내가 한가할 때에 미쳐
飮此湑矣로리라	이 거른 술을 마시리라

興也라 衍은 多也라 踐은 陳列貌라 兄弟는 朋友之同儕者요 無遠은 皆在也라 先諸舅而後兄弟者는 尊卑之等也라 乾餱는 食之薄者也라 愆은 過也라 湑亦釃라 酤는 買也라 坎坎은 擊鼓聲이요 蹲蹲은 舞貌라 迨는 及也라
○ 言人之所以至於失朋友之義者는 非必有大故요 或但以乾餱之薄을 不以分人하여 而至於有愆耳라 故로 我於朋友에 不計有無하고 但及閑暇면 則飮酒以相樂

··· 衍 : 많을 연 籩 : 대나무그릇 변 餱 : 마른밥 후 愆 : 어그러질 건 湑 : 술거를 서 酤 : 술살 고 蹲 : 춤출 준

也라

　　흥(興)이다. '연(衍)'은 많음이다. '천(踐)'은 진열되어 있는 모양이다. '형제'는 붕우의 동무들이요, '무원(無遠)'은 〈먼 사람과 가까운 사람이〉 모두 있는 것이다. 제구(諸舅)를 먼저 하고 형제를 뒤에 한 것은 존비(尊卑)의 차등이다. '간후(乾餱:말린 밥)'는 음식 중에 하찮은 것이다. '건(愆)'은 허물이다. '서(湑)' 또한 술을 거르는 것이다. '고(酤)'는 술을 사 오는 것이다. '감감(坎坎)'은 북을 두드리는 소리요, '준준(蹲蹲)'은 춤추는 모양이다. '태(迨)'는 미침이다.

　　○ 사람들이 붕우의 의(義)를 잃음에 이르는 까닭은 반드시 큰 연고가 있어서가 아니요, 혹 다만 하찮은 마른 밥을 남에게 나누어 주지 않아서 허물이 있음에 이른다. 그러므로 내 붕우에 대하여 집안에 〈재산이〉 있고 없음을 계산하지 않고 다만 한가할 때에 미치면 술을 마셔 서로 즐거워해야 한다고 말한 것이다.

伐木三章이니 章十二句라

　　〈벌목(伐木)〉은 3장이니, 장마다 12구이다.

劉氏曰 此詩는 每章首에 輒云伐木하여 凡三云伐木이라 故로 知當爲三章이라 舊作六章하니 誤矣라하니 今從其說하여 正之하노라

　　유씨(劉氏)가 말하기를 "이 시(詩)는 매 장(章)의 첫머리마다 번번이 벌목(伐木)이라고 말하여, 모두 벌목을 세 번 말하였다. 그러므로 마땅히 3장이 됨을 알 수 있는 것이다. 옛날에는 6장으로 만들었으니, 이것은 잘못이다." 하였으니, 이제 그 말을 따라 바로잡았다.

【毛序】 伐木은 燕朋友故舊也라 自天子至於庶人히 未有不須友以成者하니 親親以睦하고 友賢不棄하며 不遺故舊하면 則民德歸厚矣리라

　　〈벌목〉은 붕우와 고구(故舊:옛친구)를 연락(燕樂)한 시이다. 천자로부터 서인에 이르기까지 벗을 의뢰하여 이루지 않는 자가 있지 않으니, 친척을 친애하여 화목하고 어진이를 벗삼아 버리지 않으며 고구의 은혜를 잊지 않는다면 백성의 덕(德)이 후(厚)한 데로 돌아갈 것이다.

6. 천보(天保)

① 天保定爾, 亦孔之固. 俾爾單[音丹]厚, 何福不除[直慮反]. 俾爾多益,
以莫不庶.

天保定爾	하늘이 그대(군주)를 안정시킴이
亦孔之固삿다	또한 매우 견고하시도다
俾爾單厚어시니	그대를 지극히 후하게 하시니
何福不除리오	어느 복인들 내려주지 않으시리오
俾爾多益이라	그대에게 많은 이로움 내려주시는지라
以莫不庶로다	풍부하지 않음이 없도다

賦也라 保는 安也라 爾는 指君也라 固는 堅이요 單은 盡也라 除는 除舊而生新也라
庶는 衆也라
○ 人君以鹿鳴以下五詩로 燕其臣하니 臣受賜者 歌此詩以答其君이라 言天之安
定我君하여 使之獲福이 如此也라

　부(賦)이다. '보(保)'는 편안함이다. '이(爾:그대)'는 군주를 가리킨다. '고(固)'는
견고함이요, '단(單)'은 다(모두)이다. '제(除)'는 옛것을 제거하고 새 것을 내는 것
이다. '서(庶)'는 많음이다.
　　○ 인군이 〈녹명(鹿鳴)〉 이하 다섯 편(篇)의 시(詩)로써 그 신하에게 잔치를 베
푸니, 하사를 받은 신하들이 이 시를 노래하여 군주에게 답한 것이다. 하늘이 우
리 군주를 안정시켜 그로 하여금 복을 받게 함이 이와 같으라고 말한 것이다.

② 天保定爾, 俾爾戩[子淺反]穀. 罄無不宜, 受天百祿. 降爾遐福, 維
日不足.

天保定爾하사	하늘이 그대를 안정시켜
俾爾戩(전)穀이삿다	그대를 지극히 좋게 하시도다
罄(경)無不宜하여	모두 마땅하지 않음이 없어
受天百祿이어시늘	하늘의 온갖 복(福)을 받으셨는데

••• 單 : 모두 단 戩 : 다할 전 穀 : 좋을 곡 罄 : 다할 경

降爾遐福하시되　　그대에게 장구한 복을 내리시되
維日不足이샷다　　날마다 부족하게 여기시도다

賦也라 聞人氏曰 戩은 與翦同하니 盡也요 穀은 善也니 盡善云者는 猶其曰單厚、多益也[35]라 罄은 盡이요 遐는 遠也라 爾有以受天之祿矣어늘 而又降爾以福하니 言天人之際에 交相與也라 書所謂昭受上帝하시니 天其申命用休라하니 語意正如此라

　　부(賦)이다. 문인씨(聞人氏;이름은 자(滋)이다)가 말하기를 "전(戩)은 전(翦)과 같으니 모두이고 곡(穀)은 선(善)함이니, 진선(盡善)이라고 말한 것은 '단후(單厚)' · '다익(多益)'이란 말과 같다." 하였다. '경(罄)'은 모두요, '하(遐)'는 멂이다. 그대가 하늘의 복록(福祿)을 받음이 있는데 또 그대에게 복을 내려주시니, 이는 하늘과 사람의 사이에 서로 더붊(친함)을 말한 것이다. 《서경》〈익직(益稷)〉에 이른바 "상제(上帝)께 천명을 밝게 받으시니, 또 하늘이 거듭 명하여 아름답게 할 것이다." 하였으니, 말뜻이 바로 이와 같다.

③ 天保定爾, 以莫不興. 如山如阜, 如岡如陵, 如川之方至, 以莫不增.

天保定爾하사　　하늘이 그대를 안정시켜
以莫不興이라　　성하게 하지 않음이 없는지라
如山如阜하며　　산과 같고 언덕과 같으며
如岡如陵하며　　산마루와 같고 구릉과 같으며
如川之方至하여　　냇물이 막 이르는 것과 같아
以莫不增이로다　　불어나지 않음이 없도다

賦也라 興은 盛也라 高平曰陸이요 大陸曰阜요 大阜曰陵이니 皆高大之意라 川之方至는 言其盛長之未可量也라

　　부(賦)이다. '흥(興)'은 성(盛)함이다. 높고 평평한 곳을 육(陸)이라 하고, 큰 육(陸)을 '부(阜)'라 하고, 큰 부(阜)를 '릉(陵)'이라 하니, 모두 높고 크다는 뜻이다. 냇

......
35 猶其曰單厚多益也 : 단후(單厚)·다익(多益)은 위 1장에 보이는바, 호산(壺山)은 "단(單)과 다(多)는 다(모두)이다." 하였다. 《詳說》

··· 阜 : 언덕 부

물이 막 이른다는 것은 그 성하게 불어남을 측량할 수 없음을 말한 것이다.

④ 吉蠲〔古玄反〕爲饎〔尺志反〕, 是用孝享〔叶虛良反〕. 禴〔餘若反〕祠烝嘗, 于公先王. 君曰卜爾, 萬壽無疆.

吉蠲(견)爲饎(치)하여	길일(吉日)을 택하여 정결히 술밥을 지어
是用孝享하여	이로써 효성으로 제향하여
禴(약)祠烝嘗을	약(禴)·사(祠)와 증(烝)·상(嘗)을
于公先王하시니	선공(先公)과 선왕(先王)에게 올리시니
君曰卜爾하시되	군주께서 그대에게 기약하시기를
萬壽無疆이샷다	만수무강하라 하시도다

賦也라 吉은 言諏(추)日擇士之善이요 蠲은 言齊戒滌濯之潔이라 饎는 酒食(사)也라 享은 獻也라 宗廟之祭는 春曰祠요 夏曰禴이요 秋曰嘗이요 冬曰烝이라 公은 先公也니 謂后稷以下至公叔祖類[36]也요 先王은 大(太)王以下也라 君은 通謂先公、先王也라 卜은 猶期也니 此는 尸傳神意以嘏(가)主人之詞라 文王時엔 周未有先王者[37]하니 此必武王以後所作也리라

부(賦)이다. '길(吉)'은 제사에 좋은 날을 가리고 좋은 사람을 가리는 것이요, '견(蠲)'은 재계(齊戒)하고 씻기를 정결히 함을 말한다. '치(饎)'는 술밥이다. '향(享)'은 올림이다. 종묘의 제사는 봄에는 '사(祠)'라 하고, 여름에는 '약(禴)'이라 하고, 가을에는 '상(嘗)'이라 하고, 겨울에는 '증(烝)'이라 한다. '공(公)'은 선공(先公)이니, 후직(后稷) 이하로 공숙조류(公叔祖類)에 이르기까지를 말한 것이요, '선왕(先王)'은 태왕(太王) 이하이다. 군주는 선공과 선왕을 통칭한 것이다. '복(卜)'은 기약〔期〕과 같으니, 이는 시동(尸童)이 신(神)의 뜻을 전달하여 주인에게 복을 내리는

------

36 公叔祖類：공숙조류(公叔祖類)는 고공단보(古公亶父：태왕(太王))의 아버지로, '조감(組紺)'으로도 표기한다.

37 文王時 周未有先王者：당시의 왕(王)은 천자를 뜻하는바, 문왕 생전에는 천자가 된 적이 없으므로 선조(先祖)를 선공(先公)이라 칭하였으며, 무왕(武王)이 상(商)나라를 정벌하고 비로소 선공(先公)들을 선왕(先王)으로 추존(追尊)하여 문왕·왕계(王季)·태왕(太王) 등의 칭호를 붙였으므로 말한 것이다.

··· 蠲：깨끗할 견 饎：술밥 치 禴：여름제사 약 祠：봄제사 사 烝：겨울제사 증 嘗：가을제사 상 諏：물을 추
嘏：복 가

말이다. 문왕 때에는 주나라에 선왕이란 칭호가 있지 않았으니, 이는 반드시 무왕 이후에 지은 것이리라.

⑤ 神之弔[都歷反]矣. 詒[以之反]爾多福[叶筆力反]. 民之質矣, 日用飲食. 羣黎百姓, 徧爲爾德.

神之弔(적)矣라	신(神)이 이르시는지라
詒(이)爾多福이며	그대에게 많은 복을 주며
民之質矣라	백성들이 질박한지라
日用飲食이로소니	날마다 먹고 마시기만 하나니
羣黎百姓이	여러 백성들이
徧爲爾德이로다	두루 그대의 덕(德)을 행하도다

賦也라 弔은 至也니 神之至矣는 猶言祖考來格也라 詒는 遺라 質은 實也니 言其質實無僞하여 日用飲食而已라 羣은 衆也요 黎는 黑也니 猶秦言黔(검)首也라 百姓은 庶民也라 爲爾德者는 [言]則(칙)而象之니 猶助爾而爲德也라

부(賦)이다. '적(弔)'은 이름이니, 신(神)이 이른다는 것은 《서경》〈익직(益稷)〉에 '조고가 와서 이른다.[祖考來格]'란 말과 같다. '이(詒)'는 줌이다. '질(質)'은 진실함이니, 질박하고 진실하여 거짓이 없어서 일상(日常)으로 먹고 마시기만 할 뿐임을 말한 것이다. '군(羣)'은 많음이요, '려(黎)'는 검음이니, 진(秦)나라 때에 백성을 검수(黔首)라고 말한 것과 같다. 백성은 서민(庶民)이다. 그대의 덕(德)을 행한다는 것은 그를 본받고 형상함이니, 그대를 도와 덕을 행한다는 것과 같다.

⑥ 如月之恒[胡登反], 如日之升. 如南山之壽, 不騫[起虔反]不崩. 如松柏之茂, 無不爾或承.

如月之恒(긍)하며	달의 초생달과 같으며
如日之升하며	해의 떠오름과 같으며
如南山之壽하여	남산의 장수함과 같아
不騫(건)不崩하며	이지러지지 않고 무너지지 않으며

如松柏之茂[38]하여　　　　송백의 무성함과 같아

無不爾或承이로다　　　　그대를 계승하지 않음이 없도다

賦也라 恒은 弦이요 升은 出也니 月上弦而就盈하고 日始出而就明이라 騫은 虧也라
承은 繼也니 言舊葉將落而新葉已生하여 相繼而長茂也라

　　부(賦)이다. '긍(恒)'은 활시위요, '승(升)'은 나옴이니, 달은 상현(上弦:초생달)에
서 가득함으로 나아가고, 해는 처음 나와서 밝음으로 나아간다. '건(騫)'은 이지러
짐이다. '승(承)'은 계승함이니, 옛 잎이 장차 떨어지려 하면 새잎이 이미 나와서
서로 계속하여 자라나고 무성함을 말한 것이다.

天保六章이니 章六句라

　　〈천보(天保)〉는 6장이니, 장마다 6구이다.

【毛序】 天保는 下報上也라 君能下下하여 以成其政하고 臣能歸美하여 以報其上
焉하니라

　　〈천보〉는 아랫사람이 윗사람에게 보답한 시(詩)이다. 군주는 아랫사람에게 몸
을 낮추어 그 정사를 이루고, 신하는 아름다움을 군주에게 돌려 그 윗사람에게 보
답한 것이다.

【鄭註】 下下는 謂鹿鳴至伐木히 皆君所以下臣也니 臣亦宜歸美於王하여 以崇君
之尊而福祿之하여 以答其歌니라

　　'하하(下下)'는 〈녹명(鹿鳴)〉으로부터 〈벌목(伐木)〉에 이르기까지 모두 군주가 신
하에게 낮춤을 말한 것이니, 신하 또한 마땅히 아름다움을 왕에게 돌려서 군주의
존엄함을 높이고 복록(福祿)을 내려서 그 노래에 답해야 하는 것이다.

【辨說】 序之得失은 與鹿鳴相似라

　　〈서〉의 득실은 〈녹명(鹿鳴)〉과 서로 유사하다.

••••••

38 　如松柏之茂:위 3절(節)의 여산(如山)·여부(如阜)와 여강(如岡)·여릉(如陵), 여천지방지(如
川之方至), 그리고 이 6절의 여월지긍(如月之恒)과 여일지승(如日之升), 여남산지수(如南山之壽)
와 여송백지무(如松柏之茂)를 합하면 '여(如)'자가 아홉 개이므로 이것을 구여지축(九如之祝)이
라 한다.

••• 　弦 : 활시위 현

7. 채미(采薇)

① 采薇采薇, 薇亦作[叶則故反]止. 日歸日歸, 歲亦莫[音慕]止. 靡室靡家[叶古乎反], 玁[音險]狁[音允]之故. 不遑啓居, 玁狁之故.

采薇[39]采薇여	고비를 뜯고 고비를 뜯음이여
薇亦作止엇다	고비가 또한 땅에서 나왔으리로다
日歸日歸여	돌아감이여, 돌아감이여
歲亦莫(暮)止리로다	해 또한 저물 것이로다
靡室靡家	편안히 거처할 집이 없음은
玁狁(험윤)之故며	험윤이 침입하였기 때문이며
不遑啓居	편안히 앉아서 쉴 겨를이 없음은
玁狁之故니라	험윤이 침범하였기 때문이니라

興也라 薇는 菜名이라 作은 生出地也라 莫는 晩이요 靡는 無也라 玁狁은 北狄也라 遑은 暇요 啓는 跪也라

○ 此는 遣戍役之詩라 以其出戍之時에 采薇以食하여 而念歸期之遠也라 故로 爲其自言하여 而以采薇起興하여 曰 采薇采薇則亦作止矣요 曰歸曰歸則歲亦莫止矣라 然이나 凡此所以使我舍其室家而不暇啓居者는 非上之人이 故爲是以苦我也요 直以玁狁侵陵之故로 有所不得已而然耳라 蓋敍其勤苦悲傷之情하고 而又風以義也니라 程子曰 毒民이 不由其上이면 則人懷敵愾(개)之心矣니라 又曰 古者戍役을 兩朞而還하니 今年春莫(暮)行하면 明年夏代者至하여 復留備秋라가 至過十一月而歸하고 又明年中春至하여 春莫에 遣次戍者하여 每秋與冬初에 兩番戍者皆在疆圉(어)하니 如今之防秋[40]也라

　　흥(興)이다. '미(薇:고비)'는 나물 이름이다. '작(作)'은 땅에서 나옴이다. '모(莫)'

• • • • • •

39　采薇:미(薇)는 세속에서 모두 '고사리'로 알고 있으나, 미(薇)는 고비이고 궐(蕨)이 고사리임을 밝혀둔다.

40　如今之防秋:방추(防秋)는 가을 수확기에 오랑캐의 약탈을 방지하기 위하여 교대할 병사와 교대하러 온 병사가 함께 있어 변경(邊境)의 수비를 강화하던 제도로, 당(唐)·송(宋) 시대에 시행되었다.

•••　薇:고비 미　玁:오랑캐 험　狁:오랑캐 윤　啓:무릎꿇을 계　愾:성낼 개　圉:변방 어

는 저묾이요, '미(靡)'는 없음이다. '험윤(玁狁)'은 북쪽 오랑캐이다. '황(遑)'은 겨를이요, '계(啓)'는 무릎 꿇음이다.

○ 이는 수역(戍役)을 보내는 시(詩)이다. 수자리를 나갈 때에 고비를 뜯어 먹으면서 돌아올 기한이 멂을 생각하였다. 그러므로 그가 스스로 말하는 것처럼 해서 채미(采薇)로써 기흥(起興)하여 말하기를 "고비를 뜯고 고비를 뜯음이여, 고비가 또한 나왔을 것이다. 돌아감이여, 돌아감이여. 해가 또한 저물 것이다. 그러나 무릇 나로 하여금 실가(室家)를 버리고 편안히 거처할 겨를이 없게 함은 윗사람이 고의(故意)로 이렇게 하여 나를 괴롭히려는 것이 아니요, 다만 험윤(玁狁)이 침략하고 능멸하기 때문에 부득이하여 그러한 것이다."라고 말한 것이다. 이는 그 근고(勤苦)하고 비상(悲傷)한 정(情)을 서술하고, 또 의리로써 풍고(諷告:넌지시 고함)한 것이다.

정자(程子)가 말씀하였다. "백성들에게 해독을 끼침이〈부득이해서요〉 그 윗사람에게서 말미암지 않는다면 사람들은〈적에게〉적개심(敵愾心)을 품게 된다."

또 말씀하였다. "옛날에 수역(戍役)은 두 돐 만에 돌아왔다. 금년 늦봄에 길을 떠나면(집에서 출발함) 다음해 여름에 새로 교대하는 자가 이르는데(교대하는 자가 수자리하는 곳에 도착함) 계속 머물러 가을을 대비하다가 11월이 지나 출발하여(수자리하는 곳에서 출발함), 그 다음해 중춘(中春)에 집에 이르고, 늦봄에 다음 수자리하는 자를 보내어 매번 가을과 겨울 초기에는 두 번(番)의 수자리하는 자가 모두 변방에 있었으니, 지금의 방추(防秋)와 같다." (※ 위의 부연 설명은 호산(壺山)의 《상설(詳說)》에 보이는 내용이다.)

② 采薇采薇, 薇亦柔止. 日歸日歸, 心亦憂止. 憂心烈烈, 載飢載渴〔叶巨烈反〕. 我戍未定, 靡使歸聘.

采薇采薇여　　　　　고비를 뜯고 고비를 뜯음이여
薇亦柔止엇다　　　　고비 또한 부드러우리로다
日歸日歸여　　　　　돌아감이여 돌아감이여
心亦憂止로다　　　　마음이 또한 근심하도다
憂心烈烈하여　　　　근심스러운 마음 심하여
載飢載渴호라　　　　굶주리며 목마른 듯하노라

我戍未定이니　　　내 수자리하는 일이 끝나지 않았으니
靡使歸聘이로다　　돌아가 안부를 묻게 할 자가 없도다

興也라 柔는 始生而弱也라 烈烈은 憂貌라 載는 則也라 定은 止요 聘은 問也라
○ 言戍人念歸期之遠하여 而憂勞之甚이나 然戍事未已하니 則無人可使歸而問
其室家之安否也라

興(흥)이다. '유(柔)'는 고비가 처음 나와 약한(연한) 것이다. '열렬(烈烈)'은 근심
하는 모양이다. '재(載)'는 곧이다. '정(定)'은 그침이요, '빙(聘)'은 물음이다.

○ 수자리 간 사람이 돌아올 기한이 멂을 생각하여 근심과 수고로움이 심하였
다. 그러나 수자리하는 일이 아직 끝나지 않았으니, 돌아가 그 실가(室家)의 안부
를 묻게 할 만한 사람이 없다고 말한 것이다.

③ 采薇采薇, 薇亦剛止, 曰歸曰歸, 歲亦陽止, 王事靡盬, 不遑啓處.
憂心孔疚〔叶訖力反〕, 我行不來〔叶六直反〕.

采薇采薇여　　　　고비를 뜯고 고비를 뜯음이여
薇亦剛止엇다　　　고비가 또한 세었으리로다
曰歸曰歸여　　　　돌아감이여 돌아감이여
歲亦陽止리로다　　해가 또한 양월(陽月)이 되리로다
王事靡盬라　　　　왕사를 견고히 하지 않을 수 없는지라
不遑啓處하니　　　편안히 거처할 겨를이 없으니
憂心孔疚(구)나　　 근심하는 마음 크게 병드나
我行不來니라　　　우리 출정길은 그냥 돌아가지 않으리라

興也라 剛은 旣成而剛也라 陽은 十月也니 時純陰用事하여 嫌於無陽이라 故로 名
之曰陽月也라 孔은 甚이요 疚는 病也라 來는 歸也라 此는 見(현)士之竭力致死하여
無還心也라

흥(興)이다. '강(剛)'은 이미 다 자라서 센 것이다. '양(陽)'은 시월(十月)이니, 이
때에는 순음(純陰:坤 ☷)이 용사(用事;세력을 부림)하여 양(陽)이 없을까 혐의되므로
이름하기를 양월(陽月)이라 한 것이다. '공(孔)'은 심함이요, '구(疚)'는 병듦이다.

··· 聘 : 물을 빙　盬 : 견고하지못할 고　疚 : 오래앓을 구

'래(來)'는 돌아옴이다. 이는 군사들이 힘을 다하고 목숨을 바쳐 돌아올 마음이 없음을 나타낸 것이다.

④ 彼爾維何, 維常之華[芳無胡瓜二反]. 彼路斯何, 君子之車[斤於尺奢二反].
戎車旣駕, 四牡業業. 豈敢定居, 一月三捷.

彼爾維何오	저 화려한 꽃은 무엇인고
維常之華로다	상체(常棣)의 꽃이로다
彼路斯何오	저 융거(戎車)는 무엇인고
君子之車로다	군자가 타는 수레로다
戎車旣駕하니	융거를 이미 멍에하니
四牡業業이로다	네 필의 수말이 건장도 하도다
豈敢定居리오	어찌 감히 편안히 거처하리오
一月三捷이로다	한 달에 세 번 승리하리로다

興也라 爾는 華盛貌라 常은 常棣也라 路는 戎車也라 君子는 謂將帥也라 業業은 壯也라 捷은 勝也라
○ 彼爾然而盛者는 常棣之華也요 彼路車者는 君子之車也라 戎車旣駕에 而四牡盛矣하니 則何敢以定居乎아 庶乎一月之間에 三戰而三捷(矣)[爾]라

흥(興)이다. '이(爾)'는 꽃이 성한 모양이다. '상(常)'은 상체(常棣:산앵두나무)이다. '로(路)'는 융거(戎車)이다. '군자'는 장수를 이른다. '업업(業業)'은 건장함이다. '첩(捷)'은 이김이다.

○ 저 이연(爾然)히 성한 것은 상체의 꽃이요, 저 로거(路車)는 군자가 타는 수레이다. 융거(戎車)를 이미 멍에함에 네 마리의 수말이 건장하니, 어찌 감히 편안히 거처하겠는가. 부디 한 달 사이에 세 번 싸워 세 번 승리했으면 한 것이다.

⑤ 駕彼四牡, 四牡騤騤[求龜反]. 君子所依, 小人所腓[符非反]. 四牡翼翼, 象弭[彌氏反]魚服[叶蒲北反]. 豈不日戒[叶訖力反], 玁狁孔棘.

駕彼四牡하니	저 네 필의 수말을 멍에하니

••• 爾 : 꽃성할 이 路 : 수레 로(輅通) 戎 : 싸움수레 융

四牡騤(규)騤로다　　　네 필의 수말이 굳세고 굳세도다
君子所依요　　　　　군자가 타는 바이고
小人所腓(비)로다　　소인이 비호 받는 바로다
四牡翼翼하니　　　　네 필의 수말이 정돈되고 정돈되니
象弭(미)魚服이로다　상골로 만든 활 고자에 물고기 가죽으로 만든 화
　　　　　　　　　　살통이로다

豈不日戒리오　　　　어찌 날마다 경계하지 않으리오
玁狁孔棘이로다　　　험윤의 난이 매우 급하도다

賦也라 騤騤는 强也라 依는 猶乘也요 腓는 猶芘也라 程子曰 腓는 隨動也니 如足
之腓하여 足動則隨而動也라하니라 翼翼은 行列整治之狀이라 象弭는 以象骨飾弓
弰(소)也라 魚는 獸名이니 似猪요 東海有之하니 其皮背上斑文하고 腹下純靑하니
可爲弓鞬(건)、矢服也라 戒는 警이요 棘은 急也라
○ 言戎車者는 將帥之所依乘이요 戍役之所芘倚라 且其行列整治而器械精好如
此하니 豈不日相警戒乎아 玁狁之難이 甚急하니 誠不可以忘備也라

　부(賦)이다. '규규(騤騤)'는 굳셈이다. '의(依)'는 승(乘)과 같고, '비(腓)'는 비(芘:
비호함)와 같다. 정자(程子)가 말씀하기를 "비(腓:장딴지)는 발을 따라서 움직이는 것
이니, 발의 장딴지와 같아서 발이 움직이면 따라 움직이는 것이다." 하였다.
　'익익(翼翼)'은 항렬이 정돈되고 잘 다스려진 모양이다. '상미(象弭)'는 상골(象
骨)로써 활 끝을 장식한 것이다. '어(魚)'는 짐승의 이름이니, 돼지와 비슷하고 동
해(東海)에 있으니, 그 가죽이 등 위에는 얼룩 무늬가 있고 배 밑은 순청색(純靑色)
인데, 활집과 화살통을 만들 수 있다. '계(戒)'는 경계함이요, '극(棘)'은 급함이다.
　○ 융거(戎車)는 장수가 의지하고 타는 바요, 수역(戍役)하는 자들이 비호 받고
의지하는 바이다. 또 그 항렬이 정돈되고 잘 다스려졌으며 기계(병기)가 정밀하고
아름다움이 이와 같으니, 어찌 날마다 서로 경계하지 않겠는가. 험윤(玁狁)의 난
이 심히 급하니, 진실로 대비를 잊어서는 안됨을 말한 것이다.

⑥ 昔我往矣, 楊柳依依. 今我來思, 雨〔于付反〕雪霏霏〔芳非反〕. 行道遲
遲, 載渴載飢. 我心傷悲, 莫知我哀〔叶於希反〕.

••• 騤 : 말건장할 규　腓 : 비호할 비, 장딴지 비　弭 : 활끝 미　服 : 전통(箭筒) 복　棘 : 급할 극　芘 : 비호할 비
　弰 : 활끝 소　斑 : 아롱질 반　鞬 : 활집 건

昔我往矣_엔	옛날 내가 출정 나갈 적에는
楊柳依依_{러니}	땅버들이 한들한들거렸는데
今我來思_엔	지금 내가 돌아올 때에는
雨雪霏(비)霏_{로다}	함박눈이 펄펄 내리도다
行道遲遲_{하여}	가는 길이 멀고도 멀어서
載渴載飢_{호라}	목마르고 배고프노라
我心傷悲_{어늘}	내 마음 아프고 서글픈데
莫知我哀_{하나다}	나의 슬픔을 알아주는 이 없구나

賦也라 楊柳는 蒲柳也라 霏霏는 雪甚貌라 遲遲는 長遠也라

○ 此章은 又設爲役人하여 預自道其歸時之事하여 以見(현)其勤勞之甚也라 程子曰 此皆極道其勞苦憂傷之情也니 上能察其情이면 則雖勞而不怨하고 雖憂而能勵矣니라 范氏曰 子於采薇에 見先王以人道使人하니 後世則牛羊而已矣니라

　부(賦)이다. '양류(楊柳)'는 포류(蒲柳;땅버들)이다. '비비(霏霏)'는 눈이 많이 내리는 모양이다. '지지(遲遲)'는 길고 멂이다.

　○ 이 장(章)은 또 가설하여 부역을 나간 사람이 되어서 미리 스스로 돌아올 때의 일을 말하여 근로(勤勞)의 심함을 나타낸 것이다.

　정자(程子)가 말씀하였다. "이는 모두 그 노고(勞苦)와 우상(憂傷)의 정(情)을 지극히 말한 것이니, 윗사람이 능히 아랫사람의 심정을 살피면 〈아랫사람이〉 비록 수고로우나 원망하지 않고, 비록 근심하나 능히 힘쓰게 된다."

　범씨(范氏)가 말하였다. "나는 〈채미(采薇)〉에서 선왕이 인도(人道)로써 사람을 부렸음을 볼 수 있으니, 후세에는 소와 양처럼 대할 뿐이었다."

采薇六章이니 章八句라

　〈채미(采薇)〉는 6장이니, 장마다 8구이다.

【毛序】 采薇는 遣戍役也라 文王之時에 西有昆夷之患하고 北有玁狁之難일새 以天子之命으로 命將率(帥)하고 遣戍役하여 以守衛中國이라 故로 歌采薇以遣之하고 出車以勞還하고 杕杜以勤歸也라

　〈채미〉는 수역(戍役)을 보낸 것을 읊은 시(詩)이다. 문왕의 때에 서쪽으로는 곤

이(昆夷)의 환(患)이 있고 북쪽으로는 험윤(玁狁)의 난(亂)이 있었으므로 천자의 명령에 따라 장수를 명하고 수역을 보내어서 중국을 수위(守衛)하였다. 그러므로 〈채미〉를 노래하여 보내고, 〈출거(出車)〉를 노래하여 개선하는 장수를 위로하고, 〈체두(杕杜)〉를 노래하여 돌아오는 군사들의 노고를 치하한 것이다.

【鄭註】 文王爲西伯은 服事殷之時也라 昆夷는 西戎也요 天子는 殷王也요 戍는 守也라 西伯以殷王之命으로 命其屬爲將率하여 將戍役하고 禦西戎及北狄之難이라 故歌采薇以遣之러니 杕杜以勤歸者는 以其勤勞之故로 於其歸에 歌杕杜以休息之하니라

문왕이 서백(西伯)이 된 것은 복종하여 은(殷)나라를 섬길 때이다. 곤이(昆夷)는 서융(西戎)이고, 천자는 은왕(殷王)이고, 수(戍)는 지킴이다. 서백이 은왕의 명령에 따라 그 관속을 명하여 장수로 삼아서 수역(戍役)하는 자들을 거느리고 서융(西戎)과 북적(北狄)의 난을 막았다. 그러므로 〈채미〉를 노래하여 보냈는데, 〈체두〉로써 돌아옴을 위로한 것은 그 근로하였기 때문에 그 돌아옴에 〈체두〉를 노래하여 휴식하게 한 것이다.

【辨說】 此는 未必文王之詩니 以天子之命者는 衍說也라

이는 반드시 문왕(文王)의 시는 아니니, '천자의 명으로써 했다.〔以天子之命〕'는 것은 억지로 부연한 말이다.

8. 출거(出車)

① 我出我車, 于彼牧〔叶莫狄反〕矣. 自天子所, 謂我來〔叶六直反〕矣. 召彼僕夫, 謂之載〔叶節力反〕矣. 王事多難〔乃旦反〕, 維其棘矣.

我出我車를	내 수레를 출동하기를
于彼牧矣호라	저 교외에서 하노라
自天子所하여	천자가 계신 곳에서
謂我來矣로다	내가 명을 받고 왔도다
召彼僕夫하여	저 마부를 불러
謂之載矣요	짐을 실으라 이르고

... 牧 : 교외 목　棘 : 급할 극

王事多難_{이라}　　　　왕사가 어려움이 많은지라
維其棘矣_{라호라}　　　　급히 가라고 하였노라

賦也라 牧은 郊外也⁴¹라 自는 從也라 天子는 周王也라 僕夫는 御夫也라
○ 此는 勞還率(帥)之詩라 追言其始受命出征之時에 出車於郊外하고 而語其人
曰 我受命於天子之所而來라하고 於是乎召僕夫하여 使之載其車以行하고 而戒之
曰 王事多難하니 是行也를 不可以緩矣라하니라

　　부(賦)이다. '목(牧)'은 교외이다. '자(自)'는 부터이다. 천자는 주왕(周王)이다.
복부(僕夫)는 마부이다.

　　○ 이는 개선(凱旋)하는 장수를 위로한 시(詩)이다. 그 처음 명을 받고 출정할
때에 교외에 수레를 출동하면서 집안 사람들에게 말하기를 "나는 천자가 계신 곳으
로부터 명을 받고 왔다." 하고, 이에 복부(僕夫)를 불러 수레에 짐을 싣고 떠나게
하고 경계하기를 "왕사가 어려움이 많으니, 이 걸음을 늦출 수 없다."고 하였음을
추언(追言)한 것이다.

② 我出我車, 于彼郊〔叶音高〕矣, 設此旐〔音兆〕矣. 建彼旄〔音毛〕矣. 彼旟
〔音餘〕旐斯, 胡不旆旆〔中蒲寐反〕. 憂心悄悄, 僕夫況瘁〔似醉反〕.

我出我車_를　　　　내 수레를 출동하기를
于彼郊矣_요　　　　저 교외에서 하고
設此旐(조)矣_며　　　이 조(旐)를 꽂으며
建彼旄(모)矣_{하니}　　저 모(旄)를 세우니
彼旟(여)旐斯　　　　저 여(旟)와 조(旐)가
胡不旆(패)旆_{리오}　　어찌 펄럭이지 않으리오
憂心悄悄_{하니}　　　마음에 근심걱정이 심하니
僕夫況瘁_{로다}　　　마부도 두려움으로 얼굴이 초췌하도다

- - - - - -
41　牧郊外也 : 《이아(爾雅)》에 "읍의 밖을 교(郊)라 하고 교의 밖을 목(牧)이라 한다.〔邑外謂之
郊, 郊外謂之牧.〕" 하였다. 《詳說》

··· 旐:기 조 旄:기 모 旟:새매그린기 여 旆:깃발나릴 패 悄:근심할 초 瘁:파리할 췌

賦也라 郊는 在牧內⁴²하니 蓋前軍已至牧이나 而後軍猶在郊也라 設은 陳也라 龜蛇日旐라 建은 立也라 旄는 注旄於旗干(竿)之首也라 鳥隼曰旟라 鳥隼, 龜蛇는 曲禮所謂前朱雀而後玄武也라 楊氏曰 師行之法은 四方之星이 各隨其方하여 以爲左右前後⁴³하여 進退有度하고 各司其局하니 則士無失伍離次矣라 旆旆는 飛揚之貌요 悄悄는 憂貌라 況은 玆也라 或云 當作怳이라하니라

○ 言出車在郊하고 建設旗幟하니 彼旗幟者 豈不旆旆而飛揚乎아 但將帥方以任大責重爲憂하니 而僕夫亦爲之恐懼而憔悴耳라 東萊呂氏曰 古者出師에 以喪禮處之하여 命下之日에 士皆泣涕하며 夫子之言行三軍에도 亦曰臨事而懼⁴⁴라하시니 皆此意也니라

부(賦)이다. '교(郊)'는 목(牧)의 안에 있으니, 전군(前軍)은 이미 목(牧)에 이르렀으나 후군(後軍)은 아직도 교(郊)에 있는 것이다. '설(設)'은 진열함이다. 거북과 뱀을 그린 기를 '조(旐)'라 한다. '건(建)'은 세움이다. '모(旄)'는 들소 꼬리를 깃대의 머리에 매단 것이다. 새와 새매를 그린 기를 '여(旟)'라 한다. 조준(鳥隼;새와 새매)과 구사(龜蛇;거북과 뱀)는 《예기》〈곡례(曲禮)〉에 이른바 "주작(朱雀)이 앞에 있고 현무(玄武)가 뒤에 있다."는 것이다.

양씨(楊氏)가 말하기를 "군대가 출동하는 법은 사방의 별이 각기 그 방위를 따라 좌·우와 전·후를 삼아서, 진퇴(進退)에 절도가 있고 각기 그 부서를 맡고 있으니, 이렇게 하면 군사들이 대오를 잃거나 위치를 떠남이 없게 된다." 하였다. '패패(旆旆)'는 깃발이 휘날리는 모양이요, '초초(悄悄)'는 근심하는 모양이다. '황

••••••

42 郊在牧內 : 안성 유씨(安成劉氏)가 말하였다. "도성 밖 50리를 근교(近郊)라 하고 100리를 원교(遠郊)라 한다.〔都城外五十里爲近郊, 百里爲遠郊.〕"《詳說》

43 四方之星……左右前後 : 사방의 별이란 이십팔수(二十八宿)를 가리킨 것으로, 동쪽에 있는 각(角)·항(亢)·저(氐)·방(房)·심(心)·미(尾)·기(箕)의 일곱 별은 그 모습이 용(龍)과 비슷하고 동쪽은 청색이므로 청룡(靑龍)이라 하며, 서쪽에 있는 두(斗)·우(牛)·여(女)·허(虛)·위(危)·실(室)·벽(壁)의 일곱 별은 그 모습이 범과 비슷하고 서쪽은 백색이므로 백호(白虎)라 하여 좌청룡·우백호라 한다. 남쪽에 있는 규(奎)·루(婁)·위(危)·묘(昴)·필(畢)·자(觜)·삼(參)의 일곱 별은 그 모습이 새와 비슷하고 앞인 남쪽은 적색이므로 주작(朱雀)이라 하며, 정(井)·귀(鬼)·류(柳)·성(星)·장(張)·익(翼)·진(軫)의 일곱 별은 그 모습이 거북의 위에 뱀이 또아리를 튼 것과 비슷하고 뒤인 북쪽은 흑색이므로 현무(玄武)라 하여 전주작, 후현무라 한다. 군대에서 이것을 깃발로 사용하여 병사들을 지휘하였고 풍수지리에도 이것을 중요시하였다.

44 夫子之言行三軍 亦曰臨事而懼 : 부자(夫子)는 공자(孔子)로, 이 내용은 《논어》〈술이(述而)〉에 보인다.

••• 隼 : 새매 준 次 : 머무를 차 怳 : 실심할 황 幟 : 깃발 치 憔 : 파리할 초 悴 : 파리할 췌

(況)'은 이것이다. 혹자는 "마땅히 황(怳)이 되어야 한다."고 한다.

○ 수레를 출동함을 교(郊)에서 하고 이 기치(旗幟)를 꽂으니, 저 기치들이 어찌 패패(旆旆)하여 휘날리지 않겠는가. 다만 장수가 임무가 크고 책임이 막중함을 근심하니, 복부(僕夫) 또한 이 때문에 두려워하여 초췌하다고 말한 것이다.

동래 여씨(東萊呂氏)가 말하였다. "옛날에 군대를 출동할 적에 상례(喪禮)로 대처하여 명령을 내리는 날에 군사들이 모두 눈물을 흘렸으며, 부자(夫子)가 삼군(三軍)을 출동함을 말씀하실 때에도 또한 〈전쟁하는〉 일에 임하여 두려워한다."고 하셨으니, 모두 이러한 뜻이다.

③ 王命南仲, 往城于方. 出車彭彭[叶鋪郞反], 旐旐央央[於良反]. 天子命我, 城彼朔方. 赫赫南仲, 玁狁于襄.

王命南仲하사	왕이 남중에게 명하사
往城于方하시니	삭방(朔方)에 가서 축성하게 하시니
出車彭(방)彭하며	수레를 출동함이 많고 많으며
旐旐央央이로다	깃발이 선명하도다
天子命我하사	천자가 나에게 명하사
城彼朔方하시니	저 삭방에 축성하게 하시니
赫赫南仲이여	혁혁한 남중이여
玁狁于襄이로다	험윤을 제거하리로다

賦也라 王은 周王也라 南仲은 此時大將也라 方은 朔方이니 今靈、夏等州之地라 彭彭은 衆盛貌라 交龍爲旐니 此所謂左靑龍也라 央央은 鮮明也라 赫赫은 威名光顯也라 襄은 除也라 或曰 上也니 與懷山襄陵[45]之襄同이라하니 言勝之也라

○ 東萊呂氏曰 大將이 傳天子之命하여 以令軍衆하니 於是에 車馬衆盛하고 旐旐鮮明하여 威靈氣焰이 赫然動人矣라 兵事는 以哀敬爲本이나 而所尙則威니 二章

......
45 懷山襄陵:회산양릉(懷山襄陵)은 홍수가 져서 물이 산과 언덕까지 올라오는 것으로 《서경》〈요전(堯典)〉에 "넓고 넓은 홍수가 막 사람을 해치고서 탕탕하게 산을 감싸고 언덕으로 올라가 호호히 하늘에 이르렀다.[湯湯洪水方割, 蕩蕩懷山襄陵, 浩浩滔天.]"라고 보인다.

··· 彭 : 많을 방 旐 : 용그린기 기 央 : 선명할 앙 襄 : 제거할 양, 오를 양 焰 : 불꽃 염

之戒懼와 三章之奮揚이 竝行而不相悖也니라 程子曰 城朔方而玁狁之難除하니
禦戎狄之道는 守備爲本이요 不以攻戰爲先也니라

부(賦)이다. '왕(王)'은 주왕(周王)이다. '남중(南仲)'은 이때의 대장(大將)이다. '방
(方)'은 삭방(朔方)이니, 지금의 영주(靈州)·하주(夏州) 등지이다. '방방(彭彭)'은 많
고 성한 모양이다. 용 두 마리를 그린 것을 '기(旂)'라 하니, 이것은 《예기》〈곡례〉
에 이른바 "왼쪽에는 청룡(靑龍)기를 세운다."는 것이다. '앙앙(央央)'은 선명함이
다. '혁혁(赫赫)'은 위엄과 명성이 빛나고 드러남이다. '양(襄)'은 제거함이다. 혹자
는 말하기를 "양(襄)은 상(上:올라감)이니, 회산양릉(懷山襄陵)의 양(襄)과 같으니, 이
김을 말한 것이다." 한다.

○ 동래 여씨(東萊呂氏)가 말하였다. "대장이 천자의 명을 전달하여 군사들을
명령하였다. 이때에 수레와 말이 많고 성하며 깃발이 선명해서 위령(威靈)과 기염
(氣焰)이 혁혁하여 사람을 경동(驚動)하게 하였다. 병사(兵事)는 슬픔과 공경을 근
본으로 삼으나 숭상하는 것은 위엄이니, 2장의 계구(戒懼)와 3장의 분양(奮揚)이
병행하여 서로 모순되지 않는다."

정자(程子)가 말씀하였다. "삭방에 성을 쌓자 험윤(玁狁)의 난(難)이 제거되었으
니, 융적(戎狄)을 막는 방도는 수비(守備)가 근본이니, 공격과 전투를 우선으로 삼
지 않는다."

④ 昔我往矣, 黍稷方華〔叶芳無反〕. 今我來思, 雨〔于付反〕雪載塗. 王事多
難, 不遑啓居. 豈不懷歸, 畏此簡書.

昔我往矣엔	옛날 내가 출정할 적에는
黍稷方華러니	기장과 조의 꽃이 무성하더니
今我來思엔	지금 내가 돌아올 때에는
雨雪載塗로다	함박눈이 내려 진흙탕이 되었도다
王事多難이라	왕사가 어려움이 많은지라
不遑啓居호니	편안히 거처할 겨를이 없으니
豈不懷歸리오마는	어찌 돌아감을 생각지 않으리오마는
畏此簡書니라	이 간서가 두렵기 때문이니라

··· 塗 : 진흙 도, 길 도

賦也라 華는 盛也라 塗는 凍釋而泥塗也라 簡書는 戒命也니 隣國有急이면 則以簡
書相戒命也라 或曰 簡書는 策命臨遣之詞也라하니라
○ 此는 言其旣歸在塗에 而本其往時所見과 與今還時所遭하여 以見(현)其出之久
也니라 東萊呂氏曰 采薇之所謂往은 遣戍時也요 此詩之所謂往은 在道時也며 采
薇之所謂來는 戍畢時也요 此詩之所謂來는 歸而在道時也니라

부(賦)이다. '화(華)'는 꽃이 성함이다. '도(塗)'는 얼음이 풀려 길이 진흙탕이 된
것이다. '간서(簡書)'는 경계하여 명(命)함이니, 이웃 나라에 위급함이 있으면 간서
로써 서로 경계하여 명한다. 혹자는 말하기를 "간서는 〈장수를〉 보낼 때에 임하여
책명(策命)하는 말이다." 한다.

○ 이것은 이미 돌아오는 도중에 지난 번 갈 때에 보았던 바와 지금 돌아올 때
에 만난 바를 근본하여 출정한 지가 오래되었음을 나타낸 것이다.

동래 여씨(東萊呂氏)가 말하였다. "〈채미(采薇)〉에 이른바 간다는 것은 수자리를
보낼 때요 이 시(詩)에 이른바 간다는 것은 길 가는 도중에 있을 때이며, 〈채미〉에
이른바 온다는 것은 수자리를 끝내고 돌아올 때요 이 시에 이른바 온다는 것은 돌
아오는 도중에 있을 때이다."

⑤ 喓喓〔於遙反〕草蟲, 趯趯〔他歷反〕阜螽. 未見君子, 憂心忡忡〔勅中反〕,
旣見君子, 我心則降〔戶江反 叶胡攻反〕. 赫赫南仲, 薄伐西戎.

喓(요)喓草蟲이며	풀벌레들 찌르륵 울며
趯(적)趯阜螽이로다	메뚜기들 이리저리 뛰어 다니도다
未見君子라	군자를 만나보지 못한지라
憂心忡忡호니	근심스러운 마음이 심하니
旣見君子라야	군자를 만나보아야
我心則降(항)이로다	내 마음 가라앉으리로다
赫赫南仲이여	혁혁한 남중이여
薄伐西戎이로다	서융을 손쉽게 정벌하리로다

賦也라 此는 言將帥之出征也에 其室家感時物之變而念之하여 以爲未見而憂之
如此하니 必旣見然後心可降耳라 然이나 此南仲이 今何在乎아 方往伐西戎而未

··· 喓 : 벌레소리 요 趯 : 뛸 적 螽 : 메뚜기종 忡 : 근심할 충 薄 : 잠깐 박

歸也라하니 豈旣却玁狁而還師하여 以伐昆夷也與아 薄之爲言은 聊也니 蓋不勞
餘力矣라

부(賦)이다. 이것은 장수가 출정하였을 적에 그 실가(室家)들이 시물(時物)의 변화에 감동하여 생각해서 말하기를 "보지 못하여 근심함이 이와 같으니, 반드시 만나본 뒤에야 마음이 가라앉을 것이다. 그러나 이 남중이 지금 어디에 계신가? 지금 막 서융을 정벌하러 가서 돌아오지 못한다."고 하였으니, 이는 아마도 이미 험윤을 물리치고 회군(回軍)하면서 곤이(昆夷)를 정벌한 것인 듯하다. '박(薄;잠깐)'이란 말은 애오라지(간략히)의 뜻이니, 남은 힘을 수고롭게 하지 않는 것이다.

⑥ 春日遲遲. 卉〔許貴反〕木萋萋〔七西反〕, 倉庚喈喈〔音皆 叶居奚反〕, 采蘩祁祁〔巨移反〕, 執訊〔音信〕獲醜, 薄言還〔音旋〕歸, 赫赫南仲, 玁狁于夷.

春日遲遲라	봄 해가 길고 긴지라
卉(훼)木萋萋며	초목이 무성하고 무성하며
倉庚喈(개)喈며	꾀꼬리가 꾀꼴꾀꼴 울며
采蘩祁(기)祁어늘	흰쑥을 많이도 뜯는데
執訊獲醜하여	괴수와 그 무리들을 붙잡아
薄言還(선)歸하니	잠깐 사이에 돌아오니
赫赫南仲이여	혁혁한 남중이
玁狁于夷로다	험윤을 평정하였도다

賦也라 卉는 草也라 萋萋는 盛貌라 倉庚은 黃鸝(리)也라 喈喈는 聲之和也라 訊은
其魁首當訊問者也요 醜는 徒衆也라 夷는 平也라
○ 歐陽氏曰 述其歸時에 春日暄(훤)姸하고 草木榮茂하며 而禽鳥和鳴이어늘 於此
之時에 執訊獲醜而歸하니 豈不樂哉아 鄭氏曰 此詩亦伐西戎이어늘 獨言平玁狁
者는 玁狁大故로 以爲始하고 以爲終하니라

부(賦)이다. '훼(卉)'는 풀이다. '처처(萋萋)'는 풀이 무성한 모양이다. '창경(倉庚)'은 황리(黃鸝;꾀꼬리)이다. '개개(喈喈)'는 우는 소리가 화(和)함이다. '신(訊)'은 그 괴수로서 마땅히 신문해야 할 자요, '추(醜)'는 무리이다. '이(夷)'는 평정함이다.
○ 구양씨(歐陽氏;구양수)가 말하였다. "돌아올 때에 봄 해가 따뜻하고 고우며

··· 卉 : 풀 훼 萋 : 무성할 처 喈 : 화할 개, 새소리 개 蘩 : 쑥 번 祁 : 많을 기 訊 : 물을 신 醜 : 무리 추
夷 : 평할 이 鸝 : 꾀꼬리 리(려) 暄 : 따뜻할 훤 姸 : 고울 연

초목이 꽃피고 무성하며 새들이 화(和)하게 우는데, 이때에 신문할 괴수를 붙잡고 무리를 잡아 돌아오니, 어찌 즐겁지 않겠는가라고 서술한 것이다."

정씨(鄭氏)가 말하였다. "이 시(詩) 또한 서융을 정벌한 것인데 홀로 험윤을 평정함을 말한 것은 험윤이 크기 때문에 이로써 시작을 삼고 이로써 끝맺음을 삼은 것이다."

出車六章이니 章八句라
  〈출거(出車)〉는 6장이니, 장마다 8구이다.

【毛序】 出車는 勞還率(帥)也라
  〈출거〉는 개선하는 장수를 위로한 시(詩)이다.

【鄭註】 遣將率及戍役에 同歌同時는 欲其同心也요 反而勞之에 異歌異日은 殊尊卑也라 禮記曰 賜君子小人이 不同日이라하니 此其義也니라
  장수와 수역(戍役)을 보낼 때에 노래를 함께 부르고 때를 함께 함은 그 마음을 함께 하고자(동심일체(同心一體)가 되고자) 해서요, 돌아와 위로할 적에 노래를 달리하고 날짜를 달리함은 존비(尊卑)를 차등해서이다. 《예기》〈곡례(曲禮)〉에 "군자와 소인에게 하사함이 날짜가 똑같지 않다." 하였으니, 이것이 그 의(義)이다.

【辨說】 同上이라 詩所謂天子와 所謂王命는 皆周王耳니라
  해설이 위와 같다. 시에서 말한 천자와 이른바 왕명(王命)이라는 것은 모두 주(周)나라 왕이다.

9. 체두(杕杜)

① 有杕〔大計反〕之杜, 有睆〔華板反〕其實. 王事靡盬, 繼嗣我日. 日月陽止, 女心傷止, 征夫遑止.

有杕(체)之杜여   우뚝이 자란 팥배나무여
有睆(환)其實이로다   열매가 주렁주렁 달려있도다
王事靡盬(고)라   왕사를 허술히 할 수 없는지라

··· 杕 : 우뚝설 체 杜 : 팥배나무 두 睆 : 열매가많을 환

繼嗣我日이로다　　　나의 일과를 매일매일 이어가노라
日月陽止라　　　　　돌아올 시월이 되었는지라
女心傷止니　　　　　여인의 마음 서글퍼지니
征夫遑止로다　　　　정부(남편)가 여가가 있으시리로다

賦也라 睆은 實貌라 嗣는 續也라 陽은 十月也라 遑은 暇也라
○ 此는 勞還役之詩라 故로 追述其未還之時에 室家感於時物之變而思之日 特
生之杜여 有睆其實하니 則秋冬之交矣어늘 而征夫以王事出하여 乃以日繼日하여
而無休息之期라 至于十月이면 可以歸而猶不至라 故로 女心悲傷하여 而日 征夫
亦可以暇矣어늘 曷爲而不歸哉오하니라 或曰 興也라하니 下章倣此하니라

　　　부(賦)이다. '환(睆)'은 열매가 많이 달려 있는 모양이다. '사(嗣)'는 계속함이다.
'양(陽)'은 10월이다. '황(遑)'은 여가이다.

　　　○ 이는 부역에서 돌아옴을 위로한 시(詩)이다. 그러므로 남편이 돌아오지 않
았을 때에 실가(室家)들이 시물(時物)의 변화에 감동하여 생각하기를 우뚝이 자라
는 팥배나무여, 그 열매가 주렁주렁 달려 있으니, 그렇다면 가을과 겨울이 교차하
는 때이다. 그런데도 정부(征夫:부역 간 남편)는 왕사 때문에 나가서 마침내 날로써
날을 이어 휴식할 때가 없다. 10월에 이르렀으면 돌아올 때인데도 아직도 이르지
않았다. 그러므로 여심(女心)이 비상(悲傷)하여 말하기를 '정부(征夫)가 또한 여가
가 있을 터인데 그대 어찌하여 돌아오지 않는가.' 한 것이다. 혹자는 '흥(興)이다.'
하니, 하장(下章)도 이와 같다.

② 有杕之杜, 其葉萋萋. 王事靡盬, 我心傷悲. 卉木萋止, 女心悲
止. 征夫歸止.

有杕之杜여　　　　　우뚝이 자란 팥배나무여
其葉萋萋로다　　　　그 잎이 무성하고 무성하도다
王事靡盬라　　　　　왕사를 허술히 할 수 없는지라
我心傷悲호라　　　　내 마음 아프고 서글프노라
卉(훼)木萋止라　　　초목이 무성한지라
女心悲止니　　　　　여인의 마음 서글퍼지니

征夫歸止로다 　　　　　　정부가 돌아오시리로다

賦也라 萋萋는 盛貌니 春將莫(暮)之時也라 歸止는 可以歸也라

　부(賦)이다. '처처(萋萋)'는 잎이 무성한 모양이니, 봄이 장차 저물려는 때이다. '귀지(歸止)'는 돌아올 수 있는 것이다.

③ 陟彼北山, 言采其杞. 王事靡盬, 憂我父母〔叶滿洧反〕. 檀車幝幝〔尺善反〕, 四牡痯痯〔古緩反 叶古轉反〕, 征夫不遠.

陟彼北山하여 　　　　　　저 북산에 올라가
言采其杞호라 　　　　　　기(杞)나물을 뜯노라
王事靡盬라 　　　　　　왕사를 허술히 할 수 없는지라
憂我父母로다 　　　　　　우리 부모를 근심스럽게 하도다
檀車幝(천)幝하며 　　　　박달나무 수레의 휘장이 너덜거리며
四牡痯(관)痯하니 　　　　사무(네 필의 수말)가 병들었으니
征夫不遠이로다 　　　　　정부가 오실 날이 멀지 않았도다

賦也라 檀은 木堅宜爲車라 幝幝은 敝貌요 痯痯은 罷(피)貌라
○ 登山采杞면 則春已暮而杞可食矣니 蓋託以望其君子하여 而念其以王事詒父母之憂也라 然이나 檀車之堅而敝矣요 四牡之壯而罷矣면 則征夫之歸亦不遠矣리라

　부(賦)이다. 박달나무는 목재가 견고하여 수레를 만들기에 마땅하다. '천천(幝幝)'은 수레가 해진 모양이요, '관관(痯痯)'은 말이 파리한 모양이다.

　○ 산에 올라가 기(杞)나물을 뜯는다면 봄이 이미 저물어 기나물을 먹을 수 있는 것이니, 이는 나물을 뜯는다고 칭탁하여 그 군자를 바라보고서 왕사 때문에 부모에게 근심을 끼침을 생각한 것이다. 그러나 박달나무 수레가 견고한데도 〈휘장이〉 해졌고 사무가 건장한데도 파리해졌다면, 정부가 돌아올 날이 또한 멀지 않은 것이다.

④ 匪載匪來〔叶六直反〕. 憂心孔疚〔叶訖力反〕, 期逝不至〔叶朱力反〕. 而多爲恤. 卜筮偕〔叶擧里反〕止, 會言近〔叶渠紀反〕止, 征夫邇止.

･･･ 幝 : 수레휘장해질 천　痯 : 병들 관　詒 : 끼칠 이

匪載匪來라	행장을 꾸려 오시지 않는지라
憂心孔疚(구)어늘	근심으로 크게 병들었도다
期逝不至라	기한이 지나도 오시지 않는지라
而多爲恤이로다	근심됨이 많도다
卜筮偕止하여	거북점도 치고 주역점도 쳐보니
會言近止하니	모든 점괘에 올 날이 가깝다 하니
征夫邇止로다	정부가 오실 날이 가까우리로다

賦也라 載는 裝이요 疚는 病이요 逝는 往이요 恤은 憂요 偕는 俱요 會는 合也라

○ 言征夫不裝載而來歸하여 固已使我念之而甚病矣어든 況歸期已過而猶不至하니 則使我多爲憂恤이 宜如何哉아 故로 且卜且筮에 相襲俱作하여 合言於繇(주)而皆曰近矣라하니 則征夫其亦邇而將至矣리라 范氏曰 以卜筮終之는 言思之切而無所不爲也니라

부(賦)이다. '재(載)'는 행장(行裝)이요, '구(疚)'는 병듦이요, '서(逝)'는 지나감이요, '휼(恤)'은 근심이요, '해(偕)'는 함께요, '회(會)'는 합함이다.

○ 정부가 행장을 싣고 돌아오지 아니하여, 진실로 나로 하여금 생각해서 심히 병들게 하였는데, 하물며 돌아올 기한이 이미 지났는데도 아직 오시지 않으니, 그렇다면 나로 하여금 많이 근심하게 함이 마땅히 어떠하겠는가. 그러므로 한편으로는 거북점을 쳐보고 한편으로는 주역점을 쳐봄에 서로 거듭하고 함께 나타나 점괘에 합하여 이르기를 '모두 가깝다.' 하였으니, 그렇다면 정부가 또한 가까운 시기에 장차 이를 것이라고 말한 것이다.

범씨(范氏)가 말하였다. "복서(卜筮)로써 끝맺은 것은 그리움이 간절하여 하지 않는 바가 없음을 말한 것이다."

杕杜四章이니 章七句라

〈체두(杕杜)〉는 4장이니, 장마다 7구이다.

鄭氏曰 遣將帥及戍役에 同歌同時는 欲其同心也요 反而勞之에 異歌異日은 殊尊卑也[46]라 記曰 賜君子、小人不同日이 此其義也니라 王氏曰 出而用兵이면 則均

- - - - - -
46 鄭氏曰……殊尊卑也 : 정씨(鄭氏)는 정현(鄭玄)으로, 그의 《시전(詩箋)》에 대한 소(疏)에 "노

··· 疚 : 오래앓을 구 筮 : 시초점 서 裝 : 차릴 장 繇 : 괘사(卦辭) 주

服同食은 一衆心也요 入而振旅면 則殊尊卑, 辨貴賤은 定衆志也니라 范氏曰 出車는 勞率(帥)라 故로 美其功이요 杕杜는 勞衆이라 故로 極其情하니 先王以己之心爲人之心이라 故로 能曲盡其情하여 使民忘其死以忠於上也니라

정씨(鄭氏)가 말하였다. "장수와 수역(戍役)을 보낼 때에 노래를 똑같이 부르고 때를 똑같이 함은 마음을 함께 하고자 해서요, 돌아와 위로할 때에 노래를 달리부르고 날짜를 달리함은 존비(尊卑)를 분별하는 것이다. 《예기》〈옥조(玉藻)〉에 '군자와 소인에게 하사함에 날짜를 똑같이 하지 않는다.' 한 것이 이 뜻이다."

왕씨(王氏)가 말하였다. "출동하여 용병(用兵)하게 되면 의복을 똑같이 하고 음식을 똑같이 함은 여러 사람의 마음을 통일시키려는 것이요, 들어와 군대를 정돈하게 되면 존비를 구별하고 귀천(貴賤)을 분별함은 여러 사람의 마음을 안정시키려는 것이다."

범씨(范氏)가 말하였다. "〈출거(出車)〉는 장수를 위로함을 읊었다. 그러므로 그 공(功)을 찬미하였고, 〈체두〉는 군사들을 위로함을 읊었다. 그러므로 그 정(情)을 지극히 하였으니, 선왕은 자기의 마음으로써 남의 마음을 삼았다. 그러므로 그 정(情)을 곡진히 다하여 백성들로 하여금 그 죽음을 잊고 윗사람에게 충성하게 한 것이다."

【毛序】 杕杜는 勞還役也라

　〈체두〉는 부역에서 돌아옴을 위로한 시(詩)이다.

【鄭註】 役은 戍役也라

　역(役)은 수역(戍役)이다.

【辨說】 同上이라

　해설이 위와 같다.

· · · · · ·

래를 똑같이 부른다.'는 것은 함께 〈채미(采薇)〉를 노래함을 이르고, '때를 똑같이 한다.'는 것은 장수와 수자리 가는 병사가 함께 출동함을 이르고, '노래를 달리한다.'는 것은 〈출거(出車)〉와 〈체두(杕杜)〉의 노래가 똑같은 때가 아님을 이르니, 이는 노래를 달리하고 날짜를 달리하는 것이다. 반드시 날짜를 달리함은 존비(尊卑)를 달리하기 때문이다.[同歌, 謂其共歌采薇也. 同時, 謂將帥與戍役俱行. 異歌, 謂出車與杕杜之歌不一時, 是異歌異日也. 必異日者, 殊尊卑故也.]" 하였다.

10. 남해(南陔)

此는 笙詩也[47]니 有聲無詞라 舊在魚麗(리)之後러니 以儀禮考之컨대 其篇次當在此일새 今正之하노니 說見華黍하니라

이는 생시(笙詩)이니, 음악(곡조)만 있고 가사가 없다. 옛날에는 〈어리(魚麗)〉의 뒤에 있었는데, 《의례(儀禮)》의 음악을 사용하는 순서로써 상고해 보건대, 그 편차(篇次)가 마땅히 여기에 있어야 하므로 이제 바로잡았으니, 해설이 〈화서(華黍)〉에 보인다.

【毛序】 南陔는 孝子相戒以養也라

〈남해(南陔)〉는 효자가 서로 경계하여 부모를 봉양함을 읊은 것이다.

【鄭註】 此三篇者는 鄕飮酒、燕禮에 用焉하니 曰 笙入하여 立于縣中하여 奏南陔、白華、華黍 是也라 孔子論詩에 雅頌各得其所라하시니 時俱在耳라 篇第當在於此로되 遭戰國及秦之世而亡之하고 其義則與衆篇之義合編이라 故存이러니 至毛公爲詁訓傳하여 乃分別衆篇之義하여 各置於其篇端云이라 又闕其亡者하고 以見(현)在爲數라 故推改什首遂通耳니 而下는 非孔子之舊니라

이 세 편은 《의례》의 〈향음주(鄕飮酒)〉와 〈연례(燕禮)〉에 사용하니, 이르기를 '생(笙)이 현악기 가운데로 들어와서 〈남해〉와 〈백화(白華)〉·〈화서(華黍)〉를 연주한다.'는 것이 이것이다. 공자(孔子)가 시(詩)를 논하실 적에 '아(雅)와 송(頌)이 각각 제자리를 얻었다.' 하셨으니, 이때는 아와 송이 모두 그대로 있었다. 편의 차례가 마땅히 여기에 있어야 하는데, 전국(戰國)과 진(秦)나라의 세대를 만나 망실(亡失)되었고 그 의(義)는 여러 편의 뜻과 함께 합하여 엮어졌으므로 보존되었는데, 모공(毛公)에 이르러 《시고훈전(詩詁訓傳)》을 지으면서 마침내 여러 편의 뜻을 분별하여 각각 편 머리에 둔 것이다. 또 그 없어진 것은 빼버리고 현재 남아있는 것을 수(數)로 삼았다. 그러므로 십(什)의 머리를 추후에 고쳐 마침내 통하게 하였으니, 이하는 공자의 옛것이 아니다.

【辨說】 此는 笙詩也라 譜、序의 篇次名義와 及其所用은 已見本篇하니라

•••••••
47 此笙詩也 : 생시(笙詩)에 대해 호산은 "생을 부는 음악의 이름이다.〔吹笙之樂名〕" 하였다.《詳說》

••• 陔 : 풍류이름 해

이는 〈편명만 있고 가사가 없는〉 생시(笙詩)이다. 정현(鄭玄)의 《시보(詩譜)》와 〈시서(詩序)〉의 편차(編次)와 명의(名義)와 그 사용한 바는 이미 본편에 보인다.

鹿鳴之什十篇이니 一篇無辭하니 凡四十六章이요 二百九十七句라
　　〈녹명지십(鹿鳴之什)〉은 10편(篇)이니, 한 편(篇)은 가사가 없으니, 모두 46장이고 297구(句)이다.

〈백화지십(白華之什)〉 2-2[二之二]

毛公[48]은 以南陔以下三篇無辭라 故로 升魚麗(리)하여 以足(주)鹿鳴什數하고 而附笙詩三篇於其後하고 因以南有嘉魚로 爲次什之首러니 今悉依儀禮正之하노라

　　모공(毛公)은 〈남해(南陔)〉 이하 세 편이 가사가 없으므로 〈어리(魚麗)〉를 올려서 〈녹명(鹿鳴)〉의 십수(什數)를 채우고, 생시(笙詩) 세 편을 그 뒤에 붙이고는 인하여 〈남유가어(南有嘉魚)〉를 다음 십(什)의 머리로 삼았는데, 지금 모두 《의례》에 의거하여 바로잡았다.

1. 백화(白華)

笙詩也니 說見上下篇하니라

　　생시(笙詩)이니, 해설이 상편(上篇)과 하편(下篇)에 보인다.

【毛序】 白華는 孝子之潔白也라

　　〈백화〉는 효자의 깨끗하게 봉양함을 읊은 것이다.

【辨說】 同上하니 此序尤無理라

　　해설이 위와 같으니, 이 〈서〉는 더욱 무리하다.

2. 화서(華黍)

亦笙詩也라 鄕飮酒禮에 鼓瑟而歌鹿鳴、四牡、皇皇者華然後에 笙入堂下하여 磬南北面立하여 樂南陔、白華、華黍라하고 燕禮에 亦鼓瑟而歌鹿鳴、四牡、皇華然後에 笙入하여 立于縣中하여 奏南陔、白華、華黍라하니라 南陔以下는 今無

······
48 毛公：모공(毛公)의 〈소아(小雅)〉의 본래 순서는 본서(本書)의 목차(目次) 뒤에 부기(附記)하였음을 밝혀둔다.

··· 麗：걸릴 리 足：보탤 주 磬：경쇠 경 縣：매달 현(懸通)

以考其名篇之義나 然曰笙, 曰樂, 曰奏하고 而不言歌하니 則有聲而無詞가 明矣니라 所以知其篇第在此者는 意古經篇題之下에 必有譜焉하니 如投壺魯鼓薛鼓之節[49]而亡之耳니라

이 또한 생시(笙詩)이다. 《의례》〈향음주례(鄕飮酒禮)〉에 "비파를 타면서 〈녹명(鹿鳴)〉·〈사모(四牡)〉·〈황황자화(皇皇者華)〉를 노래한 다음, 생(笙)을 부는 악공(樂工)이 당하(堂下)로 들어가 편경(編磬)의 남쪽에서 북면(北面)하고 서서 〈남해(南陔)〉·〈백화(白華)〉·〈화서(華黍)〉를 음악으로 연주한다." 하였고, 〈연례(燕禮)〉에도 또한 "비파를 타면서 〈녹명〉·〈사모〉·〈황황자화〉를 노래한 다음, 생(笙)을 부는 악공이 들어가 악기를 매달아놓은 가운데에 서서 〈남해〉·〈백화〉·〈화서〉를 음악으로 연주한다." 하였다.

〈남해〉 이하는 이제 그 편명(篇名)을 지은 의의(意義)를 상고할 수 없으나, 생(笙)이라 하고 악(樂)이라 하고 주(奏)라 하였고, 가(歌)라고 말하지 않았으니, 음악(곡조)만 있고 가사가 없음이 분명하다. 그 편차(篇次)가 여기에 있어야 함을 아는 이유는, 짐작컨대 고경(古經)의 편제(篇題) 아래에 반드시 악보(樂譜)가 있었을 것이니, 예컨대 《예기》의 〈투호(投壺)〉에 노고(魯鼓)·설고(薛鼓)의 절(節)과 같은데, 지금 없어진 것이다.

【毛序】 華黍는 時和歲豐하여 宜黍稷也니 有其義而亡(無)其辭하니라

〈화서〉는 시화년풍(時和年豐)하여 서직(黍稷)이 잘됨을 읊은 것이니, 〈남해〉와 〈백화〉, 〈화서〉는 그 뜻만 있고 그 가사는 없다.

【辨說】 同上이라 然所謂有其義者는 非眞有요 所謂亡其辭者는 乃本無也라

해설이 위와 같다. 그러나 이른바 '그 뜻만 있다.〔有其義〕'는 것은 참으로 있는 것이 아니요, '그 글(가사)이 없다.〔亡其辭〕'는 것은 바로 본래 없는 것이다.

......

49 投壺魯鼓薛鼓之節:〈투호(投壺)〉는 《예기》의 편명(篇名)으로 병에 화살을 던져 넣는 놀이를 기록한 내용인데, 〈투호〉의 맨끝에 노(魯)와 설(薛) 양국(兩國)이 모여 투호할 때에 북을 치는 절(節;리듬)을 ○표와 □표를 사용하여 전고(全鼓), 반고(半鼓)로 구분하였다.

3. 어리(魚麗)

① 魚麗〔力馳反〕于罶〔音柳 與酒叶〕, 鱨〔音常〕鯊〔音沙 叶蘇何反〕. 君子有酒, 旨且多.

魚麗(리)于罶(류)하니	물고기가 통발에 걸렸으니
鱨鯊(상사)로다	날치와 모래무지로다
君子有酒하니	군자가 술자리를 두니(술자리를 베푸니)
旨且多로다	맛있고 또 많도다

興也라 麗는 歷也라 罶는 以曲薄爲笱하여 而承梁之空者也라 鱨은 揚也니 今黃頰魚[50]是也라 似燕頭하고 魚身이며 形厚而長大하고 頰骨正黃하니 魚之大而有力解飛者라 鯊는 鮀(타)也니 魚狹而小하고 常張口吹沙라 故로 又名吹沙라 君子는 指主人이라 旨且多는 旨而又多也라
○ 此는 燕饗通用之樂歌니 卽燕饗所薦之羞하여 而極道其美且多하여 見(현)主人禮意之勤以優賓也라 或曰 賦也라하니 下二章放此하니라

흥(興)이다. '리(麗)'는 걸림(歷)이다. '류(罶)'는 곡박(曲薄;나뭇가지를 굽혀 만든 발)으로 통발을 만들어 어량(魚梁)의 빈 곳에 대는 것이다. '상(鱨)'은 날치이니, 지금의 황협어(黃頰魚)가 이것이다. 제비의 머리와 비슷하고 물고기의 몸이며, 형체는 두껍고 장대(長大)하며 아가미뼈가 정황색(正黃色)이니, 물고기 중에 크고 힘이 있어 날 수 있는 놈이다. '사(鯊)'는 모래무지이니, 물고기의 몸이 좁고 작으며, 항상 입을 벌리고 모래를 불어내기 때문에 또한 취사(吹沙)라고 이름한다. '군자'는 주인을 가리킨다. '지차다(旨且多)'는 술이 맛있고 또 많은 것이다.

○ 이는 연(燕)·향(饗)에 통용하는 악가(樂歌)이니, 연·향에 올리는 음식을 가지고 그 아름답고 또 많음을 지극히 말해서, 주인의 예의(禮意)가 간곡하여 손님을 우대함을 나타낸 것이다. 혹자는 "부(賦)이다." 하니, 아래 두 장(章)도 이와 같다.

......

50 黃頰魚:황협어(黃頰魚)는 날치 또는 자가사리로 훈(訓)하였으나 자가사리는 큰 물고기가 아니고 힘이 있어 날 수 있는 것도 아닌바, 지금엔 멸종된 것으로 사료된다.

··· 罶:통발 류 鱨:날치 상 鯊:모래무지 사 薄:발 박 笱:통발 구 頰:뺨 협 鮀:모래무지 타

② 魚麗于罶, 魴鱧〔音禮〕. 君子有酒, 多且旨.

魚麗于罶하니　　　　　물고기가 통발에 걸렸으니
魴鱧(례)로다　　　　　방어와 가물치로다
君子有酒하니　　　　　군자가 술자리를 두니
多且旨로다　　　　　　많고 또 맛있도다

興也라 鱧는 鮦(동)也니 又曰 鯇(환)也라
　홍(興)이다. '례(鱧:가물치)'는 동어(鮦魚)이니, 또 잉어라고도 한다.

③ 魚麗于罶, 鰋〔音偃〕鯉. 君子有酒, 旨且有〔叶羽己反〕.

魚麗于罶하니　　　　　물고기가 통발에 걸렸으니
鰋(언)鯉로다　　　　　메기와 잉어로다
君子有酒하니　　　　　군자가 술자리를 두니
旨且有로다　　　　　　맛있고 또 많도다

興也라 鰋은 鮎(점)也라 有는 猶多也라
　홍(興)이다. '언(鰋)'은 메기이다. '유(有)'는 다(多)와 같다.

④ 物其多矣, 維其嘉〔叶居何反〕矣.

物其多矣니　　　　　　차린 물건이 많으니
維其嘉矣로다　　　　　아름답기도 하도다

賦也라
　부(賦)이다.

⑤ 物其旨矣, 維其偕〔叶舉里反〕矣.

... 鱧:가물치 례 鮦:고기이름 동 鯇:잉어 환 鰋:메기 언 鮎:메기 점

物其旨矣니　　　　　차린 음식이 맛있으니
維其偕矣로다　　　　함께 먹도다

賦也라
부(賦)이다.

⑥ 物其有〔叶羽己反〕矣, 維其時〔叶上紙反〕矣.

物其有矣니　　　　　차린 물건이 많으니
維其時矣로다　　　　때에 알맞도다

賦也라 蘇氏曰 多則患其不嘉하고 旨則患其不齊하고 有則患其不時하나니 今多而
能嘉하고 旨而能齊하고 有而能時하니 言曲全也라

　　부(賦)이다. 소씨(蘇氏)가 말하였다. "많으면 그 아름답지 (맛있지) 못함을 걱정하
고, 맛이 있으면 그 함께 하지 못함을 걱정하고, 음식이 있으면 그 제때에 하지 못
함을 근심한다. 그런데 지금은 많고도 아름다우며, 맛이 있고도 함께 하며, 많이
있고도 때에 알맞으니, 곡진히 완전함을 말한 것이다."

魚麗六章이니 三章은 章四句요 三章은 章二句라
　　〈어리(魚麗)〉는 6장이니, 세 장은 장마다 4구이고 세 장은 장마다 2구이다.
按儀禮鄕飮酒及燕禮에 前樂旣畢이면 皆間歌魚麗하고 笙由庚하며 歌南有嘉魚하
고 笙崇丘하며 歌南山有臺하고 笙由儀라하니라 間은 代也니 言一歌一吹也라 然則
此六者는 蓋一時之詩로 而皆爲燕饗賓客上下通用之樂이라 毛公이 分魚麗하여
以足⁽ᵃ⁾前什이어늘 而說者不察하고 遂分魚麗以上爲文武詩하고 嘉魚以下爲成王
詩라하니 其失甚矣로다

　　살펴보건대 《의례》의 〈향음주(鄕飮酒)〉와 〈연례(燕禮)〉에 "앞의 음악이 이미 끝
나면 모두 교대하여 〈어리〉를 노래로 읊고 〈유경(由庚)〉을 생(笙)으로 연주하며,
〈남유가어(南有嘉魚)〉를 노래로 읊고 〈숭구(崇丘)〉를 생(笙)으로 연주하며, 〈남산유
대(南山有臺)〉를 노래로 읊고 〈유의(由儀)〉를 생(笙)으로 연주한다." 하였다. 간(間)
은 교대함이니, 한 번 노래로 읊고 한 번 악기를 붊을 말한다. 그렇다면 이 여섯

가지는 한 때의 시(詩)로 모두 빈객(賓客)을 연(燕)·향(饗)할 때에 상하(上下)에 통용하는 음악인 것이다. 모공(毛公)이 〈어리〉를 나누어 앞의 십수(什數)를 채웠는데, 해설하는 자(정현)가 이것을 살피지 못하고 마침내 나누어 〈어리〉 이상을 문왕·무왕 때의 시라 하고, 〈가어(嘉魚)〉 이하를 성왕 때의 시라 하였으니, 그 잘못됨이 심하다.

【毛序】 魚麗는 美萬物盛多하여 能備禮也라 文武以天保以上治內하고 以采薇以下治外하여 始於憂勤하여 終於逸樂이라 故로 美萬物盛多하여 可以告於神明矣니라

　　〈어리〉는 만물이 풍성하고 많아 예(禮)를 잘 갖출 수 있음을 찬미한 시이다. 문왕과 무왕은 〈천보(天保)〉 이상으로써 국내(제하(諸夏))를 다스리고 〈채미(采薇)〉 이하로써 외이(外夷)를 다스려 우근(憂勤)으로 시작하여 일락(逸樂)으로 끝마쳤다. 그러므로 만물이 풍성하여 신명(神明)에게 고(告)할 수 있음을 찬미한 것이다.

【鄭註】 內는 謂諸夏也요 外는 謂夷狄也라 告於神明者는 於祭祀而歌之니라

　　내(內)는 제하(諸夏)를 이르고, 외(外)는 이적(夷狄)을 이른다. '신명(神明)에 고한다.'는 것은 제사하면서 노래하는 것이다.

【辨說】 此篇以下의 時世次第는 序說之失이 已見本篇이라 其內外始終之說은 蓋一節之可取云이라

　　이 편 이하의 시대의 차례는 〈서설〉의 잘못됨이 이미 본편에 보인다. 〈시서〉의 '내외(內外)'와 '시종(始終)'이란 말은 이 한 절(節)이 취할 만하다.

4. 유경(由庚)

此亦笙詩니 說見魚麗하니라

　　이 또한 생시(笙詩)이니, 해설이 〈어리〉에 보인다.

【毛序】 由庚은 萬物得由其道也라

　　〈유경〉은 만물이 그 도(道)를 따름을 읊은 것이다.

【鄭註】 此三篇者는 鄉飲酒、燕禮에 亦用焉하니 曰 乃間歌魚麗하고 笙由庚하며

歌南有嘉魚하고 笙崇丘하며 歌南山有臺하고 笙由儀러니 亦遭世亂而亡之라 燕禮
에 又有升歌鹿鳴하고 下管新宮하니 新宮亦詩篇名也로되 辭義皆亡하여 無以知其
篇第之處로라

　이 세 편은 〈향음주(鄕飮酒)〉와 〈연례(燕禮)〉에 또한 사용하니, "바로 교대하여
〈어리〉를 노래하고 〈유경〉을 생(笙)으로 부르며, 〈남유가어(南有嘉魚)〉를 노래하고
〈숭구(崇丘)〉를 생으로 연주하며, 〈남산유대(南山有臺)〉를 노래하고 〈유의(由儀)〉를
생으로 연주한다." 하였는데, 또한 세상이 혼란한 때를 만나서 망실(亡失)되었다.
〈연례〉에 또 당상(堂上)에 올라가 〈녹명(鹿鳴)〉을 노래하고 당하(堂下)에서는 〈신궁
(新宮)〉을 관악기로 연주함이 있으니, 〈신궁〉 또한 시편의 이름인데 가사와 뜻이
모두 없어져서 그 편의 차례가 있던 곳을 알 수가 없다.

【辨說】 見南陔이라

　해설이 〈남해(南陔)〉에 보인다.

5. 남유가어(南有嘉魚)

① 南有嘉魚, 烝〔之承反〕然罩罩〔張敎竹卓二反〕. 君子有酒, 嘉賓式燕以樂
〔五敎歷各二反〕.

南有嘉魚하니　　　　　　남쪽에 가어가 있으니
烝然罩(작)罩이로다　　　아, 부지런히 가리질하도다
君子有酒하니　　　　　　군자가 술자리를 두니
嘉賓式燕以樂(락)이로다　아름다운 손님과 잔치하여 즐기도다

興也라 南은 謂江、漢之間이라 嘉魚는 鯉質이요 鱒鯽肌(준즉기)니 出於沔(면)南之
丙穴이라 烝然은 發語聲也라 罩는 篧(착)也니 編細竹以罩魚者也라 重言罩罩는
非一之詞也라
○ 此亦燕饗通用之樂이라 故로 其辭曰 南有嘉魚면 其必烝然而罩罩之矣요 君子
有酒면 則必與嘉賓共之하여 而式燕以樂矣라하니 此亦因所薦之物하여 而道達主
人樂賓之意也니라

··· 罩 : 가리 작 鱒 : 송어 준 鯽 : 붕어 즉 肌 : 살갗 기 沔 : 물이름 면 篧 : 가리질할 착

흥(興)이다. '남(南)'은 강(江)·한(漢)의 사이를 이른다. '가어(嘉魚)'는 잉어의 바탕에 붕어의 살이니, 면수(沔水) 남쪽의 병혈(丙穴;남쪽을 향한 굴)에서 생산된다. '증연(烝然)'은 발어성(發語聲)이다. '작(罩)'은 가리질이니, 가는 대나무를 엮어서 물고기를 가리질하는 것이다. '작작(罩罩)'이라고 거듭 말한 것은 하나가 아니라는 말이다.

○ 이 또한 연향(燕饗)에 통용하는 음악이다. 그러므로 그 가사에 이르기를 "남쪽에 가어가 있으면 반드시 증연(烝然)히 가리질할 것이요, 군자가 술자리를 두면 반드시 아름다운 손님과 함께 하여 잔치하고 즐거워한다." 하였으니, 이 또한 밥상에 올라온 물건을 인하여 주인이 손님을 즐겁게 하는 뜻을 말한 것이다.

② 南有嘉魚, 烝然汕汕〔所諫反〕. 君子有酒, 嘉賓式燕以衎〔苦旦反〕.

南有嘉魚하니   남쪽에 가어가 있으니
烝然汕(산)汕이로다   아, 부지런히 통발질하도다
君子有酒하니   군자가 술자리를 두니
嘉賓式燕以衎(간)이로다 아름다운 손님과 잔치하여 즐기도다

興也라 汕은 樔(소)也니 以薄汕魚也라 衎은 樂也라
흥(興)이다. '산(汕)'은 통발이니, 발로써 물고기를 통발질하는 것이다. '간(衎)'은 즐거움이다.

③ 南有樛〔居虯反〕木, 甘瓠〔音護〕纍〔力追反〕之. 君子有酒, 嘉賓式燕綏之.

南有樛(규)木하니   남쪽에 휘어진 나무가 있으니
甘瓠纍(루)之로다   단 박이 매달려 있도다
君子有酒하니   군자가 술자리를 두니
嘉賓式燕綏之로다   아름다운 손님과 잔치하여 편안하도다

興也라
○ 東萊呂氏曰 瓠有甘有苦하니 甘瓠則可食者也라 樛木下垂而美實纍之하여 固

••• 汕 : 통발 산   衎 : 즐길 간   樔 : 통발 소   樛 : 늘어진나무 규   纍 : 얽힐 루

結而不可解也라 愚謂 此興之取義者는 似比而實興也라

홍(興)이다.

○ 동래 여씨(東萊呂氏)가 말하였다. "박은 단 것과 쓴 것이 있으니, 단 박은 먹을 수 있다. 규목(樛木)이 아래로 드리워져 있는데 아름다운 열매의 줄기가 감고 매달려 있으니, 굳게 맺혀 있어 풀 수가 없는 것이다."

내가 생각하건대 여기서 흥(興)의 뜻을 취한 것은 비(比)와 비슷하나 실제는 흥인 것이다.

④ 翩翩者鵻〔之誰反〕, 烝然來〔叶六直陵之二反〕思. 君子有酒, 嘉賓式燕又〔叶夷昔反 或如字〕思.

翩翩者鵻(추)여	편편히 나는 비둘기여
烝然來思로다	아, 날아오도다
君子有酒하니	군자가 술자리를 두니
嘉賓式燕又思로다	아름다운 손님과 잔치하고 또 잔치하도다

興也니 此는 興之全不取義者也라 思는 語辭也라 又는 旣燕而又燕이니 以見其至誠有加而無已也라 或曰 又思는 言其又思念而不忘也라하니라

흥(興)이니, 이것은 흥(興) 중에 전혀 뜻을 취하지 않은 것이다. '사(思)'는 어조사이다. '우(又)'는 이미 잔치하고 또 잔치하는 것이니, 그 지성스러움이 더함이 있고 끝이 없음을 나타낸 것이다. 혹자는 말하기를 "우사(又思)는 또 사념(思念)하여 잊지 않음을 말한 것이다."라고 한다.

南有嘉魚四章이니 章四句라

〈남유가어(南有嘉魚)〉는 4장이니, 장마다 4구이다.

說見魚麗하니라

해설이 〈어리(魚麗)〉에 보인다.

【毛序】 南有嘉魚는 樂與賢也니 太平之君子至誠하여 樂與賢者共之也라

〈남유가어〉는 현자(賢者)와 더붊을 즐거워한 시(詩)이니, 태평의 군자가 지성(至

··· 翩 : 훌쩍날 편 鵻 : 아롱비둘기 추

誠)스러운 마음으로 현자와 더불어 함께 함을 즐거워한 것이다.

【鄭註】 樂得賢者는 與共立於朝하여 相燕樂也라

'현자를 얻음을 즐거워했다.'는 것은 그와 함께 조정에 서서 서로 연락(燕樂)하는 것이다.

【辨說】 序得詩意나 而不明其用이라 其曰太平之君子者는 本無謂어늘 而說者又以專指成王하니 皆失之矣라

〈서〉가 시의 뜻에 맞으나 그 사용함을 밝히지 않았다. 그 '태평의 군자'라고 말한 것은 본래 의의가 없는데(무리인데), 해설하는 자(공영달(孔穎達))가 또 오로지 성왕(成王)을 가리켰다 하였으니, 모두 잘못되었다.

6. 숭구(崇丘)

說見魚麗하니라

해설이 〈어리〉에 보인다.

【毛序】 崇丘는 萬物得極其高大也라

〈숭구〉는 만물이 그 고대(高大)함을 지극히 함을 읊은 것이다.

【辨說】 見上이라

해설이 위에 보인다.

7. 남산유대(南山有臺)

① 南山有臺[叶田飴反], 北山有萊[叶陵之反]. 樂[音洛]只[音紙]君子, 邦家之基. 樂只君子, 萬壽無期.

南山有臺요   남산에 잔디가 있고
北山有萊로다   북산에 쑥이 있도다
樂(락)只君子여   즐거운 군자여

··· 臺 : 잔디 대 萊 : 명아주 래

邦家之基로다　　　　　　국가의 터전이로다

樂只君子여　　　　　　　즐거운 군자여

萬壽無期로다　　　　　　만수무강하리로다

興也라 臺는 夫須니 卽莎草也라 萊는 草名이니 葉香可食者也라 君子는 指賓客也라
○ 此亦燕饗通用之樂이라 故로 其辭曰 南山則有臺矣요 北山則有萊矣며 樂只君
子則邦家之基矣요 樂只君子則萬壽無期矣라하니 所以道達主人尊賓之意하여 美
其德而祝其壽也라

　　흥(興)이다. '대(臺)'는 부수(夫須;향부자(香附子))이니, 바로 사초(莎草;띠풀)이다.
'래(萊;쑥)'는 풀 이름이니, 잎이 향기로워 먹을 수 있다. '군자'는 빈객(賓客)을 가
리킨다.

　　○ 이 또한 연ㆍ향에 통용하는 음악이다. 그러므로 그 가사에 이르기를 "남산
에는 잔디가 있고 북산에는 쑥이 있으며, 즐거운 군자는 국가의 터전이요 즐거운
군자는 만수(萬壽)가 기한이 없을 것이다."라고 하였으니, 주인이 손님을 높이는
뜻을 말하여 그 덕(德)을 찬미하고 그 장수하기를 축원한 것이다.

② 南山有桑, 北山有楊. 樂只君子, 邦家之光. 樂只君子, 萬壽無疆.

南山有桑이요　　　　　　남산에는 뽕나무가 있고

北山有楊이로다　　　　　북산에는 버드나무가 있도다

樂只君子여　　　　　　　즐거운 군자여

邦家之光이로다　　　　　국가의 영광이로다

樂只君子여　　　　　　　즐거운 군자여

萬壽無疆이로다　　　　　만수무강하리로다

興也라

　　흥(興)이다.

③ 南山有杞, 北山有李. 樂只君子, 民之父母 [叶滿彼反]. 樂只君子, 德
音不已.

… 疆 : 다할 강

南山有杞요　　　남산에는 기(杞)나무가 있고
北山有李로다　　　북산에는 오얏나무가 있도다
樂只君子여　　　즐거운 군자여
民之父母로다　　　백성의 부모로다
樂只君子여　　　즐거운 군자여
德音不已로다　　　덕음(德音)이 그치지 않도다

興也라 杞는 樹如樗(저)하니 一名狗骨이라
　홍(興)이다. '기(杞)'는 나무가 가죽나무와 같으니, 일명 구골(狗骨)이라고도 한다.

④ 南山有栲〔音考 叶音口〕, 北山有杻〔女久反〕. 樂只君子, 遐不眉壽〔叶直酉反〕. 樂只君子, 德音是茂〔叶莫口反〕.

南山有栲(고)요　　　남산에는 산가죽나무가 있고
北山有杻(뉴)로다　　　북산에는 싸리나무가 있도다
樂只君子여　　　즐거운 군자여
遐(何)不眉壽리오　　　어찌 눈썹이 빼어나지 않으리오
樂只君子여　　　즐거운 군자여
德音是茂로다　　　덕음이 이에 무성하도다

興也라 栲는 山樗요 杻는 檍(억)也라 遐는 何通이라 眉壽는 秀眉也라
　홍(興)이다. '고(栲)'는 산가죽나무요, '뉴(杻)'는 싸리나무이다. '하(遐)'는 하(何)와 통한다. '미수(眉壽)'는 눈썹이 빼어난 것이다.

⑤ 南山有枸〔俱甫反〕, 北山有楰〔音庾〕. 樂只君子, 遐不黃耇〔音苟 叶果五反〕. 樂只君子, 保艾〔五蓋反〕爾後〔叶下五反〕.

南山有枸(구)요　　　남산에는 구(枸)나무가 있고
北山有楰(유)로다　　　북산에는 쥐똥나무가 있도다
樂只君子여　　　즐거운 군자여

… 樗 : 가죽나무 저　栲 : 북나무 고　杻 : 싸리나무 뉴　枸 : 탱자나무 구　楰 : 산유자나무 유

遐不黃耉(구)리오   어찌 장수하지 않으리오
樂只君子여   즐거운 군자여
保艾(애)爾後로다   그대의 후손을 편안하게 기르리로다

興也라 枸는 枳枸니 樹高大似白楊이요 有子著(착)枝端하니 大如指하고 長數寸이며 噉之면 甘美如飴(이)라 八月熟하니 亦名木蜜이라 楰는 鼠梓니 樹葉木理如楸하니 亦名苦楸라 黃은 老人髮復黃也요 耉는 老人面凍梨色하여 如浮垢也라 保는 安이요 艾는 養也라

흥(興)이다. '구(枸:호깨나무)'는 지구(枳枸)이니, 나무가 높고 커서 흰버드나무와 비슷하고, 열매가 가지 끝에 매달려 있으니, 크기가 손가락과 같고 길이가 몇 치쯤 되며, 씹으면 달고 아름다워 엿과 같은데, 8월에 익으니 또한 목밀(木蜜)이라고도 한다. '유(楰)'는 서재(鼠梓:쥐똥나무)이니, 나뭇잎과 나뭇결이 추자나무와 비슷한데, 또한 고추(苦楸)라고도 이름한다. '황(黃)'은 노인의 머리털이 다시 누렇게 되는 것이요, '구(耉)'는 노인의 얼굴이 언 배빛이어서 때가 끼어 있는 것과 같은 것이다. '보(保)'는 편안함이요, '애(艾)'는 기름이다.

南山有臺五章이니 章六句라
〈남산유대(南山有臺)〉는 5장이니, 장마다 6구이다.
說見魚麗하니라
해설이 〈어리〉에 보인다.

【毛序】南山有臺는 樂得賢也니 得賢則能爲邦家하여 立太平之基矣라
〈남산유대〉는 현자(賢者)를 얻음을 즐거워한 시(詩)이니, 현자를 얻으면 국가를 잘 다스려 태평(太平)의 기초를 세울 수 있는 것이다.
【鄭註】人君得賢이면 則其德廣大堅固하여 如南山之有基址라
인군이 현자를 얻으면 그 덕(德)이 광대(廣大)하고 견고해서 남산(南山)에 터전이 있는 것과 같은 것이다.
【辨說】序首句誤하니 詳見本篇하니라
〈서〉의 수구(首句)가 잘못되었으니, 본편에 자세히 보인다.

··· 耉 : 늙을 구 艾 : 기를 애 枳 : 탱자나무 지 噉 : 먹을 감 飴 : 엿 이 蜜 : 꿀 밀 梓 : 가래나무 재(자)
楸 : 가래나무 추 垢 : 때 구

8. 유의(由儀)

說見魚麗하니라

해설이 〈어리〉에 보인다.

【毛序】 由儀는 萬物之生이 各得其宜也니 有其義而亡(무)其辭하니라

〈유의(由儀)〉는 만물의 생장(生長)이 각각 그 마땅함을 얻은 것을 읊은 시이니,
〈유경(由庚)〉과 〈숭구(崇丘)〉와 〈유의〉는 그 뜻만 있고 그 가사(歌辭)는 없다.

【辨說】 見上이라

해설이 위에 보인다.

詩經集傳 中

9. 륙소(蓼蕭)

① 蓼〔音六〕彼蕭斯, 零露湑〔息呂反〕兮. 旣見君子, 我心寫〔叶想羽反〕兮. 燕笑語兮, 是以有譽處兮.

蓼(륙)彼蕭斯에	크게 자란 저 쑥에
零露湑(서)兮로다	이슬이 흠뻑 맺혔도다
旣見君子호니	군자를 만나보니
我心寫(瀉)兮로다[51]	내 마음 모두 쏟아놓노라
燕笑語兮하니	잔치자리에서 술 마시며 웃고 말하니
是以有譽處兮로다	이 때문에 명예와 안락함이 있도다

興也라 蓼은 長大貌라 蕭는 蒿也라 湑는 湑然蕭上露貌라 君子는 指諸侯也라 寫는 輸寫也라 燕은 謂燕飮이라 譽는 善聲也요 處는 安樂也라 蘇氏曰 譽는 豫通이니 凡

••••••

51 我心寫兮 : 사(寫)는 사(瀉)와 통하는바, 《집주(集註)》에 수사(輸寫)로 훈(訓)하여 '쏟아놓다.'
로 해석하였으나, '속이 후련하다', '속이 시원하다'로 해석해도 될 듯하다. 아래 〈소아(小雅)〉의 〈상
상자화(裳裳者華)〉와 〈거할(車舝)〉의 경우도 역시 그러하다.

••• 蓼 : 클 륙 湑 : 성할 서 寫 : 쏟을 사 輸 : 다할 수

詩之譽는 皆言樂也라하니 亦通이니라

○ 諸侯朝于天子에 天子與之燕하여 以示慈惠故로 歌此詩라 言蓼彼蕭斯는 則零露湑然矣요 旣見君子하니 則我心輸寫而無留恨矣라 是以로 燕笑語而有譽處也라하니라 其曰旣見이라하니 蓋於其初燕而歌之也라

흥(興)이다. '륙(蓼)'은 장대(長大)한 모양이다. '소(蕭)'는 쑥이다. '서(湑)'는 서연(湑然)히 쑥 위에 이슬이 맺혀있는 모양이다. '군자'는 제후를 가리킨다. '사(寫)'는 쏟음이다. '연(燕)'은 연음(燕飮)을 이른다. '예(譽)'는 좋은 명성이요, '처(處)'는 안락(安樂)함이다. 소씨(蘇氏)가 말하기를 "예(譽)는 예(豫)와 통하니, 모든 시(詩)의 예(譽) 자는 모두 즐거움을 말한다." 하였으니, 또한 통한다.

○ 제후가 천자에게 조회함에 천자가 그에게 잔치를 베풀어 주고 자혜(慈惠)로움을 보였으므로 이 시를 노래한 것이다. "장대한 저 쑥에는 내린 이슬이 흠뻑 맺혀 있고, 이미 군자를 만나보니 내 마음을 모두 쏟아놓아 여한(餘恨)이 없다. 이 때문에 잔치하여 술을 마시고 웃고 말하여 명예와 안락함이 있다."고 한 것이다. 이미 만나보았다고 말하였으니, 아마도 처음 잔치할 때에 이것을 노래한 것인 듯하다.

② 蓼彼蕭斯, 零露瀼瀼[如羊反]. 旣見君子, 爲龍爲光. 其德不爽[叶師莊反], 壽考不忘.

蓼彼蕭斯에	크게 자란 저 쑥에
零露瀼(양)瀼이로다	이슬이 흠뻑 맺혔도다
旣見君子호니	군자를 만나보니
爲龍(총)爲光이로다	영광스럽고 빛나도다
其德不爽하니	그 덕(德)이 어긋남이 없으니
壽考不忘이로다	장수하시기를 바라고 잊지 못하도다

興也라 瀼瀼은 露蕃貌라 龍은 寵也니 爲龍爲光은 喜其德之詞也라 爽은 差也라 其德不爽하니 則壽考不忘矣라하니 褒美而祝頌之하고 又因以勸戒之也라

흥(興)이다. '양양(瀼瀼)'은 이슬이 많은 모양이다. '총(龍)'은 총애(영광)이니, 위총위광(爲龍爲光)은 그 덕(德)을 기뻐하는 말이다. '상(爽)'은 어긋남이다. "그 덕이

··· 瀼 : 이슬흠치르르할 양 爽 : 어그러질 상

어긋나지 않으니, 수고(壽考:장수)하고자 하여 잊지 못한다." 하였으니, 이것은 찬미하고 송축(頌祝)하고 또 인하여 권계(勸戒)한 것이다.

③ 蓼彼蕭斯, 零露泥泥〔乃禮反〕. 旣見君子, 孔燕豈弟. 宜兄宜弟〔待禮反〕, 令德壽豈〔開改反 叶去禮反〕.

蓼彼蕭斯에	크게 자란 저 쑥에
零露泥(녜)泥로다	이슬이 흠뻑 맺혔도다
旣見君子호니	군자를 만나보니
孔燕豈弟(愷悌)로다	매우 편안하여 개제(화락)하도다
宜兄宜弟라	형제들에게 모두 마땅하게 하는지라
令德壽豈(愷)로다	훌륭한 덕(德)으로 장수하고 즐거우리로다

興也라 泥泥는 露濡貌라 孔은 甚이요 豈는 樂이요 弟는 易(이)也라 宜兄宜弟는 猶曰宜其家人이니 蓋諸侯繼世而立하여 多疑忌其兄弟하니 如晉詛(저)無畜(흑)羣公子하고 秦鍼(겸)懼選之類[52]라 故로 以宜兄宜弟美之하니 亦所以警戒之也라 壽豈는 壽而且樂也라

흥(興)이다. '녜녜(泥泥)'는 이슬이 젖어 있는 모양이다. '공(孔)'은 심함이요, '개(豈)'는 즐거움이요, '제(弟)'는 화함이다. '의형의제(宜兄宜弟)'는 의기가인(宜其家人:그 집안사람에게 마땅함)이란 말과 같다. 제후는 대를 이어 즉위하여 형제간을 의심하고 시기하는 경우가 많으니, 진(晉)나라에서 여러 공자를 기르지 말자고 맹세한 것이나 진(秦)나라의 겸(鍼)이 죄를 지목당할까 두려워한 것과 같은 류(類)이다. 그러므로 의형의제라는 말로써 찬미하였으니, 이 또한 경계한 것이다. '수개(壽豈)'는 장수하고 또 즐거운 것이다.

......

52 如晉詛無畜羣公子 秦鍼懼選之類:무흑(無畜)은 기르지 않는 것으로, 진(晉)나라 여희(驪姬)의 난리에 여러 공자들을 기르지 말자고 맹세하여 공족(公族)의 대부를 폐지하였는바, 이 내용은 《춘추좌씨전》 선공(宣公) 2년에 보이며, 겸(鍼)은 진(秦)나라 경공(景公)의 동모제(同母弟)인 후자(后子)로 환공(桓公)에게 총애를 받아 경공과 똑같은 대우를 받았는데, 환공이 죽은 뒤에 그의 어머니는 후자에게 이르기를 "네가 그대로 진나라에 있으면 수죄(數罪) 받아 죽을까 두렵다." 하였다. 후자는 진(晉)나라로 망명(亡命)하였는데, 이 내용은 성공(成公) 원년에 보인다. 선(選)은 죄를 하나하나 열거함을 이른다.

··· 泥 : 많을 녜 豈 : 화락할 개 詛 : 저주할 저 鍼 : 칼 겸 選 : 수죄(數罪)할 선

④ 蓼彼蕭斯, 零露濃濃〔奴同反〕. 旣見君子, 鞗〔徒彫反〕革冲冲〔勅弓反〕. 和
鸞雝雝, 萬福攸同.

蓼彼蕭斯에	크게 자란 저 쑥에
零露濃(농)濃이로다	이슬이 흠뻑 맺혔도다
旣見君子호니	군자를 만나보니
鞗(조)革冲冲하여	가죽 고삐가 드리워져 있어서
和鸞雝(옹)雝하니	화(和)와 란(鸞)이 조화롭게 울리니
萬福攸同이로다	만복이 모이는 바로다

興也라 濃濃은 厚貌라 鞗는 轡也요 革은 轡首也니 馬轡所把之外에 有餘而垂者
也라 冲冲은 垂貌라 和、鸞은 皆鈴也라 在軾曰和요 在鑣(표)曰鸞이니 皆諸侯車馬
之飾也라 庭燎에 亦以君子目諸侯하고 而稱其鸞旂之美하니 正此類也라 攸는 所
요 同은 聚也라

흥(興)이다. '농농(濃濃)'은 이슬이 두터운(많은) 모양이다. '조(鞗)'는 고삐요 '혁
(革)'은 고삐의 머리이니, 말고삐를 잡은 부분 외(外)에 남음이 있어서 길게 드리
워진 것이다. '충충(冲冲)'은 드리워진 모양이다. '화(和)'와 '란(鸞)'은 모두 방울이
다. 식(軾)에 있는 것을 화(和)라 하고, 재갈에 있는 것을 란(鸞)이라 하니, 모두 제
후들이 타는 거마(車馬)의 장식이다. 〈정료(庭燎)〉에도 군자를 제후로 지목하고, 그
란(鸞)과 깃발의 아름다움을 칭찬하였으니, 바로 이러한 따위이다. '유(攸)'는 바
요, '동(同)'은 모임이다.

蓼蕭四章이니 章六句라
〈륙소(蓼蕭)〉는 4장이니, 장마다 6구이다.

【毛序】 蓼蕭는 澤及四海也라
〈륙소〉는 은택이 사해(四海)에 미침을 읊은 것이다.
【鄭註】 九夷八狄七戎六蠻을 謂之四海라 國在九州之外하면 雖有大者나 爵不過
子라 虞書曰 州十有二師하며 外薄四海히 咸建五長이라하니라

··· 鞗 : 고삐 조 鸞 : 방울 란 雝 : 화락할 옹 把 : 잡을 파 鑣 : 재갈 표

구이(九夷)와 팔적(八狄), 칠융(七戎)과 육만(六蠻)을 사해(四海)라 이른다. 나라가 구주(九州)의 밖에 있으면, 비록 큰 나라가 있더라도 작위가 자(子)를 넘지 않는다. 《서경》〈우서(虞書) 익직(益稷)〉에 '주(州)마다 12명의 사(師)를 두었으며, 밖으로 사해에 이르기까지 모두 5명의 장(長)을 세웠다.' 하였다.

【辨說】序不知此爲燕諸侯之詩하여 但見零露之云하고 卽以爲澤及四海라하니 其失이 與野有蔓草同이라 臆說淺妄이 類如此云이라

〈서〉는 이것이 제후에게 연향(燕饗)을 베푸는 시임을 알지 못하고는 다만 영로(零露)라는 말을 보고 곧바로 '은택이 사해(四海)에 미쳤다.〔澤及四海〕' 하였으니, 그 잘못됨이 〈야유만초(野有蔓草)〉와 똑같다. 〈서〉는 억측한 말로 천근하고 망령됨이 대체로 이와 같다.

10. 담로(湛露)

① 湛湛〔直減反〕露斯, 匪陽不晞〔音希〕. 厭厭〔於鹽反〕夜飮, 不醉無歸.

湛(담)湛露斯여	흠뻑 맺힌 이슬이여
匪陽不晞(희)로다	햇볕이 아니면 마르지 않도다
厭厭夜飮이여	밤에 편안히 술을 마심이여
不醉無歸로다	취하지 않으면 돌아가지 않으리로다

興也라 湛湛은 露盛貌라 陽은 日이요 晞는 乾(간)也라 厭厭은 安也니 亦久也、足也라 夜飮은 私燕也라 燕禮에 宵則兩階及庭門에 皆設大燭焉하니라
○ 此亦天子燕諸侯之詩라 言湛湛露斯는 非日則不晞하여 以興厭厭夜飮은 不醉則不歸하니 蓋於其夜飮之終而歌之也라

홍(興)이다. '담담(湛湛)'은 이슬이 성한 모양이다. '양(陽)'은 햇빛이요, '희(晞)'는 마름이다. '염염(厭厭)'은 편안함이요, 또한 오램이요 만족함이다. '야음(夜飮)'은 사사로이 잔치하는 것이다. 《의례》의 〈연례(燕禮)〉에 "밤에는 두 뜰과 마당과 대문에 모두 큰 촛불(횃불)을 설치한다." 하였다.

○ 이 또한 천자가 제후에게 연례를 베푸는 것을 읊은 시(詩)이다. 담담한 이슬

••• 晞 : 마를 희

은 햇볕이 아니면 마르지 않음을 말하여, 염염히 밤에 술마시는 것은 취하지 않으면 돌아가지 않음을 흥(興)하였으니, 아마도 야음(夜飮;밤에 술 마심)이 끝날 때에 이것을 노래한 것이리라.

② 湛湛露斯, 在彼豐草. 厭厭夜飮, 在宗載考.

| 湛湛露斯_여 | 흠뻑 맺힌 이슬이여 |

湛湛露斯여 　　　　흠뻑 맺힌 이슬이여
在彼豐草로다 　　　저 무성한 풀에 있도다
厭厭夜飮이여 　　　밤에 편안히 술을 마심이여
在宗載考로다 　　　종실(宗室)에서 이루도다

興也라 豐은 茂也라 夜飮은 必於宗室하니 蓋路寢之屬也라 考는 成也라
　　흥(興)이다. '풍(豐)'은 무성함이다. 야음(夜飮)은 반드시 종실(宗室)에서 하니, 〈종실은〉 노침(路寢)의 등속이다. '고(考)'는 이룸이다.

③ 湛湛露斯, 在彼杞棘. 顯允君子, 莫不令德.

湛湛露斯여 　　　　흠뻑 맺힌 이슬이여
在彼杞棘이로다 　　저 기(杞)나무와 가시나무에 있도다
顯允君子여 　　　　밝고 진실한 군자여
莫不令德이로다 　　덕(德)이 아름답지 않음이 없도다

興也라 顯은 明이요 允은 信也라 君子는 指諸侯爲賓者也라 令은 善也니 令德은 謂其飮多而不亂하여 德足以將之也라
　　흥(興)이다. '현(顯)'은 밝음이요, '윤(允)'은 진실함이다. 군자는 제후로서 빈객(賓客)이 된 자를 가리킨 것이다. '령(令)'은 좋음이니, 령덕(令德)은 술을 많이 마셔도 정신이 혼란하지 않아서 덕(德)이 충분히 받들(이어갈) 만함을 말한 것이다.

④ 其桐其椅〔於宜反〕, 其實離離. 豈弟君子, 莫不令儀.

··· 考 : 이룰 고

其桐其椅(의)여　　　　　　오동나무와 가래나무여
其實離離로다　　　　　　　그 열매가 주렁주렁 달려 있도다
豈弟君子여　　　　　　　　개제(愷悌)한 군자여
莫不令儀로다　　　　　　　위의(威儀)가 아름답지 않음이 없도다

興也라 離離는 垂也라 令儀는 言醉而不喪其威儀也라
　　흥(興)이다. '리리(離離)'는 드리워진 것이다. '령의(令儀)'는 취해도 그 위의를
잃지 않음을 말한 것이다.

湛露四章이니 章四句라
　　〈담로(湛露)〉는 4장이니, 장마다 4구이다.
春秋傳에 甯武子曰 諸侯朝正於王이어든 王이 宴樂(락)之할새 於是賦湛露라하니라
曾氏曰 前兩章은 言厭厭夜飮하고 後兩章은 言令德令儀하니 雖過三爵[53]이나 亦可
謂不繼以淫矣로다
　　《춘추좌씨전》 문공(文公) 4년에 〈위(衛)나라의〉 영무자(甯武子;이름은 유(兪)이다.)
가 말하기를 "제후가 왕(王)에게 조회하고 정교(政敎)를 받거든 왕이 잔치〔燕〕를
베풀어 즐겁게 해 줄 적에 이 〈담로(湛露)〉를 읊는다." 하였다.
　　증씨(曾氏)가 말하였다. "앞의 두 장(章)은 염염야음(厭厭夜飮)을 말하였고, 뒤의
두 장은 령덕(令德), 령의(令儀)를 말하였으니, 비록 술이 세 잔을 넘었으나 또한
지나침에 이어지지는 않았다고 이를 만하다."

【毛序】 湛露는 天子燕諸侯也라
　　〈담로〉는 천자가 제후에게 잔치를 베풀어 줌을 읊은 시이다.
【鄭註】 燕은 謂與之燕飮酒也라 諸侯朝覲會同이면 天子與之燕은 所以示慈惠라
　　연(燕)은 그와 더불어 잔치하면서 술을 마심을 이른다. 제후가 조근(朝覲)하고
회동(會同)하면 천자가 그에게 잔치를 베풀어줌은 자애로움을 보이는 것이다.

　‥‥‥
53 雖過三爵 : 삼작(三爵)은 술 세 잔으로, 신하가 군주를 모시고 잔치할 적에 술이 세 잔을 넘어
서는 안됨을 말한 것이다. 《춘추좌씨전》 선공(宣公) 2년에 "신하가 군주를 모시고 잔치할 적에 술
이 세 잔을 넘으면 예가 아니다.〔臣侍君宴, 過三爵, 非禮也.〕"라고 보인다.

‥‥ 椅 : 가래나무 의　甯 : 편안할 녕

白華之什十篇이니 五篇無辭하니 凡二十三章이요 一百四句라

　〈백화지십(白華之什)〉은 10편(篇)이니, 다섯 편은 가사가 없으니, 모두 23장(章)이고 104구(句)이다.

〈동궁지십(彤弓之什)〉 2-3[二之三]

1. 동궁(彤弓)

① 彤弓弨〔尺昭反〕兮, 受言藏之. 我有嘉賓, 中心貺〔叶虛王反〕之. 鍾鼓旣設, 一朝饗〔叶虛良反〕之.

彤弓弨(초)兮를	활시위가 풀어진 붉은 활을
受言藏之러니	받아서 보관하였더니
我有嘉賓이어늘	나에게 아름다운 손님이 있기에
中心貺(황)之라	진심으로 주고 싶은지라
鍾鼓旣設이요	종과 북을 설치하고서
一朝饗之호라	하루아침에 향례(饗禮)를 베푸노라

賦也라 彤弓은 朱弓也라 弨는 弛貌라 貺은 與也라 大飮(임)賓曰饗이라
○ 此는 天子燕有功諸侯而錫以弓矢之樂歌也라 東萊呂氏曰 受言藏之는 言其重也니 弓人所獻을 藏之王府하고 以待有功하여 不敢輕與人也라 中心貺之는 言其誠也니 中心實欲貺之요 非由外也라 一朝饗之는 言其速也니 以王府寶藏之弓으로 一朝擧以畀(비)人하여 未嘗有遲留顧惜之意也라 後之視府藏爲己私分하여 至有以武庫兵賜弄臣者[54]하니 則與受言藏之者異矣요 賞賜非出於利誘면 則迫於事

<hr>

54 後之視府藏爲己私分 至有以武庫兵賜弄臣者 : 사분(私分)은 사유물로 여김을 이르는바, 한(漢)나라 애제(哀帝)가 무기고(武器庫)의 병기(兵器)를 꺼내어 시중(侍中)인 동현(董賢)과 유모(乳母)인 왕아함(王阿含)에게 준 고사(故事)를 가리킨 것이다.

··· 彤 : 붉은칠할 동 弨 : 활뒤집힐 초 貺 : 줄 황 畀 : 줄 비 弄 : 희롱할 롱

勢하여 至有朝賜鐵券而暮屠戮者[55]하니 則與中心貺之者異矣요 屯(준)膏[56]吝賞하여 功臣解體하여 至有印刓(완)而不忍予者[57]하니 則與一朝饗之者異矣니라

부(賦)이다. '동궁(彤弓)'은 붉은활이다. '초(弨)'는 활시위가 풀어져 있는 모양이다. '황(貺)'은 줌이다. 손님에게 크게 술을 마시게 함을 '향(饗)'이라 한다.

○ 이는 천자가 공(功)이 있는 제후에게 향례(饗禮)를 베풀어주고 활과 화살을 하사하는 것을 노래한 악가(樂歌)이다.

동래 여씨(東萊呂氏)가 말하였다. "수언장지(受言藏之)는 그 신중히 보관함을 말한 것이니, 궁인(弓人)이 바친 활을 왕부(王府:왕의 창고)에 보관하고 공이 있는 사람을 기다려 감히 가벼이 남에게 주지 않는 것이다. 중심황지(中心貺之)는 그 정성을 말한 것이니, 중심에 실제로 주고자 한 것이요 밖에서 말미암은 것이 아니다. '일조향지(一朝饗之)'는 그 신속히 줌을 말한 것이니, 왕부에 보장(寶藏)했던 활을 하루아침에 들어서 남에게 주어, 일찍이 머뭇거리거나 돌아보고 애석히 여기는 뜻이 없는 것이다.

후세의 군주는 부장(府藏:창고)의 물건을 보기를 자기의 사유물로 여겨서 심지어는 무기고의 병기를 희롱하는 신하에게 하사한 자가 있었으니, 이것은 수언장지(受言藏之)와 다른 것이요, 상(賞)으로 하사하는 것이 이익으로 유인(誘引)하려는 의도에서 나오거나, 그렇지 않으면 사세(事勢)에 쫓겨 심지어는 아침에 철권(鐵券)을 하사하였다가 저녁에 도륙(屠戮)한 자가 있으니, 이것은 중심황지(中心貺之)와 다른 것이요, 은택을 아끼고 상(賞)을 인색하게 내려서 공신들의 마음이 해체(解體:마음이 풀어져 이반)되어 심지어는 인(印)의 모서리가 닳아도 〈아까워서〉 차마 주지 못한 자가 있었으니, 이것은 일조향지(一朝饗之)와 다른 것이다."

• • • • • •

55 至有朝賜鐵券而暮屠戮者 : 철권(鐵券)은 공신록권(功臣錄券)을 이른다. 당(唐)나라 덕종(德宗)은 이회광(李懷光)에게 태위(太尉)를 가(加)하고 철권을 하사하였으며, 소종(昭宗)은 왕행유(王行瑜)를 태사(太師)로 임명하고 상부(尙父)라는 칭호를 내렸는데, 그 후 모두 반란했다는 이유로 죽임을 당하였다.

56 屯膏 : 준고(屯膏)는 준기고(屯其膏)의 줄임말로, 《주역》〈준괘(屯卦)〉 구오 효사(九五爻辭)의 군주가 "그 은택을 내리기를 어렵게 한다.[屯其膏]"를 인용한 것이다.

57 至有印刓而不忍予者 : 인완(印刓)은 인부(印符)가 닳아 망가지는 것으로, 초 패왕(楚霸王)인 항우(項羽)는 부하 장수들이 공(功)을 세워 봉작(封爵)하게 되면 그들에게 주려고 인부(印符)를 만들어두고는 그 인(印)이 모서리가 다 닳아도 차마 못주고 아끼다가 공신들이 배반하여 결국 패망(敗亡)하고 말았다.

••• 屠 : 죽일 도 屯 : 아낄 준 膏 : 혜택 고 刓 : 닳을 완

② 彤弓弨兮, 受言載[叶子利反]之. 我有嘉賓, 中心喜[叶去聲]之. 鍾鼓旣設, 一朝右[音又 叶于記反]之.

彤弓弨兮를	활시위가 풀어진 붉은 활을
受言載之러니	받아서 활틀에 올려 놓았더니
我有嘉賓이어늘	나에게 아름다운 손님이 있기에
中心喜之라	진심으로 즐거워하는지라
鍾鼓旣設이요	종과 북을 설치하고서
一朝右之호라	신속히 높이노라

賦也라 載는 抗之也라 喜는 樂也라 右는 勸也, 尊也라

부(賦)이다. '재(載)'는 활 틀(도지개)에 올려서 바르게 하는 것이다. '희(喜)'는 즐거워함이다. '우(右)'는 권함이며, 높임이다.

③ 彤弓弨兮, 受言櫜[古刀反 叶古號反]之. 我有嘉賓, 中心好[呼報反]之. 鍾鼓旣設, 一朝醻[市由反 叶大到反]之.

彤弓弨兮를	활시위가 풀어진 붉은 활을
受言櫜(고)之러니	받아서 활집에 넣어 두었더니
我有嘉賓이어늘	나에게 아름다운 손님이 있기에
中心好之라	진심으로 좋아하는지라
鍾鼓旣設이요	종과 북을 설치하고서
一朝醻(수)之호라	신속히 술을 권하노라

賦也라 櫜는 韜(도)요 好는 說(열)이요 醻은 報也라 飮酒之禮에 主人獻賓이어든 賓酢(작)主人하고 主人又酌自飮而遂酌以飮賓을 謂之醻니 醻은 猶厚也, 勸也라

부(賦)이다. '고(櫜)'는 활집에 넣어두는 것이요, '호(好)'는 기뻐함이요, '수(醻)'는 보답함이다. 술을 마시는 예(禮)에 주인이 손님에게 술잔을 올리면 손님이 〈마시고〉 주인에게 술을 따라 권하고, 주인이 또다시 술을 따라 스스로 마시고는 마

··· 櫜 : 전동(箭筒) 고 醻 : 보답할 수 韜 : 활집 도 酢 : 술권할 작

침내 술을 부어 손님에게 마시게 함을 수(醻)라 이르니, '수(醻)'는 후(厚)와 같고 권(勸)과 같다.

彤弓三章이니 章六句라

〈동궁(彤弓)〉은 3장이니, 장마다 6구이다.

春秋傳에 甯武子曰 諸侯敵王所愾하여 而獻其功이어든 於是乎賜之彤弓一、彤矢百、旅(려)弓矢千하여 以覺(교)報宴이라하니 註曰 愾는 恨怒也요 覺는 明也라 謂諸侯有四夷之功이어든 王賜之弓矢하고 又爲歌彤弓하여 以明報功宴樂이라하니라 鄭氏曰 凡諸侯賜弓矢然後專征伐이니라 東萊呂氏曰 所謂專征者는 如四夷入邊하고 臣子簒弑하여 不容待報者요 其它(他)則九伐之法[58]은 乃大司馬所職이니 非諸侯所專也라 與後世强臣拜表輒行[59]者로 異矣니라

《춘추좌씨전》 문공(文公) 4년에 영무자(甯武子)가 말하기를 "제후들이 왕(王)이 노여워하는 대상을 대적하여 그 공(功)을 바치거든 붉은 활 하나와 붉은 화살 백 개, 검은 활과 검은 화살 천 개를 하사하여 밝게 공로에 보답하는 잔치를 베푼다." 하였는데, 주(註)에 "개(愾)는 한(恨)하고 노여워함이요, 교(覺)는 밝음이다. 제후들이 사이(四夷)를 정벌하여 공이 있으면 왕이 그에게 궁시(弓矢)를 하사하고, 또 위하여 〈동궁〉을 노래로 읊어서 밝게 공로에 보답하는 연락(宴樂)을 베푼다." 하였다.

정씨(鄭氏)가 말하였다. "무릇 제후들이 천자로부터 궁시(弓矢)를 하사받은 뒤에야 정벌을 오로지(마음대로)할 수 있다."

동래 여씨(東萊呂氏)가 말하였다. "이른바 정벌을 마음대로 할 수 있다는 것은 사이(四夷)가 변방을 침입하고 신자(臣子)들이 찬탈(簒奪)하고 시해(弑害)하여, 천

••••••
58 九伐之法 : 구벌지법(九伐之法)은 아홉 가지 죄가 있는 자를 정벌하는 법이다. 곧 제후국이 약소국을 침범하면 그의 국경을 축소시키고, 현자(賢者)를 해치거나 백성을 괴롭히면 정벌하고, 국내의 백성을 학대하거나 국외의 백성을 능멸하면 그 군주를 축출하고, 토지가 황폐되어 백성들이 흩어지면 그 군주의 작위를 깎아 내리고, 지형의 험고(險固)함을 믿고 복종하지 않으면 그 나라를 침공하고, 친척을 살해하면 그 죄를 바로잡고, 군주를 시해하면 그 나라를 멸망시키고, 천자의 명령과 정사를 능멸하면 국교를 끊어 고립시키고, 남녀관계가 혼란하여 금수(禽獸)의 행위를 하면 그 나라를 멸망시키는 것으로, 《주례(周禮)》〈대사마(大司馬)〉에 보인다.

59 後世强臣拜表輒行 : 강신(强臣)은 세력이 강한 신하이고, 배표첩행(拜表輒行)은 표문을 올린 다음 군주의 허락을 기다리지 않고 즉시 출병하는 것으로, 동진(東晉)의 권신(權臣)인 환온(桓溫)이 북벌(北伐)을 할 때와 동진의 유뢰지(劉牢之)가 손은(孫恩)을 토벌할 때의 일을 가리킨다. 《詳說》

••• 愾 : 성낼 개   旅 : 검을 려(로)   覺 : 밝을 교

자에게 보고하기를 기다릴 필요가 없는 것과 같은 것이요, 기타 구벌(九伐)의 법은 바로 대사마(大司馬)가 맡고 있는 것이니, 제후들이 마음대로 할 수 있는 것이 아니다. 후세에 강한 신하들이 표문(表文)을 올리고는 〈천자의 명을 기다리지도 않고〉 즉시 출동한 것과는 다르다."

【毛序】 彤弓은 天子錫有功諸侯也라

〈동궁〉은 천자가 공이 있는 제후에게 물건을 하사(下賜)함을 읊은 것이다.

【鄭註】 諸侯敵王所愾하여 而獻其功이면 王饗禮之하니 於是에 賜彤弓一、彤矢百、旅弓十、旅矢千이라 凡諸侯賜弓矢然後에 專征伐이니라

제후가 왕이 분개하는 바를 대적해서 그 공(功)을 올리면 왕이 향례(饗禮)를 베풀어 예우하니, 이때에 붉은 활[彤弓] 하나와 붉은 화살[彤矢] 백 개와 검은 활[旅弓] 열 개와 검은 화살[旅矢] 천 개를 하사하였다. 무릇 제후가 활과 화살을 하사받은 뒤에야 정벌을 자기 마음대로 할 수 있는 것이다.

2. 정정자아(菁菁者莪)

① 菁菁[子丁反]者莪[五何反], 在彼中阿. 旣見君子, 樂[音洛]且有儀[叶五何反].

菁菁者莪여   무성하고 무성한 새발쑥이여
在彼中阿로다   저 언덕 가운데 있도다
旣見君子호니   군자를 만나보니
樂(락)且有儀로다   즐겁고 또 예의가 있도다

興也라 菁菁은 盛貌라 莪는 蘿蒿也라 中阿는 阿中也니 大陵曰阿라 君子는 指賓客也라

○ 此亦燕飲賓客之詩라 言菁菁者莪는 則在彼中阿矣요 旣見君子면 則我心喜樂而有禮儀矣라 或曰 以菁菁者莪로 比君子容貌威儀之盛也라하니 下章放此하니라

흥(興)이다. '정정(菁菁)'은 무성한 모양이다. 아(莪:새발쑥)는 나호(蘿蒿)이다. '중아(中阿)'는 언덕 가운데이니, 큰 구릉을 아(阿)라 한다. '군자'는 빈객(賓客)을 가리

••• 菁 : 무성할 정(청) 莪 : 새발쑥 아 蒿 : 다북쑥 호

킨다.

○ 이 또한 빈객을 연음(燕飮)하는 시(詩)이다. 무성한 새발쑥은 저 언덕 가운데에 있으며, 이미 군자를 만나보면 내 마음 기쁘고 즐거우며 군자가 예의(禮儀)가 있다고 말한 것이다. 혹자는 "정정자아(菁菁者莪)로써 군자의 용모(容貌)와 위의의 성함을 비(比)하였다." 하니, 하장(下章)도 이와 같다.

② 菁菁者莪, 在彼中沚〔音止〕. 旣見君子, 我心則喜.

菁菁者莪여 무성하고 무성한 새발쑥이여
在彼中沚(지)로다 저 모래섬 가운데 있도다
旣見君子호니 군자를 만나보니
我心則喜로다 내 마음 기쁘도다

興也라 中沚는 沚中也라 喜는 樂也라
흥(興)이다. '중지(中沚)'는 모래섬 가운데이다. '희(喜)'는 즐거움이다.

③ 菁菁者莪, 在彼中陵. 旣見君子, 錫我百朋.

菁菁者莪여 무성하고 무성한 새발쑥이여
在彼中陵이로다 저 구릉 가운데 있도다
旣見君子호니 군자를 만나보니
錫我百朋이로다 나에게 백붕(많은 보화)을 주신 듯하도다

興也라 中陵은 陵中也라 古者에 貨貝를 五貝爲朋이니 錫我百朋者는 見之而喜하여 如得重貨之多也라
흥(興)이다. '중릉(中陵)'은 구릉 가운데이다. 옛날에 화패(貨貝)를, 5패(貝)를 '붕(朋)'이라 하였으니, 나에게 백붕(百朋)을 주신 듯하다는 것은 만나봄에 기뻐서 귀중한 보화(寶貨)를 많이 얻음과 같은 것이다.

••• 沚 : 물가 지 錫 : 줄 석 朋 : 쌍조개 붕

④ 汎汎〔芳劍反〕楊舟, 載沈載浮. 旣見君子, 我心則休.

汎(범)汎楊舟여	두둥실 떠있는 버드나무 배여
載沈載浮로다	가라앉았다 떴다 하도다
旣見君子호니	군자를 만나보니
我心則休로다	내 마음 안정되도다

比也라 楊舟는 楊木爲舟也라 載는 則也라 載沈載浮는 猶言載淸載濁、載馳載驅[60]之類니 以比未見君子而心不定也라 休者는 休休然이니 言安定也라

비(比)이다. 양주(楊舟)는 버드나무로 배를 만든 것이다. '재(載)'는 즉(則;발어사)이다. '재침재부(載沈載浮)'는 재청재탁(載淸載濁;맑다가 흐려짐), 재치재구(載馳載驅;말을 달리고 채찍질함)라고 말한 것과 같은 따위이니, 군자를 보지 못하여 마음이 안정되지 못함을 비(比)한 것이다. '휴(休)'는 휴휴연(休休然)이니, 안정됨을 말한다.

菁菁者莪四章이니 章四句라
〈정정자아(菁菁者莪)〉는 4장이니, 장마다 4구이다.

【毛序】菁菁者莪는 樂育材也니 君子能長育人材하면 則天下喜樂之矣니라
〈정정자아〉는 인재(人材)를 기름을 즐거워한 시(詩)이니, 군자가 인재를 키우고 기르면 천하가 기뻐하고 즐거워하게 된다.
【鄭註】 樂育材者는 歌樂人君이 敎學國人、秀士、選士、俊士、造士、進士하여 養之以漸하여 至於官之니라
'인재를 기름을 즐거워한다.'는 것은 인군이 국인(國人)과 수사(秀士), 선사(選士), 준사(俊士), 조사(造士), 진사(進士)를 가르쳐서 점점 길러 벼슬시킴에 이름을 노래로 즐거워한 것이다.
【辨說】此序는 全失詩意하니라
이 〈서〉는 온전히 시의 뜻을 잃었다.

......
60 猶言載淸載濁 載馳載驅 : 재청재탁(載淸載濁)은 아래 〈사월(四月)〉에 보이고, 재치재구(載馳載驅)는 위 〈용풍(鄘風) 재치(載馳)〉에 보인다.

3. 유월(六月)

① 六月棲棲[音西], 戎車旣飭[音勑]. 四牡騤騤[求龜反], 載是常服[叶蒲北
反]. 玁狁孔熾[尺志反], 我是用急[叶音棘]. 王于出征, 以匡王國[叶于逼反].

六月棲棲하여	유월에 서둘러
戎車旣飭하여	융거를 정돈하고서
四牡騤(규)騤어늘	네 필의 수말이 군세고 군센데
載是常服하니	이 군복을 수레에 실으니
玁狁孔熾라	험윤이 크게 치성(熾盛)한지라
我是用急이니	내가 이 때문에 급하게 여기니
王于出征하여	왕(王)이 이에 출정하여
以匡王國이시니라	왕국을 바로잡으라 하시니라

賦也라 六月[61]은 建未之月也라 棲棲는 猶皇(遑)皇이니 不安之貌라 戎車는 兵車也
라 飭은 整也라 騤騤는 强貌라 常服은 戎事之常服이니 以韎(매)韋爲弁하고 又以爲
衣而素裳白舃(석)也라 玁狁은 卽獫狁이니 北狄也라 孔은 甚이요 熾는 盛이요 匡은
正也라

○ 成、康旣沒에 周室寖衰하고 八世而厲王胡暴虐한대 周人逐之하여 出居于彘
(체)하니 玁狁內侵하여 逼近京邑이러니 王崩하고 子宣王靖이 卽位하여 命尹吉甫하
여 帥(솔)師伐之하여 有功而歸하니 詩人作歌以敍其事如此하니라 司馬法[62]에 冬夏
不興師어늘 今乃六月而出師者는 以玁狁甚熾하여 其事危急이라 故로 不得已而
王命於是出征하여 以正王國也라

부(賦)이다. '6월'은 두병(斗柄)이 초저녁에 미방(未方)을 가리키는 달이다. '서
서(棲棲)'는 황황(皇皇)과 같으니, 불안한 모양이다. '융거(戎車)'는 병거(兵車)이다.

• • • • • •
61 六月 : 여기의 6월은 주정(周正)으로 계산한 것이 아니고 하정(夏正)으로 계산하였음을 뜻하
는데, 주정(周正)으로 계산할 경우 6월은 입하절(立夏節)에 해당하여 농사 일이 바쁘지 않기 때문
에 말한 것이다.
62 司馬法 : 사마법(司馬法)은 춘추시대 제(齊)나라의 대장인 사마양저(司馬穰苴)가 주나라의 용
병(用兵)하던 법을 참고하여 지었다 한다.

• • • 飭 : 삼갈 칙 騤 : 건장할 규 玁 : 오랑캐 험(獫同) 狁 : 오랑캐 윤 韎 : 붉은가죽 매 舃 : 신 석 獫 : 오랑캐 험
彘 : 땅이름 체

'칙(飭)'은 정돈함이다. '규규(赳赳)'는 굳센 모양이다. '상복(常服)'은 병사(兵事)에 입는 평상복이니, 붉은 가죽으로 관(冠)을 만들고 또 이것으로 상의(上衣)를 만들며, 흰 치마에 백색(白色)의 신을 신는다. '험윤(玁狁)'은 바로 험윤(獫狁)이니, 북적(北狄)이다. '공(孔)'은 심함이요, '치(熾)'는 성함이요, '광(匡)'은 바로잡음이다.

○ 성왕(成王)과 강왕(康王)이 이미 별세함에 주나라가 점점 쇠약해지고, 8세(世)에 여왕(厲王) 호(胡)가 포학하자, 주나라 사람들이 그를 축출하여 체(彘) 땅에 나가서 거주하니, 이에 험윤이 안으로 침략하여 경읍(京邑)에 가까이 다가왔다. 여왕이 죽고 아들 선왕(宣王) 정(靖)이 즉위하고서, 윤길보(尹吉甫)를 명하여 군대를 거느리고 출정(出征)하여 공을 세우고 돌아오니, 이에 시인(詩人)이 노래를 지어 이 일을 서술하기를 이와 같이 한 것이다.

《사마법(司馬法)》에 겨울과 여름철에는 군대를 일으키지 않는데, 지금은 6월인데도 군대를 출동시킨 것은 험윤이 심히 치성하여 그 일이 위급하기 때문에 부득이 하여 왕이 "이에 출정해서 왕국(王國)을 바로잡으라."고 명령한 것이다.

② 比〔毘之反〕物四驪, 閑之維則. 維此六月, 旣成我服〔叶蒲北反〕. 我服旣成, 于三十里. 王于出征, 以佐天子〔叶奬里反〕.

比物四驪(리)여	힘이 똑같은 네 필의 검은 수말이여
閑之維則(칙)이로다	잘 길들어서 법도에 맞도다
維此六月에	이 유월에
旣成我服하여	나의 군복을 만들어
我服旣成이어늘	나의 군복이 완성되자
于三十里하니	하루에 삼십 리를 가니
王于出征하여	왕이 이에 출정하여
以佐天子시니라	천자를 도우라 하시니라

賦也라 比物은 齊其力也라 凡大事인 祭祀、朝覲、會同엔 毛馬而頒之하고 凡軍事엔 物馬而頒之[63]하나니 毛馬는 齊其色하고 物馬는 齊其力하니 吉事尙文하고 武事

······
63 凡大事……物馬而頒之 : 이 내용은 《주례(周禮)》〈하관(夏官) 교인(校人)〉에 보인다.

··· 比 : 고를 비 閑 : 익숙할 한

尙强也라 則은 法也라 服은 戎服也라 三十里는 一舍也라 古者에 吉行은 日五十里
요 師行은 日三十里하니라

○ 旣比其物이어늘 而曰四驪면 則其色又齊하니 可以見馬之有餘矣요 閑習之而
皆中法則이면 又可以見敎之有素矣라 於是此月之中에 卽成我服하여 旣成我服이
어든 卽日引道하여 不徐不疾하여 盡舍而止하니 又見其應變之速과 從事之敏하되
而不失其常度也라 王命於此而出征하여 欲其有以敵王所愾而佐天子耳니라

부(賦)이다. '비물(比物)'은 그 〈말의〉 힘을 똑같게 하는 것이다. 무릇 대사(大事)
인 제사(祭祀)와 조근(朝覲)과 회동(會同)에는 말의 색깔을 구별하여[毛馬] 나누어
주고, 모든 군사(軍事)에는 말의 힘을 똑고르게 하여[物馬] 나누어 주니, 모마(毛
馬)는 그 색깔을 똑같이 하고, 물마(物馬)는 그 힘을 똑같이 하는 것이다. 이는 길
사(吉事)는 문(文:문채)을 숭상하고 무사(武事)는 강(强)을 숭상해서이다. '칙(則)'은
법도이다. '복(服)'은 융복(戎服:군복)이다. 삼십 리는 일사(一舍)이다. 옛날에 길(吉)
한 일로 갈 때에는 하루에 50리를 가고, 군대의 행군속도는 하루에 30리였다.

○ 이미 그 힘을 똑고르게 하고, 또 네 필의 검은 말이라고 하였다면 그 색깔도
똑같은 것이니 말의 유여(有餘)함을 볼 수 있고, 익숙히 길들어 모두 법칙에 맞는
다면 또 평소에 조련시켰음이 있음을 볼 수 있다. 이에 이 달 안에 우리 전투복을
만들어서 우리 전투복이 이미 이루어지거든 즉일(卽日)로 길을 떠나 느리지도 않
고 빠르지도 아니하여 일사(一舍:30리)를 다하고 멈추었으니, 또 사변(事變)에 대응
하기를 신속히 함과 종사(從事)하기를 민첩하게 하면서도 그 떳떳한 법도를 잃지
않았음을 볼 수 있다. 왕(王)이 이에 출정(出征)하라고 명하여, 왕이 노여워하는 상
대를 대적하여 천자에게 도움이 있기를 바란 것이다.

③ 四牡脩廣, 其大有顒〔玉容反〕. 薄伐玁狁, 以奏膚公. 有嚴有翼, 共
〔音恭〕武之服〔叶蒲北反〕, 共武之服, 以定王國〔叶于逼反〕.

四牡脩廣하니	네 필의 수말이 장대(長大)하니
其大有顒(옹)이로다	몸집이 크기도 하도다
薄伐玁狁하여	잠시 험윤을 정벌하여
以奏膚公이로다	큰 공(功)을 올리도다
有嚴有翼하여	엄숙하고 공경하여

··· 舍 : 삼십리 사 脩 : 길 수 顒 : 클 옹 膚 : 클 부 翼 : 공경할 익

共(供)武之服하니　　무사(武事)를 받드니
共武之服하여　　무사를 받들어
以定王國이로다　　왕국을 안정시키도다

賦也라 脩는 長이요 廣은 大也라 顒은 大貌라 奏는 薦이요 膚는 大요 公은 功이라 嚴은 威요 翼은 敬也라 共은 與供同이요 服은 事也니 言將帥皆嚴敬하여 以共武事也라

　　부(賦)이다. '수(脩)'는 긺이요, '광(廣)'은 큼이다. '옹(顒)'은 큰 모양이다. '주(奏)'는 올림이요, '부(膚)'는 큼이요, '공(公)'은 공(功)이다. '엄(嚴)'은 위엄이요, '익(翼)'은 공경이다. '공(共)'은 공(供)과 같고 '복(服)'은 일이니, 장수가 모두 엄숙하고 공경하여 무사(武事)에 바침을 말한 것이다.

④ 玁狁匪茹〔如豫反〕, 整居焦穫〔音護〕. 侵鎬〔胡老反〕及方, 至于涇陽. 織〔音志〕文鳥章, 白斾央央〔於良反〕. 元戎十乘〔繩證反〕, 以先啓行〔叶戶郞反〕.

玁狁匪茹(여)하여　　험윤(玁狁)이 스스로 헤아리지 못하여
整居焦穫(호)하여　　초(焦) 땅과 호(穫) 땅에 정연하게 거주해서
侵鎬及方하여　　호(鎬)와 삭방(朔方)을 침략하여
至于涇陽이어늘　　경수(涇水) 북쪽에 이르거늘
織(幟)文鳥章이며　　깃발의 무늬는 새를 그린 휘장이며
白斾(패)央央하니　　흰 깃발이 선명하니
元戎十乘으로　　큰 융거(戎車) 십 승으로
以先啓行이로다　　먼저 길을 떠나도다

賦也라 茹는 度(탁)이요 整은 齊也라 焦、穫、鎬、方은 皆地名이라 焦는 未詳所在요 穫는 郭璞以爲瓠中이라하니 則今在耀州三原縣也라 鎬는 劉向以爲千里之鎬라하니 則非鎬京之鎬矣니 亦未詳其所在也라 方은 疑卽朔方也라 涇陽은 涇水之北이니 在豐、鎬之西北하니 言其深入爲寇也라 織는 幟字同이라 鳥章은 鳥隼之章也라 白斾는 繼旐者也라 央央은 鮮明貌라 元은 大也요 戎은 戎車也니 軍之前鋒也라 啓는 開요 行은 道也니 猶言發程也라
○ 言玁狁不自度(탁)量하여 深入爲寇如此라 是以로 建此旌旗하고 選鋒銳하여 進

聲其罪而致討焉하니 直而壯이요 律而臧이라 有所不戰이언정 戰必勝矣니라

부(賦)이다. '여(茹)'는 헤아림이요, '정(整)'은 가지런함이다. 초(焦)·호(穫)·호(鎬)·방(方)은 모두 지명이다. '초(焦)'는 소재(所在)가 자세하지 않으며, '호(穫)'는 곽박(郭璞)이 호중(瓠中)이라 하였으니, 그렇다면 지금의 요주(耀州) 삼원현(三原縣)에 있었다. '호(鎬)'는 유향(劉向)이 "천 리의 호(鎬)"라 하였으니, 그렇다면 호경(鎬京)의 호(鎬)가 아닌데, 또한 그 소재가 자세하지 않다. '방(方)'은 의심컨대 바로 삭방(朔方)인 듯하다. '경양(涇陽)'은 경수(涇水)의 북쪽이니, 풍(豐)·호(鎬)의 서북쪽에 있으니, 험윤이 깊이 쳐들어와 침략함을 말한 것이다. '치(織)'는 치(幟) 자와 같다. '조장(鳥章)'은 새와 새매를 그린 휘장이다. '백패(白旆)'는 조(旒)에 매다는 흰 명주이다. '앙앙(央央)'은 선명한 모양이다. '원(元)'은 큼이요 '융(戎)'은 융거(戎車)이니, 원융은 군대의 선봉(先鋒)이다. '계(啓)'는 엶이요, '행(行)'은 길이니, 발정(發程)이란 말과 같다.

○ 험윤이 제 스스로 힘과 의(義)를 헤아리지 못하고 깊이 쳐들어와 침략함이 이와 같았다. 이 때문에 이 정기(旌旗)를 세우고 선봉과 정예병을 뽑아서 나아가 그 죄를 성토하고 토벌하였으니, 군대의 명분이 곧아 사기(士氣)가 왕성하고, 군률(軍律)이 엄격하여 훌륭하였다. 싸우지 않는 경우가 있을지언정 싸우면 반드시 승리하는 것이다.

⑤ 戎車旣安[叶於連反], 如輕[竹二反]如軒. 四牡旣佶[其乙反], 旣佶且閑[叶胡田反]. 薄伐玁狁, 至于大[음泰]原. 文武吉甫, 萬邦爲憲[叶許言反].

戎車旣安하니	융거가 이미 편안하니
如輕(지)如軒이며	지(輕)와 같고 헌(軒)과 같으며
四牡旣佶(길)하니	네 필의 수말이 건장하니
旣佶且閑이로다	건장하고 길들여졌도다
薄伐玁狁하여	잠시 험윤을 정벌하여
至于大(太)原하니	태원에 이르니
文武吉甫여	문무겸전(文武兼全)한 길보여
萬邦爲憲이로다	만방이 법(모범)으로 삼도다

••• 臧 : 좋을 장 輕 : 앞낮은수레 지 軒 : 앞높은수레 헌 佶 : 헌걸찰 길

賦也라 輕는 車之覆(복)而前也요 軒은 車之却而後也니 凡車從後視之에 如輕하고 從前視之에 如軒然後에 適調也라 佶은 壯健貌라 大(太)原은 地名이라 亦曰大鹵(로)니 今在大原陽曲縣하니라 至于大原은 言逐出之而已요 不窮追也니 先王治戎狄之法이 如此하니라 吉甫는 尹吉甫니 此時大將也라 憲은 法也라 非文이면 無以附衆이요 非武면 無以威敵이니 能文能武면 則萬邦以之爲法矣리라

부(賦)이다. '지(輕)'는 수레가 〈앞이 무거워 숙어져서〉 앞으로 넘어질 듯하면서 전진하는 것이요, '헌(軒)'은 수레가 〈앞이 가벼워 들려서〉 뒤로 물러가는 듯한 것이다. 무릇 수레는 뒤에서 보면 앞으로 넘어질 듯하고 앞에서 보면 뒤로 물러가는 듯한 뒤에야 똑바로 맞는다. '길(佶)'은 건장한 모양이다. '태원(太原)'은 지명이다. 또한 태로(太鹵)라고도 하니, 지금의 태원부(太原府) 양곡현(陽曲縣)에 있었다. 태원에 이르렀다는 것은 험윤을 축출할 뿐이요 끝까지 추격하지 않았음을 말한 것이니, 선왕이 융적(戎狄)을 다스리는 법이 이와 같았다. '길보(吉甫)'는 윤길보(尹吉甫)이니, 이때의 대장이다. '헌(憲)'은 법이다. 문(文)이 아니면 무리를 따르게 할 수 없고, 무(武)가 아니면 적을 두렵게 할 수 없으니, 능히 문(文)하고 능히 무(武)하면 만방(萬邦)이 그로써 법을 삼을 것이다.

⑥ 吉甫燕喜, 既多受祉. 來歸自鎬, 我行永久〔叶擧里反〕. 飲〔於鴆反〕御諸友〔叶羽已反〕, 炰〔白交反〕鼈膾鯉. 侯誰在矣, 張仲孝友〔叶羽已反〕.

吉甫燕喜하니	길보가 잔치하여 기뻐하니
既多受祉로다	이미 복을 많이 받았도다
來歸自鎬하니	호(鎬) 땅에서 돌아오니
我行永久로다	우리가 길을 떠난 지 오래되었도다
飲(임)御諸友하니	여러 벗들에게 술과 음식을 올리니
炰鼈膾鯉(포별회리)로다	삶은 자라와 회친 잉어로다
侯誰在矣오	누가 이 자리에 있는가
張仲孝友로다	효도하고 우애하는 장중이로다

賦也라 祉는 福이요 御는 進이요 侯는 維也라 張仲은 吉甫之友也라 善父母曰孝요 善兄弟曰友라

··· 鹵 : 염밭 로 祉 : 복 지 御 : 드릴 어 炰 : 통째로구울 포 鼈 : 자라 별 膾 : 회 회

○ 此는 言吉甫燕飮喜樂하여 多受福祉하니 蓋以其歸自鎬而行永久也라 是以로 飮酒進饌於朋友에 而孝友之張仲이 在焉이라 言其所與宴者之賢하니 所以賢吉甫而善是燕也니라

　　부(賦)이다. '지(祉)'는 복(福)이요, '어(御)'는 올림이요, '후(侯)'는 유(維;발어사)이다. 장중(張仲)은 길보(吉甫)의 벗이다. 부모에게 잘하는 것을 효(孝)라 하고, 형제간에 잘하는 것을 '우(友)'라 한다.

　　○ 이는 길보가 잔치하여 술을 마시고 희락(喜樂)하여 복을 많이 받으니, 이는 호(鎬) 땅으로부터 돌아옴에 길을 떠난 지가 오래되었다. 이 때문에 붕우들에게 술을 마시게 하고 음식을 올리는데 효우(孝友)하는 장중(張仲)이 이 자리에 있음을 말한 것이다. 함께 잔치하는 자의 어짊을 말하였으니, 이는 길보를 어질게 여기고 이 잔치를 좋게 여긴 것이다.

六月六章이니 章八句라

　　〈유월(六月)〉은 6장이니, 장마다 8구이다.

【毛序】 六月은 宣王北伐也라

　　〈유월〉은 선왕(宣王)이 북벌(北伐)한 것을 읊은 시(詩)이다.

【鄭註】 六月은 言周室微而復興하니 美宣王之北伐也라

　　〈유월〉은 주(周)나라 왕실이 쇠미하였다가 다시 흥왕(興旺)함을 말한 것이니, 선왕이 북쪽으로 험윤(玁狁)을 정벌함을 찬미한 것이다.

【辨說】 此句得之라

　　이 구는 맞다.

【毛序】 鹿鳴廢則和樂缺矣요 四牡廢則君臣缺矣요 皇皇者華廢則忠信缺矣요 常棣廢則兄弟缺矣요 伐木廢則朋友缺矣요 天保廢則福祿缺矣요 采薇廢則征伐缺矣요 出車廢則功力缺矣요 杕杜廢則師衆缺矣요 魚麗廢則法度缺矣요 南陔廢則孝友缺矣요 白華廢則廉恥缺矣요 華黍廢則蓄積缺矣요 由庚廢則陰陽失其道理矣요 南有嘉魚廢則賢者不安하고 下民不得其所矣요 崇丘廢則萬物不遂矣요 南山有臺廢則爲國之基隊(墜)矣요 由儀廢則萬物失其道理矣요 蓼蕭廢則恩澤乖矣요 湛露廢則萬國離矣요 彤弓廢則諸夏衰矣요 菁菁者莪廢則無禮儀矣요 小雅盡廢則四夷交侵하여 中國微矣리라

〈녹명(鹿鳴)〉이 폐해지면 화락(和樂)이 없어지고, 〈사무(四牡)〉가 폐해지면 군신 간의 의(義)가 없어지고, 〈황황자화(皇皇者華)〉가 폐해지면 충신(忠信)의 도(道)가 없어지고, 〈상체(常棣)〉가 폐해지면 형제의 정이 없어지고, 〈벌목(伐木)〉이 폐해지면 붕우의 의리가 없어지고, 〈천보(天保)〉가 폐해지면 복록(福祿)이 없어지고, 〈채미(采薇)〉가 폐해지면 정벌의 의(義)가 폐해지고, 〈출거(出車)〉가 폐해지면 공력(功力)에 대한 합당한 대우가 없어지고, 〈체두(杕杜)〉가 폐해지면 군대가 쇠약해지고, 〈어리(魚麗)〉가 폐해지면 법도가 없어지고, 〈남해(南陔)〉가 폐해지면 효우(孝友)의 행실이 없어지고, 〈백화(白華)〉가 폐해지면 염치가 없어지고, 〈화서(華黍)〉가 폐해지면 물자의 저축이 없어지고, 〈유경(由庚)〉이 폐해지면 음양(陰陽)이 그 도리(道理)를 잃고, 〈남유가어(南有嘉魚)〉가 폐해지면 현자(賢者)가 불안하고 하민(下民)들이 살 곳을 얻지 못하고, 〈숭구(崇丘)〉가 폐해지면 만물(萬物)이 이루어지지 못하고, 〈남산유대(南山有臺)〉가 폐해지면 나라를 다스리는 기본(基本)이 실추되고, 〈유의(由儀)〉가 폐해지면 만물이 그 도리를 잃고, 〈륙소(蓼蕭)〉가 폐해지면 은택이 괴리되고, 〈담로(湛露)〉가 폐해지면 만국이 이반(離叛)하고, 〈동궁(彤弓)〉이 폐해지면 제하(諸夏)가 쇠망하고, 〈정정자아(菁菁者莪)〉가 폐해지면 합당한 예의(禮儀)가 없어지고, 〈소아(小雅)〉가 모두 폐해지면 사이(四夷)가 교대로 침범하여 중국이 미약해질 것이다.

【辨說】 魚麗以下篇次는 爲毛公所移로되 而此序自南陔以下八篇은 尙仍儀禮次第라 獨以鄭譜에 誤分魚麗하여 爲文武時詩라 故遂移此序魚麗一句하여 自華黍之下로 而升於南陔之上이라 此一節與小序는 同出一手하니 其得失을 無足議者로되 但欲證毛公所移篇次之失과 與鄭氏獨移魚麗一句之私라 故論於此云이라

〈어리〉 이하의 편차는 모공(毛公)이 옮겨놓은 것인데, 이 〈서〉에서는 〈남해〉로부터 이하 8편은 《의례(儀禮)》의 차례를 그대로 따랐다. 다만 정현의 〈시보(詩譜)〉에 잘못 〈어리〉를 나누어 문왕(文王)·무왕(武王) 때의 시라 하였다. 그러므로 마침내 이 〈서〉의 〈어리〉 한 구를 옮겨 〈화서〉 아래에서 〈남해〉의 위로 올려놓은 것이다. 이 한 절(節)과 〈소서(小序)〉는 똑같이 한 사람의 손에서 나왔으니 그 득실을 굳이 비판할 것이 없으나, 다만 모공이 옮겨놓은 편차의 잘못과 정씨(鄭氏)가 유독 〈어리〉 한 구를 옮겨놓은 사사로움을 증명하고자 하였다. 그러므로 여기에서 이를 논한 것이다.

4. 채기(采芑)

① 薄言采芑[音起], 于彼新田, 于此菑[側其反]畝. 方叔涖[音利]止, 其車
三千, 師干之試[叶詩止反]. 方叔率止, 乘其四騏, 四騏翼翼. 路車有奭
[許力反], 簟笰[音弗]魚服[叶蒲北反], 鉤膺鞗[音條]革[叶訖力反].

薄言采芑(기)를	잠깐 쓴나물을 채취하기를
于彼新田이며	저 두 해 묵은 밭에서도 하고
于此菑(치)畝로다	이 한 해 묵은 밭에서도 하도다
方叔涖(리)止하니	방숙이 자리에 임하니
其車三千이로소니	그 수레가 삼천 대이니
師干之試로다	군사들이 방어 훈련을 익히도다
方叔率止하니	방숙이 통솔하니
乘其四騏로다	네 필의 기마(騏馬)를 탔도다
四騏翼翼하니	네 필의 기마가 질서정연하니
路車有奭(혁)이로소니	로거(路車)가 붉기도 하니
簟笰(점불)魚服이며	방문석의 휘장과 물고기껍질로 만든 화살통이며
鉤膺鞗(조)革이로다	갈고리와 가슴걸이에 가죽 고삐도 있도다

興也라 芑는 苦菜也니 靑白色이요 摘其葉하면 有白汁出하니 肥可生食이요 亦可蒸
爲茹하니 卽今苦蕒(매)菜라 宜馬食하니 軍行采之는 人馬皆可食也일새라 田一歲
曰菑요 二歲曰新田이요 三歲曰畬(여)라 方叔은 宣王卿士니 受命爲將者也라 涖
는 臨也라 其車三千이면 法當用三十萬衆이니 蓋兵車一乘에 甲士三人이요 步卒
七十二人이요 又二十五人이 將重車在後하여 凡百人也라 然이나 此亦極其盛而言
이요 未必實有此數也라 師는 衆이요 干은 扞(한)也요 試는 肄(이)習也니 言衆且練
也라 率은 總率之也라 翼翼은 順序貌라 路車는 戎路也라 奭은 赤貌라 簟笰은 以方
文竹簟으로 爲車蔽也라 鉤膺은 馬婁는 頷有鉤하고 而在膺은 有樊(繁)有纓也하니
樊은 馬大帶요 纓은 鞅也라 鞗革은 見蓼蕭篇하니라

　홍(興)이다. '기(芑)'는 쓴나물이니, 청백색(靑白色)이요 그 잎을 따면 흰 즙(汁)
이 나오는데 살져서 생식(生食)할 수도 있고 또한 삶아서 먹을 수도 있으니, 바로

···　芑 : 상치 기　菑 : 따비밭 치　涖 : 임할 리　干 : 막을 간　奭 : 붉을 혁　簟 : 대자리 점　笰 : 수레뒤창 불
　　鞗 : 고삐 조　茹 : 나물 여　蕒 : 들상치 매　畬 : 새밭 여　肄 : 익힐 이　婁 : 끌루　頷 : 턱함 樊 : 띠 반
　　鞅 : 가슴걸이 앙　蓼 : 클 륙

지금의 고매채(苦蕒菜;들상추)이다. 말먹이에도 적당하니, 군사들이 행군할 때에 이것을 채취함은 사람과 말이 모두 먹을 수 있기 때문이다. 밭이 개간한 지 1년 된 것을 '치(菑)'라 하고, 2년 된 것을 '신전(新田)'이라 하고, 3년 된 것을 '여(畬)'라 한다.

'방숙(方叔)'은 선왕(宣王)의 경사(卿士)이니, 명령을 받아 장수가 된 자이다. '리(涖)'는 임함이다. 그 수레(병거)가 3천이면 법식에는 마땅히 30만 명의 병사를 써야 하니, 병거(兵車) 1승(乘)에는 갑사(甲士)가 3명이요, 보졸(步卒)이 72명이며, 또 25명이 치중거(輜重車;짐수레)를 가지고 뒤에 있어 합해서 1백 명이다. 그러나 이 또한 그 성함을 지극히 말한 것이요, 반드시 실제로 이 숫자가 있었던 것은 아니다. '사(師)'는 무리요 '간(干)'은 막음이요 '시(試)'는 익힘이니, 군사들이 많고 또 훈련되었음을 말한 것이다. '솔(率)'은 통솔함이다. '익익(翼翼)'은 순서가 있는 모양이다. '로거(路車)'는 융로(戎路;병거)이다. '혁(奭)'은 붉은 모양이다. '점불(簟笰)'은 방문(方文)의 대자리로 수레의 가리개를 만든 것이다. '구응(鉤膺)'은, 말을 얽어 매는 것은 목턱에는 구(鉤)의 장식이 있고 가슴[膺]에는 번(樊)과 영(纓)이 있으니, 번(樊)은 말의 큰 띠요, 영(纓)은 고삐이다. '조혁(條革)'은 〈륙소(蓼蕭)〉편에 보인다.

○ 宣王之時에 蠻荊背叛한대 王命方叔南征하니 軍行采苣而食이라 故로 賦其事以起興曰 薄言采苣를 則于彼新田이요 于此菑畝矣라 方叔涖止하니 則其車三千이니 師干之試矣라하고 又遂言其車馬之美하여 以見軍容之盛也하니라

○ 선왕(宣王)의 때에 만형(蠻荊)이 배반하자, 왕(王)이 방숙(方叔)에게 명하여 남쪽으로 정벌하게 하니, 군사들이 행군하면서 쓴나물을 뜯어 먹었다. 그러므로 이 일을 읊어 기흥(起興)하기를 "잠깐 쓴나물을 뜯기를 저 신전(新田)에서 하고 이 1년 된 밭에서 하도다. 방숙이 임하니 그 수레가 3천인데, 군사들이 적을 막는 것을 익히도다." 하였고, 또 마침내 그 거마(車馬)의 아름다움을 말하여 군용(軍容)의 성함을 나타낸 것이다.

② 薄言采苣, 于彼新田, 于此中鄕. 方叔涖止, 其車三千, 旂旐央央. 方叔率止, 約軝〔祈支反〕錯衡〔叶戸郎反〕, 八鸞瑲瑲〔七羊反〕. 服其命服, 朱芾〔音弗〕斯皇, 有瑲蔥珩〔音衡 叶戸郎反〕.

薄言采芑_를	잠깐 씀나물을 채취하기를
于彼新田_{이며}	저 두 해 묵은 밭에서도 하고
于此中鄉_{이로다}	이 시골 가운데에서도 하도다
方叔涖止_{하니}	방숙이 자리에 임하니
其車三千_{이로소니}	그 수레가 삼천 대이니
旂旐央央_{이로다}	깃발이 선명하도다
方叔率止_{하니}	방숙이 통솔하니
約軧_(기)錯衡_{이며}	묶어놓은 수레바퀴통과 문채나는 형(衡)이며
八鸞瑲瑲_{이로다}	여덟 개의 방울이 창창히 울리도다
服其命服_{하니}	그 명복(천자가 내리신 관복)을 입으니
朱芾_(불)斯皇_{이며}	붉은 슬갑(膝甲)이 휘황찬란하며
有瑲蔥珩_(총형)_{이로다}	푸른 패옥(佩玉)이 쟁그랑거리도다

興也라 中鄉은 民居니 其田尤治라 約은 束이요 軧는 轂也니 以皮纏束兵車之轂而朱之也라 錯은 文也라 鈴在鑣_(표)曰鸞이라 馬口兩旁各一이니 四馬故로 八也라 瑲瑲은 聲也라 命服은 天子所命之服也라 朱芾은 黃朱之芾也라 皇은 猶煌煌也라 瑲은 玉聲이라 蔥은 蒼色如蔥者也라 珩은 佩首橫玉也라 禮에 三命은 赤芾蔥珩이니라

　　흥(興)이다. '중향(中鄉)'은 백성들이 거주하는 곳이니, 그 밭이 더욱 다스려져 있다. '약(約)'은 묶음이요 '기(軧)'는 수레바퀴통이니, 가죽으로 병거(兵車)의 바퀴통을 묶어 붉게 칠한 것이다. '착(錯)'은 문채이다. 방울이 재갈에 있는 것을 '란(鸞)'이라 한다. 란은 말의 입 양쪽 곁에 각기 한 개씩이니, 말이 네 필이기 때문에 여덟 개인 것이다. '창창(瑲瑲)'은 소리이다. '명복(命服)'은 천자가 명령한 관복(불(芾)과 형(珩))이다. '주불(朱芾)'은 주황색의 슬갑(膝甲)이다. '황(皇)'은 황황(煌煌)과 같다. '창(瑲)'은 패옥(佩玉)의 소리이다. '총(蔥)'은 푸른색이 파와 같은 것이다. '형(珩)'은 패옥의 맨 위에 가로댄 옥(玉)이다. 예(禮:《예기》〈옥조(玉藻)〉)에 삼명(三命)은 적불(赤芾)에 총형(蔥珩)을 찬다.

③ 鴥_{〔惟必反〕}彼飛隼_{〔息允反〕}, 其飛戾天, 亦集爰止. 方叔涖止, 其車三千, 師干之試. 方叔率止, 鉦_{〔音征〕}人伐鼓, 陳師鞠_{〔居六反〕}旅. 顯允方

...　軧 : 수레바퀴 기　錯 : 문채날 착　瑲 : 옥소리 창　芾 : 슬갑 불　珩 : 패옥 형　轂 : 바퀴통 곡　纏 : 맬 전
　　鑣 : 말재갈 표

叔, 伐鼓淵淵[叶於巾反], 振旅闐闐[徒顚反 叶徒隣反].

鴥(율)彼飛隼이여	빠르게 나는 저 새매여
其飛戾天이며	날아서 하늘에 이르며
亦集爰止로다	또한 앉을 곳에 앉도다
方叔涖止하니	방숙이 자리에 임하니
其車三千이로소니	그 수레가 삼천 대이니
師干之試로다	군사들이 방어 훈련을 익히도다
方叔率止하니	방숙이 통솔하니
鉦(정)人伐鼓어늘	정인(鉦人)이 북을 치자
陳師鞠旅로다	군사들을 진열하고 훈계하도다
顯允方叔이여	밝고 진실한 방숙이여
伐鼓淵淵이며	북을 두드려 진격시키기도 하고
振旅闐(전)闐이로다	싸움을 그치게도 하도다

興也라 隼은 鷂(요)屬이니 急疾之鳥也라 戾는 至요 爰은 於也라 鉦은 鐃(요)也, 鐲(탁)也라 伐은 擊也라 鉦以靜之하고 鼓以動之하여 鉦鼓各有人이어늘 而言鉦人伐鼓는 互文[64]也라 鞠은 告也라 二千五百人爲師요 五百人爲旅니 此는 言將戰에 陳其師旅而誓告之也라 陳師鞠旅는 亦互文耳[65]라 淵淵은 鼓聲이니 平和하여 不暴怒也니 謂戰時進士衆也라 振은 止요 旅는 衆也니 言戰罷(파)而止其衆以入也라 春秋傳曰 出曰治兵이요 入曰振旅라하니 是也라 闐闐은 亦鼓聲也라 或曰 盛貌라 程子曰 振旅亦以鼓行金止하나니라

○ 言隼飛戾天而亦集於所止하여 以興師衆之盛而進退有節하니 如下文所云也라
홍(興)이다. '준(隼)'은 매의 등속이니, 매우 빠른 새이다. '려(戾)'는 이름이요,

······

64 鉦鼓各有人⋯⋯互文 : 호문(互文)은 두 개 이상의 문장이나 글귀에 있어서 두 개를 모두 쓰지 않고 한쪽에 한 가지씩만을 써서 서로 뜻이 통하게 함을 이른다. 예(例)를 들면 '징을 치는 사람은 징을 치고 북을 치는 사람은 북을 친다.[鉦人伐鉦, 鼓人伐鼓.]'라고 써야 할 것을 '鉦人伐鼓'라고 생략하여 쓴 것과 같은 따위이다.

65 陳師鞠旅는 亦互文耳 : 진(陳)은 진열이다. 이 글 역시 '陳師鞠師 振旅鞠旅'라고 써야 하는데, 줄여서 '진사국려'로 썼음을 말한 것이다

··· 鴥 : 빠르게날 율 戾 : 이를 려 鉦 : 징정 鞠 : 고할 국 旅 : 군대 려 振 : 거둘 진 闐 : 북소리 전 鷂 : 새매 요
鐃 : 징 요 鐲 : 징탁, 방울 탁 罷 : 파할 파

'원(爰)'은 이에이다. '정(鉦)'은 징이며 쇠방울이다. '벌(伐)'은 침이다. 징소리로써 군사들을 조용하게 하고 북소리로써 동작하게 하여 징과 북이 각기 맡은 사람이 있는데, 정인(鉦人)이 북을 친다고 말한 것은 호문(互文)이다. '국(鞠)'은 고함이다. 2천 5백 명을 '사(師)'라 하고, 5백 명을 '려(旅)'라 하니, 이는 장차 싸울 적에 그 사려(師旅)를 진열하고 서고(誓告)함을 말한 것이다. 진사국려(陳師鞠旅) 또한 호문(互文)이다. '연연(淵淵)'은 북소리이니, 북소리가 평화로워 급하거나 노(怒)하지 않음이니, 이는 싸울 때에 군사들을 진격시킴을 말한다. '진(振)'은 그침이요, '려(旅)'는 군사이니, 싸움을 파(罷)하고 군사들을 중지시켜 들어오게 함을 말한 것이다. 《춘추좌씨전》은공(隱公) 5년에 "〈군대를〉 출동하는 것을 치병(治兵)이라 하고, 〈군대를〉 거두어 들어오는 것을 진려(振旅)라 한다." 하였으니 이것이다. '전전(闐闐)' 또한 북소리이다. 혹자는 "성(盛)한 모양이다." 한다.

정자(程子)가 말씀하였다. "진려(振旅)할 때에도 또한 북소리로써 전진하고, 징소리로써 그치게 한다."

○ 새매가 날아 하늘에 이르며 또한 앉을 곳에 앉음을 말하여, 군사들이 성(盛)하면서도 진퇴(進退)에 절도가 있음을 흥(興)하였으니, 하문(下文)에 말한 바와 같은 것이다.

④ 蠢[尺允反]爾蠻荊, 大邦爲讎. 方叔元老, 克壯其猶. 方叔率止, 執訊獲醜[叶尺由反]. 戎車嘽嘽[吐丹反]— 嘽嘽焞焞[吐雷反], 如霆如雷. 顯允方叔, 征伐玁狁, 蠻荊來威[叶音隈].

蠢(준)爾蠻荊이	미련한 저 만형이
大邦爲讎로다	대국(大國)을 원수로 삼도다
方叔元老나	방숙이 많이 늙었으나
克壯其猶(猷)로다	그 계책은 씩씩하도다
方叔率止하니	방숙이 통솔하니
執訊獲醜로다	괴수를 붙잡고 무리들을 사로잡도다
戎車嘽(탄)嘽하니	융거가 많이 있으니
嘽嘽焞(퇴)焞하여	많고도 성하여
如霆如雷로다	벼락과 같고 우레와 같도다

··· 蠢 : 어리석을 준   猶 : 꾀 유(猷通)   醜 : 무리 추   嘽 : 많을 탄   焞 : 성할 퇴   霆 : 우뢰 정

顯允方叔_{이여} 밝고 진실한 방숙이여
征伐玁狁_{하니} 험윤을 정벌하니
蠻荊來威(畏)_{로다} 만형이 와서 두려워 복종하도다

賦也라 蠢者는 動而無知之貌라 蠻荊은 荊州之蠻也라 大邦은 猶言中國也라 元은 大요 猶는 謀也니 言方叔雖老而謀則壯也라 嘽嘽은 衆也요 焞焞는 盛也라 霆은 疾雷也라 方叔이 蓋嘗與於北伐之功者라 是以로 蠻荊聞其名하고 而皆來畏服也라

부(賦)이다. '준(蠢)'은 움직이기만 할 뿐 무지(無知)한 모양이다. '만형(蠻荊)'은 형주(荊州)의 오랑캐이다. '대방(大邦)'은 중국이란 말과 같다. '원(元)'은 큼이요 '유(猶)'는 모(謀:계책)이니, 방숙이 비록 늙었으나 계책은 씩씩함을 말한 것이다. '탄탄(嘽嘽)'은 많음이요, '퇴퇴(焞焞)'는 성함이다. '정(霆)'은 빠른 벼락이다. 방숙은 아마도 일찍이 북벌(北伐)의 공(功)에 참예했던 자인 듯하다. 이 때문에 만형(蠻荊)이 그의 이름을 듣고는 모두 와서 두려워하여 복종한 것이다.

采芑四章이니 章十二句라
〈채기(采芑)〉는 4장이니, 장마다 12구이다.

【毛序】采芑는 宣王南征也라
〈채기〉는 선왕(宣王)이 남쪽 지방을 정벌한 것을 읊은 시(詩)이다.

5. 거공(車攻)

① 我車旣攻, 我馬旣同. 四牡龐龐〔鹿同反〕, 駕言徂東.

我車旣攻_{하며} 우리 융거(戎車)가 이미 견고하며
我馬旣同_{하여} 우리 말들이 힘이 똑같아
四牡龐(롱)龐_{하니} 네 필의 수말이 충실하니
駕言徂東_{이로다} 이것을 타고서 동쪽으로 가도다

賦也라 攻은 堅이라 同은 齊也라 傳曰 宗廟齊豪(毫)하니 尙純也요 戎事齊力하니 尙
强也요 田獵齊足하니 尙疾也라하니라 龐龐은 充實也라 東은 東都洛邑也라

○ 周公이 相成王하여 營洛邑하여 爲東都하여 以朝諸侯러시니 周室旣衰에 久廢其
禮라가 至于宣王하여 內修政事하고 外攘夷狄하여 復文武之竟(境)土하며 修車馬하
고 備器械하여 復會諸侯於東都하고 因田獵而選車徒焉이라 故로 詩人作此以美之
하니라 首章은 汎言將往東都也라

부(賦)이다. '공(攻)'은 견고함이다. '동(同)'은 똑고름이다. 《모전(毛傳)》에 이르
기를 "종묘(宗廟)에는 털의 색깔이 똑같은 말을 고르니 이는 순색(純色)을 숭상하
는 것이요, 군사(軍事)에는 힘이 똑같은 말을 고르니 이는 강함을 숭상하는 것이
요, 전렵(田獵)에는 발(주력(走力))이 똑같은 말을 고르니 이는 빠름을 숭상하는 것
이다." 하였다. '롱롱(龐龐)'은 충실함이다. '동(東)'은 동도(東都)인 낙읍(洛邑)이다.

○ 주공(周公)이 성왕(成王)을 도와 낙읍(洛邑)을 경영하여 동도(東都)를 만들어
제후에게 조회를 받았는데, 주(周)나라가 이미 쇠함에 오랫동안 이 예(禮)를 폐하
였다가 선왕(宣王)에 이르러 안으로는 정사를 닦고 밖으로는 이적(夷狄)을 물리쳐
문왕·무왕의 경토(境土)를 복구하였으며, 거마(車馬)를 수리하고 기계(器械:병기)
를 갖추어 다시 제후들을 동도에 모으고, 전렵을 통해서 거도(車徒:거어(車御)와 보
병)를 뽑았다. 그러므로 시인(詩人)이 이 시를 지어 찬미한 것이다. 수장(首章)은 장
차 동도로 감을 범연히 말한 것이다.

② 田車旣好〔叶許厚反〕, 四牡孔阜〔符有反〕. 東有甫草〔叶此苟反〕, 駕言行狩
〔叶始九反〕.

田車旣好하니　　사냥용 수레가 좋으니
四牡孔阜로다　　네 필의 수말이 성대하도다
東有甫草어늘　　동도(東都)에 보초란 땅이 있는데
駕言行狩로다　　말을 타고 가서 사냥하도다

賦也라 田車는 田獵之車라 好는 善也요 阜는 盛大也라 甫草는 甫田也니 後爲鄭地

··· 豪 : 터럭 호　攘 : 물리칠 양　甫 : 클 보

하니 今開封府中牟縣西圃田澤이 是也라 宣王之時⁶⁶엔 未有鄭國하여 圃田이 屬東
都畿內라 故로 往田也라

○ 此章은 指言將往狩于圃田也라

　　부(賦)이다. '전거(田車)'는 전렵(田獵)하는 수레이다. '호(好)'는 좋음이요, '부
(阜)'는 성대함이다. '보초(甫草)'는 보전(甫田)이니, 뒤에 정(鄭)나라 땅이 되었으
니, 지금 개봉부(開封府) 중모현(中牟縣)의 서포(西圃)의 전택(田澤)이 이곳이다. 선
왕의 때에는 정나라가 있지 아니하여 포전(圃田)이 동도의 기내(畿內)에 속하였다.
그러므로 가서 사냥한 것이다.

　　○ 이 장(章)은 장차 포전에 가서 사냥하려 함을 가리켜 말한 것이다.

③ 之子于苗〔마·音毛〕, 選徒囂囂〔五刀反〕. 建旐設旄, 搏〔音博〕獸于敖.

之子于苗하니	지자(之子)가 사냥하니
選徒囂(효)囂로다	융거와 보병을 세는 소리 떠들석하도다
建旐設旄하여	깃발을 세우고 쇠꼬리 깃발을 설치하여
搏獸于敖로다	오(敖) 땅에서 짐승을 잡도다

賦也라 之子는 有司也라 苗는 狩獵之通名也라 選은 數也라 囂囂는 聲衆盛也라 數
車徒者 其聲囂囂면 則車徒之衆을 可知요 且車徒不譁하고 而惟數者有聲이면 又
見其靜治也라 敖는 近滎陽地名也라

○ 此章은 言至東都而選徒以獵也라

　　부(賦)이다. '지자(之子)'는 유사(有司:담당관)이다. '묘(苗)'는 수렵(狩獵)의 통칭이
다. '선(選)'은 셈이다. '효효(囂囂)'는 소리가 많고 성한 것이다. 거도(車徒)를 세는
자가 그 소리가 떠들썩하다면 거도(車徒)의 많음을 알 수 있고, 또 거도들은 떠들
지 않고 오직 세는 자만이 소리를 낸다면 이는 또 그 조용하고 잘 다스려짐을 볼
수 있다. '오(敖)'는 형양(滎陽)에 가까운 지명이다.

　　○ 이 장은 동도(東都)에 이르러 거도(車徒)를 뽑아 사냥함을 말한 것이다.

● ● ● ● ● ● ●

66 宣王之時 : 정(鄭)나라는 선왕(宣王)의 아우인 우(友)의 채지(采地)인데, 이 때에는 아직 정나
라를 봉해주지 않아 포전(圃田:서포의 전택)이 낙양(洛陽)의 기내(畿內)에 있었으므로 말한 것이다.

··· 牟 : 보리 모　苗 : 사냥 묘　囂 : 시끄러울 효　旐 : 거북과뱀을그린기 조　搏 : 칠 박　譁 : 떠들썩할 화
　　滎 : 물이름 형

④ 駕彼四牡, 四牡奕奕. 赤芾金舄, 會同有繹.

駕彼四牡하니 　　　　　저 네 필의 수말에 멍에하니
四牡奕奕이로다 　　　　네 필의 수말이 서로 이어져 있도다
赤芾金舄(석)으로 　　　붉은 슬갑에 금으로 장식한 신으로
會同有繹이로다 　　　〈제후들이〉 연속해서 회동(조회)하도다

賦也라 奕奕은 連絡布散之貌라 赤芾은 諸侯之服이요 金舄은 赤舄而加金飾이니
亦諸侯之服也라 時見(현)曰會요 殷見曰同이라 繹은 陳列聯屬之貌也라
○ 此章은 言諸侯來會하여 朝於東都也라

　　부(賦)이다. '혁혁(奕奕)'은 연락(서로 이어짐)하고 흩어져 있는 모양이다. '적불(赤
芾)'은 제후의 관복이요, '금석(金舄)'은 붉은 신에 금으로 장식을 가한 것이니, 또
한 제후의 관복이다. 천자를 때로 뵙는 것을 '회(會)'라 하고, 여럿이 모여 뵙는 것
을 '동(同)'이라 한다. '역(繹)'은 진열함이 연속된 모양이다.
　　○ 이 장은 제후들이 동도에 와서 모여 조회함을 말한 것이다.

⑤ 決拾既佽〔音次 與柴叶〕, 弓矢既調〔讀如同 與同叶〕. 射夫既同, 助我舉柴
〔子智反〕.

決拾(습)既佽(차)하며 　　활깍지와 팔찌가 나란하며
弓矢既調하니 　　　　　활과 화살이 똑고르니
射夫既同하여 　　　　　사부들이 협동하여
助我舉柴(자)로다 　　　나를 도와 쌓인 짐승을 들도다

賦也라 決은 以象骨爲之하여 著(착)於右手大指하니 所以鉤弦開體라 拾은 以皮爲
之하여 著於左臂以遂弦이라 故로 亦名遂라 佽는 比也라 調는 謂弓强弱이 與矢輕
重相得也라 射夫는 蓋諸侯來會者라 同은 協也라 柴는 說文에 作㹈(지)하니 謂積禽
也라 使諸侯之人으로 助而舉之하니 言獲多也라
○ 此章은 言既會同而田獵也라

　　부(賦)이다. '결(決:깍지)'은 상골(象骨)로 만들어 오른손의 큰 손가락에 끼우니,

… 奕 : 많을 혁　芾 : 슬갑 불　舄 : 신 석　繹 : 연달을 역　殷 : 많을 은　決 : 깍지 결　拾 : 팔찌 습　佽 : 나란할 차
　　柴 : 쌓을 자　鉤 : 당길 구　弦 : 활시위 현　臂 : 팔 비　㹈 : 쌓을 지

활시위를 당겨 활의 몸통을 여는 것이다. '습(拾;팔찌)'은 가죽으로 만들어 왼쪽 팔에 차고서 활시위를 당김에 편리하게[遂]하는 것이다. 그러므로 또한 수(遂)라고도 이름한다. '차(佽)'는 나란함이다. '조(調)'는 활의 강약(强弱)이 화살의 경중(輕重)과 서로 걸맞음을 말한다. '사부(射夫)'는 제후로서 와서 모인 자이다. '동(同)'은 화함이다. '지(柴)'는《설문해자(說文解字)》에 지(㧘)로 되어 있으니, 쌓아 놓은 짐승을 이른다. 제후의 사람들에게 도와서 들게 하였으니, 잡은 짐승이 많음을 말한 것이다.

○ 이 장은 이미 회동(會同)하여 전렵(田獵)함을 말한 것이다.

⑥ 四黃旣駕, 兩驂不猗[於寄於箇二反]. 不失其馳[叶徒臥反], 舍[音捨]矢如破[彼奇普過二反].

四黃旣駕하니　　　네 필의 황마에 멍에하니
兩驂不猗(의)로다　　두 참마(驂馬)가 기울지 않도다
不失其馳어늘　　　말 모는 법을 잃지 않으니
舍(捨)矢如破로다　　목표물을 깨트리듯 화살을 쏘도다

賦也라 猗는 偏倚不正也라 馳는 馳驅之法也라 舍矢如破는 巧而力也라 蘇氏曰 不善射御者는 詭(궤)遇則獲이요 不然이면 不能也어늘 今御者不失其馳驅之法하고 而射者舍矢如破하니 則可謂善射御矣로다
○ 此章은 言田獵而見其射御之善也라

부(賦)이다. '의(猗)'는 기울어 바르지 못한 것이다. '치(馳)'는 치구(馳驅)하는 법이다. '사시여파(舍矢如破)'는 활쏘는 재주가 공교로우면서 힘이 있는 것이다.

소씨(蘇氏)가 말하였다. "활쏘기와 말몰이를 잘하지 못하는 자는 〈어자(御者)가 수레를 몰 적에〉 부정(不正)하게 짐승을 만나게 하면 짐승을 잡고 그렇지 않으면 능하지 못하는데, 지금 어자는 치구하는 법을 잃지 않고, 사자(射者;사수)는 화살을 발사함에 깨뜨리는 듯하였으니, 활쏘기와 말몰이를 잘한다고 이를 만하다."

○ 이 장은 전렵을 말하여 사어(射御)의 잘함을 나타낸 것이다.

⑦ 蕭蕭馬鳴, 悠悠旆旌. 徒御不驚, 大庖[蒲爻反]不盈.

··· 猗 : 기울 의 詭 : 속일 궤

蕭蕭馬鳴이며 　　　　말의 울음소리 여유로우며

悠悠斾旌이로다 　　　　깃발은 하늘거리도다

徒御不驚이며 　　　　　보병과 마부가 떠들지 않으며

大庖不盈이로다 　　　　대포가 가득 차지 않았도다

賦也라 蕭蕭, 悠悠는 皆閑暇之貌라 徒는 步卒也요 御는 車御也라 驚은 如漢書夜軍中驚之驚[67]이라 不驚은 言比卒事에 不喧譁(훤화)也라 大庖는 君庖也라 不盈은 言取之有度하여 不極欲也라 蓋古者田獵獲禽에 面傷不獻하고 踐(전)毛不獻하고 不成禽不獻이라 擇取三等하되 自左膘(표)而射(석)之[68]하여 達于右腢(우)를 爲上殺하여 以爲乾豆하여 奉宗廟하고 達右耳本者를 次之하여 以爲賓客하고 射左髀(비)하여 達于右䯊(요)를 爲下殺하여 以充君庖하나니 每禽取三十焉하되 每等得十하고 其餘는 以與士大夫하여 習射於澤宮하여 中者取之라 是以로 獲雖多而君庖不盈也라 張子曰 饌雖多而無餘者는 均及於衆而有法耳라 凡事有法이면 則何患乎不均也리오 舊說에 不驚은 驚也요 不盈은 盈也[69]라하니 亦通이니라

○ 此章은 言其終事嚴而頒禽均也라

　부(賦)이다. '소소(蕭蕭)'와 '유유(悠悠)'는 모두 한가로운 모양이다. '도(徒)'는 보졸이요, '어(御)'는 수레를 어거(御車)하는 자이다. '경(驚)'은 《한서(漢書)》에 "밤중에 군중에서 놀란다.〔夜軍中驚〕"는 경(驚)과 같다. '불경(不驚)'은 일을 마침에 이르러도 떠들지 않음을 말한 것이다. '대포(大庖)'는 군주의 푸줏간이다. '불영(不盈)'은 짐승을 취함에 법도가 있어서 욕심을 다(궁극)하지 않음을 말한다.

　옛날에 전렵(田獵)하여 짐승을 잡을 적에 얼굴을 맞혀 부상당한 것을 바치지 않고, 옆에서 쏘아 털이 벗겨진 것을 바치지 않고, 성숙하지 않은 짐승(어린 짐승)을 바치지 않았다. 세 등급을 골라 취하되 왼쪽 옆구리를 쏘아 오른쪽 어깨뼈를 관통한 것을 상살(上殺)이라 하여 간두(乾豆:말린 고기를 제기에 올림)로 만들어 종묘

• • • • • •

67　如漢書夜軍中驚之驚 : 경(驚)은 갑작스러운 상황에 병사들이 놀라 동요하는 것으로 이 내용은 《한서》〈주아부전(周亞夫傳)〉에 보인다.

68　自左膘而射之 : 표(膘)는 왼쪽 허구리로, 짐승을 잡을 적에 왼쪽의 심장을 맞추어 곧바로 죽인 것을 제일 좋은 것으로 보아, 이로써 상살(上殺)·중살(中殺)·하살(下殺)의 세 등급을 정하였다.

69　舊說……盈也: 정현(鄭玄)의 주(注)에는 '도어불경(徒御不驚), 대포불영(大庖不盈)'을 "도어(徒御)가 놀라지 않을까. 대포(大庖)가 차지 않을까."로 해석하였음을 가리킨 것이다.

•••　喧 : 시끄러울 훤　膘 : 어깨뼈 표　腢 : 어깻죽지 우　髀 : 넓적다리 비　䯊 : 어깨뼈 요

에 받들어 올리고, 오른쪽 귀 밑을 관통한 것을 다음(중살(中殺))이라 하여 빈객(賓客)에게 대접하고, 왼쪽 넓적다리를 쏘아 오른쪽 어깨뼈를 관통한 것을 하살(下殺)이라 하여 군주의 푸줏간에 채운다. 매양 짐승마다 30마리를 취하되 매 등급마다 10마리씩을 얻고, 나머지는 사대부(士大夫)에게 나누어 주어 택궁(澤宮:활쏘기를 익히는 궁전)에서 활쏘기를 익히게 하여 맞힌 자가 취한다. 이 때문에 짐승을 많이 잡아도 군주의 푸줏간이 가득 차지 않는 것이다.

장자(張子)가 말씀하였다. "찬(饌)이 비록 많으나 남음이 없는 것은 여러 사람에게 골고루 미쳐서 법도가 있기 때문이다. 모든 일이 법도가 있으면 어찌 균등하지 못함을 걱정하겠는가."

구설(舊說)에 "불경(不驚)은 놀람이요, 불영(不盈)은 가득참이다." 하니, 또한 통한다.

○ 이 장은 일을 끝마침이 엄격하고 짐승을 나누어줌이 균등함을 말한 것이다.

⑧ 之子于征, 有聞〔音問〕無聲, 允矣君子, 展也大成.

之子于征하니	저 분이 가니
有聞無聲이로다	간다는 소문만 있고 가는 소리는 없도다
允矣君子여	진실한 군자여
展也大成이로다	진실로 대성할 분이로다

賦也라 允은 信이요 展은 誠也라 聞師之行而不聞其聲은 言至肅也라 信矣其君子也여 誠哉其大成也라

○ 此章은 總敍其事之始終而深美之也라

부(賦)이다. '윤(允)'은 진실로요, '전(展)'은 진실로이다. 군대가 행군한다는 소문만 들리고 그 가는 소리를 듣지 못함은 지극히 엄숙함을 말한 것이다. 진실로 군자여, 진실로 그 대성(大成)하리로다.

○ 이 장은 일의 시종(始終)을 모두 서술하여 깊이 찬미한 것이다.

車攻八章이니 章四句라

〈거공(車攻)〉은 8장이니, 장마다 4구이다.

以五章以下考之컨대 恐當作四章 章八句라

5장 이하로써 상고해 보건대, 마땅히 4장에 장마다 8구가 되어야 할 듯하다.

【毛序】 車攻은 宣王復古也라 宣王이 能內修政事하고 外攘夷狄하여 復文武之竟土하며 修車馬하고 備器械하여 復會諸侯於東都하고 因田獵而選車徒焉하니라

〈거공〉은 선왕(宣王)이 옛날 제도를 회복함을 읊은 시(詩)이다. 선왕이 안으로는 정사를 닦고 밖으로는 이적(夷狄)을 물리쳐 문왕과 무왕의 국경을 수복(收復)하였으며, 거마(車馬)를 수리하고 기계(器械;병기)를 구비하여 다시 제후들을 동도(東都)에서 조회 받고는 인하여 사냥하면서 거도(車徒)를 선발한 것이다.

【鄭註】 東都는 王城也라

동도(東都)는 낙읍(洛邑)의 왕성(王城)이다.

6. 길일(吉日)

① 吉日維戊〔叶莫吼反〕, 旣伯旣禱〔叶丁口反〕. 田車旣好〔叶許口反〕, 四牡孔阜〔符有反〕. 升彼大阜, 從其羣醜.

吉日維戊에	길일인 무일(戊日)에
旣伯旣禱하니	이미 마조(馬祖)에게 기도하니
田車旣好하며	전거(사냥 수레)가 이미 좋으며
四牡孔阜어늘	네 필의 수말도 매우 성대하거늘
升彼大阜하여	저 큰 언덕에 올라가
從其羣醜로다	짐승 떼가 많은 곳을 찾도다

賦也라 戊는 剛日也[70]라 伯은 馬祖也니 謂天駟房星之神[71]也라 醜는 衆也니 謂禽獸

••••••

70 戊 剛日也:십간(十干)을 홀수와 짝수로 나누어 홀수에 해당하는 갑(甲)·병(丙)·무(戊)·경(庚)·임(壬)을 강일(剛日)이라 하고, 짝수에 해당하는 을(乙)·정(丁)·기(己)·신(辛)·계(癸)를 유일(柔日)이라 한다.

71 天駟房星之神:방성(房星)은 방수(房宿)로, 《진서(晉書)》〈천문지(天文志)〉에 "방수의 네 별을 또한 천사(天駟)라고도 하고 천마(天馬)라고도 하는바, 거가(車駕)를 주관한다.〔房四星亦曰天駟,

••• 醜 : 무리 추 駟 : 사마(四馬) 사

之羣衆也라

○ 此亦宣王之詩라 言田獵에 將用馬力이라 故로 以吉日祭馬祖而禱之하고 旣祭而車牢馬健하니 於是에 可以歷險而從禽也라 以下章推之컨대 是日也는 其戊辰歟인저

부(賦)이다. '무(戊)'는 강일(剛日)이다. '백(伯)'은 마조(馬祖;말의 조상)이니, 천사(天駟) 방성(房星)의 신(神)을 이른다. '추(麤)'는 많음이니, 짐승의 무리가 많음을 이른다.

○ 이 또한 선왕(宣王)의 시(詩)이다. 전렵(田獵)을 하려면 장차 말의 힘을 써야 한다. 그러므로 길일(吉日)에 마조(馬祖)에게 제사하여 기도하였으며, 이미 제사를 지내고는 수레가 견고하고 말이 건장하니, 이에 험한 곳을 지나 짐승을 쫓을 수 있었다. 하장(下章)으로써 미루어 보건대, 이 날은 무진일(戊辰日)일 것이다.

② 吉日庚午, 旣差我馬〔叶滿浦反〕. 獸之所同. 麀〔音憂〕鹿麌麌〔愚甫反〕. 漆沮〔七徐反〕之從. 天子之所.

吉日庚午에	길일인 경오일에
旣差我馬하여	내 말을 골라서
獸之所同에	짐승들이 모여 있는 곳에
麀(우)鹿麌(우)麌한	사슴들이 우글거리는
漆沮(저)之從이여	칠저(漆沮)의 부근이여
天子之所로다	천자께서 사냥하는 곳이로다

賦也라 庚午는 亦剛日也라 差는 擇이니 齊其足也라 同은 聚也라 鹿牝曰麀라 麌麌는 衆多也라 漆沮[72]는 水名이니 在西都畿內涇、渭之北하니 所謂洛水니 今自延韋流入鄜(부)、坊하여 至同州入河也라

......
爲天馬, 主車駕.]" 하였다. 《詳說》 방수는 28수의 하나이다.

72 漆沮(칠저)는 물 이름으로, 주나라 태왕(太王) 고공단보(古公亶父)가 기산(岐山)으로 천도하여 칠저의 인근에서 움을 파고 살 때, 많은 사람들이 그를 따라와서 강변이 마치 시장과 같이 북적였다고 한다. 칠저는 본래 칠수(漆水)와 저수(沮水) 두 물의 이름이었으나, 뒤에는 칠저로 합칭하기도 하였다.

••• 牢 : 굳을 뢰 差 : 가릴 차 麀 : 암사슴 우 麌 : 떼지을 우 沮 : 물이름 저 鄜 : 땅이름 부

○ 戊辰之日에 旣禱矣요 越三日庚午에 遂擇其馬而乘之하여 視獸之所聚麀鹿最多之處而從之하니 惟漆沮之旁[73]이 爲盛하여 宜爲天子田獵之所也라

부(賦)이다. '경오(庚午)' 또한 강일(剛日)이다. '차(差)'는 가림이니, 말의 발(주력(走力))이 똑같은 놈을 고른 것이다. '동(同)'은 모임이다. 사슴의 암컷을 '우(麀)'라 한다. '우우(麀麀)'는 많음이다. '칠저(漆沮)'는 물 이름이니, 서도(西都;호경(鎬京))의 기내(畿內) 경수(涇水)와 위수(渭水)의 북쪽에 있으니, 이른바 낙수(洛水;낙양의 낙수가 아님)이다. 지금은 연위(延韋)에서 부주(鄜州)와 방주(坊州)로 흘러 들어가서 동주(同州)에 이르러 황하(黃河)로 들어간다.

○ 무진일(戊辰日)에 이미 기도하였고, 3(2)일이 지난 경오일(庚午日)에 마침내 그 말을 골라 타고서 짐승들이 모여 있는 곳 중에서 우록(麀鹿)이 가장 많은 곳을 보아 좇으니, 오직 칠저(漆沮)의 부근이 가장 성하여 마땅히 천자의 전렵(田獵)하는 장소가 될 만하였다.

③ 瞻彼中原, 其祁孔有[叶羽己反]. 儦儦[表驕反]俟俟[叶于紀反], 或羣或友[叶羽己反]. 悉率左右[叶羽己反], 以燕天子[叶獎里反].

瞻彼中原호니	저 언덕 가운데를 보니
其祁孔有로다	큰 짐승이 매우 많도다
儦(표)儦俟俟하여	빨리 도망가기도 하며 느리게 걷기도 하여
或羣或友어늘	두 세 마리씩 무리지어 가는데
悉率左右하여	따라온 사람들을 거느리고서
以燕天子로다	천자를 즐겁게 하도다

賦也라 中原은 原中也라 祁는 大也라 趣則儦儦하고 行則俟俟라 獸三日羣이요 二日友라 燕은 樂也라

••••••
73 視獸之所聚……惟漆沮之旁 : 호산은 "짐승이 모여 있는 곳 중에서 '우록이 가장 많은 곳을 보아 따른다.[聚麀鹿最多之處而從之]'의 이 종(從) 자는 칠저지종(漆沮之從)을 해석한 것이 아니다.[非釋漆沮之從之從者也]" 하고, 또 "漆沮之從의 從은 방(旁;곁)과 같으니《언해》의 해석은《집주》의 뜻이 아닐듯하다.[從, 猶旁也. 諺釋, 恐非語意]" 하였다.《詳說》칠저지종(漆沮之從)에 대한 언해의 해석은 "漆沮에 從홈이"로 되어 있어 "따르다"로 해석하였다.

••• 祁 : 클 기 儦 : 많을 표, 떼지어다닐 표 俟 : 떼지어갈 사

○ 言從王者하여 視彼禽獸之多하고 於是에 率其同事之人하여 各共(供)其事하여 以樂天子也라

부(賦)이다. '중원(中原)'은 언덕 가운데이다. '기(祁)'는 큼이다. 빨리 달리면 표표(儦儦)하고, 느리게 걸어가면 사사(俟俟)한 것이다. 짐승 세 마리를 '군(羣)'이라 하고, 두 마리를 '우(友)'라 한다. '연(燕)'은 즐거움이다.

○ 왕자(王者)를 따라 저 금수(禽獸)가 많음을 보고서 이에 일을 함께 하는 사람들을 거느려서 각기 그 일을 수행(遂行)하여 천자를 즐겁게 함을 말한 것이다.

④ 旣張我弓, 旣挾[子治戶頰二反]我矢. 發彼小豝[音巴], 殪[於計反]此大兕[徐履反]. 以御賓客, 且以酌醴.

旣張我弓하고	내 활을 당기고
旣挾我矢하여	내 화살을 끼우고서
發彼小豝(파)하며	저 작은 멧돼지를 쏘아 맞히며
殪(에)此大兕(시)하여	이 큰 외뿔소를 잡아
以御賓客하고	빈객에게 올리고
且以酌醴로다	또 단술을 떠서 올리도다

賦也라 發은 發矢也라 豕牝(빈)曰豝라 壹矢而死曰殪라 兕는 野牛也니 言能中微而制大也라 御는 進也라 醴는 酒名이라 周官五齊[74]에 二曰醴齊니 注曰 醴成而汁滓相將이니 如今恬(첨)酒也라하니라

○ 言射而獲禽하여 以爲俎實하여 進於賓客而酌醴也라

부(賦)이다. '발(發)'은 화살을 발사하는 것이다. 멧돼지의 암컷을 '파(豝)'라 한다. 한 발의 화살로 죽이는 것을 '에(殪)'라 한다. '시(兕)'는 들소이니, 작은 것도 맞히고 큰 것도 제어함을 말한 것이다. '어(御)'는 올림이다. '예(醴)'는 술 이름이

74 五齊 : 오제(五齊)는 《주례(周禮)》〈천관(天官) 주정(酒正)〉에 보이는 내용으로, 첫째는 범제(泛齊), 둘째는 예제(醴齊), 셋째는 앙제(盎齊), 넷째는 제제(緹齊), 다섯째는 심제(沈齊)인데, 이것으로 술의 청탁(淸濁)을 나누는바, 예제 이상은 더욱 탁(濁)하여 걸러서 짜고 앙제 이하는 차츰 맑아진다. 두자춘(杜子春)은 제(齊)를 자(粢)로 읽었으며, 제(齊)의 뜻을 정현(鄭玄)은 '제사할 적에 적당하게 만든다는 뜻이다.' 하였다.

··· 豝 : 암퇘지 파　殪 : 쓰러뜨릴 에　兕 : 외뿔소 시　醴 : 단술 례　滓 : 찌꺼기 재　恬 : 달 첨

다. 《주관(周官)》의 오제(五齊)에 두 번째가 예제(醴齊)이니, 주(注)에 이르기를 "단술이 이루어지면 즙과 찌꺼기를 함께 올리니, 지금의 첨주(甛酒:단술)와 같은 것이다." 하였다.

○ 활을 쏘아 짐승을 잡아서 조실(俎實:도마에 채움)을 만들어 빈객에게 올리고 단술을 떠서 올림을 말한 것이다.

吉日四章이니 章六句라

　〈길일(吉日)〉은 4장이니, 장마다 6구이다.

東萊呂氏曰 車攻、吉日이 所以爲復古者는 何也오 蓋蒐狩之禮는 可以見王賦之復焉이요 可以見軍實之盛焉이요 可以見師律之嚴焉이요 可以見上下之情焉이요 可以見綜理之周焉이니 欲明文武之功業者는 此亦足以觀矣니라

　동래 여씨(東萊呂氏)가 말하였다. "〈거공(車攻)〉과 〈길일〉이 옛 제도를 회복함이 되는 까닭은 어째서인가? 수수(蒐狩:전렵)하는 예(禮)에서는 왕부(王賦:거마(車馬)의 출동)의 회복을 볼 수 있고, 군실(軍實:병기)의 성함을 볼 수 있고, 사률(師律:군대의 기율)의 엄함을 볼 수 있고, 상하(上下)의 정(情)을 볼 수 있고, 종리(綜理:종합적으로 헤아려 다스림)의 주밀(완벽)함을 볼 수 있으니, 문왕과 무왕의 공업(功業)을 밝히고자 하는 자는 여기에서 또한 충분히 이것을 볼 수 있을 것이다."

【毛序】 吉日은 美宣王田也니 能愼微接下하여 無不自盡以奉其上焉이니라

　〈길일〉은 선왕의 사냥을 찬미한 시(詩)이니, 은미한 것을 삼가고 아랫사람을 접대하여 아랫사람이 스스로 극진히 해서 그 윗사람을 받들지 않음이 없었다.

【辨說】 序의 愼微以下는 非詩本意니라

　〈서〉의 신미(愼微) 이하는 시의 본의가 아니다.

7. 홍안(鴻雁)

① 鴻雁于飛, 肅肅其羽. 之子于征, 劬[其俱反]勞于野[叶上與反] 爰及矜[棘冰反]人, 哀此鰥寡[叶果五反].

... 蒐 : 사냥 수

鴻雁于飛하니　크고 작은 기러기들이 나니
肅肅其羽로다　날개가 너울너울 거리도다
之子于征하니　지자가 길을 가니
劬勞于野로다　들에서 병고(病苦;수고롭고 괴로움)에 시달리도다
爰及矜(긍)人하니(이)　이들은 모두 불쌍한 사람들이니
哀此鰥寡로다　애처로운 홀아비와 과부로다

興也라 大曰鴻이요 小曰雁이라 肅肅은 羽聲也라 之子는 流民自相謂也라 征은 行也라 劬勞는 病苦也라 矜은 憐也라 老而無妻曰鰥이요 老而無夫曰寡라
○ 舊說에 周室中衰하여 萬民離散이러니 而宣王이 能勞來還定安集之라 故로 流民喜之而作此詩라 追敍其始而言曰 鴻雁于飛하니 則肅肅其羽矣요 之子于征하니 則劬勞于野矣로다 且其劬勞者 皆鰥寡可哀憐之人也라하니라 然이나 今亦未有以見其爲宣王之詩하니 後三篇放此하니라

　흥(興)이다. 기러기 중에 큰 것을 '홍(鴻)'이라 하고 작은 것을 '안(雁)'이라 한다. '숙숙(肅肅)'은 깃의 소리이다. '지자(之子)'는 유민(流民)들이 자기들끼리 서로 말한 것이다. '정(征)'은 길을 감이다. '구로(劬勞)'는 수고롭고 괴로움이다. '긍(矜)'은 가련함이다. 늙어서 아내가 없는 것을 '환(鰥)'이라 하고, 늙어서 남편이 없는 것을 '과(寡)'라 한다.

　○ 구설(舊說:〈모서(毛序)〉)에 "주(周)나라 왕실이 중간에 쇠하여 만민(萬民)들이 이산(離散)하였는데, 선왕이 수고로운 자를 위로하고 오는 자를 오게 하고, 가는 자를 돌아오게 하고 어지러운 자를 안정시키고, 위태로운 자를 편안하게 하고 흩어진 자를 모여 살게 했다. 그러므로 유민(流民)들이 기뻐하여 이 시(詩)를 지은 것이다." 하였다. 그 시작을 추서(追敍)하여 말하기를 "홍안이 나니 그 깃이 숙숙(肅肅)하고, 지자(之子)가 길을 가니 들에서 몹시 수고하도다. 또 몹시 수고로운 자들은 모두 홀아비와 과부여서 애처롭고 가련한 사람이다." 하였다. 그러나 지금 또한 선왕(宣王)의 시가 됨을 볼 수 없으니, 뒤의 세 편(篇)도 이와 같다.

② 鴻雁于飛, 集于中澤[叶徒洛反]. 之子于垣[音袁], 百堵[丁古反]皆作. 雖則劬勞, 其究安宅[叶達各反].

… 劬 : 힘쓸 구　矜 : 불쌍히여길 긍　鰥 : 홀아비 환

鴻雁于飛하니　　　크고 작은 기러기들이 나니
集于中澤이로다　　못 가운데 앉았도다
之子于垣(원)하니　지자가 담장을 쌓으니
百堵皆作이로다　　백 개의 담장이 모두 만들어지도다
雖則劬勞나　　　　비록 몹시 수고로우나
其究安宅이로다　　끝내는 편안한 집을 얻으리로다

興也라 中澤은 澤中也라 一丈爲板이요 五板爲堵라 究는 終也라
○ 流民이 自言鴻雁集于中澤하여 以興己之得其所止而築室以居하니 今雖勞苦
나 而終獲安定也라

　　흥(興)이다. '중택(中澤)'은 못 가운데이다. 1장(丈)을 '판(板)'이라 하고, 5판(板)
을 '도(堵)'라 한다. '구(究)'는 끝이다.
　　○ 유민(流民)들이 홍안(鴻雁)이 못 가운데 앉아 있음을 스스로 말하여, 자기들
이 살 곳을 얻어 집을 짓고 거주함을 흥(興)하였으니, 지금은 비록 노고(勞苦)하나
끝내는 안정을 얻을 것이라고 한 것이다.

③ 鴻雁于飛, 哀鳴嗸嗸〔五刀反〕. 維此哲人, 謂我劬勞. 維彼愚人, 謂
我宣驕〔叶音高〕.

鴻雁于飛하니　　　크고 작은 기러기들이 나니
哀鳴嗸(오)嗸로다　매우 슬픈 울음소리를 내도다
維此哲人은　　　　이 명철한 사람은
謂我劬勞어늘　　　나더러 몹시 수고한다 하는데
維彼愚人은　　　　저 어리석은 사람들은
謂我宣驕라하나다　나더러 교만을 떤다 이르도다

比也라 流民以鴻雁哀鳴自比而作此歌也라 哲은 知(智)요 宣은 示也라 知者는 聞
我歌하고 知其出於劬勞어늘 不知者는 謂我閒暇而宣驕也라 韓詩云 勞者歌其事
라하고 魏風亦云 我歌且謠어늘 不我知者는 謂我士也驕라하니 大抵歌多出於勞苦
로되 而不知者常以爲驕也라

··· 堵 : 담 도 究 : 다할 구 嗸 : 시끄러울 오

비(比)이다. 유민(流民)들이 홍안(鴻雁)이 슬피 욺으로써 자신들을 비유하여 이 노래를 지은 것이다. '철(哲)'은 지혜요, '선(宣)'은 보여줌이다. 지혜로운 자는 내 노래를 듣고는 이것이 수고로움에서 나온 줄을 아는데, 지혜롭지 못한 자는 나더러 한가로워 교만을 떤다고 이른다. 《한시(韓詩)》에 "수고로운 자는 그 일을 노래한다." 하였고, 〈위풍(魏風) 원유도(園有桃)〉에 또한 "내 노래하고 또 흥얼거리는데 나를 알지 못하는 자는 나더러 선비가 교만하다고 한다." 하였으니, 대저 노래는 노고(勞苦)에서 나오는 경우가 많은데 알지 못하는 자들은 항상 교만하다고 말한다.

鴻雁三章이니 章六句라

〈홍안(鴻雁)〉은 3장이니, 장마다 6구이다.

【毛序】鴻雁은 美宣王也라 萬民離散하여 不安其居어늘 而能勞來還定安集之하고 至于矜(鰥)寡에도 無不得其所焉하니라

〈홍안〉은 선왕(宣王)을 찬미한 시(詩)이다. 만민(萬民)이 이산(離散)하여 그 거처를 편안히 여기지 못하였는데, 선왕이 위로하여 돌아오게 하여 안정시켜 모여 살게 하고 홀아비와 과부까지도 모두 살 곳을 얻게 하였다.

【鄭註】宣王이 承厲王衰亂之敝하여 而起興復先王之道하여 以安集衆民爲始也라 書曰 天將有立父母하여 民之有政有居라하니 宣王之爲是務니라

선왕(宣王)이 여왕(厲王)의 쇠하고 혼란한 뒤를 이어서 일어나 선왕(先王)의 도를 흥복(興復)하여 여러 백성을 안집(安集)함을 처음(시작)으로 삼았다. 일서(逸書)에 이르기를 '하늘이 장차 부모를 세워서 백성들이 정사가 있고 거처함이 있게 되었다.' 하였으니, 선왕(宣王)이 이것을 힘쓴 것이다.

【辨說】此以下는 時世多不可考라

이 이하는 시대를 대부분 상고할 수 없다.

8. 정료(庭燎)

① 夜如何其〔音基〕, 夜未央. 庭燎之光, 君子至止, 鸞聲將將〔七羊反〕.

夜如何其_오	밤이 얼마나 되었는가
夜未央_{이나}	밤이 아직 한밤중이 못되었으나
庭燎之光_{이로다}	뜰에 큰 횃불이 빛나도다
君子至止_{하니}	군자가 이르니
鸞聲將將_{이로다}	말 방울소리가 쟁쟁하게 울리도다

賦也가 其는 語辭라 央은 中也라 庭燎는 大燭也니 諸侯將朝면 則司烜_(훼) 以物百枚로 幷而束之하여 設於門內也라 君子는 諸侯也라 將將은 鸞鑣_(표)聲이라

○ 王將起視朝하여 不安於寢하여 而問夜之早晩曰 夜如何哉오 夜雖未央이나 而庭燎光矣니 朝者至而聞其鸞聲矣라하니라

부(賦)이다. '기(其)'는 어조사이다. '앙(央)'은 가운데(한밤중)이다. '정료(庭燎)'는 큰 촛불(횃불)이니, 제후들이 장차 조회하려 하면 《주례》〈하관(夏官)〉에 "사훼(司烜)가 물건(나무) 백 가지를 가지고 함께 묶어서〈횃불을〉문 안에 설치한다." 하였다. '군자'는 제후이다. '장장(將將)'은 말방울 소리이다.

○ 왕(王)이 장차 일어나 조회를 보려고 하여 잠을 편안히 자지 못하고 밤의 조만(早晩)을 물으며 말하기를 "밤이 얼마나 되었는가? 밤이 비록 한밤중이 못되었으나 정료(庭燎)가 빛나니, 조회하는 자들이 이르러 말 방울소리가 들리는 것이다."고 한 것이다.

② 夜如何其, 夜未艾〔音乂 又如字〕, 庭燎晣晣〔之世反 與艾叶〕. 君子至止, 鸞聲噦噦〔呼會反〕.

夜如何其_오	밤이 얼마나 되었는가
夜未艾_나	밤이 다하지 않았으나
庭燎晣_(제)晣_{로다}	뜰에 큰 횃불이 희미하도다
君子至止_{하니}	군자가 이르니
鸞聲噦_(홰)噦_{로다}	말 방울소리가 절도있게 울리도다

賦也라 艾는 盡也라 晣晣는 小明也라 噦噦는 近而聞其徐行聲有節也라

부(賦)이다. '애(艾)'는 다함이다. '제제(晣晣)'는 조금 밝음이다. '홰홰(噦噦)'는

··· 央 : 가운데 앙 烜 : 횃불 훼 艾 : 다할 애 晣 : 반짝반짝할 제 噦 : 방울소리 홰

가까워져서 그 서행(徐行)함에 소리가 절도 있게 들리는 것이다.

③ 夜如何其, 夜鄉〔許亮反〕晨, 庭燎有煇〔許云反〕. 君子至止, 言觀其旂〔巨
渠斤反〕.

夜如何其오	밤이 얼마나 되었는가
夜鄉(向)晨이라	밤이 새벽을 향하는지라
庭燎有煇(훈)이로다	뜰에 큰 횃불이 사그라들도다
君子至止하니	군자가 이르니
言觀其旂로다	그 깃발을 보도다

賦也라 鄉晨은 近曉也라 煇은 火氣也니 天欲明而見其煙光相雜也라 既至而觀其
旂면 則辨色矣니라

부(賦)이다. '향신(鄉晨)'은 새벽에 가까운 것이다. '훈(煇)'은 불기운이니, 하늘
이 밝고자 하여 연기와 빛이 서로 뒤섞여 있음을 본 것이다. 제후의 수레가 이미 이
름에 그 깃발을 보았으니, 그렇다면 〈날이 밝아〉 색깔을 분별할 수 있는 것이다.

庭燎三章이니 章五句라

〈정료(庭燎)〉는 3장이니, 장마다 5구이다.

【毛序】庭燎는 美宣王也니 因以箴之하니라

〈정료〉는 선왕을 찬미한 시(詩)이니, 인하여 〈왕이 조심할 것을〉 경계한 것이다.
【鄭註】諸侯將朝宣王할새 以夜未央之時로 問夜早晚이라 美者는 美其能自勤以
政事요 因以箴者는 王有鷄人之官하여 凡國事爲期면 則告之以時하나니 王不正其
官하고 而問夜早晚也라

제후가 장차 선왕(宣王)에게 조회할 적에 밤이 깊지 않은 때에 밤의 이르고 늦
음을 물었다. '찬미했다'는 것은 그 능히 스스로 정사로써 부지런함을 찬미한 것이
요, '인하여 경계했다'는 것은 왕은 시간을 알려주는 계인(鷄人)의 관원이 있어
서 모든 국사(國事)에 기약을 하면 때(시간)를 고해주는데, 왕이 그 관직을 바로잡
지 않고 밤의 이르고 늦음을 물은 것이다.

••• 煇 : 빛날 훈

9. 면수(沔水)

① 沔〔綿善反〕彼流水, 朝〔直遙反〕宗于海〔叶虎洧反〕. 鴥〔惟必反〕彼飛隼〔息允反〕, 載飛載止. 嗟我兄弟, 邦人諸友〔叶羽軌反〕, 莫肯念亂, 誰無父母〔叶滿洧反〕.

沔(면)彼流水여	넘실넘실 흐르는 저 물이여
朝宗于海로다	드넓은 바다에 조종하도다
鴥(율)彼飛隼이여	빨리 나는 저 새매여
載飛載止로다	날아다니다가 내려앉도다
嗟我兄弟와	아, 우리 형제와
邦人諸友가	나라 안의 여러 벗들이
莫肯念亂하나니	난리를 걱정하려 하지 않으니
誰無父母오	부모 없는 자 누구인가

興也라 沔은 水流滿也라 諸侯春見(현)天子曰朝요 夏見曰宗이라
○ 此는 憂亂之詩라 言流水猶朝宗于海하고 飛隼猶或有所止어늘 而我之兄弟諸友는 乃無肯念亂者하니 誰獨無父母乎오 亂則憂或及之리니 是豈可以不念哉아하니라

    흥(興)이다. '면(沔)'은 물이 가득히 흐름이다. 제후가 봄에 천자를 뵙는 것을 '조(朝)'라 하고, 여름에 뵙는 것을 '종(宗)'이라 한다.

    ○ 이는 난리를 걱정하는 것을 읊은 시이다. "흐르는 물도 오히려 바다에 조종(朝宗)하고, 날아가는 새매도 혹 앉을 곳이 있는데, 우리 형제와 여러 벗들은 즐겨 난(亂)을 염려하는 자가 없으니, 누가 홀로 부모가 없겠는가. 난리가 나면 근심이 혹 부모에게 미칠 것이니, 이 어찌 염려하지 않을 수 있겠는가." 한 것이다.

② 沔彼流水, 其流湯湯〔失羊反〕. 鴥彼飛隼, 載飛載揚. 念彼不蹟〔井亦反〕, 載起載行〔叶戶郎反〕, 心之憂矣, 不可弭忘.

   ⋯   沔 : 물가득히흐를 면 鴥 : 휙날을 율

沔彼流水여	넘실넘실 흐르는 저 물이여
其流湯(상)湯이로다	그 흐름이 매우 성대하도다
鴥彼飛隼이여	빨리 나는 저 새매여
載飛載揚이로다	날다가 솟구쳐 오르도다
念彼不蹟하여	저 도(道)를 따르지 않음을 염려하여
載起載行호라	곧 일어나며 곧 길을 가노라
心之憂矣여	마음의 근심함이여
不可弭(미)忘이로다	그만 잊어버릴 수 없도다

興也라 湯湯은 波流盛貌라 不蹟은 不循道也라 載起載行은 言憂念之深하여 不遑寧處也라 弭는 止也라 水盛、隼揚으로 以興憂亂之不能忘也니라

홍(興)이다. '상상(湯湯)'은 물결이 성하게 흐르는 모양이다. '불적(不蹟)'은 도(道)를 따르지 않는 것이다. '재기재행(載起載行)'은 염려함이 깊어서 편안히 거처할 겨를이 없음을 말한 것이다. '미(弭)'는 그침이다. 물이 성하게 흐름과 새매가 솟구쳐 오름으로써 난리를 걱정하여 잊을 수 없음을 흥(興)한 것이다.

③ 鴥彼飛隼, 率彼中陵. 民之訛言, 寧莫之懲. 我友敬矣, 讒言其興.

鴥彼飛隼이여	빨리 나는 저 새매여
率彼中陵이로다	저 언덕 가운데를 따르도다
民之訛言을	백성들의 유언비어를
寧莫之懲고	어찌하여 징계하는 자가 없는가
我友敬矣면	우리 벗들이 공경한다면
讒言其興가	참소하는 말이 어찌 일어나겠는가

興也라 率은 循이요 訛는 僞요 懲은 止也라

○ 隼之高飛에도 猶循彼中陵이어늘 而民之訛言을 乃無懲止之者라 然이나 我之友誠能敬以自持矣면 則讒言이 何自而興乎아 始憂於人而卒反諸己也니라

홍(興)이다. '솔(率)'은 따름이요, '와(訛)'는 거짓이요, '징(懲)'은 그침이다.

○ 새매가 높이 날 때에도 오히려 저 높은 언덕 가운데를 따르는데, 백성들의

유언비어를 마침내 징계하여 그치게 하는 자가 없다. 그러나 우리 벗들이 진실로 경(敬)으로써 스스로를 갖는다면(지킨다면) 참소하는 말이 어디로부터 일어나겠는 가. 처음에는 남을 걱정하다가 끝내는 자기 몸에 돌이킨 것이다.

沔水三章이니 二章은 章八句요 一章은 六句라
　　〈면수(沔水)〉는 3장이니, 두 장은 장마다 8구이고 한 장은 6구이다.
疑當作三章章八句니 卒章에 脫前兩句耳[75]라
　　의심컨대 마땅히 3장에 장(章)마다 8구가 되어야 하니, 마지막 장에 앞의 두 구(句)가 빠진 듯하다.

【毛序】 沔水는 規宣王也라
　　〈면수〉는 선왕(宣王)을 규간(規諫)한 시(詩)이다.

【鄭註】 規者는 正圓之器也라 規主仁하니 仁은 恩也니 以恩親正君曰規라 春秋傳 曰 近臣盡規[76]라하니라
　　규(規)는 둥긂을 바로잡는 기구이다. 규는 인(仁)을 주장하니 인은 은혜이니, 은혜와 친함으로써 군주를 바로잡음을 규라 한다. 《춘추좌씨전》에 이르기를 "가 까운 신하들이 모두 규에 맞는다." 하였다.

10. 학명(鶴鳴)

① 鶴鳴于九皐, 聲聞〔音問〕于野〔叶上與反〕. 魚潛在淵, 或在于渚. 樂〔音洛〕 彼之園, 爰有樹檀〔叶徒沿反〕, 其下維蘀〔音託〕. 他山之石, 可以爲錯〔七落 反〕.

　　鶴鳴于九皐어든　　　　학이 깊은 웅덩이에서 울거든

- - - - - -
75　卒章脫前兩句耳 : 앞의 두 장(章)과 같이 '면피류수(沔彼流水) □□□□'의 두 구(句)가 빠졌음 을 뜻한다.
76　近臣盡規 : 이 내용은 《춘추좌씨전》에는 보이지 않고, 《국어(國語)》 〈주어(周語)〉에 보인다.

・・・ 皐 : 높을 고, 물가 고

189
○
小雅
鶴鳴

聲聞于野_{니라}	소리가 들에까지 들리느니라

聲聞于野_{니라}　　　소리가 들에까지 들리느니라
魚潛在淵_{하나}　　　물고기가 못 속에 잠겨 있으나
或在于渚_{니라}　　　혹은 물가에도 있느니라
樂(락)彼之園_에　　　즐거운 저 동산에
爰有樹檀_{하니}　　　박달나무가 심겨져 있는데
其下維蘀(탁)_{이니라}　　그 아래에는 낙엽이 떨어져 있느니라
他山之石_이　　　다른 산의 돌이
可以爲錯(착)_{이니라}　　숫돌이 될 수 있느니라

比也라 鶴은 鳥名이니 長頸, 竦身, 高脚이요 頂赤, 身白하고 頸尾黑하니 其鳴高亮하여 聞八九里라 皐는 澤中水溢出所爲坎이니 從外數至九는 喩深遠也라 蘀은 落也라 錯은 礪石也라

○ 此詩之作은 不可知其所由나 然必陳善納誨之辭也라 蓋鶴鳴于九皐而聲聞于野는 言誠之不可揜也요 魚潛在淵而或在于渚는 言理之無定在也요 園有樹檀而其下維蘀은 言愛當知其惡也요 他山之石而可以爲錯은 言憎當知其善也라 由是四者하여 引而伸之하고 觸類而長之⁷⁷하면 天下之理 其庶幾乎인저

비(比)이다. '학(鶴)'은 새의 이름이니, 목이 길고 몸이(키가) 높으며 다리가 길고, 벼슬이 붉고 몸이 희며 목과 꼬리가 검으니, 울음소리가 높고 맑아서 8, 9리(里)까지 들린다. '고(皐)'는 못 가운데에 물이 넘쳐나와서 생긴 웅덩이이니, 밖에서부터 웅덩이의 물턱을 세어 아홉에 이름은 심원(深遠)함을 비유한 것이다. '탁(蘀)'은 떨어짐이다. '착(錯)'은 숫돌이다.

○ 이 시(詩)를 지은 것은 그 소유(所由)를 알 수 없으나, 반드시 선언(善言)을 진술하여 가르침을 바친 말일 것이다. '학(鶴)이 구고(九皐)에서 울거든 그 소리가 들에까지 들린다.'는 것은 성실함을 가릴 수 없음을 말한 것이요, '물고기가 잠겨 깊은 못 속에 있으나 혹은 물가에 있다.'는 것은 이치가 정해진 곳(정처)이 없음을 말한 것이요, '동산에 심어놓은 박달나무가 있는데 그 아래에 낙엽이 떨어져 있다.'는 것은 사랑하면서도 마땅히 그 나쁜 점을 알아야 함을 말한 것이요, '타산(他

‧‧‧‧‧‧
77 引而伸之 觸類而長之 : 이 내용은 《주역》〈계사전 상(繫辭傳上)〉에 보이는 말로, 이것을 이끌어 펴고 같은 류(類)에 류추(類推)하여 신장(伸長)시킴을 이른다.

‧‧‧　蘀 : 떨어질 탁 錯 : 숫돌 착 竦 : 우뚝솟을 송 頂 : 이마 정 亮 : 밝을 량 礪 : 숫돌 려 觸 : 닿을 촉

山)의 돌이 숫돌이 될 수 있다.'는 것은 미워하면서도 마땅히 그 좋은 점을 알아야 함을 말한 것이다. 이 네 가지를 말미암아 이끌어 펴고 류(類)에 따라 키워나간다면 천하의 이치를 거의 다하게 될 것이다.

② 鶴鳴于九皐, 聲聞于天〔叶鐵因反〕. 魚在于渚, 或潛在淵〔叶一均反〕. 樂彼之園, 爰有樹檀, 其下維穀. 他山之石, 可以攻玉.

鶴鳴于九皐어든	학이 깊은 웅덩이에서 울거든
聲聞于天이로다	소리가 하늘에까지 들리도다
魚在于渚하나	물고기가 물가에 있으나
或潛在淵이니라	깊은 못에 잠겨 있기도 하도다
樂彼之園에	즐거운 저 동산에
爰有樹檀하니	박달나무가 심겨져 있는데
其下維穀이니라	그 아래에는 닥나무가 있도다
他山之石이	다른 산의 돌이
可以攻玉이니라	옥을 갈 수 있느니라

比也라 穀은 一名楮니 惡木也라 攻은 錯也라
○ 程子曰 玉之溫潤은 天下之至美也요 石之麤厲는 天下之至惡也라 然이나 兩玉相磨면 不可以成器요 以石磨之然後에 玉之爲器를 得以成焉하니 猶君子之與小人處也에 橫逆侵加然後에 修省畏避하고 動心忍性하여 增益豫防하여 而義理生焉하고 道德成焉하니 吾聞諸邵子云이로라

비(比)이다. '곡(穀)'은 일명 저(楮;닥나무)이니, 나쁜 나무이다. '공(攻)'은 숫돌로 가는 것이다.

○ 정자(程子)가 말씀하였다. "옥(玉)의 온윤(溫潤)함은 천하에 지극히 아름다운 것이요, 돌의 거침은 천하에 지극히 나쁜 것이다. 그러나 두 옥을 가지고 서로 갈면 그릇을 이룰 수 없고, 돌로써 옥을 간 뒤에야 옥의 그릇이 이루어질 수 있으니, 군자가 소인과 더불어 거처함에 〈소인이〉 횡역(橫逆)으로 침범하고 가(加)한 뒤에 〈군자가〉 수생(修省)하고 외피(畏避)하며 마음을 분발하고 성질을 참아서, 부족함을 증익(增益)하고 화란(禍亂)을 미리 방비하여 의리(義理)가 생겨나고 도덕(道德)

... 穀 : 닥나무 곡　楮 : 닥나무 저

이 이루어짐과 같으니, 나는 이 말을 소자(邵子：소강절(邵康節))에게서 들었노라.”

鶴鳴二章이니 章九句라

　　〈학명(鶴鳴)〉은 2장이니, 장마다 9구이다.

【毛序】 鶴鳴은 誨宣王也라

　　〈학명〉은 선왕(宣王)을 가르친 시(詩)이다.

【鄭註】 誨는 敎也니 敎宣王求賢人之未仕者라

　　회(誨)는 가르침이니, 선왕을 가르쳐서 현인으로서 아직 벼슬하지 않은 자를 구하게 한 것이다.

彤弓之什은 十篇이니 四十章이요 二百五十九句라

　　〈동궁지십(彤弓之什)〉은 10편이니, 40장이고 259구이다.

疑脫兩句하니 當爲二百六十一句라

　　의심컨대 두 구(句)가 빠진 듯하니, 마땅히 261구가 되어야 할 것이다.

〈기보지십(祈父之什)〉 2-4[二之四]

1. 기보(祈父)

①. 祈[勤衣反] 父[音甫], 予王之爪牙[叶五胡反], 胡轉予于恤, 靡所止居.

祈父(보)아	기보(祈父)야!
予王之爪牙어늘	나는 왕(王)의 발톱과 이빨인데
胡轉予于恤하여	어찌하여 나를 근심에 전전하여
靡所止居오	머물러 살 곳이 없게 하는고

賦也라 祈父는 司馬也니 職掌封圻之兵甲이라 故로 以爲號라 酒誥曰 圻父薄(迫)
違是也라 予는 六軍之士也라 或曰 司右、虎賁之屬也[78]라하니라 爪牙는 鳥獸所用
以爲威者也라 恤은 憂也라
○ 軍士怨於久役이라 故로 呼祈父而告之曰 予乃王之爪牙어늘 汝何轉我於憂恤
之地하여 使我無所止居乎아하니라

부(賦)이다. '기보(祈父)'는 사마(司馬)이니, 직책이 봉기(封圻:국경 안)의 병기와
갑옷을 관장한다. 그러므로 관직의 칭호로 삼았으니, 《서경》〈주고(酒誥)〉에 이르
기를, "기보가 명령을 어기는 자들을 축출한다."는 것이 이것이다. '여(予)'는 육군
(六軍)의 군사이다. 혹자는 사우(司右), 호분(虎賁)의 등속이라 한다. '조아(爪牙:발톱
과 이빨)'는 새와 짐승이 사용하여 위엄을 삼는 것이다. '휼(恤)'은 근심함이다.

○ 군사들이 오랜 부역(賦役)을 원망하였다. 그러므로 기보를 불러 말하기를,
"나는 바로 왕의 조아이거늘, 네 어찌하여 나를 근심하는 곳에 전전하게 해서 나
로 하여금 머물러 살 곳이 없게 하는가?" 한 것이다.

②祈父, 予王之爪士[鉏里反], 胡轉予于恤, 靡所底[之履反]止.

• • • • • •
78 司右虎賁之屬也:이 내용은 모두 《주례(周禮)》〈하관(夏官) 대사마(大司馬)〉에 보인다.

··· 祈 : 지경 기 爪 : 손톱 조 圻 : 서울지경 기(畿同)

祈父야 　　　　　　기보야!

子王之爪士어늘 　　　　나는 왕의 조아와 같은 군사인데

胡轉予于恤하여 　　　　어찌하여 나를 근심에 전전하여

靡所底(지)止오 　　　　이르러 그칠 곳이 없게 하는고

賦也라 爪士는 爪牙之士也라 底는 至也라

　　부(賦)이다. '조사(爪士)'는 조아(爪牙)와 같은 군사이다. '지(底)'는 이름이다.

③ 祈父, 亶不聰. 胡轉予于恤, 有母之尸饔.

祈父여 　　　　　　기보여!

亶不聰이로다 　　　　진실로 총명하지 못하도다

胡轉予于恤하여 　　　　어찌하여 나를 근심에 전전하여

有母之尸饔고 　　　　어머니가 음식을 주관하게 하는고

賦也라 亶은 誠이라 尸는 主也요 饔은 熟食也니 言不得奉養하여 而使母反主勞苦
之事也라

○ 東萊呂氏曰 越句踐伐吳할새 有父母耆老而無昆弟者는 皆遣歸하고 魏公子無
忌救趙할새 亦令獨子無兄弟者歸養하니 則古者有親老而無兄弟면 其當免征役이
必有成法이라 故로 責司馬之不聰하니 其意謂 此法을 人皆聞之어늘 汝獨不聞乎아
乃驅吾從戎하여 使吾親不免薪水之勞也라 責司馬者는 不敢斥王也라

　　부(賦)이다. '단(亶)'은 진실로이다. '시(尸)'는 주관함이요, '옹(饔)'은 익은 밥이
니, 자신이 봉양하지 못하여 어머니로 하여금 도리어 노고(勞苦)하는 일을 주관하
게 함을 말한 것이다.

　　○ 동래 여씨(東萊呂氏)가 말하였다. "월왕(越王) 구천(句踐)이 오(吳)나라를 정벌
할 적에 부모가 늙고 형제가 없는 자들은 모두 돌려보냈으며, 위(魏)나라 공자(公
子) 무기(無忌)가 조(趙)나라를 구원할 적에 또한 독자(獨子)로서 형제가 없는 자들
은 돌아가 부모를 봉양하게 하였으니, 옛날에 어버이가 늙고 형제가 없는 자가 있
으면 마땅히 정역(征役)을 면제하는 법(法)이 반드시 있었을 것이다. 그러므로 사
마(司馬)가 총명하지 못함을 꾸짖은 것이니, 그 뜻은 이르기를 '이 법을 사람들이

··· 底 : 이를 지 亶 : 진실로 단 尸 : 주관할 시 饔 : 밥지을 옹

모두 듣고 있거늘 너만이 홀로 듣지 못하였는가? 그리하여 마침내 나를 몰아 군역(軍役)에 종사(從事)하게 해서, 내 어버이로 하여금 나무하고 물 긷는 수고로움을 면치 못하게 했다.'고 한 것이다. 사마(司馬)를 꾸짖음은 감히 왕(王)을 지척(指斥)하지 못해서이다."

祈父三章이니 章四句라

〈기보(祈父)〉는 3장이니, 장마다 4구이다.

序에 以爲刺宣王之詩라하고 說者又以爲 宣王三十九年에 戰于千畝하여 王師敗績于姜氏之戎이라 故로 軍士怨而作此詩라하니라 東萊呂氏曰 太子晉이 諫靈王之詞[79]曰 自我先王厲、宣、幽、平으로 而貪天禍하여 至于今未弭라하니 宣王은 中興之主也어늘 至與幽、厲竝數之하니 其詞雖過나 觀是詩所刺하면 則子晉之言이 豈無所自歟아 但今考之詩文컨대 未有以見其必爲宣王耳니 下篇放此하니라

〈모서(毛序)〉에는 선왕(宣王)을 풍자한 시(詩)라 하였고, 해설하는 자가 또 이르기를 "선왕 39년에 천묘(千畝)에서 싸워 왕사(王師)가 강씨(姜氏)의 오랑캐에게 패적(敗績:대패)하였다. 그러므로 군사들이 원망하여 이 시(詩)를 지었다." 하였다.

동래 여씨(東萊呂氏)가 말하였다. "태자(太子) 진(晉)이 영왕(靈王)을 간(諫)하는 말에 이르기를 '우리 선왕(先王)인 여왕(厲王), 선왕(宣王), 유왕(幽王), 평왕(平王)으로부터 〈나쁜 일을 하여〉 하늘의 화(禍)를 탐해서 지금에 이르도록 화(禍)가 끊이지 않았다.' 하였다. 선왕(宣王)은 중흥(中興)한 군주인데 유왕, 여왕과 함께 똑같은 반열에 놓고 셈에 이르렀으니, 그 말이 비록 지나치나, 이 시(詩)에 풍자한 말을 보면 자진(子晉:태자 진(太子晉))의 말이 어찌 근거한 바가 없겠는가?"

다만 이제 시문(詩文)을 상고해 보건대, 그 반드시 선왕이 됨을 볼 수가 없으니, 아래 편(篇)도 이와 같다.

【毛序】 祈父는 刺宣王也라

〈기보(祈父)〉는 선왕(宣王)을 풍자한 시(詩)이다.

【鄭註】 刺其用祈父하여 不得其人也니 官非其人이면 則職廢라 祈父之職은 掌六

......
79 太子晉 諫靈王之詞:이 내용은《국어(國語)》〈주어(周語)〉에 보인다.

··· 弭:그칠 미 耆:늙을 기

軍之事하여 有九伐之法[80]이라 古者에 祈、圻、畿皆同하니라

　　기보(祈父)를 등용하여 그 훌륭한 사람을 얻지 못함을 풍자한 것이니, 관원이 그 적임자가 아니면 직책이 폐지되기 마련이다. 기보의 직책은 육군(六軍)의 정사를 관장하여 구벌(九伐)의 법이 있다. 옛날에 기(祈)와 기(圻), 기(畿)가 모두 똑같이 사용하였다.

2. 백구(白駒)

① 皎皎[古了反]白駒, 食我場苗, 縶[陟立反]之維之, 以永今朝, 所謂伊人, 於焉逍遙.

皎(교)皎白駒	깨끗하고 깨끗한 흰 망아지
食我場苗라하여	우리 마당의 곡식싹을 먹는다 하여
縶(집)之維之하여	발을 동여매고 고삐를 매어
以永今朝하여	오늘 아침을 더 오래 머물게 해서
所謂伊人이	이른바 그 분이
於焉逍遙케하리라	여기에서 소요하게 하리라

賦也라 皎皎는 潔白也요 駒는 馬之未壯者니 謂賢者所乘也라 場은 圃也라 縶은 絆其足이요 維는 繫其靷也라 永은 久也라 伊人은 指賢者也라 逍遙는 遊息也라
○ 爲此詩者 以賢者之去而不可留也라 故로 託以其所乘之駒 食我場苗라하여 而縶維之하여 庶幾以永今朝하여 使其人得以於此逍遙而不去하니 若後人留客而投其轄(할)於井中也라

　　부(賦)이다. '교교(皎皎)'는 결백함이요, '구(駒)'는 말이 아직 장성하지 않은 것이니, 현자(賢者)가 타고 온 것을 이른다. '장(場)'은 채전(菜田)이다. '집(縶)'은 그 발을 묶어놓는 것이요, '유(維)'는 그 고삐를 동여매는 것이다. '영(永)'은 오램이

······
80　九伐之法:아홉 가지 죄가 있는 자를 정벌하는 법으로, 자세한 내용은 〈동궁지십(彤弓之什) 동궁(彤弓)〉 주 참조.

···　皎:흴교 縶:맬칩 維:맬유 絆:맬반 轄:굴대빗장 할

다. '이인(伊人)'은 현자를 가리킨다. '소요(逍遙)'는 놀고 쉬는 것이다.

○ 이 시(詩)를 지은 자는 현자가 떠나는데 만류할 수가 없었다. 그러므로 그가 타고 온 망아지가 우리 마당의 곡식싹을 먹는다고 칭탁하여, 발을 묶어놓고 고삐를 동여매어 행여 오늘 아침을 더 머물게 하여 그 사람으로 하여금 이곳에서 소요(逍遙)하여 떠나지 않기를 바란 것이니, 후세(後世) 사람들이 손님을 만류하면서 수레의 굴대빗장을 우물 속에 던져 넣은 것과 같은 것이다.

② 皎皎白駒, 食我場藿〔火郭反〕, 縶之維之, 以永今夕〔叶祥倫反〕, 所謂伊人, 於焉嘉客〔叶克各反〕.

皎皎白駒	깨끗하고 깨끗한 흰 망아지
食我場藿(곽)이라하여	우리 마당의 콩잎을 먹는다 하여
縶之維之하여	발을 동여매고 고삐를 매어
以永今夕하여	오늘 저녁을 더 머물게 해서
所謂伊人이	이른바 그 분이
於焉嘉客케하리라	여기에서 아름다운 손님이 되게 하리라

賦也라 藿은 猶苗也요 夕은 猶朝也요 嘉客은 猶逍遙也라

부(賦)이다. '곽(藿)'은 묘(苗)와 같고, '석(夕)'은 조(朝)와 같고, '가객(嘉客)'은 소요(逍遙)라는 말과 같다.

③ 皎皎白駒, 賁〔彼義反 又音奔〕然來〔叶云俱反〕思, 爾公爾侯〔叶洪孤反〕, 逸豫無期. 愼爾優游〔叶汪胡反〕, 勉爾遁思〔叶新齎反〕.

皎皎白駒	깨끗하고 깨끗한 흰 망아지
賁(비)然來思면	광채가 빛나게 타고 오면
爾公爾侯하여	그대를 공(公)과 후(侯)로 삼아
逸豫無期케하리라	편안하고 즐거움을 끝없이 하리라
愼爾優游하며	그대 한가롭게 노는 것을 삼가며
勉爾遁思어다	그대 은둔하려는 생각을 결단하지 말지어다

··· 藿 : 콩잎 곽 賁 : 꾸밀 비

賦也라 賁然은 光采之貌也니 或以爲來之疾也라 思는 語詞也라 爾는 指乘駒之賢
人也라 愼은 勿過也요 勉은 無決也라 遁思는 猶言去意也라

○ 言此乘白駒者 若其肯來면 則以爾爲公하고 以爾爲侯하여 而逸樂無期矣라하니
猶言橫아 來하라 大者王이요 小者侯也[81]라 豈可以過於優游하고 決於遁思하여 而
終不我顧哉리오 蓋愛之切而不知好爵之不足縻하고 留之苦而不恤其志之不得
遂也니라

부(賦)이다. '비연(賁然)'은 광채가 나는 모양이니, 혹자는 오기를 빨리하는 것
이라 한다. '사(思)'는 어조사이다. '이(爾)'는 망아지를 타고 온 현인(賢人)을 가리
킨다. '신(愼)'은 지나치지 말라는 것이요, '면(勉)'은 결단하지 말라는 것이다. '돈
사(遁思)'는 거의(去意;떠나가려는 뜻)라는 말과 같다.

○ 이 백구(白駒)를 타고 온 자가 만일 기꺼이 온다면 그대를 공(公)으로 삼고
그대를 후(侯)로 삼아서 편안하고 즐거워하기를 끝이 없이 할 것이라고 말했으니,
《사기(史記)》에 "전횡(田橫)아! 오너라. 크면 왕(王)을 시키고 작으면 후(侯)를 시
킨다."고 말한 것과 같다. 어찌 우유(優游;한가롭게 놂)하기를 지나치게 하고 은둔하
려는 생각을 결단해서 끝내 나를 돌아보지 않는가. 현자(賢者)를 사랑하기를 간절
히 하여 좋은 벼슬로도 얽어맬 수 없음을 알지 못하고, 현자가 떠남을 만류하기를
굳이하여 그 뜻을 이룰 수 없음을 생각하지 않은 것이다.

④ 皎皎白駒, 在彼空谷, 生芻〔楚俱反〕一束, 其人如玉. 毋金玉爾音, 而
有遐心.

皎皎白駒	깨끗하고 깨끗한 흰 망아지
在彼空谷하니	저 빈 골짜기에 있으니
生芻(추)一束이로서니	생꼴 한 묶음을 주노니
其人如玉이로다	그 사람 옥(玉)처럼 아름답도다
毋金玉爾音하여	그대의 음성을 금옥(金玉)처럼 아껴

••••••
81 猶言橫……小者侯也 : 횡(橫)은 전횡(田橫)으로 일찍이 제왕(齊王)이 되었다. 한(漢)나라를
일으킨 유방(劉邦)이 초(楚)나라의 항우(項羽)를 멸망시켜 천하를 통일하고 해도(海島)로 도망해
있던 전횡을 부르면서 "전횡아! 오라. 그대는 왕을 봉해주고 그대의 종속은 후를 봉해 주겠다."고
회유한 말이다. 그러나 낙양(洛陽)까지 온 전횡은 끝내 항복하지 않고 자결하였다.

••• 縻 : 얽어맬 미 芻 : 꼴 추

而有遠心이어다   나를 멀리하는 마음을 두지 말지어다

賦也라 賢者必去而不可留矣라 於是에 歎其乘白駒入空谷에 束生芻以秣之하니 而其人之德이 美如玉也니 蓋已邈乎其不可親矣라 然이나 猶冀其相聞而無絶也라 故로 語之曰 毋貴重爾之音聲하여 而有遠我之心也라하니라

부(賦)이다. 현자가 기필코 떠나려 하여 만류할 수가 없었다. 이에 이 흰 망아지를 타고 빈 골짜기로 들어감에 생꼴을 묶어서 말을 먹였으니, 그 사람의 덕(德)이 옥(玉)과 같이 아름답다고 탄식하였으니, 이는 이미 아득하여 친히 할 수가 없는 것이다. 그러나 오히려 소식을 서로 전하여 끊지 말기를 바랐다. 그러므로 말하기를 〈그대 떠나가더라도〉 그대의 음성을 귀중히 여겨 나를 멀리하는 마음을 두지 말라.고 한 것이다.

白駒四章이니 章六句라

〈백구(白駒)〉는 4장이니, 장마다 6구이다.

【毛序】 白駒는 大夫 刺宣王也라

〈백구〉는 대부(大夫)가 선왕(宣王)을 풍자한 시(詩)이다.

【鄭註】 刺其不能留賢者也라

그 어진 자를 만류하지 못함을 풍자한 것이다.

3. 황조(黃鳥)

① 黃鳥黃鳥, 無集于穀, 無啄[陟角反]我粟. 此邦之人, 不我肯穀, 言旋言歸, 復我邦族.

黃鳥黃鳥아   황조(黃鳥)야! 황조(黃鳥)야!
無集于穀(곡)하여   닥나무에 앉지 말아
無啄我粟이어다   내 곡식 쪼아 먹지 말지어다
此邦之人이   이 나라 사람들이

··· 遠 : 멀 하 秣 : 먹일 말 邈 : 멀 막 集 : 앉을 집 穀 : 닥나무 곡 啄 : 쪼을 탁

不我肯穀_{인댄}	나를 잘 대우하려 하지 않을진댄

不我肯穀_{인댄}　　　나를 잘 대우하려 하지 않을진댄
言旋言歸_{하여}　　　곧바로 돌아가서
復我邦族_{하리라}　　우리 방족(邦族)에게 돌아가리라

比也라 穀은 木名이라 穀은 善이요 旋은 回요 復은 反也라

○ 民適異國하여 不得其所라 故로 作此詩하여 託爲呼其黃鳥而告之曰 爾無集于穀而啄我之粟이어다 苟此邦之人이 不以善道相與인댄 則我亦不久於此而將歸矣_{라하니라}

비(比)이다. '곡(穀:닥나무)'은 나무 이름이다. 〈뒤의〉 '곡(穀)'은 선(善:좋음, 잘함)이요, '선(旋)'은 회(回:되미쳐 돌아감)요, '복(復)'은 돌아감이다.

○ 백성들이 이국(異國)에 가서 그 살 곳을 얻지 못하였다. 그러므로 이 시(詩)를 지어서 가탁하여 황조(黃鳥)를 불러 말하기를 "너는 닥나무에 앉지 말아서 내 곡식을 쪼아 먹지 말지어다. 만일 이 나라 사람들이 선도(善道)로써 나를 상대하지 않을진댄, 나 또한 이곳에 오래 머물지 않고 장차 돌아가겠다."고 한 것이다.

② 黃鳥黃鳥, 無集于桑, 無啄我粱. 此邦之人, 不可與明〔叶謨郎反〕, 言旋言歸, 復我諸兄〔叶虛王反〕.

黃鳥黃鳥_아　　　황조야! 황조야!
無集于桑_{하여}　　뽕나무에 앉지 말아
無啄我粱_{이어다}　　내 기장 쪼아 먹지 말지어다
此邦之人_이　　　이 나라 사람들이
不可與明_{이란대}　더불어 나의 뜻 밝힐 수 없을진댄
言旋言歸_{하여}　　곧바로 돌아가서
復我諸兄_{하리라}　　우리 제형(諸兄)에게 돌아가리라

比也라
비(比)이다.

··· 穀 : 좋을 곡

③ 黃鳥黃鳥, 無集于栩〔況甫反〕, 無啄我黍. 此邦之人, 不可與處, 言旋言歸, 復我諸父〔扶雨反〕.

黃鳥黃鳥아	황조야! 황조야!
無集于栩(호)하여	도토리나무에 앉지 말아
無啄我黍어다	내 기장 쪼아 먹지 말지어다
此邦之人이	이 나라 사람들이
不可與處란대	더불어 거처할 수 없을진댄
言旋言歸하여	곧바로 돌아가서
復我諸父호리라	우리 제부(諸父:백숙부)에게 돌아가리라

比也라

비(比)이다.

黃鳥三章이니 章七句라

〈황조(黃鳥)〉는 3장이니, 장마다 7구이다.

東萊呂氏曰 宣王之末에 民有失所者 意他國之可居也러니 及其至彼에 則又不若故鄕焉이라 故로 思而欲歸하니라 使民如此하면 亦異於還定安集之時[82]矣라 今按詩文컨대 未見其爲宣王之世하니 下篇亦然하니라

동래 여씨(東萊呂氏)가 말하였다. "선왕(宣王)의 말년에 백성 중에 살 곳을 잃은 자가 딴 나라는 살 만하다고 생각했었는데, 그 곳에 이르러 보니 또 고향만 못하였다. 그러므로 고향을 그리워하여 돌아가고자 한 것이다. 백성들로 하여금 이와 같게 하였다면, 또한 〈선왕의 초기에〉 돌아와 백성들로 하여금 안정하고 안집(安集)하게 한 것과는 다른 것이다."

이제 시문(詩文)을 상고해 보건대, 선왕의 세대가 됨을 발견할 수 없으니, 하편

• • • • • •

82 異於還定安集之時：앞에 있는 〈홍안(鴻雁)〉의 〈소서(小序)〉에 "'홍안은 선왕을 찬미한 것이다. 만민이 이산하여 그 거처를 편안히 하지 못하였는데, 선왕이 수고로운 자를 위로하고 오는 자를 오게 하고 떠나간 자를 돌아오게 하고 어지러운 자를 안정시키고 위태로운 자를 편안하게 하고 흩어진 자들을 모여 살게 했다.〔鴻雁美宣王也, 萬民離散, 不安其居, 而能勞來還定安集之.〕"라 하였으므로 말한 것이다.

••• 栩 : 도토리 호(허)

(下篇) 또한 그러하다.

【毛序】 黃鳥는 刺宣王也라

　〈황조〉는 선왕을 풍자한 시(詩)이다.

【鄭註】 刺其以陰禮로 教親而不至하고 聯兄弟之不固라

　그 음(陰)의 예(부인의 예)로써 친함을 가르쳤으나 이르지 않고, 형제를 연결함이 견고하지 못함을 풍자한 것이다.

4. 아행기야(我行其野)

① 我行其野, 蔽〔必制反〕芾〔方昧反〕其樗〔敕霄反〕. 昏姻之故, 言就爾居, 爾不我畜, 復我邦家.

我行其野하니	내가 들판을 가니
蔽芾(패)其樗(저)러라	가죽나무가 우북하더라
昏姻之故로	혼인한 연고로
言就爾居호니	그대의 거처에 나아가니
爾不我畜이란대	그대가 나를 길러주지 않을진댄
復我邦家하리라	우리 고향집으로 돌아가리라

賦也라 樗는 惡木也라 壻之父, 婦之父 相謂曰婚姻이라 畜은 養也라

○ 民適異國하여 依其婚姻호되 而不見收卹이라 故로 作此詩라 言 我行於野中에 依惡木以自蔽라 於是에 思婚姻之故하여 而就爾居어늘 而爾不我畜也인댄 則將復我之邦家矣라하니라

　부(賦)이다. '저(樗:가죽나무)'는 나쁜 나무이다. 신랑(新郎)의 아버지와 신부(新婦)의 아버지가 서로 이르기를 '혼인(婚姻:사돈)'이라 한다. '흄(畜)'은 기름이다.

　○ 백성들이 이국(異國)에 가서 혼인(사돈)에게 의탁하려 하였으나, 거두어 구휼(救卹)해줌을 받지 못하였다. 그러므로 이 시(詩)를 지은 것이다. "내가 들 가운데를 갈 때에 나쁜 나무에 의지하여 스스로 그 그늘에서 쉬었다. 이에 혼인한 연

... 芾 : 우거질 패 　樗 : 가죽나무 저 　卹 : 구휼할 휼(恤同)

고를 생각하여 그대의 거처로 나아갔는데, 그대가 나를 길러주지 않을진댄 장차
나의 고향집으로 돌아가겠다."고 한 것이다.

② 我行其野, 言采其蓫〔敕六反〕. 昏姻之故, 言就爾宿, 爾不我畜, 言歸
思復.

203

我行其野하여	내가 들에 가서
言采其蓫(축)호라	소루쟁이 나물을 뜯노라
昏姻之故로	혼인한 연고로
言就爾宿호니	그대에게 가서 유숙하니
爾不我畜이란대	그대가 나를 길러주지 않을진댄
言歸思復하리라	돌아가서 고국(故國)으로 돌아가리라

賦也라 蓫은 牛蘈이니 惡菜也라 今人謂之羊蹄菜라

부(賦)이다. '축(蓫)'은 우퇴(牛蘈)이니, 나쁜 나물이다. 지금 사람들은 양제채(羊
蹄菜)라 이른다.

③ 我行其野, 言采其葍〔音福 叶筆力反〕. 不思舊姻, 求爾新特, 成〔論語作誠〕
不以富, 亦祇〔音支〕以異.

我行其野하여	내가 들에 가서
言采其葍(복)호라	메꽃을 뜯노라
不思舊姻이요	옛 혼인한 것을 생각하지 않고
求爾新特은	그대의 새 짝을 찾음은
成(誠)不以富나	진실로 부유해서가 아니나
亦祇以異니라	또한 다만 색다르기 때문이니라

賦也라 葍은 䔖(부)니 惡菜也라 特은 匹也라
○ 言 爾之不思舊姻而求新匹也는 雖實不以彼之富而厭我之貧이나 亦祇以其新
而異於故耳라하니 此는 詩人責人忠厚之意니라

··· 蓫 : 소루쟁이 축 蘈 : 소루쟁이 퇴 蹄 : 발굽 제 葍 : 잔무우 복(䔖通) 特 : 짝 특 祇 : 다만 지

小雅 我行其野

부(賦)이다. '복(葍)'은 메꽃이니, 나쁜 나물이다. '특(特)'은 짝이다.

○ "그대가 옛 혼인한 것을 생각하지 않고 새 짝을 찾음은, 비록 진실로 저 사람이 부유하고 내가 가난함을 싫어해서가 아니나, 또한 다만 그가 새로워 옛사람보다 색다르기 때문이다." 하였으니, 이는 시인(詩人)이 사람을 책(責)함에 충후(忠厚)한 뜻이다.

我行其野三章이니 章六句라

〈아행기야(我行其野)〉는 3장이니, 장마다 6구이다.

王氏曰 先王이 躬行仁義以道(導)民厚矣로되 猶以爲未也하여 又建官置師하여 以孝友睦婣(인)任卹六行敎民[83]하니 爲其有父母也라 故로 敎以孝하고 爲其有兄弟也라 故로 敎以友하고 爲其有同姓也라 故로 敎以睦하고 爲其有異姓也라 故로 敎以婣하고 爲隣里鄕黨相保相愛也라 故로 敎以任하고 相賙(주)相救也라 故로 敎以卹이라 以爲徒敎之면 或不率也라 故로 使官師로 以時書其德行而勸之하고 以爲徒勸之면 或不率也일새 於是乎有不孝、不睦、不婣、不弟、不任、不卹之刑焉하니 方是時也에 安有如此詩所刺之民乎아

왕씨(王氏)가 말하였다. "선왕(先王)이 몸소 인의(仁義)를 행하여 백성들을 후(厚)한 데로 인도하였으나, 오히려 부족하다고 여겨서 또 관(官)을 세우고 사(師)를 설치하여 효(孝), 우(友), 목(睦), 인(婣), 임(任), 휼(卹)의 여섯 가지 행실로써 백성을 가르쳤으니, 그 부모가 있기 때문에 효(孝)를 가르치고, 형제가 있기 때문에 우(友)를 가르치고, 동성(同姓)의 친족(親族)이 있기 때문에 목(睦)을 가르치고, 이성(異姓)의 척속(戚屬)이 있기 때문에 인(婣)을 가르치고, 인리(隣里)와 향당(鄕黨)이 서로 보호해 주고 서로 사랑하여야 하기 때문에 임(任)을 가르치고, 서로 도와주고 구휼하여야 하기 때문에 휼(卹)을 가르쳤다. 그리고 생각하기를 "다만 가르치기만 하면 혹 따르지 않을 수 있다."고 여겨, 이 때문에 관(官)·사(師)로 하여금 때로 백성들의 덕행(德行)을 써서 권면(勸勉)하게 하고, "다만 권면하기만 하면

• • • • • •

83 又建官置師 以孝友睦婣任卹六行敎民 : 이 내용은 《주례》〈대사도(大司徒)〉에 보이는바, 효(孝)는 부모에 대한 효도이고 우(友)는 형제간의 우애이며, 목(睦)은 동성(同姓)의 친족에게 화목하는 것이고 인(婣)은 이성(異姓)의 척족(戚族)에게 화목하는 것이며, 임(任)은 붕우간에 신실(信實)한 것이고 휼(卹)은 우환과 가난한 자를 구휼함을 이른다. 《소학》〈입교(立敎)〉에도 인용되어 있다.

••• 婣 : 화목할 인 賙 : 구휼할 주

혹 따르지 않을 수도 있다."고 여겼기에, 이에 불효(不孝), 불목(不睦), 불인(不婣), 불제(不弟), 불임(不任), 불휼(不卹)의 형벌을 두었으니, 이 때를 당하여 어찌 이 시(詩)에서 풍자한 바와 같은 백성이 있었겠는가."

【毛序】 我行其野는 刺宣王也라

〈아행기야(我行其野)〉는 선왕(宣王)을 풍자한 시(詩)이다.

【鄭註】 刺其不能正嫁娶之數하여 而有荒政多昏之俗이라

능히 남혼여가(男婚女嫁)하는 숫자를 바로잡아서 흉년 든 정사에 혼인을 많이 하게 하는 풍속이 있지 못함을 풍자한 것이다.

5. 사간(斯干)

① 秩秩斯干〔叶居焉反〕, 幽幽南山〔叶所旃反〕. 如竹苞〔叶補荀反〕矣, 如松茂〔叶莫口反〕矣. 兄及弟矣, 式相好〔呼報反 叶許厚反〕矣, 無相猶〔叶余久反〕矣.

秩秩斯干이요	질서정연한 이 물가요
幽幽南山이로다(이로소니)	그윽하고 그윽한 남산이로다
如竹苞矣요	대나무가 총생(叢生)하는 듯하고
如松茂矣로다	소나무가 무성한 듯하도다
兄及弟矣	형과 아우가
式相好矣요	서로 좋아할 것이요
無相猶矣로다	서로 도모하지 말아야 하리로다

賦也라 秩秩은 有序也라 斯는 此也요 干은 水涯也라 南山은 終南之山也라 苞는 叢生而固也라 猶는 謀也라

○ 此는 築室旣成에 而燕飮以落之하고 因歌其事라 言 此室臨水而面山하니 其下之固가 如竹之苞하고 其上之密이 如松之茂라하고 又言 居是室者 兄弟相好而無

··· 干 : 물가 간 苞 : 더부룩히날 포 猶 : 꾀할 유, 도모할 유

相謀라하니 則頌禱之辭니 猶所謂聚國族於斯[84]者也라 張子曰 猶는 似也라 人情
이 大抵施之不報則輟이라 故로 恩不能終하나니 兄弟之間에 各盡己之所宜施者요
無學其不相報而廢恩也라 君臣父子朋友之間도 亦莫不用此道하여 盡己而已니라
愚按 此於文義엔 或未必然이나 然意則善矣니라 或曰猶는 當作尤[85]라

부(賦)이다. '질질(秩秩)'은 차례가 있는 것이다. '사(斯)'는 이것이요, '간(干)'은
물가이다. '남산(南山)'은 종남산(終南山)이다. '포(苞)'는 총생(叢生)하여 견고함이
다. '유(猶)'는 도모함이다.

○ 이는 집을 지어 완성함에 잔치하고 술을 마셔 낙성(落成)하고, 인하여 그 일
을 노래한 것이다. "이 집이 물을 굽어보고 산(山)을 향하니, 그 아래의 견고함이
대나무가 총생하는 듯하고, 그 위의 치밀함이 소나무가 무성한 듯하다." 하였고,
또 "이 집에 거처하는 자들은 형제간에 서로 좋아할 것이요 서로 도모하지 말아야
한다."라고 하였으니, 이는 송도(頌禱)하는 말이니, 이른바 "국빈(國賓)과 종족(宗
族)을 이곳에 모은다."는 말과 같은 것이다.

장자(張子)가 말씀하였다. "유(猶)는 똑같이 하는 것이다. 인정(人情)은 대저 내
가 베풀어도 상대방이 보답하지 않으면 그만둔다. 그러므로 은혜를 끝까지 할 수
없는 것이니, 형제간은 각기 자기가 마땅히 베풀어야 할 것을 다할 뿐이요, 상대
방이 보답하지 않는 것을 배워 은혜를 폐하지 말아야 한다. 군신간(君臣間)과 부자
간(父子間)과 붕우간(朋友間)에도 또한 이 방도를 쓰지 않음이 없어서 자기의 도리
(道理)를 다할 뿐이다."

내가 상고해보건대, 이는 글 뜻에 있어서는 혹 반드시 옳지는 않으나, 뜻은 매
우 좋다. 혹자(或者)는 말하기를 "유(猶)는 마땅히 우(尤;원망함)가 되어야 한다."고
한다.

••••••

84 聚國族於斯:이 내용은 《예기(禮記)》〈단궁 하(檀弓下)〉에 보이는바, 진(晉)나라의 문자(文子;
조무(趙武))가 집을 완성하자, 장로(張老)가 송축(頌祝)하기를 "아름답다. 높기도 하고 많기도 하
구나! 기쁜 일이 있으면 이곳에서 노래하고, 상사(喪事)가 있으면 이곳에서 곡(哭)하며, 또한 국빈
(國賓)과 종족(宗族)을 이곳에 모아 잔치를 베풀기 바란다.〔美哉輪焉, 美哉奐焉, 歌於斯, 哭於斯,
聚國族於斯.〕" 하였다.

85 或曰猶 當作尤:유(猶)와 유(尤)는 고자(古字)에 통용되었는바, 유(尤)는 우(尤)와 모양이 비
슷하여 尤로 잘못 쓰기도 하며, 尤는 또 허물의 뜻이 있다.

② 似續妣〔必履反〕祖, 築室百堵, 西南其戶〔胡五反〕, 爰居爰處, 爰笑爰語.

似續妣祖하여	조비(祖妣)와 조고(祖考)를 이어서
築室百堵하니	큰 집과 큰 담장을 쌓으니
西南其戶로소니	그 창문을 서쪽과 남쪽으로 내니
爰居爰處며	여기에서 거하고 여기에서 처하며
爰笑爰語로다	여기에서 웃고 여기에서 말하리로다

賦也라 似는 嗣也라 妣先於祖者는 協下韻爾라 或曰 謂姜嫄、后稷[86]也라하니라 西南其戶는 天子之宮은 其室非一하여 在東者西其戶하고 在北者南其戶하니 猶言南東其畝也라 爰은 於也라

부(賦)이다. '사(似)'는 이음이다. '비(妣)'를 '조(祖)'보다 먼저 말한 것은 아래의 운자(韻字)를 맞추었을 뿐이다. 혹자는 이르기를 "〈비(妣)와 조(祖)는〉 강원(姜嫄)과 후직(后稷)을 말한 것이다."라고 한다. '서남기호(西南其戶)'는 천자의 집은 그 방이 하나만이 아니어서 동쪽에 있는 것은 창문을 서쪽으로 내고, 북쪽에 있는 것은 창문을 남쪽으로 내니, 이 아래 〈신남산(信南山)〉에 "그 이랑을 남쪽으로 하고 동쪽으로 한다.〔南東其畝〕"고 말한 것과 같다. '원(爰)'은 이에(여기에)이다.

③ 約之閣閣, 椓〔陟角反〕之橐橐〔音託〕, 風雨攸除〔直慮反〕, 鳥鼠攸去, 君子攸芋〔香于反 叶王遇反〕.

約之閣閣하며	판자를 묶기를 각각(꼭꼭)하며
椓之橐橐하니	흙을 다지기를 탁탁(橐橐)히 하니
風雨攸除며	비바람을 막으며
鳥鼠攸去로소니	새와 쥐를 제거하였으니
君子攸芋로다	군자가 존대(尊大)히 계실 곳이로다

······
86 姜嫄后稷: 강원(姜嫄)은 후직(后稷)의 어머니라서 후직(后稷)의 앞에 놓았다고 본 것이다.

··· 似 : 이을 사(嗣通) 妣 : 죽은어미 비 嫄 : 계집이름 원 椓 : 다질 탁 橐 : 절구질하는소리 탁 芋 : 클 후

賦也라 約은 束版也요 閣閣은 上下相乘也라 椓은 築也요 橐橐은 杵聲也라 除亦去也라 無風雨鳥鼠之害는 言其上下四旁皆牢密也라 芋는 尊大也니 君子之所居라 以爲尊且大也라

부(賦)이다. '약(約)'은 판자를 묶음이요, '각각(閣閣)'은 상하(上下)가 서로 맞물리게 하는 것이다. '탁(椓)'은 흙을 다짐이요, '탁탁(橐橐)'은 절구공이로 흙을 다지는 소리이다. '제(除)' 또한 제거함이다. '풍우(風雨)와 조서(鳥鼠)의 해가 없다.'는 것은 그 상하와 사방이 모두 견고하고 치밀함을 말한 것이다. '후(芋)'는 존대(尊大)함이니, 군자가 거처하는 곳이라서 높고 또 크다고 한 것이다.

④ 如跂〔音企〕斯翼, 如矢斯棘, 如鳥斯革〔따訖力反〕, 如翬〔音輝〕斯飛, 君子攸躋〔子西反〕.

如跂斯翼하며	사람이 몸을 곧게 세워 공경함과 같으며
如矢斯棘하며	화살이 곧게 날아감과 같으며
如鳥斯革하며	새가 놀라 낯빛을 변함과 같으며
如翬(휘)斯飛로소니	꿩이 날아가는 것과 같으니
君子攸躋(제)로다	군자가 올라가서 정사를 다스릴 곳이로다

賦也라 跂는 竦立也요 翼은 敬也라 棘은 急也니 矢行은 緩則枉이요 急則直也라 革은 變이요 翬는 雉요 躋는 升也라
○ 言其大勢嚴正이 如人之竦立而其恭翼翼也요 其廉隅整飭이 如矢之急而直也요 其棟宇峻起가 如鳥之驚而革也요 其簷阿華采而軒翔이 如翬之飛而矯其翼也라 蓋其堂之美如此하니 而君子之所升以聽事也라

부(賦)이다. '기(跂)'는 몸을 곧게 세움이요, '익(翼)'은 공경함이다. '극(棘)'은 급함이니, 화살이 날아감은 〈속도가〉 느리면 굽고 〈속도가〉 빠르면 곧다. '혁(革)'은 변함이요, '휘(翬)'는 꿩이요, '제(躋)'는 오름이다.
○ 〈집의〉 대세(大勢)의 엄정함이 사람이 몸을 곧게 세워 그 공손함이 익익(翼翼)함과 같고, 염우(廉隅;귀퉁이)가 정돈됨이 화살이 급히 날아가 곧음과 같고, 동우(棟宇;들보와 서까래)가 높게 일어남이 새가 놀라 낯빛을 변함과 같고, 처마가 화려하고 높으며 날아갈 듯함이 꿩이 날아 날개를 펴는 것과 같다. 이 당(堂)의 아름

··· 杵:공이 저 牢:굳을 뢰 跂:발돋음할 기 翼:공경할 익 棘:빠를 극 革:놀랄 혁 翬:꿩 휘 躋:오를 제
竦:우뚝할 송 軒:높을 헌 矯:들 교

다움이 이와 같으니, 군자가 올라가서 정사를 다스릴 곳이라고 말한 것이다.

⑤ 殖殖〔市力反〕其庭, 有覺其楹, 噲噲〔音快〕其正〔叶音征〕, 噦噦〔呼會反〕其冥, 君子攸寧.

殖殖其庭이며	판판하고 반듯한 그 뜰이며
有覺其楹이며	높고 곧은 그 기둥이며
噲噲其正이며	쾌쾌(噲噲)한 (시원스러운) 그 정면(正面)이며
噦(훼)噦其冥이로소니	깊숙하고 넓은 그 어두운 내실이니
君子攸寧이로다	군자가 편안히 계실 곳이로다

賦也라 殖殖은 平正也요 庭은 宮寢之前庭也라 覺은 高大而直也요 楹은 柱也라 噲噲는 猶快快也라 正은 向明之處也라 噦噦는 深廣之貌요 冥은 奧窔(요)之間也라 言其室之美如此하니 而君子之所休息以安身也라

부(賦)이다. '식식(殖殖)'은 평평하고 바름이요, '정(庭)'은 궁침(宮寢)의 앞뜰이다. '각(覺)'은 고대(高大)하고 곧음이요, '영(楹)'은 기둥이다. '쾌쾌(噲噲)'는 쾌쾌(快快)와 같다. '정(正)'은 밝음을 향한 곳이다. '훼훼(噦噦)'는 깊고 넓은 모양이요, '명(冥)'은 아랫목과 윗목 사이이다. 그 집의 아름다움이 이와 같으니, 군자가 휴식하여 몸을 편안히 할 곳임을 말한 것이다.

⑥ 下莞〔音官〕上簟〔叶徒檢徒錦二反〕, 乃安斯寢〔叶于檢于錦二反〕. 乃寢乃興, 乃占我夢〔叶彌登反〕, 吉夢維何, 維熊維羆〔彼宜反 叶彼何反〕, 維虺〔許鬼反〕維蛇〔市奢反 叶于其士何二反〕.

下莞(관)上簟(점)이로소니	아래는 부들자리요 위에는 대자리이니
乃安斯寢이로다	여기에서 잠이 편안하리로다
乃寢乃興하여	자고 일어나
乃占我夢하니	내 꿈을 점쳐보니
吉夢維何오	길몽은 무엇인가
維熊維羆(비)와	곰과 큰 곰과

··· 殖 : 세울 식 覺 : 곧을 각 楹 : 기둥 영 噲 : 시원할 쾌 噦 : 환해질 훼 窔 : 윗목구석 요 莞 : 왕골 관
簟 : 대자리 점 羆 : 큰곰 비

維虺(훼)維蛇로다　　　　큰 뱀과 작은 뱀이로다

賦也라 莞은 蒲席也요 竹葦曰簟이라 羆는 似熊而長頭高脚하고 猛憨(감)多力하여 能拔樹라 虺는 蛇屬이니 細頸大頭요 色如文綬하며 大者는 長七八尺이라
○ 祝其君安其室居하여 夢兆而有祥하니 亦頌禱之詞也라 下章放此하니라

　　부(賦)이다. '관(莞)'은 부들자리요, 대자리와 갈대자리를 '점(簟)'이라 한다. '비(羆)'는 곰과 비슷한데 머리가 길고 다리가 높으며, 사납고 힘이 세어 나무를 뽑을 수 있다. '훼(虺)'는 뱀의 등속이니, 목이 가늘고 머리가 크며 색깔이 문채나는 끈과 같고, 큰 놈은 길이가 7~8척(尺)이 된다.

　　○ 그 군주가 실거(室居)를 편안히 하여 꿈의 조짐에 상서(祥瑞)가 있기를 축원하였으니, 또한 송도(頌禱)하는 말이다. 하장(下章)도 이와 같다.

⑦ 大〔音泰〕人占之, 維熊維羆, 男子之祥, 維虺維蛇, 女子之祥.

大(太)人占之하니　　　　태인(太人)이 꿈을 점치니
維熊維羆는　　　　　　곰과 큰 곰의 꿈은
男子之祥이요　　　　　남자를 낳을 상서요
維虺維蛇는　　　　　　큰 뱀과 작은 뱀의 꿈은
女子之祥이로다　　　　여자를 낳을 상서로다

賦也라 大人은 大卜之屬이니 占夢之官也라 熊、羆는 陽物在山하고 彊力壯毅하니 男子之祥也요 虺、蛇는 陰物穴處하고 柔弱隱伏하니 女子之祥也라
○ 或曰 夢之有占은 何也오 曰 人之精神이 與天地陰陽流通이라 故로 晝之所爲와 夜之所夢이 其善惡吉凶이 各以類至라 是以로 先王이 建官設屬하여 使之觀天地之會하고 辨陰陽之氣하며 以日月星辰으로 占六夢[87]之吉凶하여 獻吉夢하고 贈惡夢하니 其於天人相與之際에 察之詳而敬之至矣라 故曰 王前巫而後史하고 宗祝瞽

• • • • • •
87 六夢 : 육몽(六夢)은 《주례(周禮)》〈점몽(占夢)〉에 보이는 내용으로, 첫째는 아무런 감동이 없이 저절로 꾸는 정몽(正夢)이고, 둘째는 놀라는 악몽(噩夢)이고, 셋째는 평소에 생각하던 것을 꾸는 사몽(思夢)이고, 넷째는 평소에 말한 것을 꾸는 오몽(寤夢)이고, 다섯째는 기뻐하는 희몽(喜夢)이고, 여섯째는 두려워하는 구몽(懼夢)이다.

••• 虺 : 살무사 훼　憨 : 사나울 감　綬 : 끈 수　毅 : 굳셀 의　贈 : 줄 증

侑皆在左右하며 王中心無爲⁸⁸也하여 以守至正이라하니라

부(賦)이다. '태인(太人)'은 태복(太卜)의 등속이니, 꿈을 점치는 관원이다. '웅(熊)'·'비(羆)'는 양물(陽物)로서 산에 있으며 강하고 힘이 있어 건장하고 굳세니 남자를 낳을 상서요, '훼(虺)'·'사(蛇)'는 음물(陰物)로서 구멍에 거처하며 유약하여 숨고 엎드려 있으니 여자를 낳을 상서이다.

○ 혹자가 묻기를, "꿈을 점(占)침은 어째서인가?" 하기에, 다음과 같이 대답하였다. "사람의 정신은 천지(天地)·음양(陰陽)과 유통이 된다. 그러므로 낮에 행한 바와 밤에 꿈꾸는 바가 그 선악(善惡)과 길흉(吉凶)이 각기 종류에 따라 이른다. 이 때문에 선왕(先王)이 관원을 설치하고 관속(官屬)을 두어서 이들로 하여금 천지(天地)의 모임을 관찰하고 음양(陰陽)의 기운을 분별하게 하며, 일(日)·월(月)과 성신(星辰)으로써 여섯 가지 꿈의 길흉을 점쳐, 길한 꿈은 바치고 나쁜 꿈은 내보내게 하였으니, 하늘과 인간이 서로 더부는 즈음에 대하여, 관찰하기를 상세히 하고 공경하기를 지극히 한 것이다. 그러므로 말하기를 '왕은 앞에는 무당이 있고 뒤에는 사관(史官)이 있으며, 종축(宗祝)과 고유(瞽侑)가 모두 왕의 좌우에 있고, 왕은 중심(중앙)에서 하는 일이 없어 지극히 올바름을 지킨다.'고 한 것이다."

⑧ 乃生男子, 載寢之牀, 載衣〔於旣反〕之裳, 載弄之璋, 其泣喤喤〔華彭反 叶胡光反〕, 朱芾〔音弗〕斯皇, 室家君王.

乃生男子하여	이에 남자를 낳아서
載寢之牀하며	침상(寢牀)에 재우며
載衣之裳하며	치마를 입히며
載弄之璋하니	구슬을 희롱하게 하니

······

88 王前巫而後史……王中心無爲 :《예기(禮記)》〈예운(禮運)〉에 보이는 내용으로, 제사를 맡은 무당은 귀신(鬼神)의 일로 왕(王)에게 아뢰고, 기록을 맡은 사관(史官)은 삼황(三皇)·오제(五帝)의 일로 아뢰고, 복서(卜筮)를 맡은 종축(宗祝)은 길흉(吉凶)을 가지고 아뢰고, 악사(樂師)인 고유(瞽侑)는 가시(歌詩)를 가지고 간(諫)한다.
왕중심무위(王中心無爲)는 서산 진씨(西山眞氏)는 '王中心他無所爲'라 하여 중심(中心)을 왕(王)의 마음으로 보았으나, 앞에 '王前巫而後史, 宗祝瞽侑皆在左右.'라 하여, 전후(前後)·좌우(左右)가 있으므로 중심(中心)을 중앙(中央)으로 해석하였다.

··· 侑 : 도울 유, 권할 유 璋 : 홀 장, 반쪽서옥(瑞玉) 장

其泣喤喤_{이로소니}　　우는 소리가 우렁차노니
朱芾_(불)斯皇_{하여}　　붉은 슬갑(膝甲)이 휘황하여
室家君王_{이로다}　　실가를 소유하며 군왕이 되리로다

賦也라 半圭曰璋이라 喤은 大聲也라 芾은 天子는 純朱요 諸侯는 黃朱라 皇은 猶煌
煌也라 君은 諸侯也라
○ 寢之於牀은 尊之也요 衣之以裳은 服之盛也요 弄之以璋은 尙其德也라 言男子
之生於是室者 皆將服朱芾煌煌然하여 有室有家하고 爲君爲王矣라하니라

　　부(賦)이다. 반규(半圭)를 '장(璋)'이라 한다. '황(喤)'은 큰소리이다. '불(芾:슬갑)'
은 천자는 순색(純色)의 붉은 색을 쓰고, 제후는 주황색을 쓴다. '황(皇)'은 황황(煌
煌)과 같다. '군(君)'은 제후이다.

　　○ 침상(寢牀)에 재움은 존귀히 함이요, 치마를 입힘은 의복이 성(盛)함이요, 장
(璋)을 희롱하게 함은 그 덕(德)을 숭상한 것이다. 남자로서 이 방에서 태어난 자
들은 모두 장차 휘황찬란한 주불(朱芾)을 입어 실가를 소유하고 군왕이 될 것이라
고 말한 것이다.

⑨ 乃生女子, 載寢之地, 載衣之裼〔他計反〕, 載弄之瓦〔叶魚位反〕, 無非無
儀〔叶音義〕, 唯酒食_(사)是議, 無父母詒〔以之反〕罹〔叶音麗〕.

乃生女子_{하여}　　이에 여자를 낳아서
載寢之地_{하며}　　땅(바닥)에 재우며
載衣之裼_{(체)하며}　　포대기를 입히며
載弄之瓦_{하니}　　기와장을 희롱하게 하니
無非無儀_라　　잘못함도 없고 잘함도 없는지라
唯酒食_(사)是議_{하여}　　오직 술과 밥을 이에 의논하여
無父母詒罹_{로다}　　부모에게 근심을 끼침이 없으리로다

賦也라 裼는 褓也요 瓦는 紡塼(전)也라 儀는 善이요 罹는 憂也라
○ 寢之於地는 卑之也요 衣之以褓는 卽其用而無加也요 弄之以瓦는 習其所有事
也라 有非도 非婦人也요 有善도 非婦人也라 蓋女子는 以順爲正하니 無非足矣니

... 喤 : 어린애울음소리 황　芾 : 슬갑 불　裼 : 포대기 체　詒 : 끼칠 이　罹 : 근심 리　褓 : 포대기 보　塼 : 벽돌 전

有善則亦非其吉祥可願之事也라 唯酒食是議하여 而無遺父母之憂면 則可矣라 易日 無攸遂요 在中饋면 貞吉[89]이라하고 而孟子之母亦日 婦人之禮는 精五飯[90]하고 冪(멱)酒漿하며 養舅姑하고 縫衣裳而已矣라 故로 有閨門之修하고 而無境外之志[91]라하니 此之謂也니라

　부(賦)이다. '체(裼)'는 포대기요, '와(瓦)'는 길쌈할 때 쓰는 기와벽돌이다. '의(儀)'는 잘함이요, '리(罹)'는 근심이다.

　○ 땅(바닥)에 잠을 재움은 천(賤)히 함이요, 포대기를 입힘은 그 실용적인 것에 나아가고 더함이 없는 것이요, 기와벽돌을 희롱하게 함은 일삼는 바가 있음을 익히게 하는 것이다. 잘하지 못함이 있는 것도 훌륭한 부인(婦人)이 아니요, 잘함이 있는 것도 훌륭한 부인이 아니다. 여자는 순종함을 정도(正道)로 삼으니, 잘하지 못함이 없으면 충분하니, 너무 잘함이 있다면 이 또한 길상(吉祥)으로서 원할 만한 일이 아니다. 오직 술과 밥을 이에 의논하여 부모에게 근심을 끼치지 않으면 가(可)하다. 《주역》에 이르기를 "이루는 바가 없고 규중(閨中)에 있으면서 음식을 장만하면 정(貞)하여 길(吉)하다." 하였으며, 맹자(孟子)의 어머니도 또한 말씀하기를 "부인의 예(禮)는 다섯 가지 밥을 정갈하게 짓고 술과 장(漿)을 잘 간수(看守)하며, 시부모를 봉양하고 의상(衣裳)을 꿰맬 뿐이다. 그러므로 규문(閨門)의 닦음이 있고 경외(境外)로 진출하여 공명(功名)을 세우려는 뜻이 없다." 하였으니, 이것을 말한 것이다.

斯干九章이니 四章은 章七句요 五章은 章五句라
　〈사간(斯干)〉은 9장이니, 네 장은 장마다 7구이고 다섯 장은 장마다 5구이다. 舊說에 厲王旣流于彘에 宮室圮(비)壞라 故로 宣王卽位하여 更作宮室하고 旣成而落之라하나 未有以見其必爲是時之詩也라 或日 儀禮의 下管新宮과 春秋傳의 宋元公賦新宮이 恐卽此詩라하니라 然이나 亦未有明證하니라

　구설(舊說)에 "여왕(厲王)이 이미 체(彘) 땅으로 유배됨에 궁실(宮室)이 무너졌

......

89 易日……貞吉 : 이 내용은 《주역》 가인괘(家人卦) 〈구이 효사(九二爻辭)〉에 보인다.

90 五飯 : 오반(五飯)은 《예기》 〈월령(月令)〉에 보이는바, 봄에는 보리밥, 여름에는 콩밥과 조밥, 가을에는 깨밥, 겨울에는 기장밥을 먹는 것이다.

91 孟子之母亦日……而無境外之志 : 이 내용은 《열녀전(列女傳)》에 보인다.

... 冪 : 덮을 멱　漿 : 장물 장　彘 : 땅이름 체　圮 : 무너질 비

다. 그러므로 선왕(宣王)이 즉위한 다음 다시 궁실을 만들고, 이미 이루어짐에 낙성(落成)을 하였다.” 하였으나, 이제 또한 반드시 이때의 시(詩)임을 발견할 수가 없다. 혹자(或者)는 말하기를 《의례(儀禮)》〈연례(燕禮)〉에 당하(堂下)에서 신궁(新宮)을 관악기로 연주한다는 것과,《춘추좌씨전》소공(昭公) 25년에 송 원공(宋元公)이 신궁(新宮)을 읊었다는 것이 바로 이 시(詩)인 듯하다.” 한다. 그러나 또한 분명한 증거가 있지 못하다.

【毛序】斯干은 宣王考室也라

　〈사간〉은 선왕(宣王)이 궁실(宮室)을 이룬 것을 읊은 시(詩)이다.

【鄭註】考는 成也라 德行國富하여 人民殷衆이로되 而皆佼好하고 骨肉和親이라 宣王이 於是에 築宮廟羣寢하여 旣成而釁之하고 歌斯干之詩以落之라 此之謂成室이니 宗廟成이면 則又祭祀先祖니라

　고(考)는 이룸이다. 덕(德)이 행해지고 나라가 부유해져서 인민(人民)이 많은데, 사람들이 모두 아름답고 골육(骨肉)간에 화목하고 친하였다. 선왕(宣王)이 이에 궁묘(宮廟)와 여러 침(寢)을 건축하여 이미 이루고 피를 바르고는 〈사간(斯干)〉의 시(詩)를 노래하여 낙성(落城)하였다. 이것을 일러 성실(成室)이라 하니, 종묘(宗廟)가 이루어지면 또다시 선조(先祖)에게 제사하는 것이다.

6. 무양(無羊)

① 誰謂爾無羊, 三百維羣. 誰謂爾無牛, 九十其犉〔而純反〕. 爾羊來思, 其角濈濈〔莊立反〕. 爾牛來思, 其耳濕濕〔始立反〕.

誰謂爾無羊이리오	누가 너더러 양이 없다 하리오
三百維羣이로다	삼백으로 떼를 지었도다
誰謂爾無牛리오	누가 너더러 소가 없다 하리오
九十其犉(순)이로다	검은 입술의 소가 구십 마리로다
爾羊來思하니	네 양이 오니
其角濈(집)濈이로다	그 뿔이 화하고 화하도다

··· 犉 : 누르고입술검은소 순　濈 : 화할 집

爾牛來思_{하니} 　　네 소가 오니

其耳濕濕_{이로다} 　그 귀가 촉촉히 젖어 있도다

賦也라 黃牛黑脣曰犉이라 羊以三百爲羣이면 其羣을 不可數也요 牛之犉者九十이면 非犉者尙多也라 聚其角而息에 濈濈然하고 呞而動其耳에 濕濕然이라 王氏曰 濈濈은 和也니 羊以善觸爲患이라 故로 言其和하니 謂聚而不相觸也라 濕濕은 潤澤也니 牛病則耳燥하고 安則潤澤也라

○ 此詩는 言牧事有成而牛羊衆多也라

　　부(賦)이다. 누런 소에 입술이 검은 것을 '순(犉)'이라 한다. 양(羊)이 3백으로 떼를 지었다면 〈이는〉 그 떼를 셀 수가 없는 것이요, 소의 입술이 검은 놈이 90마리라면 입술이 검지 않은 놈이 아직도 많은 것이다. 그 〈양들이〉 뿔을 모아서 쉼에 화하고 화하며, 〈그 소가〉 되새김질하여 그 귀를 움직임에 습습(濕濕:촉촉함)한 것이다.

　　왕씨(王氏)가 말하였다. "집집(濈濈)은 화(和)함이니, 양은 떠받기를 잘함을 염려한다. 그러므로 그 화함을 말했으니, 서로 모여 있으면서 떠받지 않음을 말한 것이다. '습습(濕濕)'은 윤택함이니, 소는 병들면 귀가 건조하고 편안하면 윤택하다."

　　○ 이 시(詩)는 가축을 기르는 일이 이루어짐에 우양(牛羊)이 많음을 말한 것이다.

② 或降于阿, 或飮于池〔叶唐何反〕, 或寢或訛. 爾牧來思, 何〔河可反〕蓑〔素多反〕何笠〔音立〕, 或負其餱〔音侯〕, 三十維物〔叶微律反〕, 爾牲則具〔叶居律反〕.

或降于阿_{하며} 　　혹은 언덕에서 내려오며

或飮于池_{하며} 　　혹은 못에서 물을 마시며

或寢或訛_{로다} 　　혹은 잠을 자고 혹은 움직이도다

爾牧來思_{하니} 　　네 목인(牧人)이 오니

何(荷)蓑(사)何笠_{이며} 　도롱이를 메고 삿갓을 썼으며

或負其餱(후)_{로소니} 　혹은 그 마른 밥을 메고 오니

三十維物_{이라} 　　색깔이 삼십 가지나 되는지라

爾牲則具_{로다} 　　네 희생(제물)이 모두 갖추어졌도다

··· 脣:입술 순 呞:되새김질할 치 觸:떠받을 촉 訛:움직일 와 何:맬 하 蓑:도롱이 사 笠:삿갓 립
餱:마른밥 후

賦也라 訛는 動이요 何는 揭也라 蓑、笠은 所以備雨라 三十維物은 齊其色而別之
에 凡爲色三十也라

○ 言 牛羊無驚畏하고 而牧人持雨具, 齎(자)飮食하여 從其所適하여 以順其性이라
是以로 生養蕃息하여 至於其色無所不備하여 而於用에 無所不有也라

　부(賦)이다. '와(訛)'는 움직임이요, '하(何)'는 멤이다. '사(蓑;도롱이)'와 '입(笠;삿
갓)'은 비를 대비하는 것이다. 삼십유물(三十維物)은 그 색깔을 가지런히(똑같게) 하
여 구별함에 모두 색깔이 삼십 가지인 것이다.

　○ "우양(牛羊)이 놀라거나 두려워함이 없고, 목인(牧人)이 우구(雨具;우비)를 챙
기고 음식을 가져와서 적당한 바에 따라 그 성질을 순(順)히 하였다. 이 때문에 생
양(生養)하고 번식하여 그 색깔이 갖추어지지 않음이 없어서, 사용함에 없는 것이
없음에 이르렀다."고 말한 것이다.

③ 爾牧來思, 以薪以蒸〔之承反〕, 以雌以雄〔叶于陵反〕. 爾羊來思, 矜矜兢
兢, 不騫不崩. 麾之以肱, 畢來旣升.

爾牧來思하니	네 목인(牧人)이 오니
以薪以蒸이며	거친 나무 섶을 베고 가는 나무 섶을 베며
以雌以雄이로다	암놈을 잡고 수놈을 잡도다
爾羊來思하니	네 양이 내려오니
矜矜兢兢하며	씩씩하고 꿋꿋하며
不騫不崩이로다(이로소니)	이지러지지 않고 병들지 않았도다
麾之以肱하니	손으로 지휘하니
畢來旣升이로다	모두 와서 우리로 들어가도다

賦也라 麤曰薪이요 細曰蒸이라 雌雄은 禽獸也라 矜矜、兢兢은 堅强也라 騫은 虧
(휴)也요 崩은 羣疾也라 肱은 臂也라 旣는 盡也라 升은 入牢也라

○ 言牧人有餘力이면 則出取薪蒸하고 搏禽獸하며 其羊亦馴擾從人하여 不假箠
(추)楚하고 但以手麾之하여 使來則畢來하고 使升則旣升也라

　부(賦)이다. 거친 나무섶을 '신(薪)'이라 하고, 가는 나무섶을 '증(蒸)'이라 한다.
'자웅(雌雄)'은 금수(禽獸)이다. '긍긍 긍긍(矜矜兢兢)'은 견강(堅强)함이다. '건(騫)'은

... 揭 : 질 게 　齎 : 가져올 재 　蒸 : 잔나무 증 　騫 : 이지러질 건 　麾 : 지휘할 휘 　肱 : 팔뚝 굉 　旣 : 다할 기
　　麤 : 거칠 추 　虧 : 이지러질 휴 　臂 : 팔뚝 비 　馴 : 길들일 순 　擾 : 길들일 요 　箠 : 채찍 추

이지러짐이요, '붕(崩)'은 떼지어 병드는 것이다. '굉(肱)'은 팔뚝이다. '기(旣)'는 모두이다. '승(升)'은 우리로 들어가는 것이다.

○ 목인(牧人)이 여가가 있으면 나가 신증(薪蒸)을 취하고 금수(禽獸)를 잡으며, 양(羊)들이 또한 잘 길들여져 사람을 따라, 굳이 채찍과 매를 때리지 않고 다만 손으로 지휘하여 오게 하면 모두 오고, 우리로 올라가게 하면 모두 올라감을 말한 것이다.

④ 牧人乃夢, 衆維魚矣, 旐[音兆]維旟[音餘]矣. 大人占之, 衆維魚矣, 實維豐年[叶尼因反], 旐維旟矣, 室家溱溱[側巾反].

牧人乃夢하니	목인이 꿈을 꾸니
衆維魚矣며	사람이 물고기가 되며
旐維旟矣로다	조(旐)가 여(旟)가 되도다
大人占之하니	태인이 점을 쳐보니
衆維魚矣는	사람이 물고기가 됨은
實維豐年이요	실로 풍년들 조짐이요
旐維旟矣는	조(旐)가 여(旟)가 됨은
室家溱溱이로다	실가가 많아질 조짐이로다

賦也라 占夢之說은 未詳이라 溱溱은 衆也라 或曰 衆은 謂人也라 旐는 郊野所建이니 統人少하고 旟는 州里所建이니 統人多라 蓋人不如魚之多하고 旐所統이 不如旟所統之衆이라 故로 夢人乃是魚면 則爲豐年이요 旐乃是旟면 則爲人衆이라하니라

부(賦)이다. 꿈을 점치는 말은 상세하지 않다. '진진(溱溱)'은 많음이다. 혹자는 이르기를 "중(衆)은 사람을 말한 것이다. '조(旐 ; 거북과 뱀을 그린 검정색의 기)'는 교야(郊野)에 세우는 기(旗)이니 사람을 통솔함이 적고, '여(旟 ; 송골매를 그린 기)'는 주리(州里)에 세우는 기이니 사람을 통솔함이 많다. 사람은 물고기의 많음만 못하고, 조(旐)가 통솔하는 것은 여(旟)가 통솔함의 많음만 못하다. 그러므로 사람이 물고기가 된 꿈을 꾸면 풍년이 되고, 조(旐)가 여(旟)가 된 꿈을 꾸면 사람이 많아짐이 되는 것이다." 한다.

••• 旐 : 기 조 旟 : 새매그린기 여 溱 : 많을 진

無羊四章이니 章八句라

〈무양(無羊)〉은 4장이니, 장마다 8구이다.

【毛序】 無羊은 宣王考牧也라

〈무양〉은 선왕(宣王)이 가축(家畜)을 잘 기름을 읊은 시이다.

【鄭註】 厲王之時에 牧人之職廢러니 宣王이 始興而復之하여 至此而成하니 謂復先王牛羊之數니라

여왕(厲王) 때에 목인(牧人)의 직책이 폐지되었는데, 선왕(宣王)이 비로소 흥왕(興旺)하여 이것을 회복해서 이때에 이르러 이루어지니, 선왕(先王)의 소와 양의 숫자를 회복함을 이른다.

7. 절남산(節南山)[92]

① 節〔音截 下同〕彼南山, 維石巖巖. 赫赫師尹, 民具爾瞻〔叶側銜反〕. 憂心如惔〔徒藍反〕, 不敢戲談, 國旣卒〔子律反〕斬〔叶側銜反〕, 何用不監〔古銜反〕.

節彼南山이여	높은 저 남산이여
維石巖巖이로다	돌(바위)이 층층이 쌓였도다
赫赫師尹이여	혁혁한 태사(太師) 윤씨(尹氏)여
民具(俱)爾瞻이로다	백성들이 모두 너를 우러러보도다
憂心如惔(담)하며	근심하는 마음 불타는 듯하며
不敢戲談하니	감히 농담도 하지 못하니
國旣卒斬이어늘	나라가 이미 마침내 끊기게 되었거늘
何用不監고	어찌하여 살펴보지 않는고

• • • • • • •

92 절남산(節南山):《시경》에서 작자(作者)의 이름을 직접 밝힌 것이 4편이니, 가보(家父)가 지은 〈소아(小雅) 절남산(節南山)〉, 시인(寺人) 맹자(孟子)가 지은 〈소아 항백(巷伯)〉, 윤길보(尹吉甫)가 지은 〈대아(大雅) 숭고(崧高)〉와 〈대아 증민(烝民)〉이다. 윤길보는 주 선왕(周宣王) 때의 사람이고, 가보와 시인 맹자에 관한 기록은 자세하지 않다.

··· 節:높을 절 瞻:볼 첨 惔:속탈 담

興也라 節은 高峻貌요 巖巖은 積石貌요 赫赫은 顯盛貌라 師尹은 大(太)師尹氏也니 大師는 三公이요 尹氏는 蓋吉甫之後라 春秋에 書尹氏卒이어늘 公羊子以爲譏世卿者 卽此也[93]라 具는 俱요 瞻은 視요 惔은 燔이요 卒은 終이요 斬은 絶이요 監은 視也라
○ 此詩는 家父(보)所作이니 刺王用尹氏以致亂이라 言 節彼南山則維石巖巖矣요 赫赫師尹則民具爾瞻矣어늘 而其所爲不善하여 使人憂心을 如火燔灼하고 又畏其威하여 而不敢言也라 然則國旣終斬絶矣어늘 汝何用而不察哉오하니라

　　흥(興)이다. '절(節)'은 높은 모양이요, '암암(巖巖)'은 돌이 쌓여 있는 모양이요, '혁혁(赫赫)'은 현성(顯盛)한 모양이다. '사윤(師尹)'은 태사(太師) 윤씨(尹氏)이니, 태사는 삼공(三公)이요, 윤씨는 윤길보(尹吉甫)의 후손인 듯하다.《춘추공양전(春秋公羊傳)》의 경문(經文)에 "윤씨(尹氏)가 죽었다."고 기록하였는데, 공양자(公羊子)가 "세경(世卿)을 비판한 것이다." 한 것이 바로 이것이다. '구(具)'는 모두요, '첨(瞻)'은 우러러봄이요, '담(惔)'은 불탐이요, '졸(卒)'은 마침내요, '참(斬)'은 끊김이요, '감(監)'은 봄이다.

　　○ 이 시(詩)는 가보(家父)가 지은 것이니, 왕(王)이 윤씨(尹氏)를 등용하여 난(亂)을 이룸을 풍자한 것이다. 높은 저 남산에는 돌(바위)이 암암(巖巖)하고, 혁혁(赫赫)한 태사 윤씨는 백성들이 모두 너를 우러러 보고 있는데, 그의 하는 바가 선(善)하지 못하여 사람들로 하여금 마음에 근심하기를 불타는 듯하게 하고, 또 그 위엄을 두려워하여 감히 말하지 못하게 한다. 그렇다면, 나라가 끝내 참절(斬絶)할 터인데, 네 어찌하여 이를 살피지 않는가?" 한 것이다.

② 節彼南山, 有實其猗〔於宜反 叶於何反〕. 赫赫師尹, 不平謂何. 天方薦〔徂殿反〕瘥〔才何反〕, 喪〔息浪反〕亂弘多, 民言無嘉〔叶居何反〕, 憯〔七感反〕莫懲嗟〔叶遭哥反〕.

　　節彼南山이여　　　　　높은 저 남산이여

•••••••
93　尹氏卒……卽此也 : 이 내용은《춘추공양전(春秋公羊傳)》은공(隱公) 3년의 경문(經文)에 보이는데, 전(傳)에 "이는 대대로 경(卿)을 계승함을 비판한 것이다." 하였다. 그러나《춘추좌씨전》에는 '군씨졸(君氏卒)'로 되어 있고 은공(隱公)의 생모(生母)인 성자(聲子)라 하여, 서로 모순된다. 공양자(公羊子)는《춘추공양전》을 지은 공양고(公羊高)를 가리킨다. 일설에는 공양수(公羊壽)가 고조(高祖)인 공양고로부터 물려받은 것을 정리하였다 한다.

•••　燔 : 태울 번　父 : 남자이름 보(甫通)

有實其猗로다　　　　　　초목이 골짜기에 가득하도다
赫赫師尹이여　　　　　　혁혁한 태사 윤씨여
不平謂何오　　　　　　　공평하지 않으니 일러 무엇하리오
天方薦(荐)瘥(차)라　　　하늘이 막 거듭 병을 내린지라
喪亂弘多며　　　　　　　상란(喪亂)이 크고 많으며
民言無嘉어늘　　　　　　백성들의 말이 아름다움이 없는데
憯(참)莫懲嗟하나다　　　일찍이 징계하여 서글퍼하지 않는구나

興也라 有實其猗는 未詳其義라 傳曰 實은 滿이요 猗는 長也라하고 箋云 猗는 倚也
니 言草木滿其旁하여 倚之畎(견)谷也라하고 或以爲草木之實이 猗猗然이라하니 皆
不甚通이라 薦은 荐通이니 重也라 瘥는 病이요 弘은 大요 憯은 曾이요 懲은 創也라
○ 節然南山則有實其猗矣어늘 赫赫師尹而不平其心은 則謂之何哉오 蘇氏曰 爲
政者不平其心이면 則下之榮瘁(췌)、勞佚이 有大相絶者矣라 是以로 神怒而重之
以喪亂하고 人怨而謗讟(독)其上이라 然이나 尹氏曾不懲創咨嗟하여 求所以自改
也라

　흥(興)이다. '유실기의(有實其猗)'는 그 뜻이 자세하지 않다. 《모전(毛傳)》에는
"실(實)은 가득함이요, 의(猗)는 깊다." 하였고, 정현(鄭玄)의 《전(箋)》에는 "의(猗)
는 의(倚:산 곁)이니, 초목이 그 산 곁의 견곡(하천)에 가득한 것이다." 하였으며, 혹
자는 "초목의 열매가 의의(猗猗)한 것이다." 하였으니, 모두 그리 통하지 못한다.
'천(薦)'은 천(荐)과 통하니, 거듭이다. '차(瘥)'는 병듦이요, '홍(弘)'은 큼이요, '참
(憯)'은 일찍이요, '징(懲)'은 경계함이다.

　○ 높은 남산에는 초목이 가득히 있는데, 혁혁한 태사 윤씨는 그 마음을 공평
히 하지 않으니, 일러 무엇하겠는가?

　소씨(蘇氏:蘇轍)가 말하였다. "〈위에서〉 정치를 하는 자가 그 마음을 공평히 하
지 않으면 아랫사람의 영화롭고 곤궁함과 수고롭고 편안함이 크게 현격한 차이
가 있게 된다. 그러므로 신(神)이 노하여 상란(喪亂)을 거듭 내리고, 사람들이 원망
하여 그 윗사람을 원망하는 것이다. 그러나 윤씨는 일찍이 징창(懲創:징계)하고 자
차(咨嗟)하여 스스로 고칠 바를 구하지 않았다."

••• 薦 : 거듭할 천　瘥 : 병들 차　憯 : 일찍 참　畎 : 밭도랑 견　荐 : 거듭 천　瘁 : 병들 췌, 무너질 췌　佚 : 편안할 일
　讟 : 원망할 독

③ 尹氏大〔音泰〕師, 維周之氐〔丁禮反 叶都黎反〕. 秉國之均, 四方是維, 天子是毗〔婢尸反〕, 俾民不迷, 不弔昊天, 不宜空我師〔叶霜夷反〕.

尹氏大(太)師	윤씨 태사(太師)가
維周之氐(저)라	주(周)나라의 근본이라
秉國之均이란대	나라의 공평함을 잡고 있어
四方是維하며	사방을 유지하며
天子是毗하여	천자를 도와서
俾民不迷어늘	백성들이 혼미하지 않게 해야 하는데
不弔昊天하니	하늘에게 가엾게 여김을 받지 못하니
不宜空我師니라	우리들을 곤궁하게 해서는 안되느니라

賦也라 氐는 本이요 均은 平이요 維는 持요 毗는 輔요 弔는 愍이요 空은 窮이요 師는 衆也라

○ 言 尹氏大師가 維周之氐而秉國之均인댄 則是宜有以維持四方하고 毗輔天子하여 而使民不迷가 乃其職也어늘 今乃不平其心하여 而旣不見愍弔於昊天矣니 則不宜久在其位하여 使天降禍亂하여 而我衆이 並及空窮也라

부(賦)이다. '저(氐)'는 근본이요, '균(均)'은 공평함이요, '유(維)'는 유지함이요, '비(毗)'는 도움이요, '조(弔)'는 가엾게 여김이요, '공(空)'은 곤궁함이요, '사(師)'는 무리이다.

○ 윤씨(尹氏) 태사(太師)가 주(周)나라의 근본이어서 나라의 공평함을 잡고 있을진댄, 마땅히 사방(四方)을 유지하고 천자(天子)를 비보(毗輔:보필)해서 백성들로 하여금 혼미(昏迷)하지 않게 함이 바로 그의 직책인데, 이제 마침내 그 마음을 공평히 하지 아니하여 이미 하늘에게 가엾게 여김을 받지 못하니, 오랫동안 그 지위에 있어서 하늘로 하여금 화란(禍亂)을 내려 우리들이 모두 곤궁에 미치게 해서는 안 됨을 말한 것이다.

④ 弗躬弗親, 庶民弗信〔叶斯人反〕, 弗問弗仕〔鉏里反 下同〕, 勿罔君子〔叶獎里反〕. 式夷式已, 無小人殆〔叶養里反〕. 瑣瑣〔素火反〕姻亞, 則無膴〔音武〕仕.

... 氐 : 근본 저 毗 : 도울 비

弗躬弗親하여(을)	몸소 하지 않고 친히 하지 않아
庶民弗信하나니	서민들이 믿지 않으니
弗問弗仕로	묻지도 않고 일해보지도 않은 사람으로
勿罔君子어다	군자(임금)을 속이지 말지어다
式夷式已하여	마음을 공평히 하여 소인들을 그만두게 하여
無小人殆어다	소인 때문에 국가를 위태롭게 하지 말지어다
瑣瑣姻亞(婭)는	쇄쇄(瑣瑣)한 인아(姻亞:사돈과 동서)는
則無膴(무)仕니라	큰 벼슬을 시키지 말아야 하느니라

賦也라 仕는 事요 罔은 欺也라 君子는 指王也라 夷는 平이요 已는 止요 殆는 危也라 瑣瑣는 小貌라 壻之父曰姻이요 兩壻相謂曰亞라 膴는 厚也라

○ 言王委政於尹氏하고 尹氏又委政於姻婭之小人하여 而以其未嘗問, 未嘗事者로 欺其君也라 故로 戒之曰 汝之弗躬弗親하여 庶民已不信矣니 其所不問不事로 則豈可以罔君子哉아 當平其心하여 視所任之人하여 有不當者면 則已之하여 無以小人之故而至於危殆其國也라 瑣瑣姻婭而必皆膴仕면 則小人進矣니라

부(賦)이다. '사(仕)'는 일이요, '망(罔)'은 속임이다. '군자'는 왕(王)을 가리킨 것이다. '이(夷)'는 평(平)함이요, '이(已)'는 그만둠이요, '태(殆)'는 위태로움이다. '쇄쇄(瑣瑣)'는 작은 모양(자질구레함)이다. 사위의 아버지를 '인(姻)'이라 하고, 두 사위가 서로 이르기를 '아(亞:동서)'라 한다. '무(膴)'는 후(厚)함이다.

○ 왕(王)은 윤씨에게 정사를 맡기고, 윤씨는 또 인아(姻婭)의 소인들에게 정사를 맡겨서 일찍이 묻지도 않고 일찍이 일해보지도 않은 자로 그 군주를 속였다. 그러므로 경계하기를 '네가 일을 몸소 하지 않고 친히 하지 아니하여 서민들이 〈그들을〉 이미 믿지 않으니, 묻지도 않고 일해보지도 않은 사람으로 어찌 군자를 속일 수 있겠는가? 마땅히 그 마음을 공평히 하여 임무를 맡긴 사람을 보아서 합당하지 않은 자가 있거든 벼슬을 그만두게 하여, 소인 때문에 이 나라를 위태롭게 함에 이르지 말라.' 한 것이다. 쇄쇄(瑣瑣)한 인아(姻婭)가 반드시 모두 큰 벼슬을 했다면 소인이 등용된 것이다.

⑤ 昊天不傭〔敕龍反〕, 降此鞠〔九六反〕訩〔音凶〕. 昊天不惠, 降此大戾. 君子如屆〔音戒 叶居例反〕, 俾民心闋〔古穴反 叶胡桂反〕. 君子如夷, 惡〔烏路反〕怒是違.

··· 仕 : 일삼을 사 夷 : 평이할 이 瑣 : 잘 쇄 亞 : 동서 아 膴 : 두터울 무 壻 : 사위 서

昊天不傭_{하여} 　　호천이 균평하지 않아

降此鞠訩(흉)_{이며} 　이 궁극한 난을 내리시며

昊天不惠_{하여} 　　호천이 순하지 않아

降此大戾_{삿다} 　　이 큰 괴려(乖戾)를 내리셨도다

君子如届(계)_면 　군자가 만일 마음을 지극히 하면

俾民心闋(결)_{이며} 　백성들의 나쁜 마음이 그치게 되며

君子如夷_면 　　군자가 만일 마음을 공평히 하면

惡(오)怒是違_{하리라} 　백성들의 미움과 노여움이 멀어지리라

賦也라 傭은 均이요 鞠은 窮이요 訩은 亂이요 戾는 乖요 届는 至요 闋은 息이요 違는 遠也라

○ 言 昊天不均_{하여} 而降此窮極之亂_{하고} 昊天不順_{하여} 而降此乖戾之變_{이라} 然_이나 所以靖之者는 亦在夫人而已라 君子無所苟而用其至면 則必躬必親_{하여} 而民之亂心息矣요 君子無所偏而平其心_{이면} 則式夷式已_{하여} 而民之惡怒遠矣_{라하니} 傷王與尹氏之不能也라 夫爲政不平_{하여} 以召禍亂者는 人也_{로되} 而詩人以爲天實爲之者는 蓋無所歸咎而歸之天也니 抑有以見君臣隱諱之義焉_{이요} 有以見天人合一之理焉_{하니} 後皆放此_{하니라}

　부(賦)이다. '용(傭)'은 고름(균평함)이요, '국(鞠)'은 궁극이요, '흉(訩)'은 난(亂)이요, '려(戾)'는 괴려요, '계(届)'는 지극함이요, '결(闋)'은 쉼이요, '위(違)'는 멂이다.

　○ "호천(昊天)이 균평(均平)하지 못하여 이 궁극한 난(亂)을 내리고, 호천이 순하지 못하여 이 괴려(乖戾)의 변(變)을 내렸다. 그러나 이것을 안정시키는 것은 또한 사람에 달려 있을 뿐이다. 군자가 구차히 하는 바가 없어 그 지극함을 쓴다면 반드시 일을 몸소하고 친히 하여 백성들이 난을 일으키려는 마음이 그쳐질 것이요, 군자가 편벽된 바가 없어 그 마음을 공평히 한다면, 마음이 공평하여 소인들을 그만두게 해서 백성들의 미움과 노여움이 멀어질 것이다."라고 말했으니, 왕과 윤씨가 이렇게 하지 못함을 서글퍼한 것이다.

　정사를 공평하게 하지 못하여 화란(禍亂)을 부른 것은 사람인데, 시인(詩人)이 하늘이 진실로 이렇게 했다고 말한 것은 허물을 돌릴 곳이 없어서 하늘에게 돌린 것이니, 군신간(君臣間)에 잘못을 은휘(隱諱:숨겨줌)하는 뜻을 볼 수 있으며, 천인(天人)이 합일(合一)하는 이치를 볼 수 있으니, 뒤도 모두 이와 같다.

··· 傭 : 고를 용　訩 : 어지러울 흉　届 : 이를 계　闋 : 다할 결　諱 : 숨길 휘

⑥ 不弔昊天[叶鐵因反], 亂靡有定[叶唐丁反], 式月斯生[叶桑經反], 俾民不寧. 憂心如酲[音呈], 誰秉國成, 不自爲政[叶諸盈反], 卒勞百姓[叶桑經反].

不弔昊天이라	하늘에게 가엾게 여김을 받지 못한지라
亂靡有定하여	난이 진정되지 아니하여
式月斯生하여	다달이 생겨나서
俾民不寧하나다	백성들이 편안하지 못하게 하는구나
憂心如酲(정)하니	마음에 근심하기를 술에 병든 것처럼 하니
誰秉國成이완대	누가 나라의 공평함을 잡고 있기에
不自爲政하여	스스로 정사를 다스리지 아니하여
卒勞百姓고	마침내 백성들을 수고롭게 하는고

賦也라 酒病曰酲이라 成은 平이요 卒은 終也라

○ 蘇氏曰 天不之恤이라 故로 亂未有所止하여 而禍患與歲月增長하니 君子憂之曰 誰秉國成者완대 乃不自爲政하고 而以付之姻婭之小人하여 其卒使民爲之受其勞弊以至此也오하니라

부(賦)이다. 술의 병을 '정(酲)'이라 한다. '성(成)'은 공평함이요, '졸(卒)'은 마침내이다.

○ 소씨(蘇氏)가 말하였다. "하늘이 가엾게 여겨 구휼하지 않기 때문에 난(亂)이 그치는 바가 없어서 화환(禍患)이 세월과 함께 자라나니, 군자가 이를 걱정하여 말하기를 "누가 국가의 공평함을 잡고 있는 자이기에 도리어 스스로 정사를 다스리지 않고 인아(姻婭)의 소인들에게 정사를 맡겨서 마침내 백성들로 하여금 이 때문에 그 수고로움과 병폐를 받음이 이에 이르게 하였는가?' 한 것이다."

⑦ 駕彼四牡, 四牡項領, 我瞻四方, 蹙蹙[子六反]靡所騁[敕領反].

駕彼四牡하니	저 사무(네 마리 수말)를 타니
四牡項領이로다마는	사무가 목이 크건마는
我瞻四方하니	내가 사방을 보니
蹙蹙靡所騁이로다	위축되어 달려갈 곳이 없도다

••• 酲 : 취할 정

賦也라 項은 大也라 蹙蹙은 縮小之貌라

○ 言駕四牡而四牡項領하니 可以騁矣언마는 而視四方하니 則皆昏亂하여 蹙蹙然無可往之所하니 亦將何所騁哉리오 東萊呂氏曰 本根病이면 則枝葉皆瘁라 是以로 無可往之地也니라

　　부(賦)이다. '항(項)'은 큼이다. '축축(蹙蹙)'은 위축되어 작아지는 모양이다.

　　○ "사무(四牡)를 탐에 사무가 목이 크니 달려갈 수 있건마는, 사방을 봄에 모두 혼란하여 축축(蹙蹙)해서 갈만한 곳이 없으니, 또한 장차 어느 곳으로 달려가겠는가." 한 것이다.

　　동래 여씨(東萊呂氏)가 말하였다. "본근(本根:도성)이 병들면 지엽(枝葉:지방)이 모두 병든다. 이 때문에 갈만한 곳이 없는 것이다."

⑧ 方茂爾惡, 相〔息亮反〕爾矛矣, 旣夷旣懌, 如相醻〔市由反〕矣.

方茂爾惡에는	한창 네 악(惡)을 성하게 할 때에는
相爾矛矣러니	네 창을 들어 보이더니
旣夷旣懌(역)하여는	이미 화평하고 이미 기뻐하자
如相醻(酬)矣로다	서로 술잔을 권하듯이 하도다

賦也라 茂는 盛이요 相은 視요 懌은 悅也라

○ 言 方盛其惡以相加엔 則視其矛戟하여 如欲戰鬪라가 及旣夷平悅懌하여는 則相與歡然을 如賓主而相醻酢하여 不以爲怪也라 蓋小人之性無常하고 而習於鬪亂하여 其喜怒之不可期가 如此라 是以로 君子無所適而可也니라

　　부(賦)이다. '무(茂)'는 성함이요, '상(相)'은 보여줌이요, '역(懌)'은 기뻐함이다.

　　○ 한창 그 악(惡)을 성하게 하여 서로 침범을 가(加)할 때에는 서로 창을 들어 보여 전투(戰鬪)하고자 하려는 듯이 하다가 이미 마음이 화평해져 기뻐함에 이르러는 서로 더불어 기뻐하기를 빈주간(賓主間)에 서로 술잔을 권하듯이 하여 괴이하게 여기지 않음을 말한 것이다. 소인의 성품은 무상(無常)하고 싸움과 난에 익숙해서 희노(喜怒)의 기약할 수 없음이 이와 같다. 이 때문에 군자가 가는 곳마다 가(可)함이 없는 것이다.

··· 項 : 클 항 蹙 : 줄어들 축 騁 : 달릴 빙 相 : 볼 상 懌 : 기쁠 역 醻 : 술권할 수 酢 : 술따를 작

⑨ 昊天不平, 我王不寧, 不懲其心, 覆〔芳服反〕怨其正〔叶諸盈反〕.

昊天不平이라　　　　호천(昊天)이 공평하지 못한지라
我王不寧이어시늘　　우리 왕도 편안하지 못하시는데
不懲其心이요　　　　그 마음을 징계하지 않고
覆怨其正하나다　　　도리어 바로잡는 사람 원망하는구나

賦也라 尹氏之不平은 若天使之라 故로 曰昊天不平이라 若是면 則我王亦不得寧
矣라 然이나 尹氏猶不自懲創其心하고 乃反怨人之正己者하니 則其爲惡이 何時而
已哉아

　　부(賦)이다. 윤씨의 공평하지 못함은 마치 하늘이 시킨 것과 같다. 그러므로 호
천(昊天)이 공평하지 못하다고 한 것이다. 이와 같다면 우리 왕도 또한 편안할 수
가 없는 것이다. 그러나 윤씨는 아직도 그 마음을 스스로 징계하지 않고 도리어
자기를 바로잡아주는 사람들을 원망하니, 그의 악행이 어느 때에나 그치려는가.

⑩ 家父〔音甫〕作誦〔叶疾容反〕, 以究王訩, 式訛爾心, 以畜〔許六反〕萬邦〔叶卜
工反〕.

家父(보)作誦하여　　　가보가 송(誦)을 지어서
以究王訩(흉)하노니　　왕의 난(亂)을 구명하노니
式訛爾心하여　　　　　네 마음을 변화하여
以畜萬邦이어다　　　　만방을 길러줄지어다

賦也라 家는 氏요 父는 字니 周大夫也라 究는 窮이요 訛는 化요 畜은 養也라
○ 家父自言호되 作爲此誦하여 以窮究王政昏亂之所由하여 冀其改心易慮하여 以
畜養萬邦也라 陳氏曰 尹氏厲威하여 使人不得戲談이어늘 而家父作詩하고 乃復
自表其出於己하여 以身當尹氏之怒而不辭者는 蓋家父는 周之世臣이라 義與國
俱存亡故也니라 東萊呂氏曰 篇終矣라 故로 窮其亂本하여 而歸之王心焉하니 致
亂者는 雖尹氏나 而用尹氏者는 則王心之弊也니라 李氏曰 孟子曰 人不足與適

··· 覆 : 도리어 복　訛 : 변할 와

(謫)也며 政不足與間也라 惟大人이아 爲能格君心之非⁹⁴라하시니 蓋用人之失과 政事之過가 雖皆君之非나 然이나 不必先論也라 惟格君心之非면 則政事無不善矣요 用人皆得其當矣리라

부(賦)이다. '가(家)'는 씨(氏)요, '보(父)'는 자(字)이니, 주(周)나라의 대부(大夫)이다. '구(究)'는 궁구함이요, '와(訛)'는 변화함이요, '흑(畜)'은 기름이다.

○ 가보(家父)가 스스로 말하기를 "이 송(誦)을 지어서 왕정(王政)이 혼란한 이유를 궁구(窮究)하여 마음을 고치고 생각을 바꾸어서 만방(萬邦)을 길러주기를 바란다."고 한 것이다.

진씨(陳氏)가 말하였다. "윤씨가 사나운 위엄이 있어서 사람들로 하여금 농담을 하지 못하게 하였는데, 가보가 이 시(詩)를 짓고 다시 이 시가 자기에게서 나왔음을 표명하여 자기 몸으로써 윤씨의 노여움을 감당하고 사양하지 않음은, 아마도 가보는 주(周)나라의 세신(世臣;대대로 벼슬한 집안)이어서 의리상 국가(國家)와 존망(存亡)을 함께 해야 하기 때문이었을 것이다."

동래 여씨(東萊呂氏)가 말하였다. "편(篇)이 끝났다. 그러므로 난(亂)의 근본을 궁구하여 왕의 마음에 돌렸으니, 난(亂)을 이룬 것은 비록 윤씨이나, 윤씨를 등용한 것은 왕의 마음이 가리워져서이다."

이씨(李氏)가 말하였다. "맹자(孟子)께서 말씀하시기를 '인재의 등용을 일일이 나무랄 수가 없으며, 잘못된 정사를 일일이 트집 잡을 수가 없다. 오직 대인(大人)이어야 군주의 나쁜 마음을 바로잡을 수 있다.' 하셨으니, 인재 등용의 잘못과 정사의 잘못은 비록 모두 인군의 잘못이나, 이것은 굳이 먼저 논할 것이 못된다. 오직 군주의 마음의 잘못을 바로잡는다면 정사가 선(善)하지 않음이 없을 것이요, 인재(人才)를 등용(登用)함이 모두 마땅함을 얻게 될 것이다."

節南山十章이니 六章은 章八句요 四章은 章四句라

〈절남산(節南山)〉은 10장이니, 여섯 장은 장마다 8구이고 네 장은 장마다 4구이다.

序에 以此爲幽王之詩로되 而春秋桓十五年에 有家父來求車하니 於周에 爲桓王之世라 上距幽王之終이 已七十五年이니 不知其人之同異라 大抵序之時世가 皆

------

94 孟子曰……爲能格君心之非 : 이 내용은 《맹자(孟子)》 〈이루 상(離婁上)〉에 보인다.

不足信이니 今姑闕焉이 可也니라

　〈모서(毛序)〉에는 이것을 유왕(幽王)의 시(詩)라 하였는데, 《춘추좌씨전》 환공(桓公) 15년에 가보(家父)가 와서 수레를 요구한 일이 있으니, 주(周)나라에 있어서 환왕(桓王)의 세대가 된다. 유왕(幽王)이 별세한 것과는 이미 75년의 간격이 있으니, 그 사람의 동이(同異)를 알지 못하겠다. 대저 〈모서〉의 시세(時世:시대)는 모두 믿을 수 없으니, 이제 우선 빼놓는 것이 가(可)할 것이다.

【毛序】 節南山은 家父刺幽王也라
　〈절남산〉은 가보(家父)가 유왕(幽王)을 풍자한 시(詩)이다.
【鄭註】 家父는 字니 周大夫也라
　가보(家父)는 자(字)이니, 주(周)나라 대부(大夫)이다.
【辨說】 家父는 見本篇이라
　가보(家父)는 본편에 보인다.

8. 정월(正月)

① 正〔音政〕月繁霜, 我心憂傷, 民之訛言, 亦孔之將. 念我獨兮, 憂心京京〔叶居良反〕, 哀我小心, 瘋〔音鼠〕憂以痒〔音羊〕.

正月繁霜이라	정월에 된서리가 내리니
我心憂傷이어늘	내 마음 근심하고 서글퍼하는데
民之訛言이	백성의 유언비어가
亦孔之將이로다	또한 심히 크도다
念我獨兮	생각컨대 나만이 홀로
憂心京京호니	근심하는 마음 크고 크니
哀我小心이여	슬프다 내 소심함이여
瘋(서)憂以痒호라	속으로 근심하여 병드노라

··· 瘋 : 속끓일 서　痒 : 병들 양

賦也라 正月은 夏之四月이니 謂之正月者는 以純陽用事하여 爲正陽之月[95]也라 繁
은 多요 訛는 僞요 將은 大也라 京京亦大也라 瘋憂는 幽憂也라 痒은 病也라

○ 此詩亦大夫所作이라 言 霜降失節하여 不以其時하여 旣使我心憂傷矣어늘 而
造爲姦僞之言하여 以惑羣聽者가 又方甚大라 然이나 衆人莫以爲憂라 故로 我獨
憂之하여 以至於病也라

부(賦)이다. '정월'은 하(夏)나라의 사월(四月)이니, 이를 정월이라 이른 것은 순
양(純陽)이 용사(用事)하여 정양(正陽)의 달이 되기 때문이다. '번(繁)'은 많음이요,
'와(訛)'는 거짓이요, '장(將)'은 큼이다. '경경(京京)' 또한 큼이다. '서우(瘋憂)'는 속
으로 근심함이다. '양(痒)'은 병듦이다.

○ 이 시(詩) 또한 대부가 지은 것이다. "서리가 내림이 절기를 잃어서 제 때에
내리지 아니하여 이미 내 마음을 근심하고 서글퍼하게 하는데, 간위(姦僞)한 말(유
언비어)을 조작하여 여러 사람의 이목을 혹(惑)하게 하는 것이 또 심히 크다. 그러
나 중인(衆人)들은 이를 근심하는 이가 없다. 그러므로 나만이 홀로 근심하여 병
듦에 이르렀다."고 말한 것이다.

② 父母生我, 胡俾我瘉〔音庚〕. 不自我先, 不自我後〔叶下五反〕. 好言自
口〔叶孔五反 下同〕, 莠〔餘久反〕言自口. 憂心愈愈, 是以有侮.

父母生我여	부모가 나를 낳으심이여
胡俾我瘉(유)오	어찌하여 나를 병들게 하였는고
不自我先이며	나보다 먼저도 아니며
不自我後로다	나보다 뒤도 아니로다
好言自口며	좋은 말도 입으로만 하며
莠言自口라	나쁜 말도 입으로만 하는지라
憂心愈愈하여	근심하는 마음 더더욱 심하여
是以有侮호라	이 때문에 업신여김을 받노라

• • • • • •

95 正陽之月 : 정양지월(正陽之月)은 《주역(周易)》의 십이벽괘(十二辟卦)에 의하여 사월(四月)은
건괘(乾卦 ☰)여서 순양(純陽)이므로 말한 것이다. 〈빈풍(豳風) 칠월(七月)〉 제일장(第一章) 주
(註) 참조.

··· 瘉 : 병앓을 유 莠 : 가라지 유

賦也라 瘉는 病이요 自는 從이요 莠는 醜也라 愈愈는 益甚之意라

○ 疾痛故로 呼父母하여 而傷己適丁是時也라 訛言之人이 虛僞反覆하여 言之好醜 皆不出於心하고 而但出於口라 是以로 我之憂心益甚하여 而反見侵侮也라

　부(賦)이다. '유(瘉)'는 병듦이요, '자(自)'는 부터요, '유(莠)'는 추함이다. '유유(愈愈)'는 더욱 심하다는 뜻이다.

　○ 질통(疾痛)이 있기 때문에 부모를 부르고 자기가 마침 이러한 때를 만남을 서글퍼한 것이다. 유언비어를 하는 사람들이 거짓되고 번복하여 좋고 나쁜 말이 모두 마음속에서 나오지 않고, 다만 입에서 나올 뿐이다. 이 때문에 나의 근심하는 마음이 더욱 심해서 도리어 침해와 업신여김을 받는 것이다.

③ 憂心惸惸〔其營反〕, 念我無祿. 民之無辜, 幷〔必政反〕其臣僕. 哀我人斯, 于何從祿. 瞻烏爰止, 于誰之屋.

憂心惸(경)惸하여	근심하는 마음 경경(惸惸)하여
念我無祿하노라	나의 불행함을 생각하노라
民之無辜	죄 없는 백성들이
幷其臣僕이로다	모두 신복(臣僕)이 되리로다
哀我人斯는	가엾은 우리 사람들은
于何從祿고	누구한테서 복을 받을까
瞻烏爰止한대	저 까마귀가 앉는 곳을 보건대
于誰之屋고	누구의 지붕에 앉을까

賦也라 惸惸은 憂意也라 無祿은 猶言不幸爾라 辜는 罪요 幷는 俱也라 古者에 以罪人爲臣僕하고 亡國所虜를 亦以爲臣僕하니 箕子所謂商其淪喪이라도 我罔爲臣僕[96]이 是也라

○ 言 不幸而遭國之將亡하여 與此無罪之民으로 將俱被囚虜而同爲臣僕하리니 未知將復從何人而受祿이라 如視烏之飛컨대 不知其將止於誰之屋也라

‥‥‥‥
96 箕子所謂商其淪喪 我罔爲臣僕 : 신복(臣僕)은 나라가 망하여 포로가 되어서 신하나 노예가 됨을 이르는 바, 이 내용은《서경(書經)》〈상서(商書) 미자(微子)〉에 보인다.

‥‥ 適 : 마침 적 丁 : 당할 정 惸 : 근심할 경 辜 : 죄 고 虜 : 사로잡을 로 淪 : 빠질 륜

부(賦)이다. '경경(惸惸)'은 근심하는 뜻이다. '무록(無祿)'은 불행이라는 말과 같다. '고(辜)'는 죄(罪)요, '병(幷)'은 모두이다. 옛날에 죄인(罪人)을 신복(臣僕:노예)으로 삼았고, 멸망한 나라들의 포로들을 또한 신복으로 삼았으니, 기자(箕子)의 이른바 "상(商)나라가 윤상(淪喪:멸망)하더라도 나는 신복이 되지 않겠다."는 것이 이것이다.

○ "불행히도 나라가 장차 망할 때를 만나서 이 죄 없는 백성들과 함께 장차 모두 감옥에 갇히고 포로가 되어 함께 신복(臣僕)이 될 것이니, 장차 다시 어느 사람을 따라 복을 받을지 모르겠다. 마치 까마귀가 날아가는 것을 보건대 장차 누구의 지붕에 앉을지 모르는 것과 같다."고 한 것이다.

④ 瞻彼中林, 侯薪侯蒸〔之丞反〕. 民今方殆, 視天夢夢〔莫工反 叶莫登反〕. 旣克有定, 靡人弗勝〔音升〕, 有皇上帝, 伊誰云憎.

瞻彼中林한대	저 숲 속을 보건대
侯薪侯蒸이로다	거친 나무섶과 가는 나무섶이 있도다
民今方殆어늘	백성들이 이제 막 위태로운데
視天夢夢이로다	하늘을 보건대 흐리고 어둡도다
旣克有定이면	하늘이 이미 정해짐이 있으면
靡人弗勝이니	사람을 이기지 못함이 없을 것이니
有皇上帝	위대하신 상제가
伊誰云憎이시리오	누구를 미워하시리오

興也라 中林은 林中也라 侯는 維요 殆는 危也라 夢夢은 不明也라 皇은 大也라 上帝는 天之神也니 程子曰 以其形體謂之天이요 以其主宰謂之帝라하시니라
○ 言 瞻彼中林이면 則維薪維蒸을 分明可見也어늘 民今方危殆하여 疾痛號訴於天이로되 而視天에 反夢夢然하여 若無意於分別善惡者라 然이나 此特値其未定之時爾니 及其旣定이면 則未有不爲天所勝者也라 夫天豈有所憎而禍之乎아 福善禍淫이 亦自然之理而已라 申包胥曰 人衆則勝天이요 天定이면 亦能勝人[97]이라하니

······
97 申包胥……亦能勝人:신 포서(申包胥)는 춘추시대 초(楚)나라의 대부로 원래의 성(姓)은 공

··· 蒸:잔나무 증 値:만날 치 胥:볼 서

疑出於此니라

흥(興)이다. '중림(中林)'은 숲 속이다. '후(侯)'는 유(維;어조사)요, '태(殆)'는 위태로움이다. '몽몽(夢夢)'은 밝지 못함이다. '황(皇)'은 큼이다. 상제(上帝)는 하늘의 신(神)이니, 정자(程子)가 말씀하기를 "형체로써 말하면 천(天)이라 하고, 주재(主宰)로써 말하면 제(帝)라 한다." 하였다.

○ "저 숲 속을 보면 신(薪)과 증(蒸)을 분명히 볼 수 있는데 백성들이 지금 막 위태로워 질통(疾痛)을 하늘에 호소하나, 하늘을 봄에 도리어 몽몽연(夢夢然)하여 선악(善惡)을 구별하는 데 뜻이 없는 듯하다. 그러나 이는 다만 하늘이 아직 정해지지 않았을 때를 만나서일 뿐이니, 하늘이 이미 정해짐에 이르면 하늘에게 이김을 당하지 않을 자가 없다. 하늘이 어찌 미워하여 화(禍)를 내리는 바가 있겠는가. 선(善)한 자에게 복(福)을 내리고 음탕한 자에게 화(禍)를 내림이 또한 자연의 이치일 뿐이다."고 말한 것이다. 신 포서(申包胥)가 말하기를 "사람이 많으면 하늘을 이기고, 하늘이 정해지면 또한 사람을 이긴다." 하였으니, 이 말은 의심컨대 여기에서 나온 듯하다.

⑤ 謂山蓋卑, 爲岡爲陵. 民之訛言, 寧莫之懲. 召彼故老, 訊〔音信〕之占夢〔叶莫登反〕, 具曰予聖, 誰知烏之雌雄〔叶胡陵反〕.

謂山蓋卑나	산이 낮다고 하나
爲岡爲陵이니라	산마루가 되고 구릉이 되느니라
民之訛言을	백성의 유언비어를
寧莫之懲이로다	편안히 여겨 징계하지 않도다
召彼故老하며	저 고로(故老)들을 부르며
訊之占夢하니	점몽관(占夢官)에게 물어보니
具曰予聖이라하나니	모두 말하기를 자기가 성인(聖人)이라 하니
誰知烏之雌雄고	누가 까마귀의 암수를 알리오

· · · · · ·
손(公孫)인데 신(申) 땅에 봉해졌으므로 신 포서라 한 것이다. 그의 이 말은 초나라에서 멸문지화(滅門之禍)를 당하고 오(吳)나라로 망명하였던 오원(伍員;오자서)이 복수전을 전개하여 초나라의 도성을 함락하고 죽은 초왕(楚王)의 무덤을 파내어 시신에 매를 때리는 것을 보고 타이른 것이다. 《史記 伍子胥傳, 國語 楚語》

··· 訊 : 물을 신 雌 : 암컷 자

賦也라 山脊曰岡이요 廣平曰陵이라 懲은 止也라 故老는 舊臣也라 訊은 問也라 占夢은 官名이니 掌占夢者也라 具는 俱也라 烏之雌雄은 相似而難辨者也라

○ 謂山蓋卑나 而其實則岡陵之崇也라 今民之訛言이 如此矣로되 而王猶安然莫之止也라 及其詢之故老하고 訊之占夢하여는 則又皆自以爲聖人이라하니 亦誰能別其言之是非乎아 子思言於衛侯[98]曰 君之國事 將日非矣리이다 公曰 何故오 對曰 有由然焉하나이다 君出言에 自以爲是호되 而卿大夫莫敢矯其非하고 卿大夫出言에 亦自以爲是호되 而士庶人莫敢矯其非하여 君臣旣自賢矣어든 而羣下同聲賢之하나니 賢之則順而有福하고 矯之則逆而有禍하니 如此則善安從生이리오 詩曰 具曰予聖이라하니 誰知烏之雌雄고하니 抑亦似君之君臣乎인저하시니라

부(賦)이다. 산등성이를 '강(岡)'이라 하고, 너르고 평평한 곳을 '릉(陵)'이라 한다. '징(懲)'은 그침이다. '고로(故老)'는 옛 신하이다. '신(訊)'은 물음이다. '점몽(占夢)'은 관명(官名)이니, 꿈을 점치는 것을 관장하는 자이다. '구(具)'는 모두이다. 까마귀의 암놈과 수놈은 서로 비슷하여 분별하기가 어렵다.

○ 산이 낮다고 이르나 그 실제는 강릉(岡陵) 중에 높은 것이다. 지금 백성들의 유언비어가 이와 같은데, 왕(王)은 오히려 이를 편안히 여겨 그치게 하지 않는다. 고로(故老)들에게 물어보며 점몽관(占夢官)에게 물어 봄에 이르러는 또 모두 저마다 스스로 성인(聖人)이라고 말하니, 누가 그 말의 옳고 그름을 분별하겠는가.

자사(子思)가 위(衛)나라 임금에게 말씀하시기를 "군주의 국사(國事)가 장차 날로 그르게 될 것입니다." 하자, 공(公)이 "어째서입니까?" 하고 물었다. 이에 자사가 다음과 같이 대답하셨다. "이유가 있습니다. 군주가 말을 냄에 스스로 옳다고 하는데 경대부(卿大夫)가 감히 그 잘못을 바로잡지 못하고, 경대부가 말을 냄에 또한 스스로 옳다고 하는데 사서인(士庶人)이 감히 그 잘못을 바로잡지 못합니다. 그리하여 군주와 신하가 이미 스스로 '어질다' 하거든, 아랫사람들이 똑같은 목소리로 그를 '어질다' 하니, 어질다고 하면 윗사람의 뜻에 순(順)하여 복(福)이 있고, 이를 바로잡으면 윗사람의 뜻에 거슬려 화(禍)가 있기 때문이니, 이와 같으면 선(善)이 어디로부터 생기겠습니까. 《시경》에 이르기를 '모두 말하기를 자기가 성인이라 하니, 누가 까마귀의 암놈과 수놈을 알겠는가?' 하였으니, 이는 또한 군주의 군신(君臣)과 같다 할 것입니다."

• • • • • •
98 子思言於衛侯:이 내용은《자치통감강목(資治通鑑綱目)》권1 주현왕(周顯王) 23년에 보인다.

··· 矯 : 바로잡을 교

⑥ 謂天蓋高, 不敢不局〔叶居亦反〕, 謂地蓋厚, 不敢不蹐〔井亦反〕. 維號〔音豪〕斯言, 有倫有脊, 哀今之人, 胡爲虺〔吁鬼反〕蜴〔星歷反〕.

謂天蓋高나	하늘이 높다고 하나
不敢不局(跼)하며	감히 몸을 굽히지 않을 수 없으며
謂地蓋厚나	땅이 두텁다고 하나
不敢不蹐(척)호라	발자욱을 조심해서 밟지 않을 수 없노라
維號斯言이	길게 부르짖는 이 말이
有倫有脊이어늘	차례가 있고 조리가 있거늘
哀今之人은	슬프다 지금 사람들은
胡爲虺蜴(훼석)고	어찌하여 독충(毒蟲)의 짓을 하는고

賦也라 局은 曲也요 蹐은 累足也라 號는 長言之也라 脊은 理라 蜴은 蝘(원)也니 虺蜴은 皆毒螫(석)之蟲也라

○ 言 遭世之亂하여 天雖高而不敢不局하고 地雖厚而不敢不蹐하며 其所號呼而爲此言者 又皆有倫理而可考也어늘 哀今之人은 胡爲肆毒以害人하여 而使之至此乎아

부(賦)이다. '국(局)'은 굽힘이요, '척(蹐)'은 발걸음을 포개어 떼는 것이다. '호(號)'는 길게 말함이다. '척(脊)'은 조리이다. '석(蜴)'은 도마뱀이니, '훼(虺)'와 '석(蜴)'은 모두 독하게 쏘는(무는) 벌레이다.

○ "세상의 난을 만나서 하늘이 비록 높으나 감히 몸을 굽히지 않을 수 없고, 땅이 비록 두터우나 감히 발걸음을 포개어 떼지 않을 수 없으며, 울부짖으며 이 말을 하는 것이 또 모두 윤리(倫理:조리)가 있어 상고할 만한데, 슬프다. 지금 사람들은 어찌하여 독(毒)을 부려 사람을 해쳐서 이에 이르게 하는가."

⑦ 瞻彼阪〔音反〕田, 有菀〔音鬱〕其特, 天之扤〔五忽反〕我, 如不我克. 彼求我則, 如不我得, 執我仇仇, 亦不我力.

瞻彼阪(판)田한대	저 비탈밭을 보건대
有菀(울)其特이어늘	무성하게 우뚝 자라는 싹이 있는데

··· 局:굽힐 국(跼通) 蹐:발끝맞춰디딜 척 號:부르짖을 호 脊:조리있을 척 虺:살무사 훼 蜴:도마뱀 석(척)
蝘:도마뱀 원 螫:쏠 석 肆:부릴 사 阪:산비탈 판 菀:무성할 울

天之扤(올)我여	하늘이 나를 흔듦이여
如不我克이로다	마치 나를 이기지 못할 듯이 하는구나
彼求我則엔	저가 나를 구히여 법으로 삼으려 할 적엔
如不我得이러니	마치 나를 얻지 못할 듯이 안달하더니
執我仇仇나	지금 나를 붙잡기를 마치 원수처럼 하나
亦不我力하나다	또한 나를 등용함에 힘쓰지 않는구나

興也라 阪田은 崎嶇嶢埆(기구요각)之處라 菀은 茂盛之貌요 特은 特生之苗也라 扤은 動也라 力은 謂用力이라

○ 瞻彼阪田컨대 猶有菀然之特이어늘 而天之扤我 如恐其不我克은 何哉오하니 亦無所歸咎之詞也라 夫始而求之하여 以爲法則엔 惟恐不我得也러니 及其得之하여는 則又執我堅固하여 如仇讐然이나 然終亦莫能用也라 求之甚艱而棄之甚易하니 其無常이 如此하니라

흥(興)이다. '판전(阪田)'은 기구(崎嶇;울퉁불퉁)하고 척박한 곳이다. '울(菀)'은 무성한 모양이요, '특(特)'은 우뚝히 자라는 싹이다. '올(扤)'은 움직임(흔듦)이다. '력(力)'은 힘을 씀을 이른다.

○ "저 판전(阪田)을 보건대 오히려 우뚝히 자라는 싹이 있는데 하늘이 나를 흔들기를 마치 나를 이기지 못할 듯이 함은 어째서인가?" 하였으니, 또한 허물을 돌릴 곳이 없어서 한 말이다. 처음에 나를 구하여 법칙으로 삼으려 할 적에는 행여 나를 얻지 못할까 두려워하더니, 이미 얻음에 미쳐서는 또 나를 붙잡기를 견고히 하여 원수(怨讐)를 놓치지 않을 것처럼 하나, 또한 끝내 나를 등용하지 않는다. 구하기를 매우 어렵게 하고 버리기를 매우 쉽게 하니, 그 무상함이 이와 같은 것이다.

⑧ 心之憂矣, 如或結之. 今玆之正, 胡爲〔然〕厲〔叶力桀反〕矣. 燎〔力詔反〕之方揚, 寧或滅之. 赫赫宗周, 褒姒〔音似〕威〔呼悅反〕之.

心之憂矣여	마음에 근심함이여
如或結之로다	혹 맺혀 있는 듯하도다
今玆之正(政)은	지금 정사는
胡然厲矣오	어찌 이리도 포악한고

··· 扤 : 움직일 올 崎 : 험할 기 嶇 : 가파를 구 嶢 : 자갈땅 요 埆 : 울퉁불퉁할 각

燎之方揚을 　　　　　　　불길이 한창 성함을
寧或滅之리오 　　　　　　누가 박멸할 수 있으리오
赫赫宗周를 　　　　　　　혁혁(赫赫)한 종주(宗周)를
褒姒威(혈)之로다 　　　　포사(褒姒)가 멸망하리로다

賦也라 正은 政也라 厲는 暴惡也라 火田爲燎라 揚은 盛也라 宗周는 鎬京也라 褒姒는 幽王之嬖妾이니 褒國女요 姒姓也라 威은 亦滅也라

○ 言 我心之憂如結者는 爲國政之暴惡故也라 燎之方盛之時엔 則寧有能撲而滅之者乎아 然이나 赫赫然之宗周를 而一褒姒足以滅之라하니 蓋傷之也라 時宗周未滅이로되 以褒姒淫妬(투)讒諂而王惑之하여 知其必滅周也라 或曰 此는 東遷後詩也니 時에 宗周已滅矣라 其言褒姒滅(威)之는 有監戒之意하고 而無憂懼之情하며 似亦道已然之事요 而非慮其將然之詞라하니 今亦未必能其然否也로라

부(賦)이다. '정(正)'은 정사(政事)이다. '려(厲)'는 포악함이다. 밭에 불을 놓는 것을 '료(燎)'라 한다. '양(揚)'은 성함이다. '종주(宗周)'는 호경(鎬京)이다. '포사(褒姒)'는 유왕(幽王)의 폐첩(嬖妾:총애하는 첩)이니, 포국(褒國)의 딸이요, 사성(姒姓)이다. '혈(威)' 또한 멸함이다.

○ "내 마음의 근심이 맺혀 있는 듯한 것은 국정이 포악하기 때문이다. 불길이 막 성할 때에는 어찌 이것을 박멸(撲滅)할 자가 있겠는가. 그러나 혁혁한 종주(宗周)를 한 포사가 멸망할 수 있다." 하였으니, 이것을 서글퍼한 것이다. 이때 종주가 아직 멸망하지 않았으나 포사가 음란하고 질투하며 참소하고 아첨하여 왕(王)이 이에 혹했으므로 반드시 주(周)나라를 멸망시킬 줄을 안 것이다.

혹자는 말하기를 "이는 동천(東遷)한 뒤의 시(詩)이니, 이때 종주가 이미 멸망하였다. 포사가 멸망시켰다고 말한 것은 감계(監戒)의 뜻이 있고 우구(憂懼)하는 정이 없으며, 또한 이미 지나간 일을 말한 것이고 장차 그러할 것을 염려한 말이 아닌 듯하다." 하니, 이제 또한 그의 옳고 그름을 기필할 수 없노라.

⑨ 終其永懷, 又窘〔求隕反〕陰雨. 其車旣載〔才再反〕, 乃棄爾輔〔叶扶雨反〕, 載〔如字〕輸爾載〔才再反〕, 將〔七羊反〕伯助予〔叶演女反〕.

終其永懷하니 　　　　　　종말을 길이 생각해보니

・・・ 燎:들불 료 威:멸할 혈 撲:칠박

又窘陰雨_{로다}　　또한 음우(陰雨)에 곤궁하리로다
其車旣載_{하고}　　그 수레에 짐을 싣고
乃棄爾輔_{하니}　　마침내 보(輔)를 버리니
載輸爾載_{오야}　　네 짐을 떨어뜨리고서야
將伯助予_{로다}　　백(伯)을 청하여 나를 도우라 하리라

比也라 陰雨則泥濘(니녕)하여 而車易以陷也라 載는 車所載也라 輔는 如今人縛杖
於輻하여 以防輔車⁹⁹也라 輸는 墮也라 將은 請也라 伯은 或者之字也라
○ 蘇氏曰 王爲淫虐이 譬如行險而不知止하니 君子永思其終에 知其必有大難이
라 故로 曰終其永懷하니 又窘陰雨라하고 王又不虞難之將至하여 而棄賢臣焉이라
故로 曰乃棄爾輔라하니라 君子求助於未危라 故로 難不至하나니 苟其載之旣墮而
後에 號伯以助予면 則無及矣니라

비(比)이다. 비가 내리면 진흙창이 되어 수레가 빠지기 쉽다. '재(載)'는 수레에
실은 것이다. '보(輔:수레바퀴덧방나무)'는 지금 사람들이 막대기를 복(輻;바퀴살)에
묶어서 보차(輔車)를 방비(대비)함과 같은 것이다. '수(輸)'는 짐을 떨어뜨림이다.
'장(將)'은 청함이다. '백(伯)'은 혹자의 자(字)이다.

○ 소씨(蘇氏)가 말하였다. "왕(王)이 음학(淫虐)을 함이 비유하면 험한 곳을 가
고 그칠 줄을 알지 못함과 같으니, 군자가 그 종말을 길이 생각함에 반드시 큰 난
이 있을 줄을 알았다. 그러므로 말하기를 '종말을 길이 생각하니, 또 음우(陰雨)에
곤궁할 것이다.' 하였으며, 왕이 또 난(難)이 장차 이름을 헤아리지 못하여 현신(賢
臣)을 버렸다. 그러므로 말하기를 '네 보(輔)를 버린다.'고 한 것이다. 군자는 아직
위태롭지 않을 때에 도움을 구한다. 그러므로 난(難)이 이르지 않나니, 만일 짐을
이미 떨어뜨린 뒤에 백(伯)을 불러 나를 도우라 한다면 미칠 수가 없는 것이다."

⑩ 無棄爾輔, 員〔音云〕于爾輻〔方六反 叶筆力反〕, 屢顧爾僕, 不輸爾載〔叶節力
反〕, 終踰絕險, 曾是不意〔叶乙力反〕.

. . . . . .
99　以防輔車 : 보차(輔車)는 원래 광대뼈와 잇몸으로 상호 보조하는 사물의 비유로 쓰이는데, 여
기서는 수레바퀴를 보조하는 덧방나무를 비유한 것으로 보인다.

···　輸 : 떨어뜨릴 수　將 : 청할 장　濘 : 진창 녕　縛 : 묶을 박　輻 : 바퀴살 복　窘 : 군색할 군　虞 : 헤아릴 우

無棄爾輔_{하여}	네 보(輔)를 버리지 아니하여
員(운)于爾輻_{이요}	네 복(輻)에 덧대고
屢顧爾僕_{하면}	여러번 네 마부를 돌아보면
不輸爾載_{하여}	네 짐을 떨어뜨리지 아니하여
終踰絕險_이	끝내 절험(絕險)을 넘어감이
曾是不意_{리라}	일찍이 예상외로 수월하리라

比也라 員은 益也니 輔는 所以益輻也라 屢는 數(삭)이요 顧는 視也라 僕은 將車者也라 ○ 此는 承上章하여 言 若能無棄爾輔하여 以益其輻하고 而又數數(삭삭)顧視其僕이면 則不墮爾所載하여 而踰於絕險을 若初不以爲意者라하니 蓋能謹其初면 則厥終無難也라 一說에 王曾不以是爲意乎[100]아하니라

비(比)이다. '운(員)'은 더함이니, '보(輔)'는 복(輻)에 덧대는 것이다. '루(屢)'는 자주요, '고(顧)'는 돌아봄이다. '복(僕)'은 수레를 잡는 자이다.

○ 이는 상장(上章)을 이어 "만일 네 보(輔)를 버리지 아니하여 복(輻)에 덧대고, 또 자주자주 그 마부를 돌아보면 네가 실은 것을 떨어뜨리지 아니하여 절험(絕險; 매우 험한 곳)을 넘어가기를 애당초에 생각지도 못한 것처럼 할 수 있을 것이다."라고 한 것이니, 그 처음을 삼가면 그 종말에 어려움이 없는 것이다. 일설(一說)에 "왕은 일찍이 이것을 생각하지 않는가."라고 하였다.

⑪ 魚在于沼〔之紹反 叶音灼〕, 亦匪克樂〔音洛〕. 潛雖伏矣, 亦孔之炤〔音灼〕. 憂心慘慘〔七感反 當作懆 七各反〕, 念國之爲虐.

魚在于沼_{하나(하니)}	물고기가 깊은 못에 있으나
亦匪克樂(락)_{이로다}	또한 능히 즐겁지 못하도다
潛雖伏矣_나	물에 잠겨 엎드려 있으나
亦孔之炤(작)_{이로다}	또한 심히 밝게 보이도다
憂心慘慘(懆懆)_{하여}	마음에 근심하기를 심히 하여

· · · · · ·
100 王曾不以是爲意乎 : 경문(經文)을 '終踰絕險이어늘 曾不意아'로 현토하여, '마침내 절험(絕險)을 넘어갈 수 있거늘 왕(王)은 일찍이 이것을 생각하지 않는가.'로 본 것이다.

··· 員 : 더할 운 沼 : 못 소 炤 : 밝을 작(소) 懆 : 근심할 조

念國之爲虐하노라　　　　나라의 포학함을 염려하노라

比也라 沼는 池也라 炤은 明이니 易見也라

○ 魚在于沼에 其爲生已蹙矣요 其潛雖深이나 然亦炤然而易見하니 言 禍亂之及에 無所逃也라

　　비(比)이다. '소(沼)'는 못이다. '작(炤)'은 밝음이니, 보기가 쉬운 것이다.

　　○ '물고기가 못에 있음에 그 살아감이 이미 위축되었고, 잠김이 비록 깊으나 또한 작연(炤然)하여 보기가 쉽다.' 하였으니, 화란(禍亂)이 미침에 도망할 곳이 없음을 말한 것이다.

⑫ 彼有旨酒, 又有嘉殽〔戶交反 無韻未詳〕, 洽比〔毗志反〕其隣, 昏姻孔云, 念我獨兮, 憂心慇慇.

彼有旨酒하며　　　　　저 소인들은 맛있는 술을 소유하며
又有嘉殽하여　　　　　또 아름다운 안주를 장만하여
洽比其隣하며　　　　　그 이웃들과 화합하고 친하며
昏姻孔云이어늘　　　　사돈간에 매우 주선하거늘
念我獨兮　　　　　　　생각건대 나만이 홀로
憂心慇慇호라　　　　　근심하기를 은은(慇慇)히 하노라

賦也라 洽、 比는 皆合也라 云은 旋也라 慇慇은 疾痛也[101]라

○ 言 小人得志하여 有旨酒嘉殽하여 以洽比其隣里하고 怡懌(역)其昏姻이어늘 而我獨憂心하여 至於疾痛也라 昔人有言호되 燕雀處堂에 母子相安하여 自以爲樂也하여 突決棟焚이로되 而怡然不知禍之將及[102]이라하니 其此之謂乎인저

　　부(賦)이다. '흡(洽)'과 '비(比)'는 모두 합함이다. '운(云)'은 주선함이다. '은은(慇

......

101 慇慇 疾痛也 : 내각본(內閣本)'에는 '은은연통야(慇慇然痛也)'로 되어 있다.

102 昔人有言……而怡然不知禍之將及 : 옛사람〔昔人〕은 전국시대의 공빈(孔斌)을 가리킨 것으로 자는 자순(子順)인 바, 이 내용은 《공총자(孔叢子)》와 《자치통감강목(資治通鑑綱目)》권 1하(下)에 보인다.

··· 洽 : 화목할 흡 比 : 친할 비 慇 : 근심할 은 懌 : 기쁠 역 燕 : 제비 연 突 : 굴뚝 돌 決 : 터질 결

○

小
雅

正
月

慇)'은 아파하는 것이다.

○ 소인이 뜻을 얻어 맛있는 술과 아름다운 안주를 장만해서 그 인리(隣里)와 화합하고 혼인(인척)을 기쁘게 하는데 나만이 홀로 근심하여 질통(疾痛)에 이름을 말한 것이다. 옛 사람의 말에 "연작(燕雀;제비)이 집에 처함에 어미와 새끼가 서로 편안하여 스스로 즐겁다고 여겨서 굴뚝이 터져 들보 기둥이 불타오르는데도, 태연하여 화가 장차 미칠 줄을 모른다." 하였으니, 그 이것을 말함일 것이다.

⑬ 佌佌〔音此〕彼有屋, 蔌蔌〔音速〕方有穀, 民今之無祿, 天夭〔於遙反〕是椓
〔陟角反 叶都木反〕. 哿〔哥我反〕矣富人, 哀此惸獨.

<table>
<tr><td>佌(차)佌彼有屋하며</td><td>보잘것 없는 소인들은 저 집을 소유하며</td></tr>
<tr><td>蔌(속)蔌方有穀이어늘</td><td>누추한 자들도 녹(祿)을 소유하게 되었거늘</td></tr>
<tr><td>民今之無祿은</td><td>지금 복이 없는 사람들은</td></tr>
<tr><td>天夭是椓(탁)이로다</td><td>하늘이 화를 내려서 해치도다</td></tr>
<tr><td>哿(가)矣富人이어니와</td><td>부자(富者)들은 괜찮지만</td></tr>
<tr><td>哀此惸(경)獨이로다</td><td>이 외로운 자들이 애처롭도다</td></tr>
</table>

賦也라 佌佌는 小貌요 蔌蔌은 窶陋貌니 指王所用之小人也라 穀은 祿이요 夭는 禍요 椓은 害요 哿는 可요 獨은 單也라
○ 佌佌然之小人이 旣已有屋矣요 蔌蔌窶陋者 又將有穀矣어늘 而民今獨無祿者는 是天禍椓喪之耳라하니 亦無所歸咎之詞也라 亂至於此하면 富人은 猶或可勝이어니와 惸獨甚矣라 此는 孟子所以言文王發政施仁에 必先鰥寡孤獨也[103]시니라

부(賦)이다. '차차(佌佌)'는 작은 모양이요, '속속(蔌蔌)'은 누추한 모양이니, 왕(王)이 등용하는 바의 소인을 가리킨 것이다. '곡(穀)'은 녹(祿)이요, '요(夭)'는 화(禍)요, '탁(椓)'은 해침이요, '가(哿)'는 가함이요, '독(獨)'은 홀로이다.

○ '차차연(佌佌然)'한 소인이 이미 집을 소유하였고, 속속(蔌蔌)히 누추한 자들

<hr>

103 孟子所以言文王發政施仁 必先鰥寡孤獨也 : 환(鰥)을 홀아비이고 과(寡)는 과부이며 고(孤)는 고아이고 독(獨)은 독거노인(獨居老人)으로 이 내용은 《맹자》〈양혜왕 하(梁惠王下)〉에 보이며, 뒤이어 《시경》의 '哿矣富人, 哀此惸獨.'을 인용하였다.

⋯ 佌 : 작을 차 蔌 : 더러울 속 夭 : 재앙 요 椓 : 칠 탁 哿 : 괜찮을 가 惸 : 외로울 경 窶 : 가난할 구

이 또 장차 녹(祿)을 소유하게 되었는데 백성 중에 지금 홀로 복(福)이 없는 자들은 이는 하늘이 화(禍)를 내려서 해치고 망하게 한 것이다.' 하였으니, 또한 허물을 돌릴 곳이 없어서 한 말이다. 난(亂)이 이에 이르면 부자들은 그래도 이겨낼 수 있지만 경독(惸獨)한 자는 심한 것이다. 이는 맹자(孟子)께서 "문왕(文王)이 어진 정사를 펴고 인(仁)을 베푸심에 반드시 환과고독(鰥寡孤獨)을 먼저 했다."는 것이다.

正月十三章이니 八章은 章八句요 五章은 章六句라
　〈정월(正月)〉은 13장이니, 여덟 장은 장마다 8구이고 다섯 장은 장마다 6구이다.

【毛序】 正月은 大夫刺幽王也라
　〈정월〉은 대부(大夫)가 유왕(幽王)을 풍자한 시(詩)이다.

9. 시월지교(十月之交)

① 十月之交, 朔日辛卯[叶莫後反], 日有食之, 亦孔之醜. 彼月而微, 此日而微. 今此下民, 亦孔之哀[叶於希反].

十月之交	시월의 해와 달이 서로 만나는
朔日辛卯에	초하루 신묘일(辛卯日)에
日有食之하니	해가 먹힘이 있으니
亦孔之醜로다	또한 심히 추하도다(흉할 징조로다)
彼月而微어니와	저 달은 이지러질 수 있지만
此日而微여	이 해의 이지러짐이여
今此下民이	이제 이 하민(下民)들이
亦孔之哀로다	또한 심히 가엾도다

賦也라 十月은 以夏正言之하니 建亥之月也라 交는 日月交會니 謂晦朔之間也라 曆法에 周天은 三百六十五度四分度之一이니 左旋於地하여 一晝一夜면 則其行一周而又過一度하고 日月은 皆右行於天하여 一晝一夜면 則日行一度하고 月行

十三度十九分度之七이라 故로 日一歲而一周天하고 月二十九日有奇而一周天하며 又逐及於日而與之會하니 一歲에 凡十二會라 方會則月光都盡而爲晦하고 已會則月光復蘇而爲朔하며 朔後、晦前各十五日에 日月相對하면 則月光正滿而爲望이라 晦、朔而日月之合이 東西同度하고 南北同道하면 則月掩(엄)日而日爲之食하고 望而日月之對同度同道하면 則月亢日而月爲之食하니 是皆有常度矣라 然이나 王者修德行政하고 用賢去奸하여 能使陽盛足以勝陰하고 陰衰不能侵陽하면 則日月之行이 雖或當食이라도 而月常避日이라 故로 其遲速、高下가 必有參差(치)而不正相合하고 不正相對者하니 所以當食而不食也라 若國無政하여 不用善하여 使臣子背君父하고 妾婦乘其夫하며 小人陵君子하고 夷狄侵中國하면 則陰盛陽微하여 當食必食하니 雖日行有常度나 而實爲非常之變矣니라

부(賦)이다. 10월은 하정(夏正)으로써 말한 것이니, 북두칠성(北斗七星)의 자루가 초저녁에 해방(亥方)을 가리키는 달이다. '교(交)'는 해와 달이 교회(交會)함이니, 그믐과 초하루의 사이를 이른다. 역법(曆法)에 주천(周天)은 365도(度) 4분도(分度)의 1이니, 왼쪽으로 땅을 돌아서 한 주야(晝夜)이면 한 바퀴를 돌고 또 1도(度)를 지난다. 그리고 해와 달은 모두 오른쪽으로 하늘을 운행하여 한 주야(晝夜)이면 해는 1도(度)를 가고 달은 13도(度) 19분도(分度)의 7을 간다. 그러므로 해는 1년에 하늘을 한 바퀴 돌고, 달은 29일하고 기(奇:남은 수)에 하늘을 한 바퀴 돌며, 또 해를 따라잡아 해와 만나니, 1년에 모두 12차례를 만난다. 해와 달이 만나게 되면 월광(月光:달빛)이 모두 다하여 그믐이 되고, 이미 만나고 나면 월광이 다시 소생하여 초하루가 되며, 초하루 뒤와 그믐 전의 각각 15일에 해와 달이 서로 마주하면 월광이 바로 가득하여 보름이 된다. 그믐과 초하루에 해와 달의 합함이 동서(東西)의 도(度)가 같고 남북(南北)의 길이 같으면, 달이 해를 가리워서 일식(日食)이 되고, 보름에 해와 달의 마주 대함이 도(度)가 같고 길이 같으면 달이 해를 항거하다가 월식(月食)이 되니, 이는 모두 떳떳한 도수(度數)가 있는 것이다.

그러나 왕자(王者)가 덕(德)을 닦고 정사를 행하여, 현재(賢才)를 등용하고 간신(奸臣)을 제거해서 양(陽)이 성하여 음(陰)을 이기게 하고, 음(陰)이 쇠하여 양(陽)을 침해하지 못하게 하면, 해와 달의 운행이 비록 혹 먹힐 때를 당하더라도 달이 항상 해를 피한다. 그러므로 그 더디고 빠르며 높고 낮음이 반드시 어긋나서 바로 서로 만나지 않고 서로 상대하지 않음이 있으니, 이 때문에 먹힐 때를 당하여도 먹히지 않는 것이다. 만일 나라에 올바른 정사가 없어서 선인(善人)을 등용하

··· 晦 : 그믐 회 奇 : 남을 기 掩 : 가릴 엄 亢 : 막을 항 參 : 어긋날 참 差 : 들쭉날쭉할 치

지 아니하여 신자(臣子)들이 군부(君父)를 배반하고 첩부(妾婦)가 남편을 올라타며, 소인이 군자를 능멸하고 이적(夷狄)이 중국(中國)을 침략하게 되면, 음(陰)이 성하고 양(陽)이 미약해져서 먹힐 때를 당하면 반드시 먹히니, 비록 운행에 떳떳한 도수가 있다고 하나 이는 실로 비상한 변고가 되는 것이다.

蘇氏曰 日食은 天變之大者也라 然이나 正陽之月을 古尤忌之하니 夏之四月은 爲純陽이라 故로 謂之正月이요 十月은 純陰이니 疑其無陽이라 故로 謂之陽月이라 純陽而食은 陽弱之甚也요 純陰而食은 陰壯之甚也라 微는 虧也라 彼月則宜有時而虧矣어와 此日은 不宜虧而今亦虧하니 是亂亡之兆也니라

소씨(蘇氏)가 말하였다. "일식(日食)은 천변(天變)의 큰 것이다. 그러나 정양(正陽)의 달을 옛날에는 더욱 꺼렸다. 하(夏)나라의 4월은 순양(純陽 ☰)이기 때문에 정월(正月;정양의 달)이라 이르고, 10월은 순음(純陰 ☷)이니 양(陽)이 없는가 의심되기 때문에 양월(陽月)이라 이른다. 순양(純陽)에 해가 먹힌다면 양(陽)이 약함이 심한 것이요, 순음(純陰)에 해가 먹힌다면 음(陰)이 장성함이 심한 것이다. '미(微)'는 이지러짐이다. 저 달은 마땅히 때로 이지러짐이 있어야 하지만 이 해는 이지러져서는 안 되는데, 이제 또 이지러졌으니, 난망(亂亡)의 조짐인 것이다."

② 日月告凶, 不用其行〔叶戶郞反〕, 四國無政, 不用其良. 彼月而食, 則維其常, 此日而食, 于何不臧.

日月告凶하여	해와 달이 흉함을 알려서
不用其行하니	그 〈바른〉 길을 쓰지(따르지) 않으니
四國無政하여	사방 나라에 올바른 정사가 없어서
不用其良이로다	선량한 사람을 쓰지 않도다
彼月而食은	저 달이 먹힘은
則維其常이어니와	떳떳한 일이지만
此日而食이여	이 해가 먹힘이여
于何不臧고	어찌하여 좋지 못하게 되었는고

賦也라 行은 道也라

··· 虧 : 어지러울 휴　臧 : 좋을 장

○ 凡日月之食이 皆有常度矣어늘 而以爲不用其行者는 月不避日하여 失其道也
일새라 然이나 其所以然者는 則以四國無政하여 不用善人故也라 如此면 則日月之
食이 皆非常矣로되 而以月食爲其常하고 日食爲不臧者는 陰亢陽而不勝은 猶可
言也어니와 陰勝陽而揜之는 不可言也라 故로 春秋에 日食必書로되 而月食則無紀
焉하니 亦以此爾니라

부(賦)이다. '행(行)'은 길이다.

○ 무릇 해와 달의 먹힘은 모두 떳떳한 도수가 있는데, 그 길을 쓰지 않았다고
말한 것은 달이 해를 피하지 아니하여 제 도(道;길)를 잃었기 때문이다. 그러나 이
렇게 된 소이연(까닭)은 사방 나라에 〈올바른〉 정사(政事)가 없어서 선인(善人)을
등용하지 않았기 때문이다. 이와 같다면 해와 달의 먹힘이 모두 떳떳한 일이 아닌
데, 월식(月食)을 떳떳하다 하고 일식(日食)을 좋지 못하다고 한 것은, 음(陰)이 양
(陽)을 항거하다가 이기지 못함(월식)은 오히려 말할 수 있지만 음(陰)이 양(陽)을
이겨서 가리움(일식)은 말할 수 없기 때문이다. 그러므로 《춘추좌씨전》에 일식은
반드시 썼으나 월식은 기록함이 없으니, 또한 이 때문이다.

③ 爗爗〔丁輒反〕震電, 不寧不令〔叶盧經反〕. 百川沸騰, 山冢崒〔徂恤反〕崩,
高岸爲谷, 深谷爲陵, 哀今之人, 胡憯〔七感反〕莫懲.

爗(엽)爗震電이	번쩍번쩍하는 천둥 벼락이
不寧不令이로다	편안하지 못하며 좋지 못하도다
百川沸(비)騰하며	온갖 냇물이 넘쳐나며
山冢崒(줄)崩하여	산마루의 높은 곳이 무너져서
高岸爲谷이요	높은 언덕이 골짝이 되고
深谷爲陵이로다(이어늘)	깊은 골짝이 구릉이 되도다
哀今之人은	슬프다 지금 사람들은
胡憯(참)莫懲고	어찌하여 일찍이 징계하지 않는고

賦也라 爗爗은 電光貌라 震은 雷也라 寧은 安徐也라 令은 善이라 沸는 出이요 騰은
乘也라 山頂曰冢이라 崒은 崔嵬也라 高岸崩陷故로 爲谷하고 深谷塡塞故로 爲陵
이라 憯은 曾也라

··· 爗 : 반짝거릴 엽 震 : 천둥소리 진 沸 : 끊을 비 騰 : 날 등 冢 : 산꼭대기 총 崒 : 산봉우리 줄(졸)
岸 : 언덕 안 憯 : 일찍 참

○ 言非但日食而已라 十月而雷電하여 山崩水溢하니 亦災異之甚者니 是宜恐懼
修省하여 改紀其政이어늘 而幽王曾莫之懲也라 董子曰 國家將有失道之敗어든 而
天乃先出災異以譴告之하며 不知自省이어든 又出怪異以警懼之하나니 尙不知變
이면 而傷敗乃至하니 此見天心仁愛人君하여 而欲止其亂也니라

부(賦)이다. '엽엽(爗爗)'은 번개빛의 모양이다. '진(震)'은 우레이다. '녕(寧)'은
편안하고 느림이다. '령(令)'은 좋음이다. '비(沸)'는 솟아 나옴이요, '등(騰)'은 올라
탐이다. 산마루를 '총(冢)'이라 한다. '줄(崒)'은 높음이다. 〈홍수가 져서〉 높은 언
덕이 무너졌기 때문에 골짝이 되고, 깊은 골짝이 메워졌기 때문에 구릉이 된 것이
다. '참(憯)'은 일찍이다.

○ 비단 일식이 일어났을 뿐만 아니라, 10월에 천둥 벼락이 쳐서 산(山)이 무
너지고 물이 넘쳤으니, 또한 재이(災異)가 심한 것이다. 이는 마땅히 공구(恐懼)하
고 수생(修省)하여 그 정사를 고쳐 다스려야 할 것인데, 유왕(幽王)이 일찍이 징계
하지 않음을 말한 것이다.

동자(董子:동중서)가 말하였다. "국가가 장차 도(道)를 잃어 패망할 징조가 있게
되면 하늘이 마침내 먼저 재이를 내어서 견책(譴責)하여 알려주고, 스스로 반성할
줄 모르거든 또 괴이한 일을 내어서 경계하고 두렵게 하나니, 그래도 변할 줄을
알지 못하면 상패(傷敗)가 마침내 이른다. 이는 하늘의 마음이 인군을 인애(仁愛)
하여 그 난(亂)을 그치게 하고자 함을 볼 수 있다."

④ 皇父〔音甫〕卿士, 番維司徒, 家伯爲宰, 仲允膳夫, 棸〔側留反〕子內史,
蹶〔俱衛反〕維趣〔七走反〕馬〔叶滿補反〕, 楀〔音矩〕維師氏, 豔〔餘贍反〕妻煽〔音扇〕方處.

皇父卿士요	황보(皇父)가 경사요
番維司徒요	반씨(番氏)가 사도요
家伯爲宰요	가백(家伯)이 재(宰)가 되고
仲允膳夫요	중윤(仲允)이 선부가 되고
棸子內史요	추자(棸子)가 내사가 되고
蹶維趣馬요	궤씨(蹶氏)가 추마가 되고
楀維師氏어늘	구씨(楀氏)가 사씨가 되었는데
豔妻煽方處로다	염처(豔妻)가 선동하면서 그대로 있도다

··· 崔 : 산높을 최 嵬 : 산높을 외 塡 : 메울 전 譴 : 꾸짖을 견 棸 : 성 추, 추나무 추 蹶 : 넘어질 궤
楀 : 성 우, 나무이름 우(구) 豔 : 고울 염

賦也라 皇父、家伯、仲允은 皆字也요 番、聚、蹶、楀는 皆氏也라 卿士는 六卿
之外에 更爲都官하여 以總六官之事也라 或曰 卿士는 蓋卿之士이니 周禮太宰之
屬에 有上、中、下士하며 公羊所謂宰士요 左氏所謂周公以蔡仲爲己卿士가 是
也라하니 蓋以宰屬而兼總六官하니 位卑而權重也라 司徒는 掌邦敎하고 冢宰는 掌
邦治하니 皆卿也라 膳夫는 上士니 掌王之飮食膳羞者也요 內史는 中大夫니 掌爵
祿廢置殺生予奪之法者也라 趣馬는 中士니 掌王馬之政者也요 師氏亦中大夫니
掌(司)[王]朝得失之事者也라 美色曰豔이니 豔妻는 卽褒姒也라 煽은 熾也라 方
處는 方居其所하여 未變徙也라

○ 言 所以致變異者는 由小人用事於外하고 而嬖妾蠱惑王心於內하여 以爲之主
故也니라

　부(賦)이다. '황보(皇父)'와 '가백(家伯)'과 '중윤(仲允)'은 모두 자(字)요, '반(番)',
'취(聚)', '궤(蹶)', '구(楀)'는 모두 씨(氏)이다. '경사(卿士)'는 육경(六卿) 이외에 다
시 도관(都官)을 두어 육관(六官:육부(六部) 또는 육조(六曹))의 일을 총괄하게 한 것이
다. 혹자는 말하기를 "경사(卿士)는 경(卿)의 사(士)이니, 《주례(周禮)》〈태재(太宰)〉
의 관속(官屬)에 상사(上士), 중사(中士), 하사(下士)가 있으며, 《춘추공양전(春秋公羊
傳)》은공(隱公) 원년에 이른바 '재사(宰士)'와 《춘추좌씨전》 정공(定公) 4년에 이른
바 '주공(周公)이 채중(蔡仲)을 자기의 경사(卿士)로 삼았다.'는 것이 이것이다." 하
니, 이는 재(宰)의 등속으로서 육관(六官)을 겸하여 총괄하니, 지위는 낮으나 권력
은 중한 자이다. '사도(司徒)'는 나라의 교육을 관장하였고, '총재(冢宰)'는 나라의
다스림을 관장하였으니, 모두 경(卿)이다. '선부(膳夫)'는 상사(上士)이니, 왕(王)의
음식과 반찬을 관장한 자요, '내사(內史)'는 중대부(中大夫)이니, 작록(爵祿)을 내리
고 폐치(廢置)를 하며 생사 여탈(生死子奪)의 법을 관장한 자이다. '추마(趣馬)'는 중
사(中士)이니 왕(王)의 마정(馬政)을 관장한 자요, '사씨(師氏)' 또한 중대부(中大夫)
이니 왕조의 득실(得失)의 일을 관장한 자이다. 아름다운 용색(容色)을 염(豔)이라
하니, '염처(豔妻)'는 바로 포사(褒姒)이다. '선(煽)'은 치성(熾盛)함이다. '방처(方處)'
는 막 그곳에 거처하여 변하거나 옮기지 않는 것이다.

　○ 변이(變異)를 이루는 까닭은 소인들이 밖에서 용사(用事)하고, 폐첩(嬖妾)이
안에서 왕(王)의 마음을 고혹(蠱惑)시켜서 주장을 하기 때문임을 말한 것이다.

⑤ 抑此皇父, 豈曰不時, 胡爲我作, 不卽我謀〔叶謨悲反〕, 徹我牆屋, 田卒汙〔音烏〕萊〔叶陵之反〕, 曰予不戕〔在良反〕, 禮則然矣〔叶於姬反〕.

抑此皇父	이 황보가
豈曰不時리오마는	어찌 농한기가 아니라고 말하랴마는
胡爲我作호되	어찌 우리를 움직이게 하면서
不卽我謀요	나에게 와서 상의하지 않고
徹我牆屋하여	나의 담장과 지붕을 철거하여
田卒汙(오)萊어늘	농토가 모두 웅덩이와 쑥대밭이 되게 하고는
曰予不戕이라	말하기를 내가 그대를 해치는 것이 아니라
禮則然矣라하나다	예(禮)에 당연한 것이라 하는구나

賦也라 抑은 發語詞라 時는 農隙之時也라 作은 動이요 卽은 就요 卒은 盡也라 汙는 停水也요 萊는 草穢也라 戕은 害也라
○ 言 皇父不自以爲不時하여 欲動我以徙호되 而不與我謀하고 乃遽徹我牆屋하여 使我田不獲治하여 卑者汙而高者萊하고 又曰 非我戕汝라 乃下供上役之常禮耳라하니라

부(賦)이다. '억(抑)'은 발어사(發語詞)이다. '시(時)'는 농사철이 아닌 때(농한기)이다. '작(作)'은 움직임이요, '즉(卽)'은 나아감이요, '졸(卒)'은 모두이다. '오(汙)'는 물이 머물러 있는 곳(웅덩이)이요, '래(萊)'는 잡초가 황무해진 것이다. '장(戕)'은 해침이다.

○ 황보(皇父)가 스스로 농한기가 아니라고 말하지 아니하여 나를 움직여 이주시키려 하면서, 나와 상의하지 않고 마침내 대번에 나의 담장과 지붕을 철거하여 나로 하여금 농토를 다스리지 못하게 해서 낮은 곳은 웅덩이가 되고 높은 곳은 쑥대밭이 되게 하고는, 또 말하기를 "내가 그대를 해치는 것이 아니라, 이것은 바로 아랫사람이 윗사람에게 부역을 바치는 떳떳한 예이다."라고 한 것이다.

⑥ 皇父孔聖, 作都于向〔式亮反 下同〕, 擇三有事, 亶侯多藏〔才浪反〕, 不憖〔魚覲反〕遺一老, 俾守我王〔叶于放反〕, 擇有車馬, 以居徂向.

··· 汙 : 웅덩이 오(와) 萊 : 묵정밭 래 戕 : 해칠 장

皇父孔聖_{하여} 황보가 매우 성(聖)스럽다 하여
作都于向_{하고} 상(向) 땅에 도읍을 만들고는
擇三有事_{호되} 삼경(三卿)을 선택하되
亶侯多藏_{하며} 진실로 재물이 많은 사람으로 하며
不憖(은)遺一老_{하여} 억지로라도 한 원로(元老)를 남겨두어
俾守我王_{하고} 우리 왕을 지키게 하지 않고
擇有車馬_{하여} 거마를 소유한 자를 가려서
以居徂向_{이로다} 상 땅에 가 거주하게 하도다

賦也라 孔은 甚也요 聖은 通明也라 都는 大邑也라 周禮에 畿內大都는 方百里요 小都는 方五十里니 皆天子公卿所封也라 向은 地名이니 在東都畿內하니 今孟州河陽縣이 是也라 三有事는 三卿也라 亶은 信이요 侯는 維요 藏은 蓄也라 憖者는 心不欲而自强之詞라 有車馬者는 亦富民也라 徂는 往也라

○ 言 皇父自以爲聖호되 而作都엔 則不求賢하고 而但取富人以爲卿하고 又不自强留一人以衛天子하고 但有車馬者면 則悉與俱往하니 不忠於上하고 而但知貪利以自私也라

부(賦)이다. '공(孔)'은 심함이요, '성(聖)'은 통명(通明)함이다. '도(都)'는 큰 고을이니, 《주례(周禮)》〈지관(地官) 재사(載師)〉에 "기내(畿內)의 대도(大都)는 사방 백리요, 소도(小都)는 사방 50리이니, 이는 모두 천자(天子)의 공경(公卿)을 봉한 것이다." 하였다. '상(向)'은 지명이니, 동도(東都;낙양)의 기내(畿內)에 있었으니, 지금의 맹주(孟州) 하양현(河陽縣)이 이 곳이다. '삼유사(三有事)'는 삼경(三卿)이다. '단(亶)'은 진실로요, '후(侯)'는 유(維;발어사)요, '장(藏)'은 저축이다. '은(憖)'은 마음은 하고자 하지 않으면서도 스스로 억지로 함을 이르는 말이다. 거마(車馬)를 소유한 자는 또한 부유(富裕)한 백성이다. '조(徂)'는 감이다.

○ 황보(皇父)가 스스로 성(聖)스럽다고 하나, 도읍(都邑)을 만듦에 있어서는 어진이를 구하지 않고 다만 부인(富人)을 취하여 경(卿)을 삼고, 또 스스로 한 사람의 원로(元老)를 억지로라도 남겨두어 천자를 호위하게 하지 않고, 다만 거마(車馬)를 소유한 자이면 모두 함께 데리고 갔으니, 위에 충성하지 않고 다만 이익을 탐하여 스스로 사사로이 할 줄만을 안 것이다.

••• 向 : 땅이름 상 亶 : 진실로 단 憖 : 아낄 은

⑦ 黽〔民允反〕勉從事, 不敢告勞. 無罪無辜, 讒口嚻嚻〔五刀反〕. 下民之
孼〔魚列反〕, 匪降自天〔叶鐵因反〕. 噂〔子損反〕沓〔徒合反〕背〔蒲昧反〕憎, 職競由人.

黽(민)勉從事하여　　　　내 힘써 일에 종사하여
不敢告勞호라　　　　　　감히 수고로움을 말하지 못하노라
無罪無辜어늘　　　　　　죄가 없고 허물이 없는데
讒口嚻(효)嚻로다　　　　참소하는 말이 시끄럽게 떠들도다
下民之孼(얼)은　　　　　아랫 백성들의 재앙은
匪降自天이라　　　　　　하늘로부터 내려오는 것이 아니라
噂沓(준답)背憎하니(이)　모여서는 거듭 말하다가 등 돌리면 미워함이
職競由人이니라　　　　　오로지 이것만을 힘쓰는 참소하는 사람 때문이
　　　　　　　　　　　　니라

賦也라 嚻는 衆多貌라 孼은 災害也라 噂은 聚也요 沓은 重複也라 職은 主요 競은
力也라
○ 言 黽勉從皇父之役하여 未嘗敢告勞也로되 猶且無罪而讒이라 然이나 下民之
孼은 非天之所爲也라 噂噂沓沓하여 多言以相說이라가 而背則相憎하니 專力爲此
者는 皆由讒口之人耳니라

　　부(賦)이다. '효(嚻)'는 많은 모양이다. '얼(孼)'은 재해(災害)이다. '준(噂)'은 모
임이요, '답(沓)'은 중복함이다. '직(職)'은 주장함이요, '경(競)'은 힘씀이다.
　　○ "내가 민면(黽勉)하여 황보의 일에 종사해서 일찍이 수고로움을 말하지 못
하였는데도, 오히려 죄가 없이 참소를 만났다. 그러나 하민(下民)의 재앙은 하늘
이 하는 바가 아니라, 준준(噂噂)하고 답답(沓沓)하여 말을 많이 해서 서로 좋아하
다가 등을 돌리면 서로 미워하니, 오로지 이것을 힘쓰는 자는 모두 참소하는 사람
때문이다."라고 말한 것이다.

⑧ 悠悠我里, 亦孔之痗〔莫背反 叶呼洧反〕. 四方有羨〔徐面反〕, 我獨居憂, 民
莫不逸, 我獨不敢休, 天命不徹〔叶直質反〕, 我不敢傚我友自逸.

悠悠我里여　　　　　　　근심스러운 내 마을이여

　••• 黽：힘쓸 민　孼：재앙 얼　噂：수군거릴 준　沓：거듭할 답　里：거할 리

亦孔之痌(매)로다　　　또한 심히 병들었도다

四方有羨(선)이어늘　　사방은 남음이 있거늘

我獨居憂하며　　　　나만이 홀로 근심에 있으며

民莫不逸이어늘　　　남들은 편안하지 않은 이가 없는데

我獨不敢休호라(호니)　나만이 홀로 쉬지 못하노라

天命不徹이니　　　　천명이 공평하지 못하니

我不敢傚(效)我友自逸하노라　내 우리 벗의 편안함을 본받지 못하노라

賦也라 悠悠는 憂也라 里는 居요 痌는 病이요 羨은 餘요 逸은 樂이요 徹은 均也라
○ 當是之時하여 天下病矣로되 而獨憂我里之甚病하며 且以爲四方皆有餘而我獨憂하고 衆人皆得逸豫而我獨勞者는 以皇父病之하여 而被禍尤甚故也라 然이나 此乃天命之不均이니 吾豈敢不安於所遇하여 而必傚我友之自逸哉리오

부(賦)이다. '유유(悠悠)'는 근심이다. '리(里)'는 거함이요, '매(痌)'는 병듦이요, '선(羨)'은 남음이요, '일(逸)'은 즐거움이요, '철(徹)'은 균평함이다.

○ 이 때를 당하여 천하가 병들었으나 홀로 내가 거처하는 마을이 더욱 심하게 병듦을 근심하며, 또 "사방은 모두 여유가 있으나 나만이 홀로 근심하고, 중인(衆人)들은 모두 편안함을 얻었으나 나만이 홀로 수고로운 것은 황보(皇父)가 해쳐서 화(禍)를 입음이 더욱 심하기 때문이다. 그러나 이는 바로 천명(天命)이 균평하지 못해서이니, 내 어찌 만난 바에 편안하지 못하여 내 벗의 스스로 편안히 함을 본받겠는가."라고 한 것이다.

十月之交八章이니 章八句라
　〈시월지교(十月之交)〉는 8장이니, 장마다 8구이다.

【毛序】 十月之交는 大夫刺幽王也라
　〈시월지교〉는 대부가 유왕(幽王)을 풍자한 시(詩)이다.

【鄭註】 當爲刺厲王이니 作詁訓傳時에 移其篇第하여 因改之耳라 節彼는 刺師尹不平하여 亂靡有定이요 此篇은 譏皇父擅恣하여 日月告凶이며 正月은 惡褒姒滅周요 此篇은 疾豔妻煽方處라 又幽王時에 司徒는 乃鄭桓公友니 非此篇所云番(번)也라 是以知然이로라

마땅히 여왕(厲王)을 풍자한 시(詩)가 되어야 하니, 모형(毛亨)이 《시고훈전(詩詁訓傳)》을 지을 때에 그 편의 차례를 옮기면서 인하여 고친 것이다. 〈절피남산(節彼南山)〉은 사윤(師尹)이 공평하지 못해서 난(亂)이 안정됨이 있지 못함을 풍자하였고, 이 편은 황보(皇父)가 제멋대로 방자해서 해와 달이 흉함을 고함을 비난하였으며, 〈정월(正月)〉은 포사(褒姒)가 주(周)나라를 멸망함을 미워하였고, 이 편은 요염한 아내가 선동하면서 막 궁중에 거처함을 미워하였다. 또 유왕 때의 사도(司徒)는 정(鄭)나라 환공(桓公)인 우(友)이니, 이 편에서 말한 바의 번(番)이 아니다. 이 때문에 이것을 아는 것이다.

10. 우무정(雨無正)

① 浩浩昊天, 不駿其德, 降喪〔息浪反〕饑饉〔其斳反〕, 斬伐四國〔叶于逼反〕, 旻〔密巾反〕天疾威, 弗慮弗圖. 舍〔音赦〕彼有罪, 旣伏其辜, 若此無罪, 淪胥以鋪〔普烏反〕.

浩浩昊天이	넓고 크신 호천(昊天)이
不駿其德하사	그 은덕을 크게 베풀지 않으사
降喪饑饉하여	기근을 내려 나라를 망하게 해서
斬伐四國하시나니	사방의 나라를 참벌(斬伐)하시니
旻天疾威라	민천(旻天)이 포학한지라
弗慮弗圖로다	사려하지 않고 도모하지 않도다
舍(捨)彼有罪는	저 죄(罪)가 있는 자들은
旣伏其辜어니와	이미 죗값을 받은 것이니 그만이지만
若此無罪는	이 죄 없는 자들은
淪胥以鋪아	어찌하여 사망에 빠져서 화가 두루 미치는고

賦也라 浩浩는 廣大貌요 昊는 亦廣大之意라 駿은 大요 德은 惠也라 穀不熟曰饑요 蔬不熟曰饉이라 疾威는 猶暴虐也라 慮、圖는 皆謀也라 舍는 置요 淪은 陷이요 胥는 相이요 鋪는 徧也라

··· 浩 : 클 호 饉 : 흉년들 근 旻 : 하늘 민 鋪 : 펼 포

○ 此時는 饑饉之後라 羣臣離散하니 其不去者 作詩以責去者라 故로 推本而言호
되 昊天不大其惠하여 降此饑饉하여 而殺伐四國之人하니 如何旻天이 曾不思慮圖
謀하여 而遽爲此乎아 彼有罪而饑死는 則是旣伏其辜矣니 舍之可也어니와 此無罪
者 亦相與而陷於死亡은 則如之何哉오하니라

부(賦)이다. '호호(浩浩)'는 광대(廣大)한 모양이요, '호(昊)' 또한 광대한 뜻이다.
'준(駿)'은 큼이요, '덕(德)'은 은혜이다. 곡식이 성숙하지 않는 것을 '기(饑)'라 하
고, 채소가 성숙하지 않는 것을 '근(饉)'이라 한다. '질위(疾威)'는 포학과 같다. '려
(慮)'와 '도(圖)'는 모두 꾀함이다. '사(舍)'는 버려둠이요, '륜(淪)'은 빠짐이요, '서
(胥)'는 서로요, '포(鋪)'는 두루이다.

○ 이 때는 기근(饑饉)이 든 뒤라 군신(羣臣)이 이산하니, 그 떠나가지 않은 자
가 시(詩)를 지어 떠나간 자를 책한 것이다. 그러므로 근본을 미루어 말하기를 "호
천이 그 은혜를 크게 베풀지 아니하여 이 기근을 내려서 사방 나라의 사람을 살벌
(殺伐)하니, 어찌하여 민천(旻天)은 일찍이 사려하고 도모하지 아니하고 대번에 이
런 짓을 하는가. 저 죄가 있어 굶어 죽은 자는 바로 이미 그 죄를 받은 것이니 버
려도 괜찮지만, 이 죄 없는 자들 또한 더불어 사망(死亡)에 빠짐은 어째서인가."
한 것이다.

② 周宗旣滅, 靡所止戾, 正大夫離居, 莫知我勩[夷世反], 三事大夫, 莫
肯夙夜[叶弋灼反], 邦君諸侯, 莫肯朝夕[叶祥龠反], 庶曰式臧, 覆[芳服反]出
爲惡.

周宗旣滅하여	주(周)나라 종족(宗族)이 이미 멸하여
靡所止戾하며	머물러 안정할 곳이 없으며
正大夫離居하여	정대부가 거처하는 곳을 떠나가
莫知我勩(예)하며	나의 수고로움을 알지 못하며
三事大夫	삼공(三公)과 대부(大夫)가
莫肯夙夜하며	밤낮으로 일하려 하지 않으며
邦君諸侯	방군과 제후(諸侯)들이
莫肯朝夕일새	조석으로 봉직(奉職)하려 하지 않기에
庶曰式臧이어늘	행여 왕(王)이 선(善)을 할까 바랐는데

··· 戾 : 이를 려 勩 : 수고로울 예 覆 : 도리어 복

覆出爲惡이로다　　도리어 나와서 악행(惡行)을 하는구나

賦也라 宗은 族姓也라 戾는 定也라 正은 長也라 周官八職[104]에 一曰正이니 謂六官
之長이니 皆上大夫也라 離居는 蓋以饑饉散去하여 而因以避讒譖之禍也라 我는
不去者自我也라 勤는 勞也라 三事는 三公也요 大夫는 六卿及中、下大夫也라 臧
은 善이요 覆은 反也라

○ 言 將有易姓之禍하여 其兆已見하고 而天變、人離가 又如此하니 庶幾曰王改
而爲善이어늘 乃覆出爲惡而不悛也라 或曰 疑此亦東遷後詩也라하니라

　　부(賦)이다. '종(宗)'은 족성(族姓)이다. '려(戾)'는 안정함이다. '정(正)'은 장(長)
이다. 《주관(周官)》의 팔직(八職)에 첫 번째가 정(正)이니, 육관(六官;육조(六曹))의 장
(長)을 이르니, 모두 상대부(上大夫)이다. '리거(離居)'는 기근(饑饉) 때문에 흩어져
떠나가서 인하여 참소의 화(禍)를 피한 것이다. '아(我)'는 떠나지 않은 자의 자신
이다. '예(勤)'는 수고로움이다. '삼사(三事)'는 삼공(三公)이요, '대부(大夫)'는 육경
(六卿)과 중대부(中大夫), 하대부(下大夫)이다. '장(臧)'은 선(善)이요, '복(覆)'은 도리
어이다.

　　○ 장차 역성(易姓)의 화(禍)가 있게 되어서 그 조짐이 이미 나타났고, 하늘의
변고와 사람의 이반(離叛)함이 또 이와 같으니, 행여 왕이 행실을 고쳐 선(善)을 하
길 바랐는데 도리어 나와서 악행을 하고 고치지 않는다고 말한 것이다. 혹자는
"이 또한 동천(東遷)한 뒤의 시(詩)인 듯하다." 하였다.

③ **如何昊天**[叶鐵因反 下同]**, 辟言不信**[叶斯人反]**, 如彼行邁, 則靡所臻. 凡
百君子, 各敬爾身. 胡不相畏, 不畏于天.**

如何昊天아　　　　　어찌하오리까 호천(昊天)이시여
辟言不信하니　　　　법도에 맞는 말을 믿지 않으니
如彼行邁(매)　　　　저 길을 감에
則靡所臻이로다　　　이를 곳이 없음과 같도다

･･････
104　周官八職 : 팔직(八職)은 정(正)·사(師)·사(司)·려(旅)·부(府)·사(史)·서(胥)·도(徒)의 여
덟 가지 높고 낮은 관직을 일컫는다.

･･･　悛 : 고칠 전　臻 : 이를 진

凡百君子는	모든 군자들은
各敬爾身이어다	각기 네 몸을 공경할지어다
胡不相畏리오	어찌 서로 두려워하지 않으리오
不畏于天가	하늘이 두렵지 않은가

賦也라 如何昊天은 呼天而訴之也라 辟은 法이요 臻은 至也라 凡百君子는 指羣臣也라

○ 言如何乎昊天也여 法度之言而不聽信하니 則如彼行往而無所底(지)至也라 然이나 凡百君子 豈可以王之爲惡而不敬其身哉아 不敬爾身은 不相畏也요 不相畏는 不畏天也니라

부(賦)이다. '여하호천(如何昊天)'은 하늘을 부르고 하소연한 것이다. '벽(辟)'은 법(法)이요, '진(臻)'은 이름이다. '범백군자(凡百君子)'는 군신(羣臣)을 가리킨 것이다.

○ "호천(昊天)이여! 어찌하오리까. 법도에 맞는 말을 듣고 믿지 아니하니, 저 길을 감에 이를 바가 없음과 같다. 그러나 모든 군자들은 어찌 왕이 악행을 한다 하여 자기 몸을 공경하지 않을 수 있겠는가. 네 자신을 공경하지 않음은 서로 두려워하지 않음이요, 서로 두려워하지 않음은 하늘을 두려워하지 않는 것이다."라고 말한 것이다.

詩經集傳 中

④ 戎成不退〔叶吐類反下同〕, 飢成不遂, 曾〔在登反〕我墊〔思列反〕御, 憯憯〔七感反〕日瘁〔徂醉反〕, 凡百君子, 莫肯用訊〔叶息悴反〕, 聽言則答, 譖言則退.

戎成不退하며	병란이 나도 악행이 물러가지 않으며
飢成不遂하여	기근이 들어도 선행이 나아가지 않아서
曾我墊(설)御	우리 설어(墊御)들이
憯憯日瘁(췌)어늘	근심하여 날로 병드는데
凡百君子	모든 군자들은
莫肯用訊이요	즐겨 아뢰려 하지 않고
聽言則答하며	말을 들으려 하면 대답만 하며
譖言則退하나다	참소하는 말이 이르면 물러가는구나

··· 遂 : 나아갈 수 墊 : 모실 설 憯 : 비통할 참 瘁 : 병들 췌 訊 : 간할 신

賦也라 戎은 兵이라 遂는 進也니 易日 不能退, 不能遂가 是也라 褻御는 近侍也라
國語日 居寢에 有褻御之箴이라하니 蓋如漢侍中之官也라 憯憯은 憂貌라 瘁는 病
이요 訊은 告也라

○ 言 兵寇已成호되 而王之爲惡不退하고 飢饉已成호되 而王之遷善不遂하여 使
我褻御之臣으로 憂之而憯憯日瘁也라 凡百君子莫肯以是告王者요 雖王有問而
欲聽其言이나 則亦答之而已요 不敢盡言也하며 一有譖言及己하면 則皆退而離居
하여 莫肯夙夜朝夕於王矣라 其意若日 王雖不善이나 而君臣之義에 豈可以若是
忦(괄)乎아하니라

　　부(賦)이다. '융(戎)'은 병란(兵亂)이다. '수(遂)'는 나아감이니, 《주역》〈대장괘
(大壯卦)〉상륙 상전(上六象傳)에 "능히 물러가지 못하고 능히 나아가지 못한다."는
것이 이것이다. '설어(褻御)'는 가까이 모시는 자이다. 《국어(國語)》〈초어(楚語)〉에
"침소(寢所)에 있을 때에는 가까이 모시는 자(설어(褻御))의 경계가 있다." 하였으
니, 설어는 한(漢)나라 때 시중(侍中)의 벼슬과 같은 것이다. '참참(憯憯)'은 근심하
는 모양이다. '췌(瘁)'는 병듦이요, '신(訊)'은 아룀이다.

　　○ "병구(兵寇:병란)가 이미 이루어졌는데도 왕의 악행이 물러가지 않고, 기근
이 이미 이루어졌는데도 왕의 선(善)으로 옮김이 이루어지지 아니하여, 우리 설어
(褻御)의 신하들로 하여금 이를 근심하여 날로 병들게 하였다. 모든 군자들은 기
꺼이 이것을 왕에게 아뢰려는 자가 없고, 비록 왕이 물어서 그의 말을 듣고자 하
더라도 또한 이에 건성으로 대답만 할 뿐이요 감히 말을 다하지 않으며, 한 번이
라도 참소하는 말이 자신에게 이르면 모두 물러가 떠나가서 기꺼이 숙야(夙夜)와
조석(朝夕)으로 왕에게 충성을 하려 하지 않는다."고 말한 것이니, 그 뜻은 "왕이
비록 선(善)하지 못하나 군신간의 의리에 어찌 이와 같이 무관심할 수 있느냐."고
말한 것과 같다.

⑤ 哀哉不能言, 匪舌是出〔尺遂反〕, 維躬是瘁. 哿矣能言, 巧言如流,
俾躬處休.

哀哉不能言이여	가엾도다! 말을 잘하지 못하는 이여
匪舌是出이라	혀로 말을 낼 뿐만 아니라
維躬是瘁로다	몸이 이에 병들도다

··· 忦 : 근심없을 괄(개)

哿(가)矣能言이여	좋겠구나! 말을 잘하는 이여
巧言如流하여	말을 물 흐르듯이 잘하여
俾躬處休로다	몸을 편안한 곳에 처하게 하는구나

賦也라 出은 出之也라 瘁는 病이요 哿는 可也라

○ 言之忠者는 當世之所謂不能言者也라 故로 非但出諸口라 而適以瘁其躬이요 佞人之言은 當世所謂能言者也라 故로 巧好其言하여 如水之流하여 無所凝滯하여 而使其身處於安樂之地라 蓋亂世昏主 惡(오)忠直而好諛佞(녕)이 類如此하니 詩人所以深歎之也니라

부(賦)이다. '출(出)'은 말을 냄이다. '췌(瘁)'는 병듦이요, '가(哿)'는 가(可)함이다.

○ 말을 충성스럽게 하는 자는 당세(當世)에 이른바 말을 잘하지 못하는 자이다. 그러므로 다만 입에서 말을 낼 뿐만 아니라 다만 몸을 병들게 하고, 간사한 사람의 말은 당세에 이른바 말을 잘하는 자이다. 그러므로 그 말을 교묘히 하여 마치 물 흐르듯이 해서 막히는 바가 없어 그 몸으로 하여금 안락(安樂)한 곳에 처하게 한다. 난세의 혼군(昏君)들은 충직함을 싫어하고 아첨을 좋아함이 대체로 이와 같으니, 시인(詩人)이 이 때문에 깊이 탄식한 것이다.

⑥ 維日于仕〔鉏里反〕, 孔棘且殆〔叶養里反〕. 云不可使, 得罪于天子〔叶獎里反〕, 亦云可使, 怨及朋友〔叶羽己反〕.

維日于仕나	사람들은 가서 벼슬할 것이라 하나
孔棘且殆로다	벼슬길이 심히 급박하고 위태롭도다
云不可使는	부릴 수 없다고 일러지는 자는
得罪于天子요	천자에게 죄를 얻고
亦云可使는	부릴 수 있다고 일러지는 자는
怨及朋友로다	원망이 붕우에 이르도다

賦也라 于는 往이요 棘은 急이요 殆는 危也라

○ 蘇氏曰 人皆曰 往仕耳로되 曾不知仕之急且危也라 當是之時하여 直道者는 王之所謂不可使요 而枉道者는 王之所謂可使也라 直道者는 得罪于君하고 而枉道

••• 哿 : 괜찮을 가 適 : 다만 적 佞 : 말잘할 녕 凝 : 엉길 응 滯 : 막힐 체 諛 : 아첨할 유 棘 : 급할 극

者는 見怨于友하니 此仕之所以難也니라

부(賦)이다. '우(于)'는 감이요, '극(棘)'은 급함이요, '태(殆)'는 위태로움이다.

○ 소씨(蘇氏)가 말하였다. "사람들이 모두 가서 벼슬할 것이라고 말하나, 일찍이 벼슬길이 급하고 또 위태로움을 알지 못한다. 이 때를 당하여 도(道)를 곧게 하는 자는 왕의 이른바 '부릴 수 없다.'는 것이요, 도를 굽히는 자는 왕의 이른바 '부릴 수 있다.'는 것이다. 도를 곧게 하는 자는 군주에게 죄를 얻고, 도를 굽히는 자는 벗에게 원망을 받게 되니, 이는 벼슬하기가 어려운 이유이다."

⑦ 謂爾遷于王都, 曰予未有室家〔叶古胡反〕, 鼠思〔息嗣反〕泣血〔叶虛屈反〕, 無言不疾, 昔爾出居, 誰從作爾室.

謂爾遷于王都라하면(라홈을)	떠나간 너에게 왕도로 옮겨오라고 하면
曰予未有室家라하여	내 아직 집을 장만하지 못했다 하여
鼠(癙)思泣血하여	속으로 근심하고 피눈물을 흘려
無言不疾하나니	말을 애통히 하지 않음이 없으니
昔爾出居엔	옛날 네가 나가서 거처할 때에는
誰從作爾室고	누가 네 집을 지어 주었던고

賦也라 爾는 謂離居者라 鼠思는 猶言癙憂也라

○ 當是時하여 言之難能而仕之多患이 如此라 故로 羣臣有去者하고 有居者하니 居者不忍王之無臣, 己之無徒하여 則告去者하여 使復還於王都어든 去者不聽하고 而托於無家以拒之하여 至於憂思泣血하여 有無言而不痛疾者하니 蓋其懼禍之深이 至於如此라 然이나 所謂無家者는 則非其情也라 故로 詰之曰 昔爾之去也에 誰爲爾作室者완대 而今以是辭我哉오하니라

부(賦)이다. '이(爾)'는 거처를 떠나간 자를 이른다. '서사(鼠思)'는 서우(癙憂;근심)라는 말과 같다.

○ 이 때를 당하여 말을 잘하기 어렵고 벼슬길에 화(禍)가 많음이 이와 같았다. 그러므로 군신(羣臣) 중에 떠나간 자도 있었고 머물러 있는 자도 있었으니, 머물러 있는 자가 왕(王)에게 신하가 없고 자신에게 무리가 없음을 차마 보지 못하여 떠나간 자에게 말해서 다시 이 왕도(王都)로 돌아오라고 하면, 떠나간 자들은 이

••• 癙 : 속끓일 서

말을 듣지 않고 집이 없다고 칭탁하며 거절하였다. 그리하여 속으로 근심하고 피눈물을 흘려 말을 함에 질통(疾痛)하지 않음이 없음에 이르니, 그 화(禍)를 두려워하기를 깊이 함이 이와 같음에 이른 것이다. 그러나 이른바 집이 없다는 것은 그 실정이 아니다. 그러므로 힐문(詰問)하기를 "옛날 네가 떠날 때에 누가 너를 위해서 집을 지어준 자가 있었기에 지금 이것으로 나의 말을 사절하는가." 한 것이다.

雨無正七章이니 二章은 章十句요 二章은 章八句요 三章은 章六句라

〈우무정(雨無正)〉은 7장이니, 두 장은 10구이고 두 장은 8구이고 세 장은 6구이다.

歐陽公曰 古之人은 於詩에 多不命題하여 而篇名往往無義例하며 其或有命名者는 則必述詩之意하니 如巷伯、常武之類是也라 今雨無正之名은 據序所言하면 與詩絶異하니 當闕其所疑니라 元城劉氏曰 嘗讀韓詩하니 有雨無極篇이라 序云 雨無極은 正大夫刺幽王也라하고 至其詩之文하여는 則比毛詩하여 篇首에 多雨無其極 傷我稼穡八字하니라 愚按劉說似有理라 然이나 第一二章이 本皆十句어늘 今遽增之면 則長短不齊하니 非詩之例요 又此詩는 實正大夫離居之後에 暬御之臣所作이어늘 其曰正大夫刺幽王者도 亦非是라 且其爲幽王詩도 亦未有所考也니라

구양공(歐陽公)이 말씀하였다. "옛 사람들은 시(詩)에 대부분 명제(命題;제목)를 붙이지 아니하여 편명(篇名)이 왕왕(往往) 의의와 준례가 없으며, 혹 명명(命名)한 것이 있는 것은 반드시 시(詩)의 뜻을 기술하였으니, 〈항백(巷伯)〉과 〈상무(常武)〉와 같은 따위가 이것이다. 그런데 지금 〈우무정(雨無正)〉이란 이름은 〈모서(毛序)〉에 말한 바를 근거해 보면 시의 내용과 절대로 다르니, 마땅히 의심스러운 바를 빼놓아야 할 것이다."

원성 유씨(元城劉氏)가 말하였다. "일찍이 《한시(韓詩)》를 읽어보니, 〈우무극(雨無極)〉편이 있었다. 그 〈서(序)〉에 이르기를 '〈우무극〉은 정대부(正大夫)가 유왕(幽王)을 풍자한 것이다.' 하였고, 그 시의 경문(經文)에 이르러는 《모시(毛詩)》에 비하여 편(篇) 머리에 '우무기극 상아가색(雨無其極 傷我稼穡;비가 끝도 없이 내려 우리의 가색을 상하게 한다)'의 여덟 자(字)가 더 많았다."

내가 상고해 보건대, 유씨(劉氏)의 말이 일리가 있을 듯하다. 그러나 제1장(第一章)과 제2장(第二章)이 본래 모두 10구(句)인데, 이제 갑자기 두 구를 더한다면 장단(長短)이 고르지 아니하니, 시(詩)의 준례가 아니요, 또 이 시는 본래 정대부가

떠나간 뒤에 설어(槷御)의 신하가 지은 것인데, 정대부가 유왕(幽王)을 풍자한 것이라고 한 것도 또한 옳지 않다. 그리고 유왕의 시가 된다는 것도 또한 분명한 근거가 있지 못하다.

【毛序】 雨無正은 大夫刺幽王也라 雨는 自上下者也니 衆多如雨나 而非所以爲政也니라

　〈우무정(雨無正)〉은 대부가 유왕(幽王)을 풍자한 시이다. 비는 위에서 내려오는 것이니, 정령(政令)이 비처럼 많이 내려졌으나 올바른 정사가 아니었다.

【鄭註】 亦當爲刺厲王이니 王之所下敎令이 甚多로되 而無正也라

　또한 마땅히 여왕(厲王)을 풍자함이 되어야 하니, 왕이 내린 바 교령(敎令)이 매우 많으나 올바른 것이 없었다.

【辨說】 此序는 尤無義理하니 歐陽公、劉氏說이 已見本篇하니라

　이 〈서〉는 더욱 의리가 없으니, 구양공(歐陽公)과 유씨(劉氏)의 설이 이미 본편에 보인다.

祈父之什은 十篇이니 六十四章이요 四百二十六句라

　〈기보지십〉은 10편이니 64장이고 426구이다.

〈소민지십(小旻之什)〉 2-5[二之五]

1. 소민(小旻)

① 旻天疾威, 敷于下土, 謀猶回遹〔音聿〕, 何日斯沮〔在呂反〕. 謀臧不從, 不臧覆用〔叶于封反〕, 我視謀猶, 亦孔之邛〔其凶反〕.

旻天疾威	민천(旻天)의 사나운 위엄이
敷于下土하여	하토(下土)에 퍼져서
謀猶回遹(율)하니	도모함이 올바르지 못하니
何日斯沮오	어느 날에나 이것이 그칠까
謀臧은(으란)不從하고	계책 중에 좋은 것은 따르지 않고
不臧을(을사)覆用하나니	좋지 못한 것을 도리어 쓰니
我視謀猶(猷)한대	내가 계책을 보건대
亦孔之邛이로다	또한 심히 해롭도다

賦也라 旻은 幽遠之意라 敷는 布요 猶는 謀요 回는 邪요 遹은 辟이요 沮는 止요 臧은 善이요 覆은 反이요 邛은 病也라
○ 大夫以王惑於邪謀하여 不能斷以從善하여 而作此詩라 言旻天之疾威가 布于 下土하여 使王之謀猶邪辟하여 無日而止라 謀之善者는 則不從하고 而其不善者를 反用之라 故로 我視其謀猶컨대 亦甚病也라

부(賦)이다. '민(旻)'은 그윽하고 먼 뜻이다. '부(敷)'는 폄이요, '유(猶)'는 도모함 이요, '회(回)'는 간사함이요, '율(遹)'은 편벽됨이요, '저(沮)'는 그침이요, '장(臧)' 은 선함이요, '복(覆)'은 도리어요, '공(邛)'은 해로움이다.

○ 대부(大夫)가 왕(王)이 간사한 계책에 미혹되어 결단하여 선(善)을 따르지 못 하므로 이 시(詩)를 지은 것이다. 민천의 사나운 위엄이 하토(下土)에 퍼져서 왕의 계책을 사벽(邪僻)하게 하여 어느 날이고 그칠 날이 없게 하였으니, 계책 중에 좋 은 것은 따르지 않고 좋지 못한 것을 도리어 쓴 것이다. 그러므로 내가 계책을 보 건대 또한 심히 해롭다고 한 것이다.

••• 疾 : 사나울 질 猶 : 꾀할 유 遹 : 간사할 율 臧 : 좋을 장 邛 : 병들 공

② 潝潝[許急反]訿訿[音紫], 亦孔之哀[叶於希反]. 謀之其臧, 則具是違. 謀之不臧, 則具是依, 我視謀猶, 伊于胡底[之履反 叶都黎反].

潝(흡)潝訿(자)訿하나니 　　서로 화합하다가 서로 비방하나니
亦孔之哀로다 　　또한 심히 애처롭도다
謀之其臧은(으란) 　　계책 중에 좋은 것은
則具是違하고 　　모두 어기고
謀之不臧을(을사) 　　계책 중에 좋지 못한 것을
則具是依하나니 　　모두 따르니
我視謀猶한대 　　내가 계책을 보건대
伊于胡底오 　　어디에 이르러 안정될꼬

賦也라 潝潝은 相和也요 訿訿는 相訿也라 具는 俱요 底는 至也라
○ 言小人同而不和하니 其慮深矣라 然이나 於謀之善者엔 則違之하고 其不善者엔 則從之하니 亦何能有所定乎리오

　　부(賦)이다. '흡흡(潝潝)'은 서로 화합함이요, '자자(訿訿)'는 서로 비방함이다. '구(具)'는 모두요, '저(底)'는 이름이다.

　　○ 소인은 부화뇌동(附和雷同)하고 화(和)하지 못하니, 그 우려(憂慮)함이 깊다. 그러나 계책 중에 좋은 것은 어기고 좋지 못한 것을 따르니, 또한 어찌 안정되는 바가 있겠는가.

③ 我龜旣厭, 不我告猶[叶于救反], 謀夫孔多, 是用不集[韓詩作就 叶疾救反]. 發言盈庭, 誰敢執其咎[叶巨又反]. 如匪行邁謀, 是用不得于道[叶徒候反].

我龜旣厭이라 　　내 거북 껍질이 이미 염증을 낸지라
不我告猶(猷)하며 　　나에게 계책을 말해주지 않으며
謀夫孔多라 　　모사(謀士)가 매우 많은지라
是用不集이로다 　　이 때문에 이루지 못하도다

··· 潝 : 화할 흡 訿 : 헐뜯을 자 底 : 이를 지 訿 : 비방할 저 集 : 이룰 집

發言盈庭하니　　　　　　발언하는 자가 뜰에 가득하니
誰敢執其咎오　　　　　　누가 감히 그 허물을 책임질꼬
如匪行邁謀라　　　　　　길을 가지 않고 도모함과 같은지라
是用不得于道로다　　　　이 때문에 길에 도달하지 못하도다

賦也라 集은 成也라

○ 卜筮數(삭)이면 則瀆而龜厭之라 故로 不復告其所圖之吉凶하고 謀夫衆이면 則是非相奪하여 而莫適所從이라 故로 所謀終亦不成이라 蓋發言盈庭하여 各是其是하여 無肯任其責而決之者하니 猶不行不邁而坐謀所適이니 謀之雖審이나 而亦何得於道路哉리오

부(賦)이다. '집(集)'은 이룸이다.

○ 복서(卜筮)를 자주하면 번독(煩瀆)하여 거북이 싫어한다. 그러므로 다시는 도모하는 바의 길흉을 말해주지 않고, 모사(謀士)가 많으면 시비(是非)가 서로 빼앗겨(엇갈려) 따를 바를 주장하지 못한다. 그러므로 꾀하는 바를 끝내 이루지 못하는 것이다. 발언(發言)하는 자들이 뜰에 가득하여 각기 자기가 옳다고 주장하여 그 책임을 맡아 결단하려는 자가 없다. 이는 길을 가지 않고 앉아서 갈 바를 꾀함과 같으니, 꾀하기를 비록 자세히 꾀하나 또한 어찌 도로에 도달할 수 있겠는가.

④ 哀哉爲猶, 匪先民是程, 匪大猶是經, 維邇言是聽〔叶平聲〕, 維邇言是爭〔叶側陘反〕, 如彼築室于道謀, 是用不潰于成.

哀哉爲猶여　　　　　　　가엾다 계책을 내는 자들이여
匪先民是程이며　　　　　선민을 법으로 삼지 않으며
匪大猶是經이요　　　　　대도를 떳떳히 따르지 않고
維邇言是聽하며　　　　　오직 천근한 말을 이에 들으며
維邇言是爭하나니　　　　천근한 말을 이에 다투니
如彼築室于道謀라　　　　집을 지으면서 길 가는 사람과 도모함과 같은지라
是用不潰于成이로다　　　이 때문에 완성함을 이루지 못하도다

賦也라 先民은 古之聖賢也라 程은 法이요 猶는 道요 經은 常이요 潰는 遂也라

○ 言 哀哉今之爲謀여 不以先民爲法하며 不以大道爲常하고 其所聽而爭者가 皆淺末之言이어늘 以是相持하니 如將築室而與行道之人謀之하여 人人得爲異論하니 其能有成也哉리오 古語日 作舍道邊이면 三年不成이라하니 蓋出於此니라

부(賦)이다. '선민(先民)'은 옛 성현(聖賢)이다. '정(程)'은 법(法)이요, '유(猶)'는 도(道)요, '경(經)'은 떳떳함이요, '궤(潰)'는 이룸이다.

○ 가엾다! 지금의 도모하는 자들이여. 선민(先民)을 법(法)으로 삼지 않으며 대도(大道)를 떳떳함으로 삼지 않고, 듣고 다투는 것이 모두 천근하고 지엽적인 말인데 이것을 가지고 서로 버티니, 장차 집을 지으려 하면서 길가는 사람과 도모하여 사람마다 각기 이론(異論)을 하는 것과 같으니, 어찌 능히 완성함이 있겠는가. 옛 말에 이르기를 "길가에 집을 지으면 3년이 되어도 이루지 못한다." 하였으니, 아마도 여기에서 나온 듯하다.

⑤ 國雖靡止, 或聖或否〔方九反 叶補美反〕, 民雖靡膴〔火吳反〕, 或哲或謀〔叶莫徒反〕, 或肅或艾〔音乂〕, 如彼泉流, 無淪胥以敗〔叶蒲寐反〕.

國雖靡止나	국론(國論)이 비록 정해지지 않았으나
或聖或否며	혹 성스럽기도 하고 혹 그렇지 못하기도 하며
民雖靡膴(무)나	인민이 비록 많지 않으나
或哲或謀며	혹 명철하기도 하고 혹 지모가 있기도 하며
或肅或艾(乂)니	혹 엄숙하기도 하고 혹 다스려진 이도 있으니
如彼泉流하여	저 흐르는 물과 같아서
無淪胥以敗아	빠져서 서로 패하지 않겠는가

賦也라 止는 定也라 聖은 通明也라 膴는 大也、多也라 艾는 與乂同하니 治也라 淪은 陷이요 胥는 相也라

○ 言國論雖不定이나 然有聖者焉하고 有否者焉하며 民雖不多나 然有哲者焉하고 有謀者焉하고 有肅者焉하고 有艾者焉이라 但王不用善하니 則雖有善者나 不能自存이니 將如泉流之不反하여 而淪胥以至於敗矣라 聖、哲、謀、肅、艾는 卽洪範

··· 膴 : 두터울 무　艾 : 다스릴 예　淪 : 빠질 륜　胥 : 서로 서

五事[105]之德이니 豈作此詩者 亦傳箕子之學也與아

부(賦)이다. '지(止)'는 정(定)함이다. '성(聖)'은 통명(通明)함이다. '무(膴)'는 큼이요, 많음이다. '예(艾)'는 예(乂)와 같으니, 다스림(조리)이다. '륜(淪)'은 빠짐이요, '서(胥)'는 서로이다.

○ "국론(國論)이 비록 정해지지 않았더라도 성스러운 자도 있고 그렇지 못한 자도 있으며, 백성이 비록 많지 않더라도 명철한 자도 있고 지모가 있는 자도 있으며, 엄숙한 자도 있고 잘 다스려진 자도 있다. 다만 왕이 선(善)한 말을 쓰지 아니하니, 비록 선한 자가 있더라도 스스로 보존하지 못할 것이니, 장차 흘러가는 물이 돌아오지 못함과 같아 빠져서 서로 패함에 이르고 만다."고 말한 것이다. 성(聖)·철(哲)·모(謀)·숙(肅)·예(艾)는 바로 〈홍범(洪範)〉의 오사(五事)의 덕(德)이니, 아마도 이 시(詩)를 지은 자 또한 기자(箕子)의 학문을 전수하였나보다.

⑥ 不敢暴虎, 不敢馮〔皮冰反〕河, 人知其一, 莫知其他〔湯何反〕. 戰戰兢兢, 如臨深淵〔따一均反〕, 如履薄冰.

不敢暴(포)虎와	감히 범을 맨손으로 잡지 못함과
不敢馮(빙)河를	감히 황하를 맨몸으로 건너지 못함을
人知其一이요	사람들은 그 한 가지만 알고
莫知其他로다	그 다른 것은 알지 못하도다
戰戰兢兢하여	전전(戰戰)하고 긍긍(兢兢)하여
如臨深淵하며	깊은 못에 임한듯이 하며
如履薄冰호라	살얼음을 밟는듯이 하노라

······
105 洪範五事 : 홍범(洪範)은 《서경(書經)》의 편명으로 기자(箕子)가 주(周)나라 무왕(武王)에게 정치(政治)의 대도(大道)인 구주(九疇)를 말해준 것인데, 여기 두 번째의 경용오사(敬用五事)에 "두 번째 오사(五事)는 첫 번째가 용모이고 두 번째가 말이고 세 번째가 봄이고 네 번째가 들음이고 다섯 번째가 생각이다. 용모는 공손해야 하고 말은 순종해야 하고 봄은 밝아야 하고 들음은 귀 밝아야 하고 생각은 사리에 통해야 한다. 공손함은 엄숙함이 되고 순종함은 다스림(조리)이 되고 눈 밝음은 지혜로움이 되고 귀 밝음은 지모(헤아림)가 되고 사리에 통함은 성(聖)스러움이 된다.〔二五事, 一曰貌, 二曰言, 三曰視, 四曰聽, 五曰思; 貌曰恭, 言曰從, 視曰明, 聽曰聰, 思曰睿; 恭作肅, 從作乂, 明作哲, 聰作謀, 睿作聖.〕"라고 보인다.

··· 暴 : 맨손으로칠 포 馮 : 의지할 빙 兢 : 조심할 긍 履 : 밟을 리

賦也라 徒搏曰暴이요 徒涉曰馮이니 如馮几然也라 戰戰은 恐也요 兢兢은 戒也라 如
臨深淵은 恐墜也요 如履薄冰은 恐陷也라

○ 衆人之慮는 不能及遠하여 暴虎馮河之患[106]이 近而易見이면 則知避之로되 喪國
亡家之禍가 隱於無形이면 則不知以爲憂也라 故로 曰 戰戰兢兢하여 如臨深淵하며
如履薄冰이라하니 懼及其禍之詞也니라

부(賦)이다. 맨손으로 잡는 것을 '포(暴)'라 하고, 맨몸으로 건너는 것을 '빙(馮)'
이라 하니, 궤(几)에 의지[馮]함과 같은 것이다. '전전(戰戰)'은 두려워함이요, '긍
긍(兢兢)'은 경계함이다. 깊은 못에 임한 듯이 한다는 것은 떨어질까 두려워함이
요, 살얼음을 밟는 듯이 한다는 것은 빠질까 두려워함이다.

○ 중인(衆人)의 생각은 먼 데까지 미치지 못하여 포호 빙하(暴虎馮河)의 화(禍)
는 가까워 보기 쉬우면 이것을 피할 줄 알지만, 나라가 망하고 집안이 망하는 화
(禍)는 무형(無形)에 숨어 있으면 이것을 근심할 줄을 모른다. 그러므로 말하기를
"전전(戰戰)하고 긍긍(兢兢)하여 깊은 못에 임한 듯이 하며 살얼음을 밟는 듯이 한
다."고 하였으니, 화(禍)에 미칠까 두려워한 말이다.

小旻六章이니 三章은 章八句요 三章은 章七句라

〈소민(小旻)〉은 6장이니, 세 장은 장마다 8구이고 세 장은 장마다 7구이다.

蘇氏曰 小旻、小宛、小弁、小明四詩를 皆以小名篇하니 所以別其爲小雅也라
其在小雅者를 謂之小라 故로 其在大雅者를 謂之召旻、大明이요 獨宛、弁闕焉
하니 意者컨대 孔子刪之矣라 雖去其大나 而其小者를 猶謂之小는 蓋即用其舊也니라

소씨(蘇氏:소철(蘇轍))가 말하였다. "〈소민(小旻)〉·〈소완(小宛)〉·〈소반(小弁)〉·
〈소명(小明)〉의 네 시(詩)를 모두 소(小)라고 편(篇)을 이름하였으니, 이는 〈소아(小
雅)〉의 시(詩)가 됨을 구별하기 위해서이다. 〈소아(小雅)〉에 있는 것을 소(小)라고
일렀기 때문에 〈대아(大雅)〉에 있는 것을 〈소민(召旻)〉·〈대명(大明)〉이라고 일렀
고, 유독 〈대완(大宛)〉과 〈대반(大弁)〉은 빠졌으니, 생각건대 공자(孔子)께서 이것
을 산삭(刪削)하신 듯하다. 비록 〈대아〉의 것을 빼셨으나 〈소아〉의 것을 아직도 소
(小)라고 이른 것은 옛 것을 그대로 쓰신 듯하다."

••••••
106 暴虎馮河之患 : 포호빙하(暴虎馮河)는 맨손으로 범을 때려잡으려 하고 맨몸으로 황하를 건너
려 하는 무모(無謀)한 행위로, 이로 인해 발생하는 화환(禍患)을 이른다.

··· 几 : 안석 궤

【毛序】 小旻은 大夫刺幽王也라

　〈소민〉은 대부(大夫)가 유왕(幽王)을 풍자한 시(詩)이다.

【鄭註】 所刺가 列於十月之交、雨無正爲小라 故曰小旻이니 亦當爲刺厲王이니라

　풍자한 바가 〈시월지교(十月之交)〉와 〈우무정(雨無正)〉에 나열되어 〈소아(小雅)〉가 되므로 〈소민(小旻)〉이라 하였으니, 또한 마땅히 여왕(厲王)을 풍자한 시가 되어야 한다.

2. 소완(小宛)

① 宛〔於阮反〕彼鳴鳩, 翰〔胡旦反〕飛戾天〔叶鐵因反〕. 我心憂傷, 念昔先人. 明發不寐, 有懷二人.

宛彼鳴鳩여	작은 저 명구(鳴鳩)여
翰飛戾天이로다	날개로 날아 하늘에 이르도다
我心憂傷이라	내 마음에 근심하고 서글퍼하여
念昔先人호라	옛 선인(先人)을 생각하노라
明發不寐하여	날이 새도록 잠을 이루지 못하여
有懷二人호라	부모 두 분을 생각하노라

興也라 宛은 小貌요 鳴鳩는 斑鳩也라 翰은 羽요 戾는 至也라 明發은 謂將旦而光明開發也라 二人은 父母也라

○ 此는 大夫遭時之亂하여 而兄弟相戒以免禍之詩라 故로 言 彼宛然之小鳥도 亦翰飛而至于天矣니 則我心之憂傷이 豈能不念昔之先人哉아 是以로 明發不寐하여 而有懷乎父母也라 言此以爲相戒之端하니라

　홍(興)이다. '완(宛)'은 작은 모양이요, '명구(鳴鳩:산비둘기)'는 반구(斑鳩)이다. '한(翰)'은 깃이요, '려(戾)'는 이름이다. '명발(明發)'은 장차 아침이 되려 하여 밝음이 열림을 이른다. '이인(二人)'은 부·모이다.

　　○ 이는 대부(大夫)가 세상의 난을 만나서 형제가 서로 화(禍)를 면할 것을 경계한 시(詩)이다. 그러므로 "저 완연(宛然)히 작은 새도 날개로 날아서 하늘에 이르

⋯ 宛 : 작을 완 鳩 : 비둘기구 翰 : 날 한 戾 : 이를 려

니, 내 마음의 우상(憂傷)함이 어찌 옛 선인(先人)을 생각하지 않겠는가. 이 때문에 날이 새도록 잠을 자지 못하여 부·모를 생각한다.”고 말한 것이다. 이것을 말하여 서로 경계하는 단서로 삼은 것이다.

② 人之齊聖, 飮酒溫克, 彼昏不知, 壹醉日富〔叶筆力反〕. 各敬爾儀, 天命不又〔叶夷益反〕.

人之齊聖은 　　　　　엄숙하고 성스러운 사람은
飮酒溫克이어늘 　　　술을 마시되 온순함으로 이겨내는데
彼昏不知는 　　　　　저 혼우(昏愚)하여 알지 못하는 자들은
壹醉日富로다 　　　　취함에 한결같아 날로 심해지도다
各敬爾儀어다 　　　　각기 네 위의(威儀)를 공경할지어다
天命不又니라 　　　　천명은 또 다시 오지 않느니라

賦也라 齊는 肅也요 聖은 通明也라 克은 勝也라 富는 猶甚也라 又는 復也라
○ 言 齊聖之人은 雖醉나 猶溫恭自持以勝이니 所謂不爲酒困也[107]라 彼昏然而不知者는 則一於醉而日甚矣라 於是에 言各敬謹爾之威儀어다 天命已去하면 將不復來리니 不可以不恐懼也라 時에 王以酒敗德하여 臣下化之라 故로 此兄弟相戒에 首以爲說하니라.

부(賦)이다. ‘제(齊)’는 엄숙함이요, ‘성(聖)’은 통명(通明)함이다. ‘극(克)’은 이겨냄이다. ‘부(富)’는 심(甚)과 같다. ‘우(又)’는 다시이다.

○ 엄숙하고 성스러운 사람은 비록 취하더라도 오히려 온공(溫恭)함으로 몸을 지켜서 〈술을〉 이겨내니, 이른바 술에게 곤궁함을 당하지 않는다는 것이다. 저 어두워서 알지 못하는 자들은 취함에 한결같아 날로 심해진다. 이에 “각기 너의 위의(威儀)를 공경하고 삼갈지어다. 천명(天命)이 이미 떠나면 장차 또다시 오지 않으리니, 두려워하지 않을 수 없다.”고 말한 것이다. 당시에 왕(王)이 술로써 덕(德)을 무너뜨려 신하들이 이에 화(化)하였다. 그러므로 이 형제가 서로 경계할 적에 맨 먼저 이것을 경계한 것이다.

••••••
107 所謂不爲酒困也 : 이 내용은 《논어》 〈자한(子罕)〉에 보이는 공자의 말씀이다.

③ 中原有菽[音叔], 庶民采[叶此禮反]之. 螟[亡丁反]蛉[音零]有子, 蜾[音果]
蠃[力果反]負[叶蒲美反]之. 教誨爾子, 式穀似[叶養里反]之.

中原有菽이어늘	언덕 가운데 콩이 있는데
庶民采之로다	서민들이 거두도다
螟蛉有子어늘	명령(螟蛉)이 새끼를 두었는데
蜾蠃負之로다	과라(蜾蠃)가 업어가도다
教誨爾子하여	네 아들을 잘 가르쳐서
式穀似之하라	선(善)을 써서 너와 똑같게 하라

興也라 中原은 原中也라 菽은 大豆也라 螟蛉은 桑上小靑蟲也니 似步屈이라 蜾蠃는 土蜂也니 似蜂而小腰하니 取桑蟲하여 負之於木空中하면 七日而化爲其子[108]라 式은 用이요 穀은 善也라

○ 中原有菽則庶民采之矣로 以興善道人皆可行也요 螟蛉有子則蜾蠃負之로 以興不似者可教而似也라 教誨爾子면 則用善而似之可也라 善也、似也는 終上文兩句所興而言이니 戒之以不惟獨善其身이요 又當教其子하여 使爲善也라

흥(興)이다. '중원(中原)'은 언덕 가운데이다. '숙(菽)'은 대두(大豆)이다. '명령(螟蛉)'은 뽕나무 위에 있는 작은 푸른 벌레이니, 보굴(步屈)과 비슷하다. '과라(蜾蠃: 나나니벌)'는 땅벌이니, 벌과 비슷하고 허리가 작으니, 뽕나무 벌레를 잡아(취하여) 나무 구멍 속에 업어다 두면 7일 만에 변화하여 그 새끼가 된다. '식(式)'은 씀이요, '곡(穀)'은 선(善)함이다.

○ 언덕 가운데 콩이 있으면 서민들이 이것을 거둠으로써 선도(善道)를 사람들이 모두 행할 수 있음을 흥(興)하였고, 명령(螟蛉)이 새끼를 두면 과라(蜾蠃)가 업어감으로써 자기와 같지 못한 자[不肖者]를 가르쳐서 똑같게 만들 수 있음을 흥(興)하였다. 너의 아들을 잘 가르치면 선(善)을 써서 너와 똑같게 함이 가(可)하다

• • • • • •
108 蜾蠃……七日而化爲其子 : 과라(蜾蠃)는 나나니벌로, 옛날 사람들은 나나니벌이 뽕나무 위에 사는 푸른 벌레를 업어다가 구멍 속에 넣어 두고 나를 닮으라 나를 닮으라 하면 7일 만에 뽕나무 벌레가 나나니벌로 바뀌는 것으로 생각하였다. 그리하여 남의 아들(양자)을 데려다가 키우는 것을 '명령'이라 하였다. 그러나 이것은 나나니벌이 뽕나무 벌레를 마취시키고 알을 까 놓으면 뽕나무 벌레를 다 파먹고 나오는 것이라 한다.

••• 菽 : 콩 숙 螟 : 뽕나무벌레 명 蛉 : 뽕나무벌레 령 蜾 : 나나니벌 과 蠃 : 나나니벌 라 式 : 쓸 식 穀 : 좋을 곡

고 한 것이다. 선(善)과 사(似)는 상문(上文) 두 구(句)에서 흥(興)한 바를 종결하여 말한 것이니, 오직(홀로) 자기 몸을 선(善)하게 할 뿐만 아니라, 또 마땅히 그 아들을 가르쳐서 그로 하여금 선을 하도록 하여야 함을 경계한 것이다.

④ 題〔大計反〕彼脊令〔音零〕, 載飛載鳴. 我日斯邁, 而月斯征. 夙興夜寐, 無忝爾所生〔叶桑經反〕.

題彼脊令한대	저 할미새를 보니
載飛載鳴이로다	곧 날며 곧 울도다
我日斯邁어든	내 날로 매진하거든
而月斯征이라	너도 달로 나아가라
夙興夜寐하여	일찍 일어나고 밤늦게 자서
無忝(첨)爾所生이어다	낳아주신 부모를 욕되게 하지 말지어다

興也라 題는 視也라 脊令은 飛則鳴하고 行則搖라 載는 則이요 而는 汝요 忝은 辱也라 ○ 視彼脊令이면 則且飛而且鳴矣라 我旣日斯邁어든 則汝亦月斯征矣니 言當各務努力이요 不可暇逸取禍니 恐不及相救恤也라 夙興夜寐하여 各求無辱於父母而已니라

흥(興)이다. '제(題)'는 봄이다. '척령(脊令;할미새)'은 날면 울고 걸어가면 몸을 흔든다. '재(載)'는 즉(則;곧)이요, '이(而)'는 너요, '첨(忝)'은 욕됨이다.

○ 저 척령을 보면 한편으로 날고 한편으로 울기도 한다. 내 이미 날로 매진하거든 너 또한 달로 나아가야 할 것이다. 마땅히 각기 힘써 노력할 것이요, 한가하고 안일하게 하여 화(禍)를 취해서는 안 되니, 이렇게 되면(안일하여 화를 취하면) 미처 서로 구휼하지 못함에 이를까 염려스럽다. 일찍 일어나고 밤늦게 자서 각기 부·모를 욕되게 함이 없기를 구해야 할 뿐임을 말한 것이다.

⑤ 交交桑扈〔音戶〕, 率場啄粟. 哀我塡〔都田反〕寡, 宜岸宜獄. 握粟出卜, 自何能穀.

交交桑扈여	이리저리 나는 상호(桑扈)여

··· 題 : 볼 제 征 : 갈 정 忝 : 욕될 첨 扈 : 따를 호

率場啄(탁)粟이로다	마당을 따라 곡식을 쪼아먹도다
哀我塡(전)寡여	가엾은 우리 병들고 과약(寡弱)한 자여
宜岸宜獄이로다	감옥에 넣어도 마땅하다 하도다
握粟出卜하여	곡식을 한 움큼 쥐고 나와 점을 치면서
自何能穀고호라	어떻게 하여야 좋아질꼬 묻노라

興也라 交交는 往來之貌라 桑扈는 竊脂也니 俗呼靑觜(자)하니 肉食이요 不食粟이라 塡은 與瘨同하니 病也라 岸亦獄也라 韓詩作犴하니 鄕亭之繫曰犴이요 朝廷曰獄이라

○ 扈不食粟이어늘 而今則率場啄粟矣요 病寡不宜岸獄이어늘 今則宜岸宜獄矣니 言 王不恤鰥寡하여 喜陷之於刑辟也라 然이나 不可不求所以自善之道라 故로 握持其粟하여 出而卜之曰 何自而能善乎아하니라 言握粟하여 以見其貧窶之甚이니라

흥(興)이다. '교교(交交)'는 왕래하는 모양이다. '상호(桑扈;산비둘기)'는 절지(竊脂)이니, 세속에서는 청자(靑觜)라 부르니, 육식(肉食)을 하고 곡식을 먹지 않는다. '전(塡)'은 전(瘨)과 같으니, 병듦이다. '안(岸)' 또한 옥(獄)이다. 《한시(韓詩)》에는 안(犴)으로 되어 있으니, "향정(鄕亭)에 구속되어 있는 것을 '안(犴)'이라 하고, 조정(朝廷)에 있는 것을 '옥(獄)'이라 한다." 하였다.

○ 상호(桑扈)는 곡식을 먹지 않는데, 지금은 마당을 따라가며 곡식을 쪼아 먹고, 병들고 과약(寡弱)한 자들은 안옥(岸獄)에 〈가두는 것이〉 마땅하지 않은데 지금엔 안옥에 〈가두는 것을〉 마땅하게 여기니, 왕(王)이 환과(鰥寡)를 구휼하지 않고 형벌에 빠뜨리기를 좋아한 것이다. 그러나 스스로 선(善)하게 하는 방법을 찾지 않을 수 없으므로, 곡식을 한 움큼 쥐고 나와서 점(卜)을 치면서 말하기를 "어떻게 하여야 능히 좋아질꼬?" 한 것이다. 곡식을 한 움큼 쥔다고 말하여 가난함이 심함을 나타낸 것이다.

⑥溫溫恭人, 如集于木, 惴惴[之瑞反]小心, 如臨于谷. 戰戰兢兢, 如履薄冰.

溫溫恭人이	온화하고 온화한 사람이
如集于木하며	나무에 앉은 듯이 위태로우며

... 啄 : 쪼을 탁 塡 : 병들 전(진) 岸 : 옥 안 觜 : 부리 취 瘨 : 병들 전

惴(췌)惴小心이	두려워하고 두려워하는 소심(小心)한 자가
如臨于谷이라	골짜기에 임한 듯이 하노라
戰戰兢兢하여	전전(戰戰)하고 긍긍(兢兢)하여
如履薄冰호라	살얼음을 밟는 듯이 두려워 하노라

賦也라 溫溫은 和柔貌라 如集于木은 恐隊(墜)也요 如臨于谷은 恐隕也라

부(賦)이다. '온온(溫溫)'은 온화하고 유순한 모양이다. 나무에 앉은 듯이 한다는 것은 떨어질까 두려워함이요, 골짜기에 임한 듯이 한다는 것은 빠질까 두려워함이다.

小宛六章이니 章六句라

〈소완(小宛)〉은 6장이니, 장마다 6구이다.

此詩之詞는 最爲明白而意極懇至어늘 說者必欲爲刺王之言이라 故로 其說이 穿鑿破碎하여 無理尤甚일새 今悉改定하노니 讀者詳之니라

이 시(詩)의 말은 가장 명백하고 뜻이 간곡하다. 그런데 해설하는 자가 굳이 왕(王)을 풍자한 말로 삼으려 하였기 때문에, 그 해설이 천착(穿鑿)하고 파쇄(破碎)해서 무리함이 특히 심하였다. 그러므로 이제 모두 개정(改定)하였으니, 읽는 자들은 상세히 살펴보아야 할 것이다.

【毛序】小宛은 大夫刺幽王也라

〈소완〉은 대부(大夫)가 유왕(幽王)을 풍자한 시(詩)이다.

【鄭註】亦當爲刺厲王이니라

또한 마땅히 여왕을 풍자한 시가 되어야 한다.

【辨說】此詩는 不爲刺王而作이요 但兄弟遭亂하여 畏禍而相戒之詞爾니라

이 시는 왕을 풍자하기 위하여 지은 것이 아니고, 다만 형제가 난리를 만나 화를 두려워하여 서로 경계한 글일 뿐이다.

··· 惴 : 두려울 췌 隊 : 떨어질 추(墜通) 穿 : 뚫을 천 碎 : 부술 쇄

3. 소반(小弁)

① 弁[薄干反]彼鸒[音豫]斯[叶先齋反], 歸飛提提[是移反]. 民莫不穀, 我獨于罹. 何辜于天, 我罪伊何. 心之憂矣, 云如之何.

弁(반)彼鸒(여)斯여	날개 치는 저 갈까마귀여
歸飛提(시)提로다	돌아가면서 한가롭게 날도다
民莫不穀이어늘	다른 사람들은 불행한 이가 없거늘
我獨于罹호라	나만이 홀로 근심하노라
何辜于天고	하늘에 무슨 죄를 지었는고
我罪伊何오	내 죄가 무엇인고
心之憂矣여	마음에 근심함이여
云如之何오	어찌하리오

興也라 弁은 飛拊翼貌라 鸒는 雅烏也니 小而多羣하고 腹下白하니 江東呼爲鵯(필)烏라 斯는 語詞也라 提提는 羣飛安閒之貌라 穀은 善이요 罹는 憂也라
○ 舊說에 幽王太子宜臼 被廢而作此詩라 言弁彼鸒斯는 則歸飛提提矣라 民莫不善이어늘 而我獨于憂하니 則鸒斯之不如也라 何辜于天, 我罪伊何者는 怨而慕也라 舜號泣于旻天曰 父母之不我愛는 於我何哉[109]오하시니 蓋如此矣라 心之憂矣, 云如之何는 則知其無可奈何하여 而安之之詞也라

흥(興)이다. '반(弁)'은 날며 날개 치는 모양이다. '여(鸒)'는 갈까마귀[雅烏]이니, 작고 떼가 많으며 배 아래가 흰데, 강동(江東) 지방에서는 필오(鵯烏)라 부른다. '사(斯)'는 어조사이다. '시시(提提)'는 떼지어 날며 편안하고 한가한 모양이다. '곡(穀)'은 좋음이요, '리(罹)'는 근심함이다.

○ 구설(舊說)에 "유왕(幽王)의 태자(太子) 의구(宜臼)가 폐출(廢黜)을 당하고 이 시(詩)를 지었다." 하였다. 날개 치는 저 갈까마귀는 돌아가면서 날기를 한가롭게 한다. 다른 사람들은 불행한 이가 없거늘 나만이 홀로 근심하니, 나는 갈까마귀만

......
109 舜號泣于旻天曰……於我何哉 : 이 내용은 《맹자》〈만장 상(萬章上)〉에 보이는 맹자의 말씀이다.

••• 弁 : 날개칠 반 鸒 : 갈가마귀 여 提 : 떼지어날 시 罹 : 근심할 리 辜 : 허물 고 拊 : 칠 부 鵯 : 갈가마귀 필

도 못하다고 말한 것이다. '하늘에 무슨 죄를 지었는고, 내 죄가 무엇인고?' 한 것은 원망하고 사모한 것이다. 순(舜) 임금이 민천(旻天)을 향하여 울부짖으며 말씀하기를 "부모가 나를 사랑하지 않음은 나에게 무슨 죄가 있어서인가?" 하였으니, 이와 같은 것이다. "마음에 근심함이여, 어찌하리오."한 것은 그 어쩔 방법이 없음을 알고는 이를 편안히 여긴 말이다.

② 踧踧〔徒歷反〕周道〔叶徒苟反〕, 鞫〔九六反〕爲茂草〔叶此苟反〕. 我心憂傷, 怒〔乃歷反〕焉如擣〔丁老反 叶丁口反〕. 假寐永嘆, 維憂用老〔叶魯口反〕, 心之憂矣, 疢〔丑覲反〕如疾首.

踧(축)踧周道여	평탄한 큰 길이여
鞫爲茂草로다	막혀서 무성한 풀밭이 되리로다
我心憂傷이여	내 마음의 우상(憂傷)함이여
怒(녁)焉如擣(도)로다	서글픔이 방아질하는 듯하노라
假寐永嘆하여	가매하는 중에 길이 탄식하여
維憂用老하니	근심 때문에 늙으니
心之憂矣라	마음에 근심하는지라
疢(진)如疾首호라	병듦이 머리가 아픈 듯하노라

興也라 踧踧은 平易也요 周道는 大道也라 鞫은 窮이요 怒은 思요 擣는 舂(용)也라 不脫衣冠而寐曰假寐라 疢은 猶疾也라
○ 踧踧周道則將鞫爲茂草矣요 我心憂傷則怒焉如擣矣라 精神憒眊(궤모)하여 至於假寐之中而不忘永歎하니 憂之之深이라 是以로 未老而老也라 疢如疾首면 則又憂之甚矣니라

　　흥(興)이다. '축축(踧踧)'은 평이(平易)함이다. '주도(周道)'는 큰 길이다. '국(鞫)'은 막힘이요, '녁(怒)'은 생각함이요, '도(擣)'는 방아를 찧는 것이다. 의관(衣冠)을 벗지 않고 자는 것을 가매(假寐)라 한다. '진(疢)'은 질(疾)과 같다.
　　○ 평탄한 큰 길이 장차 막혀 무성한 풀밭이 될 것이요, 내 마음의 우상(憂傷)함은 근심하여 방아를 찧는 듯하다. 정신이 혼몽하여 가매(假寐)하는 중에도 길이 탄식함을 잊지 못함에 이르니, 근심함이 깊다. 이 때문에 늙을 나이가 못되었는데

··· 　踧 : 평탄할 축　鞫 : 궁할 국　怒 : 근심할 녁　擣 : 찧을 도　疢 : 열병 진　舂 : 방아찧을 용　憒 : 심란할 궤
　　眊 : 흐릴 모

도 늙은 것이다. 병듦이 머리가 아픔과 같다면 또 근심함이 심한 것이다.

③ 維桑與梓[叶獎里反], 必恭敬止. 靡瞻匪父, 靡依匪母[叶滿彼反]. 不屬
[音燭]于毛, 不離于裏. 天之生我, 我辰安在[叶此里反].

維桑與梓도	부모가 심으신 뽕나무와 추자나무도
必恭敬止은	반드시 공경하는데
靡瞻匪父며	우러러볼 것이 아버지 아님이 없으며
靡依匪母로다(가)	의지할 것이 어머니 아님이 없도다
不屬于毛며	터럭에도 연결되지 않으며
不離于裏아	가슴속에 걸리지도 않는가
天之生我여	하늘이 나를 낳음이여
我辰安在오	나의 〈좋을〉 때는 어디에 있는고

興也라 桑、梓는 二木이니 古者五畝之宅에 樹之墻下하여 以遺子孫하여 給蠶食,
具器用者也라 瞻者는 尊而仰之요 依者는 親而倚之라 屬은 連也라 毛는 膚體之餘
氣末屬也라 離는 麗(리)也라 裏는 心腹也라 辰은 猶時也라
○ 言 桑、梓도 父母所植이면 尙且必加恭敬이어든 況父母至尊至親하시니 宜莫不
瞻依也라 然이나 父母之不我愛하시니 豈我不屬于父母之毛乎아 豈我不離于父母
之裏乎아 無所歸咎하여 則推之於天曰 豈我生時不善哉아 何不祥至是也오하니라

홍(興)이다. '상(桑)', '재(梓)'는 두 나무이니, 옛날에 오무(五畝)의 집 담장 아래
에 이것을 심어서 자손에게 물려주어 〈뽕나무는〉 누에 먹이를 공급하고, 〈추자나
무는〉 기용(器用)을 마련하게 한 것이다. '첨(瞻)'은 높여서 우러름이요, '의(依)'는
친히 하여 의지함이다. '촉(屬)'은 연함이다. '모(毛:털)'는 살과 몸의 남은 기운과
끝부분이다. '리(離)'는 걸림이다. '리(裏)'는 심복(心腹)이다. '신(辰)'은 시(時)와 같다.

○ 상(桑)·재(梓)도 부모가 심으신 것이면 오히려 반드시 공경을 가(加)하는
데 하물며 부·모는 지극히 높고 지극히 가까우시니 마땅히 우러러보고 의지하
지 않을 수 없다. 그러나 부·모가 나를 사랑하지 않으시니, 어쩌면 내가 부·모
의 털에도 연결되지 않는단 말인가. 어쩌면 내가 부·모의 마음속에 걸리지도 않
는단 말인가. 허물을 돌릴 곳이 없어서 하늘에 미루어 말하기를 "어쩌면 내가 태

··· 梓 : 가래나무 재(자) 屬 : 붙일 촉 離 : 걸릴 리 辰 : 때 신

어난 때가 이처럼 좋지 못한가. 어찌 불상(不祥)함이 이에 이르는가." 한 것이다.

④ 菀〔音鬱〕彼柳斯, 鳴蜩〔音條〕嘒嘒〔呼惠反〕. 有漼〔千罪反〕者淵, 萑〔音丸〕葦〔韋鬼反〕淠淠〔孚計反〕. 譬彼舟流, 不知所屆〔音戒 叶居氣反〕. 心之憂矣, 不遑假寐.

菀(울)彼柳斯에   무성한 저 버드나무에
鳴蜩(조)嘒(혜)嘒며   우는 매미가 혜혜(嘒嘒)하며
有漼(최)者淵에   깊은 연못에
萑(환)葦淠(비)淠로다   갈대가 많고도 많도다
譬彼舟流   비유하건대 흘러가는 저 배가
不知所屆(계)로소니   이를 곳을 알지 못함과 같으니
心之憂矣라   마음에 근심하는지라
不遑假寐호라   가매할 겨를도 없노라

興也라 菀은 茂盛貌라 蜩는 蟬也라 嘒嘒는 聲也라 漼는 深貌라 淠淠는 衆也라 屆는 至요 遑은 暇也라
○ 菀彼柳斯엔 則鳴蜩嘒嘒矣요 有漼者淵엔 則萑葦淠淠矣라 今我獨見棄逐하니 如舟之流于水中하여 不知其何所至乎인저 是以로 憂之之深하여 昔猶假寐러니 而今不暇也라

홍(興)이다. '울(菀)'은 무성한 모양이다. '조(蜩)'는 매미이다. '혜혜(嘒嘒)'는 〈매미가 우는〉 소리이다. '최(漼)'는 깊은 모양이다. '비비(淠淠)'는 많음이다. '계(屆)'는 이름이요, '황(遑)'은 겨를이다.

○ 무성한 저 버드나무엔 매미가 혜혜(嘒嘒)히 울고, 깊은 연못엔 갈대가 많고도 많다. 그런데 나는 지금 홀로 버림을 받고 축출을 당했으니, 배가 물 가운데 흘러가서 그 어느 곳에 닿을지 알지 못함과 같다. 이 때문에 근심함이 깊어서 옛날에는 그래도 가매(假寐)를 했었는데, 이제는 가매할 겨를도 없는 것이다.

⑤ 鹿斯之奔, 維足伎伎〔其宜反〕. 雉之朝雊〔古豆反〕, 尚求其雌〔叶千西反〕. 譬彼壞〔胡罪反〕木, 疾用無枝. 心之憂矣, 寧莫之知.

··· 菀 : 무성할 울 蜩 : 매미 조 嘒 : 매미소리 혜 漼 : 깊을 최 萑 : 물억새 환 淠 : 성할 비 屆 : 이를 계
    遑 : 겨를 황

鹿斯之奔에	사슴이 도망갈 적에도
維足伎(기)伎며	발걸음이 느릿느릿하며
雉之朝雊(구)에	꿩이 아침에 울 적에도
尙求其雌어늘	오히려 그 암놈을 찾는데
譬彼壞木이	비유하건대 저 병든 나무가
疾用無枝로니(니)	병 때문에 가지가 없음과 같으니
心之憂矣를	마음에 근심함을
寧莫之知오	어찌 알지 못하는고

興也라 伎伎는 舒貌니 宜疾而舒는 留其羣也라 雊는 雉鳴也라 壞는 傷病也라 寧은 猶何也라

○ 鹿斯之奔에 則足伎伎然하며 雉之朝雊에도 亦知求其妃(配)匹이어늘 今我獨見棄逐하니 如傷病之木이 憔悴而無枝라 是以로 憂之而人莫之知也라

흥(興)이다. '기기(伎伎)'는 느린 모양이니, 마땅히 빨라야 하는데 느림은 그 무리들 속에 남기 위해서이다. '구(雊)'는 꿩의 울음이다. '괴(壞)'는 상하고 병듦이다. '녕(寧)'은 하(何)와 같다.

○ 사슴은 달아날 적에도 발걸음이 느릿느릿하며 꿩은 아침에 울 적에도 또한 그 짝을 구할 줄 아는데 지금 나는 홀로 버림과 축출을 당하였으니, 상하고 병든 나무가 초췌하여 가지가 없는 것과 같다. 이 때문에 근심하는데도 사람들이 알지 못하는 것이다.

⑥ 相〔息亮反〕彼投兎, 尙或先〔蘇薦反 叶蘇晉反〕之. 行有死人, 尙或墐〔音覲〕之. 君子秉心, 維其忍之. 心之憂矣, 涕旣隕〔音蘊〕之.

相彼投兎요	사람에게 달려드는 토끼를 보고서
尙或先之며	오히려 먼저 빠져나가게 해주며
行有死人이어든	길가에 죽은 사람이 있으면
尙或墐之하나니	오히려 혹 이를 묻어주나니
君子秉心은	군자(왕)의 마음 가짐은
維其忍之로다	잔인하기도 하도다

··· 伎 : 천천히할 기 雊 : 꿩울 구 妃 : 짝 배(配通) 憔 : 파리할 초 悴 : 파리할 췌 相 : 볼 상

心之憂矣라 　　　　마음에 근심하는지라
涕(체)旣隕(운)之호라 　　눈물을 이미 떨어뜨리노라

興也라 相은 視요 投는 奔이요 行은 道요 墐은 埋요 秉은 執이요 隕은 墜也라
○ 相彼被逐而投人之兎도 尙或有哀其窮而先脫之者하며 道有死人에도 尙或有
哀其暴露而埋藏之者하니 蓋皆有不忍之心焉이어늘 今王信讒하여 棄逐其子하여
曾視投兎死人之不如하니 則其秉心亦忍矣라 是以로 心憂而涕隕也라

　　흥(興)이다. '상(相)'은 봄이요, '투(投)'는 달려듦이요, '행(行)'은 길이요, '근(墐)'
은 묻음이요, '병(秉)'은 잡음이요, '운(隕)'은 떨어짐이다.
　　○ 저 쫓김을 당하여 사람에게 달려드는 토끼를 보아도 오히려 혹 그 곤궁함
을 애처롭게 여겨서 먼저 빠져나가게 해주는 자가 있으며, 길에 죽은 사람이 있
어도 혹 그 시신이 햇볕에 쪼이고 이슬을 맞음을 애처롭게 여겨 묻어주는 자가 있
으니, 이는 모두 불인지심(不忍之心;사람을 차마 해치지 못하는 마음)이 있어서이다. 그
런데 지금 왕(王)은 참소하는 말을 믿어서 그 자식을 버리고 쫓아내어 일찍이 달
려드는 토끼와 죽은 사람을 보는 것만도 못하니, 그 마음가짐이 잔인하기도 하다.
이 때문에 마음에 근심하여 눈물을 떨어뜨리는 것이다.

⑦ 君子信讒, 如或醻〔市由反 叶市救反〕之. 君子不惠, 不舒究之. 伐木掎
〔寄彼反 叶居何反〕矣, 析薪杝〔勅氏反 叶湯何反〕矣. 舍〔音捨〕彼有罪, 予之佗〔吐賀
反 叶湯何反〕矣.

君子信讒이 　　　　　군자가 참소하는 말을 믿음이
如或醻(酬)之며 　　　혹 권하는 술잔을 받아마시듯 하며
君子不惠라 　　　　　군자가 사랑하지 않는지라
不舒究之로다 　　　　서서히 살피지 않도다
伐木掎(기)矣며 　　　나무를 벨 때에도 위를 떠받치며
析薪杝(치)矣어늘 　　장작을 쪼갤 때에도 결을 따르는데
舍(捨)彼有罪요 　　　저 죄 있는 자를 버려두고
予之佗矣로다 　　　　나에게 죄를 가하도다

… 墐 : 묻을 근 隕 : 떨어질 운 暴 : 드러날 폭 埋 : 묻을 매 醻 : 술권할 수 舒 : 느릴 서 掎 : 기댈 기
　杝 : 나무결로쪼갤 치 佗 : 더할 타

賦而興也라 醻는 報요 惠는 愛요 舒는 緩이요 究는 察也라 掎는 倚也니 以物倚其巓
(전)也라 杝는 隨其理也라 佗는 加也라

○ 言 王惟讒是聽하여 如受醻爵이면 得卽飮之하여 曾不加惠愛舒緩而究察之하니
夫苟舒緩而究察之면 則讒者之情을 得矣리라 伐木者尙倚其巓하고 析薪者尙隨
其理하여 皆不妄挫折之어늘 今乃捨彼有罪之讒人하고 而加我以非其罪하니 曾伐
木、析薪之不若也라 此則興也라

　부이흥(賦而興)이다. ‘수(醻)’는 보답함이요, ‘혜(惠)’는 사랑이요, ‘서(舒)’는 느림
이요, ‘구(究)’는 살핌이다. ‘기(掎)’는 기댐이니, 물건으로써 그 위를 떠받치는 것
이다. ‘치(杝)’는 그 결을 따르는 것이다. ‘타(佗)’는 가함이다.

　○ 왕(王)이 오직 참소하는 말만을 들어서 마치 권하는 술잔을 받으면 얻는 즉
시 마시듯이 해서 일찍이 은혜를 가(加)하여 서서히 살피지 않는다. 만일 서서히
살핀다면 참소하는 자의 실정을 알게 될 것이다. 나무를 베는 자도 오히려 그 위
를 떠받치고, 장작을 쪼개는 자도 오히려 그 결[理]을 따라서, 모두 나무를 함부
로 절단하지 않는데, 지금 마침내 저 죄 있는 참인(讒人)을 버려두고 나에게 죄 아
닌 죄를 가(加)하니, 이는 일찍이 나무를 베고 장작을 쪼개는 것만도 못한 것이다.
이것은 흥(興)이다.

⑧ 莫高匪山[叶所旃反], 莫浚[蘇俊反]匪泉. 君子無易[夷豉反]由言, 耳屬[音
燭]于垣. 無逝我梁, 無發我笱. 我躬不閱, 遑恤我後.

莫高匪山이며	더없이 높은 것이 산이 아니겠으며
莫浚匪泉가	더없이 깊은 것이 샘이 아니겠는가
君子無易由言이어다	군자가 내는 말을 함부로 하지 말지어다
耳屬(촉)于垣이니라	엿듣는 자의 귀가 담장에 붙어 있느니라
無逝我梁하여	내 어량(魚梁)에 가지 말아
無發我笱(구)언마는	내 통발을 꺼내지 말았으면 하건마는
我躬不閱이온	내 몸도 주체하지 못하는데
遑恤我後아	어느 겨를에 내 떠난 뒤를 근심하랴

賦而比也라 山極高矣로되 而或陟其巓하고 泉極深矣로되 而或入其底(저)라 故로

… 巓 : 꼭대기 전　理 : 결 리　挫 : 꺾일 좌　浚 : 깊을 준　笱 : 통발 구　閱 : 용납할 열

君子不可易於其言이니 恐耳屬于垣者 有所觀望左右而生讒譖也라 王於是에 卒以褒姒爲后하고 伯服爲太子라 故로 告之曰 毋逝我梁하여 毋發我笱언마는 我躬不閱이온 遑恤我後아하니 蓋比詞也라 東萊呂氏曰 唐德宗이 將廢太子하고 而立舒王한대 李泌이 諫之하고 且曰 願陛下還宮하사 勿露此意하소서 左右聞之하면 將樹功於舒王하여 太子危矣리이다하니 此正君子無易由言, 耳屬于垣之謂也라 小弁之作은 太子旣廢矣로되 而猶云爾者는 蓋推本亂之所由生이 言語以爲階也니라

부이비(賦而比)이다. 산(山)이 지극히 높으나 그 꼭대기에 오를 수 있으며, 샘물이 지극히 깊으나 그 밑에 들어 갈 수 있다. 그러므로 군자가 그 말을 함부로 하지 않는 것이니, 담에 귀를 붙이고 엿듣는 자가 좌우(左右)를 관망하여 참소하는 말을 내는 바가 있을까 두려워해서이다.

왕(王)이 이때 마침내 포사(褒姒)를 후비(后妃)로 삼고 백복(伯服)을 태자(太子)로 삼았다. 그러므로 〈태자 의구(宜臼)가〉 말하기를 "내 어량(魚梁)에 가지 말아서 내 통발을 꺼내지 말았으면 하건마는 내 몸도 주체하지 못하는데, 하물며 어느 겨를에 내가 떠난 뒤를 근심하겠는가." 한 것이니, 이는 비유한 말이다.

동래 여씨(東萊呂氏)가 말하였다. "당(唐)나라 덕종(德宗)이 장차 태자를 폐위하고 서왕(舒王)을 세우려 하자, 이필(李泌)이 이를 간하고 또 말하기를 '원컨대 폐하께서는 궁궐로 돌아가신 다음, 이러한 뜻을 드러내지 마소서. 좌우(左右)에 있는 자들이 이 말을 들으면 장차 서왕(舒王)에게 공을 세우려 하여 태자가 위태롭게 될 것입니다.' 하였으니, 이는 바로 '군자가 내는 말을 쉽게 하지 말지어다. 엿듣는 자의 귀가 담장에 붙어 있다.'고 함을 이른 것이다. 〈소반(小弁)〉이 지어짐은 태자가 이미 폐위되고 난 뒤인데도 이렇게 말한 것은, 난(亂)이 말미암아 생겨난 바가 말(참언(讒言))이 계제(階梯)가 되었음을 미루어 근본한 것이다."

小弁八章이니 章八句라
　〈소반〉은 8장이니, 장마다 8구이다.
幽王이 娶於申하여 生太子宜臼러니 後得褒姒而惑之하고 生子伯服한대 信其讒하여 黜申后하고 逐宜臼하니 而宜臼作此以自怨也라 序에 以爲太子之傅가 述太子之情하여 以爲是詩라하니 不知其何所據也로라 傳曰[110] 高子曰 小弁은 小人之詩也

......
110 傳曰 : 전(傳)은 옛 책으로 이 내용은 끝까지 모두 공손추(公孫丑)의 물음에 맹자가 답하신

··· 陟 : 오를 척　階 : 계제 계　黜 : 내쫓을 출

라하더이다 孟子曰 何以言之오 曰 怨이니이다 曰 固哉라 高叟之爲詩也여 有人於此하니 越人이 關(彎)弓而射(석)之어든 則己談笑而道之는 無他라 疏之也요 其兄이 關弓而射之어든 則己垂涕泣而道之는 無他라 戚之也라 小弁之怨은 親親也니 親親은 仁也라 固矣夫라 高叟之爲詩也여 曰 凱風[111]은 何以不怨이니잇고 曰 凱風은 親之過小者也요 小弁은 親之過大者也니 親之過大而不怨이면 是愈疏也요 親之過小而怨이면 是不可磯也니 愈疏도 不孝也요 不可磯도 亦不孝也라 孔子曰 舜其至孝矣신저 五十而慕라하시니라

유왕(幽王)이 신(申)나라에서 장가들어 태자 의구(宜曰)를 낳았는데, 뒤에 포사(褒姒)를 얻고 그에게 혹하였으며, 〈포사가〉 아들 백복(伯服)을 낳자 그녀의 참소하는 말을 믿고는 신후(申后)를 축출하고 의구를 쫓아내니, 이에 의구가 이 시(詩)를 지어서 스스로 원망한 것이다. 〈모서(毛序)〉에 "태자의 사부(師傅)가 태자의 심정을 기술하여 이 시를 지었다." 하였으니, 무엇을 근거한 것인지 알지 못하겠다.

전(傳)에 다음과 같은 내용이 있다.

"〈공손추(公孫丑)가 묻기를〉 고자(高子)가 말하기를 〈소반(小弁)〉은 소인(小人)의 시(詩)이다.' 하였습니다. 하자, 맹자께서 말씀하셨다. '무엇을 말하는가?' '원망했기 때문입니다.' '고집불통이로구나! 고수(高叟)의 시를 해석함이여. 여기에 어떤 사람이 있으니, 월(越)나라 사람이 활을 당겨 그 사람을 쏘려 하거든 자기가 말하고 웃으면서 타이르는 것은 다름이 아니라 그 월나라 사람을 소원히 여기기 때문이요, 그 형(兄)이 활을 당겨 쏘려 하거든 자기가 눈물을 떨구며 타이름은 다름이 아니라 그(형)를 친족으로 여기기 때문이다. 〈소반〉의 원망은 어버이를 친히 한 것이다. 어버이를 친히 함은 인(仁)이니, 고집불통이로구나! 고수의 시를 해석함이여.' '〈개풍(凱風)〉은 어찌하여 원망하지 않았습니까?' '〈개풍〉은 어버이의 허물이 작은 것이요, 〈소반〉은 어버이의 허물이 큰 것이니, 어버이의 허물이 큰 데도 원망하지 않는다면 이는 더욱 소원해지는 것이요, 어버이의 허물이 작은데도 원망한다면 이는 기(磯)할 수 없는 것(자식의 성질이 급하고 과격하여 건드릴 수 없는 것)이

......
것으로 《맹자》 〈고자 하(告子下)〉에 보인다.

111 凱風:개풍(凱風)은 앞의 〈위풍(衛風)〉에 보이는 시편(詩篇)으로, 일곱 명의 아들을 둔 어머니가 바람이 나서 집안을 편안히 여기지 않자, 아들들은 자신들이 어머니를 잘 봉양하지 못해서라고 자책한 시(詩)이다.

··· 關 : 당길 만 道 : 말할 도 凱 : 화락할 개 磯 : 부딪칠 기

니, 더욱 소원함도 불효(不孝)요, 기(磯)할 수 없음도 또한 불효이다. 공자(孔子)께서 말씀하시기를 「순(舜) 임금은 그 지극한 효(孝)이실 것이다. 50세까지 사모했다.」 하셨다.'"

【毛序】 小弁은 刺幽王也니 太子之傅作焉이니라

〈소반〉은 유왕(幽王)을 풍자한 시(詩)이니, 태자(太子)의 사부(師傅)가 지은 것이다.

【辨說】 此詩明白하니 爲放子之作이 無疑나 但未有以見其必爲宜臼耳요 序에 又以爲宜臼之傅라하니 尤不知其所據也로라

이 시는 명백하니, 쫓겨난 아들의 지음이 의심할 것이 없으나 다만 이것이 반드시 의구(宜臼)가 됨을 볼 수 없고, 〈서〉에는 또 의구의 사부라 하였으니, 더더욱 그 근거한 바를 알 수 없다.

4. 교언(巧言)

① 悠悠昊天, 曰父母且〔子餘反〕. 無罪無辜, 亂如此憮〔火吳反〕. 昊天已威〔叶紆胃反〕, 予愼無罪〔叶音悴〕. 昊天泰憮, 予愼無辜.

悠悠昊天이	아득히 먼 호천(昊天)이
曰父母且(저)시니	나의 부모이시니
無罪無辜어늘	나는 죄도 없고 잘못도 없는데
亂如此憮(호)아	난(亂)이 이와 같이 심하단 말인가
昊天已威나	호천의 위엄이 너무 심하나
予愼無罪며	내 진실로 살펴보건대 죄가 없으며
昊天泰憮나	호천의 위엄이 심히 크나
予愼無辜로다	내 진실로 살펴보건대 잘못이 없도다

賦也라 悠悠는 遠大之貌라 且는 語詞라 憮는 大也라 已、泰는 皆甚也라 愼는 審也라
○ 大夫傷於讒하여 無所控告하여 而訴之於天曰 悠悠昊天이 爲人之父母어늘 胡

··· 憮 : 클 호 控 : 하소할 공

爲使無罪之人遭亂이 如此其大也오 昊天之威已甚矣나 我審無罪也하며 昊天之威甚大矣나 我審無辜也라하니 此는 自訴而求免之詞也라

부(賦)이다. '유유(悠悠)'는 멀고 큰 모양이다. '저(且)'는 어조사이다. '호(幠)'는 큼이다. '이(已)'와 '태(泰)'는 모두 심함이다. '신(愼)'은 살펴봄이다.

○ 대부(大夫)가 참소하는 말에 폐해를 당하여 공고(控告)할 곳이 없어서 하늘에 하소연하여 말하기를 "유유한 호천은 사람들의 부모이신데 어찌하여 무죄한 사람에게 난(亂)을 만나기를 이와 같이 크게 하는고. 호천의 위엄이 너무 심하나 내 진실로 살펴보건대 죄가 없으며, 호천의 위엄이 심히 크나 내 진실로 살펴보건대 잘못이 없다." 하였으니, 이는 스스로 하소연하고 죄를 면하기를 구하는 말이다.

② 亂之初生, 僭﹝側蔭反﹞始旣涵﹝音含﹞. 亂之又生, 君子信讒. 君子如怒﹝叶奴五反﹞, 亂庶遄﹝市專反﹞沮﹝慈呂反﹞. 君子如祉﹝音恥﹞, 亂庶遄已.

亂之初生은	난(亂)이 처음 생겨남은
僭始旣涵이며	불신(不信)의 단서를 받아주기 때문이며
亂之又生은	난이 또 생겨남은
君子信讒이니라	군자가 참언(讒言)을 믿기 때문이니라
君子如怒면	군자가 참언을 듣고 만일 노한다면
亂庶遄沮(천저)며	난이 행여 빨리 그칠 것이며
君子如祉면	군자가 선언(善言)을 듣고 만일 기뻐한다면
亂庶遄已리라	난이 행여 빨리 종식되리라

賦也라 僭始는 不信之端也라 涵은 容受也라 君子는 指王也라 遄은 疾이요 沮는 止也라 祉는 猶喜也라
○ 言 亂之所以生者는 由讒人以不信之言始入이어든 而王涵容하여 不察其眞僞也요 亂之又生者는 則旣信其讒言而用之矣라 君子見讒人之言하고 若怒而責之면 則亂庶幾遄沮矣요 見賢者之言하고 若喜而納之면 則亂庶幾遄已矣어늘 今涵容不斷하고 讒信不分이라 是以로 讒者益勝而君子益病也라 蘇氏曰 小人爲讒於其君에 必以漸入之하나니 其始也에 進而嘗之하여 君容之而不拒어든 知言之無忌하고 於是復進하나니 旣而君信之然後에 亂成이니라

••• 僭:참소할 참 涵:넣을 함 遄:빠를 천 沮:그칠 저 祉:복 지

부(賦)이다. '참시(僭始)'는 불신(不信;신실하지 않음)의 단서이다. '함(涵)'은 용납하여 받아들임이다. '군자'는 왕(王)을 가리킨다. '천(遄)'은 빠름이요, '저(沮)'는 그침이다. '지(祉)'는 희(喜;기뻐함)와 같다.

○ 난(亂)이 생겨나는 까닭은 참인(讒人)이 불신의 말을 가지고 처음 들어가거든 왕(王)이 용납하여 받아들여서 그 진위(眞僞)를 살피지 않기 때문이요, 난이 또생겨남은 이미 그 참언(讒言)을 믿고 쓰기 때문이다. 군자가 참인(讒人)의 말을 보고 만일 노하여 꾸짖는다면 난이 행여 빨리 그칠 것이요, 현자(賢者)의 말을 보고 만일 기뻐하여 받아들인다면 난이 행여 빨리 종식될 것이다. 그런데 이미 불신의 말을 함용(涵容)하여 결단하지 않고 참언과 신언(信言;신실한 말)을 구분하지 않았다. 이 때문에 참소하는 자가 더욱 기승을 부리고 군자가 더욱 병드는 것이다.

소씨(蘇氏)가 말하였다. "소인이 그 군주에게 참언을 할 때에는 반드시 점점 들어가게 한다. 그리하여 처음에 참언을 올려 시험해보아 군주가 용납해주고 막지 않거든 말함에 기탄할 것이 없음을 알고 이에 다시 올린다. 그리하여 군주가 이 것을 믿은 연후(然後)에 난(亂)이 이루어지는 것이다."

③ 君子屢盟〔叶謨郎反〕, 亂是用長〔丁丈反 叶直良反〕. 君子信盜, 亂是用暴.
盜言孔甘, 亂是用餤〔音談〕. 匪其止共〔音恭〕, 維王之邛〔其恭反〕.

君子屢盟이라	군자가 자주 맹약을 하는지라
亂是用長이며	난(亂)이 이 때문에 조장되며
君子信盜라	군자가 참인(讒人)을 믿는지라
亂是用暴며	난이 이 때문에 심해지며
盜言孔甘이라	참언을 매우 달게 여기는지라
亂是用餤(담)이로다	난이 이 때문에 진전되도다
匪其止共이라	맡은 일 공손히 수행하는 것이 아니라
維王之邛(공)이로다	왕을 병들게 할 뿐이로다

賦也라 屢는 數(삭)也라 盟은 邦國有疑면 則殺牲歃(삽)血하여 告神以相要束也라
盜는 指讒人也라 餤은 進이요 邛은 病也라
○ 言 君子不能已亂而屢盟以相要하면 則亂是用長矣요 君子不能聖(즉)讒而信

··· 屢:자주 루 餤:나아갈 담 邛:병들 공 歃:마실 삽 聖:막을 즉, 미워할 즉

盜以爲虐이면 則亂是用暴矣요 讒言之美를 如食之甘하여 使人嗜之而不厭이면 則亂是用進矣라 然이나 此讒人은 不能供其職事하고 徒以爲王之病而已라 夫良藥苦口나 而利於病이요 忠言逆耳나 而利於行이니 維其言之甘而悅焉이면 則其國豈不殆哉리오

부(賦)이다. '누(屢)'는 자주이다. '맹(盟)'은 방국(邦國)에 의심스러운 일이 있으면 희생을 잡아 피를 입에 발라서 신(神)에게 아뢰고 서로 약속[要約]하는 것이다. '도(盜)'는 참인(讒人)을 가리킨다. '담(餤)'은 나아감이요, '공(邛)'은 병듦이다.

○ 군자가 난(亂)을 종식시키지 못하고 여러 번 맹약하여 서로 약속하면 난이 이 때문에 조장되고, 군자가 참언(讒言)을 막지 못하고 참인을 믿어 포악한 짓을 하면 난이 이 때문에 심해지며, 참언을 아름답게 여기기를 맛있는 음식과 같이 여겨 사람으로 하여금 이것을 즐기고 싫어하지 않게 하면 난이 이 때문에 진전된다. 그러나 이 참인은 그 직사(職事)에 복무하지 못하고 다만 왕을 병들게 할 뿐이다. 양약(良藥)은 입에 쓰나 병(病)에는 이롭고, 충언(忠言)은 귀에 거슬리나 행동에는 이로운 것이니, 말이 달다고 하여 좋아한다면 그 나라가 어찌 위태롭지 않겠는가.

④ 奕奕寢廟, 君子作之. 秩秩大猷, 聖人莫之. 他人有心, 予忖〔七損反〕度〔待洛反〕之. 躍躍〔他歷反〕毚〔士咸反〕兎, 遇犬獲〔叶黃郭反〕之.

奕奕寢廟를	크고 큰 침묘(寢廟)를
君子作之며	군자가 만들었으며
秩秩大猷를	질서정연한 큰 도(道)를
聖人莫之니라	성인이 정하셨느니라
他人有心을	타인이 가지고 있는 마음을
予忖度(촌탁)之로니	내가 헤아리노니
躍躍毚兎(적적참토)	빠르고 빠른 교활한 토끼가
遇犬獲之니라	개를 만나면 잡히느니라

興而比也라 奕奕은 大也요 秩秩은 序也라 猷는 道요 莫은 定也라 躍躍은 跳疾貌라 毚은 狡也라
○ 奕奕寢廟則君子作之요 秩秩大猷則聖人莫之로 以興他人有心을 則予得而忖

... 奕 : 클 혁 猷 : 꾀 유 莫 : 정할 막 忖 : 헤아릴 촌 躍 : 빨리달릴 적 毚 : 약은토끼 참 跳 : 뛸 도

度(탁)之하고 而又以躍躍毚兎遇犬獲之比焉하니 反覆興比하여 以見(현)讒人之心을 我皆得之하여 不能隱其情也라

흥이비(興而比)이다. '혁혁(奕奕)'은 큼이요, '질질(秩秩)'은 차례이다. '유(猷)'는 도(道)요, '막(莫)'은 정함이다. '적적(躍躍)'은 뛰기를 빨리하는 모양이요, '참(毚)'은 교활함이다.

○ 크고 큰 침묘(寢廟)를 군자가 지었고, 질서정연한 큰 도(道)를 성인이 정하였다는 것으로써 타인이 간직한 마음을 내가 헤아릴 수 있음을 흥(興)하였고, 또 빠르고 빠른 교활한 토끼가 개를 만나면 잡히는 것으로써 비유하였으니, 반복하여 흥(興)하고 비(比)해서 참인(讒人)의 마음을 내가 모두 알아서 그 실정을 숨길 수 없음을 나타낸 것이다.

⑤ 荏〔而甚反〕染柔木, 君子樹〔叶上主反〕之. 往來行言, 心焉數〔所主反〕之.
蛇蛇〔以支反〕碩言, 出自口〔叶孔五反〕矣. 巧言如簧, 顔之厚〔叶胡五反〕矣.

荏染柔木을	부드럽고 부드러운 나무를
君子樹之며	군자가 심었으며
往來行言을	오고 가는 길가의 말을
心焉數之니라	마음에 분별하느니라
蛇(이)蛇碩言은	편안하고 느린 훌륭한 말은
出自口矣어니와	입에서 나옴이 당연하지만
巧言如簧은	생황(笙簧)과 같은 공교로운 말은
顔之厚矣로다	얼굴이 두껍기 때문이니라

興也라 荏染은 柔貌는 柔木은 桐、梓之屬이니 可用者也라 行言은 行道之言也라 數는 辨也라 蛇蛇는 安舒也라 碩은 大也니 謂善言也라 顔厚者는 頑不知恥也라
○ 荏染柔木은 則君子樹之矣요 往來行言은 則心能辨之矣라 若善言出於口者는 宜也어니와 巧言如簧은 則豈可出於口哉리오 言之徒可羞愧어늘 而彼顔之厚하여 不知以爲恥也라 孟子曰 爲機變之巧者는 無所用恥焉[112]이라하시니 其斯人之謂與인저

......
112 孟子曰 爲機變之巧者 無所用恥焉 : 기변지교(機變之巧)는 임기응변하여 말을 교묘히 둘러대

··· 荏 : 부드러울 임 數 : 헤아릴 수 蛇 : 갈 이, 연할 이 簧 : 생황 황

홍(興)이다. '임염(荏染)'은 부드러운 모양이다. '유목(柔木;부드러운 나무)'은 오동나무와 가래(楸子)나무의 등속이니, 재목으로 쓸 수 있다. '행언(行言)'은 길가는 사람의 근거 없는 말이다. '수(數)'는 분변함이다. '이이(蛇蛇)'는 편안하고 펴짐이다. '석(碩)'은 큼이니, 선언(善言)을 이른다. '안후(顔厚)'라는 것은 완악(頑惡)하여 부끄러워할 줄을 모르는 것이다.

○ 임염(荏染)의 부드러운 나무는 군자가 심었고, 오고가는 길가의 말은 마음에 분변할 수 있는 것이다. 선(善)한 말이 입에서 나오는 것으로 말하면 당연하지만 생황(笙簧)과 같은 공교로운 말이 어찌 입에서 나올 수 있겠는가. 이것을 말하는 것이 다만 부끄러울 뿐인데, 저 사람은 얼굴이 두꺼워서 부끄러워할 줄을 알지 못한다. 맹자(孟子)가 말씀하시기를 "기변(機變)의 공교로운 짓을 하는 자는 부끄러움을 쓸 곳이 없다." 하셨으니, 이 사람을 말함일 것이다.

⑥ 彼何人斯, 居河之麋〔音眉〕. 無拳〔音權〕無勇, 職爲亂階〔叶居奚反〕. 旣微且尰〔市勇反〕, 爾勇伊何. 爲猶將多, 爾居徒幾〔音紀 叶居希反〕何.

彼何人斯오	저 어떤 사람인고
居河之麋로다	하수(河水)의 물가에 살도다
無拳無勇이나	힘도 없고 용맹도 없으나
職爲亂階로다	오로지 난의 계제(階梯)를 만들도다
旣微且尰(종)하니	이미 정갱이가 병들고 수종다리가 되었으니
爾勇伊何오	네 용맹이 무엇인고
爲猶將多나	꾀하기를 크게 하고 많이 하나
爾居徒幾何오	너와 함께 거처하는 무리가 몇이나 되는고

賦也라 何人은 斥讒人也니 此必有所指矣로되 賤而惡(오)之라 故로 爲不知其姓名하여 而曰何人也라 斯는 語辭也라 水草交를 謂之麋라 拳은 力이요 階는 梯也라 骭瘍(한양)謂微요 腫足爲尰이라 猶는 謨요 將은 大也라
○ 言 此讒人이 居下濕之地하여 雖無拳勇可以爲亂이나 而讒口交鬪하여 專爲亂

......
는 것으로, 이 내용은 《맹자》〈진심 상(盡心上)〉에 보인다.

··· 麋 : 물가 미 職 : 오로지 직 微 : 정강이병들 미 尰 : 수종다리 종 將 : 클 장 梯 : 사다리 제 骭 : 정강이뼈 한
瘍 : 부스럼 양, 상처 양 腫 : 종기 종

之階梯라 又有微、尰之疾하니 亦何能勇哉리오마는 而爲讒謀는 則大且多如此하니 是必有助之者矣라 然이나 其所與居之徒衆이 幾何人哉오하니 言亦不能甚多也라

부(賦)이다. '하인(何人)'은 참인(讒人)을 지척(指斥)한 것이니, 이는 반드시 지적한 상대가 있는 것인데, 그를 천히 여기고 미워하기 때문에 그의 성명(姓名)을 모르는 것처럼 하여 하인(何人)이라고 말한 것이다. '사(斯)'는 어조사이다. 물과 풀이 교차하는 곳을 '미(麋)'라 이른다. '권(拳)'은 힘이요, '계(階)'는 계제(階梯)이다. 정강이가 병든 것을 '미(微)'라 하고, 발에 종기가 난 것을 '종(尰)'이라 한다. '유(猶)'는 꾀요, '장(將)'은 큼이다.

○ 이 참인이 하습(下濕)한 땅에 거주하여 비록 힘과 용맹으로 난을 만들 수는 없지만 참소하는 입으로 서로 다투어서 오로지 난의 계제를 만들 뿐이다. 또 미(微)·종(尰)의 병(病)이 있으니, 또한 어찌 용감할 수 있겠는가마는 참소하는 꾀를 함은 크고 많음이 이와 같으니, 이는 반드시 그를 돕는 자가 있는 것이다. 그러나 "그 함께 거처하는 무리가 몇 사람이나 되는고." 하였으니, 또한 심히 많지 못함을 말한 것이다.

巧言六章이니 章八句라

〈교언(巧言)〉은 6장이니, 장마다 8구이다.

以五章巧言二字名篇이라

제5장(第五章)의 교언(巧言) 두 자(字)를 가지고 편명(篇名)을 지은 것이다.

【毛序】巧言은 刺幽王也니 大夫傷於讒이라 故로 作是詩也라

〈교언〉은 유왕(幽王)을 풍자한 시(詩)이니, 대부(大夫)가 참언(讒言)에 폐해를 입었다. 이 때문에 이 시를 지은 것이다.

5. 하인사(何人斯)

① 彼何人斯, 其心孔艱[叶居銀反]. 胡逝我梁, 不入我門[叶眉貧反]. 伊誰云從, 維暴之云.

彼何人斯_오　　　　저 어떤 사람인고
其心孔艱_{이로다}　　　그 마음이 몹시 험하도다
胡逝我梁_{호되}　　　어찌하여 내 어량(魚梁)에 가면서도
不入我門_고　　　　내 문(門)에 들어오지 않는고
伊誰云從_고　　　　저 누구를 따르는고
維暴之云_{이로다}　　　포공(暴公)이라 하도다

賦也라 何人은 亦若不知其姓名也라 孔은 甚이요 艱은 險也라 我는 舊說에 以爲蘇公也요 暴는 暴公也라하니 皆畿內諸侯也라

○ 舊說에 暴公爲卿士하여 而譖蘇公이라 故로 蘇公作詩以絶之라 然이나 不欲直斥暴公이라 故로 但指其從行者而言호되 彼何人者오 其心甚險이로다 胡爲往我之梁호되 而不入我之門乎아 旣而問其所從하니 則暴公也라 夫以從暴公而不入我門이면 則暴公之譖己也明矣라하니라 但舊說이 於詩에 無明文可考하니 未敢信其必然耳로라

부(賦)이다. '하인(何人)'은 또한 그의 성명(姓名)을 모르는 것처럼 한 것이다. '공(孔)'은 심함이요, '간(艱)'은 험함이다. '아(我)'는 구설(舊說)에 소공(蘇公)이라 하였고, '포(暴)'는 포공(暴公)이라 하였으니, 〈둘은〉 모두 기내(畿內;주나라 왕기(王畿)의 안)의 제후(諸侯)이다.

○ 구설(舊說)에 "포공이 경사(卿士)가 되어 소공을 참소하였다. 그러므로 소공이 시(詩)를 지어 거절한 것이다. 그러나 곧바로 포공을 지척(指斥)하고 싶지 않으므로 다만 그 수행하는 자를 가리켜 말하기를 '저 어떤 사람인고. 그 마음이 심히 험하도다. 어찌하여 내 어량(魚梁)에 가면서도 내 문에 들어오지 않는가. 이윽고 그 따르는 바를 물으니, 〈따르는 사람은〉 포공이었다. 포공을 따르면서 내 문에 들어오지 않는다면 포공이 나를 참소함이 분명하다.' 한 것이다." 하였다. 다만 구설은 시(詩)에 근거할 만한 분명한 글이 없으니, 그 반드시 옳은지는 믿을 수 없노라.

② 二人從行, 誰爲此禍〔胡果反〕. 胡逝我梁, 不入唁我. 始者不如今, 云不我可.

二人從行_{하나니}　　　두 사람이 따라 걸어가니

... 斥 : 가리킬 척

誰爲此禍오	누가 이 화(禍)를 만들었는고
胡逝我梁호되	어찌하여 내 어량(魚梁)에 가면서도
不入唁(언)我오	나에게 들어와 위문하지 않는고
始者不如今에	처음에는 지금처럼
云不我可러니라	나를 불가(不可)하다고 하지 않았느니라

賦也라 二人은 暴公與其徒也라 唁은 弔失位也라

○ 言二人相從而行하니 不知誰譖己而禍之乎아 旣使我得罪矣요 而其逝我梁也에 又不入而唁我하니 汝始者與我親厚之時에 豈嘗如今不以我爲可乎아

부(賦)이다. '두 사람'은 포공(暴公)과 그 무리이다. '언(唁)'은 지위를 잃음을 위문하는 것이다.

○ "두 사람이 서로 따라 걸어가니, 누가 나를 참소하여 화(禍)를 입혔는지를 알지 못하겠다. 이미 나로 하여금 죄를 얻게 하였고, 내 어량(魚梁)에 가면서도 또 〈내 집에〉 들어와 나를 위문하지 않으니, 네가 처음에 나와 더불어 친후(親厚)할 때에는 어찌 일찍이 지금과 같이 나를 불가(不可)하다고 하였는가."라고 한 것이다.

③ 彼何人斯, 胡逝我陳. 我聞其聲, 不見其身. 不愧于人, 不畏于天
[叶鐵因反].

彼何人斯오	저 어떤 사람인고
胡逝我陳고	어찌하여 내 뜰아래 길을 가는고
我聞其聲이요	내 그 소리만 듣고
不見其身호라	그 몸은 보지 못하였노라
不愧于人이어니와	사람에게는 부끄럽지 않지만
不畏于天가	하늘에게도 두렵지 않은가

賦也라 陳은 堂塗也니 堂下至門之徑也라

○ 在我之陳이면 則又近矣니 聞其聲而不見其身은 言其蹤跡之詭(궤)秘也라 不愧于人이면 則以人爲可欺也어니와 天不可欺니 女獨不畏于天乎아 奈何其譖我也오

부(賦)이다. '진(陳)'은 당(堂) 아래 길이니, 당하(堂下)로부터 문(門)에 이르는 작

··· 唁 : 위문할 언 陳 : 당아래길 진 蹤 : 발자취 종 詭 : 속일 궤

은 길이다.

○ 나의 뜰 아래길에 있다면 더 가까우니, 그 소리만 듣고 그 몸은 보지 못했다는 것은 그 종적이 괴이하고 비밀스러움을 말한 것이다. 사람에게 부끄럽지 않다면 사람은 속일 수 있다고 여긴 것이지만 하늘은 속일 수 없으니, 네 홀로 하늘에 두렵지 않은가. 어찌하여 나를 참소하는고.

④ 彼何人斯, 其爲飄風〔叶孚憎反〕. 胡不自北, 胡不自南〔叶尼心反〕. 胡逝我梁, 祗〔音支〕攪〔交卯反〕我心.

彼何人斯오	저 어떤 사람인고
其爲飄風이로다	그 표풍(飄風)이로다
胡不自北이며	어찌하여 북(北)으로부터 불지도 않으며
胡不自南이요	어찌하여 남(南)으로부터 불지도 않고
胡逝我梁고	어찌하여 내 어량(魚梁)에 가는고
祗攪(교)我心이로다	다만 내 마음 혼란하게 하도다

賦也라 飄風은 暴風也라 攪는 擾亂也라
○ 言其往來之疾이 若飄風然이라 自北自南이면 則與我不相値也어늘 今則逝我之梁하니 則適所以攪亂我心而已니라

부(賦)이다. '표풍(飄風)'은 폭풍(暴風)이다. '교(攪)'는 요란시킴이다.

○ 그 왕래함의 빠름이 표풍(飄風)과 같다. 〈그러나〉 북(北)으로부터 하고 남(南)으로부터 한다면 나와 더불어 서로 만나지 않을 것인데, 지금 나의 어량(魚梁)에 가니, 다만 내 마음을 교란시킬 뿐이라고 말한 것이다.

⑤ 爾之安行, 亦不遑舍〔叶商居反〕. 爾之亟〔紀力反〕行, 遑脂爾車. 壹者之來, 云何其盱〔況于反〕.

爾之安行에도	네가 느릿느릿 갈 때에도
亦不遑舍어니	또한 머물 겨를이 없었거니
爾之亟(극)行에	네가 빨리 간다면서

··· 飄 : 질풍 표 祗 : 다만 지 攪 : 어지러울 교 亟 : 빠를 극

遑脂爾車아	네 수레에 기름칠할 겨를이 있는가
壹者之來면	한 번만 와준다면
云何其盱리오	어찌하여 이처럼 멀리 바라보게 하는가

賦也라 安은 徐요 遑은 暇요 舍는 息이요 亟은 疾이요 盱는 望也라 字林[113]云 盱는 張目也라하고 易曰 盱豫悔[114]라하고 三都賦[115]云 盱衡而誥가 是也라

○ 言爾平時徐行에도 猶不暇息이어든 而況亟行이면 則何暇脂其車哉아 今脂其車하니 則非亟也어늘 乃託以亟行하여 而不入見我하니 則非其情矣라 何不一來見我하여 如何使我望汝之切乎아

부(賦)이다. '안(安)'은 느림이요, '황(遑)'은 겨를이요, '사(舍)'는 쉼이요, '극(亟)'은 빠름이요, '우(盱)'는 바라봄이다. 《자림(字林)》에는 "우(盱)는 눈을 크게 뜨고 보는 것이다." 하였고, 《주역(周易)》에는 "우예(盱豫)는 후회한다." 하였고, 《삼도부(三都賦)》에는 "눈을 크게 뜨고 바라보면서 말한다."는 것이 이것이다.

○ 네가 평상시 서행(徐行)할 때에도 오히려 쉴 겨를이 없었는데 하물며 빨리 간다면 어느 겨를에 수레에 기름을 칠하겠는가. 그런데 이제 수레에 기름을 치니, 이는 급한 것이 아니다. 그런데 마침내 급히 간다고 칭탁하여 들어와 나를 만나보지 않으니, 이는 그 실정(實情)이 아닌 것이다. 어찌하여 한 번 와서 나를 만나보지 아니하여 나로 하여금 너를 바라보기를 간절하게 하는가.

⑥ 爾還而入, 我心易〔以豉反 叶以支反〕也. 還而不入, 否難知也. 壹者之來, 俾我祇也.

爾還而入이면	네가 돌아가다가 들어온다면

• • • • • •

113 字林 : 자림(字林)은 남북조시대(南北朝時代)에 송(宋)나라 여침(呂忱)이 지은 것으로 문자학(文字學)의 자전류(字典類)이다.

114 易曰 盱豫悔 : 《주역》 예괘(豫卦) 육삼 효사(六三爻辭)에 "위로 육사(六四)를 올려다보고 기뻐하므로 뉘우친다.〔盱豫悔〕"라고 보인다.

115 三都賦 : 삼도부(三都賦)는 진(晉)나라 좌사(左思)가 삼국시대(三國時代)의 세 도읍인 촉도(蜀都)·오도(吳都)·위도(魏都)를 읊은 내용으로, 많은 사람들이 이 글을 전사(傳寫)하여 당시 낙양(洛陽)의 지가(紙價)를 높였다 한다.

• • • 盱 : 바라볼 우

我心易也_{어늘}	내 마음 기뻐질 터인데

我心易也_{어늘}　　　내 마음 기뻐질 터인데
還而不入_{하니}　　　돌아갈 때에도 들어오지 않으니
否難知也_{로다}　　　들어오지 않는 이유를 알기 어렵도다
壹者之來_면　　　한 번만 온다면
俾我祇也_{니라}　　　나로 하여금 편안하게 하리라

賦也라 還은 反이요 易는 說이요 祇는 安也라
○ 言爾之往也에 旣不入我門矣_{어니와} 儻還而入이면 則我心猶庶乎其說也_{어늘} 還而不入_{하니} 則爾之心을 我不可得而知矣라 何不一來見我_{하여} 而使我心安乎아 董氏曰 是詩至此에 其詞益緩_{하여} 若不知其爲譖矣_{니라}

　　부(賦)이다. '환(還)'은 돌아감이요, '이(易)'는 기쁨이요, '기(祇)'는 편안함이다.
　　○ "네가 갈 때에 이미 내 문(門)에 들어오지 않았지만 만약 돌아갈 때에라도 들어왔다면 내 마음이 오히려 기쁠 수 있거늘 돌아갈 때에도 들어오지 않으니, 네 마음을 내 알 수 없다. 어찌하여 한번 와서 나를 만나보아 내 마음을 편안하게 하지 않는가."라고 한 것이다.
　　동씨(董氏)가 말하였다. "이 시(詩)는 이에 이르러 그 말이 더욱 완곡하여 그가 참소함을 모른 듯하다."

⑦ 伯氏吹壎_[況袁反], 仲氏吹篪_[音池]. 及爾如貫, 諒不我知. 出此三物, 以詛_[側助反]爾斯_[叶先爾反].

伯氏吹壎_(훈)이어든　　　백씨가 질나팔을 불거든
仲氏吹篪_(지)라　　　중씨는 젓대를 분다
及爾如貫_{이로니}　　　너와 더불어 한 꿰미에 있는 듯하노니
諒不我知_{인댄}　　　진실로 나를 모른다고 할진댄
出此三物_{하여}　　　이 세 물건을 꺼내어
以詛_(저)爾斯_{호리라}　　　너와 맹약(盟約;저주)하리라

賦也라 伯仲은 兄弟也니 俱爲王臣이면 則有兄弟之義矣라 樂器에 土曰壎이니 大如鵝子_{하며} 銳上平底_{하여} 似稱錘_{하며} 六孔이라 竹曰篪니 長尺四寸이요 圍三寸이

··· 儻 : 진실로 당 董 : 성 동 壎 : 질나팔 훈 篪 : 젓대 지 詛 : 맹세할 저 鵝 : 거위 아 稱 : 저울대 칭
錘 : 저울추 추

며 七孔이요 一孔은 上出하고 徑三分하여 凡八孔이니 橫吹之라 如貫은 如繩之貫物也니 言相連屬也라 諒은 誠也라 三物은 犬、豕、鷄也니 刺其血以詛盟[116]也라
○ 伯氏吹壎而仲氏吹篪는 言其心相親愛而聲相應和也라 與汝如物之在貫하니 豈誠不我知而譖我哉리오 苟曰誠不我知인댄 則出此三物以詛之가 可也라

부(賦)이다. '백(伯)'과 '중(仲)'은 형제(兄弟)이니, 함께 왕(王)의 신하가 되었으면 형제간의 의리가 있는 것이다. 악기(樂器) 중에 흙으로 만든 것을 '훈(壎)'이라 하니, 크기가 거위알 만하고 위가 뾰족하고 밑이 평평하여 저울추와 비슷하고 구멍이 6개이다. 대나무로 만든 것을 '지(篪)'라 하니, 길이가 1척(尺) 4촌(寸)이요, 둘레가 3촌이며 7개의 구멍이 있고, 또 1개의 구멍이 위로 나 있으며, 지름이 3푼(分)이어서 모두 8개의 구멍이니, 가로로 이것을 분다. 여관(如貫)은 노끈이 물건을 꿰과 같은 것이니, 서로 연결됨을 말한 것이다. '량(諒)'은 진실로이다. '삼물(三物)'은 개, 양, 닭이니, 찔러 그 피를 내어서 저맹(詛盟)을 하는 것이다.

○ 백씨(伯氏)가 질나팔을 불거든 중씨(仲氏)가 젓대를 분다는 것은 그 마음이 서로 친애(親愛)하고 소리가 서로 응하여 화(和)함을 말한 것이다. 너와 함께 함이 마치 물건이 한 꿰미에 있는 듯하니, 어찌 진실로 나를 알지 못하고 나를 참소하는가. 만일 진실로 모른다고 한다면 이 세 가지 물건을 꺼내서 맹약(저주)을 하는 것이 가(可)하다.

⑧ 爲鬼爲蜮〔音域〕, 則不可得. 有靦〔土典反〕面目, 視人罔極. 作此好歌, 以極反側.

爲鬼爲蜮(역)이면	귀신이 되고 물여우가 된다면
則不可得이어니와	볼 수가 없겠지만
有靦(전)面目하여	버젓이 얼굴과 눈이 있어
視人罔極이니라	사람을 봄이 다함이 없느니라
作此好歌하여	내가 이 좋은 노래를 지어서
以極反側하노라	너의 반측(反側)하는 모양 다 말하노라

......
116 詛盟 : 저맹(詛盟)은 서로 저버리지 않기로 맹세하고 만일 저버리면 신(神)이 벌을 내릴 것이라고 저주(詛呪)함을 이른다.

··· 蜮 : 물여우 역 靦 : 부끄러워할 전

賦也라 蜮은 短狐也니 江淮水皆有之하니 能含沙以射水中人影이면 其人輒病이로
되 而不見其形也라 覥은 面見人之貌也라 好는 善也라 反側은 反覆不正直也라
○ 言汝爲鬼爲蜮이면 則不可得而見矣어니와 汝乃人也라 覥然有面目하여 與人
相視가 無窮極之時하니 豈其情終不可測哉리오 是以로 作此好歌하여 以究極爾反
側之心也라

　　부(賦)이다. '역(蜮)'은 단호(短狐)이니, 장강(長江)과 회수(淮水)에 모두 있으니,
모래를 머금어 물 속에 비치는 사람의 그림자를 쏘면, 그 사람은 곧 병이 드는데
그 형체는 볼 수가 없다. '전(覥)'은 얼굴로 남을 보는 모양이다. '호(好)'는 좋음이
다. '반측(反側)'은 번복하여 정직(正直)하지 않은 것이다.

　　○ 네가 귀신이 되고 물여우가 된다면 볼 수가 없겠지만 너는 바로 사람이어
서 전연(覥然)히 면목(面目)이 있어 남과 서로 봄이 궁극(窮極)할 때가 없으니, 어찌
그 정상(情狀)을 끝내 측량하지 못하겠는가. 이 때문에 이 좋은 노래를 지어서 너
의 반측(反側:번복)하는 마음을 다 말한 것이다.

何人斯八章이니 章六句라
　　〈하인사(何人斯)〉는 8장이니, 장마다 6구이다.
此詩는 與上篇文意相似하니 疑出一手라 但上篇은 先刺聽者하고 此篇은 專責讒
人耳라 王氏曰 暴公이 不忠於君하고 不義於友하니 所謂大故也라 故로 蘇公絶之
라 然이나 其絶之也에 不斥暴公하고 言其從行而已요 不著其譖也하고 示以所疑
而已며 旣絶之矣로되 而猶告以壹者之來면 俾我祇也하니 蓋君子之處己也忠하고
其遇人也恕라 使其由此悔悟하여 更以善意從我면 固所願也요 雖其不能如此라도
我固不爲已甚이니 豈若小丈夫然哉라 一與人絶이면 則醜詆固拒하여 唯恐其復合
也리오

　　이 시(詩)는 상편(上篇)과 글 뜻이 서로 비슷하니, 의심컨대 한 사람의 손에서
나온 듯하다. 다만 상편은 먼저 참언(讒言)을 들어주는 자를 풍자(諷刺)하였고, 이
편(篇)은 오로지 참인(讒人)을 꾸짖었을 뿐이다.

　　왕씨(王氏)가 말하였다. "포공(暴公)은 군주에게 충성하지 않고 붕우간에 의리
(義理)를 지키지 않았으니, 이른바 대고(大故:큰 변고)이다. 그러므로 소공(蘇公)이
그와 절교한 것이다. 그러나 절교할 때에 포공을 지척(指斥)하지 않고 그 수행하
는 자를 말했을 뿐이요, 그 참소함을 드러내지 않고 의심하는 바를 보였을 뿐이

며, 이미 절교하였으나 오히려 '한 번이라도 온다면 나를 편안하게 할 것이다.'라고 말하였으니, 군자는 자기 몸을 처(處)하기를 충(忠)으로써 하고, 남을 대하기를 서(恕)로써 한다. 가령 이로 말미암아 포공이 뉘우치고 깨달아 고쳐서 선의(善意)로써 나를 따른다면 내가 진실로 원하는 바요, 비록 이와 같지 못할지라도 나는 진실로 너무 심하게 함이 되지 않으니, 어찌 소장부(小丈夫)와 같아 한 번 남과 절교하면 추하게 꾸짖고 굳게 거절하여 행여 다시 합할까 두려워하겠는가."

【毛序】何人斯는 蘇公이 刺暴公也라 暴公이 爲王卿士而譖蘇公焉이라 故로 蘇公作詩以絶之니라

〈하인사(何人斯)〉는 소공(蘇公)이 포공(暴公)을 풍자한 시(詩)이다. 포공이 왕(王)의 경사(卿士)가 되어 소공을 참소하므로 소공이 이 시를 지어 끊은 것이다.

【鄭註】暴也、蘇也는 皆畿內國名이라

포(暴)와 소(蘇)는 모두 기내(畿內)의 국명(國名)이다.

【辨說】鄭氏曰 暴、蘇는 皆畿內國名이라 世本云 暴辛公作塤(壎)하고 蘇成公作箎라한대 譙周古史考云 古有塤箎尙矣러니 周幽王時에 二公이 特善其事耳라하니라 今按書에 有司寇蘇公하고 春秋傳에 有蘇忿生[117]하고 戰國及漢時에 有人姓暴하니 則固應有此二人矣라 但此詩中에 只有暴字하고 而無公字하며 及蘇公字不知어늘 序何所據而得此事也오 世本說은 尤紕繆어늘 譙周又從而傅會之하니 不知適所以章其繆耳니라

정씨(鄭氏:정현(鄭玄))는 "포(暴)와 소(蘇)는 모두 기내(畿內)의 나라 이름이다." 하였다. 《세본(世本)》에 이르기를 "포신공(暴辛公)이 훈(塤:질나팔)을 지었고 소성공(蘇成公)이 지(箎:젓대)를 지었다." 하였는데, 초주(譙周)의 《고사고(古史考)》에는 "옛날에 훈(塤)과 지(箎)가 있은 지가 오래되었으나 주(周)나라 유왕(幽王) 때에 포공(暴

117 今按書有司寇蘇公 春秋傳有蘇忿生 : 사구(司寇) 소공(蘇公)은 《서경》〈입정(立政)〉에 "주공이 다음과 같이 말씀하였다. '태사야! 사구인 소공이 그 행할 옥사를 공경하여 우리 왕국을 장구히 하였으니, 이에 법받아 삼감을 두면 조열(條列)로써 알맞은 형벌을 쓸 것이다.'〔周公 若曰, 太史, 司寇蘇公, 式敬爾由獄, 以長我王國, 玆式有愼, 以列, 用中罰.〕"라고 한 데에 보이고, 소분생(蘇忿生)은 《춘추좌씨전》은공(隱公) 11년에 "주 환공(周桓公)이 정(鄭)나라의 오(鄔)·유(劉)·위(蔿)·우(邘) 등 네 곳의 땅을 취하고, 소분생의 땅인 온(溫)·원(原)·치(絺)·번(樊)·습성(隰郕)·찬모(欑茅)·상(向)·맹(盟)·주(州)·형(陘)·퇴(隤)·회(懷) 등의 읍을 정나라에 주었다.〔王取鄔劉蔿邘之田于鄭, 而與鄭人蘇忿生之田溫原絺樊隰郕欑茅向盟州陘隤懷.〕"라고 보인다.

295

○

小雅

何人斯

公)과 소공(蘇公) 두 분이 특별히 이 훈과 지를 잘 연주했다." 하였다.

이제 살펴보건대 《서경(書經)》에 사구(司寇) 소공(蘇公)이 있고 《춘추좌씨전》에 소분생(蘇忿生)이 있고 전국(戰國)시대와 한(漢)나라 때에 포씨(暴氏) 성을 가진 사람이 있었으니, 진실로 응당 이 두 사람이 있었을 것이다. 다만 이 시 가운데에서는 오직 포(暴) 자만 있고 공(公) 자가 없으며 또 소공의 자(字)를 알지 못하는데, 〈서(序)〉는 무엇을 근거하여 이 일을 알았는가. 《세본》의 설은 더욱 잘못되었는데 초주가 또 따라서 견강부회하였으니, 이는 다만 그 오류를 드러낼 뿐임을 알지 못한 것이다.

6. 항백(巷伯)

① 萋〔七西反〕兮斐〔孚匪反〕兮, 成是貝錦. 彼譖人者, 亦已大〔音泰〕甚〔食荏反〕.

萋(처)兮斐(비)兮로	조금 문채(文彩)가 있는 것으로
成是貝錦이로다	이 자개무늬의 비단을 이루도다
彼譖人者여	저 남을 참소하는 자여
亦已大(太)甚이로다	또한 너무 심하도다

比也라 萋·斐는 小文之貌라 貝는 水中介蟲也니 有文彩하여 似錦이라
○ 時有遭讒而被宮刑하여 爲巷伯者 作此詩라 言因萋斐之形而文致之하여 以成貝錦하여 以比讒人者因人之小過而飾成大罪也라 彼爲是者는 亦已大(太)甚矣로다
　비(比)이다. '처(萋)'와 '비(斐)'는 조금 문채나는 모양이다. '패(貝)'는 물 속의 개충(介蟲;자개)이니, 문채가 있어 비단과 비슷하다.
　○ 이때 참소를 만나 궁형(宮刑)을 당하여 항백(巷伯)이 된 자가 있어서 이 시(詩)를 지은 것이다. 처·비의 형상을 인하여 문채를 내어 패금(貝錦)을 이룸을 말해서, 남을 참소하는 자가 남의 작은 허물로 인하여 큰 죄를 꾸며 이룸을 비유한 것이다. 저 이짓을 하는 자는 또한 너무 심하도다.

••• 萋 : 아름다울 처 斐 : 문채날 비 介 : 딱지 개

② 哆〔昌者反〕兮侈哆〔尺是反〕兮, 成是南箕. 彼譖人者, 誰適〔丁歷反 下同〕與謀〔叶謨悲反〕.

<table>
<tr><td>哆(차)兮侈兮로</td><td>조금 벌어지고 벌어진 것으로</td></tr>
<tr><td>成是南箕로다</td><td>남쪽 기성(箕星)을 이루도다</td></tr>
<tr><td>彼譖(讒)人者여</td><td>저 남을 참소하는 자여</td></tr>
<tr><td>誰適與謀오</td><td>누구를 주장하여 함께 꾀하는고</td></tr>
</table>

比也라 哆、侈는 微張之貌라 南箕는 四星이니 二爲踵이요 二爲舌[118]이라 其踵狹而舌廣하니 則大(太)張矣라 適은 主也니 誰適與謀는 言其謀之閟也라

비(比)이다. '차(哆)'와 '치(侈)'는 조금 벌어진 모양이다. '남기(南箕:남쪽에 있는 기성(箕星))'는 4개의 별이니, 둘은 종(踵:발꿈치)이 되고 둘은 혀가 된다. 그 종(踵)이 좁고 혀가 넓으니, 너무 벌어진 것이다. '적(適)'은 주장함이니, "누구를 주장하여 함께 꾀하는고." 한 것은 그 꾀가 비밀스러움을 말한 것이다.

③ 緝緝〔七立反〕翩翩〔音篇 叶批賓反〕, 謀欲譖人. 愼爾言也, 謂爾不信〔叶斯人反〕.

<table>
<tr><td>緝緝翩翩하여</td><td>집집(緝緝)하고 편편(翩翩)해서</td></tr>
<tr><td>謀欲譖人하나다</td><td>꾀하여 남을 참소하고자 하는구나</td></tr>
<tr><td>愼爾言也어다</td><td>너의 말 삼갈지어다</td></tr>
<tr><td>謂爾不信이리라</td><td>너더러 거짓말한다 이르리라</td></tr>
</table>

賦也라 緝緝은 口舌聲이라 或曰 緝은 緝人之罪也라하고 或曰 有條理貌라하니 皆通이라 翩翩은 往來貌라 譖人者自以爲得意矣라 然이나 不愼爾言이라가 聽者有時而悟면 且將以爾爲不信矣리라

• • • • • •

118 二爲踵 二爲舌 : 종(踵)은 뒤쪽에 있는 두 별을 이르고 설(舌)은 앞쪽에 있는 두 별을 이르는데, 기성(箕星)이 키〔箕〕 모양과 비슷하다 하여 앞에 넓게 벌어진 부분을 키의 혓바닥으로 보고 뒤에 좁은 부분을 키의 밑부분으로 본 것이다.

••• 哆 : 입벌릴 차 侈 : 벌릴 치 箕 : 키 기 適 : 주장할 적 踵 : 발꿈치 종 閟 : 으슥할 비 翩 : 나부낄 편

부(賦)이다. '집집(緝緝)'은 남의 입에 오르내리는 소리이다. 혹자는 말하기를 "집(緝)은 남의 죄를 얽어 만드는 것이다." 하고, 혹자는 "조리가 있는 모양이다." 하니, 모두 통한다. '편편(翩翩)'은 왕래하는 모양이다. 남을 참소하는 자는 스스로 뜻을 얻었다고 생각한다. 그러나 네가 말을 삼가지 않다가 네 말을 들어주었던 자가 어느 때이든 깨달음이 있게 되면 장차 너더러 거짓말한다 할 것이다.

④ 捷捷幡幡〔芳煩反 叶芬遭反〕, 謀欲譖言. 豈不爾受, 既其女〔音汝〕遷.

捷捷幡(번)幡하여	빠르고 빠르며 번복하여
謀欲譖言하나다	꾀해서 참언을 하고자 하는구나
豈不爾受리오마는	어찌 너의 참언 받아들이지 않으랴마는
既其女遷하리라	이윽고 너에게 옮겨가리라

賦也라 捷捷은 儇(현)利貌요 幡幡은 反覆貌라 王氏曰 上好譖이면 則固將受女라 然이나 好譖不已면 則遇譖之禍가 亦既遷而及女矣라 曾氏曰 上章及此는 皆忠告之詞니라

부(賦)이다. '서서(捷捷)'는 빠른 모양이요, '번번(幡幡)'은 번복(反覆)하는 모양이다.

왕씨(王氏)가 말하였다. "윗사람이 참언(譖言)을 좋아하면 진실로 장차 너의 말을 받아줄 것이다. 그러나 참언하기를 좋아하고 그치지 않는다면 참소를 만나는 화(禍)가 또한 이미 옮겨가 너에게 미칠 것이다."

증씨(曾氏)가 말하였다. "상장(上章)과 이것은 모두 충고(忠告)하는 말이다."

⑤ 驕人好好, 勞人草草. 蒼天蒼天〔叶鐵因反〕, 視彼驕人, 矜此勞人.

驕人好好어늘	교만한 사람은 즐겁고 즐거운데
勞人草草로다	수고로운 사람은 근심하고 근심하도다
蒼天蒼天아	창천(蒼天)아 창천(蒼天)아
視彼驕人하사	저 교만한 사람을 살피사
矜此勞人하소서	이 수고로운 사람 불쌍히 여기소서

... 幡 : 나부낄 번 儇 : 빠를 현 矜 : 불쌍히여길 긍

賦也라 好好는 樂也요 草草는 憂也라 驕人은 譖行而得意하고 勞人은 遇譖而失度하니 其狀如此라

부(賦)이다. '호호(好好)'는 즐거움이요, '초초(草草)'는 근심함이다. 교만한 사람은 참소가 행해져서(먹혀들어) 뜻을 얻고, 수고로운 사람은 참소를 만나서 정상적인 태도를 잃으니, 그 형상이 이와 같은 것이다.

⑥ 彼譖人者〔마掌與反〕, 誰適與謀〔마滿補反〕. 取彼譖人, 投畀豺〔士皆反〕虎. 豺虎不食, 投畀有北. 有北不受〔마承呪反〕, 投畀有昊〔마許候反〕.

彼譖人者여	저 남을 참소하는 자여
誰適與謀오	누구를 주장하여 함께 꾀하는고
取彼譖人하여	저 참소하는 자를 취하여
投畀(비)豺虎호리라	승냥이와 범에게 던져주리라
豺虎不食이어든	승냥이와 범이 먹지 않거든
投畀有北호리라	북방(北方)의 불모지에 던져주리라
有北不受어든	북방이 받아주지 않거든
投畀有昊호리라	하늘에게 던져주리라

賦也라 再言彼譖人者 誰適與謀者는 甚嫉之故로 重言之也라 或曰 衍文也라 投는 棄也라 北은 北方寒涼不毛之地也라 不食, 不受는 言讒譖之人은 物所共惡(오)也라 昊는 昊天也니 投畀昊天하여 使制其罪라
○ 此皆設言하여 以見欲其死亡之甚也라 故로 曰 好賢如緇衣하고 惡惡(오악)如巷伯[119]이라하니라

부(賦)이다. "저 참소하는 자여 누구를 주장하여 함께 꾀하는고."를 두 번 말한

••••••
119 好賢如緇衣 惡惡如巷伯: '호현여치의(好賢如緇衣)'는 《예기(禮記)》〈치의(緇衣)〉에 보이는바, 〈치의〉는 앞의 〈정풍(鄭風)〉의 편명(篇名)으로 여기에 "검은 옷이 걸맞음이여! 헤지면 내가 또다시 만들어 주리라. 그대의 관사로 갔다가 돌아오면 내가 그대에게 음식을 주리라.〔緇衣之宜兮, 敝予又改爲兮, 適子之館兮, 還予授子之粲兮.〕"라 하였는데, 이는 현자(賢者)를 좋아하여 의복(衣服)과 음식(飮食)을 대접하려는 정성을 나타낸 것이라 한다. 그리고 '오악여항백(惡惡如巷伯)'은 이 역시 《예기》〈치의〉에 보인다.

••• 畀:줄 비 豺:승냥이 시

것은 심히 미워하기 때문에 거듭 말한 것이다. 혹자는 연문(衍文)이라 한다. '투(投)'는 버림(던져줌)이다. '북(北)'은 북방(北方)의 추운 불모지이다. 먹지 않고, 받아주지 않는다는 것은 참소하는 사람은 물건이 함께 미워하는 바임을 말한 것이다. '호(昊)'는 호천(昊天)이니, 하늘에 던져 주어 그 죄를 제재(制裁)하게 하는 것이다.

○ 이는 모두 가설(假說)하여 말해서 그가 사망(死亡)하기를 바람이 심함을 나타낸 것이다. 그러므로 말하기를 "어진이를 좋아하기를 〈치의(緇衣)〉와 같이 하고, 악(惡)을 미워하기를 〈항백(巷伯)〉과 같이 한다." 한 것이다.

⑦ 楊園之道, 猗〔於綺反〕于畝丘〔叶祛奇反〕. 寺人孟子, 作爲此詩. 凡百君子, 敬而聽之.

楊園之道여	양원(楊園)의 길이여
猗(의)于畝丘로다	무구(畝丘)에 얹혀 있도다
寺人孟子	내시(內寺)인 맹자가
作爲此詩하노니	이 시(詩)를 짓노니
凡百君子는	모든 군자들은
敬而聽之어다	공경하여 들을지어다

興也라 楊園은 下地也라 猗는 加也라 畝丘는 高地也라 寺人은 內小臣이니 蓋以讒被宮而爲此官也라 孟子는 其字也라
○ 楊園之道而猗于畝丘로 以興賤者之言이 或有補於君子也라 蓋讒始於微者하여 而其漸將及於大臣이라 故로 作詩하여 使聽而謹之也라 劉氏曰 其後에 王后、太子及大夫 果多以讒廢者하니라

흥(興)이다. '양원(楊園)'은 낮은 지역이다. '의(猗)'는 가(加)함이다. '무구(畝丘)'는 높은 지역이다. '시인(寺人)'은 궁내(宮內)의 소신(小臣;지위가 낮은 신하)이니, 참언으로 궁형(宮刑)을 받고 이 관원이 된 자이다. '맹자(孟子)'는 그의 자(字)이다.

○ 양원(楊園)의 길이 무구(畝丘)에 얹혀 있음으로써 천(賤)한 자의 말이 혹 군자(君子)에게 보탬이 있음을 흥(興)한 것이다. 참언(讒言)은 미천한 자에게서 시작되어 그 점차 파급되면 장차 대신(大臣)에게 미친다. 그러므로 시(詩)를 지어서 이를 듣고 삼가게 한 것이다.

••• 猗 : 더할 의 寺 : 내시 시

유씨(劉氏)가 말하였다. "그 뒤에 왕후(王后)와 태자(太子)와 대부(大夫)들이 과연 참언 때문에 폐출(廢黜)을 당한 자가 많았다."

巷伯七章이니 四章은 章四句요 一章은 五句요 一章은 八句요 一章은 六句라

　〈항백(巷伯)〉은 7장이니, 네 장은 장마다 4구이고 한 장은 5구이고 한 장은 8구이고 한 장은 6구이다.

巷은 是宮內道名이니 秦、漢所謂永巷이 是也요 伯은 長也니 主宮內道官之長이니 卽寺人也라 故로 以名篇하니라 班固司馬遷贊云 迹其所以自傷悼컨대 小雅巷伯之倫이라하니 其意亦謂巷伯이 本以被譖而遭刑也라 而楊氏曰 寺人은 內侍之微者라 出入於王之左右하여 親近於王而日見(현)之하니 宜無間之可伺矣어늘 今也亦傷於讒이면 則疏遠者可知라 故로 其詩曰 凡百君子여 敬而聽之라하여 使在位知戒也라하니 其說不同이라 然이나 亦有理하니 姑存於此云이라

　'항(巷)'은 궁내(宮內)의 길 이름이니, 진(秦)·한(漢) 시대의 이른바 영항(永巷)이라는 것이 이것이요 '백(伯)'은 장(長)이니, 궁내의 길을 주관하는 관원의 장(長)이니, 바로 시인(寺人)이다. 그러므로 이것으로써 편(篇)을 이름한 것이다.

　반고(班固)의 〈사마천찬(司馬遷贊)〉에 이르기를 "그(사마천)가 스스로 서글퍼한 것을 추적해 보건대 〈소아(小雅) 항백(巷伯)〉의 무리이다." 하였으니, 그 뜻은 또한 항백이 본래 참소를 입어 형벌을 당하였음을 말한 것이다. 그런데 양씨(楊氏)는 말하기를 "시인(寺人)은 내시(內侍) 중에 미천한 자로서 왕(王)의 좌우(左右)에 출입하여 왕을 친근히 해서 날마다 뵈니, 마땅히 엿볼 만한 틈이 없을 듯한데 이제 또한 참언의 폐해를 입었으니, 소원한 자〈는 어떠할 지〉를 알 만하다. 그러므로 그 시(詩)에 이르기를 '모든 군자들이여! 공경히 들으라.' 하여 지위에 있는 자들에게 경계할 것을 알게 하였다." 하였으니, 그 말이 똑같지 않다. 그러나 또한 일리(一理)가 있으니, 우선 여기에 두노라.

【毛序】 巷伯은 刺幽王也니 寺人傷於讒이라 故로 作是詩也라

　〈항백〉은 유왕(幽王)을 풍자한 시(詩)이니, 시인(寺人)이 참언(讒言)에 폐해를 입었기 때문에 이 시를 지은 것이다.

【鄭註】 巷伯은 奄官이요 寺人內小臣也라 奄官은 上士四人이니 掌王后之命하여 於宮中爲近이라 故謂之巷伯이니 與寺人之官相近이라 讒人譖寺人에 寺人이 又傷

… 倫 : 무리 륜 伺 : 엿볼 사

小
雅
巷
伯

其將及巷伯이라 故以名篇하니라

항백(巷伯)은 엄관(奄官;내시)이니, 시인(寺人)으로 궁내(宮內)에 있는 작은(낮은) 신하이다. 엄관은 상사(上士)가 네 사람이니, 왕후의 명을 관장하여 궁중에 가까움이 된다. 그러므로 항백이라 일렀으니, 시인(寺人)의 관직과 서로 비슷하다. 참소하는 사람이 시인을 중상(中傷)함에 시인이 또 장차 항백에 미칠 것을 서글퍼하였다. 그러므로 이로써 편을 이름한 것이다.

7. 곡풍(谷風)

① 習習谷風, 維風及雨. 將恐〔丘勇反〕將懼, 維子與女〔音汝〕. 將安將樂
〔音洛〕, 女轉棄予〔叶演女反〕.

習習谷風이며	온화한 동풍(東風)이여
維風及雨로다	바람과 비로다
將恐將懼일새	장차 공구(恐懼)하려 할 적에는
維子與女(汝)러니	나와 너 뿐이었는데
將安將樂이란	장차 안락(安樂)하게 되어서는
女轉棄予아	네 도리어 나를 버리는가

興也라 習習은 和調貌라 谷風은 東風也라 將은 且也라 恐懼는 謂危難憂患之時也라

○ 此는 朋友相怨之詩라 故로 言習習谷風은 則維風及雨矣요 將恐將懼之時엔 則維子與女矣어늘 奈何將安將樂하여는 而女轉棄予哉오하니라

흥(興)이다. '습습(習習)'은 온화하고 고른 모양이다. '곡풍(谷風)'은 동풍이다. '장(將)'은 장차이다. '공구(恐懼)'는 위난(危難)과 우환(憂患)의 때를 이른다.

○ 이는 붕우간에 서로 원망한 시(詩)이다. 그러므로 말하기를 "습습한 동풍은 바람과 비요, 장차 공구할 때에는 나와 너 뿐이었다. 그런데 어찌하여 장차 안락하게 되어서는 네 도리어 나를 버리는가." 한 것이다.

② 習習谷風, 維風及頹〔徒雷反〕. 將恐將懼, 寘〔之鼓反〕子于懷〔叶胡隈反〕.
將安將樂, 棄子如遺〔叶烏回反〕.

習習谷風이여	온화한 동풍이여
維風及頹로다	바람과 회오리바람이로다
將恐將懼일새	장차 공구(恐懼)하려 할 적에는
寘子于懷러니	나를 품안에 두더니
將安將樂이란	장차 안락하게 되어서는
棄子如遺로다	나를 버리기를 잊은 듯이 하도다

興也라 頹는 風之焚輪者也라 寘는 與置同하니 置于懷는 親之也요 如遺는 忘去而
不復存省也라

　　흥(興)이다. '퇴(頹)'는 바람이 돌면서 불타오르는 것과 같은 것이다. '치(寘)'는
치(置)와 같으니, 품안에 둔다는 것은 가까이 하는 것이요, 잊은 듯이 한다는 것은
잊어버려서 다시는 마음속에 두고 살피지 않는 것이다.

③ 習習谷風, 維山崔〔徂回反〕嵬〔五回反〕. 無草不死, 無木不萎〔叶於回反〕.
忘我大德, 思我小怨〔叶韻未詳〕.

習習谷風이	온화한 동풍이
維山崔嵬(외)나	산 높은 곳에서 불어오나
無草不死며	죽지 않는 풀이 없으며
無木不萎니	시들지 않는 나무가 없나니
忘我大德이요	나의 큰 은덕(恩德)을 잊고
思我小怨가	나의 작은 원망을 생각하는가

比也라 崔嵬는 山巓也라
○ 習習谷風이 維山崔嵬면 則風之所被者廣矣라 然이나 猶無不死之草하고 無不
萎之木하니 況於朋友에 豈可以忘大德而思小怨乎아 或曰 興也라

···　頹 : 질풍 퇴 寘 : 둘 치 嵬 : 높을 외 萎 : 시들 위 巓 : 산마루 전

비(比)이다. '최외(崔嵬)'는 산마루이다.

○ 습습한 동풍이 산의 높은 곳에서 불어오면 바람이 불어 입혀지는 곳이 넓다. 그러나 오히려 죽지 않는 풀이 없고 시들지 않는 나무가 없으니, 하물며 붕우 간에 어찌 큰 은덕(恩德)을 잊고 작은 원망을 생각하는가. 혹자(或者)는 "흥(興)이다." 한다.

谷風三章이니 章六句라

　〈곡풍(谷風)〉은 3장이니, 장마다 6구이다.

【毛序】 谷風은 刺幽王也니 天下俗薄하여 朋友道絕焉하니라

　〈곡풍〉은 유왕(幽王)을 풍자한 시(詩)이니, 천하의 풍속이 야박해져서 붕우(朋友)의 도(道)가 끊긴 것이다.

【鄭註】 道絕은 棄恩忘舊也라

　'도(道)가 끊어졌다.'는 것은 은혜를 버리고 옛날을 잊은 것이다.

8. 륙아(蓼莪)

① 蓼蓼〔音六〕者莪〔五河反〕, 匪莪伊蒿〔呼毛反〕. 哀哀父母, 生我劬勞.

蓼(륙)蓼者莪러니	길고 큰 아름다운 쑥이라 여겼는데
匪莪伊蒿(호)로다	아름다운 쑥이 아니라 저 나쁜 쑥이로다
哀哀父母여	슬프고 슬프다 부모시여
生我劬勞샷다	나를 낳으시느라 몹시 수고하셨도다

比也라 蓼는 長大貌라 莪는 美菜也요 蒿는 賤草也라

○ 人民勞苦하여 孝子不得終養하여 而作此詩라 言昔謂之莪러니 而今非莪也요 特蒿而已라하여 以比父母生我에 以爲美材可賴以終其身이러니 而今乃不得其養以死라 於是에 乃言父母生我之劬勞하고 而重自哀傷也니라

　비(比)이다. '륙(蓼)'은 길고 큰 모양이다. '아(莪)'는 아름다운 나물이요, '호(蒿)'

··· 蓼 : 클 륙　莪 : 쑥아　蒿 : 다북쑥 호　劬 : 힘쓸 구

는 천한 풀이다.

○ 인민(人民)이 노고하여 효자가 봉양을 끝마치지 못해서 이 시(詩)를 지은 것이다. 옛날엔 아름다운 쑥이라고 생각했었는데 이제 아름다운 쑥이 아니요 다만 나쁜 쑥일 뿐임을 말하여, 부모가 나를 낳으실 때에는 아름다운 재질(材質)이 있어서 의뢰하여 몸을 마칠 수 있다고 생각하셨는데, 이제 도리어 그 봉양을 얻지 못하고 죽게 됨을 비유한 것이다. 이에 부모가 나를 낳으시느라 몹시 수고하셨음을 말하고, 거듭 스스로 서글퍼한 것이다.

② 蓼蓼者莪, 匪莪伊蔚〔音尉〕. 哀哀父母, 生我勞瘁〔似醉反〕.

蓼蓼者莪러니	길고 큰 아름다운 쑥이라 여겼는데
匪莪伊蔚(위)로다	아름다운 쑥이 아니라 저 제비쑥이로다
哀哀父母여	슬프고 슬프다 부모시여
生我勞瘁샷다	나를 낳으시느라 몹시 수고롭고 병드셨도다

比也라 蔚는 牡菣(무긴)也니 三月始生하고 七月始華하니 如胡麻華而紫赤이요 八月爲角하니 似小豆하고 角銳而長이라 瘁는 病也라

비(比)이다. '위(蔚)'는 제비쑥이니, 3월에 처음 나오고 7월에 처음 꽃이 피니, 호마(胡麻:참깨)의 꽃과 비슷한데 자적색(紫赤色)이요, 8월에 각(角:꼬투리)이 되니, 소두(小豆)와 같으며 각(角)이 뾰족하고 길다. '췌(瘁)'는 병듦이다.

③ 缾之罄矣, 維罍之恥. 鮮〔息淺反〕民之生, 不如死之久〔叶擧里反〕矣. 無父何怙, 無母何恃. 出則銜恤, 入則靡至.

缾之罄矣여	작은 병(항아리)이 텅 빔이여
維罍(뢰)之恥로다	큰 병의 수치로다
鮮民之生이여	과약(寡弱)한 백성의 삶이여
不如死之久矣로다	죽음만 못한 지가 오래되었도다
無父何怙(호)며	아버지가 없으면 누구를 믿으며

… 蔚 : 제비쑥 위 瘁 : 병들 췌 牡 : 수컷 무(모) 菣 : 제비쑥 긴 缾 : 병 병 罄 : 다할 경 罍 : 큰그릇 뢰
怙 : 믿을 호

無母何恃[120]오   어머니가 없으면 누구를 믿을꼬
出則銜恤이요   나가면 근심을 품고
入則靡至호라   들어오면 이를 곳이 없노라

比也라 餠小, 罍大하니 皆酒器也라 罄은 盡이요 鮮은 寡요 恤은 憂요 靡는 無也라
○ 言餠資於罍而罍資餠은 猶父母與子相依爲命也라 故로 餠罄矣는 乃罍之恥
니 猶父母不得其所는 乃子之責이라 所以窮獨之民이 生不如死也라 蓋無父則無
所怙요 無母則無所恃라 是以로 出則中心銜恤하고 入則如無所歸也라

비(比)이다. '병(餠)'은 작고 '뢰(罍)'는 크니, 모두 술그릇이다. '경(罄)'은 다함
이요, '선(鮮)'은 적음이요, '휼(恤)'은 근심이요, '미(靡)'는 없음이다.

○ 작은 병은 큰 병에게 의뢰하고 큰 병은 작은 병에게 의뢰하니, 이는 부모와
자식이 서로 의지하여 목숨을 부지함과 같은 것이다. 그러므로 작은 병이 텅 빔은
큰 병의 수치이니, 부모가 살 곳을 얻지 못함은 바로 자식의 책임인 것과 같다. 이
때문에 곤궁하고 외로운 백성들의 삶이 죽음만 못하게 된 것이다. 아버지가 없으
면 믿을 곳이 없고 어머니가 없으면 믿을 바가 없다. 이 때문에 나가면 중심(中心)
에 근심을 품고, 들어오면 돌아갈 곳이 없는 것과 같은 것이다.

④ 父兮生我, 母兮鞠我. 拊〔音撫〕我畜〔喜六反〕我, 長〔丁丈反〕我育我, 顧我
復我, 出入腹我, 欲報之德, 昊天罔極.

父兮生我하시고   아버지여 나를 낳으시고
母兮鞠我하시니   어머니여 나를 길러 주시니
拊(무)我畜(혹)我하시며   나를 어루만지고 나를 길러주시며
長我育我하시며   나를 자라게 하고 나를 키워주시며
顧我復我하시며   나를 돌아보고 나를 다시 돌아보시며
出入腹我하시니   출입할 때에 나를 가슴속에 두시니

••••••
120 無父何怙 無母何恃 : 호(怙)와 시(恃)는 모두 '믿는다'는 뜻으로 특별한 의미가 없는데, 후세
에서는 이 시구(詩句)를 근거하여 아버지를 잃은 것을 '실호(失怙)', 어머니를 잃은 것을 '실시(失
恃)'라 칭한다.

••• 銜 : 머금을 함

欲報之德인댄　　　　　그 은덕(恩德)을 갚고자 할진댄
昊天罔極이샷다　　　　하늘처럼 다함이 없도다

賦也라 生者는 本其氣也라 鞠, 畜은 皆養也라 拊는 拊循也요 育은 覆(부)育也라 顧는 旋視也요 復은 反覆也요 腹은 懷抱也라 罔은 無요 極은 窮也라
○ 言父母之恩이 如此하니 欲報之以德인댄 而其恩之大가 如天無窮하여 不知所以爲報也라

　　부(賦)이다. 낳았다는 것은 그 기(氣)를 근본하여 말한 것이다. '국(鞠)'과 '흑(畜)'은 모두 기름이다. '무(拊)'는 어루만짐이요, '육(育)'은 덮어서 길러줌이다. '고(顧)'는 돌아봄이요, '복(復)'은 반복함이요, '복(腹)'은 회포(懷抱;품)이다. '망(罔)'은 없음이요, '극(極)'은 다함이 없는 것이다.

　　○ 부모의 은혜가 이와 같으니, 덕(德)으로써 갚고자 할진댄, 그 은혜의 큼이 하늘처럼 무궁(無窮)하여 갚을 바를 알지 못한다고 말한 것이다.

⑤ 南山烈烈, 飄風發發, 民莫不穀, 我獨何害〔叶흠曷〕,

　　南山烈烈이어늘　　　　남산은 높고 크거늘
　　飄風發發이로다　　　　회오리바람은 빠르고 빠르도다
　　民莫不穀이어늘　　　　남들은 좋지 않은 이가 없는데
　　我獨何害오　　　　　　나만이 홀로 어찌 해로움을 당하는고

興也라 烈烈은 高大貌요 發發은 疾貌라 穀은 善也라
○ 南山烈烈이면 則飄風發發矣라 民莫不穀이어늘 而我獨何爲遭此害也哉오
　　흥(興)이다. '열열(烈烈)'은 높고 큰 모양이요, '발발(發發)'은 빠른 모양이다. '곡(穀)'은 좋음이다.

　　○ 남산(南山)이 높고 크면 표풍(飄風)이 빠르고 빠르다. 다른 사람들은 좋지 않은 이가 없는데 나만이 홀로 어찌하여 이런 해로움을 만났는고.

⑥ 南山律律, 飄風弗弗〔叶分聿反〕. 民莫不穀, 我獨不卒.

南山律律_{이어늘}	남산은 높고 큰데
飄風弗弗_{이로다}	회오리바람은 빠르고 빠르도다
民莫不穀_{이어늘}	남들은 좋지 않은 이가 없는데
我獨不卒_{호라}	나만이 봉양을 끝마치지 못하노라

興也라 律律은 猶烈烈也요 弗弗은 猶發發也라 卒은 終也니 言終養也라

홍(興)이다. '율률(律律)'은 열렬(烈烈)과 같고, '불불(弗弗)'은 발발(發發)과 같다. '졸(卒)'은 끝마침이니, 부모의 봉양을 끝마침을 말한 것이다.

蓼莪六章이니 四章은 章四句요 二章은 章八句라

〈륙아(蓼莪)〉는 6장이니, 네 장은 장마다 4구이고 두 장은 장마다 8구이다.

晉王裒¹²¹以父死非罪라하여 每讀詩라가 至哀哀父母 生我劬勞하여는 未嘗不三復流涕한대 受業者爲廢此篇하니 詩之感人이 如此하니라

진(晉)나라 왕부(王裒)는 아버지가 죄(罪)가 아닌 것으로 죽었다 하여 매번 《시경》을 읽다가 "애애부모(哀哀父母) 생아구로(生我劬勞)"에 이르면 일찍이 세 번 반복하고 눈물을 흘리지 않은 적이 없었다. 이에 수업하는 자들이 이 편(篇)을 폐지하였으니(배우지 않았으니), 시(詩)가 사람을 감동시킴이 이와 같은 것이다.

【毛序】 蓼莪는 刺幽王也라 民人勞苦하여 孝子不得終養爾니라

〈륙아〉는 유왕(幽王)을 풍자한 시(詩)이니, 인민(人民)들이 노고하여 효자가 봉양을 끝마칠 수 없는 것이다.

【鄭註】 不得終養者는 二親病亡之時니 時在役所하여 不得見也라

'봉양을 끝마칠 수 없다.'는 것은 두 어버이가 병들어 죽게 된 때이니, 이 때 아들이 부역하는 곳에 있어서 부모를 뵐 수가 없는 것이다.

------

121 王裒: 왕부(王裒)는 아버지 의(儀)가 위(魏)나라의 안동장군(安東將軍) 사마소(司馬昭)의 사마(司馬)로 있었는데, 사마소가 패전한 책임을 그에게 전가하여 처형하였으므로 '죄가 아니게 죽었다.'고 한 것이다.

… 裒 : 모을 부

9. 대동(大東)

① 有饛〔音蒙〕簋〔音軌〕飧〔音孫〕, 有捄〔音求〕棘匕〔必履反〕. 周道如砥〔之履反〕, 其直如矢. 君子所履, 小人所視〔叶善止反〕. 睠〔音眷〕言顧之, 潸〔所奸反〕焉出涕〔音體〕.

有饛簋飧(유몽궤손)이요　　　　그릇에 가득한 밥이요
有捄棘匕(유구극비)로다　　　　굽은 가시나무 수저로다
周道如砥(지)하니　　　　　　　주나라로 가는 길이 숫돌처럼 판판하니
其直如矢로다　　　　　　　　　그 곧음이 화살과 같도다
君子所履요　　　　　　　　　　군자가 밟는 바요
小人所視니　　　　　　　　　　소인들이 우러러보는 바이니
睠言顧之요　　　　　　　　　　이 길을 돌아보고
潸(산)焉出涕호라　　　　　　　 산연(潸然)히 눈물을 흘리노라

興也라 饛은 滿簋貌요 飧은 熟食也라 捄는 曲貌라 棘匕는 以棘爲匕하니 所以載鼎肉하여 而升之於俎也라 砥는 礪石이니 言平也요 矢는 言直也라 君子는 在位라 履는 行이라 小人은 下民也라 睠은 反顧也라 潸은 涕下貌라

○ 序에 以爲東國困於役而傷於財하니 譚大夫作此以告病이라 言有饛簋飧이면 則有捄棘匕요 周道如砥면 則其直如矢라 是以로 君子履之而小人視焉이러니 今乃顧之而出涕者는 則以東方之賦役이 莫不由是而西輸於周也니라

홍(興)이다. '몽(饛)'은 밥이 그릇에 가득한 모양이요, '손(飧)'은 익은 밥이다. '구(捄)'는 굽은 모양이다. '극비(棘匕)'는 가시나무로 수저를 만든 것이니, 솥의 고기를 담아 도마에 올려 놓는 것이다. '지(砥)'는 숫돌이니 판판함을 말한 것이요, '시(矢)'는 곧음을 말한 것이다. '군자'는 지위에 있는 자이다. '리(履)'는 감이다. '소인'은 하민(下民)이다. '권(睠)'은 되돌아봄이다. '산(潸)'은 눈물을 흘리는 모양이다.

○ 〈모서(毛序)〉에 "동쪽 나라가 부역에 시달리고 재물에 손상되니, 담(譚)나라 대부(大夫)가 이 시(詩)를 지어서 폐해를 말한 것이다." 하였다. 그릇에 밥이 가득

··· 饛 : 가득할 몽 簋 : 그릇 궤 捄 : 굽을 구 棘 : 가시나무 극 匕 : 숟가락 비 砥 : 숫돌 지 睠 : 돌아볼 권
　　潸 : 눈물흘릴 산 礪 : 숫돌 려 譚 : 나라이름 담 輸 : 실어보낼 수

히 담겨져 있으면 가시나무 수저가 굽어 있으며, 주(周)나라로 가는 길이 숫돌처럼 판판하면 그 곧음이 화살과 같다. 이 때문에 군자가 이 길을 밟고 소인들이 우러러 보았었는데, 지금은 마침내 이 길을 돌아보고서 눈물을 흘리는 까닭은 동방(東方)의 부역(조세)이 모두 이 길을 따라 서쪽으로 주나라에 실려가지 않음이 없기 때문임을 말한 것이다.

② 小東大東〔叶都郎反〕, 杼〔直呂反〕柚〔音逐〕其空〔叶枯郎反〕. 糾糾葛屨, 可以履霜. 佻佻〔徒彫反〕公子, 行彼周行〔叶戶郎反〕. 既往既來〔叶六直反〕, 使我心疚〔叶訖力反〕.

小東大東에	소동(小東)과 대동(大東)에
杼柚(저축)其空이로다	북과 바디가 모두 비었도다
糾糾葛屨(구)여	썰렁한 칡신이여
可以履霜이로다	서리를 밟을 수 있도다
佻(조)佻公子	경박한 공자(公子)가
行彼周行하여	저 큰 길을 가서
既往既來하니	이미 갔다가 이미 오니
使我心疚로다	내 마음 병들게 하도다

賦也라 小東, 大東은 東方小大之國也니 自周視之하면 則諸侯之國이 皆在東方이라 杼는 持緯者也요 柚은 受經者也라 空은 盡也라 佻는 輕薄不奈勞苦之貌라 公子는 諸侯之貴臣也라 周行은 大路也라 疚는 病也라
○ 言 東方小大之國이 杼柚皆已空矣라 至於以葛屨履霜하며 而其貴戚之臣도 奔走往來하여 不勝其勞하여 使我心憂而病也라

부(賦)이다. '소동(小東)'과 '대동(大東)'은 동방의 작고 큰 나라이니, 주(周)나라에서 보면 제후국은 모두 동방에 있다. '저(杼:북)'는 씨줄을 잡아주는 것이요, '축(柚:바디)'은 날줄을 받는 것이다. '공(空)'은 다함이다. '조(佻)'는 경박하여 노고를 견뎌내지 못하는 모양이다. '공자(公子)'는 제후의 귀신(貴臣)이다. '주행(周行)'은 대로(大路)이다. '구(疚)'는 병듦이다.

○ 동방의 작고 큰 나라가 저(杼)·축(柚)이 모두 이미 비었다. 그리하여 칡신

••• 杼:북 저 柚:북 축 糾:얽힐 규 屨:신 구 佻:경박할 조 疚:병들 구

310

○

詩經集傳

中

으로써 서리를 밟음에 이르렀으며, 귀척(貴戚)의 신하들도 분주히 왕래하여 그 수고로움을 이기지 못해서 나로 하여금 마음에 근심하여 병들게 했다고 말한 것이다.

③ 有冽〔音列〕氿〔音軌〕泉〔叶才勻反〕, 無浸穫薪. 契契〔苦計反〕寤歎, 哀我憚〔丁佐反〕人. 薪是穫薪, 尙可載〔叶節力反〕也. 哀我憚人, 亦可息也.

有冽氿(궤)泉에	차가운 구멍샘에
無浸穫薪이어다	베어놓은 섶을 적시지 말지어다
契契寤歎호니	근심으로 잠깨어 탄식하니
哀我憚人이로다	가엾은 우리 수고로운 사람이로다
薪是穫薪이란대	섶을 이미 거두었을진댄
尙可載也며	행여 싣고 돌아와야 할 것이며
哀我憚人이란대	가엾은 우리 수고로운 사람일진댄
亦可息也니라	또한 쉬게 하여야 할 것이니라

興也라 冽은 寒意也라 側出曰氿泉이라 穫은 艾(刈)也라 契契는 憂苦也라 憚은 勞也라 尙은 庶幾也라 載는 載以歸也라
○ 蘇氏曰 薪已穫矣어늘 而復漬(지)之則腐하고 民已勞矣어늘 而復事之則病이라 故로 已艾則庶其載而畜之요 已勞則庶其息而安之니라

　　흥(興)이다. '렬(冽)'은 차가운 뜻이다. 옆에서 나오는 것을 '궤천(氿泉)'이라 한다. '확(穫)'은 벰이다. '계계(契契)'는 근심하고 괴로워함이다. '탄(憚)'은 수고로움이다. '상(尙)'은 서기(庶幾:행여)이다. '재(載)'는 싣고 돌아옴이다.
　　○ 소씨(蘇氏)가 말하였다. "섶을 이미 베었는데 다시 물에 적시면 썩을 것이요, 백성이 이미 수고로운데 다시 일을 시키면 병들 것이다. 그러므로 섶을 이미 베었으면 부디(행여) 싣고 와서 쌓아두어야 하고, 사람이 이미 수고로우면 부디 쉬어 편안하게 해야 하는 것이다."

④ 東人之子, 職勞不來〔音賚 叶六直反〕, 西人之子, 粲粲衣服〔叶蒲北反〕, 舟人之子, 熊羆是裘〔叶渠之反〕. 私人之子, 百僚是試〔叶申之反〕.

... 冽:찰 렬 氿:구멍 궤 穫:벨 확 憚:수고할 탄 艾:벨 예 漬:담글 지(자)

東人之子는	동인(東人)의 자식은
職勞不來요	오로지 수고롭되 위로하지 않고
西人之子는	서인(西人)의 자식은
粲粲衣服이로다	선명하고 선명한 의복이로다
舟人之子는	주인(舟人)의 자식은
熊羆(비)是裘요	곰가죽으로 갓옷을 만들어 입고
私人之子는	사인(私人)의 자식은
百僚是試로다	백관(百官)에 등용되도다

賦也라 東人은 諸侯之人也라 職은 專主也라 來는 慰撫也라 西人은 京師人也라 粲粲은 鮮盛貌라 舟人은 舟楫之人也라 熊羆是裘는 言富也라 私人은 私家皁(조)隸之屬也라 僚는 官이요 試는 用也라 舟人, 私人은 皆西人也라

○ 此는 言賦役不均하여 羣小得志也라

부(賦)이다. '동인(東人:동쪽 사람)'은 제후국의 사람이다. '직(職)'은 오로지 주장함이다. '래(來)'는 위로하고 어루만짐이다. '서인(西人:서쪽 사람)'은 주나라 경사(京師)의 사람이다. '찬찬(粲粲)'은 곱고 성한 모양이다. '주인(舟人)'은 주집(舟楫:배를 몰고 노를 저음)의 사람이다. 웅비(熊羆:곰과 큰 곰)의 가죽으로 갓옷을 만듦은 부유함을 말한 것이다. '사인(私人)'은 사가(私家)의 조례(皁隸:하인)의 등속이다. '료(僚)'는 관원이요, '시(試)'는 등용함이다. '주인(舟人)'과 '사인(私人)'은 다 서인(西人)이다.

○ 이는 부역이 균등치 못하여 소인들이 뜻을 얻었음을 말한 것이다.

⑤ 或以其酒, 不以其漿. 鞙[胡犬反]鞙佩璲[音遂], 不以其長. 維天有漢, 監[古暫反]亦有光. 跂[丘跂反]彼織女, 終日七襄.

或以其酒라도	혹 술을 주더라도
不以其漿이며	장(漿)물(음료)로도 여기지 않으며
鞙鞙佩璲(현현패수)를	길게 늘어진 패수(佩璲)를
不以其長이로다	길다고 여기지 않도다
維天有漢하니	하늘에 은하수가 있으니

··· 來 : 위로할 래　羆 : 큰곰 비　楫 : 노 집(즙)　皁 : 하인 조　漿 : 음료 장　鞙 : 노리개드리울 현　璲 : 패옥 수

監亦有光이며　　　　바라봄에 또한 빛이 있으며
跂(기)彼織女　　　　삼각으로 있는 저 직녀성(織女星)은
終日七襄이로다　　　종일토록 자리를 일곱 번 바꾸도다

賦也라 鞘鞘은 長貌라 璲는 瑞也라 漢은 天河也라 跂는 隅貌라 織女는 星名이니 在
漢旁하니 三星跂然如隅也라 七襄은 未詳이라 傳曰 反也라하고 箋云 駕也라하니 駕
는 謂更(경)其肆也라 蓋天有十二次하여 日月所止舍니 所謂肆也라 經星은 一晝一
夜에 左旋一周而有餘하니 則終日之間에 自卯至酉엔 當經七次¹²²也라
○ 言 東人이 或饋之以酒라도 而西人曾不以爲漿하고 東人이 或與之以鞘然之佩
라도 而西人曾不以爲長이라 維天之有漢이면 則庶乎其有以監我요 而織女之七襄
이면 則庶乎其能成文章以報我矣라하니 無所赴愬하여 而言惟天庶乎其恤我耳니라

　부(賦)이다. '현현(鞘鞘)'은 긴 모양이다. '수(璲)'는 서옥(瑞玉)이다. '한(漢)'은 천
하(天河;은하)이다. '기(跂)'는 귀퉁이의 모양이다. '직녀(織女)'는 별 이름으로 은하
의 가에 있으니, 3개의 별이 기연(跂然)하여 삼각의 모퉁이와 같은 것이다. '칠양
(七襄)'은 미상(未詳)이다. 《모전(毛傳)》에는 '돌아옴'이라 하였고, 《정전(鄭箋)》에
는 '가(駕)'라 하였으니, 가(駕)는 그 자리를 바꿈을 이른다. 하늘에 12개의 위차(位
次:12방위)가 있어 해와 달이 머무는 곳이니, 이른바 사(肆)라는 것이다. 경성(經星)
은 일주야(一晝夜)에 왼쪽으로 돌아 일주(一周)하고 남음이 있으니, 그렇다면 하루
를 마치는 사이에 묘방(卯方)으로부터 유방(酉方)에 이르면 마땅히 7개의 위차(位
次)를 지나게 되는 것이다.
　○ "동인(東人)이 혹 술을 주더라도 서인(西人)은 일찍이 음료로도 여기지 않으
며, 동인이 혹 현연(鞘然)의 패옥(佩玉)을 주더라도 서인은 일찍이 길다고 여기지
않는다. 하늘에 은하가 있으면 행여 나를 살펴볼 수 있고, 직녀성이 일곱 번 자리
를 바꾸면 행여 비단을 이루어 나에게 보답할 수 있다." 하였으니, 달려가 하소연
할 곳이 없어서 오직 하늘이 행여 나를 구휼할 것이라고 말한 것이다.

••••••
122　經星……當經七次 : 경성(經星)은 붙박이별로 떠돌이별인 금성(金星)·목성(木星)·수성(水
星)·화성(火星)·토성(土星)과 상대되는 바, 이들 다섯 별을 위성(緯星)이라 한다. 당경칠차(當經
七次)는 낮에 해당하는 묘(卯)·진(辰)·사(巳)·오(午)·미(未)·신(申)·유(酉)의 일곱 방위를 지남
을 말한 것이다.

••• 　跂 : 모퉁이 기　襄 : 오를 양, 자리바꿀 양　璲 : 패옥 서　肆 : 자리 사

⑥ 雖則七襄, 不成報章. 睆〔華板反〕彼牽牛, 不以服箱. 東有啓明〔叶謨郎反〕, 西有長庚〔叶古郎反〕. 有捄天畢, 載施之行〔戶郎反〕.

雖則七襄이나	직녀성이 비록 일곱 번 자리를 바꾸나
不成報章이며	보답해 줄 문장(비단)을 이루지 못하며
睆(환)彼牽牛	반짝이는 저 견우성(牽牛星)은
不以服箱이로다	수레에 멍에하지 못하도다
東有啓明이요	동쪽에 계명성(啓明星)이 있고
西有長庚이며	서쪽에 장경성(長庚星)이 있으며
有捄天畢이	굽은 천필성(天畢星)이 있지만
載施之行(항)이로다	항렬(行列)에 베풀 뿐이로다

賦也라 睆은 明星貌라 牽牛는 星名이라 服은 駕也요 箱은 車箱也라 啓明, 長庚은 皆金星也니 以其先日而出故로 謂之啓明이요 以其後日而入故로 謂之長庚이라 蓋金、水二星이 常附日行而或先或後로되 但金大、水小라 故로 獨以金星爲言也라 天畢은 畢星也니 狀如掩兎之畢이라 行은 行列也라

○ 言彼織女不能成報我之章이요 牽牛不可以服我之箱이며 而啓明、長庚、天畢者 亦無實用이요 但施之行列而已라 至是면 則知天亦無若我何矣니라

　부(賦)이다. '환(睆)'은 밝은 별의 모양이다. '견우(牽牛)'는 별 이름이다. '복(服)'은 멍에함이요, '상(箱)'은 수레의 상자이다. '계명(啓明)'과 '장경(長庚)'은 다 금성(金星)이니, 해보다 먼저 나오기 때문에 계명(啓明:날이 밝음을 열어줌)이라 이르고, 해보다 뒤에 들어가기 때문에 장경(長庚:서방(西方)에 오랫동안 보임)이라 이른다. 금성과 수성(水星) 두 별은 항상 해를 따라다녀 혹 먼저 하기도 하고 혹 뒤에 하기도 하는데, 다만 금성은 크고 수성은 작기 때문에 홀로 금성만을 말한 것이다. '천필(天畢)'은 필성(畢星)이니, 모양이 토끼를 잡는 덫과 같다. '항(行)'은 항렬이다.

　○ 저 직녀성도 나에게 보답해줄 문장을 이루지 못하고, 견우성도 나의 수레 상자에 멍에하지 못하며, 계명성(啓明星)·장경성(長庚星)·천필성(天畢星)도 모두 실용이 없고, 다만 항렬에 베풀어질 뿐임을 말한 것이다. 이에 이르면 하늘도 또한 나를 어찌해 줄 수 없음을 안 것이다.

••• 睆 : 밝을 환 服 : 탈 복 箱 : 상자 상 捄 : 굽을 구 畢 : 별이름 필, 그물 필 掩 : 덮칠 엄

⑦ 維南有箕, 不可以簸〔波我反〕揚. 維北有斗, 不可以挹〔音揖〕酒漿. 維南有箕, 載翕〔許急反〕其舌. 維北有斗, 西柄之揭〔音訐〕.

維南有箕나(하니)	남쪽에 기성(箕星)이 있으나
不可以簸(파)揚이며	쭉정이를 까불러 날리지 못하며
維北有斗나(하니)	북쪽에 두성(斗星)이 있으나
不可以挹酒漿이로다	술과 장물을 뜨지 못하도다
維南有箕하니	남쪽에 기성(箕星)이 있으니
載翕其舌이며	곧 그 혀를 늘어뜨리고 있으며
維北有斗하니	북쪽에 두성(斗星)이 있으니
西柄之揭(걸)이로다	서쪽으로 자루를 들고 있도다

賦也라 箕, 斗는 二星이니 以夏秋之間見(현)於南方이라 云北斗者는 以其在箕之北也라 或曰 北斗는 常見不隱[123]者也라하니라 翕은 引也라 舌은 下之二星也라 南斗는 柄固指西요 若北斗而西柄이면 則亦秋時也라

○ 言 南箕旣不可以簸揚糠粃(강비)하고 北斗旣不可以挹酌酒漿이며 而箕引其舌하여 反若有所吞噬하고 斗西揭其柄하여 反若有所挹取於東하니 是天非徒無若我何라 乃亦若助西人而是困이니 甚怨之詞也라

부(賦)이다. '기(箕)'와 '두(斗; 남두(南斗))'는 두 별이니, 여름과 가을 사이에 남방(南方)에 보인다. '북쪽의 두성(斗星)'이라고 말한 것은 기성(箕星)의 북쪽에 있기 때문이다. 혹자는 말하기를 "북쪽의 두성은 항상 보이고 숨지 않는 것(북두칠성)이다." 한다. '흡(翕)'은 늘어뜨림이다. '설(舌)'은 기성의 아래에 있는 두 별이다. 남두성(南斗星)은 자루가 진실로 서쪽을 가리키고 있으며, 만일 북두성(北斗星)이 서쪽으로 자루를 들고 있다면 또한 가을인 것이다.

○ 남쪽의 기성(箕星)은 이미 겨와 쭉정이를 까불러 날리지 못하고, 두성(斗星)은 이미 술과 음료를 뜨지 못하며, 〈또〉 기성은 혓바닥을 늘어뜨리고 있어서 도리어 삼키려는 바가 있는 듯하고, 두성은 서쪽으로 자루를 들고 있어서 도리어 동쪽

123 常見不隱 : 상견불은(常見不隱)은 항상 보이고 숨지 않는 것으로, 북두칠성(北斗七星)은 사시 사철 밤하늘에 보이므로 말한 것이다.

······
123 常見不隱 : 상견불은(常見不隱)은 항상 보이고 숨지 않는 것으로, 북두칠성(北斗七星)은 사시 사철 밤하늘에 보이므로 말한 것이다.

··· 簸 : 까부를 파 挹 : 잔질할 읍 翕 : 당길 흡 粃 : 쭉정이 비 噬 : 삼킬 서

315
小雅
大東

에서 떠서 취하려는 바가 있는 듯하니, 이는 하늘이 나를 다만 어떻게 해줄 수 없을 뿐만 아니라, 또한 서인(西人)을 도와주어서 도리어 나로 하여금 곤궁함을 당하게 하려는 듯하다고 말한 것이니, 심히 원망한 말이다.

大東七章이니 章八句라

〈대동(大東)〉은 7장이니, 장마다 8구이다.

【毛序】大東은 刺亂也라 東國이 困於役而傷於財하니 譚大夫作是詩하여 以告病焉하니라

〈대동〉은 나라가 어지러움을 풍자한 시(詩)이다. 동쪽의 나라들이 부역에 시달리고 재물(세금)에 손상되니, 담(譚)나라 대부(大夫)가 이 시를 지어 병(폐해)이 됨을 말한 것이다.

【鄭註】譚國在東이라 故其大夫尤苦征役之事也니 魯莊公十年에 齊師滅譚하니라

담(譚)나라는 동쪽에 있었다. 그러므로 그 대부가 더욱 정역(征役)의 일에 괴로워한 것이니, 노(魯)나라 장공(莊公) 10년에 제(齊)나라 군대가 담나라를 멸망시켰다.

【辨說】譚大夫未有考하니 不知何據나 恐或有傳耳로라

담(譚)나라 대부는 상고함이 있지 못하니, 무엇을 근거했는지 알 수 없으나 혹 전수함이 있는 듯하다.

10. 사월(四月)

① 四月維夏〔叶後五反〕, 六月徂暑. 先祖匪人, 胡寧忍予〔叶演女反〕.

四月維夏어든　　　　사월에 여름이 되거든
六月徂(조)暑니라　　　유월에 더위가 물러가느니라
先祖匪人가　　　　선조는 사람이 아니신가
胡寧忍予오　　　　왜 나를 차마 이렇게 하시는고

興也라 徂는 往也라 四月、六月은 亦以夏正數之니 建巳、建未之月也라

··· 徂 : 갈 조

○ 此亦遭亂自傷之詩라 言四月維夏면 則六月徂暑矣라 我先祖豈非人乎아 何忍使我遭此禍也오하니 無所歸咎之詞也라

흥(興)이다. '조(徂)'는 감이다. 사월과 유월은 또한 하정(夏正)으로 센 것이니, 건사(建巳)와 건미(建未)의 달이다.

○ 이 또한 난(亂)을 만나 스스로 서글퍼한 시(詩)이다. "사월에 여름이 되면 유월에 더위가 물러간다. 우리 선조가 어찌 사람이 아니시겠는가. 그런데 어찌하여 차마 나로 하여금 이 화(禍)를 만나게 하겠는가."라고 하였으니, 허물을 돌릴 곳이 없어서 한 말이다.

② 秋日淒淒〔七西反〕, 百卉〔許貴反〕具腓〔芳菲反〕. 亂離瘼〔音莫〕矣, 爰〔家語作奚〕其適歸.

秋日淒淒라	가을날이 쌀쌀한지라
百卉(훼)具腓로다	온갖 풀이 모두 병들도다
亂離瘼矣니	난리를 만나 병드니
爰(옛)其適歸오	어디로 돌아갈꼬

興也라 淒淒는 涼風也라 卉는 草요 腓는 病이요 離는 憂요 瘼은 病이요 奚는 何요 適은 之也라

○ 秋日淒淒면 則百卉俱腓矣라 亂離瘼矣면 則我將何所適歸乎哉아

흥(興)이다. '처처(淒淒)'는 차가운 바람이다. '훼(卉)'는 풀이요, '비(腓)'는 병듦이요, '리(離)'는 근심함이요, '막(瘼)'은 병듦이요, '해(奚)'는 어찌요, '적(適)'은 감이다.

○ 가을 날씨가 쌀쌀해지면 온갖 풀이 모두 병든다. 난리를 만나 병들면 내 장차 어디로 돌아갈꼬.

③ 冬日烈烈, 飄風發發. 民莫不穀, 我獨何害〔叶音曷〕.

| 冬日烈烈이어늘 | 겨울 날씨가 차갑거늘 |
| 飄風發發이로다 | 회오리바람은 빠르고 빠르도다 |

··· 卉 : 풀 훼 腓 : 병들 비 離 : 근심할 리 瘼 : 병들 막

民莫不穀이어늘 　　　남들은 좋지 않은 이가 없는데
我獨何害오 　　　　나만이 홀로 어찌 해를 당하는고

興也라 烈烈은 猶栗烈也라 發發은 疾貌라 穀은 善也라
○ 夏則暑하고 秋則病하고 冬則烈하니 言禍亂日進하여 無時而息也라

　　흥(興)이다. '열렬(烈烈)'은 율렬(栗烈;쌀쌀함)과 같다. '발발(發發)'은 빠른 모양이다. '곡(穀)'은 좋음이다.

　　○ 여름엔 덥고 가을에는 병들고 겨울에는 추우니, 화란(禍亂)이 날로 진전되어서 쉴 때가 없음을 말한 것이다.

④ 山有嘉卉, 侯栗侯梅［叶莫悲反］. 廢爲殘賊, 莫知其尤［叶于其反］.

山有嘉卉하니 　　　산에 아름다운 나무가 있으니
侯栗侯梅로다 　　　밤나무와 매화나무로다
廢爲殘賊하니 　　　변하여 잔적이 되니
莫知其尤로다 　　　그 허물을 알지 못하도다

興也라 嘉는 善이요 侯는 維요 廢는 變이요 尤는 過也라
○ 山有嘉卉하니 則維栗與梅矣라 在位者 變爲殘賊하니 則誰之過哉오

　　흥(興)이다. '가(嘉)'는 좋음이요, '후(侯)'는 유(維;발어사)요, '폐(廢)'는 변함이요, '우(尤)'는 허물이다.

　　○ 산에 아름다운 나무가 있으니 밤나무와 매화나무이다. 지위가 있는 자가 변하여 잔적(殘賊;백성을 해침)한 짓을 하니, 이는 누구의 허물인고.

⑤ 相［息亮反］彼泉水, 載淸載濁［叶殊玉反］. 我日構禍, 曷云能穀.

相彼泉水한대 　　　저 흐르는 샘물을 보건대
載淸載濁이로다 　　　맑았다 흐렸다 하도다
我日構禍호니 　　　나는 날마다 화(禍)를 만나니
曷云能穀고 　　　언제나 좋아지겠는가

興也라 相은 視요 載는 則이요 構는 合也라

○ 相彼泉水컨대 猶有時而淸하고 有時而濁이어늘 而我乃日日遭害하니 則曷云能善乎아

흥(興)이다. '상(相)'은 봄이요, '재(載)'는 즉(則;곧)이요, '구(構)'는 합함이다.

○ 저 흐르는 샘물을 보건대 오히려 맑을 때도 있고 흐릴 때도 있는데 나는 마침내 날마다 해(害)로움을 당하니, 언제나 능히 좋아질꼬.

⑥ 滔滔[吐刀反]江漢, 南國之紀. 盡瘁以仕, 寧莫我有[叶羽己反].

滔滔江漢이	도도히 흐르는 장강과 한수(漢水)가
南國之紀니라	남국의 강기(綱紀)가 되느니라
盡瘁以仕어늘	수고로움을 다하여 벼슬하는데
寧莫我有오	어찌하여 나를 기억해 주지 않는고

興也라 滔滔는 大水貌라 江、漢은 二水名이라 紀는 綱紀也니 謂經帶包絡之也[124]라 瘁는 病也라 有는 識(지)有也라

○ 滔滔江漢도 猶爲南國之紀하나니 今也盡瘁以仕어늘 而王何其不我有哉오

흥(興)이다. '도도(滔滔)'는 큰 물이 흐르는 모양이다. '강(江)'과 '한(漢)'은 두 물의 이름이다. '기(紀)'는 강기(綱紀)이니, 경대(經帶)하고 포락(包絡)함을 이른다. '췌(瘁)'는 병듦이다. '유(有)'는 기억해 줌이다.

○ 도도히 흐르는 장강과 한수도 오히려 남국의 강기(綱紀)가 되나니, 나는 지금 수고로움을 다하여 벼슬하는데 왕(王)은 어찌하여 그리도 나를 기억해 주지 않는고.

⑦ 匪鶉[徒丸反]匪鳶[以專反 叶以旬反], 翰飛戾天[叶鐵因反]. 匪鱣[張連反]匪鮪

••••••
124 江漢……謂經帶包絡之也 : 강한(江漢)은 장강(長江)과 한수(漢水)이며 경대(經帶)는 지나가는 것이고 포락(包絡)은 작은 물과 합류하는 것으로, 장강과 한수가 남국(南國)의 큰 강으로서 모든 하천의 물을 받아들인다는 뜻인데, 당시 주왕(周王)이 현인(賢人)을 제대로 수용하지 못함을 비유한 것이다.

••• 滔 : 창일할 도　瘁 : 병들 췌　絡 : 이을 락

〔于軌反〕, 潛逃于淵〔따一均反〕.

匪鶉(단)匪鳶이어니	보라매도 아니요 솔개도 아니거니
翰飛戾天가	나래로 날아 하늘에 이를까
匪鱣匪鮪어니	전어도 아니요 상어도 아니거니
潛逃于淵가	못에 잠겨 도망할까

賦也라 鶉은 鵰也라 鳶은 亦鷙鳥也니 其飛上薄雲漢이라 鱣、鮪는 大魚也라
○ 鶉、鳶則能翰飛戾天이요 鱣、鮪則能潛逃于淵이어니와 我非是四者니 則亦
無所逃矣라

부(賦)이다. '단(鶉)'은 보라매이다. '연(鳶:솔개)'은 또한 사나운 새이니, 그 낢이
위로 운한(雲漢:은하수)에 이른다. '전(鱣)'과 '유(鮪)'는 큰 물고기이다.

○ 단(鶉), 연(鳶)은 능히 나래로 날아 하늘에 이를 수 있고, 전(鱣), 유(鮪)는 못
에 잠겨 도망할 수가 있지만, 나는 이 네 가지 동물이 아니니, 또한 도망할 곳이
없는 것이다.

詩經集傳 中

⑧ 山有蕨薇, 隰有杞桋〔音夷〕. 君子作歌, 維以告哀〔따於希反〕.

山有蕨薇어늘	산에는 고사리와 고비가 있거늘
隰有杞桋(이)로다	습지에는 기나무와 산대추나무가 있도다
君子作歌하여	군자가 노래를 지어
維以告哀로다	슬픔을 말하노라

興也라 杞는 枸檵也라 桋는 赤楝也니 樹葉細而岐銳하고 皮理錯戾하며 好叢生山
中하니 中爲車輞이라
○ 山則有蕨薇요 隰則有杞桋라 君子作歌는 則維以告哀而已니라

흥(興)이다. '기(杞)'는 구계(枸檵:구기자)이다. '이(桋)'는 붉은 대추나무이니, 나
뭇잎이 가는데 갈라지고 뾰족하며 껍질과 결이 어긋나며 산중(山中)에 총생(叢生)
하기를 좋아하니, 수레테를 만드는데 알맞다.

... 鶉:매 단 戾:이을 려 鱣:전어 전 鮪:상어 유 鵰:보라매 조 鷙:맹금 지, 사나울 지 薄:이를 박
蕨:고사리 궐 薇:고사리 미 杞:구기자나무 기 桋:암뽕나무 이, 가시목 이 枸:구기자나무 구
檵:구기자나무 계 楝:대추나무 색 錯:어긋날 착 戾:어그러질 려 輞:수레바퀴테 망

○ 산에는 고사리와 고비가 있고 습지에는 기(杞)나무와 산대추나무가 있다. 군자가 노래를 지음은 슬픔을 말하려 함일 뿐이다.

四月八章이니 章四句라

〈사월(四月)〉은 8장이니, 장마다 4구이다.

【毛序】 四月은 大夫刺幽王也라 在位貪殘하여 下國構禍하니 怨亂竝興焉하니라

〈사월〉은 대부(大夫)가 유왕(幽王)을 풍자한 시(詩)이다. 지위에 있는 자가 탐욕스럽고 잔학한 짓을 하여 하국(下國:제후국)이 화(禍)를 만나니, 원망과 혼란이 함께 일어난 것이다.

小旻之什은 十篇이니 六十五章이요 四百十四句라

〈소민지십(小旻之什)〉은 10편이니, 65장이고 414구이다.

〈북산지십(北山之什)〉 2-6[二之六]

1. 북산(北山)

① 陟彼北山, 言采其杞. 偕偕士子[叶獎里反], 朝夕從事[叶上止反]. 王事靡盬, 憂我父母[叶滿彼反].

陟彼北山하여	저 북산에 올라가
言采其杞호라	기(杞)나물을 뜯노라
偕偕士子	건장한 사자(士子)들이
朝夕從事로니	조석으로 종사하니
王事靡盬(고)라	국사를 허술히 할 수 없는지라
憂我父母호라	우리 부모를 근심하게 하노라

賦也라 偕偕는 强壯貌라 士子는 詩人自謂也라
○ 大夫行役而作此詩라 自言 陟北山而采杞以食者는 皆强壯之人而朝夕從事者也니 蓋以王事不可以不勤이라 是以로 貽我父母之憂耳니라

부(賦)이다. '해해(偕偕)'는 강장(强壯)한 모양이다. '사자(士子)'는 시인(詩人)이 자신을 말한 것이다.

○ 대부(大夫)가 부역을 가서 이 시(詩)를 지었다. 스스로 말하기를 "북산에 올라가 기(杞)나물을 뜯어 먹는 자들은 모두 강장(强壯)한 사람으로서 조석으로 종사하는 자들이니, 왕사(王事)를 부지런히 하지 않을 수가 없어서이다. 이 때문에 우리 부모에게 근심을 끼쳐드린다."고 한 것이다.

② 溥[音普]天之下[叶後五反], 莫非王土. 率土之濱, 莫非王臣. 大夫不均, 我從事獨賢[叶下珍反].

溥(보)天之下	너른 하늘 아래가
莫非王土며	왕(王)의 땅 아닌 곳이 없으며

··· 偕 : 굳셀 해 盬 : 소홀할 고 溥 : 넓을 보

率土之濱이	땅을 따른 해내(海內)가
莫非王臣이어늘	왕(王)의 신하 아님이 없거늘
大夫不均이라	대부가 균평(均平)하지 못한지라
我從事獨賢호라	나만 종사하게 하여 홀로 어질다 하도다

賦也라 溥는 大요 率은 循이요 濱은 涯也라

○ 言 土之廣하고 臣之衆이어늘 而王不均平하여 使我從事獨勞也라 不斥王而曰 大夫라하고 不言獨勞而曰獨賢이라하니 詩人之忠厚如此하니라

부(賦)이다. '보(溥)'는 큼이요, '솔(率)'은 따름이요, '빈(濱)'은 물가이다.

○ 땅이 너르고 신하가 많은데 왕(王)이 균평치 못해서 나로 하여금 종사하여 홀로 수고롭게 함을 말한 것이다. 왕을 지척(指斥)하지 않고 대부라고 말했으며, 홀로 수고롭다고 말하지 않고 홀로 어질다고 한다고 말하였으니, 시인(詩人)의 충후(忠厚)함이 이와 같다.

③ 四牡彭彭[叶鋪郎反], 王事傍傍[布彭反 叶布光反]. 嘉我未老, 鮮[息淺反]我方將. 旅力方剛, 經營四方.

四牡彭(방)彭하니	사무(四牡)가 쉬지 않고 달리니
王事傍傍이로다	국사(國事)가 끊임없이 계속되도다
嘉我未老며	내 아직 늙지 않은 것을 가상히 여기며
鮮我方將하여	나와 같은 건장함을 얻기 어렵다 하여
旅(膂)力方剛이라	여력(膂力)이 강한지라
經營四方이로다	사방을 경영할 수 있다 하도다

賦也라 彭彭然不得息也요 傍傍然不得已也라 嘉는 善이요 鮮은 少也니 以爲少而 難得也라 將은 壯也라 旅는 與膂同이라

○ 言 王之所以使我者는 善我之未老而方壯하여 旅力이 可以經營四方耳라하니 猶上章之言獨賢也라

부(賦)이다. 방방연(彭彭然)히 쉴 수 없고, 방방연(傍傍然)히 그칠 수 없는 것이다. '가(嘉)'는 좋음이요, '선(鮮)'은 적음이니, 적어서 얻기가 어렵다고 여기는 것

··· 濱 : 물가 빈 彭 : 많을 방 傍 : 말수없을 방 將 : 장성할 장 膂 : 힘셀 려

이다. '장(將)'은 건장함이다. '여(旅)'는 여(膂)와 같다.

○ "왕(王)이 나를 부리는 까닭은 내 아직 늙지 않고 막 건장함을 좋게 여겨 여력(膂力)이 사방을 경영할 수 있다고 여겨서이다." 한 것이니, 상장(上章)에 독현(獨賢)이라고 말한 것과 같다.

④ 或燕燕居息, 或盡瘁事國〔叶越逼反〕. 或息偃在牀, 或不已于行〔叶戶郎反〕.

或燕燕居息이어늘	혹은 편안히 거처하며 쉬는데
或盡瘁事國하며	혹은 수고로움 다해 나라에 일하며
或息偃在牀이어늘	혹은 편안히 누워 침상에 있는데
或不已于行이로다	혹은 길가기를 그치지 않도다

賦也라 燕燕은 安息貌라 瘁는 病이요 已는 止也라
○ 言役使之不均也니 下章放此하니라
부(賦)이다. '연연(燕燕)'은 편안히 쉬는 모양이다. '췌(瘁)'는 병듦이요, '이(已)'는 그침이다.
○ 역사(役使)가 균평하지 못함을 말한 것이니, 하장(下章)도 이와 같다.

⑤ 或不知叫號〔戶刀反〕, 或慘慘〔七感反〕劬勞. 或栖〔音西〕遲偃仰, 或王事鞅〔於兩反〕掌.

或不知叫(규)號어늘	혹은 소리쳐 부르짖는 줄 모르는데
或慘慘劬勞하며	혹은 참참(慘慘)히 수고하며
或栖遲偃仰이어늘	혹은 집에서 편안히 누웠다 일어나는데
或王事鞅掌이로다	혹은 왕사에 수고로워 모양을 내지 못하도다

賦也라 不知叫號는 深居安逸하여 不聞人聲也라 鞅掌은 失容也니 言事煩勞하여 不暇爲儀容也라
부(賦)이다. 규호(叫號)를 알지 못한다는 것은 깊숙이 안일한 곳에 거처하여 사

··· 偃 : 누울 언 叫 : 부르짖을 규 慘 : 혹독할 참 劬 : 수고로울 구 鞅 : 바쁠 앙

람의 〈소리쳐 부르짖는〉 소리를 듣지 못하는 것이다. '앙장(軮掌)'은 모양을 잃는 것이니, 일이 번거롭고 수고로워 모양을 낼 겨를이 없음을 말한 것이다.

⑥ 或湛〔都南反〕樂飲酒, 或慘慘畏咎〔巨九反〕. 或出入風〔音諷〕議〔叶魚羈反〕, 或靡事不爲.

或湛(담)樂飮酒어늘	혹은 즐거워하여 술을 마시는데
或慘慘畏咎하며	혹은 참참히 허물을 두려워하며
或出入風(諷)議어늘	혹은 출입하며 거리낌 없이 말하는데
或靡事不爲로다	혹은 하지 않는 일이 없도다

賦也라 咎는 猶罪過也라 出入風議는 言親信而從容也라
　부(賦)이다. '구(咎)'는 죄과(罪過)와 같다. 출입하면서 거리낌없이 말한다는 것은 군주와 친신(親信)하고 종용(從容)함을 말한 것이다.

北山六章이니 三章은 章六句요 三章은 章四句라
　〈북산(北山)〉은 6장이니, 세 장은 장마다 6구이고 세 장은 장마다 4구이다.

【毛序】 北山은 大夫刺幽王也니 役使不均하여 己勞於從事하여 而不得終養其父母焉하니라
　〈북산〉은 대부(大夫)가 유왕(幽王)을 풍자한 시(詩)이니, 역사가 균평하지 못하여 자기만이 국사의 종사(從事)에 수고로워 부모 봉양을 끝마치지 못한 것이다.

2. 무장대거(無將大車)

① 無將大車, 祇〔音支〕自塵兮. 無思百憂, 祇自疧〔劉氏曰當作痕 與瘝同 眉賓反〕兮.

無將大車어다	큰 수레를 떠밀고 가지 말지어다

··· 湛 : 즐길 담　將 : 받들 장

祇自塵兮리라 　　　　　다만 스스로 먼지를 뒤집어쓰리라
無思百憂어다 　　　　　온갖 시름을 생각하지 말지어다
祇自疷(痕)兮리라 　　　　다만 스스로 병들리라

興也라 將은 扶進也라 大車는 平地任載之車니 駕牛者也라 祇는 適이요 痕은 病也라
○ 此亦行役勞苦而憂思者之作이라 言 將大車면 則塵汚之요 思百憂면 則病及之
矣리라

　　홍(興)이다. '장(將)'은 붙들고(떠밀고) 나아감이다. '대거(大車)'는 평지에서 짐을
실는 수레이니, 소를 멍에한다. '지(祇)'는 다만이요. '민(痕)'은 병듦이다.
　　○ 이 또한 부역을 나가 노고해서 근심하는 자가 지은 것이다. 큰 수레를 떠밀
고 가면 먼지가 더럽히고 온갖 시름을 생각하면 병이 미침을 말한 것이다.

② 無將大車, 維塵冥冥〔叶莫迴反〕. 無思百憂, 不出于熲〔古迴反〕.

　　無將大車어다 　　　　　큰 수레를 떠밀고 가지 말지어다
　　維塵冥冥이리라 　　　　먼지가 자욱하여 어두우리라
　　無思百憂어다 　　　　　온갖 시름을 생각하지 말지어다
　　不出于熲(耿)이리라 　　근심에서 벗어나지 못하리라

興也라 冥冥은 昏晦也라 熲은 與耿同하니 小明也니 在憂中하여 耿耿然不能出也라
　　홍(興)이다. '명명(冥冥)'은 어두움이다. '경(熲)'은 경(耿)과 같으니, 조금 밝음이
니, 근심 속에 있어서 경경연(耿耿然:온갖 시름에 잠겨 잠 못 이루는 모양)히 벗어날 수가
없는 것이다.

③ 無將大車, 維塵雝〔於勇於容二反〕兮. 無思百憂, 祇自重〔直勇直龍二反〕兮.

　　無將大車어다 　　　　　큰 수레를 떠밀고 가지 말지어다
　　維塵雝(옹)兮리라 　　　먼지가 몸을 가리우리라
　　無思百憂어다 　　　　　온갖 시름을 생각하지 말지어다
　　祇自重兮리라 　　　　　다만 스스로 거듭 하리라

••• 祇 : 다만 지　疷 : 병들 저(기)　痕 : 병들 민　適 : 다만 적　熲 : 까막거릴 경　耿 : 밝을 경　雝 : 가릴 옹

興也라 離은 猶蔽也요 重은 猶累也라

興(흥)이다. '옹(離)'은 폐(蔽)와 같고, '중(重)'은 누(累:여러 번)와 같다.

無將大車三章이니 章四句라

〈무장대거(無將大車)〉는 3장이니, 장마다 4구이다.

【毛序】 無將大車는 大夫悔將小人也라

〈무장대거〉는 대부(大夫)가 소인(小人)과 함께 일함을 뉘우친 시(詩)이다.

【鄭註】 周大夫悔將小人이라 幽王之時에 小人衆多하여 賢者與之從事라가 反見譖害하니 自悔與小人竝이니라

주(周)나라 대부가 소인과 함께함을 후회한 것이다. 유왕(幽王)의 때에 소인이 많아서 현자가 소인과 함께 종사(從事)하다가 도리어 참소와 상해(傷害)를 받으니, 소인과 더불어 함께함을 스스로 후회한 것이다.

【辨說】 此序之誤는 由不識興體하고 而誤以爲比也라

이 〈서〉의 잘못은 흥체(興體)임을 알지 못하고 비(比)라고 잘못 앎에서 연유하였다.

3. 소명(小明)

① 明明上天, 照臨下土. 我征徂西, 至于艽〔音求〕野〔叶上與反〕. 二月初吉, 載離寒暑. 心之憂矣, 其毒大〔音泰〕苦. 念彼共〔音恭 下章竝同〕人, 涕零如雨. 豈不懷歸, 畏此罪罟〔音古〕.

明明上天이	밝고 밝으신 상천이
照臨下土시니라	하토를 비추고 굽어보시느니라
我征徂西하여	나는 길을 떠나 서쪽으로 가서
至于艽(구)野호니	구야(艽野)에 이르니
二月初吉이러니	이월 초하루였는데
載離寒暑엇다	추위와 더위를 겪었도다

··· 艽 : 먼들 구 離 : 걸릴 리

心之憂矣여	마음의 근심함이여
其毒大(太)苦로다	그 해독이 너무도 쓰도다
念彼共(恭)人하여	저 공인(恭人)을 생각하여
涕零如雨호라	눈물을 비오듯이 흘리노라
豈不懷歸리오마는	어찌 돌아감을 생각지 않으랴마는
畏此罪罟니라	이 죄망을 두려워해서이니라

賦也라 征은 行이요 徂는 往也라 芃野는 地名이니 蓋遠荒之地也라 二月은 亦以夏正數之니 建卯月也라 初吉은 朔日也라 毒은 言心中如有藥毒也라 共人은 僚友之處者也라 懷는 思요 罟는 網也라

○ 大夫以二月西征하여 至于歲暮而未得歸라 故로 呼天而訴之하며 復念其僚友之處者하고 且自言其畏罪而不敢歸也라

부(賦)이다. '정(征)'은 길을 감이요, '조(徂)'는 감이다. '구야(芃野)'는 지명이니, 아득히 먼 땅이다. 이월 또한 하정(夏正)으로 센 것이니, 건묘(建卯)의 달이다. '초길(初吉)'은 삭일(朔日)이다. '독(毒)'은 심중(心中)에 약(藥)의 해독이 있는 것과 같음을 말한 것이다. '공인(恭人)'은 요우(僚友) 중에 편안히 거처하는 자이다. '회(懷)'는 생각함이요, '고(罟)'는 그물이다.

○ 대부(大夫)가 이월에 서쪽으로 가서 한 해가 저물어도 돌아올 수가 없었다. 그러므로 하늘을 불러 하소연하였으며, 다시 요우(僚友) 중에 편안히 거처하는 자를 생각하고, 또 죄를 두려워하여 감히 돌아가지 못한다고 스스로 말한 것이다.

② 昔我往矣, 日月方除〔直慮反〕. 曷云其還, 歲聿云莫〔音慕〕. 念我獨兮, 我事孔庶. 心之憂矣, 憚〔丁佐反〕我不暇〔叶胡故反〕. 念彼共人, 睠睠〔音眷〕懷顧. 豈不懷歸, 畏此譴怒.

昔我往矣엔	옛날 내가 길을 떠나올 적에는
日月方除러니	일월이 막 새로워지더니
曷云其還고	언제나 돌아갈꼬
歲聿云莫(暮)엇다	이 해가 저물었도다
念我獨兮어늘	생각컨대 나 혼자인데

··· 涕 : 눈물 체 罟 : 그물 고

我事孔庶로다	내 일이 심히 많도다
心之憂矣여	마음에 근심함이여
憚我不暇로다	수고로워 내 겨를이 없노라
念彼共人하여	저 공인(恭人)을 생각하여
睠睠懷顧호라	권권(睠睠)히 생각하여 돌아보노라
豈不懷歸리오마는	어찌 돌아감을 생각지 않으랴마는
畏此譴怒니라	이 죄책을 두려워해서이니라

賦也라 除는 除舊生新也니 謂二月初吉也라 庶는 衆이요 憚은 勞也라 睠睠은 勤厚
之意라 譴怒는 罪責也라
○ 言昔以是時往이러니 今未知何時可還而歲已暮矣라 蓋身獨而事衆이라 是以로
勤勞而不暇也라

부(賦)이다. '제(除)'는 옛 것을 제거하고 새 것을 내는 것이니, 이월 초하루를
이른다. '서(庶)'는 많음이요, '탄(憚)'은 수고로움이다. '권권(睠睠)'은 근후(勤厚)의
뜻이다. '견노(譴怒)'는 죄책이다.

○ "옛날에는 이때에 길을 떠나 왔었는데, 지금은 어느 때에나 돌아갈지 알 수
없으며, 이 해도 이미 저물었다. 몸은 혼자이고 일은 많으니, 이 때문에 근로(勤勞)
하여 겨를이 없다."고 말한 것이다.

③ 昔我往矣, 日月方奧〔於六反〕. 曷云其還, 政事愈蹙〔子六反〕. 歲聿云
莫, 采蕭穫菽. 心之憂矣, 自詒伊戚〔叶子六反〕. 念彼共人, 興言出宿.
豈不懷歸, 畏此反覆〔芳福反〕.

昔我往矣엔	옛날 내가 길을 떠나올 적에는
日月方奧(燠)이러니	일월(계절)이 막 따뜻해지더니
曷云其還고	언제나 돌아갈꼬
政事愈蹙이로다	정사가 더욱 급박해지도다
歲聿云莫(暮)라	이 해가 저무는지라
采蕭穫菽호라	쑥을 뜯고 콩을 수확하노라
心之憂矣여	마음의 근심함이여

··· 憚 : 수고로울 탄　睠 : 돌아볼 권　譴 : 꾸짖을 견　奧 : 따뜻할 욱　蹙 : 쭈그러질 축

自詒伊戚(慼)이로다 　스스로 근심을 끼쳤도다
念彼共人하여 　저 공인(恭人)을 생각하여
興言出宿호라 　일어나서 나가 잠을 자노라
豈不懷歸리오마는 　어찌 돌아감을 생각하지 않으랴마는
畏此反覆이니라 　이 번복함을 두려워해서이니라

賦也라 奧은 暖이요 慼은 急이요 詒는 遺요 戚은 憂요 興은 起也라 反覆은 傾側無常之意也라

○ 言以政事愈急이라 是以로 至此歲暮而猶不得歸라하고 又自咎其不能見幾遠去하여 而自遺此憂하여 至於不能安寢而出宿於外也하니라

부(賦)이다. '욱(奧)'은 따뜻함이요, '축(慼)'은 급박함이요, '이(詒)'는 끼침이요, '척(戚)'은 근심이요, '흥(興)'은 일어남이다. '번복(反覆)'은 기울어 무상(無常)한 뜻이다.

○ "정사(政事)가 더욱 급박해졌기 때문에 이 세모(歲暮)에 이르러도 오히려 돌아갈 수가 없다."고 말하고, 또 기미(幾微)를 보고 멀리 떠나가지 못해서 스스로 이런 근심을 끼쳐(받아) 편안히 잠을 자지 못하고 밖에 나가 잠을 잠에 이름을 스스로 허물한 것이다.

④ 嗟爾君子, 無恒安處. 靖共(恭)爾位, 正直是與. 神之聽之, 式穀以女〔音汝〕.

嗟爾君子는 　아! 너희 군자들은
無恒安處어다 　편안히 거처함을 떳떳하게 여기지 말지어다
靖共(恭)爾位하여 　네 지위를 조용히 하고 공손히 하여
正直是與면 　정직한 사람을 도와주면
神之聽之하여 　신(神)이 네 소원을 들어주어
式穀以女(汝)리라 　복록(福祿)을 너에게 주리라

賦也라 君子는 亦指其僚友也라 恒은 常也라 靖은 與靜同이라 與는 猶助也라 穀은 祿也라 以는 猶與也라

••• 詒 : 끼칠 이 靖 : 고요할 정 與 : 도울 여 以 : 줄 이

○ 上章은 旣自傷悼하고 此章은 又戒其僚友曰 嗟爾君子는 無以安處爲常이라하니 言當有勞時하니 勿懷安也라 當靖共爾位하여 惟正直之人을 是助면 則神之聽之하여 而以穀祿與女矣리라

　　부(賦)이다. '군자'는 또한 그 요우(僚友)를 가리킨 것이다. '항(恒)'은 항상함이다. '정(靖)'은 정(靜)과 같다. '여(與)'는 조(助)와 같다. '곡(穀)'은 녹(祿)이다. '이(以)'는 여(與;줌)와 같다.

　　○ 상장(上章)에서는 이미 스스로 서글퍼하였고, 이 장에서는 또 그 요우들을 경계하여 말하기를 "아! 너희 군자들은 편안히 거처함을 떳떳하게 여기지 말라." 하였으니, 이는 "마땅히 수고로울 때가 있을 것이니, 편안함을 생각하지 말라. 마땅히 네 지위를 조용히 하고 공손히 하여 오직 정직한 사람을 도와준다면 신(神)이 너의 소원을 들어주어 곡록(穀祿)을 너에게 줄 것이다."라고 한 것이다.

⑤ 嗟爾君子, 無恒安息. 靖共爾位, 好[呼報反]是正直. 神之聽之, 介爾景福[叶筆力反].

嗟爾君子는	아, 너희 군자들은
無恒安息이어다	편안히 쉼을 떳떳하게 여기지 말지어다
靖共爾位하여	네 지위를 조용히 하고 공손히 하여
好是正直이면	정직한 사람을 좋아하면
神之聽之하여	신(神)이 네 소원을 들어주어
介爾景福이리라	큰 복을 크게 내려주리라

賦也라 息은 猶處也라 好是正直은 愛此正直之人也라 介, 景은 皆大也라
　　부(賦)이다. '식(息)'은 처(處)와 같다. '호시정직(好是正直)'은 이 정직한 사람을 사랑하는 것이다. '개(介)'와 '경(景)'은 모두 큰 것이다.

小明五章이니 三章은 章十二句요 二章은 章六句라
　　〈소명(小明)〉은 5장이니, 세 장은 12구이고 두 장은 장마다 6구이다.

【毛序】小明은 大夫悔仕於亂世也라

··· 介:클 개 景:클 경

〈소명〉은 대부(大夫)가 난세(亂世)에 벼슬함을 뉘우친 시(詩)이다.

【鄭註】 名篇曰小明者는 言幽王曰小其明하여 損其政事하여 以至於亂이라

편을 이름하여 소명(小明)이라 한 것은 유왕(幽王)이 날마다 그 밝음이 축소되어 그 정사를 손상하여 난(亂)에 이름을 말한 것이다.

4. 고종(鼓鍾)

① 鼓鍾將將〔七羊反〕, 淮水湯湯〔音傷〕. 憂心且傷, 淑人君子. 懷允不忘,

鼓鍾將將이어늘	종을 치기를 장장히 하거늘
淮水湯(상)湯하니	회수(淮水)는 넘실넘실 흐르니
憂心且傷호라	마음에 근심하고 또 슬퍼하노라
淑人君子여	선인(善人)인 군자여
懷允不忘이로다	그리워하여 진실로 잊지 못하도다

賦也라 將將은 聲也라 淮水는 出信陽軍桐柏山하여 至楚州漣水軍하여 入海라 湯湯은 沸騰之貌라 淑은 善이요 懷는 思요 允은 信也라

○ 此詩之義는 未詳이라 王氏曰 幽王이 鼓鍾淮水之上하여 爲流連之樂[125]하여 久而忘反한대 聞者憂傷하여 而思古之君子하여 不能忘也라하니라

부(賦)이다. '장장(將將)'은 종소리이다. 회수(淮水)는 신양군(信陽軍) 동백산(桐柏山)에서 발원하여 초주(楚州) 연수군(漣水軍)에 이르러 바다로 들어간다. '상상(湯湯)'은 비등하는 모양이다. '숙(淑)'은 선(善)함이요, '회(懷)'는 그리워함이요, '윤(允)'은 진실로이다.

○ 이 시(詩)의 뜻은 상세하지 않다. 왕씨(王氏)가 말하기를 "유왕(幽王)이 회수가에서 종(鍾)을 치며 유련(流連)의 즐거움을 하여 오래도록 돌아올 줄을 모르니,

••••••
125 流連之樂 : 유(流)와 련(連)은 모두 수상(水上)에서 오랫동안 노는 것으로 《맹자》 〈양혜왕 하(梁惠王下)〉에 "흐르는 물을 따라 내려가 뱃놀이하여 돌아옴을 잊음을 '유'라 하고, 흐르는 물을 거슬러 올라가 뱃놀이하여 돌아옴을 잊음을 '련'이라 한다.〔從流下而忘反, 謂之流 ; 從流上而忘反, 謂之連.〕"라고 보인다.

••• 湯 : 물세차게흐를 상　漣 : 잔물결 련

들는 자가 근심하고 서글퍼하여 옛 군자를 그리워해서 잊지 못한 것이다." 하였다.

② 鼓鍾喈喈〔音皆 叶居奚反〕, 淮水湝湝〔戶皆反 叶賢鷄反〕. 憂心且悲. 淑人君子. 其德不回〔叶乎爲反〕.

鼓鍾喈(개)喈어늘	종을 치기를 개개히 하거늘
淮水湝(개)湝하니	회수가 넘실넘실 흐르니
憂心且悲호라	마음에 근심하고 또 슬퍼하노라
淑人君子여	선인(善人)인 군자여
其德不回로다	그 덕(德)이 간사하지 않도다

賦也라 喈喈는 猶將將이요 湝湝는 猶湯湯이라 悲는 猶傷也라 回는 邪也라
　　부(賦)이다. '개개(喈喈)'는 장장(將將)과 같고, '개개(湝湝)'는 상상(湯湯)과 같다. '비(悲)'는 상(傷)과 같다. '회(回)'는 간사함이다.

③ 鼓鍾伐鼛〔古毛反 叶居尤反〕, 淮有三洲. 憂心且妯〔敕留反〕. 淑人君子, 其德不猶.

鼓鍾伐鼛(고)어늘	종을 치고 큰 북을 치거늘
淮有三洲하니	회수(淮水)에 세 모래섬이 있으니
憂心且妯(추)호라	마음에 근심하고 또 울렁거리노라
淑人君子여	선인(善人)인 군자여
其德不猶로다	그 덕(德)이 이와 같지 않도다

賦也라 鼛는 大鼓也라 周禮作皐하고 云 皐鼓는 尋有四尺이라하니라 三洲는 淮上地
라 蘇氏曰 始言湯湯은 水盛也요 中言湝湝는 水流也요 終言三洲는 水落而洲見
(현)也니 言幽王之久於淮上也라 妯는 動이라 猶는 若也니 言不若今王之荒亂也라
　　부(賦)이다. '고(鼛)'는 큰 북이다. 《주례(周禮)》〈고공기(考工記) 운인(韻人)〉에는 고(皐)로 되어 있고, "고고(皐鼓)는 한 길 네 자이다." 하였다. '삼주(三洲)'는 회수가의 땅이다.

⋯ 喈 : 소리 개 湝 : 물성할 개 回 : 간사할 회 鼛 : 큰북 고 妯 : 마음움직일 추 尋 : 여덟자 심

소씨(蘇氏)가 말하였다. "처음에 말한 상상(湯湯)은 물이 성함이요, 중간에 말한 해해(湝湝)는 물이 흐름이요, 맨 마지막에 말한 세 모래섬은 수위(水位)가 떨어져 모래섬이 나타난 것이니, 유왕(幽王)이 회수가에 오래 있었음을 말한 것이다." '추(妯)'는 마음이 동(動)함이다. '유(猶)'는 같음이니, 지금 왕(王)의 황란(荒亂)함과는 같지 않았음을 말한 것이다.

④ 鼓鍾欽欽, 鼓瑟鼓琴. 笙磬同音. 以雅以南〔叶尼心反〕, 以籥〔以灼反〕不僭〔子念反 叶七心反〕.

鼓鍾欽欽이어늘	북을 치기를 흠흠히 하거늘
鼓瑟鼓琴하며	비파를 타고 거문고를 타며
笙磬同音하니	생(笙)과 경(磬)이 음을 함께 하니
以雅以南과	이아(二雅)와 이남(二南)과
以籥이 不僭이로다	약무(籥舞)가 어지럽지 않도다

賦也라 欽欽은 亦聲也라 磬은 樂器니 以石爲之라 琴瑟在堂하고 笙磬在下라 同音은 言其和也라 雅는 二雅也요 南은 二南也요 籥은 籥舞也라 僭은 亂也니 言三者皆不僭也라

○ 蘇氏曰 言幽王之不德이 豈其樂非古歟아 樂則是而人則非也니라

부(賦)이다. '흠흠(欽欽)' 또한 소리이다. '경(磬)'은 악기이니, 돌로 만든다. '금(琴)'·'슬(瑟)'은 당(堂)에 있고 '생(笙)'·'경(磬)'은 당하(堂下)에 있다. '동음(同音)'은 그 화(和)함을 말한 것이다. '아(雅)'는 이아(二雅:대아, 소아)이고, '남(南)'은 이남(二南:주남, 소남)이고, '약(籥)'은 피리를 잡고 추는 춤이다. '참(僭)'은 어지러움이니, 세 악기가 모두 어지럽지 않음을 말한 것이다.

○ 소씨(蘇氏)가 말하였다. "유왕(幽王)의 부덕(不德)함이 어찌 음악이 옛 음악이 아니기 때문이겠는가. 음악은 옳으나(옛 음악이나) 사람은 그름(훌륭한 사람이 아님)을 말한 것이다."

鼓鍾四章이니 章五句라

〈고종(鼓鍾)〉은 4장이니, 장마다 5구이다.

此詩之義는 有不可知者하니 今姑釋其訓詁名物하고 而略以王氏、蘇氏之說解之어니와 未敢信其必然也로라

이 시(詩)의 뜻은 알 수 없는 점이 있으니, 이제 우선 이 〈시의〉 훈고(訓詁)와 명물(名物)을 해석하고 대략 왕씨(王氏)와 소씨(蘇氏)의 말을 가지고 해석하였으나, 감히 반드시 옳은지는 믿을 수 없다.

【毛序】 鼓鍾은 刺幽王也라

〈고종〉은 유왕(幽王)을 풍자한 시(詩)이다.

【辨說】 此詩는 文不明故로 序不敢質其事하고 但隨例爲刺幽王耳나 實皆未可知也라

이 시는 글이 분명하지 않으므로 〈서〉에 감히 그 일을 질언(質言)하지 못하고 다만 준례를 따라 유왕(幽王)을 풍자했다고 하였으나 실제는 모두 알 수 없다.

5. 초자(楚茨)

① 楚楚者茨, 言抽〔敕留反〕其棘. 自昔何爲, 我蓺〔魚世反〕黍稷. 我黍與與〔音餘〕, 我稷翼翼. 我倉旣盈, 我庾維億. 以爲酒食, 以饗以祀〔叶逸織反〕, 以妥〔湯果反〕以侑〔音又 叶夷益反〕, 以介景福〔叶筆力反〕.

楚楚者茨(자)에	무성한 찔레밭에
言抽(추)其棘은	그 가시를 제거함은
自昔何爲요	예로부터 어째서였는고
我蓺(예)黍稷이니라	우리에게 서직을 심게 하려고 해서였네
我黍與與며	내 기장이 무성하며
我稷翼翼하여	내 조가 무성하여
我倉旣盈하며	내 창고가 이미 가득하며
我庾維億이어늘	내 노적(露積)이 수없이 많거늘
以爲酒食하여	이로써 술과 밥을 장만하여
以饗以祀하며	올리고 제사하며

··· 楚 : 무성할 초 茨 : 납가새 자 抽 : 뽑을 추 蓺 : 심을 예 稷 : 피 직 庾 : 곳집 유 饗 : 드릴 향

以妥(타)以侑하여　편안히 모시고 권하여
以介景福이로다　큰 복을 크게 받으리로다

賦也라 楚楚는 盛密貌라 茨는 蒺藜(질려)也라 抽는 除也라 我는 爲有田祿而奉祭祀者之自稱也라 與與, 翼翼은 皆蕃盛貌라 露積曰庾요 十萬曰億이라 饗은 獻也라 妥는 安坐也니 禮曰 詔妥尸라하니 蓋祭祀에 筮族人之子爲尸하여 旣奠迎之하여 使處神坐(座)하고 而拜以安之也라 侑는 勸也니 恐尸或未飽하여 祝侑之曰 皇尸未實也라하나니라 介는 大也요 景은 亦大也라

○ 此詩는 述公卿有田祿者 力於農事하여 以奉其宗廟之祭라 故로 言 蒺藜之地에 有抽除其棘者는 古人何乃爲此事乎아 蓋將使我於此藝黍稷也라 故로 我之黍稷旣盛하여 倉庾旣實이어든 則爲酒食하여 以饗祀妥侑하여 而介大福也라

부(賦)이다. '초초(楚楚)'는 성하고 빽빽한 모양이다. '자(茨)'는 질려(蒺藜:찔레)이다. '추(抽)'는 제거함이다. '아(我)'는 전록(田祿)을 소유하여 제사를 받드는 자의 자칭(自稱)이다. '여여(與與)'와 '익익(翼翼)'은 모두 번성한 모양이다. 노적(露積)을 '유(庾)'라 하고, 10만(萬)을 '억(億)'이라 한다. '향(饗)'은 올림이다. '타(妥)'는 자리를 편안히 함이니, 《예기(禮記)》〈교특생(郊特牲)〉에 "축(祝)이 제주(祭主)에게 고하여 시(尸;시동)를 편안히 모시도록 한다." 하였으니, 제사 지낼 때에 족인(族人)의 아들을 점쳐 시(尸)를 삼아 이미 주식(酒食)을 올리고 나서 맞이하여, 신(神)의 자리에 앉히고 절하여 편안하게 하는 것이다. '유(侑)'는 권함이니, 시(尸)가 혹시라도 배부르지 못할까 걱정하여 축(祝)이 권하기를 "황시(皇尸)가 충만하지(배부르지) 못하시다."라고 한다. '개(介)'는 큼이요, '경(景)' 또한 큼이다.

　○ 이 시(詩)는 공경(公卿)으로서 전록(田祿)을 소유한 자가 농사에 힘써서 그 종묘(宗廟)의 제사를 받듦을 기술한 것이다. 그러므로 말하기를 "질려(蒺藜)가 자라는 땅에 그 가시나무를 제거함은 옛 사람이 어찌하여 이러한 일을 하였는가. 이는 장차 우리로 하여금 여기에 서직(黍稷)을 심게 하려고 해서였다. 그러므로 나의 서직이 이미 성하여 창고와 노적이 이미 꽉 찼다. 이에 술과 밥을 만들어 향사(饗祀)하고 타유(妥侑)하여 큰 복을 크게 하였다."고 한 것이다.

② 濟濟〔子禮反〕蹌蹌〔七羊反〕, 絜爾牛羊, 以往烝嘗. 或剝或亨〔普庚反 叶鋪郎反〕, 或肆或將. 祝祭于祊〔補彭反 叶補光反〕, 祀事孔明〔叶謨郎反〕. 先祖是

… 妥 : 편안할 타　侑 : 권할 유　蒺 : 납가새 질　藜 : 명아주 려　蕃 : 성할 번　筮 : 점칠 서

皇, 神保是饗〔叶虛良反〕. 孝孫有慶〔叶袪羊反〕, 報以介福, 萬壽無疆.

濟濟蹌蹌이라	제제(濟濟)하고 창창(蹌蹌)한지라
絜(潔)爾牛羊하여	네 소와 양을 정갈히 마련하여
以往烝嘗하니	가서 증제(烝祭)를 지내며 상제(嘗祭)를 지내니
或剝或亨(팽)하며	혹은 희생의 가죽을 벗기고 혹은 희생을 삶으며
或肆或將이로다	혹은 진설하고 혹은 받들어 올리도다
祝祭于祊(팽)하니	축관(祝官)이 팽(祊)에서 제(祭)하니
祀事孔明하여	제사하는 일이 심히 구비되고 밝게 드러나
先祖是皇이시며	선조가 이에 크게 강림하시며
神保是饗이라	신보(神保)가 이에 흠향하시네
孝孫有慶하여	효손(孝孫)이 복경(福慶)이 있어
報以介福하니	큰 복으로써 갚아주니
萬壽無疆이로다	만수무강하리로다

賦也라 濟濟、蹌蹌은 言有容也라 冬祭曰烝이요 秋祭曰嘗이라 剝은 解剝其皮也요 亨은 煮熟之也라 肆는 陳之也요 將은 奉持而進之也라 祊은 廟門內也니 孝子不知神之所在라 故로 使祝博求之於門內待賓客之處也라 孔은 甚也라 明은 猶備也、著也요 皇은 大也、君也라 保는 安也라 神保는 蓋尸之嘉號이니 楚詞所謂靈保니 亦以巫降神之稱也라 孝孫은 主祭之人也라 慶은 猶福也라

부(賦)이다. '제제(濟濟)'와 '창창(蹌蹌)'은 용의(容儀;위의와 절도)가 있음을 말한 것이다. 겨울 제사를 '증(烝)'이라 하고, 가을 제사를 '상(嘗)'이라 한다. '박(剝)'은 그 가죽을 벗기는 것이요, '팽(亨)'은 삶아서 익히는 것이다. '사(肆)'는 진설함이요, '장(將)'은 받들어 잡아서 올리는 것이다. '팽(祊)'은 묘문(廟門)의 안이니, 효자(孝子)가 신(神)이 계신 곳을 알지 못하므로 축관(祝官)으로 하여금 문 안의 빈객(賓客)을 기다리는 곳에서 널리 찾게 하는 것이다. '공(孔)'은 심함이다. '명(明)'은 비(備)와 저(著)과 같고, '황(皇)'은 큼이고 군주로 여김이다. 보(保)는 편안함이다. '신보(神保)'는 시(尸)의 아름다운 칭호이니, 《초사(楚詞)》〈구가(九歌)〉에 이른바 영보(靈保)라는 것이니, 또한 무당으로서 신(神)이 내린 자의 칭호이다. '효손(孝孫)'은 주제(主祭)하는 사람이다. '경(慶)'은 복(福)과 같다.

··· 蹌 : 춤너풀거려출 창 絜 : 깨끗할 결 烝 : 겨울제사 증 嘗 : 가을제사 상 剝 : 벗길 박 將 : 받들 장
祊 : 사당문제사 팽(방) 煮 : 삶을 자

③ 執爨〔七亂反〕踖踖〔七亦反 叶七略反〕, 爲俎孔碩〔叶常約反〕. 或燔〔音煩〕或炙〔之敕反 叶陟略反〕. 君婦莫莫〔音麥 叶木各反〕, 爲豆孔庶〔叶陟略反〕. 爲賓爲客〔叶克各反〕, 獻酬〔市由反〕交錯. 禮儀卒度〔叶徒洛反〕, 笑語卒獲〔叶黃郭反〕. 神保是格〔叶剛鶴反〕. 報以介福, 萬壽攸酢.

執爨(찬)踖(척)踖하여	부엌 일을 잡기를 공경히 하여
爲俎孔碩하니	도마에 담은 제육(祭肉)이 매우 크니
或燔(번)或炙이며	혹은 고기를 굽고 혹은 적(炙)을 만들며
君婦莫莫하니	군부(君婦)가 공경하고 정갈하니
爲豆孔庶로다(어늘)	두(豆)에 제수를 매우 많이 담도다
爲賓爲客이	빈객(賓客)이 된 자들이
獻酬交錯하니	술잔을 권함이 교착(交錯)하니
禮儀卒度하며	예의가 모두 법도에 맞으며
笑語卒獲일새	웃고 말함이 모두 마땅하기에
神保是格이라	신보(神保)가 이에 강림하시도다
報以介福하니	큰 복으로써 보답하니
萬壽攸酢이로다	만수(萬壽)로 보답하는 바로다

賦也라 爨은 竈也라 踖踖은 敬也라 俎는 所以載牲體也라 碩은 大也라 燔은 燒肉也요 炙은 炙肝也니 皆所以從獻也라 特牲에 主人獻尸어든 賓長以肝從하고 主婦獻尸어든 兄弟以燔從이 是也라 君婦는 主婦也라 莫莫은 淸靜而敬至也라 豆는 所以盛內羞、庶羞[126]니 主婦薦之也라 庶는 多也라 賓客은 筮而戒之하여 使助祭者니 旣獻尸에 而遂與之相獻酬也라 主人酌賓曰獻이요 賓飮主人曰酢이요 主人又自飮而復飮賓曰酬라 賓受之하여 奠於席前而不擧라가 至旅而後에 少長相勸而交錯以徧也라 卒은 盡也라 度는 法度也라 獲은 得其宜也라 格은 來요 酢은 報也라

부(賦)이다. '찬(爨)'은 부엌이다. '척척(踖踖)'은 공경함이다. '조(俎)'는 도마에 생체(牲體:희생의 몸통)를 올려놓는 도마이다. '석(碩)'은 큼이다. '번(燔)'은 불에 굽

詩經集傳 中

• • • • • •
126 內羞庶羞:수(羞)는 음식으로, 곡물로 만든 제수를 내수(內羞)라 하고, 육류(肉類)로 만든 제수를 서수(庶羞)라 한다.

• • • 爨:불땔 찬 踖:조심히걸을 척 俎:제기 조 燔:구울 번 炙:산적 적 酬:잔돌릴 수 錯:번가를 착
　　格:이를 격 酢:술권할 작 竈:부엌 조 羞:음식 수 薦:올릴 천

는 것이요, '적(炙)'은 적간(炙肝;간으로 만든 산적)이니, 모두 술잔을 올릴 때에 따라 올리는 것이다. 《예기》〈교특생(郊特牲)〉에 "주인(主人)이 시(尸)에게 술을 올리거든 손님 중에 어른이 적간(炙肝)을 따라 올리며, 주부(主婦)가 시(尸)에게 술잔을 올리거든 형제(兄弟)들이 구운 고기를 가지고 따라 올린다."는 것이 이것이다. '군부(君婦)'는 주제자(主祭者)의 아내이다. '막막(莫莫)'은 청정(淸靜)하여 공경이 지극한 것이다. '두(豆)'는 내수(內羞)와 서수(庶羞)를 담는 것이니, 주부(主婦)가 이것을 올린다. '서(庶)'는 많음이다. '

빈객(賓客)'은 점을 치고 제계(齊戒)해서 제사를 돕는 자이니, 이미 시(尸)에게 술을 올리고 나서 마침내 서로 술잔을 올리고 권하는 것이다. 주인이 빈(賓)에게 술을 따라 권함을 '헌(獻)'이라 하고, 빈(賓)이 주인에게 술을 마시게 함을 '작(酢)'이라 하며, 주인이 또다시 스스로 마시고 다시 빈(賓)에게 술을 마시게 함을 '수(酬)'라 한다. 빈(賓)이 이것을 받아서 자리 앞에 올려놓고 마시지 않다가 여수(旅酬;제사를 마친 뒤에 제사에 참석한 자들이 모두 술을 마시는 의식)에 이른 뒤에야 젊은이와 어른이 서로 권하여 교착(交錯;번갈아 권하고 마심)해서 두루하는 것이다. '졸(卒)'은 모두이다. '도(度)'는 법도이다. '획(獲)'은 그 마땅함을 얻는 것이다. '격(格)'은 옴이요, '작(酢)'은 갚음이다.

④ 我孔熯〔而善反〕矣, 式禮莫愆〔叶起巾反〕. 工祝致告, 徂賚孝孫〔叶須倫反〕. 苾〔蒲必反〕芬孝祀〔叶逸織反〕, 神嗜飮食. 卜爾百福〔叶筆力反〕, 如幾〔音機〕如式. 旣齊旣稷, 旣匡旣敕. 永錫爾極, 時萬時億.

我孔熯(연)矣나	내 힘이 심히 다하였으나
式禮莫愆일새	예(禮)를 행함에 어긋남이 없기에
工祝致告하되	공축이 신(神)의 뜻을 전하여 복을 내리기를
徂賚(조뢰)孝孫하사되	가서 효손에게 주시되
苾芬孝祀에	향기로운 효사(孝祀)에
神嗜飮食이라(하여)	신(神)이 음식을 즐긴지라
卜爾百福하되	너에게 백복을 내리되
如幾如式하며	기약한 시기와 같고 법식과 같게 하며
旣齊旣稷하며(이며)	이미 정제(整齊)하고 이미 빨리 하며

··· 熯:다할 연 愆:허물 건 徂:갈 조 賚:줄 뢰 苾:향기날 필 芬:향기날 분 嗜:즐길 기 卜:줄 복
幾:때 기 稷:빠를 직

旣匡旣敕_{일새} 이미 바르고 이미 삼갔으므로

永錫爾極_{하되} 길이 너에게 지극한 법칙을 주되

時萬時億_{이시니라} 이에 만억(萬億)으로 한다 하시니라

賦也라 熯은 竭也라 善其事曰工이라 苾芬은 香也라 卜은 予(與)也라 幾는 期也니 春秋傳曰 易幾而哭이 是也라 式은 法이요 齊는 整이요 稷은 疾이요 匡은 正이요 敕은 戒요 極은 至也라

○ 禮行旣久하여 筋力竭矣로되 而式禮莫愆하니 敬之至也라 於是에 祝致神意하여 以嘏(가)主人曰 爾飮食芳潔이라 故로 報爾以福祿하여 使其來如幾하고 其多如法하며 爾禮容莊敬이라 故로 報爾以衆善之極하여 使爾無一事而不得乎此하여 各隨其事而報之以其類也라 少牢嘏詞曰 皇尸命工祝하여 承致多福無疆于女孝孫하노니 來(賚)女孝孫하여 使女受祿于天하여 宜稼于田하며 眉壽萬年하여 勿替引之하라하니 此는 大夫之禮也라

부(賦)이다. '연(熯)'은 다함이다. 그 일을 잘하는 것을 '공(工)'이라 한다. '필분(苾芬)'은 향기로움이다. '복(卜)'은 줌이다. '기(幾)'는 시기이니, 《춘추좌씨전》정공(定公) 원년에 "시기를 바꾸어 곡(哭)하였다."는 것이 이것이다. '식(式)'은 법(法)이요, '제(齊)'는 정제(整齊)함이요, '직(稷)'은 빠름이요, '광(匡)'은 바름이요, '칙(敕)'은 경계함이요, '극(極)'은 지극함이다.

○ 예(禮)를 행하기를 이미 오래하여 근력(筋力)이 다하였는데도, 예(禮)를 행함에 어긋남이 없으니, 공경함이 지극한 것이다. 이에 축(祝)이 신(神)의 뜻을 전하여 주인(主人)에게 복을 내리기를 "너의 음식(제수)이 향기롭고 깨끗하다. 그러므로 너에게 복록(福祿)으로써 보답하여 그 옴이 기약한 시기와 같고 그 많음이 법식과 같게 하겠다. 〈또〉 너의 예(禮)스러운 용모가 씩씩하고 공경스럽다. 그러므로 너에게 여러 선(善)의 지극함으로써 보답하여 너로 하여금 한 가지 일이라도 여기에서 뜻을 얻지 못함이 없게 해서 각기 그 일에 따라 그 류(類)로써 보답하는 것이다."고 한 것이다. 《의례(儀禮)》〈소뢰(少牢)〉의 가사(嘏詞;복을 내리는 글)에 이르기를 "황시(皇尸)가 공축(工祝)에게 명하여, 무궁한 다복(多福)을 너 효손(孝孫)에게 전하여 주노니, 너 효손에게 주어서 너로 하여금 하늘에서 복록을 받게 하여 토지에 농사가 잘되며 미수만년(眉壽萬年)을 누려, 중단하지 않고 이어가리라." 하였으니, 이는 대부(大夫)의 예(禮)이다.

--- 匡 : 바로잡을 광 敕 : 경계할 칙 嘏 : 복 가 牢 : 희생 뢰 替 : 폐할 체

⑤ 禮儀旣備[叶蒲北反], 鍾鼓旣戒[叶訖力反]. 孝孫徂位[叶力入反], 工祝致告[叶古得反]. 神具醉止, 皇尸載起. 鼓鍾送尸, 神保聿歸. 諸宰君婦, 廢徹[直烈反]不遲. 諸父兄弟, 備言燕私[叶息夷反].

禮儀旣備하며	예의가 이미 구비되며
鍾鼓旣戒하여	종과 북을 이미 울려
孝孫徂位어늘	효손이 자리로 가자
工祝致告로다	공축이 시(尸)의 뜻을 전하여 고하도다
神具醉止라	신(神)이 모두 취한지라
皇尸載起어늘	황시(皇尸)가 일어나거늘
鼓鍾送尸하니	종을 쳐 시(尸)를 전송하니
神保聿歸로다	신보(神保)가 돌아가시도다
諸宰君婦	제재(諸宰)와 군부(君婦)가
廢徹不遲하니	제상(祭牀)을 치우기를 더디지 않게 하니
諸父兄弟	제부(諸父)와 형제(兄弟)가
備言燕私로다	갖추어 잔치해서 사사로운 은혜를 다하도다

賦也라 戒는 告也라 徂位는 祭事旣畢이어든 主人이 往阼階下西面之位也라 致告는 祝傳尸意하여 告利成於主人이니 言孝子之利養成畢也라 於是에 神醉而尸起어든 送尸而神歸矣라 曰皇尸者는 尊稱之也라 鼓鍾者는 尸出入에 奏肆夏[127]也라 鬼神無形이어늘 言其醉而歸者는 誠敬之至하여 如見之也라 諸宰는 家宰니 非一人之稱也라 廢는 去也라 不遲는 以疾爲敬이니 亦不留神惠之意也라 祭畢에 旣歸賓客之俎하고 同姓則留與之燕하여 以盡私恩하니 所以尊賓客、親骨肉也라

......
127 奏肆夏:사하(肆夏)는 고대 악장(樂章)의 이름으로 구하(九夏)의 하나이다. 구하는 주(周)나라 때 조정에서 연주하던 아홉 가지 음악(詩樂)인 왕하(王夏), 사하(肆夏), 소하(韶夏), 납하(納夏), 장하(章夏), 재하(齊夏), 족하(族夏), 개하(祴夏), 오하(驁夏)를 가리킨다. 《주례(周禮)》〈춘관(春官) 종사(鍾師)〉의 주(註)에 "왕이 출입할 때에는 〈왕하〉를 연주하고, 시(尸)가 출입할 때에는 〈사하〉를 연주하고, 희생이 출입할 때에는 〈소하〉를 연주하고, 사방의 빈(賓)이 올 때에는 〈납하〉를 연주하고, 신하가 공이 있으면 〈장하〉를 연주하고, 부인(夫人)의 제사에는 〈재하〉를 연주하고, 종족(宗族)이 모시고 있을 때에는 〈족하〉를 연주하고, 객(客)이 취하여 나갈 때에는 〈개하〉를 연주하고, 공(公)이 출입할 때에는 〈오하〉를 연주한다." 하였다.

··· 聿:마침내 율 徹:치울 철

부(賦)이다. '계(戒)'는 고(告)함이다. '조위(徂位)'는 제사를 이미 마치면 주인이 조계(阼階) 아래의 서향(西向)하는 자리로 가는 것이다. '치고(致告)'는 축(祝)이 시(尸)의 뜻을 전달하여 이성(利成;제사가 잘 끝났음)을 주인에게 고하는 것이니, 효자의 순한 봉양이 잘 이루어지고 끝났음을 알리는 것이다. 이에 신(神)이 취하여 시(尸)가 일어나거든 시(尸)를 전송하여 신(神)이 돌아가는 것이다. 황시(皇尸)라고 말한 것은 높인 것이다. 종(鍾)을 친다는 것은 시(尸)가 출입할 때에 사하(肆夏;곡명)를 연주하는 것이다. 귀신(鬼神)은 형체가 없는데, 그 취하여 돌아갔다고 말한 것은 정성과 공경이 지극하여 보는 듯한 것이다. '제재(諸宰)'는 가재(家宰)이니, 한 사람을 일컬음이 아니다. '폐(廢)'는 제거함이다. 〈제상(祭牀)을 치우기를〉 더디지 않게 한다는 것은 빨리 치움을 공경으로 여기는 것이니, 또한 신(神)의 은혜를 머물러 두지 않으려는 뜻이다. 제사를 마쳐 이미 빈객(賓客)에게 조(俎;제사 고기)를 돌리고 동성(同姓)들은 남아서 함께 잔치하여 사사로운 은혜를 다하니, 〈이는〉 빈객을 높이고 골육간(骨肉間)을 친히 하는 것이다.

⑥ 樂具入奏[叶音族], 以綏後祿. 爾殽既將, 莫怨具慶[叶袪羊反]. 既醉既飽[叶補苟反], 小大稽首. 神嗜飲食, 使君壽考[叶去九反]. 孔惠孔時, 維其盡[叶子忍反]之. 子子孫孫, 勿替[天帝反]引之.

樂具入奏하니	악기를 모두 들여와 연주하니
以綏(수)後祿이로다	뒤의 녹(祿)을 편안히 누리도다
爾殽(효)既將하니	네 안주를 이미 올리니
莫怨具慶이라	원망하는 이 없이 모두 경하하는지라
既醉既飽하여	이미 취하고 이미 배불러
小大稽首하되	크고 작은 사람들이 머리를 조아리고 말하기를
神嗜飲食하여	신(神)이 음식을 즐기시어
使君壽考로다	군(君)으로 하여금 수고(壽考)하게 하도다
孔惠孔時하여	심히 순하고 심히 때에 맞아
維其盡之하니	그 극진하니
子子孫孫이	자자손손(子子孫孫)이
勿替引之로다	중단하지 않고 길이 이어나가리로다

••• 綏 : 편안할 수 殽 : 안주 효 稽 : 조아릴 계 引 : 끌 인

賦也라 凡廟之制는 前廟以奉神하고 後寢以藏衣冠하여 祭於廟而燕於寢이라 故로 於此將燕에 而祭時之樂을 皆入奏於寢也라 且於祭에 旣受祿矣라 故로 以燕爲將 受後祿而綏之也라 爾殽旣進에 與燕之人이 無有怨者하여 而皆歡慶醉飽하여 稽 首而言曰 向者之祭에 神旣嗜君之飮食矣라 是以로 使君壽考也라하고 又言 君之 祭祀가 甚順甚時하여 無所不盡하니 子子孫孫이 當不廢而引長之也라하니라

부(賦)이다. 모든 사당의 제도는 앞에는 사당이 있어 신(神)을 받들고 뒤에는 정침(正寢)이 있어 선조의 의관(衣冠)을 보관하여, 사당에서 제사하고 정침에서 잔치한다. 그러므로 이때 장차 잔치하려 하면서 제사 때의 악기를 모두 정침으로 들여와 연주한 것이다. 또 제사에서 이미 복(福)을 받았으므로 잔치하는 것을 장차 뒤의 복을 받아 편안히 누린다고 한 것이다. 네가 안주를 이미 올림에, 잔치에 참여한 자들이 원망하는 이가 없어서 모두 기뻐하고 경하(慶賀)하며 취하고 배불러 머리를 조아리며 말하기를 "지난번 제사에 신(神)이 이미 군(君)의 음식을 즐겨 드셨습니다. 이 때문에 군으로 하여금 수고(壽考)하게 하셨도다." 하고, 또 말하기를 "군의 제사가 심히 순하고 심히 때에 맞아 극진하지 않은 바가 없으니, 자자손손(子子孫孫)이 마땅히 폐하지 않고 길이 이어가리라."고 한 것이다.

楚茨六章이니 章十二句라

〈초자(楚茨)〉는 6장이니, 장마다 12구이다.

呂氏曰 楚茨는 極言祭祀所以事神受福之節하여 致詳致備하니 所以推明先王致 力於民者盡이면 則致力於神者詳이라 觀其威儀之盛과 物品之豐하면 所以交神 明, 逮羣下하여 至於受福無疆者는 非德盛政修면 何以致之리오

여씨(呂氏)가 말하였다. "〈초자〉는 제사에 신(神)을 섬기고 복(福)을 받는 절차를 지극히 말하여 상세함을 다하고 구비함을 다하였다. 이는 선왕(先王)이 백성들에게 치력(致力)하기를 극진히 하면 곧 신(神)에게 치력함이 상세함을 미루어 밝힌 것이다. 그 위의(威儀)의 성함과 물품(物品)의 풍부함을 보면, 신명(神明)을 사귀고 여러 아랫사람들에게 미쳐서 복(福)을 받음이 무강(無疆)함에 이르렀으니, 덕(德)이 성하고 정사가 닦여지지 않았다면 어떻게 이것을 이룰 수 있겠는가."

【毛序】 楚茨는 刺幽王也라 政煩賦重하여 田萊多荒하니 饑饉降喪하여 民卒流亡 하여 祭祀不饗이라 故로 君子思古焉하니라

〈초자〉는 유왕(幽王)을 풍자한 시(詩)이다. 정사가 번거롭고 부역이 무거워 농지가 많이 황폐해지니, 기근(饑饉)이 들고 상패(喪敗)를 내려 백성들이 마침내 유망(流亡)하여 제사를 올려도 신(神)이 흠향하지 않았다. 그러므로 군자가 옛날을 그리워한 것이다.

【鄭註】 田萊多荒은 茨棘不除也요 饑饉은 倉庾不盈也요 降喪은 神不與以福助也라

전래(田萊:전지(田地))가 황폐함이 많다는 것은 찔레와 가시나무를 제거하지 않은 것이요, 기근(饑饉)은 창고가 꽉 차지 못한 것이요, 강상(降喪)은 신(神)이 복(福)으로써 도와주지 않은 것이다.

【辨說】 自此篇至車舝[할]凡十篇은 似出一手하니 詞氣和平하고 稱述詳雅하여 無風刺之意로되 序以其在變雅中故로 皆以爲傷今思古之作이라하니 詩固有如此者라 然不應十篇相屬하여 而絶無一言以見其爲衰世之意也라 竊恐正雅之篇이 有錯脫在此者耳니 序皆失之니라

이 편으로부터 〈거할(車舝)〉에 이르기까지의 10편은 한 사람 손에서 나온 듯하니, 문장의 내용이 화평하고 칭술함이 자세하고 고아해서 풍자한 뜻이 없는데, 〈서〉에는 이 시가 변아(變雅) 가운데에 있으므로 모두 지금을 서글퍼하고 옛날을 생각하여 지은 것이라 하였으니, 시에는 진실로 이와 같은 것이 있다. 그러나 응당 10편이 서로 이어져서 한 마디 말도 그 쇠약한 세상을 서글퍼한 뜻이 됨을 볼 수 없다. 적이 생각하건대 정아(正雅)의 편이 착간(錯簡)되었거나 빠져서 여기에 있는 듯하니, 〈서〉는 모두 이것을 잃었다.

6. 신남산(信南山)

① 信彼南山, 維禹甸[田見反 叶徒鄰反]之. 畇畇[음윤]原隰, 曾孫田[叶地因反]之. 我疆我理, 南東其畝[叶滿彼反].

信彼南山을	진실로 저 남산(南山)을
維禹甸(전)之로다	우(禹) 임금이 다스리셨도다
畇畇原隰을	개간된 언덕과 습지를

... 甸 : 다스릴 전 畇 : 다스릴 균

曾孫田之_라　　　　증손(曾孫)이 농사짓는지라
我疆我理_{하니}　　　내가 큰 경계와 작은 길을 내니
南東其畝_{로다}　　　이랑을 남쪽과 동쪽으로 하도다

賦也_라 南山은 終南山也_라 甸은 治也_라 畇畇은 墾辟(闢)貌_라 曾孫은 主祭者之稱
_{이라} 曾은 重也_니 自曾祖以至無窮에 皆得稱之也_라 疆者는 爲之大界也_요 理者는
定其溝塗也_라 畝는 壟(롱)也_라 長樂劉氏曰 其遂東入于溝_면 則畝南矣_요 其遂南
入于溝_면 則其畝東矣_{니라}
○ 此詩大指는 與楚茨略同¹²⁸ _{하니} 此卽其篇首四句之意也_라 言 信乎此南山者는
本禹之所治_라 故_로 其原隰墾闢_{하여} 而我得田之_라 於是에 爲之疆理_{하여} 而順其
地勢水勢之所宜_{하여} 或南其畝_{하고} 或東其畝也_라

　　부(賦)이다. '남산(南山)'은 장안(長安)의 종남산(終南山)이다. '전(甸)'은 다스림이
다. '균균(畇畇)'은 개간된 모양이다. '증손(曾孫)'은 주제자(主祭者)의 칭호이다. '증
(曾)'은 거듭이니, 증조(曾祖)로부터 무궁한 선조에 이르기까지 모두 증손이라고
칭할 수 있다. '강(疆)'은 큰 경계를 만드는 것이요, '이(理)'는 도랑과 길을 정하는
것이다. '무(畝)'는 밭두둑이다.

　　장락 류씨(長樂劉氏)가 말하였다. "그 수(遂:작은 물도랑)가 동쪽으로 흘러 구(溝)
로 들어가면 이랑을 남쪽으로 내고, 그 수가 남쪽으로 흘러 구로 들어가면 그 이
랑을 동쪽으로 낸 것이다."

　　○ 이 시(詩)의 대지(大指)는 〈초자(楚茨)〉와 대략 같으니, 이는 바로 〈초자〉편의
머리 네 구(句)의 뜻이다. "진실로 이 남산(南山)은 본래 우(禹) 임금이 다스린 바
이다. 그러므로 그 원습(原隰)을 개간하여 내가 농사지을 수 있는 것이다. 이에 강
(疆)과 리(理)를 만들어 지세(地勢)와 수세(水勢)의 마땅한 바를 순히 하여 혹은 그
이랑을 남쪽으로 하고 혹은 그 이랑을 동쪽으로 한다."고 말한 것이다.

② 上天同雲, 雨_[于付反]雪雰雰_[敷云反]. 益之以霢_[亡革反]霂_[音木], 旣優旣
渥_[叶烏谷反], 旣霑旣足, 生我百穀.

<hr>

128　此詩大指 與楚茨略同:초자(楚茨)는 바로 위의 "楚楚者茨, 言抽其棘, 自昔何爲, 我藝黍
稷."을 가리킨 것이다.

‥‥‥ 　疆 : 지경 강　辟 : 열 벽(闢同)　塗 : 길 도　壟 : 밭두둑 롱　墾 : 개간할 간

上天同雲이라　　　　상천이 먹구름 일색(一色)인지라
雨雪雰雰이어늘　　　함박눈이 펄펄 내리는데
益之以霢霂(맥목)하니　보슬비로써 더하니
旣優旣渥(악)하며　　　수분이 이미 넉넉하고 충분하며
旣霑旣足하여　　　　이미 젖고 흡족하여
生我百穀이로다　　　우리 백곡을 자라게 하도다

賦也라 同雲은 雲一色也니 將雪之候如此라 雰雰은 雪貌요 霢霂은 小雨貌라 優、渥、霑、足은 皆饒洽之意也라 冬有積雪하고 春而益之以小雨潤澤이면 則饒洽矣라

　　부(賦)이다. '동운(同雲)'은 구름이 한 빛깔인 것이니, 장차 눈이 올 징후가 이와 같다. '분분(雰雰)'은 눈이 내리는 모양이요, '맥목(霢霂)'은 보슬비가 내리는 모양이다. '우(優)'와 '악(渥)', '점(霑)'과 '족(足)'은 모두 수분이 넉넉하고 흡족한 뜻이다. 겨울에 적설(積雪)이 있고, 봄에 보슬비까지 더하여 윤택하게 하면 수분이 넉넉하고 흡족한 것이다.

③ 疆場〔音易〕翼翼, 黍稷彧彧〔於六反 叶于逼反〕. 曾孫之穡, 以爲酒食. 畀〔必寐反〕我尸賓, 壽考萬年〔叶泥因反〕.

疆場(역)翼翼이어늘　　밭두둑이 정연하거늘
黍稷彧(욱)彧하니　　　서직(黍稷)이 무성하니
曾孫之穡이로다　　　증손(曾孫)의 농사로다
以爲酒食하여　　　　이로써 술과 밥을 만들어
畀(비)我尸賓하니　　　우리 시(尸)와 손님에게 올리니
壽考萬年이로다　　　수고가 만년을 누리리로다

賦也라 場은 畔也라 翼翼은 整飭貌요 彧彧은 茂盛貌라 畀는 與也라
○ 言 其田整飭而穀茂盛者는 皆曾孫之穡也라 於是에 以爲酒食하여 而獻之於尸及賓客也라 陰陽和하고 萬物遂하여 而人心歡悅하여 以奉宗廟하면 則神降之福이라 故로 壽考萬年也라

••• 雰 : 눈날릴 분　霢 : 이슬비 맥　霂 : 부슬비 목　渥 : 젖을 악　霑 : 젖을 점　饒 : 넉넉할 요　洽 : 흡족할 흡
　場 : 지경 역　彧 : 무성할 욱　穡 : 거둘 색　畀 : 줄 비

부(賦)이다. '역(場)'은 밭두둑이다. '익익(翼翼)'은 정칙(整飭)된 모양이요, '욱욱(彧彧)'은 무성한 모양이다. '비(畀)'는 여(與;줌)이다.

○ 그 토지가 정칙(整飭)되고 곡식이 무성한 것은 모두 증손(曾孫)의 농사이다. 이에 이로써 술과 밥을 만들어 시(尸)와 빈객(賓客)에게 올리는 것이다. 음양(陰陽)이 조화롭고 만물(萬物)이 이루어져서 인심(人心)이 기뻐하여 종묘(宗廟)의 제사를 받들면 신(神)이 복을 내린다. 그러므로 수고(壽考)가 만년을 누리게 되는 것이다.

④ 中田有廬, 疆埸有瓜〔叶攻乎反〕. 是剝是菹〔側居反〕, 獻之皇祖. 曾孫壽考〔叶孔五反〕, 受天之祜〔候古反〕.

中田有廬요	밭 가운데 여막(廬幕)이 있고
疆埸有瓜어늘	강역(疆埸)에 오이가 있거늘
是剝是菹(저)하여	이것을 깎아 김치를 담가서
獻之皇祖하니	황조(皇祖)에게 올리니
曾孫壽考하여	증손(曾孫)이 수고(壽考)를 누려
受天之祜로다	하늘의 복(福)을 받으리로다

賦也라 中田은 田中也라 菹는 酢(초)菜也라 祜는 福也라
○ 一井之田에 其中百畝爲公田이니 內以二十畝로 分八家爲廬舍하여 以便田事하며 於畔上種瓜하여 以盡地利라 瓜成이면 剝削淹漬(엄지)以爲菹하여 而獻皇祖하니 貴四時之異物하고 順孝子之心也라

부(賦)이다. '중전(中田)'은 밭 가운데이다. '저(菹;김치)'는 신 나물이다. '호(祜)'는 복(福)이다.

○ 일정(一井)의 토지에 그 가운데 백무(百畝)가 공전(公田)이니, 그 안의 20무(畝)를 가지고 여덟 집이 나누어 여사(廬舍)를 만들어서 농사일을 편하게 하며, 밭두둑 가에 오이를 심어서 지리(地利)를 다한다. 오이가 성숙하면 깎아 담가 김치를 만들어서 황조(皇祖)에게 올리니, 이는 사시(四時)의 색다른 물건을 귀히 하고, 효자(孝子)의 마음을 순히 하는 것이다.

··· 菹 : 김치 저   酢 : 신맛 초   漬 : 담글 지

⑤ 祭以淸酒, 從以騂〔息營反〕牡, 享于祖考〔叶去久反〕. 執其鸞刀, 以啓其毛, 取其血膋〔音聊 叶音勞〕.

祭以淸酒하고	청주로써 강신(降神)하고
從以騂牡(성무)하여	이어 붉은 희생을 올려
享于祖考하니	조고에게 제향하니
執其鸞刀하여	그 방울 달린 칼을 잡아
以啓其毛하고	털을 헤쳐 보이고
取其血膋(료)로다	피와 기름을 취하도다

賦也라 淸酒는 淸潔之酒니 鬱鬯(창)之屬也라 騂은 赤色이니 周所尙也라 祭禮에 先以鬱鬯灌地하여 求神於陰하고 然後迎牲이라 執者는 主人親執也라 鸞刀는 刀有鈴也라 膋는 脂膏也라 啓其毛는 以告純也요 取其血은 以告殺也요 取其膋는 以升臭也라 合之黍稷하여 實之於蕭而燔之하여 以求神於陽也라 記曰 周人尙臭하여 灌用鬯臭하나니 鬱合鬯하여 臭陰達於淵泉이라 灌以圭璋은 用玉氣也요 旣灌然後迎牲은 致陰氣也라 蕭合黍稷하여 臭陽達於墻屋이라 故로 旣奠然後에 焫(설)蕭合羶(전)薌(香)이니 凡祭에 愼諸此라 魂氣歸于天하고 形魄歸于地라 故로 祭는 求諸陰陽之義也라하니라

부(賦)이다. '청주(淸酒)'는 청결한 술이니, 울창주(鬱鬯酒)의 등속이다. '성(騂)'은 적색(赤色)이니, 주(周)나라가 숭상한 것이다. 제례(祭禮)에 먼저 울창술을 땅에 부어 음(陰)에서 신(神)을 구하고, 그런 다음 희생을 맞이한다. '집(執)'은 주인(主人)이 친히 잡는 것이다. '난도(鸞刀)'는 칼에 방울이 있는 것이다. '료(膋)'는 기름이다. 그 털을 헤쳐보임은 순색(純色)임을 아뢰는 것이요, 그 피를 취함은 죽임을 아뢰는 것이요, 그 기름을 취함은 냄새를 올라가게 하는 것이다. 이 기름에다가 서직(黍稷)을 합하여 쑥에 채워 태워서 양(陽)에서 신(神)을 구한다.

《예기》〈교특생(郊特牲)〉에 "주(周)나라 사람은 냄새를 숭상하여 땅에 술을 부어 강신(降神)할 때에 울창주의 냄새를 사용하는데, 울금초(鬱金草)에 창(鬯;검은 기장)을 합하여 냄새가 땅속으로 깊은 못에 도달하게 한다. 규장(圭璋)으로써 땅에 술을 부음은 옥(玉)의 기운을 쓰는 것이요, 이미 술을 부은 뒤에 희생을 맞이함은 음기(陰氣)를 지극히 한 것이다. 쑥에 서직(黍稷)을 합하여 냄새가 겉으로 담장과 지

••• 騂 : 붉을 성 鸞 : 방울 란 膋 : 창자기름 료 鬯 : 술이름 창 蕭 : 쑥 소 燔 : 태울 번 璋 : 홀 장 焫 : 불사를 설
羶 : 누린내날 전 薌 : 향기 향

붕에 도달하게 한다. 그러므로 이미 술잔을 올린 다음, 쑥에 양기름과 쇠기름을 합하여 태우는 것이니, 모든 제사에서 이것을 삼간다. 〈사람이 죽으면〉 혼기(魂氣)는 하늘(양(陽))로 돌아가고 형백(形魄)은 땅(음(陰))으로 돌아가기 때문에 제(祭;강신)함은 음(陰)·양(陽)에서 〈신(神)을〉 구하는 뜻이다." 하였다.

⑥ 是烝是享〔叶虛良反〕, 苾苾芬芬, 祀事孔明〔叶謨郎反〕. 先祖是皇. 報以介福, 萬壽無疆.

是烝是享하니	이에 제수를 올려 제향하니
苾苾芬芬하여	향기롭고 향기로워
祀事孔明이어늘	제사가 매우 구비되고 밝게 드러나
先祖是皇하사	선조가 이에 크게 강림하사
報以介福하니	큰 복으로써 보답하니
萬壽無疆이로다	만수무강하리로다

賦也라 烝은 進也라 或曰 冬祭名이라

부(賦)이다. '증(烝)'은 제수를 올리는 것이다. 혹자는 '겨울 제사의 이름'이라 한다.

信南山六章이니 章六句라

〈신남산(信南山)〉은 6장이니, 장마다 6구이다.

【毛序】 信南山은 刺幽王也라 不能修成王之業하여 疆理天下하고 以奉禹功이라 故로 君子思古焉하니라

〈신남산〉은 유왕(幽王)을 풍자한 시(詩)이다. 성왕(成王)의 사업을 닦지 못하여 천하의 전무(田畝)를 경계짓고 다스려 우(禹) 임금의 공업(功業)을 받들지 못하였다. 그러므로 군자가 옛날〈의 성왕〉을 그리워한 것이다.

【辨說】 曾孫은 古者事神之稱이어늘 序에 專以爲成王하니 則陋矣라

증손(曾孫)은 옛날에 신을 섬기는 칭호인데 〈서〉에는 오로지 성왕(成王)이라 하였으니, 누추하다.

··· 烝 : 올릴 증

7. 보전(甫田)

① 倬〔陟角反〕彼甫田〔叶地因反〕, 歲取十千〔叶倉新反〕. 我取其陳, 食〔音嗣〕我
農人. 自古有年〔叶泥因反〕, 今適南畝〔叶滿彼反〕, 或耘或耔〔音子 叶獎里反〕,
黍稷薿薿〔魚起反〕. 攸介攸止, 烝我髦〔音毛〕士〔鉏里反〕.

倬(탁)彼甫田에	환한 저 큰 밭에
歲取十千이로다	해마다 십천을 취하도다
我取其陳하여	내 묵은 곡식을 취하여
食(사)我農人하니	우리 농부(農夫)들을 먹이니
自古有年이로다	예로부터 풍년이로다
今適南畝하니	이제 남무(南畝)에 가니
或耘或耔(자)에	혹은 김매고 혹은 북돋음에
黍稷薿(의)薿어늘	서직(黍稷)이 무성하거늘
攸介攸止에	크게 여기고 머물러 쉬는 곳에
烝我髦士로다	우리 준사(俊士)들을 불러 위로하도다

賦也라 倬은 明貌라 甫는 大也라 十千은 謂一成之田이니 地方十里라 爲田九萬畝
하여 而以其萬畝爲公田하니 蓋九一之法也라 我는 食祿主祭之人也라 陳은 舊粟
也라 農人은 私百畝而養公田者也라 有年은 豐年也라 適은 往也라 耘은 除草也요
耔는 雝(壅)本也라 蓋后稷爲田에 一畝[129]三畎(견)하되 廣尺深尺하여 而播種於其
中하고 苗葉以(已)上이어든 稍耨(누)壟草하고 因壝其土하여 以附苗根하니 壟盡畎
平이면 則根深而能(耐)風與旱也라 薿는 茂盛貌라 介는 大요 烝은 進이라 髦는 俊
也니 俊士는 秀民也라 古者에 士出於農而工商不與焉하니라 管仲曰 農之子恒爲
農하여 野處而不暱(닐)하니 其秀民之能爲士者는 必足賴也[130]라하니 卽謂此也라

••••••

129 畝 : 옛날 토지의 면적을 계산하는데 사용한 단위인데, 주나라는 6척(尺)을 1보(步)로, 100보
를 1무(畝)로 삼았다.

130 管仲曰……必足賴也 : 이 내용은 《관자(管子)》에 나오는바, 《관자》에 "농부의 아들은 항상 농
부가 되어 질박하고 촌스러우면서도 사사롭게 친압하지 않으니, 그 수재로서 선비가 될 수 있는 자
는 충분히 의뢰할 수 있다.〔農之子常爲農, 樸野而不慝, 其秀才之能爲士者, 則足賴也.〕"라고 보인다.

••• 倬 : 클 탁 甫 : 클 보 陳 : 묵을 진 耘 : 김맬 운 耔 : 북돋을 자 薿 : 무성할 의 髦 : 뛰어날 모 雝 : 북돋을 옹
畎 : 밭이랑 견 耨 : 김맬 누 壟 : 밭두둑 롱(壠同) 壝 : 토담 유 暱 : 친압할 닐

부(賦)이다. '탁(倬)'은 밝은(훤한) 모양이다. '보(甫)'는 큼이다. '십천(十千;만무)'은 일성(一成)의 밭을 이르니, 땅이 사방 10리이다. 농지 9만 무(畝)를 만들어 1만 무(畝)로 공전(公田)을 삼았으니, 9분의 1의 세법(稅法)이다. '아(我)'는 녹(祿)를 먹는 주제자(主祭者)이다. '진(陳)'은 묵은 곡식이다. '농인(農人)'은 1백 무를 사사로이 갖고 공전(公田)을 가꾸는 자이다. '유년(有年)'은 풍년(豐年)이다. '적(適)'은 감이다. '운(耘)'은 풀을 제거함이요, '자(耔)'는 뿌리를 북돋는 것이다. 후직(后稷)이 밭을 다스릴 적에 1무(畝)에 3개의 이랑을 만들되 넓이를 한 자, 깊이를 한 자로 하고, 그 이랑 사이에 파종해서 묘(苗)의 싹이 나와서 이미 올라오면 차츰 두둑의 풀을 김매어 제거하고, 이어 그 흙을 북돋고 인하여 그 흙을 쌓아 묘(苗)의 뿌리를 덮어 주었으니, 두둑이 완전히 이루어지고 이랑이 잘 다스려져 평평해지면 뿌리가 깊어져서 바람과 가뭄을 견뎌내게 된다.

'의(薿)'는 무성한 모양이다. '개(介)'는 큼이요, '증(烝)'은 나오게 함이다. '모(髦)'는 준걸스러움이니, '준사(俊士)'는 빼어난 백성이다. 옛날에 선비가 농부에서 나오고 공인(工人)과 상인(商人)은 참여하지 못하였다. 관중(管仲)이 말하기를 "농부의 아들은 항상 농부가 되어 들에서 거처하고 사사롭게 친압(親狎)하지 않으니, 그 빼어난 백성 중에 선비가 될 수 있는 자는 반드시 충분히 의뢰할 수 있다." 하였으니, 바로 이것을 말한 것이다.

○ 此詩는 述公卿有田祿者 力於農事하여 以奉方社田祖之祭라 故로 言於此大田에 歲取萬畝之入하여 以爲祿食하되 及其積之久而有餘하여는 則又存其新而散其舊하여 以食(사)農人하여 補不足, 助不給也니 蓋以自古有年이라 是以로 陳陳相因하여 所積如此라 然이나 其用之之節이 又合宜而有序如此하니 所以粟雖甚多나 而無紅腐不可食之患也라 又言 自古旣有年矣요 今適南畝에 農人이 方且或耘或耔하여 而其黍稷이 又已茂盛하니 則是又將復有年矣라 故로 於其所美大止息之處에 進我髦士而勞之也라

○ 이 시(詩)는 공경(公卿)으로서 전록(田祿)을 소유한 자가 농사에 힘써서 방사(方社)와 전조(田祖)의 제사를 받듦을 기술한 것이다. 그러므로 말하기를 "이 큰 밭에서 해마다 만무(萬畝)의 수입을 취하여 녹식(祿食)으로 삼았는데, 그 곡식을 쌓아놓은 지가 오래되어 남음이 있음에 이르면, 또 새 것을 보관하고 묵은 것을 풀어 흩어서 농부들을 먹여 부족한 이를 도와주고 넉넉하지 못한 이를 도와주었으

니, 이는 예로부터 풍년이 들었다. 이 때문에 묵은 곡식과 묵은 곡식이 서로 이어져 쌓인 바가 이와 같은 것이다. 그러나 그 쓰는 절도가 또 마땅함에 합당하고 차례가 있음이 이와 같으니, 이 때문에 곡식이 비록 많았으나 붉게 썩어서 먹을 수 없는 폐해가 없는 것이다." 하였다. 또 말하기를 "예로부터 이미 풍년이 들었고, 이제 마침 남무(南畝)에 감에 농부들이 막 혹은 김매고 혹은 북돋기도 하여 그 서직(黍稷)이 또 이미 무성하니, 이는 또 장차 다시 풍년이 들 것이다. 그러므로 그 미대(美大)하게 여기고 머물러 쉬는 곳에 우리 준걸스런 선비들을 나오게 하여 위로한다."라고 한 것이다.

② 以我齊〔音咨〕明〔叶謨郎反〕, 與我犧羊, 以社以方. 我田旣臧, 農夫之慶〔叶祛羊反〕. 琴瑟擊鼓, 以御〔牙嫁反〕田祖. 以祈甘雨, 以介我稷黍, 以穀我士女.

以我齊(자)明과	우리 자명(齊明)과
與我犧羊으로	우리 희생 양(羊)을 가지고
以社以方하니	사(社)와 방(方)에 제사하니
我田旣臧이	우리 토지가 이미 좋음이
農夫之慶이로다	농부들의 복(福)이로다
琴瑟擊鼓하여	거문고와 비파를 타며 북을 쳐서
以御(아)田祖하여	전조(田祖)를 맞이하여
以祈甘雨하니	단비를 기원하니
以介我稷黍하여	우리 서직을 크게 하여
以穀我士女로다	우리 사녀(백성)들을 잘 기르리로다

賦也라 齊는 與粢同이라 曲禮曰 稷曰明粢라하니 此言齊明은 便文以協韻耳라 犧羊은 純色之羊也라 社는 后土也니 以句龍氏配라 方은 秋祭四方하여 報成萬物이니 周禮所謂羅弊獻禽以祀祊이 是也라 臧은 善이요 慶은 福이요 御는 迎也라 田祖는 先嗇也니 謂始耕田者니 卽神農也라 周禮籥(약)章에 凡國祈年于田祖면 則吹豳

··· 齊 : 기장 자, 곡식 자　御 : 맞이할 아　粢 : 기장 자　祊 : 사당문안제사 방(팽)　嗇 : 거둘 색　籥 : 피리 약

雅하고 擊土鼓¹³¹하여 以樂田畯이 是也라 穀은 養也라 又曰 善也니 言倉廩實而知
禮節也라하니라

○ 言奉其齊盛犧牲하여 以祭方社하고 而曰 我田之所以善者는 非我之所能致也
라 乃賴農夫之福而致之耳라하고 又作樂하여 以祭田祖而祈雨하여 庶有以大其黍
稷而養其民人也라

부(賦)이다. '자(齊)'는 자(粢)와 같다. 《예기》〈곡례(曲禮)〉에 "직(稷)을 명자(明
粢)라 한다." 하였는데, 여기에서 자명(齊明)이라고 말한 것은 글을 편리하게 써서
운(韻)을 맞춘 것이다. '희양(犧羊)'은 순색(純色)의 양이다. '사(社)'는 후토(后土)이
니, 구룡씨(句龍氏)로 배향한다. '방(方)'은 가을에 사방에 제사하여 만물을 이루어
줌에 보답하는 것이니, 《주례(周禮)》〈대사마(大司馬)〉에 이른바 "그물이 다 해지면
금수(禽獸)를 바쳐 방(祊)에 제사한다."는 것이 이것이다. '장(臧)'은 좋음이요, '경
(慶)'은 복(福)이요, '아(御)'는 맞이함이다. '전조(田祖)'는 선색(先嗇)이니, 처음 밭
을 경작한 자를 이르니, 바로 신농(神農)이다. 《주례(周禮)》〈약장(籥章)〉에 "무릇 나
라에서 전조(田祖)에 풍년을 기원하는 때에는 약(籥;피리부는 악공)으로 빈아(豳雅)
를 불어 연주하고 토고(土鼓)를 쳐서 전준(田畯)을 즐겁게 한다."는 것이 이것이다.
'곡(穀)'은 기름이다. 또는 '선함'이니, 창고가 꽉차 있음에 예절(禮節)을 앎을 말한
것이다.

○ 그 자성(齊盛)과 희생을 받들어 방(方), 사(社)에 제사하고 말하기를 "내 토지
가 좋게 된 까닭은 내가 능히 이룬 것이 아니라, 바로 농부의 복(福)을 힘입어 이
루었다." 하고, 또 풍악을 일으켜 전조(田祖)를 제사하여 단비를 기원해서 행여 서
직(黍稷)을 크게 하여 민인(民人)을 잘 길러줌이 있기를 기원한 것이다.

③ 曾孫來止, 以其婦子〔叶獎里反〕, 饁〔于輒反〕彼南畝〔叶滿彼反〕, 田畯〔音俊〕
至喜. 攘〔如羊反〕其左右〔叶羽己反〕, 嘗其旨否〔叶補美反〕. 禾易〔以豉反〕長畝〔同
上〕, 終善且有〔叶羽己反〕. 曾孫不怒, 農夫克敏〔叶母鄙反〕.

曾孫來止에   증손이 왔을 때에

· · · · · ·
131 吹豳雅 擊土鼓 : 빈아(豳雅)는 아래 〈대전(大田)〉의 장하주에 보이며, 토고(土鼓)는 질기와로
테를 만든 북이다.

··· 畯 : 권농관 준 廩 : 창고 름

以其婦子_로 〈농부가〉아내와 자식을 데리고

餣_(엽)彼南畝_{어늘} 저 남쪽 이랑에 밥을 내오거늘

田畯至喜_{하여} 전준(田畯)이 와서 기뻐하여

攘其左右_{하여} 좌우의 것을 취해서

嘗其旨否_{로다} 맛이 있는가를 맛보도다

禾易長畝_{하니} 벼가 잘 가꾸어져 온 이랑이 똑같으니

終善且有_라 끝내 좋고 또 많은지라

曾孫不怒_{하며} 증손은 노하지 않으며

農夫克敏_{이로다} 농부는 민첩히 일하도다

賦也라 曾孫은 主祭者之稱이니 非獨宗廟爲然이라 曲禮外事曰 曾孫某侯某라하고 武王禱名山大川曰 有道曾孫周王發이 是也라 餣은 餉이요 攘은 取요 旨는 美요 易는 治요 長은 竟이요 有는 多요 敏은 疾也라

○ 曾孫之來에 適見農夫之婦子 來餣耘者라 於是에 與之偕至其所러니 而田畯亦至而喜之하여 乃取其左右之饋하여 而嘗其旨否하니 言其上下相親之甚也라 旣又見其禾之易治하여 竟畝如一하니 而知其終當善而且多라 是以로 曾孫不怒하고 而其農夫益以敏於其事也라

부(賦)이다. '증손(曾孫)'은 주제자(主祭者)의 칭호이니, 단지 종묘(宗廟)에서만이 그러한 것이 아니다. 《예기》〈곡례(曲禮)〉의 외사(外事:외신(外神)의 제사)에도 이르기를 "증손 모후모(某侯某)라 한다." 하였고, 《서경》〈주서(周書) 무성(武成)〉에 무왕(武王)이 명산 대천(名山大川)의 신(神)에게 기도할 때에도 '도(道)가 있는 분의 증손(曾孫)인 주왕(周王) 발(發)'이라 한 것이 이것이다. '엽(餣)'은 밥을 먹임이요, '양(攘)'은 취함이요, '지(旨)'는 맛이 좋은 것이요, '이(易)'는 잘 다스림이요, '장(長)'은 끝마침이요, '유(有)'는 많음이요, '민(敏)'은 빨리하는 것이다.

○ 증손이 왔을 때에 마침 농부의 아내와 자식이 와서 김매는 자에게 밥을 먹이려는 것을 보았다. 이에 그들과 함께 그 곳(밭)에 이르니, 전준(田畯)이 또한 와서 보고 기뻐하여 마침내 좌우의 음식을 취해서 맛이 있는지 없는지를 맛보았으니, 이는 상하(上下)가 서로 친애하기를 심히 함을 말한 것이다. 이미 또 그 벼가 잘 다스려져서 온 이랑이 하나와 같아 한결같음을 보니, 그 끝내 당연히 좋고 또 많을 줄을 알았다. 이 때문에 증손은 노하지 않고, 농부는 농사일을 더욱 민첩히

··· 餣 : 들밥내갈 엽 攘 : 취할 양 易 : 다스릴 이 餉 : 먹일 향 饋 : 음식 궤

한 것이다.

④ 曾孫之稼, 如茨〔才私反〕如梁. 曾孫之庾〔羊主反〕, 如坻〔直基反〕如京〔叶居良反〕. 乃求千斯倉, 乃求萬斯箱. 黍稷稻梁, 農夫之慶〔叶袪羊反〕. 報以介福, 萬壽無疆.

曾孫之稼	증손의 농사가
如茨如梁이며	이엉과 같고 수레의 끌채와 같으며
曾孫之庾	증손의 노적(露積)이
如坻(지)如京이라	섬과 같고 언덕과 같은지라
乃求千斯倉하며	이에 천 개의 창고를 구하며
乃求萬斯箱이로소니	만 개의 수레 상자를 구하노니
黍稷稻梁이	서직(黍稷)과 도량(稻粱)이
農夫之慶이라	농부의 복이라
報以介福하니	큰 복으로써 보답하니
萬壽無疆이로다	만수무강하리로다

賦也라 茨는 屋蓋니 言其密比也요 梁은 車梁이니 言其穹隆也라 坻는 水中之高地也요 京은 高丘也라 箱은 車箱也라
○ 此는 言收成之後에 禾稼旣多면 則求倉以處之하고 求車以載之라 而言凡此黍稷稻梁이 皆賴農夫之慶而得之하니 是宜報以大福하여 使之萬壽無疆也라 其歸美於下而欲厚報之가 如此하니라

부(賦)이다. '자(茨)'는 지붕을 덮는 것(이엉)이니 그 빽빽함을 말한 것이요, '양(梁)'은 수레의 양주(梁輈:끌채)이니 그 높이 솟음을 말한 것이다. '지(坻)'는 물 가운데의 높은 땅(섬)이요, '경(京)'은 높은 언덕이다. '상(箱)'은 수레의 상자이다.

○ 이것은 수성(收成:수확)한 뒤에 벼가 이미 많으면 창고를 구하여 보관하고 수레를 구하여 실어감을 말한 것이다. 그리고 이 모든 서(黍), 직(稷)과 도(稻), 량(梁)이 모두 농부의 복경(福慶)을 힘입어 얻은 것이니, 이는 마땅히 큰 복으로 보답하여 그로 하여금 만수무강하게 하여야 함을 말한 것이다. 아름다움을 아랫사람에게 돌려 후(厚)히 보답하고자 함이 이와 같은 것이다.

••• 茨 : 이엉 자 梁 : 들보 량 庾 : 곳집 유 坻 : 언덕 지 京 : 언덕 경 箱 : 상자 상 穹 : 높을 궁

甫田四章이니 章十句라

　〈보전(甫田)〉은 4장이니, 장마다 10구이다.

【毛序】 甫田은 刺幽王也니 君子傷今而思古焉하니라

　〈보전〉은 유왕(幽王)을 풍자한 시(詩)이니, 군자가 지금을 서글퍼하여 옛날을 그리워한 것이다.

【鄭註】 刺者는 刺其倉廩虛하고 政煩賦重하여 農人失職이라

　'풍자했다'는 것은 그 창름(倉廩)이 비고 정사가 번거롭고 부역(賦役)이 무거워서 농민들이 직업을 잃음을 풍자한 것이다.

【辨說】 此序는 專以自古有年一句生說하여 而不察其下文今適南畝以下가 亦未嘗不有年也니라

　이 〈서〉는 오로지 '자고유년(自古有年)' 한 구(句)를 가지고 말을 만들어내어서 그 아랫글에 '지금 남쪽 이랑에 간다.〔今適南畝〕'는 이하가 또한 일찍이 풍년이 듦을 읊었음을 살피지 못한 것이다.

8. 대전(大田)

① 大田多稼, 旣種〔章勇反〕旣戒, 旣備乃事〔叶上止反〕. 以我覃〔以冉反〕耜〔叶養里反〕, 俶載南畝〔叶滿彼反〕, 播厥百穀〔叶工洛反〕. 旣庭且碩〔叶常約反〕, 曾孫是若.

大田多稼라	큰 밭에 심어야 할 벼가 많은지라
旣種旣戒하여	이미 씨앗을 가리고 연장을 챙겨
旣備乃事하니	이미 구비하고서 일하니
以我覃耜(염사)로	나의 날카로운 보습으로
俶載南畝하여	비로소 남무에 일하여
播厥百穀하니	백곡을 파종하니
旣庭且碩이라	자라는 싹이 곧고 또 크기에
曾孫是若이로다	증손의 마음을 흡족하게 하도다

••• 覃 : 날카로울 염　耜 : 보습 사　俶 : 비로소 숙　載 : 일할 재　庭 : 곧을 정　若 : 순할 약

賦也라 種은 擇其種也요 戒는 飭其具也라 覃은 利요 俶은 始요 載는 事요 庭은 直이
요 碩은 大요 若은 順也라

○ 蘇氏曰 田大而種多라 故로 於今歲之冬에 具來歲之種하고 戒來歲之事하여 凡
旣備矣하니 然後事之하여 取其利耜하여 而始事於南畝하여 旣耕而播之라 其耕之
也勤하고 而種之也時라 故로 其生者 皆直而大하여 以順曾孫之所欲이라 此詩는
爲農夫之詞하여 以頌美其上하니 若以答前篇之意也라

부(賦)이다. '종(種)'은 그 씨앗을 가림이요, '계(戒)'는 그 도구(농기구)를 챙김이
다. '염(覃)'은 날카로움이요, '숙(俶)'은 비로소요, '재(載)'는 일함이요, '정(庭)'은
곧음이요, '석(碩)'은 큼이요, '약(若)'은 순함이다.

○ 소씨(蘇氏)가 말하였다. "밭이 커서 뿌릴 종자가 많았다. 그러므로 금년 겨
울에 내년에 뿌릴 종자를 마련하고 내년의 일을 챙겨 모두 이미 갖추었다. 그런
뒤에 농사일을 시작해서 날카로운 보습을 취해 비로소 남무(南畝)에서 일하여 이
미 갈고 파종하였다. 〈이와 같이〉 밭갈기를 부지런히 하고, 심기를 제때에 하였
다. 이 때문에 그 난 싹이 모두 곧고 커서 증손의 하고자 하는 바에 순한 것이다.
이 시(詩)는 농부의 말을 하여 그 윗사람을 송축(頌祝)하고 찬미한 것이니, 전편(前
篇)에 답한 뜻인 듯하다."

② 旣方旣皁[叶子苟反], 旣堅旣好[叶許苟反], 不稂[音郎]不莠[餘久反]. 去[起
呂反]其螟[莫廷反]螣[音特], 及其蟊[莫侯反]賊, 無害我田穉[音稚]. 田祖有
神, 秉畀炎火[叶虎委反].

旣方旣皁(조)하며	이미 껍질이 생기고 반쯤 여물며
旣堅旣好요	이미 단단하고 아름다우며
不稂不莠(유)어든	가라지가 없고 피가 없거든
去其螟螣(명특)과	명특(螟螣)을 제거하고
及其蟊(모)賊이라야	모적(蟊賊)을 제거하여야
無害我田穉니	우리의 어린 벼싹을 해침이 없을 것이니
田祖有神은	전조의 신(神)은
秉畀炎火어다	이것을 잡아 불 속에 던질지어다

… 皁 : 검을 조, 쭉정이 조 稂 : 가라지 랑 莠 : 가라지 유 螟 : 멸구 명 螣 : 황충이 특 蟊 : 해충 모
畀 : 줄 비

賦也라 方은 房也니 謂孚甲始生而未合時也라 實未堅者曰皁라 稂은 童粱이요 莠는 似苗하니 皆害苗之草也라 食心曰螟이요 食葉曰螣이요 食根曰蟊요 食節曰賊이니 皆害苗之蟲也라 穉는 幼禾也라

○ 言其苗旣盛矣로되 又必去此四蟲然後에 可以無害田中之禾라 然이나 非人力所及也라 故로 願田祖之神이 爲我持此四蟲하여 而付之炎火之中也라 姚崇이 遣使捕蝗할새 引此爲證하여 夜中設火하고 火邊掘坑하여 且焚且瘞(예)[132]하니 蓋古之遺法이 如此하니라

　부(賦)이다. '방(方)'은 방(房)이니, 껍질(孚甲)이 처음 생겨서 아직 합하지 않은 때를 말한 것이다. 열매가 덜 여물어 견고하지 못한 것을 '조(皁)'라 한다. '낭(稂: 강아지풀)'은 동량(童粱)이요, '유(莠)'는 묘(苗)와 비슷한 잡초(雜草)이니, 모두 묘(苗)를 해치는 풀이다. 속을 파먹는 것을 '명(螟)'이라 하고, 잎을 파먹는 것을 '특(螣)'이라 하고, 뿌리를 파먹는 것을 '모(蟊)'라 하고, 마디를 파먹는 것을 '적(賊)'이라 하니, 모두 묘(苗)를 해치는 벌레이다. '치(穉)'는 어린 벼이다.

　○ "그 묘(苗)가 이미 무성하더라도, 또 반드시 이 네 가지 해충을 제거한 뒤에야 밭 가운데의 벼를 해침이 없을 수 있다. 그러나 인력(人力)으로 미칠 바가 아니다. 그러므로 전조(田祖)의 신(神)이 나를 위하여 이 네 가지 해충을 잡아서 불 가운데 던져주기를 원한다."고 말한 것이다. 당(唐)나라 요숭(姚崇)이 사자(使者)를 보내어 황충(蝗蟲)을 잡을 적에 이것을 끌어다 증거로 삼고는 밤중에 불을 피우고 불을 놓은 곳의 가에 구덩이를 파놓아 한편으로는 불태워 죽이고 한편으로는 묻어 죽였으니, 옛날의 유법(遺法)이 이와 같았던 것이다.

③ 有渰〔於檢反〕萋萋〔七西反〕, 興雨祁祁. 雨〔于付反〕我公田, 遂及我私〔叶息夷反〕. 彼有不穫穉, 此有不斂〔力檢反〕穧〔才計反〕, 彼有遺秉, 此有滯穗, 伊寡婦之利.

　有渰(엄)萋萋하여　　　　구름이 뭉게뭉게 일어나
　興雨祁祁하여　　　　　　비를 내리기를 서서히 하여

‥‥‥‥
132 姚崇 ‥‥‥且焚且瘞 : 이 내용은 《구당서(舊唐書)》〈요숭전(姚崇傳)〉에 보이는바, 요숭은 당(唐)나라의 명재상이다.

‥‥ 孚 : 왕겨 부　姚 : 성 요　蝗 : 메뚜기 황　掘 : 팔 굴　坑 : 구덩이 갱　瘞 : 묻을 예　渰 : 구름일 엄　萋 : 성할 처
　　祁 : 많을 기

雨我公田_{이요} 우리 공전에 비를 내리고
遂及我私_{로다(하여)} 마침내 우리 사전(私田)에 미치도다
彼有不穫穉_{하며} 저기에는 수확하지 않은 어린 벼가 있고
此有不斂穧_{(제)하며} 여기에는 거두지 않은 벼 묶음이 있으며
彼有遺秉_{하며} 저기에는 버려진 볏단이 있고
此有滯穗_{하니} 여기에는 버려진 이삭이 있으니
伊寡婦之利_{로다} 이것은 과부(寡婦)의 이익이로다

賦也라 㴜은 雲興貌요 萋萋는 盛貌라 祁祁는 徐也라 雲欲盛이니 盛則多雨요 雨欲徐니 徐則入土라 公田者는 方里而井이니 井은 九百畝라 其中爲公田이요 八家皆私百畝하여 而同養公田也라 穧는 束이요 秉는 把也라 滯는 亦遺棄之意也라
○ 言農夫之心이 先公後私라 故로 望此雲雨而曰 天其雨我公田하고 而遂及我之私田乎인저하니 冀怙君德而蒙其餘惠하며 使收成之際에 彼有不及穫之穉禾하고 此有不及斂之穧束하며 彼有遺棄之禾把하고 此有滯漏之禾穗하여 而寡婦尙得取之以爲利也라 此見其豐成有餘而不盡取하고 又與鰥寡共之하니 旣足以爲不費之惠요 而亦不棄於地也라 不然이면 則粒米狼戾하리니 不殆於輕視天物而慢棄之乎아

부(賦)이다. '엄(㴜)'은 구름이 일어나는 모양이요, '처처(萋萋)'는 성한 모양이다. '기기(祁祁)'는 느림이다. 구름은 성하고자 하니 성하면 비를 많이 내리고, 비는 서서히 내리고자 하니 서서히 내리면 땅속에 깊이 들어간다. 공전(公田)은 사방 1리(里)가 정(井)이니, 정(井)은 9백 무(畝)이다. 이 가운데는 공전이고, 나머지는 8가(家)가 모두 1백 무씩을 사전(私田)으로 하여 함께 공전을 가꾸는 것이다. '제(穧)'는 묶음이요, '병(秉)'은 볏단이다. '체(滯)' 또한 유기(遺棄)의 뜻이다.

○ 농부(農夫)의 마음이 공(公:국가)을 먼저 하고 사(私:개인)를 뒤에 하였다. 그러므로 이 구름이 일어나 비가 내리기를 바라면서 말하기를 "하늘이 우리 공전에 비를 내리고 마침내 우리 사전에 미쳤으면 한다." 하였으니, 군주의 덕을 믿어 남은 은혜를 입기를 바라며, 수확하는 즈음에 저쪽에는 미처 수확하지 않은 어린 벼가 있고, 여기에는 미처 거두지 않은 벼묶음이 있으며, 저기에는 버려진 볏단이 있고, 여기에는 누락된 이삭이 있어서 과부(寡婦)가 행여 이것을 취하여 이익으로 삼게 한 것이다. 이것은 풍성하여 남음이 있어 다 취하지 않고, 또 환과(鰥寡:홀아

··· 穧 : 벤벼 제, 벼움큼 제 秉 : 벼묶을 병 滯 : 남을 체 穗 : 이삭 수 狼 : 어지러울 랑

비와 과부)와 더불어 함께 함을 나타낸 것이니, 이미 충분히 허비하지 않는 은혜가 되고 또한 땅에 버리지 않는 것이다. 그렇지 않다면 곡식이 낭자하게 버려질 것이니, 하늘이 내려준 물건(곡식)을 경시(輕視)하여 함부로 버림에 가깝지 않겠는가.

④ 曾孫來止, 以其婦子, 饁彼南畝〔子畝 竝見前篇〕, 田畯至喜. 來方禋〔音因〕祀〔叶逸織反〕, 以其騂黑, 與其黍稷. 以享以祀〔同上〕, 以介景福〔叶筆力反〕.

曾孫來止라	증손(曾孫)이 오시는지라
以其婦子로	〈농부가〉 아내와 자식을 데리고
饁彼南畝어늘	저 남무(南畝)에 밥을 내가거늘
田畯至喜로다	전준(田畯)이 와서 기뻐하도다
來方禋祀하여	와서 사방의 신(神)에 정결히 제사하여
以其騂黑과	붉은 희생과 검은 희생과
與其黍稷으로	서직(黍稷)을 가지고
以享以祀하니	제향을 올리고 제사를 올리니
以介景福이로다	큰 복을 크게 받으리로다

賦也라 精意以享을 謂之禋이라
○ 農夫相告曰 曾孫來矣라하고 於是에 與其婦子로 饁彼南畝之穫者하니 而田畯亦至而喜之也라 曾孫之來에 又禋祀四方之神而賽(새)禱焉하니라 四方에 各用其方色之牲[133]이로되 此言騂黑은 擧南北하여 以見其餘也라 以介景福은 農夫欲曾孫之受福也라

부(賦)이다. 마음을 정갈히 하여 제향함을 인(禋)이라 한다.
○ 농부들이 서로 말하기를 "증손이 오신다 하고 이에 그 부자(婦子;처자(妻子))와 함께 저 남무(南畝)의 수확하는 자에게 밥을 내갔는데, 전준(田畯) 또한 와서 기뻐하였다. 증손이 오심에 또 사방의 신(神)에게 제사하여 기도했다." 하였다. 사방

••• 禋 : 제사지낼 인 騂 : 붉을 성 賽 : 굿할 새

에는 각기 방위에 맞는 색깔의 희생(犧牲)을 사용하는데, 여기에 성(騂), 흑(黑)만을 말한 것은 남(南)과 북(北)을 들어서 그 나머지(동쪽의 청색, 서쪽의 백색)를 나타낸 것이다. 큰 복을 크게 한다는 것은 농부가 증손이 큰 복을 받기를 원한 것이다.

大田四章이니 二章은 章八句요 二章은 章九句라

〈대전(大田)〉은 4장이니, 두 장은 장마다 8구이고 두 장은 장마다 9구이다.

前篇에 有擊鼓以御田祖之文이라 故로 或疑此楚茨, 信南山, 甫田, 大田四篇이 卽爲豳雅라하니 其詳은 見於豳風之末하니 亦未知其是否也로라 然이나 前篇엔 上之人이 以我田旣臧으로 爲農夫之慶하여 而欲報之以介福하고 此篇은 農夫以雨我公田하여 遂及私田하여 而欲其享祀以介景福이라 上下之情이 所以相賴而相報者如此하니 非盛德이면 其孰能之리오

앞 편[前篇]에 "북을 쳐서 전조(田祖)를 맞이한다."는 글이 있었다. 그러므로 혹자는 이 〈초자(楚茨)〉와 〈신남산(信南山)〉, 〈보전(甫田)〉과 〈대전(大田)〉 네 편이 바로 빈아(豳雅)라고 의심하니, 그 상세한 것은 〈빈풍(豳風)〉의 끝(장하주)에 보인다. 그러나 또한 그 말이 옳은지는 알지 못하겠다. 그러나 앞 편에서는 윗사람이 우리 토지가 이미 좋음을 농부의 복(福)으로 여겨 큰 복으로써 보답하고자 하였고, 이 편은 농부가 우리 공전(公田)에 비를 내리고 마침내 우리 사전(私田)에 미쳐서 향(享)·사(祀)를 올려 큰 복을 크게 받고자 하였다. 윗사람과 아랫사람의 정(情)이 서로 의뢰하고 서로 보답함이 이와 같았으니, 성덕(盛德)이 아니면 그 누가 이에 능하리오.

【毛序】 大田은 刺幽王也니 言矜(鰥)寡不能自存焉이니라

〈대전(大田)〉은 유왕(幽王)을 풍자한 시(詩)이니, 홀아비와 과부가 스스로 생존할 수 없음을 말한 것이다.

【鄭註】 幽王之時에 政煩賦重하여 而不務農事하니 蟲災害穀하고 風雨不時하여 萬民饑饉하고 矜(鰥)寡無所取活이라 故時臣思古以刺之하니라

유왕(幽王)의 때에 정사가 번거롭고 부역이 무거워서 농사를 힘쓰지 않으니, 충해(蟲害)가 곡식을 헤치고 비바람이 제때에 내리지 않아서 만민(萬民)이 기근(饑饉)에 허덕이고 홀아비와 과부가 살 방법이 없었다. 그러므로 당시 신하가 옛날을 생각하여 풍자한 것이다.

【辨說】 此序는 專以寡婦之利一句生說하니라

　　이 〈서〉는 오로지 '과부의 이로움〔寡婦之利〕'이란 한 구를 가지고 말을 만들어 내었다.

9. 첨피락의(瞻彼洛矣)

① 瞻彼洛矣, 維水泱泱〔於良反 無韻未詳〕, 君子至止, 福祿如茨. 韎〔音昧〕 韐〔音閣〕有奭〔許力反〕, 以作六師.

瞻彼洛矣한대	저 낙수(洛水)를 보건대
維水泱泱이로다	물이 깊고도 너르도다
君子至止하시니	군자가 이르시니
福祿如茨로다	복록(福祿)이 이엉처럼 쌓였도다
韎韐有奭(매합유혁)하니	붉은 슬갑이 짙게 붉으니
以作六師로다	육사(六師)를 일으키도다

賦也라 洛은 水名이니 在東都하니 會諸侯之處也라 泱泱은 深廣也라 君子는 指天子也라 茨는 積也라 韎는 茅蒐니 所染色也라 韐은 韠也니 合韋爲之라 周官所謂韋弁이니 兵事之服也라 奭은 赤貌라 作은 猶起也라 六師는 六軍也니 天子는 六軍이라
○ 此는 天子會諸侯于東都하여 以講武事하니 而諸侯美天子之詩라 言天子至此洛水之上하여 御戎服而起六師也라

　　부(賦)이다. '낙(洛)'은 물 이름이니, 동도(東都;낙읍)에 있으니, 제후를 모으는 곳이다. '앙앙(泱泱)'은 깊고 넓음이다. 군자는 천자를 가리킨다. '자(茨)'는 이엉처럼 쌓임이다. '매(韎)'는 모수(茅蒐;꼭두서니)이니, 붉은색을 물들이는 것이다. '합(韐)'은 슬갑이니, 가죽을 합쳐 만든다.《주관(周官;주례)》〈사복(司服)〉에 이른바 위변(韋弁)이니, 병사(兵事)의 복장이다. '혁(奭)'은 붉은 모양이다. '작(作)'은 기(起)와 같다. '육사(六師)'는 육군(六軍)이니, 천자는 육군이다.

　　○ 이는 천자가 제후들을 동도(東都)에 모아 무사(武事)를 강함에 제후가 천자를 찬미한 시(詩)이다. 천자가 이 낙수가에 이르러 융복(戎服;군복)을 입고 육사를

··· 泱 : 물출렁일 앙　茨 : 이엉 자　韎 : 붉은가죽 매　韐 : 슬갑 합　奭 : 붉을 혁　蒐 : 꼭두서니 수　韠 : 슬갑 필

일으킴을 말한 것이다.

② 瞻彼洛矣, 維水泱泱. 君子至止, 鞞〔補頂反〕琫〔必孔反〕有珌〔賔一反〕. 君子萬年, 保其家室.

瞻彼洛矣한대 　　저 낙수(洛水)를 보건대
維水泱泱이로다 　　물이 깊고도 너르도다
君子至止하시니 　　군자가 이르시니
鞞琫有珌(병봉유필)이로다 　칼집의 위아래에 장식한 옥(玉)이 있도다
君子萬年에 　　　군자가 만년토록
保其家室이로다 　　그 가실(家室)을 보전하리로다

賦也라 鞞은 容刀之鞞이니 今刀鞘(소)也라 琫은 上飾이요 珌은 下飾이니 亦戎服也라

　부(賦)이다. '병(鞞)'은 칼을 넣는 칼집이니, 바로 지금의 도소(刀鞘;칼집)이다. '봉(琫)'은 칼집 위에 장식한 것이요, '필(珌)'은 아래에 장식한 것이니, 또한 융복(戎服)이다.

③ 瞻彼洛矣, 維水泱泱. 君子至止, 福祿旣同. 君子萬年, 保其家邦〔叶卜工反〕.

瞻彼洛矣한대 　　저 낙수(洛水)를 보건대
維水泱泱이로다 　　물이 깊고도 너르도다
君子至止하시니 　　군자가 이르시니
福祿旣同이로다 　　복록이 이미 모였도다
君子萬年에 　　　군자가 만년토록
保其家邦이로다 　　그 집안과 나라를 보전하리로다

賦也라 同은 猶聚也라
　부(賦)이다. '동(同)'은 취(聚)와 같다.

··· 鞞 : 칼집 병　琫 : 칼집장식옥 봉　珌 : 칼장식옥 필　鞘 : 칼집 소

瞻彼洛矣三章이니 章六句라

　　〈첨피락의(瞻彼洛矣)〉는 3장이니, 장마다 6구이다.

【毛序】瞻彼洛矣는 刺幽王也니 思古明王이 能爵命諸侯하고 賞善罰惡焉하니라

　　〈첨피락의〉는 유왕(幽王)을 풍자한 시(詩)이니, 옛날의 명왕(明王)이 제후들에게 관작을 명하고 상선벌악(賞善罰惡)하였던 것을 생각한 것이다.

【辨說】此序는 以命服爲賞善하고 六師爲罰惡이나 然非詩之本意也라

　　이 〈서〉는 명복(命服)을 '선인에게 상준 것〔賞善〕'이라 하고 육사(六師)를 '악한 자를 벌주는 것〔罰惡〕'이라 하였으나, 시의 본의(本意)가 아니다.

10. 상상자화(裳裳者華)

① 裳裳者華, 其葉湑〔思呂反〕兮. 我覯之子, 我心寫〔叶想與反〕兮. 我心寫兮, 是以有譽處兮.

裳裳者華여	상체(常棣)의 꽃이여
其葉湑(서)兮로다	그 잎이 무성하도다
我覯之子하니	내 그대를 만나니
我心寫(瀉)兮로다	내 마음 모두 쏟아놓도다
我心寫兮하니	내 마음 쏟아놓으니
是以有譽(豫)處兮로다	이 때문에 즐거움과 편안함이 있도다

興也라 裳裳은 猶堂堂이라 董氏云 古本作常하니 常棣也라하니라 湑는 盛貌라 覯는 見이요 處는 安也라
○ 此는 天子美諸侯之辭니 蓋以答瞻彼洛矣也라 言 裳裳者華는 則其葉湑然而美盛矣요 我覯之子하니 則其心傾寫而悅樂之矣라 夫能使見者悅樂之如此면 則其有譽處宜矣라 此章은 與蓼蕭首章으로 文勢全相似하니라

　　흥(興)이다. '상상(裳裳)'은 당당(堂堂)과 같다. 동씨(董氏)가 말하기를 "고본(古本)에 상(常)으로 되어 있으니, 상체(常棣:산앵두나무)이다." 하였다. '서(湑)'는 성한

··· 湑 : 우거질 서 覯 : 만날 구 寫 : 쏟을 사 譽 : 즐길 예 棣 : 산앵두나무 체 蓼 : 클 륙

모양이다. '구(覯)'는 만나봄이요, '처(處)'는 편안함이다.

○ 이는 천자가 제후를 찬미(讚美)한 말이니, 〈첨피락의(瞻彼洛矣)〉에 답한 듯하다. 상체(常棣)의 꽃은 그 잎이 무성하여 미성(美盛)하고, 내 그 분을 만나니 내 마음을 모두 쏟아놓아 기쁘고 즐겁다고 말한 것이다. 능히 만나보는 자로 하여금 기뻐하고 즐겁게 하기를 이와 같이 하였다면, 즐거움과 편안함을 간직하고 있음이 당연하다. 이 장(章)은 〈육소(蓼蕭)〉의 수장(首章)과 문세(文勢)가 완전히 비슷하다.

② 裳裳者華, 芸其黃矣. 我覯之子, 維其有章矣. 維其有章矣, 是以有慶〔叶墟羊反〕矣.

裳裳者華여	상체(常棣)의 꽃이여
芸其黃矣로다	짙게 누렇도다
我覯之子하니	내 그대를 만나니
維其有章矣로다	그 문장(문채)이 있도다
維其有章矣니	그 문장이 있으니
是以有慶矣로다	이 때문에 복경(福慶)이 있도다

興也라 芸은 黃盛也라 章은 文章也니 有文章이면 斯有福慶矣라

홍(興)이다. '운(芸)'은 황색(黃色)이 성한 것이다. '장(章)'은 문장이니, 문장이 있으면 이 복경(福慶)이 있는 것이다.

③ 裳裳者華, 或黃或白〔叶僕各反〕. 我覯之子, 乘其四駱. 乘其四駱, 六轡沃若.

裳裳者華여	상체(常棣)의 꽃이여
或黃或白이로다	혹 누렇고 혹 희도다
我覯之子하니	내 그대를 만나니
乘其四駱(락)이로다	네 필의 가리온 말을 탔도다
乘其四駱하니	네 필의 가리온 말을 타니
六轡沃若이로다	여섯 고삐가 부드럽도다

··· 芸 : 성할 운 駱 : 약대말 락 沃 : 부드러울 옥

興也라 言其車馬威儀之盛이라

흥(興)이다. 그 거마(車馬)와 위의(威儀)의 성함을 말한 것이다.

④ 左[叶祖戈反]之左[同上]之, 君子宜[叶牛何反]之. 右[叶羽己反]之右[同上]之,
君子有[叶羽己反]之. 維其有[同上]之, 是以似[叶養里反]之.

左之左之에	왼쪽으로 인도하고 왼쪽으로 인도함에
君子宜之며	군자가 마땅하며
右之右之에	오른쪽으로 인도하고 오른쪽으로 인도함에
君子有之로다	군자가 모두를 가지고 있도다
維其有之라	그 모두를 가지고 있는지라
是以似之로다	이 때문에 그와 같도다

賦也라 言其才全德備하여 以左之면 則無所不宜하고 以右之면 則無所不有라 維
其有之於內라 是以로 形之於外者 無不似其所有也라

부(賦)이다. 재주가 온전하고 덕이 구비되어 왼쪽으로 인도함에 마땅하지 않은
바가 없고, 오른쪽으로 인도함에 간직하고 있지 않은 바가 없는 것이다. 그 내면
에 간직하고 있기 때문에 밖에 나타남이 그가 간직하고 있는 바와 같지 않음이 없
는 것이다.

裳裳者華四章이니 章六句라

〈상상자화(裳裳者華)〉는 4장이니, 장마다 6구이다.

【毛序】裳裳者華는 刺幽王也라 古之仕者世祿이어늘 小人在位하니 則讒諂竝進하
여 棄賢者之類하고 絶功臣之世焉하니라

〈상상자화〉는 유왕(幽王)을 풍자한 시(詩)이다. 옛날에 벼슬하는 자들은 대대로
녹을 받았는데, 〈지금은〉 소인이 높은 지위에 있으니 〈이에〉 참소하고 아첨하는
자들이 함께 진용(進用)되어 현자(賢者)의 류(類)를 버리고 공신(功臣)의 대(代)를
끊은 것이다.

【鄭註】古者는 古昔明王時也요 小人은 斥今幽王也라

　　옛날이란 고석(古昔)의 명왕(明王)의 때이고, 소인은 지금 유왕(幽王)을 지적한
것이다.

【辨說】此序는 只用似之二字生說하니라

　　이 〈서〉는 다만 사지(似之) 두 글자를 사용하여 말을 만들어내었다.

北山之什은 十篇이니 四十六章이요 三百三十四句라

　　〈북산지십(北山之什)〉은 10편이니, 46장이고 334구이다.

〈상호지십(桑扈之什)〉 2-7[二之七]

1. 상호(桑扈)

① 交交桑扈〔侯古反〕, 有鶯其羽. 君子樂〔音洛〕胥〔叶思呂反〕, 受天之祜〔侯古反〕.

交交桑扈여	이리저리 나는 상호(桑扈)새여
有鶯(앵)其羽로다	그 깃이 아름답도다
君子樂胥하니	군자가 즐거워하니
受天之祜(호)로다	하늘의 복을 받으리로다

興也라 交交는 飛往來之貌라 桑扈는 竊脂也요 鶯然은 有文章也라 君子는 指諸侯라 胥는 語詞라 祜는 福也라
○ 此亦天子燕諸侯之詩라 言交交桑扈는 則有鶯其羽矣요 君子樂胥면 則受天之祜矣라하니 頌禱之詞也라

　흥(興)이다. '교교(交交)'는 날아서 왔다갔다하는 모양이다. '상호(桑扈:산비둘기)'는 절지(竊脂)이고, '앵연(鶯然)'은 문장(문채)이 있는 것이다. '군자'는 제후를 가리킨다. '서(胥)'는 어조사이다. '호(祜)'는 복이다.
　○ 이 또한 천자가 제후에게 잔치를 베풀어주는 시(詩)이다. 이리저리 날으는 상호새는 그 깃이 앵연(鶯然)히 아름답고 군자가 즐거워하면 하늘의 복을 받는다고 말했으니, 송축(頌祝)하는 말이다.

② 交交桑扈, 有鶯其領. 君子樂胥, 萬邦之屛〔卑郢反〕.

交交桑扈여	이리저리 나는 상호새여
有鶯其領이로다	그 목이 아름답도다
君子樂胥하니	군자가 즐거워하니
萬邦之屛이로다	만방의 번병(藩屛)이로다

··· 扈 : 따를 호　鶯 : 문채날 앵　屛 : 가릴 병

興也라 領은 頸이라 屛은 蔽也니 言其能爲小國之藩衛니 蓋任方伯、連帥⒮之職者也라

　　흥(興)이다. '영(領)'은 목이다. '병(屛)'은 가리움이니, 작은 나라의 울타리와 호위가 됨을 말한 것이니, 아마도 방백(方伯)과 연수(連帥)의 직책을 맡은 자일 것이다.

③ 之屛之翰〔叶胡見反〕, 百辟〔音璧〕爲憲. 不戢〔莊立反〕不難〔叶乃多反〕, 受福不那.

之屛之翰(幹)하니	그 번병이 되며 그 기둥이 되니
百辟爲憲이로다	온갖 제후들이 법(法)으로 삼도다
不戢不難가	거두지 않을까 신중하지 않을까
受福不那아	복을 받음이 많지 않을까

賦也라 翰은 幹(榦)也니 所以當墻兩邊障土者也라 辟은 君이요 憲은 法也니 言其所統之諸侯 皆以之爲法也라 戢은 斂이요 難은 愼이요 那는 多也니 不戢은 戢也요 不難은 難也요 不那는 那也라 蓋曰 豈不斂乎아 豈不愼乎아 其受福豈不多乎아하니 古語聲急而然也라 後放此하니라

　　부(賦)이다. '한(翰)'은 기둥이니, 담의 양쪽을 담당하여 흙을 다져 막는 것이다. '벽(辟)'은 군주(제후)요, '헌(憲)'은 법이니, 거느린 바의 제후들이 모두 법으로 삼음을 말한 것이다. '집(戢)'은 거둠이요, '난(難)'은 신중함이요, '나(那)'는 많음이니, '불집(不戢)'은 거둠이요, '불난(不難)'은 신중함이요, '불나(不那)'는 많음이다. "어찌 거두지 않겠는가, 어찌 신중하지 않겠는가, 그 복을 받음이 어찌 많지 않겠는가."라고 말한 것이니, 옛 말은 목소리가 급해서 이러한 것이다. 뒤도 이와 같다.

④ 兕〔徐履反〕觥〔古橫反〕其觩〔音求〕, 旨酒思柔. 彼交匪敖〔五報反〕, 萬福來求.

兕觥(시굉)其觩하니	뿔잔이 굽어 있으니
旨酒思柔로다	맛있는 술이 부드럽도다
彼交匪敖(傲)하니	저 사귐에 오만하지 않으니

··· 頸 : 목 경 藩 : 울타리 번 翰 : 줄기 한 辟 : 임금 벽 戢 : 거둘 집 難 : 신중할 난 那 : 많을 나 兕 : 외뿔소 시
觥 : 술잔 굉 觩 : 뿔굽을 구 敖 : 거만할 오

萬福來求로다　　　　　만복이 와서 구하도다

賦也라 兕觥은 爵也라 觩는 角上曲貌라 旨는 美也라 思는 語詞也라 敖는 傲通이라
交際之間에 無所傲慢이면 則我無事於求福이로되 而福反來求我也라
　　부(賦)이다. '시광(兕觥)'은 뿔술잔이다. '구(觩)'는 뿔이 위가 굽어 있는 모양이
다. '지(旨)'는 아름다움이다. '사(思)'는 어조사이다. '오(敖)'는 오(傲)와 통한다. 교
제(交際)하는 사이에 오만한 바가 없으면 내가 복(福)을 구하는 일에 종사함이 없
어도 복이 도리어 와서 나를 구하게 된다.

桑扈四章이니 章四句라
　　〈상호(桑扈)〉는 4장이니, 장마다 4구이다.

【毛序】 桑扈는 刺幽王也니 君臣上下 動無禮文焉하니라
　　〈상호〉는 유왕(幽王)을 풍자한 시(詩)이니, 군신(君臣)과 상하(上下)가 동함에 예
문(禮文)이 없었다.
【鄭註】 動無禮文者는 擧事而不用先王禮法威儀也라
　　'동함에 예문이 없다.'는 것은 일을 거행함에 선왕(先王)의 예법(禮法)과 위의(威
儀)를 따르지 않은 것이다.
【辨說】 此序는 只用彼交匪敖一句生說하니라
　　이 〈서〉는 다만 '피교비오(彼交匪敖)' 한 구를 사용하여 말을 만들어내었다.

2. 원앙(鴛鴦)

① 鴛鴦于飛, 畢之羅之. 君子萬年, 福祿宜[叶牛何反]之.

　　鴛鴦于飛하니　　　　　원앙새가 날아가니
　　畢之羅之로다　　　　　작은 그물로 잡고 큰 그물로 잡도다
　　君子萬年에　　　　　　군자가 만 년에
　　福祿宜之로다　　　　　복록이 마땅하리로다

••• 鴛 : 원앙새 원　鴦 : 원앙새 앙　畢 : 그물 필

興也라 鴛鴦은 匹鳥也라 畢은 小罔(網)長柄者也라 羅는 罔也라 君子는 指天子也라
○ 此는 諸侯所以答桑扈也라 鴛鴦于飛면 則畢之羅之矣요 君子萬年에 則福祿宜
之矣라하니 亦頌禱之詞也라

　　흥(興)이다. '원앙(鴛鴦)'은 짝이 있는 새이다. '필(畢)'은 작은 그물에 긴 자루가
달린 것이다. '라(羅)'는 큰 그물이다. '군자'는 천자를 가리킨다.

　　○ 이는 제후가 〈상호〉에 답한 것이다. "원앙새가 날면 작은 그물로 잡고 큰 그
물로 잡으며, 군자가 만 년에 복록이 마땅하리라." 하였으니, 또한 송축(頌祝)하는
말이다.

② 鴛鴦在梁, 戢其左翼. 君子萬年, 宜其遐福〔叶筆力反〕.

　　鴛鴦在梁하니　　　　원앙새가 어량(魚梁)에 있으니
　　戢其左翼이로다　　　왼쪽 날개를 접고 있도다
　　君子萬年에　　　　　군자가 만 년에
　　宜其遐福이로다　　　오랜(장구한) 복이 마땅하리로다

興也라 石絶水爲梁이라 戢은 斂也라 張子曰 禽鳥竝棲에 一正一倒하여 戢其左翼
하여 以相依於內하고 舒其右翼하여 以防患於外하나니 蓋左不用而右便故也라하니
라 遐는 遠也, 久也라

　　흥(興)이다. 돌로 물을 끊는(건너는) 것을 '량(梁:징검다리)'이라 한다. '집(戢)'은
거둠이다. 장자(張子)가 말씀하기를 "새가 함께 나무에 깃들 적에는 하나는 바로
하고 하나는 거꾸로 하여 왼쪽 날개는 거두어 서로 안에서 의지하고 오른쪽 날개
는 펴서 밖에서 〈오는〉 환난(患難)을 막으니, 왼쪽은 쓰지 않고 오른쪽을 쓰는 것
은 편하기 때문이다." 하였다. '하(遐)'는 멂이요, 오램이다.

③ 乘〔繩證反〕馬在廄〔音救〕, 摧〔采臥反〕之秣〔音末 叶莫佩反〕之. 君子萬年, 福
祿艾〔魚蓋反 叶魚肺反〕之.

　　乘馬在廄(구)하니　　　승마(네 필의 말)가 마굿간에 있으니
　　摧(좌)之秣之로다　　　여물을 먹이고 곡식을 먹이도다

··· 罔:그물 망 柄:자루 병 梁:징검돌 량 舒:펼 서 乘:넷 승 廄:마굿간 구 摧:꼴벨 좌 秣:먹일 말

君子萬年에　　　　　　　군자가 만 년에
福祿艾(애)之로다　　　　복록(福祿)으로 기르리로다

興也라 艾는 莝(좌)요 秣은 粟이라 艾는 養也라 蘇氏曰 艾는 老也니 言以福祿終其
身也라하니 亦通이라
○ 乘馬在廄면 則莝之秣之矣요 君子萬年에 則福祿艾之矣니라
　　흥(興)이다. '좌(莝)'는 여물이요, '말(秣)'은 곡식이다. '애(艾)'는 기름이다. 소씨
(蘇氏)가 말하기를 "애(艾)는 늙음이니, 복록으로써 그 몸을 마치게 함을 말한다."
하였으니, 또한 통한다.
　　○ 승마(乘馬)가 마굿간에 있으면 여물을 먹이고 곡식을 먹이며, 군자가 만 년
에 복록으로써 길러줄 것이다.

④ 乘馬在廄, 秣之莝[叶徂爲采臥二反]之. 君子萬年, 福祿綏[叶宜佳士果二
反]之.

乘馬在廄(구)하니　　　　승마가 마굿간에 있으니
秣之莝之로다　　　　　　곡식을 먹이고 여물을 먹이도다
君子萬年에　　　　　　　군자가 만 년에
福祿綏之로다　　　　　　복록으로 편안하리로다

興也라 綏는 安也라
　　흥(興)이다. '수(綏)'는 편안함이다.

鴛鴦四章이니 章四句라
　　〈원앙(鴛鴦)〉은 4장이니, 장마다 4구이다.

【毛序】 鴛鴦은 刺幽王也니 思古明王이 交於萬物有道하고 自奉養有節焉이니라
　　〈원앙〉은 유왕을 풍자한 시(詩)이니, 옛날의 명왕(明王)은 만물을 사귐에 방도
가 있고 스스로 봉양함에 절도가 있었음을 생각한 것이다.
【鄭註】 交於萬物有道는 謂順其性하고 取之以時하여 不暴夭也라

··· 艾 : 기를 애　莝 : 여물썰 좌　綏 : 편안할 수(유)

'만물을 사귐에 도가 있다.'는 것은 그 본성(本性)을 순히 따르고 취하기를 제때에 하여 갑자기 요절(夭折)하지 않음을 말한 것이다.

【辨說】 此序는 穿鑿하여 尤爲無理하니라

　　이 〈서〉는 천착하여 더욱 무리(無理)하다.

3. 규변(頍弁)

① 有頍[缺婢反]者弁, 實維伊何. 爾酒旣旨, 爾殽旣嘉[叶居何反]. 豈伊異人, 兄弟匪他[湯何反]. 蔦[音鳥]與女蘿[力多反], 施[以豉反]于松柏[叶逋莫反]. 未見君子, 憂心奕奕[叶戈灼反]. 旣見君子, 庶幾說[音悅]懌[叶弋灼反].

有頍(규)者弁이여	우뚝한 피변(皮弁)이여
實維伊何오	참으로 무엇인고
爾酒旣旨하며	네 술이 이미 맛있으며
爾殽旣嘉하니	네 안주가 이미 아름다우니
豈伊異人이리오	어찌 다른 사람이리오
兄弟라 匪他로다	형제이지 타인이 아니로다
蔦(조)與女蘿(라)	겨우살이와 여라(女蘿)가
施(이)于松柏이로다	송백(松柏)에 뻗어 있도다
未見君子라	아직 군자를 보지 못한지라
憂心奕奕이러니	마음에 근심하기를 끝없이 하더니
旣見君子하니	이미 군자를 만나보니
庶幾說懌(열역)이로다	거의 기쁘리로다

賦而興이요 又比也라 頍는 弁貌라 或曰擧首貌라 弁은 皮弁이라 嘉、旨는 皆美也라 匪他는 非他人也라 蔦는 寄生也니 葉似當盧[134]하고 子如覆盆子하며 赤黑甛(첨)

......
134 當盧 : 당로(當盧)의 로(盧)는 로(顱)와 통하는 바, 머리뼈를 이른다. 당로는 쇠를 조각한 장식물로 말의 머리에 꾸미므로 '머리뼈에 당했다.' 하여 당로라 한 것이다.

··· 頍 : 머리들 규(기) 弁 : 고깔 변 旨 : 맛있을 지 蔦 : 겨우살이 조 蘿 : 무 라 施 : 뻗칠 이 奕 : 근심할 혁
　　懌 : 기쁠 역 寄 : 붙어있을 기 盆 : 동이 분 甛 : 달 첨

美라 女蘿는 兎絲也니 蔓連草上하고 黃赤如金하니 此則比也라 君子는 兄弟爲賓者也라 奕奕은 憂心無所薄(泊)也라

○ 此亦燕兄弟親戚之詩라 故로 言有頍者弁이여 實維伊何乎아 爾酒旣旨하고 爾殽旣嘉하니 則豈伊異人乎리오 乃兄弟而匪他也라 又言蔦蘿施于木上하여 以比兄弟親戚纏(전)綿依附之意라 是以로 未見而憂러니 旣見而喜也라

부이흥(賦而興)이고 또 비(比)이다. '기(頍)'는 피변(皮弁)을 쓴 모양이다. 혹은 머리를 든 모양이라 한다. '변(弁)'은 피변이다. '가(嘉)'와 '지(旨)'는 모두 아름다움이다. '비타(匪他)'는 타인이 아닌 것이다. '조(蔦:겨우살이)'는 기생초(寄生草)이니, 잎은 당로(當盧)와 비슷하고, 열매는 복분자(覆盆子:산딸기)와 같으며 붉고 검붉고 달고 맛이 아름답다. '여라(女蘿)'는 토사(兎絲)이니, 풀 위에 뻗어 자라고 황적색이어서 황금빛과 같으니, 이것은(조와 여라) 비(比)이다. 군자는 형제로서 손님이 된 자이다. '혁혁(奕奕)'은 마음에 근심하여 끝닿은 곳이 없는 것이다.

○ 이 또한 형제와 친척에게 잔치를 베푸는 시(詩)이다. 그러므로 "우뚝한 피변이여! 실로 무엇인가. 네 술이 이미 맛있고 네 안주가 이미 아름다우니, 어찌 타인이리오. 바로 형제이지 타인이 아니다."라고 말하였다. 또 겨우살이와 여라가 나무 위에 뻗어있음을 말해서 형제와 친척이 서로 감싸주고 의지하여 따르는 뜻을 비유하였다. 이 때문에 보지 못하여 근심하였는데, 이미 만나보고는 기뻐한 것이다.

② 有頍者弁, 實維何期. 爾酒旣旨, 爾殽旣時. 豈伊異人, 兄弟具來〔叶陵之反〕. 蔦與女蘿, 施于松上〔叶時亮反〕. 未見君子, 憂心怲怲〔兵命反 叶兵旺反〕. 旣見君子, 庶幾有臧〔叶才浪反〕.

有頍者弁이여	우뚝한 피변이여
實維何期오	참으로 무엇인고
爾酒旣旨하며	네 술이 이미 맛있으며
爾殽旣時하니	네 안주가 이미 좋으니
豈伊異人이리오	어찌 다른 사람이리오
兄弟具來로다	형제가 모두 왔도다
蔦與女蘿	겨우살이와 여라가

••• 薄:다다를 박 纏:얽어맬 전 綿:맬 면

施于松上이로다 　　　모두 소나무 위에 뻗어 있도다
未見君子라 　　　　　아직 군자를 보지 못한지라
憂心恮恮이러니 　　　근심하는 마음 가득하였는데
旣見君子하니 　　　　이미 군자를 만나보니
庶幾有臧이로다 　　　행여 좋음이 있으리로다

賦而興이요 又比也라 何期는 猶伊何也라 時는 善이요 具는 俱也라 恮恮은 憂盛滿
也라 臧은 善也라

　　부이흥(賦而興)이고 또 비(比)이다. '하기(何期)'는 이하(伊何;무엇)와 같다. '시
(時)'는 좋음이요, '구(具)'는 모두이다. '병병(恮恮)'은 근심이 성하고 가득한 것이
다. '장(臧)'은 좋음이다.

③ 有頍者弁, 實維在首. 爾酒旣旨, 爾殽旣卓〔方九反〕. 豈伊異人, 兄弟
甥舅〔巨九反〕. 如彼雨〔于付反〕雪, 先集維霰〔蘇薦反〕. 死喪〔去聲〕無日, 無幾
〔居豈反〕相見. 樂〔音洛〕酒今夕, 君子維宴.

有頍者弁이여 　　　　우뚝한 피변(皮弁)이여
實維在首로다 　　　　참으로 머리에 있도다
爾酒旣旨하며 　　　　네 술이 이미 맛있으며
爾殽旣卓하니 　　　　네 안주가 이미 많으니
豈伊異人이리오 　　　어찌 다른 사람이리오
兄弟甥舅로다 　　　　형제간과 구생(舅甥)간이로다
如彼雨雪에 　　　　　저 함박눈이 내림에
先集維霰(산)이라 　　먼저 싸락눈이 모이는 것과 같은지라
死喪無日하여 　　　　죽을 날이 얼마 남지 않아
無幾相見이란대 　　　서로 만나볼 날이 얼마 되지 않을진댄
樂(락)酒今夕하여 　　술 마시며 오늘 저녁을 즐거워하여
君子維宴이로다 　　　군자가 잔치를 할지로다

賦而興이요 又比也라 卓는 猶多也라 甥舅는 謂母姑姊妹、妻族也라 霰은 雪之始

··· 恮 : 근심할 병 　卓 : 많을 부 　甥 : 생질 생 　霰 : 싸라기눈 산 　姑 : 고모 고

凝者也라 將大雨雪이면 必先微溫하나니 雪自上下라가 遇溫氣而摶(단)을 謂之霰
이니 久而寒勝이면 則大雪矣라 言霰集則將雪之候하여 以比老至則將死之徵也라
故로 卒言死喪無日하여 不能久相見矣니 但當樂飲하여 以盡今夕之歡이라하니 篤
親親之意也라

부이흥(賦而興)이고 또 비(比)이다. '부(阜)'는 다(多)와 같다. '생(甥)'과 '구(舅)'
는 어머니와 고모의 자매(姊妹)와 처(妻)의 집안을 이른다. '산(霰)'은 눈이 처음 응
결된 것이다. 장차 크게 함박눈이 내리려면 반드시 먼저 날씨가 조금 따뜻해지니,
눈이 위에서 내려오다가 온기(溫氣)를 만나〈녹아서〉뭉쳐진 것을 산(霰:싸락눈)이
라 한다. 오래되어 한기(寒氣)가〈온기를〉이기면 큰 눈이 내린다. 싸락눈이 모이
면 장차 큰 눈이 올 징후임을 말해서 늙음이 이르면 장차 죽을 징조임을 비유하였
다. 그러므로 끝에는 "죽을 날이 얼마 남지 않아 오랫동안 서로 만나보지 못할 것
이니, 다만 즐겁게 술을 마셔서 오늘 저녁의 기쁨을 다해야 한다."고 하였으니, 친
친(親親)의 뜻을 돈독히 한 것이다.

頍弁三章이니 章十二句라
〈규변(頍弁)〉은 3장이니, 장마다 12구이다.

【毛序】 頍弁은 諸公刺幽王也라 暴戾無親하여 不能宴樂同姓, 親睦九族하여 孤
危將亡이라 故로 作是詩也하니라
〈규변〉은 제공(諸公)들이 유왕을 풍자한 시(詩)이다. 왕이 포려(暴戾:모질고 사나
위)하여 친한 이가 없어, 동성(同姓)들과 연락(宴樂)하고 구족(九族)과 친목하지 못
해서 외롭고 위태로워 장차 망하게 되었으므로 이 시를 지은 것이다.
【鄭註】 戾는 虐也니 暴虐은 謂其政教如雨雪[135]也라
'려(戾)'는 학(虐)이니, 포학(暴虐)함은 그 정교(政敎)가 함박눈과 같음을 말한 것
이다.
【辨說】 序見詩言死喪無日하고 便謂孤危將亡이라하니 不知古人勸人燕樂에 多

• • • • • •
135 其政教如雨雪:'우설(雨雪)'은 위에 "저 함박눈이 내림에 먼저 싸락눈이 모이는 것과 같다.〔如
彼雨雪, 先集維霰.〕"라고 한 데서 온 말로, 정교(政敎)가 장차 망하게 됨을 말한 것이다.

• • • 摶 : 뭉칠 단 徵 : 징조 징

爲此言이라 如逝者其耋、他人是保之類[136]요 且漢魏以來樂府에도 猶多如此하니
如少壯幾時와 人生幾何之類[137]是也라

〈서〉는 시에서 '사상무일(死喪無日)'을 말한 것을 보고는 곧바로 '외롭고 위태로
워 장차 망한다.〔孤危將亡〕'고 말하였으니, 옛사람이 남에게 연락(燕樂)을 권고할
적에 대부분 이러한 말을 하였음을 알지 못한 것이다. 예컨대 '세월이 흘러가서
그 늙는다.〔逝者其耋〕' 한 것과 '타인이 이에 차지한다.〔他人是保〕'는 따위와 같
고, 또 한(漢)·위(魏) 이래 악부(樂府)에도 오히려 이와 같은 것이 많으니, 예컨대
'소장(少壯:젊은 시절)이 얼마나 되랴.'는 것과 '인생이 얼마나 살 수 있으랴.'는 따위
가 이것이다.

4. 거할(車舝)

① 間關車之舝〔胡瞎下介二反〕兮, 思變〔力兗反〕季女逝〔石列石例二反〕兮. 非飢
非渴, 德音來括. 雖無好友〔叶羽已反〕, 式燕且喜.

間關車之舝兮여　　　덜커덕하는 수레의 걸쇠여
思變(련)季女逝兮로다　아름다운 계녀를 생각하여 가도다
非飢非渴이라　　　　굶주려서가 아니요 목말라서가 아니라
德音來括이니　　　　덕음(德音)으로 와서 모였으면 하노니
雖無好友나　　　　　비록 좋은 벗이 없으나

● ● ● ● ● ●

136　如逝者其耋 他人是保之類 : '서자기질(逝者其耋)'은 〈진풍(秦風) 거린(車鄰)〉에 "지금 즐거워
하지 않으면 세월이 흘러가 늙어지리라.〔今者不樂, 逝者其耋.〕"라는 말을 가리키고, '타인시보(他
人是保)'는 〈산유추(山有樞)〉에 "그대가 종고가 있으나 두들기지 않고 치지 않으면 완연히 죽거든
타인이 이에 차지하리라.〔子有鍾鼓, 弗鼓弗考, 宛其死矣, 他人是保.〕"라는 말을 가리킨다.

137　如少壯幾時 人生幾何之類 : '소장기시(少壯幾時)'는 한 무제(漢武帝)가 하동(河東)에 행차하
여 후토신(后土神)에게 제사한 뒤 읊은 〈추풍사(秋風辭)〉에 "환락이 극에 이르면 슬픈 생각이 많
은 법, 젊은 시절이 얼마나 되는가 늙음을 어찌하랴.〔歡樂極兮哀情多, 少壯幾時兮奈老何.〕"라고
한 말을 가리키고, '인생기하(人生幾何)'는 조조(曹操)의 〈단가행(短歌行)〉에 "술을 마주해서는
노래 불러야만 하니, 우리 인생 그 얼마나 살 수 있으랴.〔對酒當歌, 人生幾何.〕"라고 한 말을 가리
킨다.

⋯　舝 : 걸쇠 할　變 : 예쁠 련　括 : 모일 괄

式燕且喜_{어다}　　　　　잔치하고 또 기뻐할지어다

賦也라 間關은 設舝聲也라 舝은 車軸頭鐵也니 無事則脫_{하고} 行則設之라 昏禮_에
親迎者乘車라 孌은 美貌라 逝_는 往_{이요} 括_은 會也라
○ 此_는 燕樂其新昏之詩라 故_로 言間關然設此車舝者_는 蓋思彼孌然之季女라 故
_로 乘此車_{하여} 往而迎之也라 非飢也_요 非渴也라 望其德音來括_{하여} 而心如飢渴
耳니 雖無他人_{이나} 亦當宴飲以相喜樂也라

　부(賦)이다. '간관(間關)'은 걸쇠를 설치하는 소리이다. '할(舝)'은 수레축의 머
리에 있는 걸쇠이니, 일이 없으면 벗겨놓고 길을 가게 되면 설치한다. 혼례(婚禮)
에 친영(親迎)하는 자는 수레를 타고 간다. '련(孌)'은 아름다운 모양이다. '서(逝)'
는 감이요, '괄(括)'은 모임이다.

　○ 이는 그 신혼(新婚)을 연락(燕樂)하는 시(詩)이다. 그러므로 말하기를 "덜커
덕〔間關然〕하는 이 수레의 걸쇠를 설치하는 것은 저 아름다운 계녀(季女)를 생각
하기 때문이다. 그러므로 이 수레를 타고 가서 그녀를 맞이하려 한다. 굶주려서가
아니요 목말라서가 아니라, 그 덕음(德音)으로 와서 모이기를 바라서 마음이 기갈
(飢渴)이 든 것과 같은 것이니, 비록 〈우호를 나눌〉 다른 사람이 없더라도 또한 마
땅히 연음(宴飲)하여 서로 기뻐하고 즐거워해야 한다."고 한 것이다.

② 依彼平林, 有集維鷮〔音驕〕. 辰彼碩女, 令德來教〔叶居爻反〕. 式燕且
譽, 好〔呼報反〕爾無射〔音亦 叶都故反〕.

依彼平林_에	무성한 저 평림(平林)에
有集維鷮(교)_{로다}	꽁지가 긴 꿩이 앉아 있도다
辰彼碩女_{때에}	알맞은 저 석녀(碩女)가
令德來教_{로다}	좋은 덕으로 와서 가르쳐주도다
式燕且譽_{하여}	잔치하며 또 즐거워하여
好爾無射(역)_{이로다}	너를 좋아하기를 끝없이 하노라

興也라 依_는 茂木貌라 鷮_는 雉也니 微小於翟_{하고} 走而且鳴_{하며} 其尾長_{하고} 肉甚
美라 辰_은 時_요 碩_은 大也라 爾_는 卽季女也라 射_은 厭也라

··· 依：우거질 의　鷮：꿩 교　辰：때 신　射：싫을 역

○ 依彼平林엔 則有集維鷮요 辰彼碩女는 則以令德來配己而敎誨之라 是以로 式燕且譽하여 而悅慕之無厭也라

흥(興)이다. '의(依)'는 무성한 나무의 모양이다. '교(鷮)'는 꼬리가 긴 꿩이니, 적(翟;꿩)보다 조금 작고 달리면서 울며, 꼬리가 길고 고기가 매우 맛있다. '신(辰)'은 때에 알맞음이요, '석(碩)'은 큼(훌륭함)이다. '이(爾;너)'는 바로 계녀(季女)이다. '역(斁)'은 싫어함이다.

○ 무성한 저 숲에는 꼬리가 긴 꿩이 앉아 있고, 제때에 알맞은 저 석녀는 아름다운 덕(德)으로 와서 나와 짝하여 잘 가르쳐준다. 이 때문에 잔치하고 또 즐거워하여 기뻐하고 사모하기를 싫음 없이 하는 것이다.

③ 雖無旨酒, 式飮庶幾. 雖無嘉殽, 式食庶幾. 雖無德與女〔音汝〕, 式歌且舞.

雖無旨酒나	비록 맛있는 술이 없으나
式飮庶幾며	행여 마셔주기를 바라며
雖無嘉殽나	비록 아름다운 안주가 없으나
式食庶幾며	행여 먹어주기를 바라며
雖無德與女(汝)나	비록 그대와 더불 만한 덕이 없으나
式歌且舞어다	노래하고 또 춤출지어다

賦也라 旨、嘉는 皆美也라 女는 亦指季女也라
○ 言我雖無旨酒、嘉殽、美德以與女나 女亦當飮食歌舞以相樂也라

부(賦)이다. '지(旨)'와 '가(嘉)'는 모두 아름다움이다. '여(女;너)'는 또한 계녀를 가리킨 것이다.

○ 내 비록 너와 함께할 만한 지주(旨酒)와 가효(嘉殽)와 미덕(美德)이 없지만, 너 또한 마땅히 마시고 먹으며 노래하고 춤춰서 서로 즐거워해야 한다고 말한 것이다.

④ 陟彼高岡, 析〔星歷反〕其柞〔才落反〕薪〔叶音襄〕. 析其柞薪, 其葉湑〔思呂反〕兮. 鮮〔息淺反〕我覯爾, 我心寫〔叶想羽反〕兮.

陟彼高岡_{하여} 저 높은 뫼에 올라가서
析其柞(작)薪_{호라} 갈참나무 장작을 패노라
析其柞薪_{호니} 갈참나무 장작을 패니
其葉湑(서)兮_{로다} 그 잎이 무성하도다
鮮我覯爾_{호니} 내 너를 만남을 어렵게 여겼는데
我心寫兮_{로다} 〈만나보니〉 내 마음 쏟아놓도다

興也라 陟은 登이요 柞은 櫟(력)이요 湑는 盛이요 鮮은 少요 覯는 見也라
○ 陟岡而析薪이면 則其葉湑兮矣요 我得見爾면 則我心寫兮矣라

　　흥(興)이다. '척(陟)'은 오름이요, '작(柞)'은 갈참나무요, '서(湑)'는 성함이요, '선(鮮)'은 적음이요, '구(覯)'는 만나봄이다.

　　○ 뫼에 올라 장작을 패면 그 잎이 무성하고, 내 너를 만나보면 내 마음 쏟아놓는다.

⑤ 高山仰〔叶五剛反〕止, 景行行〔叶戶郎反〕止. 四牡騑騑〔孚非反〕, 六轡如琴. 覯爾新昏, 以慰我心.

高山仰止_며 높은 산을 우러러보며
景行行止_{로다} 큰 길을 가도다
四牡騑(비)騑_{하니} 네 필의 수말이 건장하고 건장하니
六轡如琴_{이로다} 여섯 고삐가 거문고처럼 조화롭도다
覯爾新昏_{이라네} 신혼(新婚)을 만나본지라
以慰我心_{호라} 내 마음 위안되노라

興也라 仰은 瞻望也라 景行은 大道也라 如琴은 謂六轡調和하여 如琴瑟也라 慰는 安也라
○ 高山則可仰이요 景行則可行이며 馬服御良이면 則可以迎季女而慰我心也라하니 此는 又擧其始終而言也라 表記曰 小雅曰 高山仰止하고 景行行止라한대 子曰 詩之好仁이 如此로다 鄕(向)道而行하다가 中道而廢라도 忘身之老也하여 不知年數之不足也하고 俛(면)焉日有孶(자)孶하여 斃而後已라하시니라

... 析 : 쪼갤 석　柞 : 갈참나무 작　湑 : 무성할 서　覯 : 만날 구　寫 : 쏟을 사　櫟 : 상수리나무 력　景 : 클 경
騑 : 달릴 비　轡 : 고삐 비　服 : 길들일 복　俛 : 힘쓸 면　孶 : 부지런할 자　斃 : 죽을 폐

흥(興)이다. '앙(仰)'은 바라봄이다. '경행(景行)'은 큰 길이다. '여금(如琴)'은 여섯 고삐가 조화로워 금슬(琴瑟)과 같음을 이른다. '위(慰)'는 편안함이다.

○ "높은 산은 우러러볼 수 있고 큰 길은 갈 수 있으며, 말이 길들고 마부가 훌륭하면 계녀(季女)를 맞이하여 내 마음을 위안할 수 있다." 하였으니, 이는 또 그 시종(始終)을 들어 말한 것이다. 《예기》〈표기(表記)〉에 "〈소아(小雅)〉에 '고산(高山)을 우러러 보며 경행(景行)을 행한다.' 하였는데, 공자(孔子)께서 말씀하시기를 '시(詩)에서 인(仁)을 좋아함이 이와 같다. 도(道)를 향해 가다가 중도(中道)에 쓰러지더라도 자신의 늙음을 잊어 연수(年數)의 부족함을 모르고 열심히 날로 부지런히 힘써 죽은 뒤에야 그만 둔다.' 하셨다." 하였다.

車舝五章이니 章六句라
〈거할(車舝)〉은 5장이니, 장마다 6구이다.

【毛序】 車舝은 大夫刺幽王也니 褒姒嫉妬하여 無道竝進하여 讒巧敗國하여 德澤不加於民하니 周人이 思得賢女以配君子라 故로 作是詩也하니라
〈거할〉은 대부가 유왕을 풍자한 시(詩)이다. 포사(褒姒)가 질투하여 무도(無道)한 자가 모두 진용(進用)되어, 참소하고 교묘한 말을 하는 자가 나라를 무너뜨려 〈왕의〉 덕택이 백성에게 가(加)해지지 못하니, 주(周)나라 사람들이 어진 여인을 얻어 군자에 짝할 것을 생각하였으므로 이 시를 지은 것이다.
【辨說】 以上十篇은 竝已見楚茨篇하니라
이상 10편은 모두 이미 〈초자(楚茨)〉편에 보인다.

5. 청승(靑蠅)

① 營營靑蠅, 止于樊[音煩 叶汾乾反], 豈弟君子, 無信讒言.

營營靑蠅이여 　　　　앵앵거리는 쉬파리여
止于樊이로다 　　　　울타리에 앉았도다
豈弟君子는 　　　　　개제(愷悌)한 군자는

··· 蠅 : 파리 승 樊 : 울타리 번 豈 : 화락할 개

無信讒言이어다 참소하는 말을 믿지 말지어다

比也라 營營은 往來飛聲이니 亂人聽也라 靑蠅은 汚穢하여 能變白黑이라 樊은 藩也라 君子는 謂王也라

○ 詩人이 以王好聽讒言이라 故로 以靑蠅飛聲比之하고 而戒王以勿聽也라

비(比)이다. '영영(營營)'은 왕래하며 나는 소리이니, 사람의 청각(聽覺)을 혼란시킨다. 청승(靑蠅:쉬파리)은 더러워서 능히 백색과 흑색을 변란시킨다. '번(樊)'은 울타리이다. '군자'는 왕(王)을 이른다.

○ 시인(詩人)은 왕이 참언을 듣기를 좋아하므로 참언을 쉬파리의 날아가는 소리에 비유하고 왕에게 듣지 말라고 경계한 것이다.

② 營營靑蠅, 止于棘. 讒人罔極, 交亂四國〔叶越逼反〕.

營營靑蠅이여 앵앵거리는 쉬파리여
止于棘이로다 가시나무에 앉았도다
讒人罔極하여 참소하는 사람이 끝이 없어서
交亂四國이로다 사방 나라를 교란시키도다

興也라 棘은 所以爲藩也라 極은 猶已也라

흥(興)이다. '극(棘:가시나무)'은 울타리를 만드는 것이다. '극(極)'은 이(已:끝)와 같다.

③ 營營靑蠅, 止于榛〔士巾反〕. 讒人罔極, 構〔古豆反〕我二人.

營營靑蠅이여 이리저리 나는 쉬파리여
止于榛이로다 개암나무에 앉았도다
讒人罔極하여 참소하는 사람이 끝이 없어서
構我二人이로다 우리 두 사람을 교란시키도다

興也라 構는 合也니 猶交亂也라 己與聽者爲二人이라

··· 藩 : 울타리 번 榛 : 개암나무 진

흥(興)이다. '구(構)'는 합함이니, 교란(交亂)과 같다. 자기와 듣는 자가 두 사람이 되는 것이다.

靑蠅三章이니 章四句라

　〈청승(靑蠅)〉은 3장이니, 장마다 4구이다.

【毛序】 靑蠅은 大夫刺幽王也라

　〈청승〉은 대부가 유왕을 풍자한 시(詩)이다.

6. 빈지초연(賓之初筵)

① 賓之初筵, 左右秩秩〔無韻未詳 後三四章放此〕. 籩豆有楚, 殽〔戶交反〕核〔戶革反〕維旅. 酒旣和旨, 飮酒孔偕〔音皆 叶擧里反〕. 鍾鼓旣設〔叶書質反〕, 擧醻〔市由反〕逸逸. 大侯旣抗〔叶居郎反〕, 弓矢斯張. 射夫旣同, 獻爾發功. 發彼有的〔叶丁藥反〕, 以祈爾爵.

賓之初筵에	손님이 처음 술자리에 나아갈 적에는
左右秩秩이어늘	좌우가 질서정연하였는데
籩豆有楚하며	변두가 나란히 놓여 있으며
殽核維旅하며	안주와 과일이 진열되어 있으며
酒旣和旨하여	술이 이미 조화롭고 아름다워
飮酒孔偕(해)로다	술을 마심을 매우 함께하도다
鍾鼓旣設하여	종과 북을 이미 설치하여
擧醻(酬)逸逸하며	술잔을 들기를 차례로 하며
大侯旣抗하고	대후(大侯)를 이미 펼치고
弓矢斯張하니	활과 화살을 이에 진설하니
射夫旣同이라	사부가 이미 짝을 함께한지라
獻爾發功하여	너의 활쏘기 솜씨를 올려서
發彼有的하여	발사하여 저 과녁을 맞혀

••• 豆 : 제기 두　楚 : 줄지을 초　核 : 실과 핵　侯 : 과녁 후　抗 : 들 항, 높을 항　的 : 과녁 적

以祈爾爵이로다　　　　너에게 벌주(罰酒) 먹이기를 기원하도다

賦也라 初筵은 初卽席也라 左右는 筵之左右也라 秩秩은 有序也라 楚는 列貌라 殽
는 豆實也요 核은 籩實也라 旅는 陳也라 和、旨는 調美也라 孔은 甚也라 偕는 齊一
也라 設은 宿設而又遷于下也라 大射에 樂人宿縣하나니 厥明將射어든 乃遷樂于下
하여 以避射位가 是也라 舉醻는 舉所奠之醻爵也라 逸逸은 往來有序也라 大侯는
君侯也니 天子는 熊侯白質이요 諸侯는 麋侯赤質이요 大夫는 布侯에 畫以虎豹하고
士는 布侯에 畫以鹿豕라 天子는 侯身一丈이니 其中三分하여 居一은 白質畫熊이요
其外則丹地에 畫以雲氣라 抗은 張也라 凡射에 張侯而不繫左下綱하고 中掩束之
라가 至將射하여 司馬命張侯하면 弟子脫束하고 遂繫下綱也라 大侯張而弓矢亦張
은 節也라 射夫旣同은 比其耦也라 射禮에 選羣臣하여 爲三耦하고 三耦之外에 其
餘各自取匹을 謂之衆耦라 獻은 猶奏也라 發은 發矢也라 的은 質也라 祈는 求也라
爵은 射不中者 飮豐上之觶(치)也라

　　부(賦)이다. '초연(初筵)'은 처음 술자리에 나아가는 것이다. '좌우(左右)'는 술
자리의 좌우이다. '질질(秩秩)'은 차례가 있는 것이다. '초(楚)'는 진열된 모양이다.
'효(殽:안주)'는 두(豆:나무그릇)에 담는 것이요, '핵(核:과일)'은 변(籩:대그릇)에 담는
것이다. '려(旅)'는 진열함이다. '화(和)'와 '지(旨)'는 조화롭고 아름다움이다. '공
(孔)'은 심함이다. '해(偕)'는 함께하는 것이다. '설(設)'은 미리 진설해 놓았다가 다
시 당하(堂下)로 옮기는 것이다. 《의례》〈대사(大射)〉에 '악인(樂人:악공)이 악기를
미리 매달아 놓는데, 다음날 새벽 장차 활을 쏘게 되면 마침내 악기를 당하(堂下)
로 옮겨놓아 활 쏘는 자리를 피한다.'는 것이 이것이다. '거수(舉醻)'는 〈권하여 받
아 점(坫)에〉 올려놓은 술잔을 드는 것이다. '일일(逸逸)'은 왕래함에 차례가 있는
것이다. '대후(大侯)'는 군주의 후(侯:과녁판)이니, 천자는 곰의 가죽으로 만든 후
(侯)에 흰 질(質:과녁)이요, 제후는 큰 사슴 가죽으로 만든 후에 붉은 질이요, 대부
는 삼베로 만든 후에 호(虎)·표(豹)를 그리고, 사(士)는 삼베로 만든 후에 녹(鹿)
·시(豕)를 그린다. 천자는 후의 몸통이 한 길인데, 이 가운데 부분을 3분하여 〈가
장 가운데 부분을〉 차지하는 1은 〈흰 흙으로 칠하여〉 그 흰 질(質)에는 곰을 그리
고, 그 바깥은 〈2는〉 〈붉은 흙으로 칠하여〉 붉은 곳에 구름 기운을 그린다.

　　'항(抗)'은 펼치는 것이다. 무릇 활쏘기에는 후(侯)를 펼쳐놓되, 왼쪽 아랫끈을
매놓지 않고 가운데를 가려 묶어 놓았다가 장차 활을 쏘게 되어 사마(司馬)가 후

를 펼치라고 명하면 자제(子弟)들이 묶어놓은 곳을 풀어 벗기고 마침내 아랫끈을 동여매는 것이다. 대후(大侯)를 펼치고 궁시(弓矢)를 또한 설치함은 절차이다. '사부기동(射夫旣同)'은 그 짝을 나란히 하는 것이다. 사례(射禮:대사례)에 군신(羣臣)들을 뽑아 세 짝을 만들고 세 짝 이외의 나머지 사람들은 각자 짝을 취함을 '중우(衆耦)'라 이른다. '헌(獻)'은 주(奏:올림)와 같다. '발(發)'은 화살을 발사하는 것이다. '적(的)'은 질(質:과녁)이다. '기(祈)'는 구함(바램)이다. '작(爵)'은 활을 쏘아 맞추지 못한 자가 풍(豐) 위에 있는 벌주잔을 마시는 것이다.

○ 衛武公이 飮酒悔過而作此詩라 此章은 言因射而飮者 初筵禮儀之盛이요 酒旣調美하여 而飮者齊一하며 至於設鍾鼓, 擧醻爵, 抗大侯, 張弓矢하여 而衆耦拾(겁)發하여 各心競云 我以此求爵汝也라하니라

　　○ 위(衛)나라 무공(武公)이 술을 마시고 과오(過誤)를 뉘우쳐 이 시(詩)를 지은 것이다. 이 장(章)은 활쏘기로 인하여 술을 마시는 자들이 처음 술자리에 나아감에 예의가 성하고, 술이 이미 조화롭고 맛있어서 마시는 자들이 모두 함께 하며, 종고(鍾鼓)를 설치하고 수작(醻爵)을 들며, 대후(大侯)를 펼치고 궁시(弓矢)를 설치해 놓아 여러 짝이 차례로 발사하면서 각기 마음에 벼르기를 "내 이것으로써 너에게 벌주를 먹이기를 구한다."고 말한 것이다.

② 籥舞笙鼓, 樂旣和奏〔叶宗五反〕. 烝衎〔苦旦反〕烈祖, 以洽百禮. 百禮旣至, 有壬有林. 錫爾純嘏, 子孫其湛〔都南反 叶持林反〕. 其湛曰樂〔音洛〕, 各奏爾能〔叶奴金反〕. 賓載手仇〔音拘 叶求其二音〕, 室人入又〔叶由怡二音〕. 酌彼康爵, 以奏爾時〔叶酬時二音〕.

籥(약)舞笙鼓하여	피리를 잡고 춤을 추며 생(笙)을 두들겨서
樂旣和奏하니	음악을 이미 조화롭게 연주하니
烝衎(간)烈祖하여	나아가 열조를 즐겁게 하여
以洽百禮로다	온갖 예에 합하도다
百禮旣至하니	온갖 예가 이미 지극하니
有壬有林이로다	크며 성하도다
錫爾純嘏(가)하니	너에게 큰 복을 내려주니

··· 拾 : 번갈을 겁　籥 : 피리 약　烝 : 나아갈 증　衎 : 즐길 간　壬 : 클 임　嘏 : 복 가

子孫其湛(담)이로다 　　자손들이 즐겁도다
其湛曰樂(락)하니 　　그 즐거움이 안락하니
各奏爾能이로다 　　자손들이 각자 술잔을 올리도다
賓載手仇(斢)어늘 　　손님이 손수 술을 뜨거늘
室人入又하여 　　실인이 들어와 또다시 술을 올려서
酌彼康爵하여 　　저 강작(康爵)에 술을 부어
以奏爾時로다 　　너의 시제(時祭)를 올리도다

賦也라 籥舞는 文舞也라 烝은 進이요 衎은 樂이요 烈은 業이요 洽은 合也라 百禮는
言其備也라 壬은 大요 林은 盛也니 言禮之盛大也라 錫은 神錫之也라 爾는 主祭者
也라 嘏는 福이요 湛은 樂也라 各奏爾能은 謂子孫各酌獻尸어든 尸酢而卒爵也라
仇는 讀曰斢라 室人은 有室中之事者니 謂佐食也라 又는 復也라 賓手挹酒어든 室
人復酌하여 爲加爵也라 康은 安也니 酒는 所以安體也라 或曰 康은 讀曰抗이니 記
曰崇坫康圭라하니 此亦謂坫上之爵也라하니라 時는 時祭也라 蘇氏曰 時物也라
○ 此는 言因祭而飮者 始時禮樂之盛이 如此也라

부(賦)이다. '약무(籥舞:피리를 잡고 춤을 춤)'는 문무(文舞)이다. '증(烝)'은 나아감
이요, '간(衎)'은 즐거움이요, '열(烈)'은 공업(功業)이요, '흡(洽)'은 합함이다. '백례
(百禮)'는 그 구비함을 말한 것이다. '임(壬)'은 큼이요 '임(林)'은 성함이니, 예의(禮
儀)의 성대함을 말한 것이다. '석(錫)'은 신(神)이 주는 것이다. '이(爾:너)'는 주제
자(主祭者)이다. '가(嘏)'는 복(福)이요, '담(湛)'은 즐거움이다. '각주이능(各奏爾能)'
은 자손들이 각기 술을 부어 시(尸)에게 올리거든 시(尸)가 술을 들 적에 잔의 술
을 단번에 다 마심을 이른다. '구(仇)'는 구(斢:술 따름)로 읽는다. '실인(室人)'은 실
중(室中)에 일을 맡고 있는 자이니, 좌식(佐食:음식을 먹는 것을 도와줌)을 이른다. '우
(又)'는 다시이다. 손님이 손수 술을 떠 올리거든 실인이 다시 술을 부어 가작(加
爵:첨작(添酌))하는 것이다. '강(康)'은 편안함이니, 술은 몸을 편안히 하는 것이다.
혹자는 "강(康)은 항(抗:높음)으로 읽어야 하니,《예기》〈명당위(明堂位)〉에 '점(坫)'을
높게 하고 규(圭)를 들어 올린다.' 하였으니, 이 또한 점(坫) 위에 있는 술잔을 이
른다." 하였다. '시(時)'는 시제(時祭)이다. 소씨(蘇氏)는 시물(時物:제철음식)이라 하
였다.

　　○ 이는 제사로 인하여 술을 마시는 자들이 처음 시작할 때에 예악(禮樂)의 성

··· 湛 : 즐거울 담 仇 : 술따를 구 酢 : 술따를 작 斢 : 술따를 구 挹 : 뜰 읍 坫 : 병풍 점, 대청모퉁이 점

(盛)함이 이와 같음을 말한 것이다.

③ 賓之初筵, 溫溫其恭. 其未醉止, 威儀反反〔叶分邅反〕. 日旣醉止, 威儀幡幡〔叶分邅反〕. 舍〔音捨〕其坐遷, 屢舞僊僊. 其未醉止, 威儀抑抑. 日旣醉止, 威儀怭泌〔毗必反〕. 是曰旣醉, 不知其秩.

賓之初筵엔	손님이 처음 자리에 나아갈 적에는
溫溫其恭이로다	온화하여 공손하도다
其未醉止엔	아직 취하지 않았을 때에는
威儀反反이러니	위의가 예의를 돌아보더니
日旣醉止란	이미 취해서는
威儀幡(번)幡이라	위의가 경망한지라
舍其坐遷하여	자기 자리를 놓아두고 옮겨가서
屢舞僊(선)僊하나다	자주 춤추기를 너울너울 하도다
其未醉止에	그 취하지 않았을 때에는
威儀抑抑이러니	위의가 삼가고 조용하더니
日旣醉止란	이미 취해서는
威儀怭(필)泌하니	그 위의가 설만(媟嫚)하니
是曰旣醉라	이것을 일러 이미 취한지라
不知其秩이로다	그 질서를 모른다고 하는 것이로다

賦也라 反反은 顧禮也요 幡幡은 輕數(삭)也라 遷은 徙요 屢는 數(삭)也라 僊僊은 軒擧之狀이라 抑抑은 愼密也요 怭怭은 媟(설)嫚也라 秩은 常也라
○ 此는 言凡飮酒者 常始乎治而卒乎亂也라

　부(賦)이다. '반반(反反)'은 예(禮)를 돌아봄이요, '번번(幡幡)'은 경망하고 자주 하는 것이다. '천(遷)'은 옮김이요, '루(屢)'는 자주이다. '선선(僊僊)'은 몸을 높이 드는 모양이다. '억억(抑抑)'은 삼가고 조용히 함이요, '필필(怭怭)'은 설만(媟嫚;무례하고 방자한 모양)함이다. '질(秩)'은 떳떳한 질서이다.

　○ 이는 모든 술을 마시는 자가 항상 다스려짐에서 시작하여 혼란함에서 끝남을 말한 것이다.

··· 幡 : 돌이킬 번 僊 : 춤휠휠출 선 怭 : 업신여길 필, 친압할 필 軒 : 높을 헌 媟 : 친압할 설 嫚 : 업신여길 만

④ 賓旣醉止, 載號〔乎毛反〕載呶〔女交反〕. 亂我籩豆, 屢舞傲傲〔起其反〕. 是日旣醉, 不知其郵〔叶于其反〕. 側弁之俄, 屢舞傞傞〔素多反〕. 旣醉而出, 竝受其福〔叶筆力反〕. 醉而不出, 是謂伐德. 飮酒孔嘉〔叶居何反〕, 維其令儀〔叶牛何反〕.

賓旣醉止라	손님이 이미 취한지라
載號載呶(노)하여	곧 고함치며 떠들어서
亂我籩豆하여	우리 변두를 어지럽혀
屢舞傲(기)傲하니	자주 춤을 추어 비틀거리니
是日旣醉라	이것을 일러 이미 취한지라
不知其郵(尤)로다	그 허물을 모른다고 하는 것이로다
側弁之俄하여	기울어진 관이 삐딱하여
屢舞傞(사)傞로다	자주 춤추기를 그치지 않도다
旣醉而出하면	이미 취하고서 나가면
竝受其福이어늘	함께 그 복을 받을 터인데
醉而不出하니	취하고도 나가지 않으니
是謂伐德이로다	이것을 일러 덕을 해친다고 하도다
飮酒孔嘉는	술을 마심에 매우 아름다움은
維其令儀니라	그 좋은 위의(威儀)를 챙기는 것이니라

賦也라 號는 呼요 呶는 讙(환)也라 傲傲는 傾側之狀이라 郵는 與尤同이니 過也라 側은 傾也요 俄는 傾貌라 傞傞는 不止也라 出은 去요 伐은 害요 孔은 甚이요 令은 善也라

○ 此章은 極言醉者之狀하고 因言賓醉而出이면 則與主人俱有美譽어늘 醉至若此하니 是害其德也라 飮酒之所以甚美者는 以其有令儀爾니 今若此면 則無復有儀矣니라

부(賦)이다. '호(號)'는 고함침이요, '노(呶)'는 떠듦이다. '기기(傲傲)'는 기운 모양이다. '우(郵)'는 우(尤)와 같으니, 허물이다. '측(側)'은 기욺이요, '아(俄)'는 기운 모양이다. '사사(傞傞)'는 그치지 않는 것이다. '출(出)'은 나감이요, '벌(伐)'은 해침이요, '공(孔)'은 심함이요, '령(令)'은 좋음이다.

··· 呶 : 지껄일 노 傲 : 기울어질 기 郵 : 허물 우 側 : 기울 측 俄 : 기울 아 傞 : 춤출 사 令 : 좋을 령
讙 : 지껄일 환

○ 이 장(章)은 취한 자의 모양을 극언(極言)하고, 인하여 말하기를 "손님이 취하고서 나가면 주인과 함께 모두 아름다운 칭찬이 있을 터인데 취함이 이와 같음에 이르니, 이는 그 덕(德)을 해치는 것이다. 술을 마심에 심히 아름다운 것은 그 훌륭한 위의(威儀)가 있기 때문이다." 하였으니, 지금 이와 같다면 다시는 위의가 없는 것이다.

⑤ 凡此飮酒, 或醉或否〔叶補美反〕. 旣立之監, 或佐之史. 彼醉不臧, 不醉反恥. 式勿從謂, 無俾大〔音泰〕怠〔叶養里反〕. 匪言勿言, 匪由勿語. 由醉之言, 俾出童羖〔音古〕. 三爵不識〔叶失志二音〕, 矧〔失引反〕敢多又〔叶夷益夷豉二反〕.

凡此飮酒에	무릇 이 술을 마심에
或醉或否일새	혹 취하고 혹 취하지 않기에
旣立之監이요	이미 감(監)을 세우고
或佐之史하나니	혹은 사(史)로 보좌하게 하나니
彼醉不臧을	저 취하여 좋지 못함을
不醉反恥하나니라	취하지 않은 이가 도리어 부끄러워한다
式勿從謂하여	따라가 말하여
無俾大(太)怠아	너무 태만히 하지 말라고 할 수 없겠는가
匪言은 勿言하며	말하지 않을 것은 말하지 말며
匪由는 勿語하라	따르지 않을 것은 말하지 말라
由醉之言을	취중에서 나오는대로 말하는 자는
俾出童羖(고)호리라	뿔이 없는 양을 내놓으라 하리라
三爵不識(지)어니	세 잔에도 기억하지 못하거니
矧敢多又아	하물며 감히 또다시 마신단 말인가

賦也라 監、史는 司正之屬이니 燕禮、鄕射에 恐有解(懈)倦失禮者하여 立司正以監之하여 察儀法也라 謂는 告요 由는 從也라 童羖는 無角之羖羊이니 必無之物也라 識는 記也라
○ 言飮酒者 或醉或不醉라 故로 旣立監而佐之以史하니 則彼醉者는 所爲不善을

··· 羖 : 검은숫양 고 識 : 기억할 지 矧 : 하물며 신

389

小雅 賓之初筵

而不自知하여 使不醉者로 反爲之羞愧也라 安得從而告之하여 使勿至於大(太)怠乎아 告之若曰 所不當言者는 勿言하고 所不當從者는 勿語니 醉而妄言이면 則將罰汝하여 使出童羖矣라하니 設言必無之物하여 以恐之也라 女飮至三爵에 已昏然無所記矣어든 況敢又多飮乎아하니 又丁寧以戒之也라

부(賦)이다. '감(監)'과 '사(史)'는 사정(司正;주법(酒法)을 담당한 자)의 등속이니, 《의례》〈연례(燕禮)〉와 〈향사례(鄕射禮)〉에 "해이해지고 예(禮)를 잃는 자가 있을까 염려하여 사정(司正)을 세워 감독해서 위의와 법도를 살핀다." 하였다. '위(謂)'는 말함이요, '유(由)'는 따름이다. '동고(童羖)'는 뿔이 없는 숫양이니, 이는 반드시 없는 물건이다. '지(識)'는 기억함이다.

○ 술을 마시는 자가 혹은 취하기도 하고 혹은 취하지 않기도 한다. 이 때문에 이미 감(監)을 세우고 사(史)로써 보좌하게 하는 것이다. 그런데 저 취한 자는 자기가 하는 바의 좋지 못함을 스스로 알지 못해서 취하지 않은 자로 하여금 도리어 부끄럽게 만든다. 어떻게 하면 좇아가 말해 주어서 너무 태만함에 이르지 않게 할 수 있겠는가. 고하기를 대략 "마땅히 말하지 않을 것은 말하지 말고, 마땅히 따르지 말 것은 말하지 말라. 취하여 함부로 말하면 장차 너에게 벌을 주어서 너로 하여금 동고(童羖)를 내게 하리라." 하였으니, 이는 반드시 없는 물건을 가설하여 말해서 위협한 것이다. "너는 술을 마심에 세 잔에 이미 혼몽하여 기억하는 바가 없는데, 하물며 감히 또다시 더 마신단 말인가." 하였으니, 또 정녕(丁寧)히 경계한 것이다.

賓之初筵五章이니 章十四句라

〈빈지초연(賓之初筵)〉은 5장이니, 장마다 14구이다.

毛氏序曰 衛武公이 刺幽王也라하고 韓氏序曰 衛武公이 飮酒悔過也라하니 今按此詩意컨대 與大雅抑戒相類하니 必武公自悔之作이니 當從韓義니라

모씨(毛氏)의 〈서(序)〉에는 "위 무공(衛武公)이 유왕을 풍자한 시(詩)이다." 하였고, 한씨(韓氏;한영(韓嬰))의 〈서〉에는 "위 무공이 술을 마시고 과오(過誤)를 뉘우친 것이다." 하였으니, 이제 이 시의 뜻을 상고해 보건대 〈대아(大雅) 억계(抑戒)〉와 서로 비슷하다. 이는 반드시 무공이 스스로 과오를 뉘우쳐 지은 것일 것이니, 마땅히 한씨의 뜻을 따라야 할 것이다.

【毛序】 賓之初筵은 衛武公刺時也라 幽王荒廢하여 媟近小人하고 飮酒無度하니 天下化之하여 君臣上下 沈湎淫液하니 武公旣入而作是詩也하니라

〈빈지초연〉은 위나라 무공이 세상을 풍자한 것이다. 유왕이 정사를 황폐(廢止)하여 소인을 가까이 하고 술 마시기를 한도가 없이 하니, 천하가 이에 동화되어 (이를 본받아) 군신(君臣)과 상하(上下)가 술에 빠지고 음액(淫液;술취한 모양)하였는데, 무공이 들어가 왕의 경사(卿士)가 되어 이 시를 지은 것이다.

【鄭註】 淫液者는 飮酒時情態也라 武公旣入者는 入爲王卿士라

음액(淫液)이란 술을 마실 때의 실정과 태도이다. 무공이 이미 들어갔다는 것은 주(周)나라에 들어가 왕의 경사(卿士)가 된 것이다.

【辨說】 韓詩說이 見本篇하니 此序誤矣라

한시(韓詩)의 설이 본편(本篇)에 보이니, 이 〈서〉는 잘못되었다.

7. 어조(魚藻)

① 魚在在藻, 有頒〔符云反〕其首. 王在在鎬, 豈〔苦在反〕樂〔音洛〕飮酒.

魚在在藻하니 　　　　물고기가 마름풀에 있으니
有頒(분)其首로다 　　　그 머리가 크기도 하도다
王在在鎬하시니 　　　　왕(王)이 호경(鎬京)에 계시니
豈(愷)樂飮酒샷다 　　　즐겁게 술을 마시도다

興也라 藻는 水草也라 頒은 大首貌라 豈亦樂也라

○ 此는 天子燕諸侯에 而諸侯美天子之詩也라 言魚何在乎아 在乎藻也하니 則有頒其首矣요 王何在乎아 在乎鎬京也하시니 則豈樂飮酒矣라하니라

흥(興)이다. '조(藻;마름)'는 수초(水草)이다. '분(頒)'은 머리가 큰 모양이다. '개(豈)' 또한 즐거움이다.

○ 이는 천자가 제후들에게 잔치를 베품에 제후들이 천자를 찬미한 시(詩)이다. 물고기는 어디에 있는가. 마름풀에 있으니 그 머리가 크기도 하며, 왕(王)은 어디에 계신가. 호경(鎬京)에 계시니 즐겁게 술을 마신다고 말한 것이다.

··· 藻:마름 조 頒:머리클 분 豈:화락할 개

② 魚在在藻, 有莘〔所巾反〕其尾. 王在在鎬. 飮酒樂豈〔叶去幾反〕.

魚在在藻하니　　　　　물고기가 마름풀에 있으니
有莘其尾로다　　　　　그 꼬리가 길기도 하도다
王在在鎬하시니　　　　왕이 호경에 계시니
飮酒樂豈(락개)샷다　　술을 마셔 즐거워하시도다

興也라 莘은 長也라
　　흥(興)이다. '신(莘)'은 긺이다.

③ 魚在在藻, 依于其蒲. 王在在鎬, 有那〔乃多反〕其居.

魚在在藻하니　　　　　물고기가 마름풀에 있으니
依于其蒲로다　　　　　그 부들에 의지해 있도다
王在在鎬하시니　　　　왕이 호경에 계시니
有那其居샷다　　　　　그 거처함에 편안하시도다

興也라 那는 安이요 居는 處也라
　　흥(興)이다. '나(那)'는 편안함이요, '거(居)'는 처함이다.

魚藻三章이니 章四句라
　　〈어조(魚藻)〉는 3장이니, 장마다 4구이다.

【毛序】　魚藻는 刺幽王也라 言萬物失其性하여 王居鎬京호되 將不能以自樂이라 故로 君子思古之武王焉하니라
　　〈어조〉는 유왕을 풍자한 시이다. 만물이 그 본성을 잃어, 왕(王)이 호경(鎬京)에 거주하였으나, 장차 스스로 즐겁게 지낼 수가 없었다. 그러므로 옛날의 무왕(武王)을 그리워한 것이다.

【鄭註】　萬物失其性者는 王政衰하여 陰陽不和하고 羣生不得其所也라 將不能以自樂은 言必自是有危亡之禍라

┅　莘 : 길 신, 많을 신　那 : 편안할 나

'만물이 그 본성을 잃었다.'는 것은 왕의 정사가 쇠미(衰微)해져서 음양(陰陽)이 조화롭지 못하고 여러 생물이 그 살 곳을 얻지 못한 것이다. '장차 스스로 즐거워할 수가 없다.'는 것은 반드시 이로부터 위망(危亡)의 화(禍)가 있음을 말한 것이다.

【辨說】 此詩는 意與楚茨等篇相類라

이 시는 뜻이 〈초자(楚茨)〉 등 편과 서로 유사하다.

8. 채숙(采菽)

① 采菽采菽, 筐〔音匡〕之筥〔音擧〕之. 君子來朝〔音潮〕, 何錫予〔音與〕之. 雖無予之, 路車乘〔繩證反〕馬〔叶滿補反〕. 又何予之, 玄袞〔古本反〕及黼〔音甫〕.

采菽采菽은	콩을 거두고 콩을 거둠은
筐之筥(거)之로다	네모진 바구니와 둥근 바구니에 하도다
君子來朝에	군자가 와서 조회(朝會)함에
何錫予(여)之오	무엇을 내려줄꼬
雖無予之나	비록 줄 것이 없으나
路車乘馬로다	노거(路車)와 승마(乘馬；네 필의 황말)로다
又何予之요	또 무엇을 줄꼬
玄袞及黼로다	현곤(玄袞)과 보(黼)로다

興也라 菽은 大豆也라 君子는 諸侯也라 路車는 金路는 以賜同姓하고 象路는 以賜異姓也라 玄袞은 玄衣而畫以卷龍也라 黼는 如斧形하니 刺之於裳也라 周制에 諸公은 袞冕九章[138]이니 已見九罭篇하니라 侯、伯은 鷩〔별〕冕七章이니 則自華蟲以

••••••
138 周制 諸公 袞冕九章：곤면구장(袞冕九章)은, 첫 번째는 용(龍), 두 번째는 산(山), 세 번째는 화충(華蟲)이니 꿩이요, 네 번째는 불〔火〕, 다섯 번째는 종이(宗彝；종묘의 술그릇)이니 호랑이와 원숭이를 그린 것이니, 이상은 상의(上衣)에 그린다. 여섯 번째는 마름(藻), 일곱 번째는 분미(粉米；백미), 여덟 번째는 보(黼), 아홉 번째는 불(黻)이니, 이상은 모두 하의(下衣；치마)에 수를 놓는다. 별면(鷩冕) 7장은 곤면구장에서 용과 산을 뺀 것이고, 취면(毳冕) 5장은 여기에서 화충과 불〔火〕을 뺀 것이고, 치면(絺冕) 3장은 여기에서 종이와 마름을 뺀 것이고, 현면(玄冕)은 검은 상의에 보(黼)를 수놓은 치마일 뿐이다.

••• 筐 : 광주리 광 筥 : 광주리 거 路 : 클 로 袞 : 곤룡포 곤 黼 : 보불 보 卷 : 숙일 권 罭 : 그물 역
鷩 : 붉은꿩 별

下요 子、男은 毳(취)冕五章이니 衣自宗彝以下而裳黼黻이요 孤卿은 絺(치)冕三章이니 則衣粉米而裳黼黻이요 大夫는 玄冕이니 則玄衣黻裳而已니라

興(흥)이다. '숙(菽)'은 대두(콩)이다. '군자'는 제후이다. '로거(路車)'는, 금로(金路)는 동성(同姓)에게 하사하고, 상로(象路)는 이성(異姓)에게 하사한다. '현곤(玄袞)'은 검은 상의(上衣)에 고개를 숙인 용(龍)을 그린 것이다. '보(黼)'는 도끼의 모양과 같으니, 이것을 치마에 자수한다.

주(周)나라의 제도에 제공(諸公)은 곤면(袞冕) 9장(章)의 복식을 입으니, 이것은 이미 〈구역(九罭)〉편에 보인다. 후(侯)·백(伯)은 별면(鷩冕) 7장이니 화충(華蟲;꿩)으로부터 이하이고, 자(子)·남(男)은 취면(毳冕) 5장이니 상의에는 종이(宗彝) 이하를 그리고 치마에는 보(黼)·불(黻)을 자수하며, 고경(孤卿)은 치면(絺冕) 3장이니 상의에는 분미(粉米)를 그리고 치마에는 보·불을 자수하며, 대부는 현면(玄冕)이니 검은 상의에 불(黻)을 수놓은 치마일 뿐이다.

○ 此는 天子所以答魚藻也라 采菽采菽은 則必以筐筥盛之요 君子來朝면 則必有以錫予之라 又言今雖無以予之나 然已有路車、乘馬、玄袞及黼之賜矣하니 其言如此者는 好之無已하여 意猶以爲薄也라

○ 이는 천자가 〈어조(魚藻)〉에 답한 것이다. 콩을 거두고 콩을 거둠에는 반드시 광거(筐筥)로써 이를 담아야 할 것이요, 군자가 와서 조회하면 반드시 물건을 내려줌이 있어야 한다. 또 〈왕이〉 말씀하기를 "지금 비록 줄 것이 없다."고 하였으나, 이미 노거(路車)와 승마(乘馬)와 현곤(玄袞)과 보(黼)의 하사품이 있었는데, 그 말이 이와 같은 것은 그 좋아함이 그침(끝)이 없어서 마음에 오히려 박하다고 여긴 것이다.

② 觱[音必]沸[音弗]檻[胡覽反]泉[마 才ᄂ 反], 言采其芹[巨斤反]. 君子來朝, 言觀其旂[巨依反 叶巨斤反]. 其旂淠淠[匹弊反], 鸞聲嘒嘒[呼惠反], 載驂[七南反]載駟, 君子所屆[叶居氣反].

觱沸(필불)檻泉에　　　용솟음쳐 나오는 함천(檻泉)에
言采其芹(근)호라　　　그 미나리를 뜯노라
君子來朝에　　　　　　군자가 와서 조회함에

言觀其旂(기)호라	그 깃발을 보노라
其旂淠(폐)淠하며	그 깃발이 펄럭이며
鸞聲嘒(혜)嘒하며	그 말방울 소리가 낭랑히 울리며
載驂載駟하니	참마와 사마(駟馬)가 있으니
君子所届(계)로다	군자가 이르렀도다

興也라 觱沸은 泉出貌라 檻泉은 正出也라 芹은 水草니 可食이라 淠淠는 動貌요 嘒嘒는 聲也라 届는 至也라

○ 觱沸檻泉엔 則言采其芹이요 諸侯來朝엔 則言觀其旂라 見其旂하고 聞其鸞聲하고 又見其馬하니 則知君子之至於是也라

홍(興)이다. '필불(觱沸)'은 샘물이 솟아 나오는 모양이다. '함천(檻泉)'은 샘물이 곧바로 나오는 샘이다. '근(芹)'은 수초(水草)니, 먹을 수 있다. '폐폐(淠淠)'는 움직이는 모양이요, '혜혜(嘒嘒)'는 방울이 울리는 소리이다. '계(届)'는 이름이다.

○ 용솟음쳐 나오는 함천에는 그 미나리를 뜯음을 말하고, 제후가 와서 조회함엔 그 깃발을 봄을 말하였다. 그 깃발을 보고 그 말방울소리를 듣고 또 그 말을 보았으니, 군자가 이에 이르렀음을 아는 것이다.

③ 赤芾〔音弗〕在股, 邪幅在下〔叶後五反〕. 彼交匪紓〔音舒 叶上與反〕, 天子所子〔音與〕. 樂只〔音止〕君子, 天子命〔叶彌幷反〕之. 樂只君子, 福祿申之.

赤芾(불)在股요	붉은 슬갑은 다리에 있고
邪幅(핍)在下로다	사핍(행전)은 그 아래에 있도다
彼交匪紓하니	저 사귐에 느리지 않으니
天子所子(與)로다	천자가 허여하는 바로다
樂只君子여	즐거운 군자여
天子命之로다	천자가 명령하시도다
樂只君子여	즐거운 군자여
福祿申之로다	복록으로 거듭하리로다

賦也라 脛本曰股라 邪幅은 偪(핍)也니 邪纏於足이라 如今行縢이니 所以束脛이니

··· 旂 : 기 기　淠 : 움직일 폐　鸞 : 방울 란　嘒 : 소리들기죵을 혜　届 : 이를 계　芾 : 슬갑 불　股 : 다리 고
邪 : 기울 사　幅 : 행전 핍　紓 : 느슨할 서　申 : 거듭할 신　脛 : 정강이 경　纏 : 얽어맬 전　縢 : 행전 등, 끈 등

在股下也라 交는 交際也라 紓는 緩也라

○ 言諸侯服此芾幅하고 見(현)于天子할새 恭敬齊遬(재속)하여 不敢紓緩하니 則爲天子所與而申之以福祿也라

부(賦)이다. 정강이(장딴지)의 뿌리(허벅지)를 '고(股)'라 한다. '사픱(邪幅)'은 행전(行纏)이니, 발에 비스듬히 묶는 것이다. 지금의 행등(行縢)과 같으니, 정강이를 묶는 것이니, 다리 아래에 있다. '교(交)'는 교제(交際)이다. '서(紓)'는 느림이다.

○ 제후가 이 슬갑과 행전을 입고서 천자를 뵈올 적에 공경하고 조심하여 감히 느슨하게 하지 않으니, 이는 천자가 준 것이어서 복록으로써 거듭함을 말한 것이다.

④ 維柞之枝, 其葉蓬蓬. 樂只君子, 殿﹝多見反﹞天子之邦﹝叶卜工反﹞. 樂只君子, 萬福攸同. 平平﹝婢延反﹞左右, 亦是率從.

維柞(작)之枝여	갈참나무 가지여
其葉蓬蓬이로다	그 잎이 무성하도다
樂只君子여	즐거운 군자여
殿天子之邦이로다	천자의 나라를 진정하리로다
樂只君子여	즐거운 군자여
萬福攸同이로다	만복이 모이는 바로다
平(변)平左右	똑똑한 좌우들이
亦是率從이로다	또한 따라오도다

興也라 柞은 見車舝篇하니라 蓬蓬은 盛貌라 殿은 鎭也라 平平은 辯治也라 左右는 諸侯之臣也라 率은 循也라

○ 維柞之枝는 則其葉蓬蓬然이요 樂只君子는 則宜殿天子之邦하여 而爲萬福之所聚라 又言其左右之臣이 亦從之而至此也라

흥(興)이다. '작(柞:갈참나무)'은 〈거할(車舝)〉편에 보인다. '봉봉(蓬蓬)'은 무성한 모양이다. '전(殿)'은 진정함이다. '변변(平平)'은 분변하고 다스림이다. '좌우(左右)'는 제후의 신하이다. '솔(率)'은 따라옴이다.

○ 갈참나무 가지에는 그 잎이 무성하고 즐거운 군자는 마땅히 천자의 나라를

··· 遬 : 공경할 속 柞 : 갈참나무 작 殿 : 진정할 전 舝 : 굴대빗장 할

진정하여, 만복의 모이는 바가 되어야 한다. 또 그 좌우의 신하들도 그를 따라 이 곳에 이르렀다고 말한 것이다.

⑤ 汎汎[芳劍反]楊舟, 紼[音弗]纚[力馳反]維之. 樂只君子, 天子葵之. 樂只
君子, 福祿膍[頻尸反]之. 優哉游哉, 亦是戾[叶郎之反]矣.

汎汎楊舟여	둥둥 떠있는 버드나무 배여
紼纚(불리)維之로다	동아줄로 묶어 놓았도다
樂只君子여	즐거운 군자여
天子葵(揆)之로다	천자가 헤아리시도다
樂只君子여	즐거운 군자여
福祿膍(비)之로다	복록으로 후히 하도다
優哉游哉라	넉넉하고 한가로운지라
亦是戾矣로다	또한 이곳에 이르렀도다

興也라 紼은 繂(율)也라 纚、維는 皆繫也니 言以大索纚其舟而繫之也라 葵는 揆
也니 揆는 猶度(탁)也라 膍는 厚요 戾는 至也라
○ 汎汎楊舟는 則必以紼纚維之요 樂只君子는 則天子必葵之하여 福祿必膍之라
於是에 又歎其優游而至於此也하니라

　흥(興)이다. '불(紼;동아줄)'은 율(繂)이다. '리(纚)'와 '유(維)'는 모두 동여매는 것
이니, 큰 새끼줄로 그 배를 묶어 놓음을 말한 것이다. '규(葵)'는 규(揆)이니, 규(揆)
는 탁(度;헤아림)과 같다. '비(膍)'는 후함이요, '려(戾)'는 이름이다.
　○ 둥둥 떠있는 버드나무 배는 반드시 동아줄로 묶어 놓을 것이요, 즐거운 군
자는 천자가 반드시 헤아려 복록을 반드시 후(厚)하게 내려주는 것이다. 이에 또
우유(優遊)하여 이 곳에 이르렀음을 감탄한 것이다.

采菽五章이니 章八句라
　〈채숙(采菽)〉은 5장이니, 장마다 8구이다.

【毛序】　采菽은 刺幽王也라 侮慢諸侯하여 諸侯來朝호되 不能錫命以禮하고 數(삭)

··· 紼:끈불 纚:끈리, 묶을리 維:동여맬유 葵:헤아릴규 膍:두터울비 戾:이를려 繂:끈율, 밧줄율

徵會之而無信義하니 君子見微而思古焉하니라

〈채숙〉은 유왕을 풍자한 시이다. 왕이 제후들을 업신여겨 제후들이 와서 조회하여도 예(禮)로써 석명(錫命;작위나 물건을 하사함)하지 않고, 자주 제후들을 불러 모으나 신의가 없으니, 군자가 기미(幾微)를 보고 옛날을 그리워한 것이다.

【鄭註】 幽王이 徵會諸侯는 爲合義兵하여 征討有罪어늘 旣往而無之하니 是於義事不信也라 君子見其如此하고 知其後必見攻伐이로되 將無救也하니라

유왕이 제후를 불러 모음은 의병(義兵)을 모아 죄가 있는 자를 토벌하려고 한 것이었는데 이미 가서는 그런 일이 없으니, 이는 의로운 일에 신실(信實)하지 못한 것이다. 군자가 그 이와 같음을 보고서 그 뒤에 반드시 공벌(攻伐)을 당할 것이나 장차 구원해줄 자가 없음을 안 것이다.

【辨說】 同上이라

위와 같다.

9. 각궁(角弓)

① 騂騂〔息營反〕角弓, 翩〔匹然反〕其反〔叶分邅反〕矣. 兄弟昏姻, 無胥遠〔叶於圓反〕矣.

騂騂角弓이며　　　　　　조화로운 각궁이여
翩(편)其反矣로다　　　　완전히 뒤집혔도다
兄弟昏姻은　　　　　　　형제들과 인척들은
無胥遠矣어다　　　　　　서로 멀리하지 말지어다

興也라 騂騂은 弓調和貌라 角弓은 以角飾弓也라 翩은 反貌라 弓之爲物이 張之則內向而來하고 弛之則外反而去하여 有似兄弟昏姻親疏遠近之意라 胥는 相也라
○ 此는 刺王不親九族而好讒佞하여 使宗族相怨之詩라 言騂騂角弓은 旣翩然而反矣어니와 兄弟昏姻은 則豈可以相遠哉아

흥(興)이다. '성성(騂騂)'은 활이 조화로운 모양이다. '각궁(角弓)'은 뿔로써 활을 장식한 것이다. '편(翩)'은 뒤집혀진 모양이다. 활이란 물건은 당기면 안으로 향하

··· 騂 : 활의조화된모양 성 翩 : 나부낄 편 反 : 뒤집힐 번

여 오고, 풀어놓으면 밖으로 뒤집혀 가서 형제와 인척이 친하고 소원하며 멀리하고 가까이 하는 것과 비슷한 뜻이 있다. '서(胥)'는 서로이다.

○ 이는 왕(王)이 구족(九族)을 친애하지 않고 아첨하는 사람들을 좋아하여 종족(宗族)들로 하여금 서로 원망하게 함을 풍자한 시(詩)이다. 조화로운 각궁은 이미 편연히 뒤집혀졌지만 형제와 인척들은 어찌 서로 멀리 할 수 있겠느냐고 말한 것이다.

② 爾之遠〔叶於圓反〕矣, 民胥然矣. 爾之敎矣, 民胥傚矣.

爾之遠矣면	네(왕)가 멀리하면
民胥然矣며	백성들이 서로 그렇게 하며
爾之敎矣면	네가 가르치면
民胥傚矣라	백성들이 서로 본받으리라

賦也라 爾는 王也라 上之所爲는 下必有甚者라

부(賦)이다. '이(爾)'는 왕(王)이다. 윗사람이 하는 것은 아랫사람들이 반드시 그보다 더 심함이 있는 것이다.

③ 此令兄弟, 綽綽有裕〔預與二音〕. 不令兄弟, 交相爲瘉〔同上〕.

此令兄弟는	이 훌륭한 형제들은
綽綽有裕어늘	너그러이 여유가 있는데
不令兄弟는	좋지 못한 형제들은
交相爲瘉(유)로다	서로 폐해를 입히도다

賦也라 令은 善이요 綽은 寬이요 裕는 饒요 瘉는 病也라
○ 言雖王化之不善이나 然此善兄弟는 則綽綽有裕而不變이어늘 彼不善之兄弟는 則由此而交相病矣라하니 蓋指讒己之人而言也라

부(賦)이다. '령(令)'은 좋음이요, '작(綽)'은 너그러움이요, '유(裕)'는 넉넉함이요, '유(瘉)'는 병듦이다.

··· 傚 : 본받을 효 綽 : 너그러울 작 令 : 착할 령, 아름다울 령 瘉 : 병들 유

○ 비록 왕화(王化)가 좋지 못하나, 이 훌륭한 형제들은 작작히 여유가 있어서 변치 않는데 저 좋지 못한 형제들은 이 때문에 서로 피해를 입힌다고 말했으니, 자기를 참소하는 사람을 가리켜 말한 것이다.

④ 民之無良, 相怨一方. 受爵不讓〔叶如羊反〕, 至于已斯亡.

民之無良은	선량하지 못한 사람은
相怨一方이니라	서로 일방(저 한쪽)을 원망하느니라
受爵不讓하나니	작위(爵位)를 받고 사양하지 않으니
至于已斯亡이로다	이 망함에 이르리로다

賦也라 一方은 彼一方也라
○ 相怨者는 各據其一方耳니 若以責人之心責己하고 愛己之心愛人하여 使彼己之間으로 交見(현)而無蔽면 則豈有相怨者哉리오 況兄弟相怨相讒하여 以取爵位하여 而不知遜讓하니 終亦必亡而已矣니라

부(賦)이다. '일방(一方)'은 저 한 쪽이다.
○ 서로 원망하는 자는 각기 그 일방(한쪽)만을 근거하니, 만일 남을 책하는 마음으로 자기를 책하고 자기를 사랑하는 마음으로 남을 사랑하여, 피아(彼我)의 사이로 하여금 서로 드러나 가리움이 없게 한다면, 어찌 서로 원망하는 자가 있겠는가. 더구나 형제간에 서로 원망하고 서로 참소해서 작위(爵位;관작과 지위)를 취하여 사양할 줄을 알지 못하니, 끝내 또한 반드시 그 작위를 잃을 뿐이다.

⑤ 老馬反爲駒〔叶去聲〕, 不顧其後〔叶下故反〕. 如食〔音嗣〕宜饇〔於據反〕, 如酌孔取〔叶音娶〕.

老馬反爲駒하여	늙은 말이 도리어 젊은 말이라 하여
不顧其後로다	그 뒤를 돌아보지 않도다
如食(사)宜饇(어)어늘	밥을 먹음에 마땅히 배부를 듯한데도
如酌孔取로다	술잔을 듦에 심히 취함과 같도다

••• 饇 : 배부를 어

比也라 饇는 飽요 孔은 甚也라

○ 言其但知讒害人以取爵位하고 而不知其不勝任하니 如老馬憊(비)矣어늘 而反自以爲駒하여 不顧其後하니 將有不勝任之患也라 又如食之已多而宜飽矣어늘 酌之所取 亦已甚矣니라

　　비(比)이다. '어(饇)'는 배부름이요, '공(孔)'은 심함이다.

　　○ 다만 남을 참소하여 해쳐서 작위를 취할 줄만 알고, 그 임무를 감당하지 못할 줄을 알지 못하니, 늙은 말이 파리한데도 도리어 스스로 젊은 말이라고 하여 그 뒤를 돌아보지 않는 것과 같으니, 장차 임무를 감당하지 못하는 환(患:화)이 있을 것이다. 또 이미 많이 먹었으면 마땅히 배부를 듯한데도 술잔의 취하는 바가 또한 너무 심함과 같다고 말한 것이다.

⑥ 毋敎猱升木, 如塗塗附. 君子有徽猷, 小人與屬〔音蜀 叶殊遇反〕.

⑥ 毋敎猱升木, 如塗塗附. 君子有徽猷, 小人與屬〔音蜀 叶殊遇反〕.

401
小雅
角弓

毋敎猱(노)升木이어다	원숭이에게 나무타기를 가르치지 말지어다
如塗塗附니라	진흙에 진흙을 붙이는 것과 같으니라
君子有徽猷면	군자가 아름다운 도(道)를 두면
小人與屬(촉)이리라	소인들이 붙으리라

比也라 猱는 獼猴(미후)也니 性善升木하여 不待敎而能也라 塗는 泥요 附는 著(착)이요 徽는 美요 猷는 道요 屬은 附也라

○ 言小人은 骨肉之恩本薄이어늘 王又好讒佞而來之하니 是猶敎猱升木이요 又如於泥塗之上에 加以泥塗附之也라 苟王有美道면 則小人이 將反爲善以附之하여 不至於如此矣리라

　　비(比)이다. '노(猱)'는 미후(獼猴:원숭이)이니, 성품이 나무타기를 잘하여 가르침을 기다리지 않고도 능하다. '도(塗)'는 진흙이요, '부(附)'는 붙임이요, '휘(徽)'는 아름다움이요, '유(猷)'는 도(道)요, '촉(屬)'은 붙음이다.

　　○ 소인은 골육(骨肉)간의 은혜가 본래 박한데 왕(王)이 또 아첨하는 사람을 좋아하여 그들을 오게 하였으니, 이는 원숭이에게 나무타기를 가르치는 것과 같으며, 또 진흙 위에 진흙을 덧붙임과 같은 것이다. 만일 왕이 아름다운 도(道)를 두면 소인들이 장차 도리어 선(善)을 하여 붙어서 이와 같음에 이르지 않을 것임을

··· 憊 : 피곤할 비　猱 : 원숭이 노　塗 : 진흙 도, 바를 도　徽 : 아름다울 휘　猷 : 길 유　屬 : 붙을 촉　獼 : 원숭이 미　猴 : 원숭이 후

말한 것이다.

⑦ 雨〔于付反〕雪瀌瀌〔符驕反〕, 見晛〔乃見反〕日〔音越 韓詩劉向作聿 下章放此〕消. 莫
肯下〔遐稼反〕遺, 式居婁〔力住反 荀子作屢〕驕.

雨雪瀌(표)瀌나	함박눈이 펄펄 내리나
見晛(현)日消하나니라	햇빛을 보면 사라지느니라
莫肯下遺요	폄하하여 버리기를 즐겨하지 않고
式居婁(루)驕로다	지위에 거하여 자주 교만하게 하도다

比也라 瀌瀌는 盛貌라 晛은 日氣也라 張子曰 讒言은 遇明者면 當自止어늘 而王甘
信之하고 不肯貶下而遺棄之하여 更益以長慢也니라

비(比)이다. '표표(瀌瀌)'는 성한 모양이다. '현(晛)'은 해 기운(햇빛)이다.

장자(張子)가 말씀하였다. "참소하는 말은 현명한 자를 만나면 마땅히 저절로
그치는데, 왕(王)은 도리어 그 말을 믿고, 폄하하여 버리기를 즐겨하지 아니하여,
다시 더욱 교만함을 조장하게 한 것이다."

⑧ 雨雪浮浮, 見晛日流. 如蠻如髦〔叶莫侯反〕, 我是用憂.

雨雪浮浮나	함박눈이 펄펄 내리나
見晛日流하나니라	햇볕을 보면 녹아서 흐르느니라
如蠻如髦라	남만(南蠻)과 같고 오랑캐와 같은지라
我是用憂호라	내 이 때문에 근심하노라

比也라 浮浮는 猶瀌瀌也라 流는 流而去也라 蠻은 南蠻也요 髦는 夷髦也라 書에
作髳하니 言其無禮義而相殘賊也라

비(比)이다. '부부(浮浮)'는 표표(瀌瀌)와 같다. '류(流)'는 흐르는 것이다. '만(蠻)'
은 남만(南蠻)이요, '모(髦)'는 이모(夷髦)이다. 《서경(書經)》〈목서(牧誓)〉에는 무(髳)
로 되어 있으니, 예의(禮義)가 없어 서로 해침을 말한 것이다.

··· 瀌 : 눈비퍼부울 표　晛 : 햇빛 현　婁 : 여러 루　貶 : 깎아내릴 폄　髦 : 오랑캐 모　髳 : 오랑캐 무　賊 : 해칠 적

角弓八章이니 章四句라

〈각궁(角弓)〉은 8장이니, 장마다 4구이다.

【毛序】 角弓은 父兄刺幽王也라 不親九族而好讒佞하여 骨肉相怨이라 故로 作是詩也하니라

〈각궁〉은 부형들이 유왕을 풍자한 시(詩)이다. 구족(九族)을 친애하지 않고 참소하는 말과 아첨을 좋아하여 골육간에 서로 원망하였으므로 이 시를 지은 것이다.

10. 울류(菀柳)

① 有菀〔音鬱〕者柳, 不尙息焉. 上帝甚蹈〔戰國策作上天甚神〕, 無自暱焉. 俾予靖之, 後子極焉.

有菀(울)者柳에	무성한 버드나무에
不尙息焉가	행여 쉬어 가려 하지 않겠는가
上帝甚蹈(神)이시니	상제(왕)가 매우 두려울만 하시니
無自暱(닐)焉이어다	스스로 가까이하지 말지어다
俾予靖之나	나로 하여금 왕실을 안정시키라고 하나
後子極焉이리라	뒤에는 나에게 지극히 요구하리라

比也라 柳는 茂木也라 尙은 庶幾也라 上帝는 指王也라 蹈는 當作神이니 言威靈可畏也라 暱은 近이요 靖은 安也라 極은 求之盡也라

○ 王者暴虐하니 諸侯不朝而作此詩라 言彼有菀然茂盛之柳하니 行路之人이 豈不庶幾欲就止息乎아하여 以比人誰不欲朝事王者리오마는 而王甚威神하여 使人畏之而不敢近耳라 使我朝而事之하여 以靖王室이나 後必將極其所欲하여 以求於我하리니 蓋諸侯皆不朝어늘 而己獨至면 則王必責之無已리니 如齊威王朝周[139]라

• • • • • • •
139 齊威王朝周:이 내용은 《자치통감강목(資治通鑑綱目)》 열왕(烈王) 6년에 보이는바, 전국시

··· 菀 : 울창할 울 暱 : 친압할 닐

가 而後反爲所辱也라 或曰 興也라하니 下章放此하니라

비(比)이다. '류(柳;버드나무)'는 무성한 나무이다. '상(尙)'은 서기(庶幾:행여)이다. '상제'는 왕(王)을 가리킨다. '도(蹈)'는 마땅히 신(神)이 되어야 하니, 위령(威靈)이 두려워할 만함을 말한 것이다. '닐(暱)'은 가까움이요, '정(靖)'은 편안함이다. '극(極)'은 요구하기를 지극히 하는 것이다.

○ 왕자(王者)가 포학하니, 제후들이 조회하지 않고 이 시(詩)를 지은 것이다. "저기에 무성한 버드나무가 있으니, 길가는 사람들이 어찌 행여 그 아래로 가서 머물러 쉬려고 하지 않겠는가."라고 말하여, 어느 사람이 누가 왕에게 조회하고 섬기고자 하지 않겠는가마는 왕이 심히 위엄스럽고 신령스러워서 사람들로 하여금 두려워 감히 가까이 하지 못하게 함을 비유한 것이다. 나로 하여금 조회하고 섬겨 왕실(王室)을 안정시키게 하지만, 뒤에는 반드시 왕의 하고자 하는 바를 지극히 하여 나에게 요구할 것이니, 제후가 모두 조회하지 않는데 자신만이 조회가면 왕이 반드시 요구하기를 끝이 없이 할 것이다. 이는 제 위왕(齊威王)이 주(周)나라에 조회했다가 뒤에 도리어 욕(辱)을 당한 것과 같은 것이다. 혹자는 흥(興)이라 하니, 하장(下章)도 이와 같다.

② 有菀者柳, 不尙愒〔欺例反〕焉. 上帝甚蹈〔見上〕, 無自瘵〔側界反 叶子例反〕焉〔戰國策作也〕. 俾予靖之, 後予邁〔叶力制反〕焉.

有菀者柳에	무성한 버드나무에
不尙愒(게)焉가	행여 쉬어 가려고 하지 않겠는가
上帝甚蹈(神)이시니	상제가 매우 두려울만 하시니
無自瘵(채)焉이어다	스스로 병들게 하지 말지어다
俾予靖之나	나로 하여금 안정하게 하나
後予邁(매)焉이리라	뒤에는 나에게 지나치게 요구하리라

• • • • • • •

대(戰國時代)에 주(周)나라 황실은 권위가 실추되어 조회하는 자가 없었는데, 제(齊)나라 위왕(威王)이 홀로 조회하니, 주왕과 제후들이 크게 훌륭하게 여겼다. 그러나 1년 후 주(周)나라 열왕(烈王)이 별세했을 때에 제나라에서 문상을 늦게 가자, 주나라에서는 이것을 문제 삼아 양국(兩國) 관계가 험악해졌으므로 말한 것이다.

• • • 愒 : 쉴 게 瘵 : 허로(虛勞)병 채 邁 : 지날 매

比也라 愒는 息이요 瘵는 病也라 邁는 過也니 求之過其分也라

　　비(比)이다. '게(愒)'는 쉼이요, '체(瘵)'는 병듦이다. '매(邁)'는 지나침이니, 요구하기를 그 분(分)에 지나치게 하는 것이다.

③ 有鳥高飛, 亦傅〔音附〕于天〔叶鐵因反〕. 彼人之心, 于何其臻. 曷予靖之, 居以凶矜.

有鳥高飛는	새가 높이 날면
亦傅于天이니라	또한 하늘에 이르나니라
彼人之心은	저 사람의 마음은
于何其臻고	어디에 그 이를꼬
曷予靖之리오	어찌 내가 나라를 안정시킬 수 있으리오
居以凶矜이로다	한갓 흉함을 만나 가련할 뿐이로다

興也라 傅、臻은 皆至也라 彼人은 斥王也라 居는 猶徒然也라 凶矜은 遭凶禍而可憐也라
○ 鳥之高飛면 極至於天耳니 彼王之心은 於何所極乎아 言其貪縱無極하고 求責無已하여 人不知其所至也라 如此면 則豈予能靖之乎아 乃徒然自取凶矜耳니라

　　흥(興)이다. '부(傅)'와 '진(臻)'은 모두 이름이다. '피인(彼人)'은 왕을 지척(指斥)한 것이다. '거(居)'는 도연(徒然:공연)과 같다. '흉긍(凶矜)'은 흉화(凶禍)를 만나 가련함이다.

　　○ 새가 높이 날면 하늘에 이르나니, 저 왕의 마음은 어디에 이르려는가. 그 탐욕스럽고 방종함이 끝이 없고, 요구하고 책함이 그침이 없어서 사람들이 그 이를 바를 알지 못한다. 이와 같다면 내 어찌 나라를 안정시킬 수 있겠는가. 마침내 다만 스스로 흉긍함을 만나 가련함을 취할 뿐이라고 말한 것이다.

菀柳三章이니 章六句라
　　〈울류(菀柳)〉는 3장이니, 장마다 6구이다.

【毛序】 菀柳는 刺幽王也라 暴虐無親하고 而刑罰不中하여 諸侯皆不欲朝하니 言

… 傅:이를 부 臻:이를 진 矜:불쌍할 긍

王者之不可朝事也라

〈울류〉는 유왕을 풍자한 시(詩)이다. 포학하고 사나워 친한 이가 없고 형벌이 도리에 맞지 않아 제후들이 모두 조회하려 하지 않으니, 왕자를 조회하여 섬길 수 없음을 말한 것이다.

桑扈之什은 十篇이니 四十三章이요 二百八十二句라

〈상호지십(桑扈之什)〉은 10편이니, 43장이고 282구이다.

〈도인사지십(都人士之什)〉 2-8[二之八]

1. 도인사(都人士)

① 彼都人士, 狐裘黃黃. 其容不改, 出言有章. 行歸于周, 萬民所望
〔따음亡〕.

彼都人士여	저 왕도(王都)의 인사여
狐裘黃黃이로다	여우 갓옷이 누렇고 누렇도다
其容不改하며	그 용모가 변치 않으며
出言有章하니	말을 냄에 문채가 있으니
行歸于周어든	호경(鎬京)으로 돌아가거든
萬民所望이러니라	만민이 우러러보았던 바였느니라

賦也라 都는 王都也라 黃黃은 狐裘色也라 不改는 有常也라 章은 文章也라 周는 鎬京也라 亂離之後에 人不復見昔日都邑之盛, 人物儀容之美하여 而作此詩以歎惜之也라

부(賦)이다. '도(都)'는 왕도(王都)이다. '누렇고 누럼〔黃黃〕'은 여우 갓옷의 색깔이다. '불개(不改)'는 〈변치 않아〉 떳떳함이 있는 것이다. '장(章)'은 문장(문채)이다. '주(周)'는 호경(鎬京)이다. 난리 뒤에 사람들이 다시는 옛날 도읍의 성함과 인물(人物)의 의용(儀容;위의와 용모)의 아름다움을 보지 못하여 이 시(詩)를 지어서 탄식하고 애석해 한 것이다.

② 彼都人士, 臺笠緇撮〔七活反 叶租悅反〕. 彼君子女, 綢〔直留反〕直如髮〔叶方月反〕. 我不見兮, 我心不說〔音悅〕.

彼都人士여	저 왕도(王都)의 인사여
臺笠緇撮(치촬)이로다	띠풀로 만든 갓에 치포관(緇布冠)이로다

••• 裘 : 갓옷 구 臺 : 띠풀 대 緇 : 검을 치 撮 : 상투 촬, 쥘 촬

彼君子女여	저 군자의 여자여
綢(주)直如髮이로다	머리털의 숱이 많고 실처럼 곧도다
我不見兮라	내 만나보지 못한지라
我心不說(열)호라	내 마음에 기쁘지 않노라

賦也라 臺는 夫須也라 緇撮은 緇布冠也니 其制小하여 僅可撮其髻(계)也라 君子女는 都人貴家之女也라 綢直如髮은 未詳其義라 然이나 以四章、五章推之하면 亦言其髮之美耳니라

부(賦)이다. '대(臺:띠풀)'는 부수(夫須)이다. '치촬(緇撮)'은 치포관(緇布冠)이니, 그 제도(양식)가 작아서 겨우 상투[髻]를 쥘 만하다. '군자녀(君子女)'는 왕도에 사는 귀한 집안의 여자이다. '주직여발(綢直如髮)'은 그 뜻이 자세하지 않다. 그러나 사장(四章)과 오장(五章)으로 미루어 보면 또한 그 머리털의 아름다움을 말한 것이다.

③ 彼都人士, 充耳琇(音秀)實. 彼君子女, 謂之尹吉. 我不見兮, 我心苑(於粉反)結(叶繳質反).

彼都人士여	저 왕도(王都)의 인사여
充耳琇(수)實이로다	귀막이를 옥돌로 채웠도다
彼君子女여	저 군자의 여자여
謂之尹吉이로다	윤길이라 이르도다
我不見兮라	내 만나보지 못한지라
我心苑(울)結호라	내 마음에 맺혀 있노라

賦也라 琇는 美石也니 以美石爲瑱(진)이라 尹吉은 未詳이라 鄭氏曰 吉은 讀爲姞이니 尹氏、姞氏는 周之昏姻舊姓也라 人見都人之女하고 咸謂尹氏、姞氏之女라하니 言其有禮法也라하니라 李氏曰 所謂尹、吉은 猶晉言王、謝하고 唐言崔、盧[140]也라하니라 苑은 猶屈也, 積也라

• • • • • •
140 晉言王謝 唐言崔盧：왕사(王謝)와 최로(崔盧)는 당대의 명문 거족(名門巨族)을 든 것으로 진

••• 綢：빽빽할 주 髻：상투 계 琇：옥돌 수 苑：쌓일 울(운) 瑱：귀막이옥 진 姞：성 길

부(賦)이다. '수(琇)'는 아름다운 옥돌이니, 아름다운 옥돌로 귀막이 옥을 만든 것이다. '윤길(尹吉)'은 자세하지 않다. 정씨(鄭氏)는 말하기를 "길(吉)은 길(姞)로 읽으니, 윤씨(尹氏)와 길씨(姞氏)는 주나라가 혼인하던 옛 성(姓)이다. 사람들이 도인(都人)의 여자를 보고는 모두 윤씨, 길씨의 딸이라고 일렀으니, 그 예법(禮法)이 있음을 말한 것이다." 하였다. 이씨(李氏)는 말하기를 "이른바 윤(尹), 길(吉)이라는 것은 진(晉)나라 때에 왕(王), 사(謝)라 말하고, 당(唐)나라 때에 최(崔), 노(盧)라 말한 것과 같다." 하였다. '울(菀)'은 굴(屈:굽힘)과 같으며, 적(積:쌓임)과 같다.

④ 彼都人士, 垂帶而厲[叶落蓋反]. 彼君子女, 卷[音權]髮如蠆[初邁反]. 我不見兮, 言從之邁.

彼都人士여 　　저 왕도(王都)의 인사여
垂帶而厲로다 　　띠를 드리워 늘어져 있도다
彼君子女여 　　저 군자의 여자여
卷髮如蠆(채)로다 　　귀밑털이 전갈 꼬리처럼 올라갔도다
我不見兮하니 　　내 만나보지 못하니
言從之邁호리라 　　만나보면 내 따라가리라

賦也라 厲는 垂帶之貌라 卷髮은 鬢傍短髮不可斂者를 曲上卷然以爲飾也라 蠆는 螫(석)蟲也니 尾末揵(건)然하여 似髮之曲上者라 邁는 行也라 蓋曰 是不可得見也니 得見則我從之邁矣라하니 思之甚也라

부(賦)이다. '려(厲)'는 띠가 드리워진 모양이다. '권발(卷髮)'은 귀밑머리 옆의 짧은 털로 거둘 수 없는 것을 굽게 올려 말아서 꾸밈을 한 것이다. '채(蠆)'는 쏘는 벌레(전갈)이니, 꼬리 끝이 위로 올라가서 머리털이 굽어 올라간 것과 같은 것이다. '매(邁)'는 감이다. 이는 그녀를 만나볼 수가 없으니, 만나본다면 내 따라 가겠다고 말한 것이니, 그리워함이 심한 것이다.

•••••••
(晉)나라 때에는 왕씨(王氏)와 사씨(謝氏)가, 당(唐)나라 때에는 최씨(崔氏)와 노씨(盧氏)가 가장 번창하였다.

••• 厲 : 늘어질 려　卷 : 말릴 권　蠆 : 벌 채　鬢 : 귀밑머리 빈　螫 : 쏠 석　揵 : 들 건

⑤ 匪伊垂之, 帶則有餘. 匪伊卷之, 髮則有旟. 我不見兮, 云何盱〔喜俱反〕矣.

匪伊垂之라	띠를 드리우려 한 것이 아니라
帶則有餘며	띠가 남음이 있어서이며
匪伊卷之라	귀밑털을 말아 올리려 한 것이 아니라
髮則有旟(여)로다	머리털이 저절로 올라갔도다
我不見兮하니	내 만나보지 못하니
云何盱(우)矣오	어찌 이처럼 멀리 바라보게 하는고

賦也라 旟는 揚也라 盱는 望也니 說見何人斯篇하니라
○ 此는 言士之帶를 非故垂之也요 帶自有餘耳며 女之髮을 非故卷之也요 髮自有旟耳니 言其自然閑美하여 不假修飾也라 然이나 不可得而見矣하니 則如何而不望之乎아

부(賦)이다. '여(旟)'는 드날림이다. '우(盱)'는 멀리 바라봄이니, 해설(解說)이 〈하인사(何人斯)〉편에 보인다.

○ 이는 선비의 띠를 고의로 드리우려고 한 것이 아니요 띠가 저절로 남음이 있어서이며, 여자의 귀밑털을 고의로 말아올린 것이 아니요 귀밑털이 저절로 올라갔음을 말한 것이니, 자연히 한아(閑雅)하고 아름다워 수식(修飾)을 빌릴 필요가 없음을 말한 것이다. 그러나 만나볼 수가 없으니, 어찌하여 멀리 바라보지 않을 수 있겠는가.

都人士五章이니 章六句라
　〈도인사(都人士)〉는 5장이니, 장마다 6구이다.

【毛序】 都人士는 國人이 刺衣服無常也라 古者長民은 衣服不貳하고 從容有常하여 以齊其民하니 則民德歸壹이러니 傷今不復見古人也라
　〈도인사〉는 주(周)나라 사람들이 윗사람의 의복이 일정하지 못함을 풍자한 시(詩)이다. 옛날에 군장(君長)이 되어 백성을 다스리는 자는 의복을 자주 바꾸지 않

고 종용(從容:편안히 쉼)하며 떳떳함이 있어 그 백성을 가지런히 하니, 백성들의 덕(德:마음)이 하나로 귀일(歸一)되었는데, 지금에는 그러한 옛사람을 다시 보지 못함을 서글퍼한 것이다.

【鄭註】 服은 謂冠弁衣裳也라 古者는 明王時也요 長民은 謂凡在民上하여 倡率者也라 變易無常을 謂之貳요 從容은 謂休燕也니 休燕猶有常이면 則朝夕明矣라 壹者는 專也、同也라

복(服)은 관변(冠弁)과 의상(衣裳)을 이른다. 옛날은 명왕(明王)의 때이고, 장민(長民)은 무릇 백성의 위에 있어서 창솔(倡率)하는 자를 이른다. 변역(變易)하여 일정함이 없음을 이(貳)라 하고, 종용(從容)은 휴식하고 편안히 거처함을 이르니, 휴식하고 편안히 거처할 때에도 오히려 떳떳함이 있다면 조석(朝夕)의 거동은 분명히 알 수 있는 것이다. 일(壹)이라는 것은 전일(專一)함이며 함께하는 것이다.

【辨說】 此序는 蓋用緇衣之誤리라

이 〈서〉는 〈치의(緇衣)〉의 잘못을 그대로 따른 듯하다.

2. 채록(采綠)

① 終朝采綠, 不盈一匊〔弓六反〕. 予髮曲局, 薄言歸沐.

終朝采綠을	아침 내내 왕추(王芻)를 채취하였으나
不盈一匊(국)호라	한 움큼도 채우지 못했노라
予髮曲局호니	내 머리가 굽고 말렸으니
薄言歸沐호리라	잠깐 돌아가 머리를 감으리라

賦也라 自旦及食時를 爲終朝라 綠은 王芻也라 兩手曰匊이라 局은 卷也니 猶言首如飛蓬也라

○ 婦人이 思其君子하여 而言終朝采綠而不盈一匊者는 思念之深하여 不專於事也라 又念其髮之曲局하고 於是에 舍之而歸沐하여 以待其君子之還也라

부(賦)이다. 아침부터 밥 먹을 때까지를 '종조(終朝)'라 한다. '록(綠)'은 왕추(王芻:조개풀)이다. 두 손으로 움켜쥐는 것을 '국(匊)'이라 한다. '국(局)'은 말림이니,

... 匊:움큼 국 局:말릴 국 芻:꼴 추 蓬:쑥대 봉

〈위 〈위풍(衛風) 백혜(伯兮)〉에〉 "머리가 날리는 쑥대와 같다.〔首如飛蓬〕"는 말과 같다.

○ 부인(婦人)이 남편을 그리워하여 아침 내내 왕추를 채취하였으나 한 움큼도 채우지 못한 것은 사념(思念)이 깊어서 일에 전념하지 못했기 때문이다. 또 그 머리가 굽고 말렸음을 생각하고는 채취하던 것을 버려두고 돌아가 머리를 감아 군자가 돌아오기를 기다림을 말한 것이다.

② 終朝采藍〔盧談反〕, 不盈一襜〔尺占反 叶都甘反〕. 五日爲期, 六日不詹〔音占 叶多甘反〕.

終朝采藍(람)을　　　　　아침내내 쪽을 채취하였으나
不盈一襜(첨)호라　　　　한 앞치마에도 채우지 못했노라
五日爲期호니　　　　　　오일로 약속을 하였는데
六日不詹(瞻)호라　　　　육일이 되어도 보지 못하노라

賦也라 藍은 染草也라 衣蔽前을 謂之襜이니 卽蔽膝也라 詹은 與瞻同이라 五日爲期는 去時之約也요 六日不詹은 過期而不見也라

부(賦)이다. '람(藍)'은 푸른색을 물들이는 풀(쪽)이다. 옷으로 앞을 가림을 '첨(襜:앞치마)'이라 이르니, 바로 폐슬(蔽膝:무릎 가림)이다. '첨(詹)'은 첨(瞻)과 같다. 5일로 기약함은 갈 때의 약속이요, 6일이 되어도 만나보지 못함은 기한이 지났는데도 보지 못하는 것이다.

③ 之子于狩〔尺救反〕, 言韔〔敕亮反〕其弓〔叶姑弘反〕. 之子于釣, 言綸之繩.

之子于狩인댄　　　　　그대가 사냥을 하신다면
言韔(창)其弓하며　　　그 활을 활집에 넣어드리며
之子于釣인댄　　　　　그대가 낚시를 하신다면
言綸之繩호리라　　　　낚시줄을 만들어 드리리라

賦也라 之子는 謂其君子也라 理絲曰綸이라

••• 藍:쪽 람 襜:앞치마 첨 詹:볼 첨 狩:사냥할 수 韔:활집 창 綸:다스릴 륜 繩:노 승

○ 言君子若歸而欲往狩耶인댄 我則爲之韔其弓이요 欲往釣耶인댄 我則爲之綸其繩이라하니 望之切하고 思之深하여 欲無往而不與之俱也라

부(賦)이다. '지자(之子)'는 그 군자(남편)를 이른다. 실을 다스림을 '륜(綸)'이라 한다.

○ "군자가 만일 돌아와서, 가서 사냥하려고 할진댄 내 그를 위하여 그 활을 활집에 넣어드릴 것이요, 가서 낚시하려고 할진댄 내 그를 위하여 낚시줄을 만들어 드릴 것이다." 하였으니, 바램이 간절하고 그리움이 깊어서 가는 곳마다 그와 함께 하지 않음이 없고자 한 것이다.

④ 其釣維何오, 維魴〔音房〕及鱮〔音叙 叶音湑〕. 維魴及鱮, 薄言觀者〔叶掌與反〕.

其釣維何오 　　　그 낚은 것은 무엇인고
維魴及鱮(서)로다 　방어와 연어로다
維魴及鱮여 　　　방어와 연어여
薄言觀者로리라 　　잠깐 구경하리라

賦也라 於其釣而有獲也어든 又將從而觀之하니 亦上章之意也라

부(賦)이다. 낚시질하여 물고기를 잡거든 또 장차 따라가 구경한다고 하였으니, 또한 상장(上章)의 뜻이다.

采綠四章이니 章四句라
〈채록(采綠)〉은 4장이니, 장마다 4구이다.

【毛序】 采綠은 刺怨曠[141]也니 幽王之時에 多怨曠者也라
〈채록〉은 부인이 짝이 없어 원망함을 풍자한 시(詩)이니, 유왕 때에 원광(怨曠)하는 자가 많았다.

......
141 怨曠 : 원광(怨曠)은 본래 원녀(怨女)와 광부(曠夫)를 이르는바, 원녀는 남편이 없어 원망하는 여인이요, 광부는 아내가 없어 홀로 있는 남자이다. 그러나 여기서는 남편이 없어 원망하는 여인만을 가리킨 것으로 보인다.

... 魴 : 방어 방 鱮 : 연어 서

【鄭註】 怨曠者는 君子行役하여 過時之所由也어늘 而刺之也라 譏其不但憂思而已요 欲從君子於外하니 非禮也라

원광(怨曠)이란 군자가 부역을 가서 때가 지났는데도 돌아오지 못하여서 이것을 풍자한 것이다. 그 다만 근심하여 생각할 뿐이 아니요, 군자를 밖에 따르고자 하였으니, 예(禮)가 아님을 비난한 것이다.

【辨說】 此詩는 怨曠者所自作이요 非人刺之며 亦非怨曠者有所刺於上也라

이 시는 원광(怨曠)한 자가 스스로 지은 것이요 남이 그를 풍자한 것이 아니며, 또한 원광하는 자가 윗사람을 풍자한 것이 아니다.

3. 서묘(黍苗)

① 芃芃〔蒲東反〕黍苗, 陰雨膏〔古報反〕之. 悠悠南行, 召伯勞〔力報反〕之.

芃(봉)芃黍苗를	우북한 기장싹을
陰雨膏之로다	음우(陰雨)가 적셔주도다
悠悠南行을	멀고 먼 남쪽 길을
召伯勞之로다	소백이 위로하셨도다

興也라 芃芃은 長大貌요 悠悠는 遠行之意라

○ 宣王이 封申伯於謝하고 命召穆公하여 往營城邑이라 故로 將徒役南行하니 而行者作此라 言芃芃黍苗는 則唯陰雨能膏之요 悠悠南行은 則唯召伯能勞之也라

흥(興)이다. '봉봉(芃芃)'은 장대(長大)한 모양이요, '유유(悠悠)'는 원행(遠行)하는 뜻이다.

○ 선왕(宣王)이 신백(申伯)을 사읍(謝邑)에 봉하고는 소 목공(召穆公)에게 명하여 가서 성읍(城邑)을 경영하게 하였다. 그러므로 도역(徒役)을 거느리고 남쪽으로 길을 떠나니, 부역을 가는 자들이 이 시(詩)를 지은 것이다. 무성한 기장싹은 오직 음우(陰雨;비)가 적셔주고 멀고먼 남쪽 길은 오직 소백(召伯)이 위로해준다고 말한 것이다.

••• 芃 : 무성할 봉 勞 : 위로할 로 將 : 거느릴 장 膏 : 윤택할 고

② 我任[음壬]我輦[力展反], 我車我牛[叶魚其反]. 我行旣集, 蓋云歸哉[叶將黎反].

我任我輦(련)이며	우리 짐을 우리 수레에 실으며
我車我牛라	우리 수레를 우리 소에 멍에하네
我行旣集하니	우리 행역(行役)이 이미 이루어지니
蓋云歸哉인저	집으로 돌아갈진저

賦也라 任은 負任者也요 輦은 人輓車也라 牛는 所以駕大車也라 集은 成也니 營謝之役을 旣成而歸也라

부(賦)이다. '임(任)'은 짐을 지는 것이요, '련(輦)'은 사람이 수레를 끄는 것이다. '소[牛]'는 대거(大車)를 멍에하는 것이다. '집(集)'은 이룸이니, 사읍(謝邑)을 경영하는 일을 이미 이루고 돌아가는 것이다.

③ 我徒我御, 我師我旅. 我行旣集, 蓋云歸處.

我徒我御며	우리 도어(徒御)들이며
我師我旅라	우리 사려(師旅)들이라
我行旣集하니	우리 행역(行役)이 이미 이루어지니
蓋云歸處니라	돌아가 평안히 거처할지니라

賦也라 徒는 步行者요 御는 乘車者라 五百人爲旅요 五旅爲師니 春秋傳曰 君行師從이요 卿行旅從이라하니라

부(賦)이다. '도(徒)'는 보행하는 자요, '어(御)'는 수레를 탄 자이다. 5백 인(人)을 '려(旅)'라 하고, 5려(旅:2천5백명)를 '사(師)'라 하니, 《춘추좌씨전》 정공(定公) 4년에 "군주가 출행하면 사(師)가 따라가고, 경(卿)이 출행하면 려(旅)가 따라간다." 하였다.

④ 肅肅謝功, 召伯營之. 烈烈征師, 召伯成之.

肅肅謝功을	엄정한 사읍(謝邑)의 일을
召伯營之며	소백이 경영하며
烈烈征師를	열렬한 부역가는 무리를
召伯成之로다	소백이 이루도다

賦也라 肅肅은 嚴正之貌라 謝는 邑名이니 申伯所封國也니 今在鄧州信陽軍하니라
功은 工役之事也라 營은 治也라 烈烈은 威武貌라 征은 行也라

　　부(賦)이다. '숙숙(肅肅)'은 엄정한 모양이다. '사(謝)'는 읍(邑)의 이름으로, 신백(申伯)을 봉한 나라이니, 지금 등주(鄧州) 신양군(信陽軍)에 있었다. '공(功)'은 공역(工役)의 일이다. '영(營)'은 다스림이다. '열렬(烈烈)'은 무위(武威)가 있는 모양이다. '정(征)'은 길을 가는 것이다.

詩經集傳 中

⑤ 原隰旣平, 泉流旣淸. 召伯有成, 王心則寧.

原隰旣平하며	언덕과 습지가 이미 평평하며
泉流旣淸하여	흐르는 샘물 이미 맑아져서
召伯有成하니	소백이 이룸이 있으니
王心則寧이샷다	왕의 마음 편안하시도다

賦也라 土治曰平이요 水治曰淸이라
○ 言召伯營謝邑할새 相其原隰之宜하고 通其水泉之利하여 此功旣成하니 宣王之
心則安也라

　　부(賦)이다. 땅이 다스려진 것을 '평(平)'이라 하고, 물이 다스려진 것을 '청(淸)'이라 한다.
　　○ 소백이 사읍을 경영할 적에 언덕과 습지의 마땅함을 살펴보고 수천(水泉)의 이로움을 소통시켜 이 공(功)이 이미 이루어지니, 선왕(宣王)의 마음이 편안해짐을 말한 것이다.

黍苗五章이니 章四句라
　　〈서묘(黍苗)〉는 5장이니, 장마다 4구이다.

••• 功 : 일공 鄧 : 나라이름 등 相 : 볼 상

此는 宣王時詩니 與大雅崧高相表裏하니라

이는 선왕(宣王) 때의 시(詩)이니, 〈대아(大雅) 숭고(崧高)〉와 서로 표리(表裏)가 된다.

【毛序】 黍苗는 刺幽王也니 不能膏潤天下하여 卿士不能行召伯之職焉하니라

〈서묘〉는 유왕을 풍자한 시(詩)이니, 천하를 은택으로 적셔주지 못하여 경사(卿士)들이 소백이 옛날에 행한 직무를 행하지 못하였다.

【鄭註】 陳宣王之德과 召伯之功하여 以刺幽王及其羣臣이 廢此恩澤事業也니라

선왕의 덕(德)과 소백의 공(功)을 말하여 유왕과 그 신하들이 이 은택과 사업을 폐기함을 풍자한 것이다.

【辨說】 此宣王時에 美召穆公之詩요 非刺幽王也니라

이는 선왕 때에 소목공(召穆公)을 찬미한 시이고, 유왕을 풍자한 것이 아니다.

4. 습상(隰桑)

① 隰桑有阿, 其葉有難〔乃多反〕. 既見君子, 其樂〔音洛 下同〕如何.

隰桑有阿하니	습지의 뽕나무가 아름다우니
其葉有難(나)로다	그 잎이 무성하도다
既見君子하니	이미 군자를 만나보니
其樂(라)如何오	그 즐거움이 어떠한가

興也라 隰은 下隰之處니 宜桑者也라 阿는 美貌요 難는 盛貌니 皆言枝葉條垂之狀이라

○ 此는 喜見君子之詩라 言隰桑有阿하니 則其葉有難矣요 既見君子하니 則其樂如何哉오하니 詞意大概與菁莪相類라 然이나 所謂君子는 則不知其何所指矣로라 或曰 比也라하니 下章放此하니라

흥(興)이다. '습(隰)'은 하습(下隰)한 곳이니, 뽕나무가 자라기에 적당한 곳이다. '아(阿)'는 아름다운 모양이요, '나(難)'는 성한 모양이니, 모두 가지와 잎이 늘어져

··· 崧 : 높을 숭 隰 : 진펄 습 阿 : 아름다울 아 難 : 무성할 나 菁 : 무성할 정(청) 莪 : 새발쑥 아

있는 모양을 말한 것이다.

    ○ 이는 군자를 만나봄을 기뻐하는 시(詩)이다. "습지의 뽕나무가 아름다우니 그 잎이 무성하고, 이미 군자를 만나보니 그 즐거움이 어떠한가?" 하였으니, 말한 내용이 대체로 〈정정자아(菁菁者莪)〉와 서로 유사하다. 그러나 이른바 군자라는 것은 그 어느 사람을 가리킨 것인지 알지 못하겠다. 혹자는 비(比)라 하니, 하장(下章)도 이와 같다.

② 隰桑有阿, 其葉有沃〔烏酷反 叶鬱縛反〕. 旣見君子, 云何不樂.

隰桑有阿하니	습지의 뽕나무가 아름다우니
其葉有沃이로다	그 잎이 윤택하도다
旣見君子하니	이미 군자를 만나보니
云何不樂(락)이리오	어찌 즐겁지 않으리오

興也라 沃은 光澤貌라
    흥(興)이다. '옥(沃)'은 광택이 있는 모양이다.

③ 隰桑有阿, 其葉有幽〔叶於交反〕. 旣見君子, 德音孔膠〔音交〕.

隰桑有阿하니	습지의 뽕나무가 아름다우니
其葉有幽로다	그 잎이 검기도 하도다
旣見君子호니	이미 군자를 만나보니
德音孔膠로다	덕음이 심히 견고하도다

興也라 幽는 黑色也라 膠는 固也라
    흥(興)이다. '유(幽)'는 흑색이다. '교(膠)'는 견고함이다.

④ 心乎愛〔叶許旣反〕矣, 遐不謂矣, 中心藏之, 何日忘之.

心乎愛矣어니	마음에 사랑하니

  ••• 幽 : 검을 유 膠 : 굳을 교

退(何)不謂矣리오마는 　　어찌 말하지 않으리오마는
中心藏之어니 　　중심에 간직하고 있거니
何日忘之리오 　　어느 날인들 잊으리오

賦也라 退는 與何同이라 表記에 作瑕하니 鄭氏註曰 瑕之言은 胡也라하니라 謂는 猶告也라

○ 言我中心誠愛君子하니 而旣見之면 則何不遂以告之리오마는 而但中心藏之하니 將使何日而忘之耶아하니라 楚辭所謂 思公子兮未敢言이 意蓋如此하니 愛之根於中者深이라 故로 發之遲而存之久也라

부(賦)이다. '하(退)'는 하(何)와 같다. 《예기》〈표기(表記)〉에는 하(瑕)로 되어 있는데, 정씨(鄭氏)의 주(註)에 "하(瑕)란 말은 호(胡;어찌)이다." 하였다. '위(謂)'는 고(告)와 같다.

○ "내가 중심에 군자를 진실로 사랑하니, 이미 만나본다면 어찌 마침내 이 마음을 말하지 않으랴마는 다만 중심에 간직하고 있으니, 장차 어느 날인들 잊을 수 있겠는가." 한 것이다. 《초사(楚辭)》〈구가(九歌)〉에 이른바 "공자(公子)를 그리워함이여! 감히 말하지 못한다."는 것이 뜻이 이와 같으니, 사랑이 중심에 뿌리함이 깊기 때문에 말하기를 더디하고 간직하기를 오래하는 것이다.

隰桑四章이니 章四句라

〈습상(隰桑)〉은 4장이니, 장마다 4구이다.

【毛序】 隰桑은 刺幽王也라 小人在位하고 君子在野하니 思見君子하여 盡心以事之라

〈습상〉은 유왕을 풍자한 시이다. 소인이 〈높은〉 지위에 있고 군자가 초야(草野)에 있으니, 군자를 만나보아 마음을 다해 섬길 것을 생각한 것이다.

【辨說】 此亦非刺詩니 疑與上篇으로 皆脫簡在此也라

이 또한 풍자한 시가 아니니, 의심컨대 상편(上篇)과 함께 모두 죽간(竹簡)이 빠져 여기에 있는 듯하다.

··· 菅 : 왕골 간

5. 백화(白華)

① 白華﹝音花﹞菅﹝音姦﹞兮, 白茅束兮. 之子之遠, 俾我獨兮.

白華菅(간)兮어든　　　백화가 왕골이 되거든
白茅束兮니라　　　　흰 띠풀로 묶느니라
之子之遠이라　　　　그대가 나를 멀리함이여
俾我獨兮아　　　　　나로 하여금 외롭게 하는구나

比也라 白華는 野菅也니 已漚爲菅이라 之子는 斥幽王也라 俾는 使也라 我는 申后自我也라
○ 幽王이 娶申女以爲后하고 又得褒姒而黜申后라 故로 申后作此詩라 言白華爲菅이면 則白茅爲束하나니 二物至微로되 猶必相須爲用이어늘 何之子之遠하여 而俾我獨耶오하니라.

　비(比)이다. '백화(白華)'는 야관(野菅;들의 왕골)이니, 이미 물에 담궈서 마전한 것을 간(菅)이라 한다. '지자(之子;저분)'는 유왕(幽王)을 지척(指斥)한 것이다. '비(俾)'는 하여금이다. '아(我)'는 신후(申后) 자신이다.

　○ 유왕이 신후(申侯)의 딸에게 장가들어 그녀로써 후비(后妃)를 삼았고, 또 포사(褒姒)를 얻고는 신후를 축출하였다. 그러므로 신후가 이 시(詩)를 지은 것이다. 백화가 왕골이 되면 흰 띠풀로 묶으니, 두 물건은 지극히 하찮지만, 오히려 반드시 서로 필요로 하여 쓰임이 되는데, 어찌하여 저분은 나를 멀리해서 나로 하여금 외롭게 하느냐고 말한 것이다.

② 英英白雲, 露彼菅茅﹝叶莫侯反﹞. 天步艱難, 之子不猶.

英英白雲이　　　　　가볍고 밝은 흰 구름이
露彼菅茅니라　　　　저 왕골과 띠풀에 이슬이 되어 내리는데
天步艱難이어늘　　　시운(時運)이 몹시 어렵거늘
之子不猶로다　　　　그대는 도모하지 않도다

比也라 英英은 輕明之貌라 白雲은 水土輕淸之氣니 當夜而上騰者也요 露는 卽其
散而下降者也라 步는 行也니 天步는 猶言時運也라 猶는 圖也라 或曰 猶는 如也라
○ 言雲之澤物이 無微不被어늘 今時運艱難하되 而之子不圖하니 不如白雲之露
菅茅也라

비(比)이다. '영영(英英)'은 가볍고 밝은 모양이다. 흰 구름은 수토(水土)의 경청
(輕淸)한 기운이니, 밤을 당하여 위로 올라가는 것이요, 이슬은 바로 이것이 흩어
져서 아래로 내려오는 것이다. '보(步)'는 운행[行]이니, '천보(天步)'는 시운이라는
말과 같다. '유(猶)'는 도모함이다. 혹자는 유(猶)는 '같음'이라 한다.

○ 구름이 물건을 적셔줌이 하찮은 것에도 입혀지지 않음이 없는데, 지금 시
운이 몹시 어려운데 그대는 도모해 주지 않으니, 흰 구름이 왕골과 띠풀에 이슬을
내리는 것만도 못하다고 말한 것이다.

③ 滮〔符彪反〕池北流, 浸彼稻田〔叶地因反〕. 嘯歌傷懷, 念彼碩人.

滮(표)池北流하여	흐르는 물이 북쪽으로 흘러
浸彼稻田하나니라	저 논(벼의 밭)을 적시느니라
嘯歌傷懷하여	휘파람 불고 노래하며 마음에 서글퍼하여
念彼碩人호라	저 석인을 생각하노라

比也라 滮는 流貌라 北流는 豐、鎬之間에 水多北流라 碩人은 尊大之稱이니 亦謂
幽王也라
○ 言小水微流도 尙能浸灌이어늘 王之尊大로되 而反不能通其寵澤하니 所以使我
嘯歌傷懷而念之也라

비(比)이다. '표(滮)'는 흐르는 모양이다. '북류(北流)'는 풍(豐)과 호(鎬)의 사이
엔 물이 북쪽으로 흐르는 것이 많다. '석인(碩人)'은 존대(尊大)한 이의 칭호이니,
이 또한 유왕(幽王)을 이른 것이다.

○ 작은 물과 하찮은 흐름도 오히려 식물을 적셔주고 관개하는데 왕(王)은 존
대(尊大)한데도 도리어 그 은택을 통하지 못하니, 이 때문에 나로 하여금 휘파람
불고 노래하며 마음에 서글퍼하여 생각하게 한다고 말한 것이다.

··· 騰 : 오를 등 滮 : 물흐를 표 嘯 : 휘파람불 소

④ 樵〔徂焦反〕彼桑薪, 卬〔五綱反〕烘〔火東反〕于煁〔市林反〕. 維彼碩人, 實勞我心.

樵彼桑薪하여	저 뽕나무 섶을 채취하여
卬烘于煁(앙홍우심)호라	내 화덕에 불을 때노라
維彼碩人이여	저 석인이여
實勞我心이로다	실로 내 마음 괴롭게 하도다

比也라 樵는 采也라 桑薪은 薪之善者也라 卬은 我요 烘은 燎也라 煁은 無釜之竈니 可燎而不可烹飪者也라
○ 桑薪은 宜以烹飪이어늘 而但爲燎燭하니 以比嫡后之尊而反見卑賤也라
　　비(比)이다. '초(樵)'는 섶나무를 채취함이다. 뽕나무 섶은 섶 중에 좋은 것이다. '앙(卬)'은 나요, '홍(烘)'은 불 때는 것이다. '심(煁:화덕)'은 가마솥이 없는 부엌이니, 불을 땔 수만 있고 삶거나 요리할 수가 없는 것이다.
　　○ 뽕나무 섶은 삶고 요리하기에 마땅한데도 다만 불태워 밝히기만 하니, 이로써 적후(嫡后)가 존귀한데도 도리어 비천(卑賤)하게 되었음을 비유한 것이다.

⑤ 鼓鍾于宮, 聲聞〔音問〕于外. 念子懆懆〔七到反〕, 視我邁邁.

鼓鍾于宮이어든	종을 궁궐에서 치거든
聲聞于外하나니라	소리가 밖에까지 들리느니라
念子懆(조)懆어늘	그대를 생각하기를 간절히 하는데
視我邁邁아	나를 돌아보지 않는가

比也라 懆懆는 憂貌요 邁邁는 不顧也라
○ 鼓鍾于宮이면 則聲聞于外矣니 念子懆懆어늘 而反視我邁邁는 何哉오
　　비(比)이다. '조조(懆懆)'는 근심하는 모양이요, '매매(邁邁)'는 돌아보지 않음이다.
　　○ 종(鍾)을 궁중에서 치면 소리가 밖에까지 들린다. 나는 그대를 애타게 생각하는데, 도리어 나를 돌아보지 않음은 어째서인가.

··· 樵:나무할 초 卬:나 앙 烘:불땔 홍 煁:화덕 심 竈:부엌 조 燎:태울 료 飪:먹일 임 懆:근심할 조
邁:지나갈 매

⑥ 有鶖〔音秋〕在梁, 有鶴在林. 維彼碩人, 實勞我心.

有鶖(추)在梁이어늘	무수리는 어량(魚梁)에 있는데
有鶴在林이로다	학은 숲 속에 있도다
維彼碩人이여	저 석인이여
實勞我心이로다	실로 내 마음 괴롭게 하도다

比也라 鶖는 禿(독)鶖也라 梁은 魚梁也라
○ 蘇氏曰 鶖、鶴은 皆以魚爲食이라 然이나 鶴之於鶖에 淸濁則有間矣어늘 今鶖在梁而鶴在林하니 鶖則飽而鶴則飢矣라 幽王이 進褒姒而黜申后하니 譬之하면 養鶖而棄鶴也라

비(比)이다. '추(鶖)'는 독추(禿鶖:머리에 깃털이 없는 무수리)이다. '량(梁)'은 어량(魚梁)이다.

○ 소씨(蘇氏)가 말하였다. "무수리와 학은 모두 물고기를 먹이로 하지만 학은 무수리에 비하면 청탁(淸濁)의 차이가 있는데, 지금 무수리는 어량에 있고 학(鶴)은 숲 속에 있으니, 무수리는 배부르고 학은 굶주린 것이다. 유왕(幽王)이 포사(褒姒)를 올리고 신후(申后)를 내치니, 비유하면 무수리를 기르고 학을 버리는 것과 같은 것이다."

⑦ 鴛鴦在梁, 戢其左翼. 之子無良, 二三其德.

鴛鴦在梁하니	원앙새가 어량(魚梁)에 있으니
戢其左翼이로다	그 왼쪽 날개를 거두었도다
之子無良하여	그대는 선량하지 못하여
二三其德이로다	그 덕을 이랬다저랬다 하도다

比也라 戢其左翼은 言不失其常也라 良은 善也라 二三其德이면 則鴛鴦之不如也라

비(比)이다. 왼쪽 날개를 거뒀다는 것은 그 떳떳함을 잃지 않음을 말한 것이다. '량(良)'은 선(善)이다. 그 덕(德:마음)을 이랬다저랬다 한다면 원앙새만도 못한 것이다.

··· 鶖 : 두루미 추　禿 : 모지라질 독　鴛 : 원앙새 원　鴦 : 원앙새 원　戢 : 거둘 집

⑧ 有扁〔步典反〕斯石, 履之卑兮. 之子之遠, 俾我疷〔都禮反 叶喬移反〕兮.

有扁(변)斯石은　　　　　낮은 이 돌은
履之卑兮니라　　　　　밟는 이도 낮아지느니라
之子之遠이여　　　　　그대가 나를 멀리함이여
俾我疷(저)兮로다　　　　나로 하여금 병들게 하도다

比也라 扁은 卑貌라 俾는 使요 疷는 病也라
○ 有扁然而卑之石은 則履之者亦卑矣니 如妾之賤이면 則寵之者亦賤矣라 是以
로 之子之遠하여 而俾我疷也라

　　비(比)이다. '변(扁)'은 낮은 모양이다. '비(俾)'는 하여금이요, '저(疷)'는 병듦이다.
　　○ 편연(扁然)히 낮은 돌은 이것을 밟는 자도 또한 낮아지니, 첩(妾)이 천하면
그를 총애하는 자 또한 낮아지는 것과 같다. 이러므로 그대가 나를 멀리하여 나로
하여금 병들게 한 것이다.

白華八章이니 章四句라
　　〈백화(白華)〉는 8장이니, 장마다 4구이다.

【毛序】 白華는 周人刺幽后也라 幽王이 取申女以爲后러니 又得褒姒而黜申后라
故로 下國化之하여 以妾爲妻하고 以孽(얼)代宗이어늘 而王弗能治하니 周人이 爲之
作是詩也라
　　〈백화〉는 주(周)나라 사람이 유후(幽后:포사)를 풍자한 시(詩)이다. 유왕이 신(申)
나라의 딸을 취하여 후비(后妃)로 삼았었는데, 또 포사(褒姒)를 얻고는 신후(申后)
를 내쳤다. 그러므로 하국(下國)이 이에 동화하여 첩을 아내로 삼고 서얼(庶孽)을
종자(宗子)로 삼았으나 왕은 이것을 다스리지 못하니, 주나라 사람들이 이 때문에
이 시(詩)를 지은 것이다.
【鄭註】 申은 姜姓之國也라 褒姒는 褒人所入之女니 姒는 其字也니 是謂幽后라
孽은 支庶也요 宗은 適子也라 王不能治는 己不正故也라
　　신(申)은 강성(姜姓)의 나라이다. 포사(褒姒)는 포(褒)나라 사람이 들여보낸 여
자이니, 사(姒)는 그의 자(字)이니, 이를 유후(幽后)라 한다. 얼(孽)은 서얼(庶孽)이

… 扁 : 낮을 변(편)　疷 : 병들 저(기)

요, 종(宗)은 적자(適子)이다. 왕이 다스리지 못함은 자기가 바르지 못하기 때문이다.

【辨說】 此事有據하니 序蓋得之라 但幽后字誤하니 當爲申后刺幽王也라 下國化之以下는 皆衍說耳라 又漢書注에 引此序로되 幽字下에 有王廢申三字하니 雖非詩意나 然亦可補序文之缺이니라

이 일은 근거가 있으니, 〈서〉가 아마도 맞는듯하다. 다만 유후(幽后)라는 글자는 잘못되었으니, 마땅히 신후(申后)가 유왕을 풍자함이 되어야 할 것이다. '하국화지(下國化之)' 이하는 모두 쓸데없이 부연한 것이다. 또 《한서(漢書)》 주(注)에 이 〈서〉를 인용하였는데, 유(幽) 자 아래에 왕폐신(王廢申;유왕이 신후를 폐위했다) 세 글자가 있으니, 비록 시의 뜻은 아니나 또한 〈서문〉의 부족함을 보충할 수 있다.

6. 면만(縣蠻)

縣蠻黃鳥, 止于丘阿. 道之云遠, 我勞如何. 飮之食之, 敎之誨之. 命彼後車, 謂之載之.

縣蠻黃鳥	꾀꼴꾀꼴 우는 황조(黃鳥)가
止于丘阿로다	언덕에 앉아 있도다
道之云遠이니	길이 멀기도 하니
我勞如何오	나의 수고로움이 어떠한고
飮(임)之食(사)之며	나에게 음식을 먹여주며
敎之誨之며	나를 가르쳐주며
命彼後車하여	저 후거(後車)를 명하여
謂之載之아	태워주라 이르실까

比也라 縣蠻은 鳥聲이라 阿는 曲阿也라 後車는 副車也라
○ 此는 微賤勞苦하여 而思有所託者가 爲鳥言以自比也라 蓋曰 縣蠻之黃鳥가 自言止於丘阿而不能前이라하니 蓋道遠而勞甚矣라 當是時也하여 有能飮之食之, 敎之誨之하며 又命後車以載之者乎아

비(比)이다. '면만(縣蠻)'은 새의 우는 소리이다. '아(阿)'는 굽은 언덕이다. '후거

... 阿 : 언덕 아

(後車)'는 부거(副車)이다.

　○ 이는 미천하고 노고하여 의탁할 곳을 생각한 자가 새의 말을 하여 자신을 비유한 것이다. "면만히 우는 황조(꾀꼬리)가 스스로 말하기를 '언덕에 멈추어서 앞으로 나아가지 못한다.'고 하였으니, 길이 멀고 수고로움이 심한 것이다. 이 때를 당하여 나에게 음식을 먹여주고 가르쳐주며, 또 후거(後車)를 명하여 태워줄 자가 있겠는가."라고 한 것이다.

② 緜蠻黃鳥, 止于丘隅. 豈敢憚行, 畏不能趨. 飮之食之, 敎之誨之. 命彼後車, 謂之載之.

緜蠻黃鳥	꾀꼴꾀꼴 우는 황조여
止于丘隅로다	언덕 모퉁이에 앉아 있도다
豈敢憚行이리오	어찌 길 감을 꺼리리오
畏不能趨니라	달려가지 못할까 두려워함이니라
飮之食之며	나에게 음식을 먹여주며
敎之誨之며	나를 가르쳐주며
命彼後車하여	저 후거를 명하여
謂之載之아	태워주라 이르랴

比也라 隅는 角이라 憚은 畏也라 趨는 疾行也라

　비(比)이다. '우(隅)'는 언덕의 모퉁이이다. '탄(憚)'은 두려워함이다. '추(趨)'는 빨리 가는 것이다.

③ 緜蠻黃鳥, 止于丘側. 豈敢憚行, 畏不能極. 飮之食之, 敎之誨之. 命彼後車, 謂之載之.

緜蠻黃鳥	꾀꼴꾀꼴 우는 황조가
止于丘側이로다	언덕 곁에 앉아 있도다
豈敢憚行이리오	어찌 길 감을 꺼리리오
畏不能極이니라	이르지 못할까 두려워함이니라

飲之食之_며　　　　나에게 음식을 먹여주며

教之誨之_며　　　　나를 가르쳐주며

命彼後車_{하여}　　　저 후거를 명하여

謂之載之_아　　　　태우라고 이르랴

比也라 側은 傍이라 極은 至也니 國語云 齊朝駕면 則夕極于魯國이라하니라

비(比)이다. '측(側)'은 곁이다. '극(極)'은 이름이니, 《국어(國語)》〈노어(魯語)〉에 "제(齊)나라에서 아침에 말을 타면 저녁에 노(魯)나라에 이른다." 하였다.

縣蠻三章이니 章八句라

〈면만(縣蠻)〉은 3장이니, 장마다 8구이다.

【毛序】 縣蠻은 微臣刺亂也라 大臣이 不用仁心하여 遺忘微賤하여 不肯飲食教載之라 故로 作是詩也라

〈면만〉은 미천한 신하가 난세를 풍자한 시(詩)이다. 대신(大臣)이 인자한 마음을 쓰지 않아 미천한 자들을 버리고 잊어서 음식을 먹이고 가르치며 수레에 태워주려 않았으므로 이 시(詩)를 지은 것이다.

【鄭註】 微臣은 謂士也라 古者에 卿大夫行出이면 士爲末介하니 士之祿薄하여 或困乏於資財하면 則當賙贍(주섬)之라 幽王之時에 國亂하여 禮廢恩薄하여 大不念小하고 尊不恤賤이라 故本其亂而刺之하니라

미신(微臣)은 사(士)를 이른다. 옛날 경(卿)·대부(大夫)가 출행(出行)을 하면 사(士)가 말개(末介:예를 돕는자)가 되니, 사의 녹봉이 적어서 혹 물자와 재물에 곤궁하면 마땅히 그를 구휼해주어야 하는 것이다. 유왕(幽王)의 때에 나라가 혼란해서 예(禮)가 폐지되고 은혜가 박하여, 큰 사람이 작은 사람을 생각하지 않고 높은 사람이 천한 사람을 돌보지 않았다. 그러므로 그 난을 근본하여 풍자한 것이다.

【辨說】 此詩는 未有刺大臣之意요 蓋方道其心之所欲耳니 若如序者之言이면 則褊狹之甚하여 無復溫柔敦厚之意하니라

이 시는 대신을 풍자한 뜻이 있지 않고 아마도 자기 마음에 하고자 하는 바를 말한 듯하니, 만약 〈시서〉를 지은 자의 말과 같다면 편협함이 심해서 다시는 온유(溫柔)하고 돈후(敦厚)한 뜻이 없다.

7. 호엽(瓠葉)

① 幡幡〔孚煩反〕瓠葉, 采之亨〔叶鋪郞反〕之. 君子有酒, 酌言嘗之.

幡(번)幡瓠葉을	저 펄럭이는 박잎을
采之亨(烹)之라	뜯어서 요리하는지라
君子有酒어늘	군자가 술자리를 두거늘
酌言嘗之로다	술을 떠서 맛보도다

賦也라 幡幡은 瓠葉貌라

○ 此亦燕飮[142]之詩라 言幡幡瓠葉을 采之亨之하니 至薄也라 然이나 君子有酒면 則亦以是酌而嘗之라하니 蓋述主人之謙詞라 言物雖薄이나 而必與賓客共之也라

부(賦)이다. '번번(幡幡)'은 박잎이 펄럭이는 모양이다.

○ 이 또한 연음(燕飮;잔치하여 술마심)의 시(詩)이다. "펄럭이는 박잎을 뜯어서 요리하니, 이는 지극히 하찮은 것이다. 그러나 군자가 술자리를 두게 되면 또한 이것을 〈안주 삼아〉 술을 떠서 맛본다." 하였으니, 주인의 겸사(謙詞)를 기술한 것이다. 이는 물건이 비록 하찮으나 반드시 빈객(賓客)과 함께 함을 말한 것이다.

② 有兔〔它故反〕斯首, 炮〔白交反〕之燔〔音煩 叶汾乾反〕之. 君子有酒, 酌言獻〔叶虛言反〕之.

有兔斯首를	토끼 한 마리를
炮之燔之라	그슬리며 굽는지라
君子有酒어늘	군자가 술자리를 두거늘
酌言獻之로다	술을 떠서 올리도다

賦也라 有兔斯首는 一兔也니 猶數魚以尾也라 毛曰炮요 加火曰燔이니 亦薄物也

•••••••
142 燕飮:풍악을 울리며 잔치하여 술을 마심을 이른다.

••• 幡:나부낄 번 瓠:박 호 亨:삶을 팽 炮:그슬릴 포 燔:사를 번

라 獻은 獻之於賓也라

　　부(賦)이다. '유토사수(有兔斯首)'는 토끼 한 마리〔首〕이니, 물고기를 셀 때에 꼬리로써 하는 것과 같은 것이다. 털을 그슬리는 것을 포(炮)라 하고, 불 위에 올려놓아 굽는 것을 번(燔)이라 하니, 또한 하찮은 물건이다. '헌(獻)'은 손님에게 술잔을 올리는 것이다.

③ 有兔斯首, 燔之炙〔音隻 叶陟略反〕之. 君子有酒, 酌言酢〔才洛反〕之.

　　有兔斯首를　　　　토끼 한 마리를
　　燔之炙(적)之라　　구우며 산적으로 만드는지라
　　君子有酒어늘　　　군자가 술자리를 두거든
　　酌言酢(작)之로다　술을 떠서 권하도다

賦也라 炕(항)火曰炙이니 謂以物貫之하여 而舉於火上以炙之라 酢은 報也니 賓既卒爵하고 而酢主人也라

　　부(賦)이다. 불에 굽는 것을 '적(炙)'이라 하니, 물건으로 꿰어서 불 위에 들어올려 굽는 것을 이른다. '작(酢)'은 보답함이니, 손님이 술잔의 술을 다 마시고는 주인에게 술을 따라 올리는 것이다.

④ 有兔斯首, 燔之炮〔叶蒲侯反〕之. 君子有酒, 酌言醻〔市周反〕之.

　　有兔斯首를　　　　토끼 한 마리를
　　燔之炮(포)之　　　구우며 그슬리는지라
　　君子有酒어늘　　　군자가 술자리를 두거늘
　　酌言醻之로다　　　술을 떠서 권하도다

賦也라 醻는 導飲也라

　　부(賦)이다. '수(醻)'는 인도하여 마시게 하는 것이다.

瓠葉四章이니 章四句라

… 炙 : 산적 적(자) 酢 : 따를 작 炕 : 구울 항 醻 : 잔돌릴 수

〈호엽(瓠葉)〉은 4장이니, 장마다 4구이다.

【毛序】 瓠葉은 大夫刺幽王也라 上棄禮而不能行하여 雖有牲牢饔餼(생뢰옹희)나 不肯用也라 故로 思古之人不以微薄廢禮焉하니라

〈호엽〉은 대부가 유왕을 풍자한 시(詩)이다. 윗사람이 예(禮)를 버리고 행하지 못하여 비록 생뢰(牲牢;희생)와 옹희(饔餼;음식)가 있으나 쓰려고 하지 않았다. 그러므로 옛사람은 물건이 하찮다 하여 예(禮)를 폐하지 않았음을 생각한 것이다.

【鄭註】 牛羊豕爲牲이요 繫養者曰牢며 熟曰饔이요 腥曰餼요 生曰牽이라 不肯用者는 自養厚而薄於賓客이니라

소와 양과 돼지를 생(牲)이라 하고, 우리에 매어 기르는 것을 뢰(牢)라 하며, 익힌 것을 옹(饔)이라 하고, 날고기를 희(餼)라 하고, 산 것을 견(牽)이라 한다. '쓰려고 하지 않았다.'는 것은 스스로 공양(供養)하기를 후하게 하고 빈객(賓客)에게 박하게 한 것이다.

【辨說】 序說非是라

〈서설〉은 옳지 않다.

8. 삼삼지석(漸漸之石)

① 漸漸〔立士銜反 下同〕之石, 維其高矣. 山川悠遠, 維其勞矣. 武人東征, 不遑朝〔叶直高反〕矣.

漸漸之石이여	높고 높은 돌이여
維其高矣로다	그 높기도 하도다
山川悠遠하니	산천이 아득히 머니
維其勞矣로다	수고롭기도 하도다
武人東征이여	무인이 동쪽으로 정벌 감이여
不遑朝矣로다	아침을 쉴 겨를도 없도다

賦也라 漸漸은 高峻之貌라 武人은 將帥也라 遑은 暇也니 言無朝旦之暇也라

··· 漸 : 높을 삼(점)

○ 將帥出征하여 經歷險遠하니 不堪勞苦하여 而作此詩也라

부(賦)이다. '삼삼(漸漸)'은 높고 높은 모양이다. '무인(武人)'은 장수(將帥)이다. '황(遑)'은 겨를이니, 아침의 겨를도 없음을 말한 것이다.

○ 장수가 출정하여 험하고 먼 곳을 지나가니, 〈출정한 군대가〉 노고(勞苦)를 견디지 못하여 이 시(詩)를 지은 것이다.

② 漸漸之石, 維其卒〔在律反〕矣. 山川悠遠, 曷其沒〔叶莫筆反〕矣. 武人東征, 不遑出矣.

漸漸之石이여	높고 높은 돌이여
維其卒(崒)矣로다	높기도 하도다
山川悠遠하니	산천이 아득히 머니
曷其沒矣오	언제나 그 다할꼬
武人東征이여	무인이 동쪽으로 정벌 감이여
不遑出矣로다	나올 겨를이 없도다

賦也라 卒은 崔嵬(외)也니 謂山巔之末也라 曷은 何요 沒은 盡也니 言所登歷을 何時而可盡也라 不遑出은 謂但知深入이요 不暇謀出也라

부(賦)이다. '졸(卒)'은 높음이니, 산마루의 끝(맨위)을 이른다. '갈(曷)'은 어찌이고, '몰(沒)'은 다함이니, 높은 곳에 오르고 험한 곳을 지나가는 것을 어느 때에나 다할 수 있겠느냐고 말한 것이다. '불황출(不遑出)'은 다만 깊이 들어갈 줄만 알고 나옴을 도모할 겨를이 없음을 말한 것이다.

③ 有豕白蹢〔音的〕, 烝涉波矣. 月離于畢, 俾滂〔普郎反〕沱〔徒何反〕矣. 武人東征, 不遑他〔湯何反〕矣.

有豕白蹢(적)하니	멧돼지가 발굽이 희고
烝涉波矣며	여럿이 물결을 건너가며
月離(리)于畢하니	달이 필성(畢星)에 걸려 있으니
俾滂沱(방타)矣로다	비가 주룩주룩 내릴 조짐이로다

··· 堪 : 견딜 감 卒 : 험할 줄, 산봉우리 줄 巔 : 꼭대기 전 蹢 : 굽 적 烝 : 무리 증 離 : 걸릴 리 滂 : 비퍼부을 방
沱 : 비퍼부울 타

武人東征이여　　　　무인이 동쪽으로 정벌 감이여

不遑他矣로다　　　　다른 일을 할 겨를이 없도다

賦也라 蹢은 蹄요 烝은 衆也라 離는 月所宿也라 畢은 星名이라 豕涉波, 月離畢은 將雨之驗也라

○ 張子曰 豕之負塗曳(예)泥는 其常性也어늘 今其足皆白하고 衆與涉波而去하니 水患之多를 可知矣라 此는 言久役에 又逢大雨하여 甚勞苦而不暇及他事也라

　　부(賦)이다. '적(蹢)'은 발굽이요, '증(烝)'은 무리이다. '리(離)'는 달이 머무르는 곳이다. '필(畢)'은 별 이름이다. 돼지가 물을 건너가고 달이 필성(畢星)에 걸려 있음은 장차 비가 올 징조이다.

　　○ 장자(張子)가 말씀하였다. "돼지가 〈뒹굴어〉 진흙을 지고 〈주둥이로〉 진흙을 〈파〉 끌어 당기는 것은 떳떳한 성품이다. 그런데 지금 그 발이 모두 희고, 여러 마리가 물결을 건너가고 있으니, 수환(水患:수해)이 많음을 알 수 있다. 이는 오랜 부역에 또 큰 비를 만나서 매우 노고하여 다른 일에 미칠 겨를이 없음을 말한 것이다."

漸漸之石三章이니 章六句라

　　〈삼삼지석(漸漸之石)〉은 3장이니, 장마다 6구이다.

【毛序】　漸漸之石은 下國이 刺幽王也라 戎狄叛之하고 荊舒不至어늘 乃命將率(수)東征하니 役久에 病於外라 故로 作是詩也하니라

　　〈삼삼지석〉은 하국(下國)이 유왕을 풍자한 시이다. 융(戎)·적(狄)이 배반하고 형(荊)·서(舒)가 조회오지 않으므로 마침내 장수를 명하여 동쪽 지방을 정벌하게 하니, 부역이 오래되어 밖에서 고통을 받았으므로 이 시를 지은 것이다.

【鄭註】　荊은 謂楚也요 舒는 舒鳩、舒鄝、舒庸之屬이라 役은 謂士卒也라

　　형(荊)은 초(楚)나라를 이르고, 서(舒)는 서구(舒鳩), 서료(舒鄝), 서용(舒庸)의 등속이다. 역(役)은 사졸(士卒)이 부역함을 이른다.

【辨說】　序得詩意나 但不知果爲何時耳로라

　　〈서〉는 시의 뜻에 맞으나 다만 과연 어느 시대가 되는지는 알 수 없다.

9. 초지화(苕之華)

① 苕〔音條〕之華〔音花〕, 芸〔音云〕其黃矣. 心之憂矣, 維其傷矣.

苕(초)之華여　　　　　능소화 꽃이여
芸其黃矣로다　　　　곱게 노랗기도 하도다
心之憂矣여　　　　　마음에 근심함이여
維其傷矣로다　　　　그 서글프도다

比也라 苕는 陵苕也니 本草云 卽今之紫葳(위)라하니라 蔓生이요 附於喬木之上하
며 其華黃赤色이니 亦名凌霄라
○ 詩人이 自以身逢周室之衰하니 如苕附物而生하여 雖榮不久라 故로 以爲比하고
而自言其心之憂傷也라

비(比)이다. '초(苕)'는 능초(陵苕)이니, 《본초(本草)》에는 "바로 지금의 자위(紫
葳)이다." 하였다. 만생(蔓生)하고 교목(喬木)의 위에 붙어 살며, 그 꽃은 황적색(黃
赤色)이니, 또한 능소(凌霄)라고도 한다.

○ 시인(詩人)이 스스로 생각하기를 "자신이 주나라의 쇠함을 만났으니, 능소
화가 물건에 붙어 자라서 비록 꽃이 피나 오래가지 못함과 같다."고 여겼다. 그러
므로 이것으로 비유하고 스스로 그 마음의 우상(憂傷)함을 말한 것이다.

② 苕之華, 其葉青青〔子零反〕. 知我如此, 不如無生〔叶桑經反〕.

苕之華여　　　　　　능소화 꽃이여
其葉青青이로다　　　그 잎이 푸르고 푸르도다
知我如此런들　　　　내 이럴 줄 알았더라면
不如無生이랏다　　　태어나지 않느니만 못하였도다

比也라 青青은 盛貌라 然이나 亦何能久哉리오
비(比)이다. '청청(青青)'은 잎이 성한 모양이다. 그러나 또한 어찌 오래갈 수 있
겠는가.

··· 苕 : 능초풀 초 華 : 꽃 화 芸 : 성할 운 葳 : 성할 위 喬 : 높을 교 霄 : 하늘 소

③ 牂〔子桑反〕羊墳〔扶云反〕首, 三星在罶〔音柳〕. 人可以食, 鮮〔息淺反〕可以飽〔叶補苟反〕.

牂(장)羊墳首며　　　　암 양(羊)이 머리만 크며
三星在罶(류)로다　　심성(心星)의 세 별만이 통발에 있도다
人可以食이언정　　　사람들이 먹을 수는 있을지언정
鮮可以飽로다　　　　배부른 이가 적도다

賦也라 牂羊은 牝羊也라 墳은 大也니 羊瘠則首大也라 罶는 筍也니 罶中無魚하고 而水靜하여 但見三星之光而已라
○ 言饑饉之餘에 百物彫耗如此라 苟且得食이면 足矣니 豈可望其飽哉리오

　　부(賦)이다. '장양(牂羊)'은 암 양이다. '분(墳)'은 큼이니, 양이 마르면 머리가 커 보인다. '류(罶)'는 통발이니, 통발 가운데 물고기는 없고 물이 고요하여 다만 〈물 속에 비치는〉 심성의 세 별빛이 보일 뿐이다.
　　○ "기근(饑饉)이 든 뒤에 온갖 물건이 쇠잔하고 피폐함이 이와 같았다. 그런대로 얻어먹기만 하면 족하니, 어찌 그 배부르기를 바랄 수 있겠는가."라고 말한 것이다.

苕之華三章이니 章四句라
　　〈초지화(苕之華)〉는 3장이니, 장마다 4구이다.
陳氏曰 此詩는 其詞簡하고 其情哀하니 周室將亡하여 不可救矣라 詩人傷之而已니라
　　진씨(陳氏)가 말하였다. "이 시(詩)는 그 말이 간략하고 그 정이 애처로우니, 주나라가 장차 망하려 하여 구원할 수가 없었다. 시인이 이를 서글퍼할 뿐이었다."

【毛序】　苕之華는 大夫閔時也라 幽王之時에 西戎、東夷 交侵中國하여 師旅竝起하고 因之以饑饉하니 君子閔周室之將亡하고 傷己逢之라 故로 作是詩也하니라
　　〈초지화〉는 대부가 세상을 걱정한 시이다. 유왕 때에 서융(西戎)과 동이(東夷)가 중국을 번갈아 침범하여 사려(師旅:병란)가 함께 일어나고 기근(饑饉)이 겹치니, 군자가 주나라가 장차 망하게 됨을 걱정하고 자신이 이러한 때를 만난 것을 서글퍼하였다. 그러므로 이 시를 지은 것이다.

··· 牂:암양 장　墳:머리클 분　罶:통발 류　瘠:마를 척　筍:통발 구　彫:시들 조　耗:소모할 모

【鄭註】 師旅竝起者는 諸侯或出師하고 或出旅하여 以助王하여 距戎與夷也라 大夫將師出에 見戎夷之侵周而閔之러니 今當其難하여 自傷近危亡이니라

사려(師旅)가 함께 일어났다는 것은 제후가 혹 사(師)를 출동하고 혹 려(旅)를 출동해서 왕을 도와 융(戎)과 이(夷)를 막은 것이다. 대부가 군대를 거느리고 출동할 적에 융과 이가 주(周)나라를 침범함을 보고 민망히 여겼는데, 자기가 지금 그 난을 당하여서 스스로 위망(危亡)에 가까움을 서글퍼한 것이다.

10. 하초불황(何草不黃)

① 何草不黃, 何日不行〔叶戶郞反〕. 何人不將, 經營四方.

何草不黃이며	어느 풀인들 누레지지 않으며
何日不行이며	어느 날인들 길을 가지 않으며
何人不將하여	어느 사람인들 가서
經營四方이리오	사방을 경영하지 않으리오

興也라 草衰則黃이라 將은 亦行也라
○ 周室將亡에 征役不息하니 行者苦之라 故로 作此詩라 言何草而不黃이며 何日而不行이며 何人而不將하여 以經營於四方也哉리오

흥(興)이다. 풀이 쇠하면 누레진다. '장(將)' 또한 길을 가는 것이다.

○ 주(周)나라가 장차 망하려 함에 정역(征役)이 그치지 않으니, 부역가는 자들이 이를 괴로워하였다. 그러므로 이 시(詩)를 지은 것이다. 어느 풀인들 누레지지 않으며 어느 날인들 길을 가지 않으며 어느 사람인들 가서 사방을 경영하지 않겠느냐고 말한 것이다.

② 何草不玄〔叶胡勻反〕, 何人不矜〔古頑反 韓詩作鰥 叶居陵反〕. 哀我征夫, 獨爲匪民.

何草不玄이며	어느 풀인들 검어지지 않으며

... 將 : 갈 장

何人不矜(鰥)이리오　어느 사람인들 홀아비가 되지 않으리오
哀我征夫　불쌍한 우리 정부들은
獨爲匪民가　홀로 백성이 아니란 말인가

興也라 玄은 赤黑色也니 旣黃而玄也라 無妻曰矜이니 言從役過時로되 而不得歸하
여 失其室家之樂也라 哀我征夫 豈獨爲非民哉아

　흥(興)이다. '현(玄)'은 적흑색(赤黑色)이니, 이미 누레져서 검어진 것이다. 아내
가 없는 것을 환(矜;홀아비)이라 하니, 부역에 종사하여 때를 넘기되 돌아가지 못
하여 실가(室家)의 락(樂)을 잃음을 말한 것이다. 불쌍한 우리 정부(征夫)들은 어찌
홀로 백성이 아니란 말인가.

③匪兕[徐履反]匪虎, 率彼曠野[叶上與反]. 哀我征夫, 朝夕不暇[叶後五反].

匪兕(시)匪虎어늘　외뿔소도 아니며 범도 아니거늘
率彼曠野아　저 광야를 따르게 한단 말인가
哀我征夫　불쌍한 우리 정부들은
朝夕不暇로다　조석에도 겨를이 없도다

賦也라 率은 循이요 曠은 空也라
○ 言征夫非兕非虎어늘 何爲使之循曠野하여 而朝夕不得閑暇也오
　부(賦)이다. '솔(率)'은 따름이요, '광(曠)'은 빔(넓음)이다.
　○ "정부(征夫)는 외뿔소도 아니요 범도 아니거늘 어찌하여 그로 하여금 광야
를 따르게 해서 조석에도 한가로운 겨를을 얻지 못하게 하는가."라고 말한 것이다.

④有芃[薄工反]者狐[叶與車反], 率彼幽草. 有棧[土板反]之車, 行彼周道.

有芃(봉)者狐여　꼬리가 긴 여우여
率彼幽草로다　저 무성한 풀을 따르도다
有棧(잔)之車여　사다리가 있는 짐수레여
行彼周道로다　저 큰 길을 가도다

··· 矜 : 홀아비 환　兕 : 외뿔소 시　曠 : 빌 광　芃 : 클 봉　棧 : 사다리 잔

興也라 芃은 尾長貌라 棧車는 役車也요 周道는 大道也니 言不得休息也라

　　흥(興)이다. '봉(芃)'은 꼬리가 긴 모양이다. '잔거(棧車)'는 짐수레요, '주도(周道)'는 큰 길[大道]이니, 휴식할 수가 없음을 말한 것이다.

何草不黃四章이니 章四句라

　　〈하초불황(何草不黃)〉은 4장이니, 장마다 4구이다.

【毛序】 何草不黃은 下國이 刺幽王也라 四夷交侵하고 中國背叛하여 用兵不息하여 視民如禽獸하니 君子憂之라 故로 作是詩也하니라

　　〈하초불황〉은 하국(下國)이 유왕을 풍자한 시(詩)이다. 사방의 오랑캐가 교대로 침범하고 중국의 제후들이 배반하여 용병(用兵)이 그치지 않아 백성 보기를 금수(짐승)처럼 여기니, 군자가 이것을 걱정하였다. 그러므로 이 시를 지은 것이다.

都人士之什은 十篇이니 四十三章이요 二百句라

　　〈도인사지십(都人士之什)〉은 10편이니, 43장이고 200구이다.

신역 시경집전 (중) – 新譯 詩經集傳 (中)

1판 1쇄 발행 | 2024년 1월 11일
1판 1쇄 인쇄 | 2024년 1월 02일

역주 | 성백효

발행처 | 한국인문고전연구소   발행인 | 조옥임
출판등록번호 | 2012년 2월 1일 (제 406-251002012000027호)
주소 | 경기 파주시 가람로 70 (402-402)   전화 | 02-323-3635   팩스 | 02-6442-3634
이메일 | books@huclassic.com

디자인 | 씨오디
지류 | 상산페이퍼
인쇄 | 이지프레스

ISBN | 978-89-97970-90-2 04140
       978-89-97970-88-9 (set)